教員採用試験 ***Hyper*** 実戦シリーズ❷

教職教養の過去問

時事通信出版局／編

●本書の特徴●

本書は，2024年度教員採用試験（2023年夏実施）の「教職教養」の実施問題を１冊に収録したものです。志望県の出題傾向をつかむと同時に，各自治体で実際に出題された問題を解くことで，応用力と実戦力を培ってください。また，「出題形式」「問題数」「パターン」「公開状況」「傾向＆対策」「出題領域」等を参考に，本書をより効果的に活用してください。

◆出題形式　各自治体の出題形式を，マークシート式・選択式・記述式・論述式等に分類しました。

◆問 題 数　教職教養の大問の数と（　）内に解答数を示しています。

◆パターン　実施問題を教育原理・教育心理・教育法規・教育史・教育時事・ローカル問題の各領域に分類し，出題傾向をパターン化しました。「原理・法規＋心理・教育史・時事」のように，原理・心理・法規・教育史・教育時事・ローカル問題の各領域について，「＋」の前後で「出題の多い領域＋出題の少ない領域」という形式で分類しています。

◆公開状況　問題・解答・配点の公開状況を示しています。

◆傾向＆対策　自治体の出題傾向を分析するとともに，どのような対策が必要かを簡潔に記しました。

◆出題領域　各領域の解答数を示しています。各領域に含まれる内容は下記の凡例を参照してください。小中（養）と高など，校種別に実施する自治体は，左段に小中（養），右段に高などと分けて示しています。

【凡例】 出題領域は下記の内容に沿って分類しています。問題の中には判断しにくいものもありますが，学習対策に役立ててください。

教育原理

教育課程・学習指導要領：教育課程の編成，学習指導要領（総則，変遷と特徴）　など
道徳教育（特別の教科　道徳）：学習指導要領（総則，道徳科），歴史　など
総合的な学習（探究）の時間：学習指導要領（目標，内容，指導計画の作成と内容の取扱い）
特別活動：学習指導要領（目標，内容，指導計画の作成と内容の取扱い）
学習指導：教育方法の変遷，教授・学習理論，学習指導の形態・組織　など
生徒指導：生徒指導の定義・意義・内容，いじめ・不登校・問題行動等，進路指導　など
学校・学級経営：学校運営，学校評議員，学校評価，学級経営　など
特別支援教育：特別支援教育の意義・目的，障害の特徴，教育機関，教育課程　など
人権・同和教育：人権教育の目標・指導，施策，歴史，国際潮流　など
その他：上記に当てはまらない項目
※特別支援教育及び人権教育関連の法規及び答申等は，それぞれ教育法規，教育時事に記載

教育心理

発達：発達の理論，遺伝と環境，発達段階，発達課題，発達期の特徴　など
学習：学習の理論，記憶と忘却，動機づけ，学習曲線，学習の転移　など
性格と適応：性格の理論，性格検査，欲求・葛藤，適応と適応機制　など
カウンセリングと心理療法：カウンセリング，心理療法，教育相談　など
教育評価：教育評価，評価をゆがめる心理傾向，知能検査　など
学級集団：集団の形成，集団の測定，学級づくり　など

教育法規

教育の基本理念：教育の根本理念，教育を受ける権利，教育の機会均等，教育の目的・目標，社会教育と家庭教育　など

学校教育：義務制と無償制，教育の中立性（政治教育，宗教教育），学校の定義と種類，学校の設置者，学校教育の目的・目標　特別支援教育　など

学校の管理と運営：学校の施設・設備（図書館，保健室），学級の編制，教科書の定義，著作権，学年・学期・休業日，臨時休業，学校の保健と安全，学校給食の目標，職員会議，教育委員会制度　など

児童生徒：就学義務，就学の援助，入学・卒業，学校備付表簿（指導要録，出席簿，保存期間），健康診断と感染症予防，懲戒と体罰，出席停止，児童生徒の保護（児童虐待），いじめ　など

教職員：教職員の種類と職務，教員免許状，任用，服務，研修，分限と懲戒，勤務　など

その他：上記に当てはまらない法規

教育史

日本教育史：人物・著作・業績，教育機関，教育制度　など

西洋教育史：人物・著作・業績，名言，教育機関，思潮　など

教育時事

中央教育審議会答申・報告，文部科学省通知，環境教育，情報教育，国際理解教育，キャリア教育，食育，全国学力・学習状況調査，教育振興基本計画　など

ローカル

各自治体の教育施策・人権施策　など

CONTENTS　目次

※　徳島県は，編集上の都合により掲載を見合わせました。
※　政令指定都市と道府県において，募集を別に行うが問題は同じである自治体は「／」で，募集を合同で行う自治体は「・」で結んでいます。
※　選択肢の出題領域が複数にわたる場合は，それぞれの項目に加算するためグラフの数と異なります。

北海道・札幌市

実施日	2023(令和5)年6月18日	試験時間	60分（一般教養を含む）
出題形式	マークシート式	問題数	10題（解答数20）
パターン	時事・原理＋心理・法規	公開状況	問題：公開　解答：公開　配点：公開

●教職教養は，大問10題の中に小問2題という出題形式。全問が「適切な語句の組合せ」「適切なものの組合せ」問題で，選択肢を迅速に読み取る即答力が必要。●教職教養全体の約半数を占める教育時事は，「校長及び教員の資質向上に関する指標」「児童生徒の教育相談」「新しい時代の特別支援教育の在り方」「個別最適な学びと協働的な学び」「学校における働き方改革」「いじめ」と，取り上げる教育トピックは多岐にわたる。●教育原理では，必出の学習指導要領（解説書も含む）のほか，改訂『生徒指導提要』から出題。特別支援教育，道徳教育では，制度の改正や学習指導要領の改訂の経緯など，年代順の内容が問われた。●教育心理はユング，教育法規はいじめ防止対策推進法より。

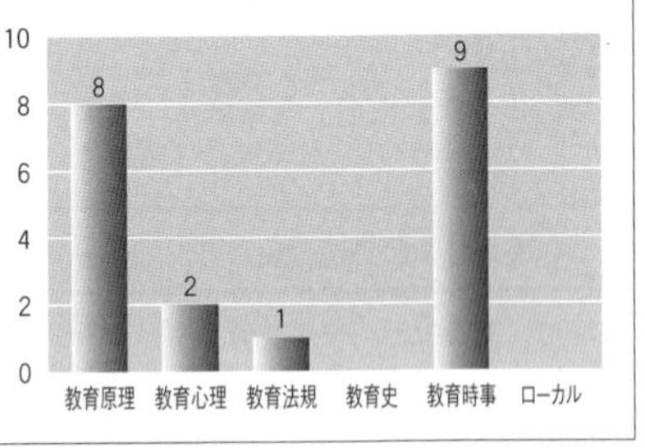

出題領域

教育原理	教育課程・学習指導要領	↓時事	総　則	3	特別の教科　道徳	2
	外国語・外国語活動		総合的な学習(探究)の時間		特別活動	
	学習指導		生徒指導	2	学校・学級経営	
	特別支援教育	1	人権・同和教育		その他	
教育心理	発　達		学　習		性格と適応	
	カウンセリングと心理療法	2	教育評価		学級集団	
教育法規	教育の基本理念		学校教育		学校の管理と運営	
	児童生徒	1	教職員		その他	
教育史	日本教育史		西洋教育史			
教育時事	答申・統計	9	ローカル			

表中の数字は，解答数

全校種共通

☞解答＆解説 p.13

1 次の文は，「改正教育公務員特例法に基づく公立の小学校等の校長及び教員としての資質の向上に関する指標の策定に関する指針の改正等について（通知）」（令和４年　文部科学省）の一部である。これを読んで，問１，問２に答えなさい。

（前略）

このような社会的変化，学びの環境の変化を受け，令和の日本型学校教育を実現する「新たな教師の学びの姿」として，［　1　］を通じて探究心を持ちつつ主体的に学び続けること，一人一人の教師の個性に即した［　2　］の提供，校内研修等の教師同士の学び合いなどを通じた協働的な学びの機会確保が重要となる。

こうした新たな教師の学びを実現するとともに，また，改正教特法によって制度化された公立の小学校等の校長及び教員の任命権者等による研修等に関する記録の作成及び資質の向上に関する指導助言等の仕組みを適正に運用するため，公立の小学校等の校長及び教員としての資質の向上に関する指標の策定に関する指針の改正，同指針に基づく研修履歴を活用した対話に基づく受講奨励に関するガイドラインの策定等を行うものである。

問１　空欄１，空欄２に当てはまる適切な語句の組合せを選びなさい。

ア　１—教職生涯　　２—研修プログラム
イ　１—教職生涯　　２—個別最適な学び
ウ　１—教職生涯　　２—多様な働き方
エ　１—勤務時間　　２—研修プログラム
オ　１—勤務時間　　２—個別最適な学び

問２　下線部に関する内容として，適切なものの組合せを選びなさい。

①　教師に共通的に求められる資質能力を，教職に必要な素養，学習指導，生徒指導，特別な配慮や支援を必要とする子供への対応，ICTや情報・教育データの利活用の五つの柱で再整理したこと。

②　新たな教師の学びを実現していくための仕組みとして，研修等に関する記録を活用した資質の向上に関する指導助言等について，その基本的な考え方を明記したこと。

③　授業に支障のない限り，本属長の承認を受けて，勤務場所を離れて研修を行わなければならないと明記したこと。

④　任命権者は，指導が不適切であると認定した教師等に対して，当該指導の改善を図るために必要な事項に関する研修を実施しなければならないと新たに明記したこと。

⑤　各学校の課題に対応した協働的な学びを学校組織全体で行い，その成果を教職員間で共有することにより，効果的な学校教育活動に繋げるよう，お互いの授業を参観し合い，批評し合うことも含め，校内研修を活性化させることを明記したこと。

ア　①②⑤　　イ　①③④　　ウ　①③⑤　　エ　②③④　　オ　②④⑤

2 次の文は，「児童生徒の教育相談の充実について　～学校の教育力を高める組織的な

教育相談体制づくり～（報告）」（平成29年１月　教育相談等に関する調査研究協力者会議）の一部である。これを読んで，問１，問２に答えなさい。

（前略）関係者が情報を共有し，チームとして取り組むため，既存の校内組織を活用するなどして，早期から組織として気になる事例を洗い出し検討するための会議（［　1　］会議）を定期的に実施し，解決すべき問題又は課題のある事案については，必ず支援・対応策を検討するためのケース会議を実施することが必要である。

（中略）組織的な連携・支援体制を維持するためには，学校内に，児童生徒の状況や学校外の関係機関との役割分担，スクールカウンセラー（以下「SC」という。）やスクールソーシャルワーカー（以下「SSW」という。）の役割を十分に理解し，初動段階のアセスメントや関係者への情報伝達等を行う［　2　］役の教職員の存在が必要である。（後略）

問１　空欄１，空欄２に当てはまる適切な語句の組合せを選びなさい。

ア　１―スクリーニング　　２―スクールロイヤー
イ　１―モニタリング　　２―スーパーバイザー
ウ　１―スクリーニング　　２―コーディネーター
エ　１―モニタリング　　２―コーディネーター
オ　１―スクリーニング　　２―スーパーバイザー

問２　「児童生徒の教育相談の充実について　～学校の教育力を高める組織的な教育相談体制づくり～（報告）」（平成29年１月　教育相談等に関する調査研究協力者会議）に示されている「学校における教育相談体制の在り方」の内容として，適切なものの組合せを選びなさい。

①　不登校，いじめ等を認知した場合，関係者に把握している情報を共有し，何を目標に，誰を中心に，誰が何をするのかを明確にした上で，ケース会議を慎重に開催する。

②　児童生徒の課題を少しでも早く発見し，課題が複雑化，深刻化する前に指導・対応できるように，学級担任及びホームルーム担任には児童生徒を観察する力が必要である。

③　個人情報の共有においては，児童生徒の発達を組織的・計画的・継続的に支援していくために，児童生徒本人や保護者の同意を得る必要はない。

④　養護教諭は，課題を抱えている児童生徒と関わる機会が多いため，健康相談等を通じ，課題の早期発見及び対応に努めることが重要である。

⑤　SC及びSSWの活用と理解が進むことで，学校の支援に専門性が加わり，教職員の業務負担の軽減が図られると共に，教職員が問題を一人で抱えることの防止につながる。

ア　①②③　　イ　①③⑤　　ウ　①④⑤　　エ　②③④　　オ　②④⑤

3　**次の表は，障害のある子供の教育に関する制度の改正について年代順にまとめたものである。これを見て，問１，問２に答えなさい。ただし，条約及び法律の名称については，国の機関で使用される略称による。**

2006年12月（平成18年）	国連総会において［ 1 ］採択	全ての障害者によるあらゆる人権及び基本的自由の完全かつ平等な享有を促進し，保護し，及び確保すること並びに障害者の固有の尊厳の尊重を促進することを目的とした。
2007年４月（平成19年）	改正学校教育法施行	特別な場で教育を行う「特殊教育」から，子供一人一人の教育的ニーズに応じた適切な指導及び必要な支援を行う「特別支援教育」へ転換が行われた。
2011年８月（平成23年）	改正障害者基本法施行	国及び地方公共団体は，可能な限り障害者である児童及び生徒が，障害者でない児童及び生徒とともに教育を受けられるよう配慮しなければならないこととした。
2016年４月（平成28年）	［ 2 ］施行	「不当な差別的取扱い」を禁止し，「合理的配慮の提供」及び「環境の整備」を行うこととした。

問１　空欄１，空欄２に当てはまる適切な語句の組合せを選びなさい。

ア　１—障害者権利条約　　２—障害者総合支援法

イ　１—児童の権利条約　　２—障害者差別解消法

ウ　１—障害者権利条約　　２—障害者自立支援法

エ　１—児童の権利条約　　２—障害者総合支援法

オ　１—障害者権利条約　　２—障害者差別解消法

問２　下線部に関して，「新しい時代の特別支援教育の在り方に関する有識者会議　報告」（令和３年１月）に示されている内容として，適切なものの組合せを選びなさい。

① 障害のある子供と障害のない子供が，年間を通じて計画的・継続的に共に学ぶ活動の更なる拡充を図る。

② 障害のある子供の教育的ニーズの変化に応じ，学びの場を変えられるよう，多様な学びの場の間で教育課程が円滑に接続することによる学びの連続性の実現を図る。

③ 学びの場の判断については，教育支援委員会を起点に様々な関係者が多角的，客観的に検討することとし，その際，学校の意向を第一に尊重する。

④ 高等学校においては，発達障害を含む障害のある生徒の入学者数が特定できないことから，個別の教育支援計画や個別の指導計画を作成・活用する必要はない。

⑤ 全ての教師には，障害の特性等に関する理解と指導方法を工夫できる力や，特別支援教育に関する基礎的な知識，合理的配慮に対する理解等が必要である。

ア　①②③　　イ　①②⑤　　ウ　①③④　　エ　②④⑤　　オ　③④⑤

4　**次の文は，「小学校学習指導要領」（平成29年　文部科学省）第１章「総則」の「第１　小学校教育の基本と教育課程の役割」の一部である。これを読んで，問１，問２に答えなさい。**

２（前略）

(1) 基礎的・基本的な知識及び技能を確実に習得させ，これらを活用して課題を解決するために必要な思考力，判断力，表現力等を育むとともに，［ 1 ］を養い，個性を生かし多様な人々との協働を促す教育の充実に努めること。その際，児童の発達の段階を考慮して，児童の［ 2 ］など，学習の基盤をつくる活動を充実するとともに，家庭との連携を図りながら，児童の学習習慣が確立するよう配慮すること。

問1　空欄1，空欄2に当てはまる適切な語句の組合せを選びなさい。

ア　1—主体的に学習に取り組む態度　　2—言語活動
イ　1—主体的に学習に取り組む態度　　2—体験活動
ウ　1—主体的に学習に取り組む態度　　2—表現活動
エ　1—豊かな心や創造性　　2—言語活動
オ　1—豊かな心や創造性　　2—体験活動

問2　学習指導要領に基づいた児童生徒の資質・能力の育成に向けてまとめられた「学習指導要領の趣旨の実現に向けた個別最適な学びと協働的な学びの一体的な充実に関する参考資料」（令和3年3月　文部科学省初等中等教育局教育課程課）に示されている内容として，適切なものの組合せを選びなさい。

① 「指導の個別化」は一定の目標を全ての児童生徒が達成することを目指し，個々の児童生徒に応じて異なる方法等で学習を進めることである。
② 補充的・発展的な学習を行う際には，各学校の判断により，個々の児童生徒の実態等に応じて学習指導要領に示していない内容を加えて指導してはならない。
③ 児童生徒自身がICTを「文房具」として自由な発想で活用できるよう環境を整え，授業をデザインすることが求められる。
④ 学校と家庭や地域，企業等とが育成を図る資質・能力やその重要性などについて認識の共有を図ることが重要である。
⑤ 「協働的な学び」は，安心して学べる居場所としての同一学年・学級の児童生徒同士の中だけで行われる学び合いのことである。

ア　①②③　　イ　①②⑤　　ウ　①③④　　エ　②④⑤　　オ　③④⑤

5　**次の文を読んで，問1，問2に答えなさい。**

［　1　］の創始者であるスイスの精神科医<u>ユング（1875～1961）</u>は，無意識の創造性を重視し，人間の心は意識と無意識の相補作用による自動調節的体系であると主張した。そして，意識の中心点を自我，人間の心の中心を自己とし，その心の外的な現れを［　2　］と呼び，それは自己の適応的な人格の仮面であるとした。

問1　空欄1，空欄2に当てはまる適切なものの組合せを選びなさい。

ア　1—分析心理学　　2—リビドー
イ　1—分析心理学　　2—ペルソナ
ウ　1—分析心理学　　2—ラポール
エ　1—行動主義心理学　　2—リビドー
オ　1—行動主義心理学　　2—ペルソナ

問2　下線部に関する記述として，適切なものの組合せを選びなさい。

① ユング派の心理療法は，夢・箱庭・絵画なてどのイメージを積極的に取り扱い，現代の心理療法に大きな影響を与えている。
② ユングは，意識には内向と外向の二つの態度と，思考，感情，感覚，直観の四つの機能があるとし，それらを組合せた八つの性格類型を考案した。
③ ユングは，一定の情動を中心に集合した精神的諸要素からなる複合体であるコン

プレックスを，意識されたものにも無意識のものにも用いた。

④ ユングは，心理療法の土台となる基本的な考え方として，実在主義，独自性，全体性，社会性，現象論，目的論，機能主義，実践主義の８つを示している。

⑤ ユングが生活的概念と科学的概念の発達史の研究から導き出した「発達の最近接領域」の理論は，教授と発達との相互関係の問題の解明に大きく寄与した。

ア ①②③　イ ①②⑤　ウ ①③④　エ ②④⑤　オ ③④⑤

6 **次の文は，「新しい時代の教育に向けた持続可能な学校指導・運営体制の構築のための学校における働き方改革に関する総合的な方策について（答申）」（平成31年　中央教育審議会）の一部である。これを読んで，問１，問２に答えなさい。**

（前略）教師のこれまでの働き方を見直し，教師が我が国の学校教育の蓄積と向かい合って自らの［ 1 ］とともに日々の生活の質や教職人生を豊かにすることで，自らの人間性や創造性を高め，子供たちに対して［ 2 ］を行うことができるようになることが学校における働き方改革の目的であり，そのことを常に原点としながら改革を進めていく必要がある。

問１　空欄１，空欄２に当てはまる適切な語句の組合せを選びなさい。

ア　１―健康を保持する　２―効果的な教育活動
イ　１―健康を保持する　２―計画的な進路指導
ウ　１―授業を磨く　２―効果的な教育活動
エ　１―授業を磨く　２―計画的な進路指導
オ　１―士気を高める　２―効果的な教育活動

問２　下線部に関して，「新しい時代の教育に向けた持続可能な学校指導・運営体制の構築のための学校における働き方改革に関する総合的な方策について（答申）」（平成31年　中央教育審議会）に示されている内容として，適切なものの組合せを選びなさい。

① 休み時間における対応は，教師に児童生徒の事故等を防止する措置を講ずる注意義務等が生じるため，教師以外の学校職員がその業務を担うことは適切ではない。

② 登下校時の見守り活動の日常的・直接的な実施は必ずしも教師が担わなければならないものではない。

③ 給食指導については，学習指導要領の特別活動として位置付けられ，その解説においても，学級担任の教師による指導が原則であると記載されている。

④ 定期テストの問題作成・採点，通知表・調査書・指導要録の作成等の学習評価，それに伴う成績処理については，スクール・サポート・スタッフ等を参画させるべきである。

⑤ 校内清掃は校内で行われるものではあるが，児童生徒が行う清掃の見守りは，教員免許を必ずしも必要とする業務ではない。

ア ①②③　イ ①②④　ウ ①④⑤　エ ②③⑤　オ ③④⑤

7 **次の文は，「いじめ防止対策推進法」（平成25年　法律第71号）の一部である。これを読んで，問１，問２に答えなさい。**

第１条　この法律は，いじめが，いじめを受けた児童等の教育を受ける権利を著しく侵害し，その［1］及び人格の形成に重大な影響を与えるのみならず，その生命又は身体に重大な危険を生じさせるおそれがあるものであることに鑑み，児童等の［2］を保持するため，いじめの防止等（いじめの防止，いじめの早期発見及びいじめへの対処をいう。以下同じ。）のための対策に関し，基本理念を定め，（中略）いじめの防止等のための対策を総合的かつ効果的に推進することを目的とする。

第11条　文部科学大臣は，関係行政機関の長と連携協力して，<u>いじめの防止等のための対策を総合的かつ効果的に推進するための基本的な方針</u>（以下「いじめ防止基本方針」という。）を定めるものとする。

問1　空欄1，空欄2に当てはまる語句の組合せを選びなさい。

ア　1―心身の健全な成長　　2―安全
イ　1―心身の健全な成長　　2―能力
ウ　1―心身の健全な成長　　2―尊厳
エ　1―就学機会の確保　　2―安全
オ　1―就学機会の確保　　2―尊厳

問2　下線部に関して，「いじめの防止等のための基本的な方針」（平成25年10月11日文部科学大臣決定　最終改定　平成29年3月14日）に示されている内容として，適切なものの組合せを選びなさい。

①　いじめは，どの子供にも，どの学校でも起こりうることを踏まえ，全ての児童生徒を対象としたいじめの未然防止の観点が重要である。
②　やむを得ない事由のため，就学困難と認められる子供の保護者に対しては，学校の設置者は，その義務を猶予又は免除することができる。
③　学校の設置者は，いじめを早期に発見するため，当該学校に在籍する児童生徒に対する定期的なアンケート調査，個人面談，その他の必要な措置を講ずる。
④　各学校は，策定した学校いじめ防止基本方針の内容を，必ず入学時・各年度の開始時に児童生徒，保護者，関係機関等に説明する。
⑤　学校評価において，いじめの問題を取り扱うに当たっては，取組の達成状況を把握することが困難なことから，いじめの有無やその多寡のみを評価する。

ア　①②③　　イ　①②⑤　　ウ　①③④　　エ　②④⑤　　オ　③④⑤

8　**次の文は，「中学校学習指導要領」（平成29年　文部科学省）第1章「総則」の「第1　中学校教育の基本と教育課程の役割」の一部である。これを読んで，問1，問2に答えなさい。**

4　各学校においては，生徒や学校，［1］の実態を適切に把握し，教育の目的や目標の実現に必要な教育の内容等を教科等横断的な視点で組み立てていくこと，教育課程の実施状況を［2］してその改善を図っていくこと，教育課程の実施に必要な人的又は物的な体制を確保するとともにその改善を図っていくことなどを通して，教育課程に基づき組織的かつ計画的に各学校の教育活動の質の向上を図っていくこと（以下「<u>カリキュラム・マネジメント</u>」という。）に努めるものとする。

問1　空欄1，空欄2に当てはまる適切な語句の組合せを選びなさい。

ア　1―学習状況　　2―評価

イ　1―学習状況　　2―調査

ウ　1―地域　　2―把握

エ　1―地域　　2―評価

オ　1―地域　　2―調査

問2　下線部に関して,「中学校学習指導要領解説　総則編」(平成29年　文部科学省)第1章に示されている内容として, 適切なものの組合せを選びなさい。

① 教育課程の編成に当たっては, 育成を目指す資質・能力を指導のねらいとして明確に設定していくことが求められていることに留意が必要である。

② カリキュラム・マネジメントを効果的に進めるためには, 何を目標として教育活動の質の向上を図っていくのかを明確にすることが重要である。

③ 教育課程の実施に当たっては, 各学校の実態を考慮することなく, 人的又は物的な体制を一律に確保することが必要である。

④ 各学校の教育課程は, 校長, 副校長や教頭が, 教育課程に関する研究を重ね, 創意工夫を加えて編成や改善を図っていくことが重要である。

⑤ 各学校においては, 教育の目的や目標の実現に必要な教育の内容等を選択し, 生徒の生活時間と教育の内容との効果的な組合せを考えながら, 年間や学期, 月, 週ごとの授業時数を適切に定めることが求められる。

ア　①②④　　イ　①②⑤　　ウ　①③⑤　　エ　②③④　　オ　③④⑤

9　**次の表は, 道徳教育及び道徳の時間に関する小学校学習指導要領の主な改訂や一部改正の内容について年代順にまとめたものである。これを見て, 問1, 問2に答えなさい。**

昭和33年(1958年)改訂	道徳教育は学校の教育活動全体を通じて行うことを明示
昭和43年(1968年)改訂	道徳の時間において, 各教科及び[1]における道徳教育との関連を重視
平成元年(1989年)改訂	内容項目を四つの視点から再構成
平成20年(2008年)改訂	道徳の時間が道徳教育の要であることの明確化
平成27年(2015年)一部改正	「特別の教科　道徳」に, [2]を導入することなどを基本的な考え方として改正

問1　空欄1, 空欄2に当てはまる適切な語句の組合せを選びなさい。

ア　1―特別活動　　2―検定教科書

イ　1―特別活動　　2―観点別評価

ウ　1―特別活動　　2―専科教員

エ　1―総合的な学習の時間　　2―検定教科書

オ　1―総合的な学習の時間　　2―観点別評価

問2　表に関する内容として, 適切なものの組合せを選びなさい。

① 昭和33年の改訂では, 道徳教育の徹底を図るため, 道徳の時間を, 毎学年, 週1単位時間以上にわたって行うように計画することとした。

② 昭和43年の改訂では,「道徳教育の目標」と「道徳の時間の目標」の性格と役割が一層明確になるよう示された。

③　平成元年の改訂では，完全学校週５日制が実施されることに伴い，各学年の道徳の時間の授業時数について改正を行った。

④　平成20年の改訂では，道徳教育推進教師について，道徳教育の指導計画の作成に関することや，道徳の時間の充実と指導体制に関すること等の役割が例示された。

⑤　平成27年の一部改正では，道徳の時間を「特別の教科　道徳」として位置付け，学校における道徳教育は，「特別の教科　道徳」のみで指導することが示された。

ア　①②③　　イ　①②④　　ウ　①④⑤　　エ　②③⑤　　オ　③④⑤

10　**次の文は，「生徒指導提要」（令和４年　文部科学省）の第３章「チーム学校による生徒指導体制」の一部である。これを読んで，問１，問２に答えなさい。**

（前略）日本は，諸外国に比して，学校内の専門職として教員が占める割合が［　1　］国です。そのことによる利点も多くありますが，児童生徒の抱える問題や課題が［　2　］しているなかで，教員の専門性をもって全ての問題や課題に対応することが，児童生徒の最善の利益の保障や達成につながるとは必ずしも言えない状況になっています。したがって，多様な専門職，あるいは，専門職という枠組みにとらわれない地域の様々な「思いやりのある大人」が，教員とともに学校内で<u>連携・協働する体制</u>を形作ることが求められています。（後略）

問１　空欄１，空欄２に当てはまる適切な語句の組合せを選びなさい。

ア　１―高い　　２―複雑化・多様化
イ　１―高い　　２―明確化・具体化
ウ　１―高い　　２―単純化・画一化
エ　１―低い　　２―複雑化・多様化
オ　１―低い　　２―明確化・具体化

問２　下線部について，「生徒指導提要」（令和４年　文部科学省）に示されている内容として，適切なものの組合せを選びなさい。

①　トップダウンのピラミッド型組織により，情報の収集と伝達を円滑に進めるためのネットワークを学校の内外につくることが求められる。

②　同僚の教職員間で継続的に振り返りを行うことで自身の認知や行動の特性を自覚することができ，幅広い他者との協働が可能になる。

③　一人でも仕事をこなさなくてはという思い込みを捨てて組織で関わることで，児童生徒理解も対応も柔軟できめ細かいものになる。

④　学校と警察等との連携は，刑罰法令に抵触する行為に対処する困難課題対応的生徒指導上の連携にとどまらず，不良行為に対する課題予防的生徒指導上の連携も挙げられる。

⑤　生徒指導の方針・基準については，児童生徒や保護者，地域の人々の合意形成を図ることなく，児童生徒の実態をよく知る学校がその責任において作成する。

ア　①②③　　イ　①②⑤　　ウ　①④⑤　　エ　②③④　　オ　③④⑤

解答&解説

1 解答 問1 イ　問2 ア

解説 文部科学省「改正教育公務員特例法に基づく公立の小学校等の校長及び教員としての資質の向上に関する指標の策定に関する指針の改正等について（通知）」(2022年8月31日）を参照。

問1 「1. 改正等の趣旨」を参照。

問2 ①「2. 改正等の概要」「第三　公立の小学校等の校長及び教員としての資質の向上に関する指標の策定に関する指針の改正（令和4年文部科学省告示第115号)」の1を参照。

②「2. 改正等の概要」「第三　公立の小学校等の校長及び教員としての資質の向上に関する指標の策定に関する指針の改正（令和4年文部科学省告示第115号)」の2を参照。

⑤「2. 改正等の概要」「第三　公立の小学校等の校長及び教員としての資質の向上に関する指標の策定に関する指針の改正（令和4年文部科学省告示第115号)」の4を参照。

③教育公務員特例法第22条第2項を参照。勤務場所を離れて行う「研修の機会」の規定。「勤務場所を離れて研修を行わなければならない」ではなく「勤務場所を離れて研修を行うことができる」。

④教育公務員特例法第25条第1項を参照。「指導改善研修」の規定。従前より実施しなければならないことが明記されている。

2 解答 問1 ウ　問2 オ

解説 教育相談等に関する調査研究協力者会議「児童生徒の教育相談の充実について～学校の教育力を高める組織的な教育相談体制づくり～（報告）」(2017年1月）の「第2章 今後の教育相談体制の在り方」を参照。

問1 「第1節　総論」「2　学校内の関係者がチームとして取り組み，関係機関と連携した体制づくり」を参照。

問2 「第3節　学校及び教育委員会における体制の在り方」「1 学校における教育相談体制の在り方」を参照。

②「(3)学級担任・ホームルーム担任の役割」を参照。

④「(2)養護教諭の役割」を参照。

⑤「(1)校長の役割」「【学校内】」「(オ)教職員への理解促進」を参照。

①「(1)校長の役割」「【学校内】」「(ア)教職員，ＳＣ及びＳＳＷ等の関係者が連携した教育相談体制づくり」を参照。正しくは「ケース会議は，不登校，いじめ等を認知した場合及びその疑いが生じた際に速やかに開催し，関係者が把握している情報の共有や，何を目標に，誰を中心に，誰が何をするのかを明確にした支援策を決定し，関係者が組織として実行することが重要である」と示されている。

③「(1)校長の役割」「【学校外】」「(ア)『児童生徒理解・教育支援シート』を活用した学校内，学校間，関係機関との情報の共有と連携」を参照。正しくは「情報共

有においては，児童生徒本人や保護者の同意を得ることを原則とすることが重要である」と示されている。

3 **解答** 問1　オ　　問2　イ

解説 問1　1：障害者の権利に関する条約（障害者権利条約）は，障害者の人権及び基本的自由の享有を確保し，障害者の固有の尊厳の尊重を促進することを目的として，障害者の権利の実現のための措置等について定める条約。

2：障害を理由とする差別の解消に関する法律（障害者差別解消法）は，国連の障害者の権利に関する条約の締結に向けた国内法制度の整備の一環として，全ての国民が障害の有無によって分け隔てられることなく，相互に人格と個性を尊重し合いながら共生する社会の実現に向け，障害を理由とする差別の解消を推進することを目的として制定された。

問2　新しい時代の特別支援教育の在り方に関する「新しい時代の特別支援教育の在り方に関する有識者会議　報告」(2021年1月）を参照。

①・②「Ⅰ．特別支援教育を巡る状況と基本的な考え方」「(これからの特別支援教育の方向性)」を参照。

⑤「Ⅲ．特別支援教育を担う教師の専門性の向上」「1．全ての教師に求められる特別支援教育に関する専門性」「(求められる資質・専門性)」を参照。

③「Ⅱ．障害のある子供の学びの場の整備・連携強化」「1．就学前における早期からの相談・支援の充実」「(きめ細かな就学相談と保護者への具体的な情報提供及び学びの場の検討等の支援)」を参照。「学校の意向を第一に尊重する」ではなく「本人や保護者の意向を可能な限り尊重する」と示されている。

④「Ⅱ．障害のある子供の学びの場の整備・連携強化」「4．高等学校における学びの場の充実」「(発達障害等のある生徒への支援)」を参照。正しくは「高等学校においても発達障害を含む障害のある生徒が一定数入学していることを前提として，個別の教育支援計画や個別の指導計画を作成・活用し，適切な指導及び必要な支援を行うことが重要である」と示されている。

4 **解答** 問1　ア　　問2　ウ

解説 問1　平成29年版小学校学習指導要領（2017年3月31日告示）の「第1章　総則」「第1　小学校教育の基本と教育課程の役割」の2の(1)を参照。

問2　文部科学省「学習指導要領の趣旨の実現に向けた個別最適な学びと協働的な学びの一体的な充実に関する参考資料」(2021年3月）を参照。

①「2．育成を目指す資質・能力と個別最適な学び・協働的な学び」「(3)個別最適な学びと協働的な学びの一体的な充実」「①個別最適な学び」を参照。

③「2．育成を目指す資質・能力と個別最適な学び・協働的な学び」「(2)学校教育の情報化」を参照。

④「3．教育課程の編成」「(1)各学校の教育目標と教育課程の編成」を参照。

②「5．児童生徒の発達の支援」「(3)個に応じた指導の充実」を参照。正しくは「学校において特に必要がある場合は，異なる学年の内容を含めて学習指導要領に示していない内容を加えて指導することができる」と示されている。

⑤「4．教育課程の実施と学習評価」「⑴主体的・対話的で深い学びの実現に向けた授業改善」「①個別最適な学び・協働的な学びと授業改善」を参照。正しくは「『協働的な学び』は，同一学年・学級の児童生徒同士の学び合いだけでなく，異学年間の学びや他の学校の児童生徒との学び合い，地域の方々や多様な専門家との協働なども含むもの」と示されている。

5 **解答** 問1　イ　　問2　ア

解説 問1　1：分析心理学は，精神分析を基礎とし，夢分析を中心とする心理学。

2：ペルソナとは，私たち人間が社会生活を送る際に求められた役割を演じる機能やその一面を指す概念で，他者と関わる際に顕在化する行動様式といえる。

問2　④実存主義はフランクル（1905～97）ら，全体性はパールズ（1905～90）ら，現象論はロジャーズ（1902～87）ら，目的論はアドラー（1870～1937）ら，機能主義はジェームス（1842～1910）らの理論の中核をなす言葉である。

⑤「発達の最近接領域」は，「ユング」（1875～1961）ではなく「ヴィゴツキー」（1896～1934）の理論。

6 **解答** 問1　ウ　　問2　エ

解説 中央教育審議会答申「新しい時代の教育に向けた持続可能な学校指導・運営体制の構築のための学校における働き方改革に関する総合的な方策について」（2019年1月25日）を参照。

問1　「第1章　学校における働き方改革の目的」「2．学校における働き方改革の目的」を参照。

問2　別紙2「これまで学校・教師が担ってきた代表的な業務の在り方に関する考え方について」を参照。

②「【基本的には学校以外が担うべき業務】」「①登下校に関する対応」を参照。

③「【教師の業務だが，負担軽減が可能な業務】」「⑨給食時の対応」を参照。

⑤「【学校の業務だが，必ずしも教師が担う必要のない業務】」「⑦校内清掃」を参照。

①「【学校の業務だが，必ずしも教師が担う必要のない業務】」「⑥ 児童生徒の休み時間における対応」を参照。「学校には，休み時間における児童生徒の事故等を防止する措置を講ずる注意義務等が生じるが，現在でも教師以外の学校職員がその業務を担うこともある」とし，「児童生徒や学校の状況等に応じ，責任体制を明確化するとともに，注意・配慮が必要な情報等について十分に共有を図った上で，例えば，地域ボランティア等の協力も得ながら，全ての教師が毎日，児童生徒の休み時間の対応をするのではなく，輪番等によって負担を軽減する等の取組を促進すべきである」と示されている。

④「【教師の業務だが，負担軽減が可能な業務】」「⑪ 学習評価や成績処理」を参照。正しくは「学校教育法施行規則により作成が義務付けられている指導要録については，観点別に学習評価を実施することが現行制度上求められており，これに伴う定期テストの問題作成・採点，通知表・調査書・指導要録の作成等の学習評価，それに伴う成績処理については教師が行うべき業務である」と示されてい

る。

7 解答 問1　ウ　　問2　ウ

解説 問1　いじめ防止対策推進法第1条を参照。この法律の「目的」の規定。

問2 「いじめの防止等のための基本的な方針」(2013年10月11日文部科学大臣決定，2017年3月14日最終改定) を参照。

①「第1　いじめの防止等のための対策の基本的な方向に関する事項」「7　いじめの防止等に関する基本的考え方」「(1)いじめの防止」を参照。

③「第2　いじめの防止等のための対策の内容に関する事項」「2　いじめの防止等のために地方公共団体等が実施すべき施策」「(5)地方公共団体等が実施すべき施策」「②学校の設置者として実施すべき施策」を参照。

④「第2　いじめの防止等のための対策の内容に関する事項」「3　いじめの防止等のために学校が実施すべき施策」「(2)学校いじめ防止基本方針の策定」を参照。

②該当する記載はない。

⑤「第2　いじめの防止等のための対策の内容に関する事項」「2　いじめの防止等のために地方公共団体等が実施すべき施策」「(5)地方公共団体等 が実施すべき施策」「②学校の設置者として実施すべき施策」を参照。「学校評価において，いじめの問題を取り扱うに当たっては，学校評価の目的を踏まえ，いじめの有無やその多寡のみを評価するのではなく，(中略) 児童生徒や地域の状況を十分踏まえて目標を立て，目標に対する具体的な取組状況や達成状況を評価し，評価結果を踏まえてその改善に取り組むようにしなければならない」と示されている。

8 解答 問1　エ　　問2　イ

解説 問1　平成29年版中学校学習指導要領 (2017年3月31日告示) の「第1章　総則」「第1　中学校教育の基本と教育課程の役割」の4を参照。

問2 『中学校学習指導要領解説　総則編』(2017年7月) を参照。

①・⑤「第3章　教育課程の編成及び実施」「第1節　中学校教育の基本と教育課程の役割」「4　カリキュラム・マネジメントの充実 (第1章第1の4)」「イ　カリキュラム・マネジメントの三つの側面を通して，教育課程に基づき組織的かつ計画的に各学校の教育活動の質の向上を図っていくこと」「(ア)教育の目的や目標の実現に必要な教育の内容等を教科等横断的な視点で組み立てていくこと」を参照。

②「第3章　教育課程の編成及び実施」「第1節　中学校教育の基本と教育課程の役割」「4　カリキュラム・マネジメントの充実 (第1章第1の4)」「イ　カリキュラム・マネジメントの三つの側面を通して，教育課程に基づき組織的かつ計画的に各学校の教育活動の質の向上を図っていくこと」を参照。

③「第1章　総説」「1　改訂の経緯及び基本方針」「(2)改訂の基本方針」「④各学校におけるカリキュラム・マネジメントの推進」を参照。正しくは「学校全体として，児童生徒や学校，地域の実態を適切に把握し，教育内容や時間の配分，必要な人的・物的体制の確保，教育課程の実施状況に基づく改善などを通して，教育活動の質を向上させ，学習の効果の最大化を図るカリキュラム・マネジメン

トに努めることが求められる」と示されている。

④「第３章　教育課程の編成及び実施」「第１節　中学校教育の基本と教育課程の役割」「１ 教育課程編成の原則（第１章第１の１）」「(1)教育課程の編成の主体」を参照。正しくは「各学校の教育課程は，これらの学校の運営組織を生かし，各教職員がそれぞれの分担に応じて十分研究を重ねるとともに教育課程全体のバランスに配慮しながら，創意工夫を加えて編成することが大切である」と示されている。

9 **解答** 問１　ア　　問２　イ

解説 問１　１：昭和43年版小学校学習指導要領の「第３章　道徳」「第１　目標」では「道徳の時間においては，以上の目標に基づき，各教科および特別活動における道徳教育と密接な関連を保ちながら，計画的，発展的な指導を通して，これを補充し，深化し，統合して，児童の道徳的判断力を高め，道徳的心情を豊かにし，道徳的態度と実践意欲の向上を図るものとする」と示されている。

２：中央教育審議会答申「道徳に係る教育課程の改善等について」(2014年10月21日）の「２　道徳に係る教育課程の改善方策」「(5)『特別の教科　道徳』(仮称）に検定教科書を導入する」において，「道徳教育の充実を図るためには，充実した教材が不可欠であり，『特別の教科　道徳』の特性を踏まえ，教材として具備すべき要件に留意しつつ，民間発行者の創意工夫を生かすとともに，バランスのとれた多様な教科書を認めるという基本的な観点に立ち，中心となる教材として，検定教科書を導入することが適当である」と提言されたことを踏まえたものである。

問２　①昭和33年の改訂では，「第１章　総則」「第２　道徳教育」において道徳の授業時数については「年間の最高授業時数は定められていないが，これらの授業時数を定めたり，配当したりするにあたっては，児童の負担過重にならないように考慮すること」「各教科および道徳に充てる授業時数が最低授業時数を下らないようにすること」「各教科および道徳の授業の１単位時間は，45分とすることが望ましい」などが示されている（「第１章　総則」「第１　教育課程の編成」「２　授業時数の配当」)。

②昭和43年の改訂では，「第１章　総則」「第２　道徳教育」において「道徳教育の目標は，教育基本法および学校教育法に定められた教育の根本精神に基づく。すなわち，道徳教育は，人間尊重の精神を家庭，学校，その他社会における具体的な生活のなかに生かし，個性豊かな文化の創造と民主的な社会および国家の発展に努め，進んで平和的な国際社会に貢献できる日本人を育成するため，その基盤としての道徳性を養うことを目標とする」と示されている（「道徳教育の目標」)。

また，「第３章　道徳」「第１　目標」では，「道徳教育は，人間尊重の精神を家庭，学校，その他社会における具体的な生活のなかに生かし，個性豊かな文化の創造と民主的な社会および国家の発展に努め，進んで平和的な国際社会に貢献できる日本人を育成するため，その基盤としての道徳性を養うことを目標とする」と示されている（「道徳の時間の目標」)。

④平成20年の改訂では,「各学校においては,校長の方針の下に,道徳教育の推進を主に担当する教師（以下「道徳教育推進教師」という。）を中心に,全教師が協力して道徳教育を展開するため,次に示すところにより,道徳教育の全体計画と道徳の時間の年間指導計画を作成するものとする」と示されている（「第３章　道徳」「第３　指導計画の作成と内容の取扱い」）。

③平成元年版学習指導要領と昭和52年版学習指導要領において,道徳の授業時数は小学校第１学年34単位時間,小学校第２学年～中学校第３学年35単位時間は同じである。

⑤平成20年版学習指導要領（2015年一部改正）の「第１章　総則」「第１　教育課程編成の一般方針」の２では,「学校における道徳教育は,特別の教科である道徳（以下「道徳科」という。）を要として学校の教育活動全体を通じて行うもの」と示されており,これは平成29年版学習指導要領においても同様である。

10 **解答** 問１　ア　　問２　エ

解説『生徒指導提要』（2022年12月）の「第Ⅰ部　生徒指導の基本的な進め方」「第３章　チーム学校による生徒指導体制」を参照。

問１　「3.1　チーム学校における学校組織」「3.1.1　チーム学校とは」を参照。

問２　②「3.1　チーム学校における学校組織」「3.1.2　チーム学校として機能する学校組織」「④同僚間での継続的な振り返り（リフレクション）を大切にする」を参照。

③「3.1　チーム学校における学校組織」「3.1.2　チーム学校として機能する学校組織」「①一人で抱え込まない」を参照。

④「3.7　学校・家庭・関係機関等との連携・協働」「3.7.3　学校と関係機関との連携・協働」「⑵学校と警察・司法」「①警察」を参照。

①「3.1　チーム学校における学校組織」「3.1.2　チーム学校として機能する学校組織」「③管理職を中心に,ミドルリーダーが機能するネットワークをつくる」を参照。正しくは「トップダウンのピラミッド型組織ではなく,情報の収集と伝達を円滑に進めるためのネットワークを学校の内外につくることが求められます」と示されている。

⑤「3.2　指導体制」「3.2.2　学年・校務分掌を横断する生徒指導体制」「⑴生徒指導の方針・基準の明確化・具体化」を参照。正しくは「方針・基準の作成に当たっては,学校や児童生徒の実態把握に基づいて目標設定を行うとともに,児童生徒や保護者,地域の人々の声にできる限り耳を傾けて合意形成を図ることが重要です」と示されている。

青森県

実施日	2023(令和５)年７月22日	試験時間	60分（一般教養を含む）
出題形式	マークシート式	問題数	６題（解答数30）
パターン	原理・法規＋時事・心理・教育史	公開状況	問題:公開　解答:公開

傾向&対策 ●大問５題の構成は，教育法規２題，教育原理２題，教育史・教育心理１題，教育時事１題。●教育法規は，日本国憲法，教育基本法，地方公務員法，学校教育法，教育職員等による児童生徒性暴力等の防止等に関する法律の空欄補充問題。加えて子どもの貧困対策の推進に関する法律は，独立した大問で問われた。●教育原理は，学習指導要領が必出で，「特別活動」の「指導計画の作成と内容の取扱い」より。改訂『生徒指導提要』より不登校についても問われた。●教育史・教育心理は，説明文から該当する人物や教育心理の用語を選択する問題で，ルソー，シュテルン，ブルーム，貝原益軒，自立訓練法。●新登場の教育時事は，「令和の日本型学校教育」に関する中央教育審議会答申（2021年１月）。

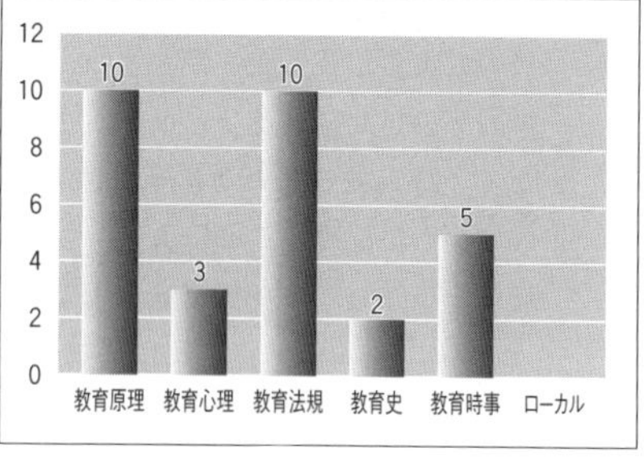

出題領域

教育原理	教育課程・学習指導要領		総　則		特別の教科　道徳	
	外国語・外国語活動		総合的な学習(探究)の時間		特別活動	5
	学習指導		生徒指導	5	学校・学級経営	
	特別支援教育		人権・同和教育		その他	
教育心理	発　達	1	学　習		性格と適応	
	カウンセリングと心理療法	1	教育評価	1	学級集団	
教育法規	教育の基本理念	1	学校教育	2	学校の管理と運営	
	児童生徒	6	教職員	1	その他	
教育史	日本教育史	1	西洋教育史	1		
教育時事	答申・統計	5	ローカル			

表中の数字は，解答数

全校種共通

☞解答＆解説 p.23

1　次の文は，法律の条文の一部である。a～eにあてはまる語句を下の①～④から1つずつ選び，マークしなさい。

○　すべて国民は，法律の定めるところにより，その（　a　）に応じて，ひとしく教育を受ける権利を有する。〔日本国憲法〕

○　国民は，その（　b　）する子に，別に法律で定めるところにより，普通教育を受けさせる義務を負う。〔教育基本法〕

○　職員は，職務上知り得た（　c　）を漏らしてはならない。その職を退いた後も，また，同様とする。〔地方公務員法〕

○　学校においては，（　d　）を徴収することができる。ただし，国立又は公立の小学校及び中学校，義務教育学校，中等教育学校の前期課程又は特別支援学校の小学部及び中学部における義務教育については，これを徴収することができない。〔学校教育法〕

○　この法律は，教育職員等による児童生徒性暴力等が児童生徒等の権利を著しく侵害し，児童生徒等に対し生涯にわたって回復し難い（　e　）外傷その他の心身に対する重大な影響を与えるものであることに鑑み，児童生徒等の尊厳を保持するため，児童生徒性暴力等の禁止について定めるとともに，教育職員等による児童生徒性暴力等の防止等に関し，基本理念を定め，国等の責務を明らかにし，基本指針の策定，教育職員等による児童生徒性暴力等の防止に関する措置並びに教育職員等による児童生徒性暴力等の早期発見及び児童生徒性暴力等への対処に関する措置等について定め，あわせて，特定免許状失効者等に対する教育職員免許法（昭和24年法律第147号）の特例等について定めることにより，教育職員等による児童生徒性暴力等の防止等に関する施策を推進し，もって児童生徒等の権利利益の擁護に資することを目的とする。

〔教育職員等による児童生徒性暴力等の防止等に関する法律〕

a　①意欲　②身分　③能力　④資質

b　①保護　②看護　③養育　④扶養

c　①情報　②事実　③機密　④秘密

d　①入学料　②授業料　③使用料　④検定料

e　①精神的　②身体的　③心理的　④衝動的

2　次の文は，小学校学習指導要領，中学校学習指導要領及び高等学校学習指導要領の「特別活動」の一部である。a～eにあてはまる語句を下の①～④から1つずつ選び，マークしなさい。

第3　指導計画の作成と内容の取扱い

1　指導計画の作成に当たっては，次の事項に配慮するものとする。

(1)　特別活動の各活動及び学校行事を見通して，その中で育む資質・能力の育成に向けて，※1<u>児童</u>の主体的・対話的で深い学びの実現を図るようにすること。その際，よりよい（　a　）の形成，よりよい集団生活の構築や社会への参画及び（　b　）に資するよう，※1<u>児童</u>が集団や社会の形成者としての見方・考え方を働かせ，様々な集団活動に自主的，実践的に取り組む中で，互いのよさや個性，多様な考えを認

め合い，等しく（　c　）に関わり役割を担うようにすることを重視すること。(中略)

(3)　※2学級活動における※1児童の自発的，（　d　）な活動を中心として，各活動と学校行事を相互に関連付けながら，個々の※1児童についての理解を深め，教師と※1児童，※1児童相互の（　e　）を育み，※2学級経営の充実を図ること。その際，特に，いじめの未然防止等を含めた生徒指導との関連を図るようにすること。

※1　中学校及び高等学校においては，「生徒」とする。
※2　高等学校においては，「ホームルーム」とする。

a	①学習態度	②人格	③秩序	④人間関係
b	①実践意欲	②自己実現	③キャリア形成	④進路選択
c	①合意形成	②意思決定	③話合い活動	④集団決定
d	①積極的	②啓発的	③自治的	④計画的
e	①協調関係	②信頼関係	③補完関係	④共生関係

3　**次の文は，生徒指導提要（令和４年12月　文部科学省）の一部である。a～eに最も適する語句を下の①～④から１つずつ選び，マークしなさい。**

不登校児童生徒への支援の目標は，将来，児童生徒が精神的にも経済的にも自立し，（　a　）を送れるような，社会的自立を果たすことです。そのため，不登校児童生徒への支援においては，学校に登校するという結果のみを目標とするのではなく，児童生徒が（　b　）を主体的に捉え，社会的自立を目指せるように支援を行うことが求められます。

このことは，「児童生徒一人一人の個性の発見と（　c　）の伸長と社会的資質・能力の発達を支えると同時に，自己の幸福追求と社会に受け入れられる自己実現を支える」という生徒指導の目的そのものと重なるものであると言えます。

人が社会で充実した人生を歩んでいくためには，自分と関わる人たちとの関係性を保ちながら，自らの意志と判断で主体的に社会に参画していくことができるようになることが重要です。そのため，ここでいう社会的自立は，依存しないことや支援を受けないということではなく，適切に他者に依存したり，自らが必要な支援を求めたりしながら，社会の中で自己実現していくという意味であると捉えることができます。

したがって，不登校で苦しんでいる児童生徒への支援の第一歩は，将来の社会的自立に向けて，現在の生活の中で，「傷ついた（　d　）を回復する」，「コミュニケーション力や（　e　）を身に付ける」，「人に上手にSOSを出せる」ようになることを身近で支えることに他なりません。その上で，社会的自立に至る多様な過程を個々の状況に応じてたどることができるように支援することが，次の目標になると考えられます。

a	①幸せな生活	②豊かな人生	③自由な暮らし	④明るい未来
b	①自らの夢	②自らの将来	③自らの進路	④自らの人生
c	①生きる力	②よさや可能性	③学力や才能	④特性
d	①自己有用感	②自負心	③克己心	④自己肯定感
e	①自己管理能力	②社会形成能力	③レジリエンス	④ソーシャルスキル

4　**次の文は，子どもの貧困対策の推進に関する法律（平成26年１月17日施行）の一部である。a～eにあてはまる語句を下の①～④から１つずつ選び，マークしなさい。**

(基本理念)

第2条　子どもの貧困対策は，社会のあらゆる分野において，子どもの年齢及び発達の程度に応じて，その意見が尊重され，その（ a ）が優先して考慮され，子どもが心身ともに健やかに育成されることを旨として，推進されなければならない。

2　子どもの貧困対策は，子ども等に対する（ b ），生活の安定に資するための支援，職業生活の安定と向上に資するための就労の支援，経済的支援等の施策を，子どもの（ c ）がその生まれ育った環境によって左右されることのない社会を実現することを旨として，子ども等の生活及び取り巻く環境の状況に応じて（ d ）に講ずることにより，推進されなければならない。

3　子どもの貧困対策は，子どもの貧困の背景に様々な（ e ）があることを踏まえ，推進されなければならない。

a　①教育の機会　②最低限度の生活　③最善の利益　④生涯の幸福
b　①教育の支援　②体験の支援　③学習の支援　④特別の支援
c　①夢及び希望　②自由及び権利　③現在及び将来　④安心及び安全
d　①主体的かつ創造的　②包括的かつ早期　③丁寧かつ迅速　④連続的かつ発展的
e　①国際的な要因　②環境的な要因　③経済的な要因　④社会的な要因

5　**次の(1)～(5)について，最も関係の深いものを下の①～④から1つずつ選び，マークしなさい。**

(1)　ジュネーブに生まれ，フランスで活動した思想家。教育論『エミール』は，近代教育思想の上で際立った位置にある。理性的能力が芽生える年齢前の子ども期の感性的能力を十分に発達させることが，その後の確かな大人の理性的能力を得るために重要であるとした。こういった子ども期の発達の固有の意味をとらえたことは，教育史上，一般に「子どもの発見」といわれる。

①ルソー　②コンドルセ　③デュルケーム　④モンテスキュー

(2)　ドイツ，アメリカ合衆国で活躍した心理学者。人間についての哲学的思索を深める一方で，実証主義的見知から科学的な人格学確立をめざし，現実生活や教育への心理学の応用を模索して，フランスのビネーが開発した知能検査法を発展させた。遺伝と環境をめぐる発達論上の対立を克服するために，個体的要因と環境的要因を総合した輻輳説を提唱した。

①ピアジェ　②ヴィゴツキー　③シュテルン　④ワトソン

(3)　アメリカの教育心理学者で，評価論の研究者。教育目標の分類学に基づく完全習得学習を提唱した。個々の生徒の学習状況を把握し，適切な指導を行うために診断的評価，形成的評価，総括的評価を提唱し，大多数の児童生徒に確実に学習させることを目的とした。

①ブルーム　②トールマン　③ブルーナー　④ソーンダイク

(4)　江戸前・中期の儒学者。『和俗童子訓』では，子どもとその教育の問題を養護・訓育・教授の観点から論じ，早期からの教育の必要や，養育者とくに親の教育的役割を説き，過保護を戒めて，子どものしつけの必要性を説いた。巻5では，家を保つための従順な女性像とその教育のあり方を示し，その後の『女大学』の原型となった。

①林羅山　②貝原益軒　③伊藤仁斎　④石田梅岩

(5) シュルツによって考案された心身の調整を目的とする治療技法。「手足が重たい」，「手足があたたかい」など一連の公式化された文句による自己暗示と，暗示内容に関連した身体部位への受動的注意集中とにもとづく，一種の自己催眠法である。

①論理療法　②ゲシュタルト療法　③自律訓練法　④精神分析療法

6 **次の文は，「「令和の日本型学校教育」の構築を目指して　～全ての子供たちの可能性を引き出す，個別最適な学びと，協働的な学びの実現～（答申）」（令和３年１月　中央教育審議会）の一部である。a～eに最も適する語句を下の①～④から１つずつ選び，マークしなさい。**

○　特別支援教育は，障害のある子供の自立や（　a　）に向けた主体的な取組を支援するという視点に立ち，子供一人一人の（　b　）を把握し，その持てる力を高め，生活や学習上の困難を改善又は克服するため，適切な指導及び必要な支援を行うものである。また，特別支援教育は，発達障害のある子供も含めて，障害により特別な支援を必要とする子供が在籍する全ての学校において実施されるものである。（中略）

○　また，（　c　）に関する条約に基づくインクルーシブ教育システムの理念を構築し，特別支援教育を進展させていくために，引き続き，障害のある子供と障害のない子供が可能な限り共に教育を受けられる条件整備，障害のある子供の自立と（　a　）を見据え，一人一人の（　b　）に最も的確に応える指導を提供できるよう，通常の学級，通級による指導，特別支援学級，特別支援学校といった，連続性のある（　d　）の場の一層の充実・整備を着実に進めていく必要がある。（中略）

○　特別な支援が必要な予供やその保護者については，乳幼児期から学齢期，（　a　）に至るまで，地域で（　e　）支援を受けられるような支援体制の整備を行うことが重要である。

a	①適応	②成長	③学習参加	④社会参加
b	①教育的ニーズ	②社会的ニーズ	③心理的ニーズ	④潜在的ニーズ
c	①障害者の権利	②人権	③障害者差別撤廃	④児童の権利
d	①適切な学び	②効果的な学び	③多様な学び	④効率的な学び
e	①切れ目のない	②包括的な	③質の高い	④長期的な

解答＆解説

1 解答　a—③　b—①　c—④　d—②　e—③

解説　a：日本国憲法第26条第１項を参照。「教育を受ける権利」の規定。

b：教育基本法第５条第１項を参照。「義務教育」の規定。

c：地方公務員法第34条第１項を参照。「秘密を守る義務」の規定。

d：学校教育法第６条を参照。「授業料の徴収」の規定。

e：教育職員等による児童生徒性暴力等の防止等に関する法律第１条を参照。「目的」の規定。

2 解答 a―④　b―②　c―①　d―③　e―②

解説 平成29年版小学校学習指導要領（2017年３月31日告示）の「第６章　特別活動」「第３　指導計画の作成と内容の取扱い」の１⑴・⑶，平成29年版中学校学習指導要領（2017年３月31日告示）の「第５章　特別活動」「第３　指導計画の作成と内容の取扱い」の１⑴・⑶，平成30年版高等学校学習指導要領（2018年３月30日告示）の「第５章　特別活動」「第３　指導計画の作成と内容の取扱い」の１⑴・⑶を参照。

3 解答 a―②　b―③　c―②　d―④　e―④

解説『生徒指導提要』（2022年12月）の「第Ⅱ部　個別の課題に関する生徒指導」「第10章　不登校」「10.1　不登校に関する関連法規・基本指針」「10.1.4　支援の目標」を参照。

4 解答 a―③　b―①　c―③　d―②　e―④

解説 子どもの貧困対策の推進に関する法律第２条第１項～第３項を参照。「基本理念」の規定。

5 解答 ⑴―①　⑵―③　⑶―①　⑷―②　⑸―③

解説 ⑴①ルソー（1712～78）は，すべての教育は自然による教育に導かなければならないとし，子どもの発達法則，すなわち自然の歩みに即した「消極教育」を提唱した。

⑵③シュテルン（1871～1938）は，人間は目的追求的，価値実現的な存在であるという考え方に基づく人格心理学を提唱。人間の発達は先天的素質と環境的要因のどちらかによるのではなく，両者の相互作用によって行われるとした輻輳説を唱えた。

⑶①ブルーム（1913～99）は，達成すべき目標を明確にし，合理的評価とそれに基づく適切な指導を行うプロセスを繰り返すことで，学習者に学習を完全に習得させる完全習得学習（マスタリー・ラーニング）を提唱した。

⑷②貝原益軒（1630～1714）は，著書『和俗童子訓』の中で年齢に応じて教育すべきであるという随年教法を説いた。

⑸③シュルツ（1884～1970）が考案した自律訓練法は，自己催眠による心身調整法。心身症や神経症の治療に用いられ，筋肉と血管の緊張を緩めて，心理的ストレスを解消しようとするもの。

6 解答 a―④　b―①　c―①　d―③　e―①

解説 中央教育審議会答申「『令和の日本型学校教育』の構築を目指して　～全ての子供たちの可能性を引き出す，個別最適な学びと，協働的な学びの実現～」（2021年１月26日，４月22日更新）の「第II部　各論」「４．新時代の特別支援教育の在り方について」を参照。

ａ～ｄ：「⑴基本的な考え方」を参照。

ａ・ｅ：「⑷関係機関の連携強化による切れ目ない支援の充実」を参照。

岩手県

実施日	2023(令和５)年７月22日	試験時間	60分
出題形式	選択式	問題数	13題（解答数60）
パターン	法規・心理・原理・時事＋教育史・ローカル	公開状況	問題：公開　解答：公開　配点：公開

傾向＆対策

●教育原理が復活し，ローカル問題を含む全分野から出題。●最も解答数の多い教育法規は，教育基本法，地方公務員法，教育公務員特例法の空欄補充問題のほか，政治的行為の制限，職務に専念する義務など教員の服務については，具体的な事例に基づく正誤判定問題が問われた。●教育心理と教育史は，重要人物と業績を結び付ける問題のほか，前者は心理検査，発達段階について。●復活した教育原理は，改訂『生徒指導提要』と，学習指導要領「特別活動」。●教育時事は，「学習評価及び指導要録の改善等」に関する文部科学省通知（2019年３月），「次期教育振興基本計画」に関する中央教育審議会答申（2023年３月）。●必出のローカル問題は，「岩手県教育振興計画の概要」（2019年３月）。

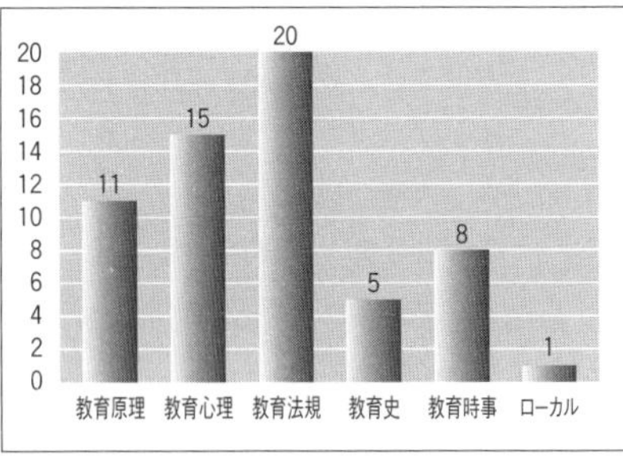

出題領域

教育原理	教育課程・学習指導要領		総　則		特別の教科　道徳	
	外国語活動		総合的な学習(探究)の時間		特別活動	5
	学習指導		生徒指導	6	学校・学級経営	
	特別支援教育		人権・同和教育		その他	
教育心理	発　達	5	学　習		性格と適応	
	カウンセリングと心理療法	5	教育評価		心理学史	5
教育法規	教育の基本理念	5	学校教育		学校の管理と運営	1
	児童生徒	4	教職員	10	その他	
教育史	日本教育史		西洋教育史	5		
教育時事	答申・統計	8	ローカル	1		

表中の数字は，解答数

全校種共通

☞解答＆解説 p.33

1 **令和４年12月に改訂された生徒指導提要について，次の(1)，(2)の問いに答えなさい。**

(1) 次の文は，生徒指導提要の「第Ⅰ部　生徒指導の基本的な進め方」の「第１章　生徒指導の基礎」からの抜粋です。文中の（ ア ）～（ オ ）にあてはまる語句を下のＡ～Ｏから一つずつ選び，その記号を書きなさい。

○ 生徒指導とは，児童生徒が，社会の中で自分らしく生きることができる存在へと，（ ア ）に成長や発達する過程を支える教育活動のことである。なお，生徒指導上の課題に対応するために，必要に応じて指導や援助を行う。

○ 生徒指導は，児童生徒一人一人の個性の発見とよさや可能性の伸長と社会的資質・能力の発達を支えると同時に，自己の（ イ ）と社会に受け入れられる自己実現を支えることを目的とする。

○ 生徒指導の目的を達成するためには，児童生徒一人一人が（ ウ ）を身に付けることが重要です。

○ 学習や生活の基盤として，教師と児童（生徒）との信頼関係及び児童（生徒）相互のよりよい人間関係を育てるため，日頃から学級経営の充実を図ること。また，主に集団の場面で必要な指導や援助を行う（ エ ）と，個々の児童（生徒）の多様な実態を踏まえ，一人一人が抱える課題に個別に対応した指導を行う（ オ ）の双方により，児童（生徒）の発達を支援すること。

Ａ プログラム　　Ｂ 主体的・対話的　　Ｃ 自己理解能力
Ｄ 人格形成　　Ｅ 自己指導能力　　Ｆ カウンセリング
Ｇ 自発的・主体的　　Ｈ カリキュラム　　Ｉ 社会的自立
Ｊ ソーシャルスキル　　Ｋ 自発的・自律的　　Ｌ ガイダンス
Ｍ 幸福追求　　Ｎ エンカウンター　　Ｏ 他者共感能力

(2) 生徒指導は，生徒指導の課題性と課題への対応の種類から分類すると，「発達支持的生徒指導」，「課題予防的生徒指導」，「困難課題対応的生徒指導」の３類になります。このうち，「発達支持的生徒指導」について説明している文として正しいものを次のＡ～Ｄから一つ選び，その記号を書きなさい。

Ａ いじめ防止教育，SOSの出し方教育を含む自殺予防教育，薬物乱用防止教育，情報モラル教育，非行防止教室等が該当します。

Ｂ 日々の教職員の児童生徒への挨拶，声かけ，励まし，賞賛，対話，及び，授業や行事等を通した個と集団への働きかけが大切になります。

Ｃ ある時期に成績が急落する，遅刻・早退・欠席が増える，身だしなみに変化が生じたりする児童生徒に対して，いじめや不登校，自殺などの深刻な事態に至らないように迅速に対応します。

Ｄ いじめアンケートのような質問紙に基づくスクリーニングテストや，SCやスクールソーシャルワーカーを交えたスクリーニング会議によって気になる児童生徒を早期に見いだして，指導・援助につなげます。

2 **次の文は，「小学校，中学校，高等学校及び特別支援学校等における児童生徒の学習**

評価及び指導要録の改善等について（通知）」（文部科学省初等中等教育局長　平成31年3月29日）に関する記述です。次の(1)～(5)の文の内容が正しいものには○印，誤っているものには×印を書きなさい。

(1)　観点別学習状況の評価の観点は，「知識・理解」，「思考・判断・表現」，「主体的に学習に取り組む態度」の3観点に整理して，これに基づく適切な観点を設定すること。

(2)　評価規準や評価方法を事前に教師同士で検討し明確化することや評価に関する実践事例を蓄積し共有することが重要である。

(3)　学習評価については，日々の授業の中で児童生徒の学習状況を適宜把握して指導の改善に生かすことに重点を置くことが重要である。

(4)　学習評価の妥当性や信頼性を高める観点から，学習評価の方針を事前に児童生徒と共有する場面を設けることは厳に慎むことが重要である。

(5)　観点別学習状況の評価になじまず個人的評価の対象となるものについては，児童生徒が学習したことのある意義や価値を実感できるよう，日々の教育活動等の中で児童生徒に伝えることが重要である。

3　**令和5年3月8日に，中央教育審議会から「次期教育振興基本計画について（答申）」が示されました。次の文は，この答申に示された「目標11　教育DXの推進・デジタル人材の育成」の「基本施策」の内容を表しているものです。文中の（ ア ）～（ ウ ）にあてはまる語句を，下のA～Iから一つずつ選び，その記号を書きなさい。**

○　個別最適な学びと（ ア ）の一体的な充実を図り，教育の質を向上させていくため，EdTechも含む，1人1台端末を用いた効果的な実践例の創出・横展開，デジタル教科書・教材・ソフトウェアの活用の促進，ICT支援員の配置の充実など，ICTの活用の日常化に向けて国策としてGIGAスクール構想を強力に推進する。

○　学習指導要領において学習の基盤なる資質・能力として位置付けられた（ イ ）育成のために，GIGAスクール構想によって整備された端末の利活用の日常化を促進するとともに，EdTechをはじめとした教育産業の力も活用しつつ，優れた事例の創出を図る。

○　（ イ ）育成のために，ICTの活用事例提供，小学校から高等学校までの（ ウ ）の充実に向けた研修，（ イ ）調査の結果公表など総合的に推進し，教師の指導力向上を図る。

A　情報分析能力　　B　主体的・対話的な学び　　C　情報活用能力
D　プログラミング教育　　E　情報モラル教育　　F　協働的な学び
G　アクティブ・ラーニング　　H　集団の一斉的な学び　　I　情報処理能力

4　**次の文は，小学校学習指導要領（平成29年告示）の「特別活動」の「第1　目標」を示したものです。なお，この文は，下線部の箇所を除き中学校学習指導要領（平成29年告示）及び高等学校学習指導要領（平成30年告示）と同じ記述になっています。**

文中の（ ア ）～（ オ ）にあてはまる語句を，下のA～Oから一つずつ選び，その記号を書きなさい。

集団や社会の形成者としての（ ア ），様々な集団活動に（ イ ）に取り組み，互いのよさや可能性を発揮しながら集団や自己の生活上の課題を解決することを通して，次のとおり資質・能力を育成することを目指す。

(1) 多様な他者と協働する様々な集団活動の意義や活動を行う上で必要となることについて理解し，(ウ) を身に付けるようにする。

(2) 集団や自己の生活，人間関係の課題を見いだし，解決するために話し合い，(エ) を図ったり，意思決定したりすることができるようにする。

(3) (イ) な集団活動を通して身に付けたことを生かして，集団や社会における(*1)生活及び人間関係をよりよく形成するとともに，自己の生き方(*2)についての考え(*3)を深め，(オ) を図ろうとする態度を養う。

＊1 「集団や社会における」は，高等学校学習指導要領では「主体的に集団や社会に参画し,」と表記されています。

＊2 「自己の生き方」は，中学校学習指導要領では「人間としての生き方」，高等学校学習指導要領では「人間としての在り方生き方」と表記されています。

＊3 「考え」は，高等学校学習指導要領では「自覚」と表記されています。

A 自己実現　B 自覚と責任をもたせ　C 具体的実践力
D 自主的，計画的　E 秩序形成　F 自己肯定
G 見方・考え方を働かせ　H 行動の在り方　I 行動の仕方
J 共同的，実践的　K 人格形成　L 合意形成
M 自己理解　N 自主的，実践的　O 思いや願いを大切に

5 次の資料は，平成31年3月に岩手県教育委員会が策定した「岩手県教育振興計画の概要」の一部です。(1)～(3)にあてはまる語句の組み合わせとして正しいものを，下のA～Eから一つ選び，その記号を書きなさい。

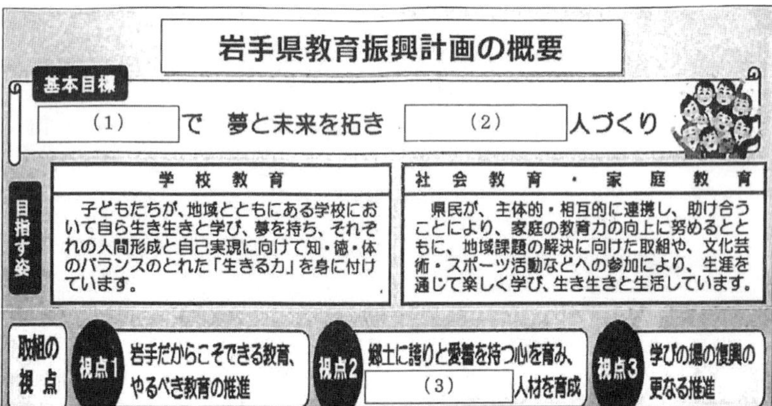

	(1)	(2)	(3)
A	地域との連携	社会を創造する	岩手で，世界で活躍する
B	学びと絆	知・徳・体を兼ね備えた	ふるさと岩手に貢献する
C	地域との連携	社会を創造する	ふるさと岩手に貢献する
D	学びと絆	社会を創造する	岩手で，世界で活躍する
E	地域との連携	知・徳・体を兼ね備えた	岩手で，世界で活躍する

6 **次の(1)〜(5)は，教育に影響を与えた心理学についての説明です。関係の深い人物を，下のA〜Oから一つずつ選び，その記号を書きなさい。**

(1) 「実験心理学の父」と呼ばれ，原子が結びついて物質になるように，意識などの心のはたらきも，多くの要素が結びついて構成されているという「構成主義」を唱えた人物。

(2) 人の考え方や行動が，他者との関係性や，個人を取り巻く集団などに影響されることに注目したアメリカ人心理学者。B=f（P・E）で表される「行動はその人の人間性と環境との相互作用で決まる」という法則を発表した。

(3) リビドーは人によって自分の内面に向かうか外に向かうかの「内向型，外向型」があるとし，これに思考，感情，感覚，直感の4つの心の機能を結合させ，性格を8つのタイプの類型に分類したスイスの精神科医。

(4) 人間を「理性と感情」，「意識と無意識」のように対立する存在ではなく，個人というこれ以上分割できない最小単位であるとし，「個人心理学」という分野をつくりあげたオーストリアの精神科医。

(5) ゲシュタルト心理学創始者の一人。「実際には物理的な運動は生じていないのに，動いているように見える」という「ファイ現象（仮現運動）」を実験的に示し，「運動視の実験的研究」を発表した。

A　ワトソン　　B　マズロー　　C　フェスティンガー
D　フロイト　　E　オルポート　　F　ナイサー
G　パブロフ　　H　ヴント　　I　レヴィン
J　アドラー　　K　ヴェルトハイマー　　L　ストーナー
M　ビネー　　N　キャッテル　　O　ユング

7 **次の(1)〜(5)は，心理検査についての説明です。説明の内容が正しいものには○印，誤っているものには×印を書きなさい。**

(1)	WPPSI知能診断検査
	ウエクスラー式知能検査の1つで，幼児・児童の知能を個別に精密に診断し，知能構造を明らかにする。知能障害の診断と指導に役立てる個別知能検査。
(2)	矢田部ギルフォード性格検査（YG）
	因子分析の手法により抽出された性格特性の質問項目に，「はい」「いいえ」「どちらともいえない」などの答えの中から最もあてはまると思うものを選ぶ質問紙法。個人の性格の全体構造を把握する。
(3)	ロールシャッハ・テスト
	インクのしみが何に見えるかといった反応から，個人のパーソナリティの査定と，心理的機能の特徴に基づく心理診断。言語的コミュニケーションが可能な年齢で行うことができる投影法心理検査。
(4)	内田クレペリン精神検査
	内向性—外向性尺度と神経症的傾向尺度の2つの性格特性を測定し，それぞれの尺度得点の組み合わせによっていくつかの性格像を描き出す質問紙法。

<table>
<tr><td rowspan="2">(5)</td><td>モーズレイ性格検査（MPI）</td></tr>
<tr><td>被検者の内的状態を把握するためのアセスメントに利用する。通常は「星と波テスト」「バウムテスト」とのテストバッテリーで用いることで，カウンセリングをいち早く促進させ深めることができる。</td></tr>
</table>

8　人間の発達段階について，次の(1)，(2)の問いに答えなさい。

(1)　文中の（ ア ）～（ ウ ）について，あてはまるものを，下のA～Lから一つずつ選び，その記号を書きなさい。

スキャモンは，身体の各器官・部位によって発達の過程が異なることに注目し，発達初期から大人までの発育量の推移を（ ア ）にまとめたが，人間の発達については様々な捉え方がある。例えば，その一生は乳児期，幼児期，児童期，青年期，成人期などに分けられるが，これは一般的な時期の区分である。一方，ある特定の機能の発達をなんらかの基準によって分けていくものが発達段階である。

発達段階としてよく知られているものに，①フロイトの性的側面からの発達段階や，②ピアジェの知能の発達の段階がある。また，コールバーグはピアジェの研究に基づき，（ イ ）を明らかにした。

また，ヴィゴツキーは，子供の精神発達の水準を2つに分けて考え，このうち子供が他者からの援助あるいは誘導により達成できる水準を（ ウ ）とし，教育の可能性を示唆している。

A　非認知能力	B　コーピング研究	C　反射の発達段階
D　生物学的パラメータ	E　身体的発達の段階	F　発達曲線
G　発達の最近接領域	H　対話的学びによる発達	I　共感的発達段階
J　道徳性の発達段階	K　言語水準	L　共感的バイアス

(2)　文中の下線部①，②の研究者が唱えた発達段階として正しいものを，それぞれA～Dから一つずつ選び，その記号を書きなさい。

①フロイト

A　求愛期→咽頭期→手指期→（潜伏期）→生殖期
B　口唇期→肛門期→男根期→（潜伏期）→性器期
C　愛情期→認知期→接触期→（潜伏期）→交渉期
D　排泄期→接触期→自我期→（潜伏期）→完成期

②ピアジェ

A　感覚運動期→視覚運動期→前操作期→感覚成長期
B　心肺運動期→形式的操作期→聴覚運動期→知覚的操作期
C　感覚運動期→前操作期→具体的操作期→形式的操作期
D　心肺運動期→聴覚運動期→視覚運動期→具体的操作期

9　次の(1)～(5)は，西洋教育史上の人物についての説明です。あてはまる人物を，下のA～Oから一つずつ選び，その記号を書きなさい。

(1)　20世紀のアメリカを代表する哲学者，教育思想家。「プラグマティズム」(実用主義)哲学の創始者の一人。自らの教育学理論を検証する実験室として，「実験学校」を開設。

その実践報告書を「学校と社会」としてとりまとめる。

(2) ドイツの哲学者，心理学者，教育学者。目的論及び方法論の全体的視野において体系的な教育学と教授理論を構築した人物。著書の「教育の目的から演繹された一般教育学」(通称「一般教育学」) において，教育学の実践的科学としてのあり方を最初に提起した。

(3) スイスの教育家。ノイホーフで貧民学校を経営し始めるが数年で失敗。そこでの活動と経験を「隠者の夕暮」，「リーンハルトとゲルトルート」等にまとめる。貧民の子供達に対する教育の可能性を「直観」の原理に見出し，理性や感性をすり減らした子供達の教育のためには，直観を選択し順序づける技術，すなわち数・形・語を基礎とする教授法「メトーデ」が必要であると考えた。

(4) フランス啓蒙期の教育思想家。社会と個人，人間と公的市民という現実社会の中での対立的・矛盾的要素をもつ両者の統一的把握と，それの新しい形成を目指すことを目的とし，その方法を小説「エミール」によって示した。

(5) チェコの宗教改革者，教育思想家，教授学者で，教授学の祖と言われる人物。学校教育の整備と人間の発達の筋道に合致した合理的な教育方法の確立を目指した研究を進め，「大教授学」を完成させた。また，代表作の一つである「世界図絵」は，事物や事象等を描画をもって視覚に訴え，認識をより実感のあるものにした世界最初の絵入り教科書として知られている。

A コメニウス　B ロック　C ランカスター
D ドモラン　E ナトルプ　F ペスタロッチ
G パーカスト　H ルソー　I マカレンコ
J モイマン　K モンテッソーリ　L ラッセル
M ペーターゼン　N ヘルバルト　O デューイ

10 **教員の服務に関する説明として，正しいものには○印を，誤っているものには×印を書きなさい。**

(1) 教員は，職務を遂行するに当たって法令や上司の命令よりも，教員個々の判断が優先される。

(2) 教員は，在職中に，勤務している学校の児童・生徒の知り得た秘密を第三者に漏らしてはならないが，その職を退いたあとも，同様である。

(3) 勤務する地域の内外を問わず，特定の政党や候補者への投票を呼びかけることはできない。

(4) 勤務時間外ならば，自分の判断で自由にアルバイトをして収入を得てもかまわない。

(5) 教員は，勤務時間中は職務に専念しなければならないが，授業がないときに調査等に出かけることは，上司の承認を得ずに自分の判断で行ってかまわない。

11 **次の文は，教育基本法の前文です。文中の（ ア ）～（ オ ）にあてはまる語句を，下のA～Oから一つずつ選び，その記号を書きなさい。**

我々日本国民は，たゆまぬ努力によって築いてきた（ ア ）国家を更に発展させるとともに，世界の平和と人類の（ イ ）の向上に貢献することを願うものである。

我々は，この理想を実現するため，個人の尊厳を重んじ，（ ウ ）を希求し，公共の精神を尊び，豊かな（ エ ）を備えた人間の育成を期するとともに，伝統を継承し，新しい文化の創造を目指す教育を推進する。

ここに，我々は，（ オ ）の精神にのっとり，我が国の未来を切り拓く教育の基本を確立し，その振興を図るため，この法律を制定する。

A　感性と自立心　　B　児童憲章　　C　民主的で創造的な
D　福祉　　E　生活　　F　日本国憲法
G　世界人権宣言　　H　真実と正義　　I　真理と正義
J　人間性と創造性　　K　主体的で創造的な　　L　科学
M　想像性と実行力　　N　民主的で文化的な　　O　真理と公正

12　**次の文は，教職員の研修に関する法律の条文の一部です。（ ア ）～（ オ ）にあてはまる語句を，下のA～Oから一つずつ選び，その記号を書きなさい。**

【地方公務員法　第39条】

職員には，その（ ア ）のために，研修を受ける機会が与えられなければならない。

【教育公務員特例法　第21条】

教育公務員は，その職責を遂行するために，絶えず（ イ ）に努めなければならない。

【教育公務員特例法　第22条】

教員は，授業に支障のない限り，（ ウ ）を受けて，勤務場所を離れて研修を行うことができる。

【教育公務員特例法　第22条の３】

公立の小学校等の校長及び教員の任命権者は，指針を参酌し，その地域の実情に応じ，当該校長及び教員の職責，経験及び適性に応じて向上を図るべき校長及び教員としての（ エ ）を定めるものとする。

【教育公務員特例法　第23条】

公立の小学校等の教諭等の研修実施者は，当該教諭等に対して，その採用の日から（ オ ）の教諭又は保育教諭の職務の遂行に必要な事項に関する実践的な研修を実施しなければならない。

A　本属長の承認　　B　業務効率の推進及び増進　　C　探究と修養
D　研究と修練　　E　服務管理者の承認　　F　半年間
G　５年間　　H　本属長の命令　　I　勤務能率の発揮及び増進
J　資質に関する指標　　K　１年間　　L　研修に関する内容
M　職務遂行の推進及び改善　　N　能力に関する目標　　O　研究と修養

13　**次の(1)～(5)の文は，学校の管理運営に関する記述です。内容が正しいものには○印，誤っているものには×印を書きなさい。**

(1)　校長及び教員は，教育上必要があると認めるときは，文部科学大臣の定めるところにより，児童，生徒及び学生に懲戒を加えることができる。ただし，体罰を加えることはできない。

(2)　児童虐待を受けたと思われる児童を発見した者は，十分な調査を行い，確かな情報を得たうえで事実が複数回認められたときに福祉事務所と児童相談所に通告しなければならない。

(3) 学校においては，児童生徒等の安全の確保を図るため，当該学校の実情に応じて，危険等発生時において当該学校の職員がとるべき措置の具体的内容及び手順を定めた対処要領を作成するものとする。

(4) 校長は，感染症の予防上必要があるときは，臨時に，学校の全部または一部の休業を行うことができる。

(5) 学校は，当該学校におけるいじめの防止等に関する措置を実効的に行うため，当該学校の複数の教職員，心理，福祉等に関する専門的な知識を有する者その他の関係者により構成されるいじめの防止等の対策のための組織を置くものとする。

解答＆解説

1 解答 (1)ア―G　イ―M　ウ―E　エ―L　オ―F　(2)―B

解説『生徒指導提要』(2022年12月）の「第Ⅰ部　生徒指導の基本的な進め方」「第１章　生徒指導の基礎」を参照。

(1)ア：「1.1　生徒指導の意義」「1.1.1　生徒指導の定義と目的」「(1)生徒指導の定義」を参照。

イ・ウ：「1.1　生徒指導の意義」「1.1.1　生徒指導の定義と目的」「(2)生徒指導の目的」を参照。

エ：「1.3　生徒指導の方法」「1.3.3　ガイダンスとカウンセリング」を参照。

(2)B：「1.2　生徒指導の構造」「1.2.2　発達支持的生徒指導」を参照。

A：「1.2.3　課題予防的生徒指導：課題未然防止教育」を参照。問題文は「課題予防的生徒指導」。

C・D：「1.2.4　課題予防的生徒指導：課題早期発見対応」を参照。問題文は「課題早期発見対応」。

2 解答 (1)×　(2)○　(3)○　(4)×　(5)○

解説 文部科学省「小学校，中学校，高等学校及び特別支援学校等における児童生徒の学習評価及び指導要録の改善等について（通知）」(2019年３月29日）を参照。

(1)「２．学習評価の主な改善点について」の(1)を参照。「知識・理解」ではなく「知識・技能」。

(2)「４．学習評価の円滑な実施に向けた取組について」の(1)を参照。

(3)「４．学習評価の円滑な実施に向けた取組について」の(2)を参照。

(4)「４．学習評価の円滑な実施に向けた取組について」の(5)を参照。正しくは「学習評価の方針を事前に児童生徒と共有する場面を必要に応じて設けることは，学習評価の妥当性や信頼性を高めるとともに，児童生徒自身に学習の見通しをもたせる上で重要であること」と示されている。

(5)「４．学習評価の円滑な実施に向けた取組について」の(3)を参照。

3 解答 ア―F　イ―C　ウ―D

解説 中央教育審議会答申「次期教育振興基本計画について」(2023年３月８日）の「Ⅳ.

今後5年間の教育政策の目標と基本施策」「(目標，基本施策及び指標)」「目標11　教育DXの推進・デジタル人材の育成」「【基本施策】」「○1人1台端末の活用」「○児童生徒の情報活用能力の育成」「○教師の指導力向上」を参照。

4 **解答** ア—G　イ—N　ウ—I　エ—L　オ—A

解説 平成29年版小学校学習指導要領（2017年3月31日告示）の「第6章　特別活動」「第1　目標」，平成29年版中学校学習指導要領（2017年3月31日告示）の「第5章　特別活動」「第1　目標」，平成30年版高等学校学習指導要領（2018年3月30日告示）の「第5章　特別活動」「第1　目標」を参照。

5 **解答** D

解説 岩手県教育委員会「岩手県教育振興計画の概要」(2019年3月）の「第2章　目標・取組の視点　基本目標と目指す姿」を参照。同計画は，教育基本法第17条第2項に基づき，2018年6月に策定された国の「第3期教育振興基本計画」を参酌して地方自治体で策定することが求められている計画として位置付け，今後の教育行政を推進していくうえでの，学校をはじめとした教育関係者等の指針とするもの。計画期間は2019～23年度。今後5年間に実施する12の具体的な施策の内容を，「学校教育」と「社会教育・家庭教育」の2つの政策分野を柱として，それぞれ「現状と課題」「目指す姿」「目指す姿を実現するための取組の方向性」「取組にあたっての役割分担」「具体的な推進方策」に分けて示している。

6 **解答** (1)—H　(2)—I　(3)—O　(4)—J　(5)—K

解説 (1)H：ヴント（1832～1920）は，世界で最初の心理学実験室を創設し，「実験心理学の父」と称される。彼は心的世界を要素に分けて捉え，その要素を再構成すれば心的世界が再現できるという構成主義心理学を唱えた。

(2)I：レヴィン（1890～1947）が唱えた「場の理論」は，未分化な領域が分化していくことが学習であり，行動（B）を人間（P）と物理的環境（E）の関数，B＝f（P・E）という式で表した。

(3)O：ユング（1875～1961）は，リビドーを一般的な心的エネルギー（意思の生命力）として位置付け，リビドーが外へ向かえば外向性，主体内部へ向かえば内向性であるとする向性理論を提唱した。

(4)J：アドラー（1870～1937）は，「個人心理学」の提唱者で，人間は自らの劣等感を克服するためにより強く完全な人間になろうとする気持ちを抱くと考えた。

(5)K：ヴ（ウ）ェルトハイマー（1880～1943）は，ゲシュタルト心理学の創始者の一人で，「運動視の実験的研究」「生産的志向」の研究で有名。

7 **解答** (1)○　(2)○　(3)○　(4)×　(5)×

解説 (1)ウェクスラー式知能検査は，幼児用がWPPSI，児童用はWISC。

(2)矢田部（・）ギルフォード性格検査（YG性格検査）は，因子分析によって抽出された12個の性格因子におけるプロフィールから性格を診断する120項目からなる質問紙法検査。

(3)ロールシャッハ（・）テストは投影法検査の一つで，左右対称のインクのしみでできた10枚の図版を見て，何に見えるか，どこがそのように見えたか，どうしてそのように見えたかを分析することにより，表面的な性格ではなく深層部分の性格を知ることができる。

⑷問題文はモーズレイ性格検査（MPI）。内田クレペリン精神（作業）検査は，作業法検査の一つで，隣り合った1桁の数字を繰り返し加算させ，その作業成果などから性格や適性を診断する。

⑸星と波テスト（SWT）は世界をどのように体験しているのかという内的な面を把握でき，バウムテストは被験者の周囲にある環境の中での個人の状況を把握できる。これらの検査と併せて活用されるのがワルテッグ描画テストで，記号のような刺激図が加筆された8つの正方形の中に自由に絵を描かせる。モーズレイ性格検査（MPI）は内向性—外向性及び神経症的傾向という2つの性格特性の強さを診断するもので，80項目の真偽を答えさせる方式の質問紙法検査。

8 解答 ⑴ア—F　イ—J　ウ—G　⑵①—B　②—C

解説 ⑴スキャモン（1883～1952）は，20歳のときの各器官の重量を100とした相対比率を基に，胸腺やリンパ腺をリンパ型，脳や脊髄を神経型，骨格や内臓を一般型，生殖器官を生殖腺型と分類した。

⑵①フロイト（1856～1939）は，性的エネルギーであるリビドーが発達段階に応じて身体のどこに焦点化するかを基に，乳幼児期の口唇期，幼児前期の肛門期，幼児後期の男根期（エディプス期），児童期の潜伏期，青年期以降の性器期に分けた。

②ピアジェ（1896～1980）は，物の見方や捉え方の枠組みをシェマと呼び，そのシェマが変容していく過程こそが認知発達だと主張して，感覚運動期，前操作期，具体的操作期，形式的操作期という4つの認知発達段階に分けた。

9 解答 ⑴—O　⑵—N　⑶—F　⑷—H　⑸—A

解説 ⑴O：デューイ（1859～1952）は，「なすことによって学ぶ」という，経験による学習を重視した新教育運動の理論的指導者で，教育とは「経験の再構成」であり，子どもの生活経験に基づき，子どもの自発的活動が中心でなければならないとした。

⑵N：ヘルバルト（1776～1841）は，教育の究極目的は「道徳的品性の陶冶」であるとし，そのための教授の段階を明瞭—連合—系統—方法の4段階に分けて考えた。

⑶F：ペスタロッチ（1746～1827）は，すべての人間は共通に平等の人間性を有するという認識に立ち，人間に共通の能力を頭，心，手に分け，その調和的発達を教育の目標とした。

⑷H：ルソー（1712～78）は，すべての教育は自然による教育に導かなければならないとし，子どもの発達法則，すなわち自然の歩みに即した「消極教育」を提唱した。

⑸A：コメニウス（1592～1670）は，当時の暗記と暗誦を中心とした方法ではなく，子どもの感覚を通じて直観にはたらきかける実物教授，直観教授の方法をとった。

10 解答 (1)×　(2)○　(3)○　(4)×　(5)×

解説 (1)地方公務員法第32条を参照。「法令等及び上司の職務上の命令に従う義務」の規定。正しくは「法令，条例，地方公共団体の規則及び地方公共団体の機関の定める規程に従い，且つ，上司の職務上の命令に忠実に従わなければならない」と示されている。

(2)地方公務員法第34条第１項を参照。「秘密を守る義務」の規定。

(3)地方公務員法第36条第２項「政治的行為の制限」，教育公務員特例法第18条第１項「公立学校の教育公務員の政治的行為の制限」の規定を参照。教育公務員特例法は地方公務員法の特別法に当たるため，同じ事項についての規定がある場合は特別法が優先的に適用される。したがって，「政治的行為の制限」については，教育公務員は教育公務員特例法第18条により，地方公務員法第36条にかかわらず国家公務員法第102条及び同条に基づく人事院規則14-7が適用される。

(4)地方公務員法第38条第１項「営利企業への従事等の制限」，教育公務員特例法第17条第１項「兼職及び他の事業等の従事」の規定を参照。(3)と同様に特別法である教育公務員特例法が優先的に適用され，同法第17条第１項に規定されている通り，任命権者の許可が必要である。

(5)地方公務員法第35条「職務に専念する義務」，教育公務員特例法第22条第２項「(勤務場所を離れた）研修の機会」を参照。授業に支障のない限り，勤務場所を離れて研修を行うことができるが，その場合は本属長の承認が必要である。

11 解答 ア―N　イ―D　ウ―I　エ―J　オ―F

解説 教育基本法の前文を参照。

12 解答 ア―I　イ―O　ウ―A　エ―J　オ―K

解説 ア：地方公務員法第39条第１項を参照。「研修」の規定。

イ：教育公務員特例法第21条第１項を参照。「研修」の規定。

ウ：教育公務員特例法第22条第２項を参照。「(勤務場所を離れた）研修の機会」の規定。

エ：教育公務員特例法第22条の３第１項を参照。「校長及び教員としての資質の向上に関する指標」の規定。

オ：教育公務員特例法第23条第１項を参照。「初任者研修」の規定。

13 解答 (1)○　(2)×　(3)○　(4)×　(5)○

解説 (1)学校教育法第11条を参照。「児童・生徒等の懲戒」の規定。

(2)児童虐待の防止等に関する法律第６条第１項を参照。「児童虐待に係る通告」の規定。児童虐待を受けたと思われる児童を発見した者は，疑いがあった時点で「速やかに」通告する義務が課されている。

(3)学校保健安全法第29条第１項を参照。「危険等発生時対処要領の作成等」の規定。

(4)学校保健安全法第20条を参照。感染症予防のための「臨時休業」の規定。「校長」ではなく「学校の設置者」。

(5)いじめ防止対策推進法第22条を参照。「学校におけるいじめの防止等の対策のための組織」の規定。

宮城県／仙台市

実施日	2023(令和５)年７月22日	試験時間	60分（一般教養を含む）
出題形式	マークシート式	問題数	19題（解答数19）
パターン	時事＋法規・原理・心理・教育史	公開状況	問題：公開　解答：公開　配点：公開

傾向＆対策

●教職教養全体の半数を占める教育時事は，「こども家庭庁」「第３期スポーツ基本計画」「教員免許更新制」「令和の日本型学校教育」「不登校」「消費者教育」「教育の情報化」「学校の危機管理マニュアル（学校安全）」「インクルーシブ教育システム（特別支援教育）」「教育相談」と，多岐にわたる。このうち下線部は，必出の教育トピック。●教育法規は，教育基本法，教育公務員特例法，学校保健安全法施行規則，児童虐待の防止等に関する法律の空欄補充問題及び正誤判定問題。●教育原理は，学習指導要領「総則」と，改訂『生徒指導提要』より「校則の運用・見直し」について。●教育心理は，発達及び学習に関する重要人物。●教育史は，就学義務に関する明治～昭和の法令史。

出題領域

教育原理	教育課程・学習指導要領		総則	1	特別の教科　道徳	
	外国語・外国語活動		総合的な学習(探究)の時間		特別活動	
	学習指導		生徒指導	1	学校・学級経営	
	特別支援教育	↓時事	人権・同和教育		その他	
教育心理※	発達	1	学習	1	性格と適応	
	カウンセリングと心理療法		教育評価		学級集団	
教育法規	教育の基本理念	1	学校教育		学校の管理と運営	1
	児童生徒	1	教職員	1	その他	
教育史	日本教育史	1	西洋教育史			
教育時事	答申・統計	11	ローカル			

表中の数字は，解答数

※選択肢の出題領域が複数にわたる場合は，それぞれの項目に加算するためグラフの数とは異なる

全校種共通

☞解答＆解説 p.44

1 **令和5年4月1日に発足したこども家庭庁がつかさどる事務として誤りを含むものを，次の1～4のうちから1つ選びなさい。**

1　こどもの保育及び養護　　2　こどもの虐待の防止　　3　学校教育の振興

4　いじめの防止等に関する相談の体制など地域における体制の整備

2 **「第3期スポーツ基本計画」（令和4年3月25日　スポーツ庁）において，学校や地域における子供・若者のスポーツ機会の充実と体力の向上を目指すための具体的施策の説明として誤りを含むものを，次の1～4のうちから1つ選びなさい。**

1　中学校等の部活動の運営主体を学校から地域に着実に移行する。

2　幼児期からの運動習慣を形成するため，保護者等の生活習慣の改善を促す。

3　教員研修，指導の手引き，ICT活用を通じて体育・保健体育授業の充実を図る。

4　総合型クラブの育成や学校開放を推進し，地域スポーツ環境の整備充実を図る。

3 **次の文章は，教員免許更新制に関する規定を廃止した経緯や背景を文部科学省が示したものである。文章中の（　a　），（　b　）にあてはまる語句の組合せとして正しいものを，あとの1～4のうちから1つ選びなさい。**

近年，社会の変化が早まり，非連続化するとともに，オンライン研修の拡大や平成28年の（　a　）の改正による研修の体系化の進展など教師の研修を取り巻く環境が大きく変化している中で，今後ますます個別最適な学びや「現場の経験」を重視した学びなどを進めることが必要となる。

現状の免許更新制は，10年に1度講習の受講を求めるものであるが，常に教師が最新の知識技能を学び続けていくことと整合的ではない。また，免許状更新講習は共通に求められる内容を中心としており，個別最適な学びなど今後求められる学びの姿とは方向性が異なっている。

よって，（　b　）の一部を改正し，教員免許更新制を廃止する。

1　a　教育基本法　　　　b　教育職員免許法

2　a　教育職員免許法　　b　教育公務員特例法

3　a　教育公務員特例法　b　教育基本法

4　a　教育公務員特例法　b　教育職員免許法

4 **「生徒指導提要」（令和4年12月改訂　文部科学省）で校則の運用・見直しについての説明として誤りを含むものを，次の1～4のうちから1つ選びなさい。**

1　校則に基づく指導に当たっては，校則を守らせることばかりにこだわらず，何のために設けたきまりであるのか児童生徒が理解できるよう指導することが望まれる。

2　校則に違反した場合には，内省を促すことまではせず，行為を正すことに目的を焦点化して指導することが望まれる。

3　校則の見直しをする場合には，児童生徒や保護者などと確認したり議論したりする機会を設けて進めていくことが望まれる。

4　校則を策定したり，見直したりする場合には，どのような手続きを踏むことになるのか，その過程について示しておくことが望まれる。

5 **A群の人名とB群の説明の組合せとして正しいものを，あとの1～4のうちから1つ選びなさい。**

【A群】

ア　エリクソン　　イ　ヴィゴツキー　　ウ　ローレンツ　　エ　ハヴィガースト

【B群】

a　ハイイロガンのひなは孵化（ふか）してから最初に見たものを追うという特徴があることを研究し，それを「刷り込み」と呼んだ。

b　発達の連続的な変化に着目して区分された段階は発達段階とされている。個人が健全に成長するために，各段階で習得することが必要な課題を「発達課題」と呼んだ。

c　青年期は「自我アイデンティティの確立」が課題となっていると特徴づけ，自分と社会との両方に向き合い，自分作りに取り組む重要な時期と位置づけた。

d　子どもが物事を考える場合に，自分一人で問題解決できる水準と，大人など他者の助けを借りて問題解決できる水準があるとし，この2つの水準の間を「発達の最近接領域」と呼んだ。

1　ア—b　　イ—d　　ウ—c　　エ—a
2　ア—c　　イ—a　　ウ—b　　エ—d
3　ア—c　　イ—d　　ウ—a　　エ—b
4　ア—b　　イ—c　　ウ—a　　エ—d

6 **「児童虐待の防止等に関する法律」に示されている内容として最も適切なものを，次の1～4のうちから1つ選びなさい。なお，ここにおける「児童」とは，18歳に満たない者をいう。**

1　児童虐待を受けたと思われる児童を発見した者は，速やかに，市町村，都道府県の設置する福祉事務所若しくは児童相談所に通告しなければならない。

2　児童虐待があったと思われる場合，市町村，都道府県の設置する福祉事務所若しくは児童相談所に通告する前に，虐待の事実を必ず保護者に確認しなければならない。

3　児童から虐待の相談があった場合，守秘義務により市町村，都道府県の設置する福祉事務所若しくは児童相談所への通告はできないため，速やかに家庭を指導しなければならない。

4　児童虐待の事実が市町村，都道府県の設置する福祉事務所若しくは児童相談所からその児童の属する学校に通知された場合，学校は，児童の住所又は居所に立ち入らなければならない。

7 **法令における就学義務に関する規定として誤りを含むものを，次の1～4のうちから1つ選びなさい。**

	法令（年代）	就学義務に関する規定
1	学制（明治5年）	教育年限を下等小学校4年，上等小学校4年の計8年とした。

2	教育令（明治12年）	義務教育の文言が初めて登場し，義務教育６年と規定された。
3	国民学校令　（昭和16年）	義務教育８年と規定されたが，戦時下の特例により高等科２年は終戦まで実現されなかった。
4	教育基本法 （昭和22年） 学校教育法	義務教育９年と規定された。

8 **次の文は，小学校学習指導要領（平成29年告示），中学校学習指導要領（平成29年告示）及び高等学校学習指導要領（平成30年告示）の一部である。文中の（ a ）にあてはまる語句として正しいものを，あとの１～４のうちから１つ選びなさい。**

第１章　総則　第３　教育課程の実施と学習評価

１　主体的・対話的で深い学びの実現に向けた授業改善

(4)　児童（生徒）が（ a ）する活動を，計画的に取り入れるように工夫すること。

1　学習の内容を理解したり学習したことを応用したり
2　学習の内容を理解したり学習したことを振り返ったり
3　学習の見通しを立てたり学習したことを応用したり
4　学習の見通しを立てたり学習したことを振り返ったり

9 **次の文章は，教育基本法第４条「教育の機会均等」に記された条文の一部である。文章中の（ a ）～（ c ）にあてはまる語句の組合せとして正しいものを，あとの１～４のうちから１つ選びなさい。**

すべて国民は，ひとしく，その（ a ）に応じた教育を受ける機会を与えられなければならず，人種，信条，（ b ），社会的身分，経済的地位又は門地によって，教育上差別されない。

国及び地方公共団体は，障害のある者が，その障害の状態に応じ，十分な教育を受けられるよう，（ c ）を講じなければならない。

1　a　意思　　b　職業　　c　教育上必要な支援
2　a　能力　　b　職業　　c　合理的な配慮
3　a　意思　　b　性別　　c　合理的な配慮
4　a　能力　　b　性別　　c　教育上必要な支援

10 **次の文は，教育公務員特例法第１条である。文中の（ a ）～（ c ）にあてはまる語句の組合せとして正しいものを，あとの１～４のうちから１つ選びなさい。**

この法律は，教育を通じて国民全体に奉仕する教育公務員の（ a ）とその責任の特殊性に基づき，教育公務員の任免，人事評価，給与，分限，懲戒，（ b ）及び（ c ）等について規定する。

1　a　職務　　b　服務　　c　研修
2　a　権利　　b　服務　　c　福祉
3　a　権利　　b　退職　　c　研修
4　a　職務　　b　退職　　c　福祉

11 **「『令和の日本型学校教育』の構築を目指して　～全ての子供たちの可能性を引き出す，**

個別最適な学びと，協働的な学びの実現～（答申）」（令和３年１月26日　中央教育審議会）に示されている子供の学びについて誤りを含むものを，次の１～４のうちから１つ選びなさい。

1　現在，GIGAスクール構想により学校のICT環境が急速に整備されており，今後はこの新たなICT環境を活用するとともに，少人数によるきめ細かな指導体制の整備を進め，「個に応じた指導」を充実していくことが重要である。

2　教師が支援の必要な子供により重点的な指導を行うことなどで効果的な指導を実現することや，子供一人一人の特性や学習進度，学習到達度等に応じ，指導方法・教材や学習時間等の柔軟な提供・設定を行うことなどの「指導の個別化」が必要である。

3　「協働的な学び」においては，「主体的・対話的で深い学び」の実現のために，集団の中で子供同士が交流し，個の考えよりも集団で考えを一つにまとめることを重視した学習を展開することが重要である。

4　授業の中で「個別最適な学び」の成果を「協働的な学び」に生かし，更にその成果を「個別最適な学び」に還元するなど，「個別最適な学び」と「協働的な学び」を一体的に充実し，「主体的・対話的で深い学び」の実現に向けた授業改善につなげていくことが必要である。

12 **「不登校児童生徒への支援の在り方について（通知）」（令和元年10月25日　文部科学省）に示されている不登校児童生徒への支援に対する基本的な考え方として誤りを含むものを，次の１～４のうちから１つ選びなさい。**

1　不登校児童生徒本人の希望を尊重し，場合によっては関係機関やICTを活用した学習支援，フリースクール，中学校夜間学級（夜間中学）での受入れなど，社会的自立への支援を行う。

2　不登校児童生徒が，主体的に社会的自立や学校復帰に向かうよう，児童生徒自身を見守りつつ，不登校のきっかけや継続理由に応じて，その環境づくりのために適切な支援や働き掛けを行う。

3　保護者と課題意識を共有して一緒に取り組むという信頼関係をつくることや，訪問型支援による保護者への支援等，保護者が気軽に相談できる体制を整える。

4　個人情報の保護の観点から，知り得た情報の共有は，管理職，学級担任，養護教諭等の教職員に限定し，「児童生徒理解・支援シート」を作成することが望ましい。

13 **次の文章は，「大学等及び社会教育における消費者教育の指針」（平成30年７月10日改訂　文部科学省）の一部である。文章中の（　a　）～（　c　）にあてはまる語句の組合せとして正しいものを，あとの１～４のうちから１つ選びなさい。**

消費者教育の推進に関する法律において，「消費者教育は，幼児期から高齢期までの各段階に応じて体系的に行われるとともに，（　a　）その他の消費者の特性に配慮した適切な方法で行われなければならない」とされている。

消費者教育は，（　b　）において行えば十分というものではなく，幼児期から高齢期まで，生涯にわたっての教育が必要である。（中略）

学校教育においては，児童生徒の発達段階に応じ，消費生活や消費者問題について指導がなされているところであるが，加えて，（　c　）との連携を図りながら，学校教育及び社会教育において消費者教育を更に推進することが必要である。

1　a　年齢，障害の有無　b　小・中・高等学校　c　家庭や地域社会
2　a　性別，年齢　b　小・中学校　c　地方自治体や地域社会
3　a　年齢，障害の有無　b　小・中学校　c　地方自治体や地域社会
4　a　性別，年齢　b　小・中・高等学校　c　家庭や地域社会

14 **「教育の情報化に関する手引（追補版）」（令和2年6月　文部科学省）に示されている内容として誤りを含むものを，次の1～4のうちから1つ選びなさい。**

1　情報活用能力は，世の中の様々な事象を情報とその結び付きとして捉え，情報及び情報技術を適切かつ効果的に活用して，問題を発見・解決したり自分の考えを形成したりしていくために必要な資質・能力である。

2　情報活用能力を育成することは，将来の予測が難しい社会において，情報を主体的に捉えながら，何が重要かを主体的に考え，見いだした情報を活用しながら他者と協働し，新たな価値の創造に挑んでいくために重要である。

3　情報技術は人々の生活にますます身近なものとなっていくと考えられるが，学校教育の中では，情報を活用する知識と技術を身に付けることは求められていない。

4　学校生活の中でICTを活用する機会が増加し，児童生徒の姿勢や目などの体調の変化に配慮する取組を進めることが重要となっている。

15 **次の表は，学校保健安全法施行規則に示されている安全点検の種類についてまとめたものである。表中の（ a ）～（ c ）にあてはまる語句の組合せとして正しいものを，あとの1～4のうちから1つ選びなさい。**

安全点検の種類	時間・方法等	対象
定期の安全点検	毎（ a ）1回以上 計画的に，また教職員全員が組織的に実施	児童生徒等が使用する施設・整備及び防火，防災，犯罪に関する設備などについて
	毎（ b ）1回 計画的に，また教職員全員が組織的に実施	児童生徒等が多く使用すると思われる校地，運動場，教室，特別教室，廊下，昇降口，ベランダ，階段，便所，手洗い場，給食室，屋上など
臨時の安全点検	必要があるとき ・運動会や体育祭，学芸会や文化祭などの学校行事の前後 ・暴風雨，地震，近隣での火災などの災害時 ・近隣で危害のおそれのある犯罪（侵入や放火など）の発生時 など	必要に応じて点検項目を設定
（ c ）の安全点検	毎授業日ごと	児童生徒等が最も多く活動を行うと思われる箇所について

1　a　月　　b　年　　c　日常
2　a　学期　b　月　　c　日常
3　a　月　　b　年　　c　緊急
4　a　学期　b　月　　c　緊急

16　**「学校の『危機管理マニュアル』等の評価・見直しガイドライン」（令和３年６月　文部科学省）に示されている不審者侵入防止の観点からの安全管理として誤りを含むものを，次の１～４のうちから１つ選びなさい。**

1　学校への不審者侵入を防止する上では，①校門，②校舎への入口，という２段階のチェック体制を強化することが重要である。

2　不審者侵入防止のチェック体制としては，学校内外の施設設備・器具の安全点検と，校門・校舎入口の施錠管理，来訪者等の管理，校内巡回などがある。

3　校門等の施錠管理については，時間帯別・利用者別に利用箇所を限定するとともに，校門等の解錠・施錠時刻やその担当者などを定めておくことが大切である。

4　来訪者・保護者について，受付場所を明確化するとともに案内の掲示等を行うことや，名簿や受付票への記載などいわゆる入退管理の手順・方法を定めておくことが大切である。

17　**「共生社会の形成に向けたインクルーシブ教育システム構築のための特別支援教育の推進（報告）」（平成24年７月　文部科学省）に示されているインクルーシブ教育システム構築のための特別支援教育の推進の説明として誤りを含むものを，次の１～４のうちから１つ選びなさい。**

1　障害のある子どもが，その能力や可能性を最大限に伸ばし，自立し社会参加することができるよう，医療，保健，福祉，労働等との連携を強化し，社会全体の様々な機能を活用して，十分な教育が受けられるよう，障害のある子どもの教育の充実を図ることが重要である。

2　障害のある子どもが，地域社会の中で積極的に活動し，その一員として豊かに生きることができるよう，地域の同世代の子どもや人々の交流等を通して，地域での生活基盤を形成することが求められている。

3　特別支援教育に関連して，障害者理解を推進することにより，周囲の人々が，障害のある人や子どもと共に学び合い生きる中で，公平性を確保しつつ社会の構成員としての基礎を作っていくことが重要である。

4　障害のある子どもと障害のない子どもが共に学ぶ場においては，それぞれの子どもが，充実した時間を過ごしつつ，等しい能力を身に付けられるようにしていくことが重要である。

18　**「共生社会の形成に向けたインクルーシブ教育システム構築のための特別支援教育の推進（報告）」（平成24年７月　文部科学省）に示されている特別支援教育を充実させるための教職員の専門性の向上等に関する説明として最も適切なものを，次の１～４のうちから１つ選びなさい。**

1　すべての教員は，特別支援教育に関する一定の知識・技能を有していることが求められ，これらの知識・技能はすべて教員養成段階で必ず身に付けておく必要がある。

2　特別支援学級や通級による指導の担当教員は，その専門性が校内の他の教員に与える影響が極めて大きいため，特別支援教育の専門性のみならずリーダーシップを兼ね備えた人物でなければならない。

3　特別支援学級での勤務経験の中で培った専門性は特別支援学校に勤務する上での専門性とは異なる側面があるため，特別支援学校と特別支援学級の間の人事交流は控えることが好ましい。

4　すべての教員が多岐にわたる専門性を身に付けることは困難なことから，必要に応じて，外部人材の活用も行い，学校全体としての専門性を確保していくことが必要である。

19　**「児童生徒の教育相談の充実について　～学校の教育力を高める組織的な教育相談体制づくり～（報告）」（平成29年１月　文部科学省）におけるスクールカウンセラーの業務の説明として最も適切なものを，次の１～４のうちから１つ選びなさい。**

1　生徒・保護者と同様に教職員からの相談を受けることができるが，教職員自身は，学校組織の一員であることから，受けた相談内容は上司である管理職に報告しなければならない。

2　教職員や保護者，地域へ向けた研修，講話，講演などを行うことができなければならず，担当できるだけの準備と力量が必要である。

3　医療，児童福祉などの心理判定を主たる業務とする専門機関と連携して事例に対応する局面が想定されるので，すべての心理検査について，その結果の見方を知っていなければいけない。

4　児童・生徒の集団に対して，ストレスチェックなどのスクリーニングのための調査等を行うことができ，調査結果については，守秘義務の観点から学校に報告する必要はない。

解答＆解説

1　解答　3

解説　こども家庭庁設置法第４条を参照。「所掌事務」の規定。

１：第四号，２：第十六号，４：第十七号を参照。

計27の所掌事務が示されているが，３の「学校教育の振興」は含まれていない。

2　解答　2

解説　スポーツ庁「第３期スポーツ基本計画」（2022年３月25日）の「第３章　今後５年間に総合的かつ計画的に取り組む施策」「⑴多様な主体におけるスポーツの機会創出」「②学校や地域における子供・若者のスポーツ機会の充実と体力の向上」を参照。

２：「ｂ．子供・若者の日常的な運動習慣の確立と体力の向上」「［具体的施策］」のカを参照。「幼児期からの運動習慣」の形成と保護者との関係に関しては，「国は，地方公共団体や民間事業者等に対し，障害の有無や性別等にかかわらず幼児期からの運動習慣を形成するため，保護者・保育者等に対し，幼児期における運動の重要性や安全にスポーツを実施できる施設等に関する情報発信を行えるよう支援するとともに，幼児期運動指針やアクティブ・チャイルド・プログラムの活用等を通じた運動遊びの機会の充実を促進する」としており，「保護者等の生活習慣の改善」には言及していない。

1：「a．運動部活動改革の推進と地域における子供・若者のスポーツ機会の充実」「［今後の施策目標］」を参照。

3：「b．子供・若者の日常的な運動習慣の確立と体力の向上」「［具体的施策］」のアを参照。

4：「a．運動部活動改革の推進と地域における子供・若者のスポーツ機会の充実」「［具体的施策］」のイを参照。

3 **解答** 4

解説 文部科学省「文部科学省規制に関する評価書　―令和3年度―」の「教員免許更新制に関する規定の廃止（要旨）」の表中「規制の目的，内容及び必要性」を参照。

4 **解答** 2

解説『生徒指導提要』（2022年12月）の「第Ⅰ部　生徒指導の基本的な進め方」「第3章　チーム学校による生徒指導体制」「3.6　生徒指導に関する法制度等の運用体制」「3.6.1　校則の運用・見直し」を参照。

2：「⑵校則の運用」を参照。正しくは「校則に違反した場合には，行為を正すための指導にとどまるのではなく，違反に至る背景など児童生徒の個別の事情や状況を把握しながら，内省を促すような指導となるよう留意しなければなりません」と示されている。

1：「⑵校則の運用」を参照。

3・4：「⑶校則の見直し」を参照。

5 **解答** 3

解説 ア：エリクソン（1902～94）は，乳児期から老年期に至るまでを8つの段階に分け，それぞれで体験する心理社会的危機を挙げた。その中で青年期は自我同一性（同一性あるいはアイデンティティ）を確立できるか否かを「同一性対同一性拡散」という言葉で表した。

イ：ヴィゴツキー（1896～1934）の主張は社会文化的発達理論とも呼ばれるように，社会的な相互作用の中での経験が内面化されていく過程を重視した。また，子どもの知的発達には，現在の能力で問題が解決できる発達水準と，他者からの援助やヒントが得られれば解決できる発達水準の2つがあり，この水準の差を発達の最近接領域と呼んだ。

ウ：ローレンツ（1903～89）の刷り込みはインプリンティングと呼ばれることが多く，刺激と出会う時期が重要だとする臨界期が存在することが大きな特徴である。

エ：ハヴィガースト（1900～91）は，人間が正常な発達をするためには，発達の各段階で学習しておかなければならない課題がそれぞれ10前後あるとして，その達成が次の段階の発生の成否を決定すると主張した。

6 解答 1

解説 1：児童虐待の防止等に関する法律第6条第1項を参照。「児童虐待に係る通告」の規定。

2：児童虐待の防止等に関する法律第6条第1項を参照。「児童虐待に係る通告」の規定。「速やかに」通告をしなければならず，虐待の事実を保護者に確認する必要はない。

3：児童虐待の防止等に関する法律第6条第2項・第3項を参照。「児童虐待に係る通告」の規定。通告義務は守秘義務に優先し，虐待を受けた児童を発見した場合に，児童福祉法第25条第1項の規定により通告を行うことは，守秘義務違反に当たらないことが明記されている。

4：児童虐待の防止等に関する法律第9条第1項を参照。「立入調査等」の規定。立入調査を行うのは，「都道府県知事」が「児童委員又は児童の福祉に関する事務に従事する職員をして」行う。

7 解答 2

解説 2：義務教育の文言が初めて登場したのは，1886年の小学校令。教育令による教育年限は基本的に8年であるものの，最短で16カ月通学すればよいと規定された。

8 解答 4

解説 平成29年版小学校学習指導要領（2017年3月31日告示）の「第1章　総則」「第3　教育課程の実施と学習評価」「1　主体的・対話的で深い学びの実現に向けた授業改善」の(4)，平成29年版中学校学習指導要領（2017年3月31日告示）の「第1章　総則」「第3　教育課程の実施と学習評価」「1　主体的・対話的で深い学びの実現に向けた授業改善」の(4)，平成30年版高等学校学習指導要領（2018年3月30日告示）の「第1章　総則」「第3款　教育課程の実施と学習評価」「1　主体的・対話的で深い学びの実現に向けた授業改善」の(4)を参照。

9 解答 4

解説 教育基本法第4条第1項・第2項を参照。「教育の機会均等」の規定。

10 解答 1

解説 教育公務員特例法第1条を参照。「この法律の趣旨」の規定。

11 解答 3

解説 中央教育審議会答申「『令和の日本型学校教育』の構築を目指して　～全ての子供たちの可能性を引き出す，個別最適な学びと，協働的な学びの実現～」（2021年1月26日，4月22日更新）の「3．2020年代を通じて実現すべき『令和の日本型学校教育』の姿」「(1)子供の学び」を参照。

3：正しくは「『協働的な学び』においては，集団の中で個が埋没してしまうことがないよう，『主体的・対話的で深い学び』の実現に向けた授業改善につなげ，子供一人一人のよい点や可能性を生かすことで，異なる考え方が組み合わさり，よりよい学びを生み出していくようにすることが大切である」と示されている。

1・2・4：当該箇所を参照。

12 解答 4

解説 文部科学省「不登校児童生徒への支援の在り方について（通知）」（2019年10月25日）を参照。

4：「2　学校等の取組の充実」「(1)『児童生徒理解・支援シート』を活用した組織的・計画的支援」を参照。正しくは「学級担任，養護教論，スクールカウンセラー，スクールソーシャルワーカー等の学校関係者が中心となり，児童生徒や保護者と話し合うなどして」作成された「児童生徒理解・支援シート」は，「関係者間で共有されて初めて支援の効果が期待できるものであり，必要に応じて，教育支援センター，医療機関，児童相談所等，関係者間での情報共有，小・中・高等学校間，転校先等との引継ぎが有効である」と示されている。

1：「1　不登校児童生徒への支援に対する基本的な考え方」「(2)学校教育の意義・役割」を参照。

2：「1　不登校児童生徒への支援に対する基本的な考え方」「(3)不登校の理由に応じた働き掛けや関わりの重要性」を参照。

3：「1　不登校児童生徒への支援に対する基本的な考え方」「(4)家庭への支援」を参照。

13 **解答** 1

解説 消費者教育推進委員会「大学等及び社会教育における消費者教育の指針」（2011年3月30日，2018年7月10日改訂）の「第1　消費者教育に関する基本的な考え方」「2　消費者教育の目的を達成するための戦略」「(1)生涯学習としての取組」及び「(2)学校，地域，家庭，職域その他との連携」を参照。

14 **解答** 3

解説 文部科学省「教育の情報化に関する手引（追補版）」（2020年6月）の「第2章　情報活用能力の育成」を参照。

3：正しくは「情報技術は人々の生活にますます身近なものとなっていくと考えられるが，そうした情報技術を手段として学習や日常生活に活用できるようにしていくことも重要となる」と示されている。

1・2・4：当該箇所を参照。

15 **解答** 2

解説 文部科学省「学校安全資料『生きる力』をはぐくむ学校での安全教育」（2019年3月）の「第3章　学校における安全管理」「第2節　事故等の未然防止のための安全管理」「1　学校環境の安全管理」「(1)安全点検の種類と対象」を参照。

学校保健安全法施行規則では，第28条「安全点検」，第29条「日常における環境の保全」に規定されている。

16 **解答** 1

解説 文部科学省「学校の『危機管理マニュアル』等の評価・見直しガイドライン」（2021年6月）の「解説編」「2　事前の危機管理」「2-2　危機の未然防止対策」「2-2-4　犯罪被害防止策」「2-2-4-1　不審者侵入の防止」を参照。

1：正しくは「学校への不審者侵入を防止する上では，①校門，②校門から校舎入口まで，③校舎への入口，という3段階の観点を持つことが重要」だとすると同時に，「このうち，特に『②校門から校舎入口まで』は盲点となりがち」だと示されている。

2～4：当該箇所を参照。

17 解答 4

解説 文部科学省「共生社会の形成に向けたインクルーシブ教育システム構築のための特別支援教育の推進（報告）」（2012年７月23日）の「1．共生社会の形成に向けて」を参照。

4：「(2)インクルーシブ教育システム構築のための特別支援教育の推進」「○４ 共に学ぶことについて」を参照。正しくは「基本的な方向性としては，障害のある子どもと障害のない子どもが，できるだけ同じ場で共に学ぶことを目指すべきである。その場合には，それぞれの子どもが，授業内容が分かり学習活動に参加している実感・達成感を持ちながら，充実した時間を過ごしつつ，生きる力を身に付けていけるかどうか，これが最も本質的な視点であり，そのための環境整備が必要である」としており，「等しい能力を身につけられるようにしていくことが重要である」は誤り。

1～3：冒頭の囲みを参照。

18 解答 4

解説 文部科学省「共生社会の形成に向けたインクルーシブ教育システム構築のための特別支援教育の推進（報告）」（2012年７月23日）の「5．特別支援教育を充実させるための教職員の専門性向上等」を参照。

4：「(1)教職員の専門性の確保」「○２ 学校外の資源をも活用した学校全体としての専門性の確保のためのシステム構築」を参照。

1：「(1)教職員の専門性の確保」「○１ すべての教員が身に付けるべき基礎的な知識・技能」を参照。「これらの技能はすべて教員養成段階で必ず身に付けておく必要がある」ではなく「教員養成段階で身に付けることが適当であるが，現職教員については，研修の受講等により基礎的な知識・技能の向上を図る必要がある」と示されている。

2：「(1)教職員の専門性の確保」「○４ 小・中学校の特別支援学級や通級による指導の担当教員の養成・研修」を参照。特別支援学級や通級による指導の担当教員は，「専門的な研修の受講等により，担当教員としての専門性を早急に担保するとともに，その後も研修を通じた専門性の向上を図ることが必要である」と示されているが，リーダーシップについては言及されていない。なお，「リーダーシップ」に関しては，「(2)各教職員の専門性，養成・研修制度等の在り方」「○１ 校長等の管理職，教育委員会の指導主事等を対象とした研修」において校長をはじめとした管理職について言及があるが，一般の教員については言及がない。

3：「(1)教職員の専門性の確保」「○２ 学校外の資源をも活用した学校全体としての専門性の確保のためのシステム構築」を参照。正しくは「小・中学校等の特別支援教育担当教員は，特別支援教育の重要な担い手であり，その専門性が校内に与える影響は大きいことから，特別支援学校との人事交流等により特別支援教育の中核となる教員を養成するとともに，障害のある子どもの教育的ニーズや学校の状況に応じ，それらの人材を各学校に配置するなどの人事上の配慮を行うことが考えられる」と示されている。

19 解答 2

解説 問題文には，文部科学省「児童生徒の教育相談の充実について　～学校の教育力を高める組織的な教育相談体制づくり～（報告）」(2017年１月）とあるが，同報告の中には選択肢について明言している箇所はない。選択肢の内容は，教育相談に関する調査研究協力者会議（第２回）配布資料１ - ２「兵庫県におけるスクールカウンセリング実施のためのガイドライン，試案」「５　スクールカウンセラーの業務」を参考にしたと思われる。以下は，その内容より。

２：「(4)研修・講話」を参照。

１：「(1)面接相談１―カウンセリング」「c　教職員のカウンセリング」を参照。「教職員が自分自身のプライベートな問題に関して相談にやってきたときには，(中略) 医療機関その他の相談施設での一般成人のカウンセリングの場合と同じく，相談内容は厳しく守秘されなければならない」が，「学校組織や児童・生徒を危機に導く危険性のある相談内容については，スクールカウンセラー自身も学校組織の一員であるので，上司である管理職に報告されなければならない」と示されており，一律に上司への報告義務があるわけではない。

３：「(5)査定，診断（見立て），調査」「a　査定（アセスメント）」を参照。「すべての心理検査を実施できる必要はないが，医療，児童福祉，司法などの，心理判定を主たる業務とする専門機関と連携して事例に対応する局面が多いので，少なくとも代表的な心理検査については，その結果の見方を知っていなければならない」と示されている。

４：「(5)査定，診断（見立て），調査」「c　調査」を参照。「調査を実施したときには，その結果は必ず学校に報告されなければならない」と示されている。

秋田県

実施日	2023(令和5)年7月22日	試験時間	70分（一般教養を含む）
出題形式	マークシート式	問題数	20題（解答数34）
パターン	ローカル・時事・原理・法規＋教育史・心理	公開状況	問題：公開　解答：公開　配点：公開

傾向&対策 ●教職教養全体の約3分の1を占めるローカル問題は，最新年度の「学校教育の指針」が必出。令和5年度版では，「道徳教育の重点事項」「グローバル社会で活躍できる人材の育成」「不登校への対応」から出題。このほか「秋田県教職キャリア指標（教員）」（2023年2月），「新秋田元気創造プラン」（2022年3月），「第四次秋田県特別支援教育総合整備計画」（2023年1月）より。●教育時事は，3年連続の出題となる「令和の日本型学校教育」に関する中央教育審議会答申（2021年1月）のほか，「学校部活動及び新たな地域クラブ活動の在り方等」に関するガイドライン（2022年12月），「通常の学級に在籍する特別な教育的支援を必要とする児童生徒」に関する調査結果（2022年12月）から出題された。

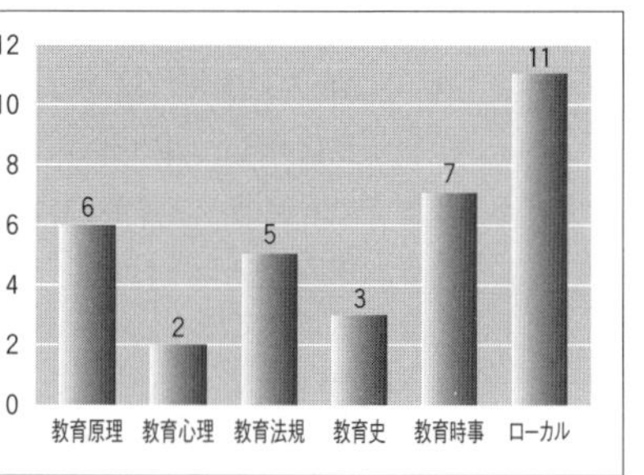

出題領域

教育原理	教育課程・学習指導要領		総則		特別の教科　道徳	
	外国語活動		総合的な学習(探究)の時間		特別活動	
	学習指導	2	生徒指導	2	学校・学級経営	
	特別支援教育	2	人権・同和教育		その他	
教育心理	発達	1	学習		性格と適応	1
	カウンセリングと心理療法		教育評価		学級集団	
教育法規	教育の基本理念		学校教育	1	学校の管理と運営	1
	児童生徒	2	教職員	1	その他	
教育史	日本教育史	2	西洋教育史	1		
教育時事	答申・統計	7	ローカル	11		

表中の数字は，解答数

全校種共通

☞解答＆解説 p.57

1　次の文中の（ ア ）～（ ウ ）にあてはまる人物名を(a)～(c)からそれぞれ選び，その正しい組合せを下の①～⑥から一つ選べ。

- （ ア ）は，名誉革命の理論的指導者として，革命後の新政府の顧問的役割を担うとともに，近代教育の発展に大きな影響を及ぼした。『人間知性論』で展開された認識論は，生得観念を否定するいわゆる白紙説によって，教育の可能性を大きく広げる働きをした。
- （ イ ）は，自らの教育学体系を，教育目的を考察する倫理学と，子どもの発達や教育方法に関する知見を与える心理学から捉えた。彼の教育学説は，「教授段階説」や「教育的教授」（教授なき教育はありえず，教育なき教授もありえないとする考え）に代表される。
- （ ウ ）は，シカゴ大学附属実験学校を開設し，子どもの作業活動と社会的生活経験の広がりを中心とする教育実践を行った。この実践によって，アメリカにおける新教育運動の理論的指導者としての地位を確立した。その成果は，『学校と社会』で詳細に報告されている。

(a)デューイ（Dewey, J.）　(b)ロック（Locke, J.）　(c)ヘルバルト（Herbart, J. Fr.）

① ア (a)　イ (b)　ウ (c)
② ア (a)　イ (c)　ウ (b)
③ ア (b)　イ (a)　ウ (c)
④ ア (b)　イ (c)　ウ (a)
⑤ ア (c)　イ (a)　ウ (b)
⑥ ア (c)　イ (b)　ウ (a)

2　次は，日本の戦後の教育制度について述べたものである。文中の（ ア ）にあてはまる語句をA群から，（ イ ）にあてはまる語句をB群からそれぞれ一つずつ選べ。

昭和22年学校教育法施行規則により，小学校の教科は，国語，社会，算数，理科，音楽，図画工作，家庭，体育及び（ ア ）を基準とするとした。

新制高等学校は昭和23年度から発足した。発足に当たっては，教育の民主化及び機会均等の理念の実現と新制高等学校の普及を図る趣旨に基づき学区制，（ イ ）及び普通教育課程と専門教育課程とを併置する総合制の三原則が強調された。

A群　①自由研究　②課題研究　③道徳の時間
B群　④単位制　⑤全日制　⑥男女共学制

3　次は，教育基本法の条文の一部である。文中の下線部①～④のうち，正しくないものを一つ選べ。

第6条　法律に定める学校は，公の性質を有するものであって，国，①地方公共団体及び法律に定める法人のみが，これを設置することができる。

2　前項の学校においては，②教育の目標が達成されるよう，教育を受ける者の心身の発達に応じて，③専門的な教育が組織的に行われなければならない。この場合において，教育を受ける者が，学校生活を営む上で必要な④規律を重んずるとともに，自ら進んで学習に取り組む意欲を高めることを重視して行われなければならない。

4 **次は，教育公務員特例法の条文の一部である。文中の（ ア ）～（ ウ ）にあてはまる語句の正しい組合せを下の①～⑥から一つ選べ。**

第1条　この法律は，教育を通じて国民全体に奉仕する教育公務員の職務とその責任の（ ア ）に基づき，教育公務員の任免，人事評価，給与，分限，懲戒，服務及び研修等について規定する。

第22条　教育公務員には，研修を受ける機会が与えられなければならない。

2　教員は，（ イ ）に支障のない限り，（ ウ ）の承認を受けて，勤務場所を離れて研修を行うことができる。

3　（略）

① ア　重要性　イ　業務　ウ　本属長
② ア　重要性　イ　授業　ウ　任命権者
③ ア　重要性　イ　業務　ウ　任命権者
④ ア　特殊性　イ　授業　ウ　本属長
⑤ ア　特殊性　イ　業務　ウ　本属長
⑥ ア　特殊性　イ　授業　ウ　任命権者

5 **次は，学校教育法の条文の一部である。文中の（　　）からあてはまるものをそれぞれ一つずつ選べ。**

第11条　校長及び教員は，教育上必要があると認めるときは，文部科学大臣の定めるところにより，児童，生徒及び学生に懲戒を加えることができる。ただし，（①制裁　②体罰）を加えることはできない。

第12条　学校においては，別に法律で定めるところにより，幼児，児童，生徒及び学生並びに職員の健康の保持増進を図るため，（③健康診断　④保健指導）を行い，その他その保健に必要な措置を講じなければならない。

第19条　経済的理由によって，就学困難と認められる学齢児童又は学齢生徒の保護者に対しては，（⑤都道府県　⑥市町村）は，必要な援助を与えなければならない。

6 **「学校部活動及び新たな地域クラブ活動の在り方等に関する総合的なガイドライン（令和4年12月　スポーツ庁　文化庁）」に示された「学校部活動の適切な休養日等の設定」の内容として，適当でないものを次の①～④から全て選べ。**

① 学期中は，週当たり1日以上の休養日を設ける。
② 1日の活動時間は，長くとも平日では2時間程度とする。
③ 土曜日及び日曜日に大会参加等で活動した場合は，休養日を必ず月曜日に振り替える。
④ 学校部活動以外にも多様な活動を行うことができるよう，ある程度長期の休養期間（オフシーズン）を設ける。

7 **次は，「『令和の日本型学校教育』の構築を目指して　～全ての子供たちの可能性を引き出す，個別最適な学びと，協働的な学びの実現～（答申）（令和3年1月26日　中央教育審議会）」の一部である。文中の（ ア ）にあてはまる語句をA群から，（ イ ）にあてはまる語句をB群からそれぞれ一つずつ選べ。**

○　また，新学習指導要領では，児童生徒の発達の段階を考慮し，言語能力，情報活用能力，（　ア　）等の学習の基盤となる資質・能力を育成していくことができるよう，各教科等の特質を生かし，（　イ　）な視点から教育課程の編成を図るものとされており，その充実を図ることが必要である。

A群　①人間関係形成・社会形成能力　　②自己理解・自己管理能力
　　③問題発見・解決能力

B郡　④多面的・多角的　　⑤長期的　　⑥教科等横断的

8　**令和5年2月に改訂された「秋田県教職キャリア指標（教員）　～秋田の未来と教育を支える人材の育成を目指して～」に示されている採用段階で求められる人材像として，適当でないものを次の①～⑥から一つ選べ。**

①　協調性と豊かなコミュニケーション能力を有している。

②　教育者としての強い使命感と高い倫理観を身に付けている。

③　個性豊かでたくましく，常に学び続ける探究力を有している。

④　直面する喫緊の教育課題に対応するマネジメント能力を有している。

⑤　ICT活用を含め教科等に関する深い専門的知識と広く豊かな教養を身に付けている。

⑥　教育的愛情にあふれ，特別な支援を必要とする児童生徒を含め全ての児童生徒の心身の状況を踏まえ，受容的・共感的に理解ができる。

※「秋田県教職キャリア指標（養護教諭）～秋田の未来と教育を支える人材の育成を目指して～」にも同様の趣旨の記述がある。

9　**「～大変革の時代～　新秋田元気創造プラン（2022年3月　秋田県）」の「4年間で創造する“元気”～『概ね10年後の姿』の実現に向けて～」に掲げられた“四つの元気”としてあてはまらないものを次の①～⑥から二つ選べ。**

①存在感（Presence）　　②幸福感（Happiness）

③都市化（Urbanization）　　④強靱化（Resilience）

⑤持続可能性（Sustainability）　　⑥多様性（Diversity）

10　**次は，「令和5年度　学校教育の指針（秋田県教育委員会）」に示された道徳教育の重点事項の一部である。文中の（　　）からあてはまるものをそれぞれ一つずつ選べ。**

1　全教職員の共通理解による組織的な道徳教育の充実

(1)　目指す子ども像を全教職員が共通理解し，道徳教育に積極的に関わることができるよう，（①道徳教育推進教師　②学級担任）等を中心として，機能的な推進体制を整え，指導に当たる。

(2)　小・中学校，高等学校及び特別支援学校においては，自校の実態や課題，児童生徒の発達の段階や（③経験　④特性）に応じて指導内容の重点化を図り，全体計画等を作成するとともに，指導の成果と課題を基に，全体計画等をより実効性のあるものに改善する。

(3)　人や社会，自然などとの関わりを通して，道徳性を育むことができるよう，学校（園）の実情に応じ，様々な（⑤探究活動　⑥体験活動）を意図的・計画的に取り入れていく。

2　（略）

11 **次は，「『令和の日本型学校教育』の構築を目指して　～全ての子供たちの可能性を引き出す，個別最適な学びと，協働的な学びの実現へ（答申）（令和３年１月26日　中央教育審議会）」に示された令和の日本型学校教育の構築に向けた今後の方向性の一部について記述したものである。文中の（ ア ）～（ ウ ）にあてはまる語句の正しい組合せを下の①～⑥から一つ選べ。**

家庭の経済状況や地域差，本人の特性等にかかわらず，全ての子供たちの知・徳・体を一体的に育むため，これまで日本型学校教育が果たしてきた，⑴学習機会と（ ア ）の保障，⑵社会の（ イ ）としての全人的な発達・成長の保障，⑶安全・安心な（ ウ ）・セーフティネットとしての身体的，精神的な健康の保障，という３つの保障を学校教育の本質的な役割として重視し，これを継承していくことが必要である。

① ア　支援　イ　一員　ウ　学習環境
② ア　学力　イ　形成者　ウ　居場所
③ ア　支援　イ　形成者　ウ　居場所
④ ア　学力　イ　形成者　ウ　学習環境
⑤ ア　支援　イ　一員　ウ　居場所
⑥ ア　学力　イ　一員　ウ　学習環境

12 **次は，「令和５年度　学校教育の指針（秋田県教育委員会）」に示された「グローバル社会で活躍できる人材の育成」の一部である。文中の下線部①～④のうち，適当でないものを一つ選べ。**

グローバル化が加速度的に進展する現代の社会では，環境，経済，社会等において，絶えず新たな課題が生じ，①地球規模での解決策が求められている。「第３期あきたの教育振興に関する基本計画」では，このような社会で活躍できる人材の育成を重視している。

「②国際理解を通じたアイデンティティの確立」「多様な価値観をもつ人々との共生」「他者と③協働し課題を解決する力」「④新たな価値を創造する力」「英語コミュニケーション能力」等を，本県の他の教育課題等との関連を図りながら育成していくことが必要である。

13 **次は，「生徒指導提要（令和４年12月改訂　文部科学省）」で示された生徒指導の分類を表した図である。生徒指導の対象となる児童生徒の範囲が，全ての児童生徒となるものを図中の下線部①～④から全て選べ。**

生徒指導
- ①発達支持的生徒指導
- 課題予防的生徒指導
  - ③課題未然防止教育
  - ④課題早期発見対応
- ②困難課題対応的生徒指導

常態的
先行的
（プロアクティブ）

即応的
継続的
（リアクティブ）

14 **次は，「令和５年度　学校教育の指針（秋田県教育委員会）」に示された不登校への対応に関する記述の一部である。文中の（ ア ）にあてはまる語句をA群から，（ イ ）**

にあてはまる語句をB群からそれぞれ一つずつ選べ。

1　未然紡止のための取組の充実

(1) 自己肯定感や（ ア ）を育むために，授業や諸活動の中で，一人一人が活躍する場や他者から認められる場を意図的に設ける。また，教職員による居場所づくりを進め，児童生徒主体による絆づくりができる場や機会を提供するなど，全校体制で共通実践する。

(2) 児童生徒が分かる喜びや学ぶ意義を実感できるよう，（ イ ）や指導体制の工夫改善を図り，学習指導の充実に努める。

(3) （略）

(4) （略）

A群　①自尊感情　②自己有用感　③自己信頼感

B群　④対応方法　⑤指導方法　⑥評価方法

15 **次は，有意味受容学習について説明したものである。この学習法を提唱した人物をA群から，文中の（　）にあてはまる語句をB群からそれぞれ一つずつ選べ。**

有意味受容学習は，意味を有する教材を用い，学習されるべきすべての内容を明確に最終形態として呈示し，学習者は各自の認知構造に関連づけながら受容してゆく，学習に最適な教授法であるとする。受容には学習者の知識体系，認知構造の状態が関連すると考えられるので，受容されやすい情報の呈示が必要となる。適切な（　）の導入によって，新しい学習が認知構造内に無理なく取り入れられるとする。

A群　①ブルーナー（Bruner, J. S.）　②バートレット（BartLett, F. C.）
③スキナー（Skinner, B. F.）　④オーズベル（Ausubel, D. P.）

B群　⑤即時フィードバック　⑥先行オーガナイザー
⑦モデリング　⑧インプリンティング

16 **コールバーグ（Kohlberg,L.）の道徳性の発達段階における次の（ ア ），（ イ ）に関する説明を(a)～(d)からそれぞれ一つずつ選び，その正しい組合せを下の①～⑧から一つ選べ。**

（ ア ）道具主義的な相対主義志向　（ イ ）普遍的な倫理的原理の志向

(a) 他者を喜ばせ，他者を助けるために「良く」ふるまい，それによって承認を受ける。

(b) 権威（親，教師，神）を尊重し，社会的秩序をそれ自身のために維持することにより，自己の義務を果たすことを求める。

(c) 報酬を手に入れ，愛情の返報を受ける仕方で行動することによって，自己の欲求の満足を求める。

(d) 実際の法や社会の規則を考えるだけでなく，正義について自ら選んだ基準と，人間の尊厳性への尊重を考える。自己の良心から非難を受けないような仕方で行為する。

①　ア　(a)　イ　(b)　②　ア　(a)　イ　(c)
③　ア　(c)　イ　(d)　④　ア　(b)　イ　(d)
⑤　ア　(b)　イ　(c)　⑥　ア　(c)　イ　(a)
⑦　ア　(d)　イ　(a)　⑧　ア　(d)　イ　(b)

17 **次は，自我の防衛機制について説明したものである。文中の下線部①～④のうち，適**

秋田県

当でないものを一つ選べ。

- 自分にとって価値のある他者の姿を自分の中に取り入れ，まるでその人になったかのようにふるまったり，その属性を身につけようとしたりすることを①投影という。
- 欲求や感情の対象を，本来の対象より手に入りやすい対象や自分にとって危険でない対象に向けることを②置き換えという。
- 受け入れがたい衝動，感情，記憶，思考などを意識の外に締め出すことを③抑圧という。
- 自分の行動を正当化するために，社会的承認に値する，あるいは自分の良心に納得のいくような理由づけをすることを④合理化という。

18 **ICF（国際生活機能分類）に関する説明として適当なものを，次の①～④から二つ選べ。**

① 障害の捉えについて，疾病等に基づく個人の様々な状態をインペアメント，ディスアビリティ，ハンディキャップの概念を用いて分類した。

② 人間の生活機能は，「心身機能・身体構造」，「活動」，「参加」の三つの要素で構成されており，それらの生活機能に支障がある状態を「障害」と捉えている。

③ 2001年５月に，WHO（世界保健機構）の総会において採択された。

④ 2006年12月に，国際連合総会において採択された。

19 **次は，「第四次秋田県特別支援教育総合整備計画（令和５年１月　秋田県教育委員会）」の趣旨である。下線部の対象とならない障害種別をＡ群から，文中の（　　）にあてはまる語句をＢ群からそれぞれ一つずつ選べ。**

障害のある幼児児童生徒などの自立と社会参加に向けて，インクルーシブ教育システムの理念を踏まえ，幼稚園・保育所・認定こども園等，小・中・義務教育学校，高等学校，特別支援学校の全ての学校（園）において，一人一人の教育的ニーズに応じた指導・支援の充実を図ります。また，通常の学級，通級による指導，特別支援学級，特別支援学校といった連続性のある多様な学びの場の充実・整備と教職員の専門性の向上を図るとともに，（　　）支援に向けた関係機関との連携強化及び特別支援教育への理解推進を図ります。

Ａ群　①言語障害者　②学習障害者　③注意欠陥多動性障害者
　　　④弱視者　⑤難聴者　⑥知的障害者

Ｂ群　⑦チームとしての　⑧切れ目ない　⑨きめ細かな

20 **次は，「通常の学級に在籍する特別な教育的支援を必要とする児童生徒に関する調査結果（令和４年12月　文部科学省）について説明したものである。文中の（　　）からあてはまるものをそれぞれ一つずつ選べ。**

○ 小学校・中学校において，学習面又は行動面で著しい困難を示すとされた児童生徒の割合は（①2.2%　②8.8%）である。

○ 学習面，各行動面で著しい困難を示すとされた児童生徒数の割合は，小学校，中学校とも学年が上がるにつれて（③高くなる　④低くなる）傾向にある。

解答&解説

1 解答 ④

解説 ア：ロック（1632～1704）は，人間の精神ははじめ白紙のようなもので，そこにさまざまな観念を構成するのが教育であるとする「白紙説（タブラ・ラサ）」を唱えた。

イ：ヘルバルト（1776～1841）は，教育の究極目的は「道徳的品性の陶冶」であるとし，そのための教授の段階を明瞭－連合－系統－方法の４段階に分けて考えた。

ウ：デューイ（1859～1952）は，「なすことによって学ぶ」という，経験による学習を重視した新教育運動の理論的指導者で，教育とは「経験の再構成」であり，子どもの生活経験に基づき，子どもの自発的活動が中心でなければならないとした。

2 解答 ア―①　イ―⑥

解説 ア：「試案」として出された昭和22年版学習指導要領は，「一般編」と「各科編」に分かれていた。新設の「自由研究」は特別活動の前身ともいえるもので，児童生徒の自発的な活動を促すために，教師の指導の下に児童生徒がそれぞれの興味と能力に応じて，教科の発展として行う活動や学年の区別なく同好の者が集まって行うクラブ活動などを行う時間であった。

イ：学校教育法が1947年３月に公布され，新制高等学校は１年間の準備期間を経て1948年度から発足した。その発足に当たり，学区制，男女共学制，総合制の三原則がGHQ（連合国軍最高司令官総司令部）から強く主張された。学区制は旧制の中学校，高等女学校や中学校，実業学校の間の格差を是正し，教育の民主化及び機会均等の理念を実現し，高等学校の普及を図る趣旨によるものであった。そのため，公立の高等学校の平準化，地域性を図るため都道府県教育委員会に学区制を定める権限が与えられた（旧教育委員会法）。また，高等学校における男女共学の実施とともに，普通科と職業科を併せた総合制高等学校の設置が勧められた。

3 解答 ③

解説 教育基本法第６条を参照。「学校教育」の規定。

4 解答 ④

解説 ア：教育公務員特例法第１条を参照。「この法律の趣旨」の規定。

イ：教育公務員特例法第22条を参照。「研修の機会」の規定。

5 解答 ②，③，⑥

解説 ②学校教育法第11条を参照。「児童・生徒等の懲戒」の規定。

③学校教育法第12条を参照。「健康診断等」の規定。

⑥学校教育法第19条を参照。「経済的就学困難への援助義務」の規定。

6 解答 ①，③

解説 スポーツ庁・文化庁「学校部活動及び新たな地域クラブ活動の在り方等に関する

総合的なガイドライン」(2022年12月) の「I 学校部活動」「3 適切な休養日等の設定」のアを参照。

①「週当たり1日以上の休養日」ではなく「週当たり2日以上の休養日」。

③休養日を「月曜日に振り替える」ではなく「他の日に振り替える」。

7 解答 ア―③ イ―⑥

解説 中央教育審議会答申「『令和の日本型学校教育』の構築を目指して ～全ての子供たちの可能性を引き出す，個別最適な学びと，協働的な学びの実現～」(2021年1月26日，4月22日更新) の「第Ⅱ部 各論」「2.9年間を見通した新時代の義務教育の在り方について」「(2)教育課程の在り方」「①学力の確実な定着等の資質・能力の育成に向けた方策」を参照。

8 解答 ④

解説 秋田県教育委員会「秋田県教職キャリア指標 (教員) ～秋田の未来と教育を支える人材の育成を目指して～」(2023年2月) の「採用段階で求められる人材像」を参照。同指標は，学校教育を取り巻く環境の変化を前向きに受け止め，主体性を発揮しながら，個別最適で協働的な学びにより教職生涯を通じて学び続けるといった，新たな教師の学びを実現する観点から策定，改訂が行われた。

④マネジメント能力については，「第3ステージ (目安：11年目～)」の「実践的指導力充実期」に「中堅教員としての自覚をもち，積極的に学校経営に参画するとともに，主任等の分掌に必要な役割・職務に関して理解を深め，組織マネジメント能力を身に付ける」と示されている。

9 解答 ②，③

解説 秋田県「～大変革の時代～ 新秋田元気創造プラン (2022～2025年度)」(2022年3月) の「第2章 秋田の目指す将来の姿」「2 4年間で創造する“元気” ～『概ね10年間の姿』の実現に向けて～」を参照。同プランは，人口減少問題の克服に向けた取組をはじめ，新型コロナウイルス感染症の拡大やカーボンニュートラルへの対応など社会経済情勢の変化に対応する取り組みを盛り込んだ，2022年度からの新たな県政運営の指針となるもので，県政運営の指針となる最上位計画である。

10 解答 (1)―① (2)―④ (3)―⑥

解説 秋田県教育委員会「令和5年度 学校教育の指針」(2023年4月) の「第Ⅱ章 全教育活動を通して取り組む教育課題」「道徳教育」「重点事項」「1 全教職員の共通理解による組織的な道徳教育の充実」を参照。秋田県では，「第3期あきたの教育振興に関する基本計画」と「学校教育の指針」の趣旨を踏まえた取り組みを進め，心豊かで郷土愛に満ち，自らの志や目標に向かってたくましく生き抜く力や，生涯学び続け自己の生き方を探求する基礎となる学力等が，子どもたちに着実に育まれるよう，学校教育のさらなる充実・発展を目指すとしている。

11 解答 ②

解説 中央教育審議会答申「『令和の日本型学校教育』の構築を目指して ～全ての子供たちの可能性を引き出す，個別最適な学びと，協働的な学びの実現～」(2021

年１月26日，４月22日更新）の「４．『令和の日本型学校教育』の構築に向けた今後の方向性」を参照。

12 解答 ②

解説 秋田県教育委員会「令和５年度　学校教育の指針」（2023年４月）の「第Ⅱ章　全教育活動を通して取り組む教育課題」「グローバル社会で活躍できる人材の育成」を参照。

②「国際理解」ではなく「ふるさと」。

13 解答 ①，③

解説 『生徒指導提要』（2022年12月）の「第Ⅰ部　基本的な生徒指導の進め方」「第１章　生徒指導の基礎」「1.2　生徒指導の構造」「1.2.1　２軸３類４層構造」「⑵生徒指導の３類」を参照。

14 解答 ア―②　イ―⑤

解説 秋田県教育委員会「令和５年度　学校教育の指針」（2023年４月）の「第Ⅱ章　全教育活動を通して取り組む教育課題」「生徒指導」「不登校・いじめの未然防止と解消を目指して」「不登校への対応」「１　未然防止のための取組の充実」を参照。

15 解答 人物：④　空欄：⑥

解説 オーズベル（1918～2008）が提唱した有意味受容学習は，学習者に思考の枠組みとなるような先行オーガナイザーをあらかじめ導入しておくと，本学習で学習材料の理解が容易になり，現在の認知構造への受容が促進されるとしている。

16 解答 ③

解説 コールバーグ（1927～87）は，道徳性を正義と公平さであると規定し，その考えを３水準６段階からなる発達段階の理論に集約した。（ア）の「道具主義的な相対主義志向」は第２段階，（イ）の「普遍的な倫理的原理の志向」は第６段階に相当する。

17 解答 ①

解説 ①「投影」ではなく「同一視」。「投影（投射）」は，自分が持っている感情や特質を，他人ももっていると考えることで，不安や自責の念から逃れようとすること。

18 解答 ②，③

解説 ①前身のICIDH（国際障害分類）では，インペアメント（機能障害），ディスアビリティー（能力障害），ハンディキャップ（社会的不利）の概念を用いて分類したが，ICFでは使用していない。ICFでは，すべての人間が何らかの障害をもっていることを前提としている。人間の生活機能は，「心身機能・身体構造」，「活動」，「参加」の３つの要素で構成されており，健康状態と背景因子（環境因子・個人因子）との相互作用あるいは複合的関係から成り立つと考える。

④ICF（国際生活機能分類）は，2001年にWHO（世界保健機構）の総会において採択された障害の概念。

19 解答 Ａ群　⑥　　Ｂ群　⑧

解説 秋田県教育委員会「第四次秋田県特別支援教育総合整備計画」(2023年１月）の「第１章　計画の基本的な考え方」「２　趣旨」を参照。

また，学校教育法施行規則第140条を参照。「障害に応じた特別の指導―通級指導」の規定。同条で規定された障害種は「言語障害者，自閉症者，情緒障害者，弱視者，難聴者，学習障害者，注意欠陥多動性障害者，その他障害のある者」で，「その他の障害」とは，「肢体不自由者，病弱・身体虚弱者」である。「通級による指導」は，小・中学校，義務教育学校，中等教育学校，高等学校の通常学級に在籍している軽度の障害のある児童生徒が対象であるが，知的障害者は障害の特性から固定式での学級での教育が望ましいため，対象となっていない。

20 解答 ②，④

解説 文部科学省「通常の学級に在籍する特別な教育的支援を必要とする児童生徒に関する調査結果について」(2022年12月13日）の「３．『Ⅰ．児童生徒の困難の状況』の調査結果」を参照。

②「表１　質問項目に対して学級担任等が回答した内容から，『学習面又は行動面で著しい困難を示す』とされた児童生徒数の割合」を参照。

④「表６　質問項目に対して学級担任等が回答した内容から，『学習面，各行動面で著しい困難を示す』とされた児童生徒の学校種，学年別集計」を参照。

山形県

実施日	2023(令和5)年7月22日	試験時間	80分（一般教養を含む）
出題形式	選択＋記述式	問題数	6題（解答数24）
パターン	原理・法規＋心理・時事・ローカル	公開状況	問題:公開　解答:公開　配点:公開

傾向&対策

●教育原理，教育心理，教育法規，教育時事，ローカル問題で構成。●最も解答数の多い教育原理は，改訂『生徒指導提要』の「発達障害に関する理解と対応」の空欄補充問題と，学習指導要領の「総合的な学習（探究）の時間」。後者は『学習指導要領解説』より「探究的な学習における児童（生徒）の学習の姿」に関する正誤判定問題。●教育法規は，頻出条文の空欄補充問題であるが，選択肢のない記述式で出典法規も問われるので，正確な知識が必要。●教育時事は，「教育の情報化」に関する3題で，「教育の情報化に関する手引（追補版）」(2020年6月)，「改正著作権法第35条運用指針」(2020年12月)，StuDX Styleについて。●必出のローカル問題は，2年連続で「山形県教員『指標』」(2023年3月）より。

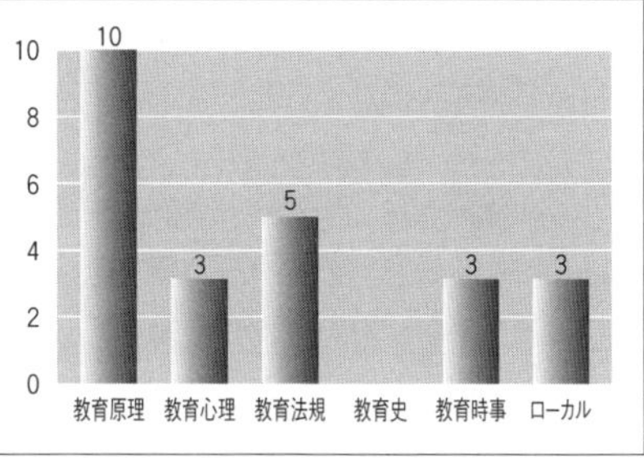

出題領域

教育原理	教育課程・学習指導要領		総則		特別の教科　道徳	
	外国語・外国語活動		総合的な学習(探究)の時間	4	特別活動	
	学習指導		生徒指導	6	学校・学級経営	
	特別支援教育		人権・同和教育		その他	
教育心理	発達		学習	1	性格と適応	
	カウンセリングと心理療法	1	教育評価	1	学級集団	
教育法規	教育の基本理念		学校教育	1	学校の管理と運営	1
	児童生徒	1	教職員	2	その他	
教育史	日本教育史		西洋教育史			
教育時事	答申・統計	3	ローカル	3		

表中の数字は，解答数

全校種共通

☞解答＆解説 p.65

1 **次の各文章は，「生徒指導提要（令和４年12月）」の「第Ⅱ部　13章　多様な背景を持つ児童生徒への生徒指導　13.1　発達障害に関する理解と対応」の一部抜粋である。文章中の空欄（ ① ）～（ ⑥ ）にあてはまる語句を，あとのア～ソの中からそれぞれ一つずつ選び，記号で答えなさい。**

> 平成28年４月に「障害を理由とする差別の解消の推進に関する法律」（いわゆる「障害者差別解消法」）が施行されました。この法律では，障害を理由とする「不当な差別的な取扱い」の禁止と障害者への「（ ① ）の提供」が求められています。

> 発達障害のある児童生徒への（ ① ）については，学習上又は生活上の困難を改善・克服するための配慮として，読み書きや計算，記憶などの学習面の特性による困難さ，及び不注意や多動性，衝動性など行動面の特性による困難さ，対人関係や（ ② ）に関する特性による困難さに対する個別的な配慮が必要になります。

> 「障害のある子供の教育支援の手引～子供たち一人一人の教育的ニーズを踏まえた学びの充実に向けて～（令和３年６月30日改訂）」では，発達障害も含め教育的ニーズの内容を（ ③ ）ごとに具体化し，就学先となる学校や（ ④ ）を判断する際に重視すべき事項等が整理されています。

> 発達障害は，生まれつきの（ ⑤ ）の違いにより，対人関係や社会性，行動面や情緒面，学習面に特徴がある状態です。学習活動において困難さを抱えるものもあれば，容易に取り組めるものもあります。

> 学校が連携する関係機関としては，教育委員会の巡回相談員や専門家チーム，（ ⑥ ）を有する特別支援学校，療育機関や発達障害者支援センター等があり，発達上の課題の分析や検査による評価を基にした指導や助言を行っています。

ア　センター的機能　　イ　二次的な問題　　ウ　教科
エ　福祉サービス　　オ　健康状態　　カ　教育的ニーズ
キ　性格　　ク　個別の支援　　ケ　コミュニケーション
コ　合理的配慮　　サ　脳の働き方　　シ　就労先
ス　学びの場　　セ　障害種　　ソ　特別な器具

2 **「小学校学習指導要領」（平成29年３月告示）「第５章　総合的な学習の時間」，「中学校学習指導要領」（平成29年３月告示）「第４章　総合的な学習の時間」及び「高等学校学習指導要領」（平成30年３月告示）「第４章　総合的な探究の時間」について，次の問いに答えなさい。**

1　「総合的な学習の時間」及び「総合的な探究の時間」の目標について，次の問いに答えなさい。

(1) 次の文は「第１　目標」の一部である。文中の（ ① ），（ ② ）にあてはまる各校種共通の語句をそれぞれ書きなさい。

小学校 中学校	探究的な見方・考え方を働かせ，（ ① ）的・総合的な学習を行うことを通して，よりよく課題を解決し，自己の（ ② ）を考えていくための資質・能力を次のとおり育成することを目指す。
高等学校	探究の見方・考え方を働かせ，（ ① ）的・総合的な学習を行うことを通して，自己の在り方（ ② ）を考えながら，よりよく課題を発見し解決していくための資質・能力を次のとおり育成することを目指す。

(2) 次のA，Bの文は，「総合的な学習の時間」及び「総合的な探究の時間」の目標に関する説明である。A，Bの文の正誤について正しい組み合わせを，あとのア～エの中から一つ選び，記号で答えなさい。

A 「総合的な学習の時間」及び「総合的な探究の時間」の「第１　目標」には，その特性上，「知識及び技能」については示されていない。

B 「総合的な学習の時間」及び「総合的な探究の時間」の目標は，学習指導要領に示された「第１　目標」を踏まえて各学校において定めることとされている。

ア A 正　B 正　イ A 正　B 誤
ウ A 誤　B 正　エ A 誤　B 誤

2 右の図は，「探究的な学習における児童（生徒）の学習の姿」及び「探究における生徒の学習の姿」を示したものである。また，図中のⅠ～Ⅳは探究の過程を示している。次のX，Yの文の正誤について正しい組み合わせを，あとのア～エの中から一つ選び，記号で答えなさい。

図

(小学校学習指導要領（平成29年告示）解説「総合的な学習の時間編」より作成)

X 図のⅠ～Ⅳの順序が入れ替わることは当然起こり得る。

Y 図のⅠ～Ⅳのうち，ある活動を重点的に行うことはせず，どれも均等に行わなければならない。

ア X 正　Y 正　イ X 正　Y 誤
ウ X 誤　Y 正　エ X 誤　Y 誤

3 **教育の情報化について，次の問いに答えなさい。**

1 「教育の情報化に関する手引（追補版）」（令和２年６月　文部科学省）の「第４章　教科等の指導におけるICTの活用」では，ICTを効果的に活用する学習場面を３つに分類している。手引に示された３つの学習場面として適切なものを，次のア～エの中から一つ選び，記号で答えなさい。

ア 遠隔学習，発展学習，協働学習　イ 遠隔学習，個別学習，協働学習
ウ 一斉学習，発展学習，協働学習　エ 一斉学習，個別学習，協働学習

2 ICTを活用した教育での著作物利用の円滑化を図るため，平成30年５月に「授業目的公衆送信補償金制度」が創設された。改正著作権法第35条運用方針（令和３年度版）に示された，「許諾不要で利用できるが，補償金の支払いが必要だと考えられる例」として適切でないものを，次のア～エの中から一つ選び，記号で答えなさい。

ア　教科書等の出版物から図版や文書を抜き出してプレゼンテーションソフトにまとめ，対面での授業中にクラウド・サーバを通じて児童生徒のタブレット端末に送信する。

イ　授業で利用する教科書や新聞記事などの著作物を用いた教材を学習できるようにクラウド・サーバにアップロードする。

ウ　学校のホームページに，パスワードをかけずに，教科書を解説する授業映像を教師がアップロードし，誰でも見られる状態にしておく。

エ　在宅の幼児に，音楽に合わせて踊る踊りを教えるためにインターネットを用いて楽曲の全部をストリーミング配信する。

3　新たに整備された１人１台PCなどの機器等の活用について，先進的な実践事例等の情報発信を文部科学省がWebサイトで行っている。このWebサイト名を何というか，次のア～エの中から最も適切なものを一つ選び，記号で答えなさい。

ア　GIGA　　イ　StuDX Style　　ウ　MEXCBT　　エ　EdTech

4　**次のＡ～Ｅの条文について，あとの問いに答えなさい。**

Ａ　職員は，その職の（ ① ）を傷つけ，又は職員の職全体の不名誉となるような行為をしてはならない。〔地方公務員法〕

Ｂ　国民は，基本理念にのっとり，こども施策について（ ② ）と理解を深めるとともに，国又は地方公共団体が実施するこども施策に協力するよう努めるものとする。〔こども基本法〕

Ｃ　すべて国民は，法律の定めるところにより，その保護する子女に（ ③ ）を受けさせる義務を負ふ。義務教育は，これを無償とする。〔日本国憲法〕

Ｄ　学校においては，別に法律で定めるところにより，幼児，児童，生徒及び学生並びに職員の健康の保持増進を図るため，健康診断を行い，その他その保健に必要な措置を講じなければならない。〔 a 〕

Ｅ　法律に定める学校の職員は，自己の崇高な使命を深く自覚し，絶えず研究と修養に励み，その職責の遂行に努めなければならない。〔 b 〕

1　空欄（ ① ）～（ ③ ）にあてはまる語句を，それぞれ書きなさい。

2　空欄〔 a 〕，〔 b 〕にあてはまる法律の正式名称を，それぞれ書きなさい。

5　**次のＡ～Ｃの文章中の空欄（ ① ）～（ ③ ）にあてはまる語句を，あとのア～ケの中からそれぞれ一つずつ選び，記号で答えなさい。**

Ａ　学習活動の途中で，練習を続けても成績が向上しなくなり，それでも練習を続けていると再び成績が向上することがあるが，進歩が一時的に止まってしまうこのことを（ ① ）という。

Ｂ　カウンセリングを成功させるには，カウンセラーとクライアントの間に相互信頼関係があることが前提となる。この相互信頼関係を（ ② ）という。

Ｃ　児童生徒がある側面で望ましい評価を持っていると，教師がその評価を当該児童生徒に対する全体的評価にまで広げてしまう傾向がある。この心理的傾向を（ ③ ）という。

ア　インプリンティング　　イ　学習の転移　　ウ　プラトー現象

エ　ラポール　　オ　ピグマリオン効果　　カ　レディネス
キ　レミニッセンス　　ク　ハロー効果　　ケ　寛大効果

6　**「山形県教員『指標』」（令和５年３月改正　山形県教育委員会）では，指標の内容を定めるために職種ごと観点を設定している。表１～３は，その観点をまとめたものの一部抜粋である。空欄（ ① ）～（ ③ ）にあてはまる語句を，それぞれ書きなさい。**

表１

教諭用	
A：教職の実践に関する資質・能力	B：教職の素養に関する資質・能力
（ ① ）力 ※ ○生徒指導力 ○学習指導力 ○（ ② ）力 ○ICT活用力・情報モラル	○総合的な人間力 ○（ ③ ）としての自覚 ○チームマネジメント能力 ○危機管理対応能力

表２

養護教諭用	
A：養護教諭の実践に関する資質・能力	B：教職の素養に関する資質・能力
○養護教育力 ○ICT活用力・情報モラル ○（ ② ）力	○総合的な人間力 ○（ ③ ）としての自覚 ○チームマネジメント能力 ○危機管理対応能力

表３

栄養教諭用	
A：栄養教諭の実践に関する資質・能力	B：教職の素養に関する資質・能力
○栄養教育力 ○ICT活用力・情報モラル ○（ ② ）力	○総合的な人間力 ○（ ③ ）としての自覚 ○チームマネジメント能力 ○危機管理対応能力

※（ ① ）力：「生徒指導力」「学習指導力」「（ ② ）力」の３つを統合して，授業を核とした学級・学年・教科経営を行っていく力

解答＆解説

1　解答　①―コ　②―ケ　③―セ　④―ス　⑤―サ　⑥―ア

解説『生徒指導提要』（2022年12月）の「第II部　個別の課題に対する指導」「第13章　多様な背景を持つ児童生徒への生徒指導」「13.1　発達障害に関する理解と対応」を参照。

①・②「13.1.1　障害者差別解消法と合理的配慮」を参照。

③・④「13.1.2　発達障害に関する理解」を参照。

⑤「13.1.3　発達障害に関する課題」を参照。

⑥「13.1.5　関係機関との連携」を参照。

2　解答　１　⑴①**横断**　②**生き方**　⑵―**ウ**　２―**イ**

解説　１　⑴平成29年版小学校学習指導要領（2017年３月31日告示）の「第５章　総合

的な学習の時間」，平成29年版中学校学習指導要領（2017年３月31日告示）の「第４章　総合的な学習の時間」，平成30年版高等学校学習指導要領（2018年３月30日告示）の「第４章　総合的な探究の時間」を参照。

⑵A：「第１　目標」を参照。知識及び技能に関する目標として，小学校・中学校＝「⑴探究的な学習の過程において，課題の解決に必要な知識及び技能を身に付け，課題に関わる概念を形成し，探究的な学習のよさを理解するようにする」，高等学校＝「⑴探究の過程において，課題の発見と解決に必要な知識及び技能を身に付け，課題に関わる概念を形成し，探究の意義や価値を理解するようにする」と示されている。

B：「第２　各学校において定める目標及び内容」「１　目標」を参照。

２『小学校学習指導要領解説　総合的な学習の時間編』（2017年７月）の「第２章　総合的な学習の時間の目標」「第２節　目標の趣旨」「１　総合的な学習の時間の特質に応じた学習の在り方」「⑴探究的な見方・考え方を働かせる」，『中学校学習指導要領解説　総合的な学習の時間編』（2017年７月）の「第２章　総合的な学習の時間の目標」「第２節　目標の趣旨」「１　総合的な学習の時間の特質に応じた学習の在り方」「⑴探究的な見方・考え方を働かせる」，『高等学校学習指導要領解説　総合的な探究の時間編』（2018年７月）の「第３章　総合的な探究の時間の目標」「第２節　目標の趣旨」「１　総合的な探究の時間の特質に応じた学習の在り方」「⑴探究的な見方・考え方を働かせる」を参照。

X・Y：「①②③④（注：設問の図ではⅠⅡⅢⅣ）の過程を固定的に捉える必要はない。物事の本質を探って見極めようとするとき，$_{X}$活動の順序が入れ替わったり，$_{Y}$ある活動が重点的に行われたりすることは，当然起こり得ることだからである」と示されている。Yについて，「ある活動を重点的に行うことはせず，どれも均等に行わなければならない」は誤り。

3 **解答** １―エ　２―ウ　３―イ

解説 １　文部科学省『教育の情報化に関する手引（追補版）』（2020年６月）の「第４章　教科等の指導におけるICTの活用」「第２節　ICTを効果的に活用した学習場面の分類例」「２．学習場面に応じたICT活用の分類例」を参照。この３つの分類はさらに10の分類例に細分化されている。

A：一斉学習（教師による教材の提示）

B：個別学習（個に応じた学習，調査活動，思考を深める学習，表現・制作，家庭学習）

C：協働学習（発表や話合い，協働での意見整理，協働制作，学校の壁を越えた学習）

２　著作物の教育利用に関する関係者フォーラム「改正著作権法第35条運用指針（令和３（2021）年度版）」（2020年12月）の「2.　学校等における典型的な利用例」「初等中等教育」を参照。

ウ：「著作権者の許諾が必要だと考えられる例」（必要と認められる限度を超える，著作権者の利益を不当に害する等）。

ア・イ：「許諾不要で利用できるが，補償金の支払いが必要だと考えられる例」〈公衆送信（教室内学習）〉。

エ：「許諾不要で利用できるが，補償金の支払いが必要だと考えられる例」〈リアルタイム・スタジオ型公衆送信（教室外学習）〉。

3　特設Webサイト「StuDX Style」（スタディーエックス スタイル）では，1人1台端末のさらなる利活用の促進に向けて，全国の学校や自治体から提供された端末の活用方法に関する優良事例等が数多く紹介されている。

4 解答 1　**①信用　②関心　③普通教育**

2　a　学校教育法　b　教育基本法

解説 1　A：地方公務員法第33条を参照。「信用失墜行為の禁止」の規定。

B：こども基本法第7条を参照。「国民の努力」の規定。こども基本法は，こども施策を社会全体で総合的かつ強力に推進していくための包括的な基本法として，2022年6月15日に成立し，2023年4月1日に施行された。

C：日本国憲法第26条第2項を参照。「教育を受けさせる義務，義務教育の無償」の規定。

D：学校教育法第12条を参照。「健康診断等」の規定。

E：教育基本法第9条第1項を参照。「教員」の規定。

5 解答 **①—ウ　②—エ　③—ク**

解説 A：プラトーは高原現象ともいわれ，学習曲線が一時的に平坦になる現象。

B：ラポールは，カウンセリングや心理療法，心理テストなどの心理的面接場面で必要とされる，面接者と被面接者との間の信頼関係。

C：ハロー効果は，光背効果ともいわれ，ある特定の人物が望ましい（望ましくない）特性をいくつかもっていると，ほかの諸側面についても調査・観察することなしにすべて望ましい（望ましくない）特性であると判断しがちな傾向をいう。

6 解答 **①担任　② 特別支援教育　③教育公務員**

解説 山形県教育委員会「山形県教員『指標』」（2023年3月改正）の「8　指標の内容を定める観点」を参照。「指標」は，教育公務員特例法第22条の3に基づき，文部科学大臣が定める指標の策定に関する指針を踏まえ，山形県教員が中央教育審議会答申「『令和の日本型学校教育』の構築を目指して　～全ての子供たちの可能性を引き出す，個別最適な学びと，協働的な学びの実現～」（2021年1月26日，4月22日更新）で示された新しい時代における教員の姿を実現するため，高度専門職としての職責，経験及び適性に応じて身に付ける資質・能力を明確化するために定められたもの。

福島県

実施日	2023(令和5)年7月22日	試験時間	30分
出題形式	選択＋記述式	問題数	小中：8題(解答数30)　高：7題(解答数26) 特：5題(解答数27)　養：7題(解答数30)
パターン	小中：原理＋法規 高：法規・原理＋ローカル 特：原理＋法規・時事 養：法規＋原理	公開状況	問題：公開　解答：公開　配点：公開

傾向&対策

●【小学校・中学校】【高等学校】【特別支援学校】【養護教諭】で別問題。●教育原理は，【養護教諭】以外は学習指導要領「総則」，【養護教諭】は体育または保健体育が必出。●教育法規は，重要条文の空欄補充問題と出典法規。●【高等学校】で必出のローカル問題は，2年連続の出題となる「第7次福島県教育総合計画」(2021年12月)。●【特別支援学校】は教育時事が必出。「学校教育法施行規則の一部改正」に関する文部科学省通知(2018年8月)より，個別の教育支援計画について問われた。

【小学校・中学校】【養護教諭】

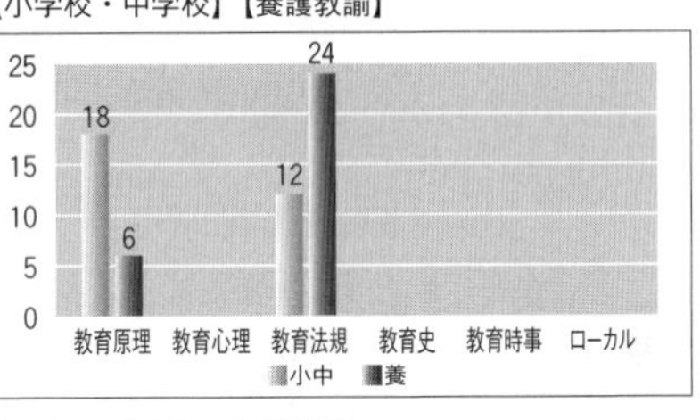

【高等学校】【特別支援学校】

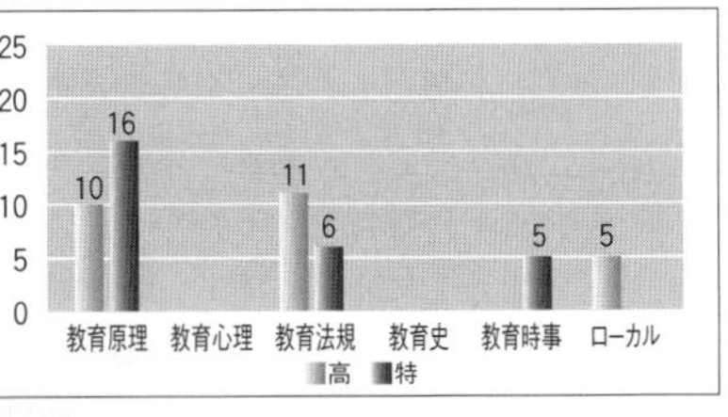

出題領域

分野	項目	解答数	項目	解答数	項目	解答数
教育原理	学習指導要領・体育	養:6	総則	小中:8 高:10 特:11	特別の教科　道徳	小中:3
	外国語・外国語活動		総合的な学習(探究)の時間		特別活動	小中:3
	学習指導		生徒指導	小中:4 特:5	学校・学級経営	
	特別支援教育	↓法規 時事	人権・同和教育		その他	
教育心理	発達		学習		性格と適応	
	カウンセリングと心理療法		教育評価		学級集団	
教育法規※	教育の基本理念	小中:2 高:2 養:2	学校教育	小中:3 高:2 養:3	学校の管理と運営	養:12
	児童生徒	小中:3 高:4 特:2 養:3	教職員	小中:5 高:3 特:2 養:5	特別支援教育	特:2
教育史	日本教育史		西洋教育史			
教育時事	答申・統計	特:5	ローカル	高:5		

表中の数字は，解答数 小中 高 / 特 養

※選択肢の出題領域が複数にわたる場合は，それぞれの項目に加算するためグラフの数とは異なる

小中共通

☞解答＆解説 p.78

1 次の条文は，教育基本法の一部である。文中の［ア］～［エ］に当てはまることばを下記のa～lから選び，その記号を書きなさい。

第１条　教育は，人格の完成を目指し，平和で［ア］な国家及び社会の形成者として必要な［イ］を備えた心身ともに健康な国民の育成を期して行われなければならない。

第６条　法律に定める学校は，［ウ］を有するものであって，国，地方公共団体及び法律に定める法人のみが，これを設置することができる。

（第２項　省略）

第９条　法律に定める学校の教員は，自己の崇高な使命を深く自覚し，絶えず［エ］に励み，その職責の遂行に努めなければならない。

（第２項　省略）

a　社会的	b　研究と研修	c　資質	d　公の性格
e　研究と修養	f　教養	g　公の施設	h　民主的
i　研究と実践	j　公の性質	k　能力	l　安全

2 次の条文は，ある法令の一部である。これを読んで，(1)，(2)の問いに答えなさい。

第11条　校長及び教員は，教育上必要があると認めるときは，［ア］の定めるところにより，児童，生徒及び学生に懲戒を加えることができる。ただし，［イ］を加えることはできない。

第21条　義務教育として行われる普通教育は，教育基本法（平成18年法律第120号）第５条第２項に規定する目的を実現するため，次に掲げる目標を達成するよう行われるものとする。

一　学校内外における社会的活動を促進し，自主，自律及び協同の精神，規範意識，公正な判断力並びに公共の精神に基づき［ウ］に社会の形成に参画し，その発展に寄与する態度を養うこと。

（第二号～第十号省略）

第33条　小学校の教育課程に関する事項は，第29条及び第30条の規定に従い，［ア］が定める。

第48条　中学校の教育課程に関する事項は，第45条及び第46条の規定並びに次条において読み替えて準用する第30条第２項の規定に従い，［ア］が定める。

(1)　文中の［ア］～［ウ］に当てはまることばを書きなさい。ただし，同じ記号には同じことばが入るものとする。

(2)　この法令名の名称を略さずに書きなさい。

3 次の条文は，地方公務員の一部である。下線部a～dそれぞれにおいて，正しければ○，誤りであれば正しいことばを書きなさい。

第29条　職員が次の各号のいずれかに該当する場合には，当該議員に対し，懲戒処分として a <u>訓告</u>，減給，停職又は免職の処分をすることができる。

一　この法律若しくは第57条に規定する特例を定めた法律又はこれらに基づく条例，地方公共団体の規則若しくは地方公共団体の機関の定める規程に違反した場合

二　職務上の b 義務に違反し，又は職務を怠つた場合

三　全体の奉仕者たるにふさわしくない c 非行のあつた場合

（第２項～第４項省略）

第33条　職員は，その職の d 信頼を傷つけ，又は職員の職全体の不名誉となるような行為をしてはならない。

4　**次の文は，小〈中〉学校学習指導要領（平成29年３月告示）「第１章　総則　第３　教育課程の実施と学習評価」の一部である。文中の［ア］～［エ］に当てはまることばを下記のａ～ｋから選び，その記号を書きなさい。　※中学校は〈　〉内で読み取る。**

２　学習評価の充実

学習評価の実施に当たっては，次の次項に配慮するものとする。

(1)　児童〈生徒〉のよい点や［ア］の状況などを積極的に評価し，学習したことの意義や価値を実感できるようにすること。また，各教科等の目標の実現に向けた学習状況を把握する観点から，単元や題材など内容や時間のまとまりを見通しながら評価の場面や方法を工夫して，学習の過程や成果を評価し，指導の［イ］や学習意欲の向上を図り，資質・能力の育成に生かすようにすること。

(2)　創意工夫の中で学習評価の［ウ］や信頼性が高められるよう，［エ］かつ計画的な取組を推進するとともに，学年や学校段階を越えて児童〈生徒〉の学習の成果が円滑に接続されるように工夫すること。

ａ　弾力性　　ｂ　系統的　　ｃ　改善　　ｄ　定着　　ｅ　進歩
ｆ　成長　　ｇ　組織的　　ｈ　継続性　　ｉ　横断的　　ｊ　妥当性
ｋ　工夫

5　**次の文は，小〈中〉学校学習指導要領（平成29年３月告示）「第１章　総則　第４　児童〈生徒〉の発達の支援」の一部である。次の(1)，(2)の問題に答えなさい。**

※中学校は〈　〉内で読み取る。

１　児童〈生徒〉の発達を支える指導の充実

教育課程の編成及び実施に当たっては，次の事項に配慮するものとする。

((1)～(3)省略)

(4)　児童〈生徒〉が，基礎的・基本的な知識及び技能の習得も含め，［ア］を確実に身に付けることができるよう，児童〈生徒〉や学校の［イ］に応じ，個別学習やグループ別学習，繰り返し学習，学習内容の習熟の程度に応じた学習，児童〈生徒〉の興味・関心等に応じた［Ａ］，補充的な学習や発展的な学習などの学習活動を取り入れることや，教師間の協力による指導体制を確保することなど，指導方法や指導体制の［Ｂ］により，［ウ］に応じた指導の充実を図ること。その際，第３の１の(3)に示す情報手段や教材・教具の活用を図ること。

(1)　文中の［ア］～［ウ］に当てはまることばを書きなさい。

(2)　文中の［Ａ］と［Ｂ］の組み合わせとして正しいものを，下記の①～④から選び，その記号を書きなさい。

①　Ａ：協働学習　　Ｂ：試行錯誤　　②　Ａ：探究学習　　Ｂ：再構築
③　Ａ：課題学習　　Ｂ：工夫改善　　④　Ａ：生涯学習　　Ｂ：振り返り

6 **次の文は，小〈中〉学校学習指導要領（平成29年３月告示）「第３章　特別の教科　道徳　第３　指導計画の作成と内容の取扱い」の一部である。文中の［ア］～［ウ］に当てはまることばを書きなさい。**　　　**※中学校は〈　〉内で読み取る。**

２　第２の内容の指導に当たっては，次の事項に配慮するものとする。

(1)　〈学級担任の教師が行うことを原則とするが，〉校長や教頭などの参加，他の教師との協力的な指導などについて工夫し，［ア］を中心とした指導体制を充実すること。

(2)　道徳科が学校の教育活動全体を通じて行う道徳教育の［イ］としての役割を果たすことができるよう，計画的・発展的な指導を行うこと。（以下省略）

((3)～(7)省略)

３　教材については，次の事項に留意するものとする。

(1)　児童〈生徒〉の発達の段階や特性，地域の実情等を考慮し，多様な教材の活用に努めること。特に，生命の尊厳，〈社会参画，〉自然，伝統と文化，先人の伝記，スポーツ，情報化への対応等の現代的な課題などを題材とし，児童〈生徒〉が［ウ］をもって多面的・多角的に考えたり，感動を覚えたりするような充実した教材の開発や活用を行うこと。

((2)省略)

7 **次の文は，中〈小〉学校学習指導要領（平成29年３月告示）「第５〈６〉章　特別活動　第２　各活動・学校行事の目標及び内容　３　内容の取扱い〔学校行事〕　２　内容」の一部である。下線部ａ～ｃそれぞれにおいて，正しければ○，誤りであれば正しいことばを書きなさい。**　　　**※小学校は〈　〉内で読み取る。**

１の資質・能力を育成するため，全ての学年において，全校又は学年を単位として，次の各行事において，学校生活に秩序と変化を与え，学校生活の充実と発展に資する[a]問題解決的な活動を行うことを通して，それぞれの学校行事の意義及び活動を行う上で必要となることについて理解し，主体的に考えて実践できるよう指導する。

(1)　[b]礼儀的行事

学校生活に有意義な変化や折り目を付け，厳粛で清新な気分を味わい，新しい生活の展開への動機付けとなるようにすること。

(2)　文化的行事

(3)　健康安全・体育的行事

(4)　旅行〈遠足〉・集団宿泊的行事

〈自然の中での集団宿泊活動などの〉平素と異なる生活環境にあって，見聞を広め，自然や文化などに親しむとともに，よりよい人間関係を築くなどの[c]集団生活の在り方や公衆道徳などについての体験を積むことができるようにすること。

(5)　勤労生産・奉仕的行事

8 **次の文は，「生徒指導提要」（文部科学省　令和４年12月）で述べられている「生徒指導の定義」と「生徒指導の目的」である。文中の［ア］～［エ］に当てはまることばを下記のａ～ｍから選び，その記号を書きなさい。**

生徒指導の定義

生徒指導とは，児童生徒が，社会の中で［ア］生きることができる存在へと，自発的・主体的に成長や発達する過程を支える教育活動のことである。なお，生徒指導上の課題に対応するために，必要に応じて指導や援助を行う。

生徒指導の目的

生徒指導は，児童生徒一人一人の個性の［イ］とよさや可能性の［ウ］と社会的資質・能力の発達を支えると同時に，自己の幸福追求と社会に受け入れられる［エ］を支えることを目的とする。

a　たくましく　b　伸長　c　自己理解　d　獲得　e　気づき
f　生きる力　g　自分らしく　h　適応能力　i　発見　j　自己実現
k　しなやかに　l　理解　m　人間性

高等学校

1　**次の文は，教育基本法の一部である。文中の［ア］～［エ］に当てはまることばを下記のa～lから選び，その記号を書きなさい。**

第２条　教育は，その目的を実現するため，学問の自由を尊重しつつ，次に掲げる目標を達成するよう行われるものとする。

一　幅広い知識と［ア］を身に付け，真理を求める態度を養い，豊かな情操と［イ］を培うとともに，健やかな身体を養うこと。

第６条

2　前項の学校においては，教育の目標が達成されるよう，教育を受ける者の心身の発達に応じて，体系的な教育が［ウ］に行われなければならない。この場合において，教育を受ける者が，学校生活を営む上で必要な［エ］を重んずるとともに，自ら進んで学習に取り組む意欲を高めることを重視して行われなければならない。

a　道徳心　b　創造性　c　配慮　d　個別的　e　表現力
f　人格　g　規律　h　組織的　i　自主性　j　支援
k　伝統　l　教養

2　**次の文は，教育職員等による児童生徒性暴力等の防止等に関する法律の一部である。文中の［ア］，［イ］に当てはまることばを書きなさい。**

第10条　教育職員等は，基本理念にのっとり，児童生徒性暴力等を行うことがないよう教育職員等としての［ア］の保持を図るとともに，その勤務する学校に在籍する児童生徒等が教育職員等による児童生徒性暴力等を受けたと思われるときは，適切かつ［イ］にこれに対処する責務を有する。

3　**次の文は，いじめ防止対策推進法の一部である。文中の［ア］，［イ］に当てはまることばを書きなさい。**

第２条　この法律において「いじめ」とは，児童等に対して，当該児童等が在籍する学校に在籍している等当該児童等と一定の人的関係にある他の児童等が行う心理的又は物理的な影響を与える行為（［ア］を通じて行われるものを含む。）であって，当該行為の対象となった児童等が［イ］を感じているものをいう。

4 次の文は，ある法令の条文の一部である。以下の(1)，(2)の問いに答えなさい。

職員は，その職の［ア］を傷つけ，又は職員の職全体の［イ］となるような行為をしてはならない。

(1) 規定されている法令の正式名称を書きなさい。

(2) 文中の［ア］，［イ］に当てはまることばを書きなさい。

5 次の文は，高等学校学習指導要領（平成30年３月告示）「第１章　総則」の「第１款　高等学校教育の基本と教育課程の役割」の一部である。文中の［ア］～［オ］に当てはまることばを下記のａ～ｍから選び，その記号で書きなさい。

学校における体育・健康に関する指導を，生徒の［ア］を考慮して，学校の教育活動全体を通じて適切に行うことにより，［イ］と豊かなスポーツライフの実現を目指した教育の充実に努めること。特に，学校における［ウ］並びに体力の向上に関する指導，安全に関する指導及び心身の健康の保持増進に関する指導については，保健体育科，家庭科及び特別活動の時間はもとより，各教科・科目及び［エ］などにおいてもそれぞれの特質に応じて適切に行うよう努めること。また，それらの指導を通して，家庭や［オ］との連携を図りながら，日常生活において適切な体育・健康に関する活動の実践を促し，生涯を通じて健康・安全で活力ある生活を送るための基礎が培われるよう配慮すること。

ａ　学習の段階　　ｂ　発達の段階　　ｃ　健康で安全な生活
ｄ　在り方生き方　　ｅ　食育の推進　　ｆ　総合的な探究の時間
ｇ　自習の時間　　ｈ　職員会議　　ｉ　地域の発展　　ｊ　自立
ｋ　人格の完成　　ｌ　コミュニケーションスキル　　ｍ　地域社会

6 次の文は，高等学校学習指導要領（平成30年３月告示）「第１章　総則」の「第５款　生徒の発達の支援」の一部である。文中の［ア］～［オ］に当てはまることばを下記のａ～ｎから選び，その記号を書きなさい。

障害のある生徒などについては，［ア］，地域及び医療や福祉，保健，［イ］等の業務を行う関係機関との連携を図り，［ウ］的な視点で生徒への教育的［エ］を行うために，個別の教育［エ］計画を作成し活用することに努めるとともに，各教科・科目等の指導に当たって，個々の生徒の実態を的確に把握し，個別の指導計画を作成し活用することに努めるものとする。特に，［オ］による指導を受ける生徒については，個々の生徒の障害の状態等の実態を的確に把握し，個別の教育［エ］計画や個別の指導計画を作成し，効果的に活用するものとする。

ａ　長期　　ｂ　中学校　　ｃ　家庭　　ｄ　労働　　ｅ　支援
ｆ　衛生　　ｇ　環境　　ｈ　援助　　ｉ　行政　　ｊ　自立
ｋ　通級　　ｌ　保健室　　ｍ　教育委員会　　ｎ　総合

7 次の文は，福島県の教育における令和４年度から12年度までの基本方針を示した「第７次福島県総合教育計画」（令和３年12月策定）の「第４章　施策の展開」の一部である。文中の［ア］～［オ］に当てはまることばを下記のａ～ｑから選び，その記号を書きなさい。

○施策１　「［ア］」によって資質・能力を確実に育成する

予測が困難な変化の激しい社会においては，生きて働く「知識及び［イ］」はもとより，未知の状況にも対応できる「思考力，判断力，［ウ］等」，学びを人生や社会にいかそうとする「［エ］，人間性等」の資質・能力を育むことが必要です。

このため，様々な教育活動の中で対面とオンライン，紙とデジタル等を組み合わせ，画一的な一方通行の授業等から個別最適化された学び，［オ］的な学び，探究的な学びへと変革し，子どもたちに必要な資質・能力を確実に育成します。

a　知見　　b　学校の在り方の変革　　c　多様な学びの場　　d　体力
e　安心して学べる環境　　f　学びに向かう力　　g　技能　　h　表現力
i　想像力　　j　学びの変革　　k　非認知能力　　l　応用　　m　技術
n　感性　　o　協働　　p　横断　　q　専門

特別支援学校

1　次のA～Fは，ある法令の条文又はその一部である。下の(1)～(3)の問いに答えなさい。

A　第11条

校長及び教員は，教育上必要があると認めるときは，文部科学大臣の定めるところにより，児童，生徒及び学生に懲戒を加えることができる。ただし，［①］を加えることはできない。

B　第31条

職員は，条例の定めるところにより，［ア］の宣誓をしなければならない。

C　第20条

学校の設置者は，感染症の［イ］上必要があるときは，臨時に，学校の全部又は一部の休業を行うことができる。

D　第74条

特別支援学校においては，第72条に規定する目的を実現するための教育を行うほか，幼稚園，小学校，中学校，義務教育学校，高等学校又は中等教育学校の要請に応じて，第81条第１項に規定する幼児，児童又は生徒の教育に関し必要な［ウ］又は援助を行うよう努めるものとする。

E　第７条

学校（学校教育法第１条に規定する幼稚園，小学校，中学校，義務教育学校，高等学校，中等教育学校及び特別支援学校をいう。以下同じ。）の設置者は，基本理念にのっとり，その設置する学校に在籍する医療的ケア児に対し，［エ］を行う責務を有する。

F　第９条

法律に定める学校の教員は，自己の崇高な使命を深く自覚し，耐えず研究と修養に励み，その職責の遂行に努めなければならない。

(1)　条文Aの［①］に当てはまることばを書きなさい。

(2)　条文B～Eの［ア］～［エ］に当てはまることばを下記のa～iから選び，その記号を書きなさい。

a 命令　b 助言　c 職務　d 対策　e 適切な支援
f 予防　g 指導　h 財政上の措置　i 服務

(3) 条文Fが規定されている法令名を書きなさい。（略称は不可）

2 **次の文は，特別支援学校小学部・中学部学習指導要領（平成29年４月告示）及び特別支援学校高等部学習指導要領（平成31年２月告示）の「第１章　総則　第２節」で示された内容の一部を抜粋したものである。なお，特別支援学校小学部・中学部学習指導要領による表記については下線で示し，特別支援学校高等部学習指導要領による表記については〔　〕で示すものとする。下の(1)，(2)の問いに答えなさい。**

(2) 道徳教育や体験活動，多様な表現や鑑賞の活動等を通して，豊かな心や創造性の涵（かん）養を目指した教育の充実に努めること。（略）

道徳教育を進めるに当たっては，人間尊重の精神と生命に対する畏敬の念を家庭，学校，その他社会における具体的な［ ① ］の中に生かし，豊かな心をもち，伝統と文化を尊重し，それらを育んできた我が国と郷土を愛し，個性豊かな文化の創造を図るとともに，平和で民主的な国家及び社会の形成者として，［ ② ］の精神を尊び，社会及び国家の発展に努め，他国を尊重し，国際社会の平和と発展や環境の保全に貢献し未来を拓（ひら）く主体性のある日本人の育成に資することとなるよう特に留意すること。

(4) 学校における自立活動の指導は，障害による学習上又は生活上の困難を［ ア ］し，自立し［ イ ］する資質を養うため，自立活動の時間はもとより，学校の教育活動全体を通じて適切に行うものとする。特に，自立活動の時間における指導は，各教科，道徳科，外国語活動，総合的な学習の時間及び特別活動〔各教科・科目，総合的な探究の時間及び特別活動（知的障害者である生徒に対する教育を行う特別支援学校においては，各教科，道徳科，総合的な探究の時間及び特別活動。）〕と密接な関連を保ち，個々の児童又は生徒〔生徒〕の障害の状態や特性及び［ ウ ］の発達の段階等を的確に把握して，適切な［ エ ］の下に行うよう配慮すること。

(1) 文中の［ ① ］，［ ② ］に当てはまることばを書きなさい。

(2) 文中の［ ア ］～［ エ ］に当てはまることばを下記のa～iから選び，その記号を書きなさい。

a 指導・支援　b 就労　c 認知　d 改善・克服
e 社会参加　f 指導計画　g 心身　h 教育支援計画
i 実態把握

3 **次の文は，特別支援学校小学部・中学部学習指導要領（平成29年４月告示）の「第１章　総則　第５節」及び特別支援学校高等部学習指導要領（平成31年２月告示）の「第１章　総則　第２節」で示された内容の一部を抜粋したものである。なお，特別支援学校小学部・中学部学習指導要領による表記については下線で示し，特別支援学校高等部学習指導要領による表記については〔　〕で示すものとする。下の(1)，(2)の問いに答えなさい。**

(3) 児童又は生徒〔生徒〕が，学ぶことと自己の［ ア ］とのつながりを見通しながら，社会的・職業的自立に向けて必要な［ イ ］となる資質・能力を身に付けていくことができるよう，［ ウ ］を要としつつ各教科等の特質〔各教科・科目等又は各教科等の特

福島県

質〕に応じて，キャリア教育の充実を図ること。その中で，中学部においては，生徒が自らの生き方〔生徒が自己の在り方生き方〕を考え主体的に進路を選択することができるよう，学校の教育活動全体を通じ，［エ］かつ計画的な［①］を行うこと。

(1) 文中の［ア］～［エ］に当てはまることばを下記のa～iから選び，その記号を書きなさい。

a 基礎　b 特別の教科道徳　c 組織的　d 将来　e 現在
f 特別活動　g 弾力的　h 基盤　i 社会

(2) 文中の［①］に当てはまることばを書きなさい。

4 **次の文は，「学校教育法施行規則の一部を改正する省令の施行について（通知）」（平成30年8月27日）の「第3　留意事項」で示された内容の一部を抜粋したものである。下の(1)，(2)の問いに答えなさい。**

1 個別の教育支援計画に関する基本的な考え方

(1) 個別の教育支援計画は，障害のある児童生徒等一人一人に必要とされる［①］を正確に把握し，長期的な視点で幼児期から学校卒業後までを通じて，一貫した的確な支援を行うことを目的に作成するものであること。

(2) 個別の教育支援計画の作成を通して，児童生徒等に対する支援の［ア］を長期的な視点から設定することは，学校が［イ］の編成の基本的な方針を明らかにする際，全教職員が共通理解すべき重要な情報となるものであること。

4 個別の教育支援計画の引継ぎ

障害のある児童生徒等については，学校生活のみならず，家庭生活や［ウ］での生活も含め，長期的な視点に立って幼児期から学校卒業後までの一貫した支援を行うことが重要であることから，各学校においては，個別の教育支援計画について，本人や保護者の［エ］を得た上で，進学先等に適切に引き継ぐよう努めること。

(1) 文中の［①］に当てはまることばを書きなさい。

(2) 文中の［ア］～［エ］に当てはまることばを下記のa～iから選び，その記号を書きなさい。

a 理解　b 方法　c 日常　d 教育課程　e 内容　f 地域
g 目標　h 同意　i 教育計画

5 **次の文は，生徒指導提要（令和4年12月　文部科学省）の「第1章　生徒指導の基礎」で示された内容の一部を抜粋したものである。下の(1)の問いに答えなさい。**

生徒指導の定義

生徒指導とは，児童生徒が，［ア］の中で自分らしく生きることができる存在へと，［イ］・主体的に成長や発達する過程を支える教育活動のことである。なお，生徒指導上の課題に対応するために，必要に応じて指導や援助を行う。

生徒指導の目的

生徒指導は，児童生徒一人一人の個性の発見とよさや［ウ］の伸長と社会的資質・能力の発達を支えると同時に，自己の［エ］追求と社会に受け入れられる［オ］を支えることを目的とする。

(1) 文中の［ア］～［オ］に当てはまることばを下記のa～kから選び，その記号を書きなさい。

a　社会　b　役割　c　自発的　d　能力　e　自己実現
f　学校　g　創造性　h　自律的　i　キャリア発達　j　幸福
k　可能性

養護教諭

1　小中共通の**1**と同じ。

2　小中共通の**2**と同じ。

3　小中共通の**3**と同じ。

4　**次の文は，小学校学習指導要領解説　体育編（平成29年７月）「第３章　指導計画の作成と内容の取扱い　３　体育・健康に関する指導」の一部である。文中の下線部ａ～ｆそれぞれにおいて，正しければ○，誤りであれば正しいことばを書きなさい。**

特に，学校における食育の推進においては，[a]栄養摂取の偏りや朝食欠食といった食習慣の乱れ等に起因する肥満や生活習慣病，食物アレルギー等の健康課題が見られるほか，食品の安全性の確保等の食に関わる課題が顕在化している。こうした課題に適切に対応するため，児童が食に関する正しい知識と望ましい[b]食習慣を身に付けることにより，生涯にわたって健やかな心身と豊かな人間性を育んでいくための基礎が培われるよう，栄養のバランスや規則正しい食生活，食品の[c]安全性などの指導が一層重視されなければならない。また，これら心身の健康に関する内容に加えて，自然の恩恵・勤労などへの感謝や[d]食文化などについても教科等の内容と関連させた指導を行うことが効果的である。食に関する指導に当たっては，体育科における望ましい生活習慣の育成や，家庭科における食生活に関する指導，特別活動における[e]学級活動の時間を中心とした指導などを相互に関連させながら，学校教育活動全体として効果的に取り組むことが重要であり，栄養教諭等の専門性を生かすなど教師間の連携に努めるとともに，[f]旬の産物を学校給食に使用するなどの創意工夫を行いつつ，学校給食の教育的効果を引き出すよう取り組むことが重要である。

5　**次の条文は，学校保健安全法の一部である。［ア］，［イ］に当てはまることばを書きなさい。**

第９条　養護教諭その他の職員は，相互に連携して，［ア］又は児童生徒等の健康状態の日常的な観察により，児童生徒等の心身の状況を把握し，健康上の問題があると認めるときは，遅滞なく，当該児童生徒等に対して必要な［イ］を行うとともに，必要に応じ，その保護者（学校教育法第16条に規定する保護者をいう。第24条及び第30条において同じ。）に対して必要な助言を行うものとする。

6　**次の条文は，学校保健安全法施行規則の一部である。［ア］～［カ］に当てはまることばを書きなさい。**

第10条　法第13条第２項の健康診断は，次に掲げるような場合で必要があるときに，必要な検査の項目について行うものとする。

一　感染症又は［ア］の発生したとき。

二　風水害等により感染症の発生のおそれのあるとき。
三　夏季における［イ］の直前又は直後
四　［ウ］，寄生虫病その他の疾病の有無について検査を行う必要のあるとき。
五　卒業のとき。

第11条　法第13条の健康診断を的確かつ円滑に実施するため，当該健康診断を行うに当たつては，小学校，中学校，高等学校及び高等専門学校においては［エ］において，幼稚園及び大学においては必要と認めるときに，あらかじめ児童生徒の［オ］，健康状態等に関する［カ］を行うものとする。

7　**次の条文は，学校給食法の一部である。文中の［ア］～［エ］に当てはまることばを下記のa～hから選び，その記号を書きなさい。**

第1条　この法律は，学校給食が児童及び生徒の［ア］の健全な［イ］に資するものであり，かつ，児童及び生徒の食に関する正しい［ウ］と適切な［エ］力を養う上で重要な役割を果たすものであることにかんがみ，学校給食及び学校給食を活用した食に関する指導の実施に関し必要な事項を定め，もつて学校給食の普及充実及び学校における食育の推進を図ることを目的とする。

a　理解　　b　身体　　c　発達　　d　知識　　e　実践　　f　成長
g　心身　　h　判断

解答＆解説

小中共通

1　解答　ア—h　イ—c　ウ—j　エ—e

解説　ア・イ：教育基本法第1条を参照。「教育の目的」の規定。
ウ：教育基本法第6条第1項を参照。「学校教育」の規定。
エ：教育基本法第9条第1項を参照。「教員」の規定。

2　解答　(1)**ア　文部科学大臣　イ　体罰　ウ　主体的**　(2)**学校教育法**

解説　ア・イ：学校教育法第11条を参照。「児童・生徒等の懲戒」の規定。
ウ：学校教育法第21条第一号を参照。「義務教育の目標」に規定。
ア：学校教育法第33条を参照。小学校の「教育課程」の規定。
ア：学校教育法第48条を参照。中学校の「教育課程」の規定。

3　解答　**a　戒告　b　○　c　○　d　信用**

解説　a～c：地方公務員法第29条第1項を参照。職員の「懲戒」の規定。aは「訓告」ではなく「戒告」。
d：地方公務員法第33条を参照。「信用失墜行為の禁止」の規定。dは「信頼」ではなく「信用」。

4　解答　ア—e　イ—c　ウ—j　エ—g

解説　平成29年版小学校学習指導要領（2017年3月31日告示）の「第1章　総則」「第3

教育課程の実施と学習評価」「2　学習評価の充実」，平成29年版中学校学習指導要領（2017年３月31日告示）の「第１章　総則」「第３　教育課程の実施と学習評価」「2　学習評価の充実」を参照。

5 解答 (1)ア　**学習内容**　イ　**実態**　ウ　**個**　(2)―③

解説 平成29年版小学校学習指導要領（2017年３月31日告示）の「第１章　総則」「第４　児童の発達の支援」「「1　児童の発達を支える指導の充実」の(4)，平成29年版中学校学習指導要領（2017年３月31日告示）の「第１章　総則」「第４　生徒の発達の支援」「「1　生徒の発達を支える指導の充実」の(4)を参照。

6 解答 ア　**道徳教育推進教師**　イ　**要**　ウ　**問題意識**

解説 平成29年版小学校学習指導要領（2017年３月31日告示）の「第３章　特別の教科　道徳」「第３　指導計画の作成と内容の取扱い」の２(1)(2)及び３(1)，平成29年版中学校学習指導要領（2017年３月31日告示）の「第３章　特別の教科　道徳」「第３　指導計画の作成と内容の取扱い」の２(1)(2)及び３(1)を参照。

7 解答 a　**体験的**　b　**儀式的**　c　**○**

解説 平成29年版小学校学習指導要領（2017年３月31日告示）の「第６章　特別活動」「第２　各活動・学校行事の目標及び内容」「〔学校行事〕」「2　内容」，平成29年版中学校学習指導要領（2017年３月31日告示）の「第５章　特別活動」「第２　各活動・学校行事の目標及び内容」「〔学校行事〕」「2　内容」を参照。

a：「問題解決的」ではなく「体験的」。

b：「礼儀的」ではなく「儀式的」。

8 解答 **ア―g　イ―i　ウ―b　エ―j**

解説『生徒指導提要』（2022年12月）の「第Ⅰ部　生徒指導の基本的な進め方」「第１章　生徒指導の基礎」「1.1　生徒指導の意義」「1.1.1　生徒指導の定義と目的」「(1)生徒指導の定義」及び「(2)生徒指導の目的」を参照。

高等学校

1 解答 **ア―l　イ―a　ウ―h　エ―g**

解説 ア・イ：教育基本法第２条第一号を参照。「教育の目標」の規定。

ウ・エ：教育基本法第６条第２項を参照。「学校教育」の規定。

2 解答 ア　**倫理**　イ　**迅速**

解説 教育職員等による児童生徒性暴力等の防止等に関する法律第10条を参照。「教育職員等の責務」の規定。

3 解答 ア　**インターネット**　イ　**心身の苦痛**

解説 いじめ防止対策推進法第２条第１項を参照。いじめの「定義」の規定。

4 解答 (1)**地方公務員法**　(2)ア　**信用**　イ　**不名誉**

解説 地方公務員法第第33条を参照。「信用失墜行為の禁止」の規定。

5 解答 **ア―b　イ―c　ウ―e　エ―f　オ―m**

解説 平成29年版高等学校学習指導要領（2018年３月30日告示）の「第１章　総則」「第

1款　高等学校教育の基本と教育課程の役割」の2(3)を参照。

6 解答 アーc　イーd　ウーa　エーe　オーk

解説 平成29年版高等学校学習指導要領（2018年3月30日告示）の「第1章　総則」「第5款　生徒の発達の支援」「2　特別な配慮を必要とする生徒への指導」「(1)障害のある生徒などへの指導」のウを参照。

7 解答 アーj　イーg　ウーh　エーf　オーo

解説 福島県「福島県第7次福島県総合教育計画」（2021年12月）の「第4章　施策の展開」「○施策1『学びの変革』によって資質・能力を確実に育成する」を参照。同計画では，福島の良さを大切にした「福島ならでは」の教育を進めるとともに，それを実現するため，一方通行の画一的な授業から個別最適化された学び，協働的な学び，探究的な学びへと変革していく「学びの変革」を掲げている。計画期間は2022～30年度。

特別支援学校

1 解答 (1)①**体罰**　(2)アーi　イーf　ウーb　エーe　(3)**教育基本法**

解説 A：学校教育法第11条を参照。「児童・生徒等の懲戒」の規定。

B：地方公務員法第31条を参照。「服務の宣誓」の規定。

C：学校保健安全法第20条を参照。感染症予防のための「臨時休業」の規定。

D：学校教育法第74条を参照。「普通学校における特別支援教育の助言・援助」の規定。

E：医療的ケア児及びその家族に対する支援に関する法律第7条を参照。「学校の設置者の責務」の規定。

F：教育基本法第9条第1項を参照。「教員」の規定。

2 解答 (1)①**生活**　②**公共**　(2)アーd　イーe　ウーg　エーf

解説 平成29年版特別支援学校小学部・中学部学習指導要領（2017年4月28日告示）の「第1章　総則」「第2節　小学部及び中学部における教育の基本と教育課程の役割」の2(2)及び(4)，平成31年版特別支援学校高等部学習指導要領（2019年2月4日告示）の「第1章　総則」「第2節　教育課程の編成」「第2款　高等部における教育の基本と教育課程の役割」の2(2)及び(4)を参照。

3 解答 (1)アーd　イーh　ウーf　エーc　(2)①**進路指導**

解説 平成29年版特別支援学校小学部・中学部学習指導要領（2017年4月28日告示）の「第1章　総則」「第5節　児童又は生徒の調和的な発達の支援」の(3)，平成31年版特別支援学校高等部学習指導要領（2019年2月4日告示）の「第1章　総則」「第2節　教育課程の編成」「第5款　生徒の調和的な発達の支援」「1　生徒の調和的な発達を支える指導の充実」の(3)を参照。

4 解答 (1)①**教育的ニーズ**　(2)アーg　イーd　ウーf　エーh

解説 文部科学省「学校教育法施行規則の一部を改正する省令の施行について（通知）」（2018年8月27日）の「第3　留意事項」「1　個別の教育支援計画に関する基本

的な考え方」「4　個別の教育支援計画の引継ぎ」を参照。

5 解答 (1)ア―a　イ―c　ウ―k　エ―j　オ―e

解説『生徒指導提要』(2022年12月）の「第Ⅰ部　生徒指導の基本的な進め方」「第1 章　生徒指導の基礎」「1.1　生徒指導の意義」「1.1.1　生徒指導の定義と目的」「(1)生徒指導の定義」及び「(2)生徒指導の目的」を参照。

養護教諭

1 小中共通の **1** と同じ。

2 小中共通の **2** と同じ。

3 小中共通の **3** と同じ。

4 解答 a　○　b　○　c　○　d　○　e　**給食**　f　**地域**

解説『小学校学習指導要領解説　体育編』(2017年7月）の「第3章　指導計画の作成と内容の取扱い」「3　体育・健康に関する指導」を参照。

e：「学級活動」ではなく「給食」。

f：「旬」ではなく「地域」

5 解答 **ア　健康相談　イ　指導**

解説 学校保健安全法第9条を参照。「保健指導」の規定。

6 解答 **ア　食中毒　イ　休業日　ウ　結核　エ　全学年　オ　発育　カ　調査**

解説 ア～ウ：学校保健安全法施行規則第10条を参照。「臨時の健康診断」の規定。

エ～カ：学校保健安全法施行規則第11条を参照。「保健調査」の規定。

7 解答 ア―g　イ―c　ウ―a　エ―h

解説 学校給食法第1条を参照。「この法律の目的」の規定。

茨城県

実施日	2023(令和５)年６月25日	試験時間	30分
出題形式	マークシート式	問題数	２題（解答数20）
パターン	法規＋時事・ローカル	公開状況	問題:公開　解答:公開　配点:公開

傾向&対策 ●教育法規と教育時事で全体の８割を占める。●最も解答数の多い教育法規は，日本国憲法，学校教育法，地方公務員法などの頻出条文のほか，2023年４月施行のこども基本法も問われた。●教育時事は，「公立の小学校等の校長及び教員としての資質の向上に関する指標の策定に関する指針」（2022年８月）より，「背景及び趣旨」の空欄補充問題，「教員等の資質の向上に関する基本的考え方」の正誤判定問題，「指標」の内容を定める際の５つの観点の組み合わせ。●必出のローカル問題は，２年連続の出題となる「学校教育指導方針」より，「学校教育推進の柱」「豊かな学びの展開」「特別支援教育の推進」について。「令和４年度　全国学力・学習状況調査」の茨城県の結果に関する正誤判定問題も問われた。

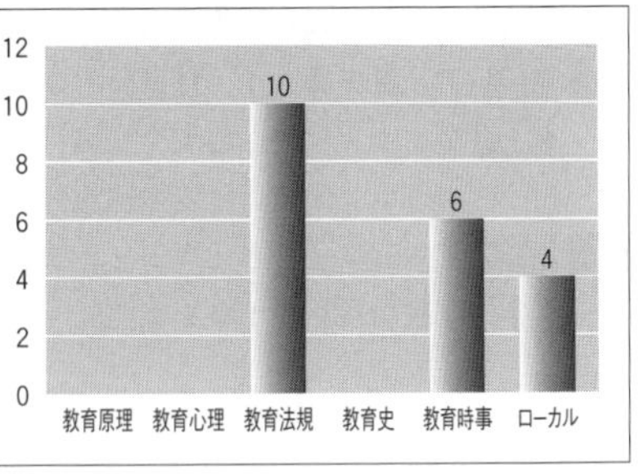

出題領域

教育原理	教育課程・学習指導要領		総　則		特別の教科　道徳	
	外国語・外国語活動		総合的な学習(探究)の時間		特別活動	
	学習指導		生徒指導		学校・学級経営	
	特別支援教育		人権・同和教育		その他	
教育心理	発　達		学　習		性格と適応	
	カウンセリングと心理療法		教育評価		学級集団	
教育法規	教育の基本理念		学校教育	3	学校の管理と運営	1
	児童生徒	4	教職員	2	その他	
教育史	日本教育史		西洋教育史			
教育時事	答申・統計	6	ローカル	4		

表中の数字は，解答数

全校種共通

☞解答＆解説 p.87

1 **次の(1)～(10)の文は，法令等の条文の一部を抜粋したものである。文中の［1］～［10］に当てはまる語句を，それぞれ下のａ～ｅの中から一つずつ選びなさい。**

(1) 義務教育として行われる普通教育は，各個人の有する能力を伸ばしつつ社会において［1］生きる基礎を培い，また，国家及び社会の形成者として必要とされる基本的な資質を養うことを目的として行われるものとする。（日本国憲法第５条第２項）

ａ 意欲的に　ｂ 自立的に　ｃ 協調的に　ｄ 希望をもって　ｅ 前向きに

(2) 小学校は，文部科学大臣の定めるところにより当該小学校の教育活動その他の学校運営の状況について評価を行い，その結果に基づき学校運営の改善を図るため必要な措置を講ずることにより，その［2］の向上に努めなければならない。

（学校教育法第42条）

ａ 学力　ｂ 組織力　ｃ 教育力　ｄ 教育水準　ｅ 指導体制

(3) 小学校の教育課程については，この節に定めるもののほか，教育課程の［3］として文部科学大臣が別に公示する小学校学習指導要領によるものとする。

（学校教育法施行規則第52条）

ａ 指針　ｂ 基準　ｃ 目標　ｄ 手引き　ｅ 展開例

(4) ［4］は，感染症の予防上必要があるときは，臨時に，学校の全部又は一部の休業を行うことができる。（学校保健安全法第20条）

ａ 養護教諭　ｂ 保健主事　ｃ 学校の設置者　ｄ 校長　ｅ 保健所

(5) すべて職員は，全体の奉仕者として［5］のために勤務し，且つ，職務の遂行に当つては，全力を挙げてこれに専念しなければならない。（地方公務員法第30条）

ａ 公共の利益　ｂ 地域社会　ｃ 住民　ｄ 地方公共団体　ｅ 社会全体の利益

(6) 公立の小学校等の教諭等の研修実施者は，当該教諭等（臨時的に任用された者その他の政令で定める者を除く。）に対して，その採用（現に教諭等の職以外の職に任命されている者を教諭等の職に任命する場合を含む。）の日から１年間の教諭又は保育教諭の職務の遂行に必要な事項に関する［6］研修（次項において「初任者研修」という。）を実施しなければならない。（教育公務員特例法第23条第１項）

ａ 長期　ｂ 悉皆　ｃ 実践的な　ｄ 校内　ｅ 教員

(7) 教育職員等による児童生徒性暴力等の防止等に関する施策は，教育職員等による児童生徒性暴力等が全ての児童生徒等の心身の健全な発達に関係する［7］であるという基本的認識の下に行われなければならない。

（教育職員等による児童生徒性暴力等の防止等に関する法律第４条第１項）

ａ 課題　ｂ 障害　ｃ 違法な行為　ｄ 悪質な非行　ｅ 重大な問題

(8) こども施策は，次に掲げる事項を基本理念として行われなければならない。

一　全てのこどもについて，個人として尊重され，その［8］が保障されるとともに，差別的扱いを受けることがないようにすること。

（こども基本法第３条，第二号以下略）

a　就学の機会　　b　教育を受ける権利　　c　心身の健康
d　安全・安心な風土　　e　基本的人権

(9)　いじめの防止等のための対策は，いじめを受けた児童等の生命及び心身を保護することが特に重要であることを認識しつつ，国，地方公共団体，学校，地域住民，家庭その他の関係者の連携の下，いじめの問題を［ 9 ］することを目指して行われなければならない。
（いじめ防止対策推進法第３条第３項）

a　根絶　　b　緩和　　c　解決　　d　共有　　e　克服

(10)　教育機会の確保等に関する施策は，次に掲げる事項を基本理念として行われなければならない。

一　全ての児童生徒が豊かな学校生活を送り，［ 10 ］教育を受けられるよう，学校における環境の確保が図られるようにすること。　（義務教育の段階における普通教育に相当する教育の機会の確保等に関する法律第３条，第二号以下略）

a　充実した　　b　一定水準の　　c　個に応じた
d　主体的・対話的で深い学びを伴う　　e　安心して

2　次のⅠ～Ⅲに答えよ。

Ⅰ　次の［　　］の中の文は，「公立の小学校等の校長及び教員としての資質の向上に関する指標の策定に関する指針」（令和４年８月　文部科学省）の一部を抜粋したものである。下の(1)～(3)の問いに答えなさい。

およそ全ての教員は，教育を受ける子供たちの【 ① 】を目指し，その成長を促すという非常に重要な職責を担っている高度専門職であり，学校教育の成否は，教員の資質によるところが極めて大きい。【 ② 】（平成18年法律第120号）第９条第１項において，教員は，絶えず研究と修養に励むこと，同条第２項において，教員の養成と研修の充実が図られなければならないことが規定されているように，これまでも常にその資質の向上が図られるよう，法令上，特別な配慮がなされているところである。子供たちの成長を担う教員に求められるのは，いかに時代が変化しようとも，その時代の背景や要請を踏まえつつ，自らが子供たちの道しるべとなるべく，常に学び続け，その資質の向上を図り続けることである。（中略）

グローバル化，情報化の進展等，社会が急速に変化するとともに，先行き不透明で予測困難な時代が到来する中，「「令和の日本型学校教育」の構築を目指して～全ての子供たちの可能性を引き出す，個別最適な学びと，協働的な学びの実現～」（令和３年１月中央教育審議会答申）においては，2020年代を通じて実現を目指す「令和の日本型学校教育」において実現すべき教員の理想的な姿が示された。具体的には，技術の発達や新たなニーズなど学校教育を取り巻く環境の変化を前向きに受け止め，教職生涯を通じて【 ③ 】を持ちつつ自律的かつ継続的に新しい知識・技能を学び続け，子供一人一人の学びを最大限に引き出し，子供の主体的な学びを支援する【 ④ 】者としての役割を果たすことである。

(1)　文中の【 ① 】～【 ④ 】に当てはまる語句を，それぞれ下のa～eの中から一つずつ選びなさい。

① a　学力の向上　b　生きる力を育むこと　c　資質・能力の育成
d　人格の完成　e　持続可能な社会の創り手となること

② a　教育基本法　b　学校教育法　c　学校教育法施行令
d　地方公務員法　e　教育職員免許法

③ a　コミュニケーション能力　b　探究心　c　豊かな心
d　高い使命感　e　協働性

④ a　援助　b　協働　c　指導　d　助言　e　伴走

(2) この「指針」では，教員等の資質の向上に関する基本的な考え方が述べられている。それに関して誤っているものを，次のａ～ｅの中から一つ選びなさい。

a　教員等の資質の向上を図るに当たっては，校内研修や授業研究・保育研究などの「現場の経験」を重視した学びと研修実施者や様々な主体が行う校外研修とが最適な組合せにより実施されることが重要である。

b　指導助言者と教員等が研修等に関する記録を活用しつつ，資質の向上に関する指導助言等として対話を重ねる中で，今後能力を伸ばす必要がある分野の研修受講などの資質の向上方策について，教員等からの相談に応じ，情報を提供し，又は指導及び助言を行うことが必要である。

c　教員等が可視化された学習履歴を自ら振り返り，指導助言者と対話する中で，自らの強みや弱み，今後伸ばすべき能力，学校で果たすべき役割など踏まえ，必要な学びを俯瞰（ふかん）的かつ客観的に理解することが重要である。

d　研修の実施に当たっては，対面・集合型で行われるもの，同時双方向型のオンラインで行われるもの，オンデマンド型のオンラインで行われるものなど，様々な実施方法が想定される。しかし，可能な限り，対面・集合型で実施すべきである。

e　期待される水準の研修を受けているとは到底認められない場合などやむを得ない場合については，職務命令として研修を受講させることも想定される。

(3) この「指針」では，指標の内容を定める際の観点として，「教員の指標」について５つの事項が掲げられている。その組み合わせとして最も適切なものを，次のａ～ｅの中から一つ選びなさい。

	①	②	③	④	⑤
a	学習指導	生徒指導	特別な配慮や支援を必要とする子供への対応	ICTや情報・教育データの利活用	学級経営
b	教職に必要な素養	生徒指導	特別な配慮や支援を必要とする子供への対応	ICTや情報・教育データの利活用	地域との協働
c	教職に必要な素養	学習指導	生徒指導	特別な配慮や支援を必要とする子供への対応	ICTや情報・教育データの利活用
d	教職に必要な素養	学習指導	特別な配慮や支援を必要とする子供への対応	学級経営	地域との協働
e	教職に必要な素養	学習指導	生徒指導	ICTや情報・教育データの利活用	学級経営

Ⅱ　茨城県教育委員会が策定した「令和５年度　学校教育指導方針」に示されている内容について，次の(1)～(3)の問いに答えなさい。

(1)「学校教育推進の柱」の一つである「豊かな心を育む教育の推進」のための項目として誤っているものを，次のａ～ｅの中から一つ選びなさい。

ａ　道徳教育の充実　　ｂ　環境教育の充実　　ｃ　福祉教育の充実

ｄ　人権教育の充実　　ｅ　生徒支援の充実

(2)　次の図は，「すべての子どもの可能性を引き出す活力ある学校づくり」に向けた取組の一つである「豊かな学びの展開」についてまとめたものである。図の中の［　　］に当てはまる語句を，下のａ～ｅの中から一つ選びなさい。

豊かな学びの展開
○　問いの発見と解決に重点を置く［　　］な学びの推進 ・試行錯誤，アウトプット，振り返りの重視 ○　ICTの効果的な活用 ・デジタル教材，遠隔・オンライン，スタディ・ログ等 ○　よりよい社会の創造に貢献する市民性の育成 ○　個々の発達段階や教育的ニーズに応じた学びの充実

ａ　問題解決的　　ｂ　協働的　　ｃ　探究的　　ｄ　主体的　　ｅ　個別最適

(3)　次の［　　］の文は，「５　自立と社会参加に向けた特別支援教育の推進」の「幼児教育施設，小・中学校，高等学校等における充実」の「具現化のための取組」の一部を抜粋したものである。文中の［　　］に当てはまる語句を，下のａ～ｅの中から一つ選びなさい。

○　全教職員の取組による特別支援教育の充実

・管理職のリーダーシップのもと，［　　］等を中心とした校内支援体制の強化と校内支援委員会の計画的・継続的な実施（定期的な学びの場の見直し）

ａ　通級指導教室担当者　　ｂ　特別支援教育コーディネーター

ｃ　特別支援教育支援員　　ｄ　特別支援教育専門家　　ｅ　生徒指導主事

Ⅲ　令和４年度に実施された「全国学力・学習状況調査」に関する本県の結果の概要として正しいものを，次のａ～ｅの中から一つ選びなさい。

ａ「家で自分で計画を立てて勉強していますか。（学校の授業の予習や復習を含む）」について，小学校と中学校で「している・ときどきしている」と回答した割合は，全国の割合よりも低くなっている。

ｂ　国語，理科の「勉強は好きですか。」について，小学校と中学校で「当てはまる・どちらかといえば，当てはまる」と回答した割合は，全国の割合よりも高くなっている。

ｃ「学習の中でPC・タブレットなどのICT機器を使うのは勉強の役に立つと思いますか。」について，小学校と中学校で「役に立つと思う・どちらかといえば，役に立つと思う」と回答した割合は，全国の割合よりも低くなっている。

ｄ「学級の友達（生徒）との間で話し合う活動を通じて，自分の考えを深めたり，広げたりすることができていますか。」について小学校と中学校で「当てはまる・どちらかといえば，当てはまる」と回答した割合は，全国の割合よりも高くなっている。

ｅ「自分と違う意見について考えるのは楽しいと思いますか。」について，小学校と中学校で「当てはまる・どちらかといえば，当てはまる」と回答した割合は，全国の割合よりも低くなっている。

解答&解説

1 解答 (1)—b　(2)—d　(3)—b　(4)—c　(5)—a　(6)—c　(7)—e
(8)—e　(9)—e　(10)—e

解説 (1)教育基本法第5条第2項を参照。「義務教育」の規定。

(2)学校教育法第42条を参照。「学校運営評価」の規定。

(3)学校教育法施行規則第52条を参照。「教育課程の基準」の規定。

(4)学校保健安全法第20条を参照。感染症予防のための「臨時休業」の規定。

(5)地方公務員法第30条を参照。「服務の根本基準」の規定。

(6)教育公務員特例法第23条第1項を参照。「初任者研修」の規定。

(7)教育職員等による児童生徒性暴力等の防止等に関する法律第4条第1項を参照。「基本理念」の規定。

(8)こども基本法第第3条第一号を参照。「基本理念」の規定。こども基本法は，こども施策を社会全体で総合的かつ強力に推進していくための包括的な基本法として，2022年6月15日に成立し，2023年4月1日に施行された。

(9)いじめ防止対策推進法第3条第3項を参照。「基本理念」の規定。

(10)義務教育の段階における普通教育に相当する教育の機会の確保等に関する法律第3条第一号を参照。「基本理念」の規定。

2 解答 Ⅰ　(1)①—d　②—a　③—b　④—e　(2)—d　(3)—c
Ⅱ　(1)—b　(2)—c　(3)—b
Ⅲ　b

解説 Ⅰ　文部科学省「公立の小学校等の校長及び教員としての資質の向上に関する指標の策定に関する指針」(2022年8月31日改正）を参照。

(1)「一　背景及び趣旨」を参照。

(2)「二　公立の小学校等の教員等としての資質の向上に関する基本的な事項」「1　教員等の資質の向上に関する基本的考え方」を参照。

d：「(2)多様な内容・方法による資質の向上」を参照。「しかし，可能な限り，対面・集合型で実施すべきである」ではなく「特に，近年の情報化の進展等により，オンラインによる研修が急速に広まっており，その利点を最大限に生かすとともに，主として知識伝達型の学びであるかどうか，協議やグループワーク形式により学びを深めるものであるかどうかなど，研修の内容・態様に応じて，これらの方法を適切に組み合わせる必要がある」と示されている。

a：「(2)多様な内容・方法による資質の向上」を参照。

b・c・e：「(1)研修等に関する記録を活用した資質の向上に関する指導助言等」を参照。

(3)「三　公立の小学校等の教員等としての資質の向上に関する指標の内容に関する事項」「3　指標の内容を定める際の観点」「(2)教員の指標」を参照。

Ⅱ　茨城県教育委員会「令和5年度　学校教育指導方針　すべての子どもの可能性を引き出す活力ある学校づくり」(2023年4月）を参照。同方針では，「いばらき教育プラン」の概要，「令和５年度　学校教育推進の重点」のほか(1)で示す５つの「学校教育推進の柱」などが示されている。

(1)「学校教育推進の柱」「２　豊かな心を育む教育の推進」を参照。「環境教育の充実」ではなく「特別活動の充実」。５つの柱のうち，のこりの４つは「１　確かな学力を育む教育の推進」「３　健やかな体を育む教育の推進」「４　時代の変化に対応できる教育の推進」「５　自立と社会参加に向けた特別支援教育の推進」。

(2)「令和５年度　学校教育推進の重点」「すべての子どもの可能性を引き出す活力ある学校づくり」「豊かな学びの展開」を参照。

(3)「学校教育推進の柱」「５　自立と社会参加に向けた特別支援教育の推進」「幼児教育施設，小・中学校，高等学校における充実」「具現化のための取組」「○全教職員の取組による特別支援教育の充実」を参照。

Ⅲ　茨城県教育委員会「令和４年度　全国学力・学習状況調査　結果概要」を参照。

ｂ：「教科に関する児童生徒質問紙調査結果」「(4)児童生徒質問紙調査」を参照。

ａ：「生活習慣や学習環境に関する児童生徒・学校質問紙の結果」「児童生徒質問紙調査より」「○全国平均を上回った主な項目」「・学習習慣，学習環境等に関する内容」を参照。「全国の割合より低く」ではなく「全国の割合より高く」なっている。

ｃ：「生活習慣や学習環境に関する児童生徒・学校質問紙の結果」「児童生徒質問紙調査より」「○全国平均を上回った主な項目」「・ICTを活用した学習状況に関する内容」を参照。「全国の割合より低く」ではなく「全国の割合より高く」なっている。

ｄ：「生活習慣や学習環境に関する児童生徒・学校質問紙の結果」「児童生徒質問紙調査より」「▼全国平均を下回った主な項目」「・主体的・対話的で深い学びの視点からの授業改善に関する取組状況に関する内容」を参照。「全国の割合より高く」ではなく「全国の割合より低く」なっている。

ｅ：「生活習慣や学習環境に関する児童生徒・学校質問紙の結果」「児童生徒質問紙調査より」「○全国平均を上回った主な項目」「・挑戦心，達成感，規範意識，自己有用感に関する内容」を参照。「全国の割合より低く」ではなく「全国の割合より高く」なっている。

栃木県

実施日	2023(令和5)年7月9日	試験時間	50分（一般教養を含む）
出題形式	マークシート式	問題数	6題（解答数15）
パターン	法規·原理·心理·時事＋教育史	公開状況	問題:公開　解答:公開

傾向&対策

●教職教養：一般教養の出題比＝3：7で一般教養重視型。●ローカル問題がなくなり，教育法規4題，教育原理，教育心理，教育時事各3題，教育史2題で構成される。●教育法規は，出典法規を問う問題が定番で，今年度は日本国憲法，教育基本法，地方公務員法，学校教育法施行規則。●教育原理は，改訂『生徒指導提要』とバズ学習，通級による指導に関する正誤判定問題。●教育心理は，レヴィン，ヴィゴツキー，ブーメラン効果で，例年通り人物や用語を問う問題。●教育時事は，「令和の日本型学校教育」に関する中央教育審議会答申（2021年1月），「障害のある子供の教育支援の手引」（2021年6月）の空欄補充問題。●教育史は，業績の説明文から広瀬淡窓，ペスタロッチを選択する問題。

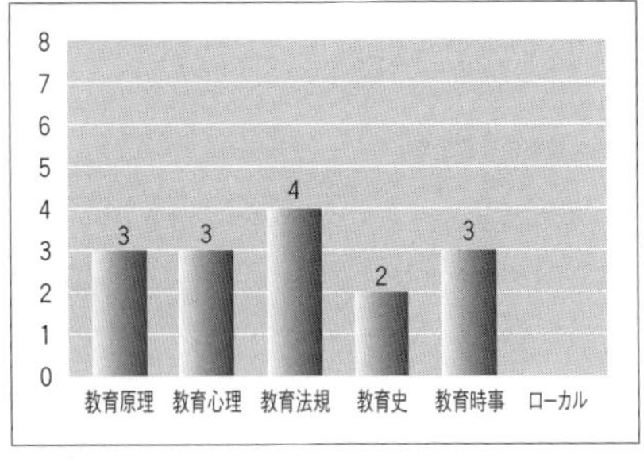

出題領域

教育原理	教育課程·学習指導要領		総則		特別の教科　道徳	
	外国語·外国語活動		総合的な学習(探究)の時間		特別活動	
	学習指導	1	生徒指導	1	学校·学級経営	
	特別支援教育	1	人権·同和教育		その他	
教育心理	発達		学習	1	性格と適応	
	カウンセリングと心理療法		教育評価	1	学級集団	1
教育法規	教育の基本理念	1	学校教育	1	学校の管理と運営	
	児童生徒	1	教職員	1	その他	
教育史	日本教育史	1	西洋教育史	1		
教育時事	答申·統計	3	ローカル			

表中の数字は，解答数

全校種共通

☞解答＆解説 p.92

1 次の1から4は，ある法規の条文である。その法規名を下のアからクのうちからそれぞれ一つ選べ。

1 学校，家庭及び地域住民その他の関係者は，教育におけるそれぞれの役割と責任を自覚するとともに，相互の連携及び協力に努めるものとする。

2 すべて国民は，法律の定めるところにより，その保護する子女に普通教育を受けさせる義務を負ふ。義務教育は，これを無償とする。

3 職員は，その職の信用を傷つけ，又は職員の職全体の不名誉となるような行為をしてはならない。

4 校長及び教員が児童等に懲戒を加えるに当つては，児童等の心身の発達に応ずる等教育上必要な配慮をしなければならない。

ア 学校教育法　イ 学校教育法施行規則　ウ 教育基本法
エ 教育公務員特例法　オ 日本国憲法　カ 地方公務員法
キ 学校保健安全法　ク 児童福祉法

2 次の図は，「生徒指導提要　第1章　1.2　生徒指導の構造」（令和4年12月　文部科学省）において，4個から成る生徒指導の重層的支援構造を示したものである。図中の (1) から (4) にあてはまる語句の組合せとして最も適切なものを，下のアからエのうちから一つ選べ。

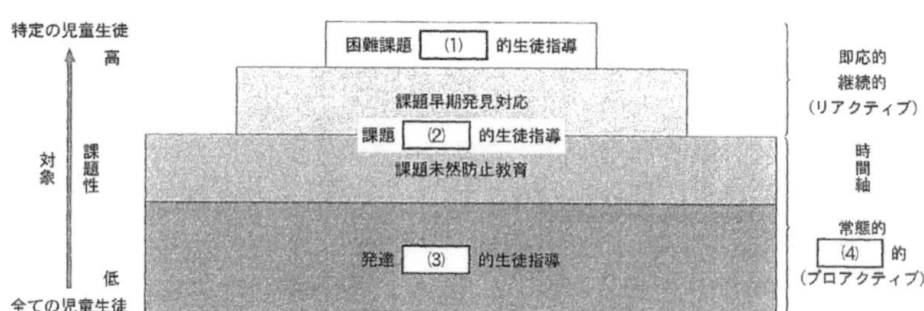

図　生徒指導の重層的支援構造

ア (1)対応 (2)予防 (3)支持 (4)先行　イ (1)対応 (2)予防 (3)段階 (4)普遍
ウ (1)予防 (2)対応 (3)支持 (4)先行　エ (1)予防 (2)対応 (3)段階 (4)普遍

3 次の文は，中央教育審議会答申「『令和の日本型学校教育』の構築を目指して　～全ての子供たちの可能性を引き出す，個別最適な学びと，協働的な学びの実現～」（令和3年1月26日）の一部である。文中の [　　] にあてはまる語句として最も適切なものを，下のアからエのうちから一つ選べ。

教師に求められる資質・能力は，これまでの答申等（中央教育審議会答申「これからの学校教育を担う教員の資質能力の向上について」（平成27（2015）年12月21日）等）においても繰り返し提言されてきたところであり，例えば，使命感や責任感，教育的愛情，教科や教職に関する専門的知識，実践的指導力，総合的人間力，コミュニケーション能力，[　　] 能力などが挙げられている。

ア　マネジメント　　イ　コーディネート　　ウ　プレゼンテーション

エ　ファシリテーション

4　**次の1，2の文に最も関係の深いものを，それぞれのアからエのうちから一つ選べ。**

1　江戸時代後期，豊後国日田に咸宜園を創設し，身分や階級制度の厳しい時代にあって，入門時に学歴・年齢・身分を問わない「三奪法」により，全ての門下生を平等に教育した。

ア　吉田松陰　　イ　シーボルト　　ウ　広瀬淡窓　　エ　緒方洪庵

2　スイスの教育実践家で，教育における作業の役割を重視し，直観教授を提唱した。「生活が陶冶する」という言葉は特に有名であり，主な著書に『隠者の夕暮』がある。

ア　エレン・ケイ　　イ　ペスタロッチ　　ウ　デューイ　　エ　ブルーナー

5　**次の1から4の文に最も関係の深いものを，それぞれのアからエのうちから一つ選べ。**

1　リーダーシップのスタイルとして「専制型」「民主型」「放任型」の三つを設定して，集団の作業の量と質及び集団の雰囲気を研究した人物。

ア　ワイナー　　イ　セリグマン　　ウ　モレノ　　エ　レヴィン

2　相手を説得すればするほど，かえって相手の強い抵抗や反感を招いたりする現象。

ア　ブーメラン効果　　イ　ゴーレム効果　　ウ　アンダーマイニング効果

エ　ハロー効果

3　教育の可能性や方法は，発達の最近接領域によって決定されると主張した人物。

ア　エリクソン　　イ　コールドバーグ　　ウ　トールマン　　エ　ヴィゴツキー

4　フィリップスにより提唱された集団学習法をもととする，学習者を複数の小グループに分けて話し合わせることで認知的目標と態度的目標を達成しようとする学習法。

ア　発見学習　　イ　ジグソー学習　　ウ　バズ学習　　エ　完全習得学習

6　**次の1，2の特別支援教育に関する問いに答えよ。**

1　次の文章は，「障害のある子供の教育支援の手引」（令和3年6月　文部科学省）に示されている障害のある子供の教育支援の基本的な考え方の一部を抜粋したものである。文章中の［(1)］，［(2)］にあてはまる適切な語句を，下のアからカのうちから一つずつ選べ。

インクルーシブ教育システムの構築のためには，障害のある子供と障害のない子供が，可能な限り同じ場で共に学ぶことを目指すべきであり，その際には，それぞれの子供が，授業内容を理解し，学習活動に参加している実感・達成感をもちながら，充実した時間を過ごしつつ，生きる力を身に付けていけるかどうかという最も本質的な視点に立つことが重要である。

そのための環境整備として，子供一人一人の自立と社会参加を見据えて，その時点での［(1)］に最も的確に応える指導を提供できる，多様で柔軟な仕組みを整備することが重要である。このため，小中学校等における通常の学級，<u>通級による指導</u>，特別支援学級や，特別支援学校といった，［(2)］のある「多様な学びの場」を用意していくことが必要である。

ア　社会的ニーズ　　イ　福祉的ニーズ　　ウ　教育的ニーズ　　エ　整合性

オ　連続性　　カ　弾力性

2　文章中の下線部についての記述として最も適切なものを，次のアからエのうちから一つ選べ。

ア　通級による指導とは，通常の学級に在籍している障害のある児童生徒が，各教科等の大部分の授業を障害に応じた特別の指導として特別な場（通級指導教室）で受ける指導形態である。

イ　通級による指導の対象となる児童生徒は，知的障害者，言語障害者，自閉症者，情緒障害者，弱視者，難聴者，学習障害者，注意欠陥多動性障害者である。

ウ　小・中学校における通級による指導の授業時数は，年間35単位時間までと規定されている。

エ　通級による指導は，単なる各教科の遅れを補充するための指導ではなく，障害による学習上又は生活上の困難を改善・克服することを目的として行われることが必要である。

解答＆解説

1 解答 1—ウ　2—オ　3—カ　4—イ

解説 1：教育基本法第13条を参照。「学校，家庭及び地域住民等の相互の連携協力」の規定。

2：日本国憲法第26条第2項を参照。「教育を受けさせる義務，義務教育の無償」の規定。

3：地方公務員法第33条を参照。「信用失墜行為の禁止」の規定。

4：学校教育法施行規則第26条第1項を参照。児童生徒の「懲戒」の規定。

2 解答 ア

解説『生徒指導提要』(2022年12月) の「第Ⅰ部　生徒指導の基本的な進め方」「第1章　生徒指導の基礎」「1.2　生徒指導の構造」「1.2.1　2軸3類4層構造」「(3)生徒指導の4層」を参照。

3 解答 エ

解説 中央教育審議会答申「『令和の日本型学校教育』の構築を目指して　～全ての子供たちの可能性を引き出す，個別最適な学びと，協働的な学びの実現～」(2021年1月26日，4月22日更新) の「第Ⅱ部　各論」「9．Society5.0 時代における教師及び教職員組織の在り方について」「(1)基本的な考え方」を参照。

4 解答 1—ウ　2—イ

解説 1　ウ：広瀬淡窓（1782～1856）が創設した咸宜園は，徹底した実力主義の教育方針によるもので，年齢，入門以前の学習経験，身分を問わず，入門後の学習成績（等級制による成績＝月旦評）のみをもって優劣を決めるという三奪法で知られる。

2　イ：ペスタロッチ（1746～1827）は，すべての人間は共通に平等の人間性を有するという認識に立ち，人間に共通の能力を頭，心，手に分け，その調和的発達を教育の目標とした。

5 **解答** 1—エ　2—ア　3—エ　4—ウ

解説 1　エ：レヴィン（1890～1947）は，①場の理論，②グループダイナミクスの理論のその実際的応用の研究，③人格と行動の研究，④アクション・リサーチの提唱，⑤集団の雰囲気の研究——などで卓越した独創性を発揮した。リーダーシップは，アメリカの大学で行なった実験結果に基づいて3つの型に分けている。

2　ア：ブーメラン効果とは，他者から説得を受けた人が，その説得内容の趣旨とは逆の方向に自分の意見や態度を変化させる現象で，いわゆる「逆効果」と呼ばれるもの。

3　エ：ヴィゴツキー（1896～1934）の主張は社会文化的発達理論とも呼ばれるように，社会的な相互作用の中での経験が内面化されていく過程を重視した。また，子どもの知的発達には，現在の能力で問題が解決できる発達水準と，他者からの援助やヒントが得られれば解決できる発達水準の2つがあり，この水準の差を発達の最近接領域と呼んだ。

4　ウ：バズ学習（バズ・セッション）は，フィリップス（1948～）の考案によるもので，6人ずつのグループが6分間ずつ討議するところから6—6式討議ともいわれる。

6 **解答** 1(1)—ウ　(2)—オ　2—エ

解説 1　文部科学省『障害のある子供の教育支援の手引　～子供たち一人一人の教育的ニーズを踏まえた学びの充実に向けて～』（2021年6月30日）の「第1編　障害のある子供の教育支援の基本的な考え方」「1　障害のある子供の教育に求められること」「(2)就学に関する新しい支援の方向性」を参照。

2　エ：文部科学省「障害に応じた通級による指導の手引　解説とQ＆A（改訂第3版）」の「3　通級による指導の制度的位置付け」「(1)法令における規定」「①対象となる児童生徒と教育課程上の取扱い」，「学校教育法施行規則第140条の規定による特別の教育課程について定める件」（2003年，文部省告示第7号），及び『小学校学習指導要領解説　総則編』（2017年7月）の「第3章　教育課程の編成及び実施」「第4節　児童の発達の支援」「2　特別な配慮を必要とする児童への指導」「(1)障害のある児童などへの指導」「③通級による指導における特別の教育課程（第1章4の2の(1)のウ）」を参照（中学校，高等学校にも同様の記述あり）。

ア：『小学校学習指導要領解説　総則編』（2017年7月）の「第3章　教育課程の編成及び実施」「第4節　児童の発達の支援」「2　特別な配慮を必要とする児童への指導」「(1)障害のある児童などへの指導」「③通級による指導における特別の教育課程（第1章4の2の(1)のウ）」を参照（中学校，高等学校にも同様の記述あり）。通級による指導は，各教科等の大部分の授業を通常の学級で受け，自立活動を中心とした一部の指導を通級指導教室で受ける制度。

イ：学校教育法施行規則第140条を参照。「障害に応じた特別の指導—通級指導」を参照。知的障害者は障害の特性から，固定式の学級での教育が望ましいため対象となっていない。対象となるのは言語障害者，自閉症者，情緒障害者，弱視者，難聴者，学習障害者，注意欠陥多動性障害者，「その他障害のある者」として肢体不自由者，病弱者，身体虚弱者である。

ウ：文部科学省「障害に応じた通級による指導の手引　解説とQ＆A（改訂第3版）」の「3　通級による指導の制度的位置付け」「(1)法令における規定」「②指導内容・指導時間」「（iii）通級による指導を行う際の授業時数（第2項・第3項）」「○小・中学校」，「学校教育法施行規則第140条の規定による特別の教育課程について定める件」（2003年，文部省告示第7号），及び『小学校学習指導要領解説　総則編』（2017年7月）の「第3章　教育課程の編成及び実施」「第4節　児童の発達の支援」「2　特別な配慮を必要とする児童への指導」「(1)障害のある児童などへの指導」「③通級による指導における特別の教育課程（第1章4の2の(1)のウ）」を参照（中学校，高等学校にも同様の記述あり）。通級による指導の授業時数は，年間35～280単位時間と定められている。なお，学習障害者と注意欠陥多動性障害者は年間10～280単位時間を標準としている。

群馬県

実施日	2023(令和5)年7月9日	試験時間	60分（一般教養を含む）
出題形式	マークシート式	問題数	3題（解答数9）
パターン	時事・法規＋原理・心理	公開状況	問題:公開　解答:公開　配点:公開

傾向&対策 ●教育原理，教育心理，教育法規，教育時事で構成。●教育時事は，出典は明記されていないものの「インクルーシブ教育システム構築」に関する中央教育審議会報告（2012年7月），「教育データの利活用に係る留意事項（第1版）」（2023年3月）のほか，「教育諸課題に対する取組」としてスタディ・ログ，MEXCBT（メクビット），リカレント教育，成年年齢の引き上げ，カリキュラム・マネジメントの充実に関する正誤判定問題，こども家庭庁に関する正誤判定問題が問われた。●教育法規は，教育基本法の空欄補充問題，教育公務員特例法と教育職員免許法の正誤判定問題。●教育原理は，改訂『生徒指導提要』より「生徒指導の実践上の視点」。●教育心理は，コールバーグの道徳性の発達段階。

出題領域

教育原理	教育課程・学習指導要領		総則		特別の教科　道徳	
	外国語・外国語活動		総合的な学習(探究)の時間		特別活動	
	学習指導		生徒指導	1	学校・学級経営	
	特別支援教育	↓時事	人権・同和教育		その他	
教育心理	発達	1	学習		性格と適応	
	カウンセリングと心理療法		教育評価		学級集団	
教育法規	教育の基本理念	1	学校教育		学校の管理と運営	
	児童生徒		教職員	2	その他	
教育史	日本教育史		西洋教育史			
教育時事	答申・統計	4	ローカル			

表中の数字は，解答数

全校種共通

☞解答＆解説 p.99

1 **次の(1)，(2)の問いに答えなさい。答えは①～⑤のうちから１つ選びなさい。**

(1) 次の文は，教育基本法第２条の条文の一部である。空欄（ ア ）～（ エ ）に当てはまる語句として，正しいものの組合せはどれか。

第２条 教育は，その目的を実現するため，学問の自由を尊重しつつ，次に掲げる目標を達成するよう行われるものとする。

一 幅広い知識と教養を身に付け，真理を求める態度を養い，豊かな（ ア ）と（ イ ）を培うとともに，健やかな（ ウ ）を養うこと。

二 個人の価値を尊重して，その能力を伸ばし，創造性を培い，自主及び自律の（ エ ）を養うとともに，職業及び生活との関連を重視し，勤労を重んずる態度を養うこと。

① (ア)情操 (イ)道徳心 (ウ)身体 (エ)精神
② (ア)情操 (イ)道徳心 (ウ)精神 (エ)意欲
③ (ア)情操 (イ)倫理観 (ウ)身体 (エ)精神
④ (ア)人格 (イ)道徳心 (ウ)身体 (エ)意欲
⑤ (ア)人格 (イ)倫理観 (ウ)精神 (エ)意欲

(2) 次のア～オの中で，教育公務員特例法第４章「研修」に規定されている内容として，正しいものの組合せはどれか。

ア 教育公務員は，その職責を遂行するために，絶えず研究と修養に努めなければならない。

イ 校長は，教諭等の研修について，それに要する施設，研修を奨励するための方途その他研修に関する計画を樹立し，その実施に努めなければならない。

ウ 教員は，授業に支障のない限り，本属長の承認を受けずに，勤務場所を離れて研修を行うことができる。

エ 教育公務員は，任命権者の定めるところにより，現職のままで，長期にわたる研修を受けることができる。

オ 公立の小学校，中学校，義務教育学校，高等学校，中等教育学校，特別支援学校，幼稚園及び幼保連携型認定こども園の教諭等の研修実施者は，当該教諭等に対して，その採用の日から１年間の教諭又は保育教諭の職務の遂行に必要な事項に関する実践的な研修（初任者研修）を実施しなければならない。

① ア イ ウ ② ア ウ エ ③ ア エ オ ④ イ ウ オ
⑤ イ エ オ

2 **次の(1)，(2)の問いに答えなさい。答えは①～⑤のうちから１つ選びなさい。**

(1) 次の文は，「生徒指導提要」（令和４年12月 文部科学省）における，「生徒指導の実践上の視点」の一部（抜粋）である。文中の空欄（ ア ）～（ ウ ）に当てはまる語句の組合せとして，正しいものはどれか。

児童生徒の教育活動の大半は，集団一斉型か小集団型で展開されます。そのため，集団に個が埋没してしまう危険性があります。そうならないようにするには，学校生活のあらゆる場面で,「自分も一人の人間として大切にされている」という（ ア ）を，児童生徒が実感することが大切です。また，ありのままの自分を肯定的に捉える（ イ ）や，他者のために役立った，認められたという（ ウ ）を育むことも極めて重要です。

① (ア)自己存在感　(イ)自己有用感　(ウ)自己満足感
② (ア)自己効力感　(イ)自己肯定感　(ウ)自己満足感
③ (ア)自己存在感　(イ)自己肯定感　(ウ)自己有用感
④ (ア)自己効力感　(イ)自己肯定感　(ウ)自己有用感
⑤ (ア)自己効力感　(イ)自己有用感　(ウ)自己満足感

(2) 次の表は，コールバーグ（Kohlberg, L.）が提唱した道徳性の発達段階とその心理的特徴をまとめたものである。表中の空欄（ ア ）～（ ウ ）に当てはまる語句の組合せとして，正しいものはどれか。

水準	道徳性の発達段階	心理的特徴
水準１：前慣習的水準	段階１：（ ア ）道徳性	他者からほめられることがよいことで，罰せられることが悪いことであると判断する。
	段階２：（ イ ）道徳性	自己や他者の要求や利益を満たす行いこそがよい行いであると判断する。
水準２：慣習的水準	段階３：対人的規範の道徳性	家族，教師，仲間といった周囲の他者との対人関係を重視し，他者に認められる行いがよい行いであると判断する。
	段階４：（ ウ ）道徳性	社会的秩序を維持することを重視し，社会や集団の利益に貢献する行いがよい行いであると判断する。
水準３：後慣習的水準	段階５：人権と社会福祉の道徳性	権利の意味を正しく捉え，法律が集団の同意によって変更可能なものとみなす。
	段階６：普遍性を持つ一般的な倫理原則の道徳性	既存の法律よりも人間の相互信頼と自らの正義と公正の倫理原則に従った判断をする。

① (ア)他律的な　(イ)論理的な　(ウ)集団主義的な
② (ア)集団主義的な　(イ)個人主義的な　(ウ)社会システム重視の
③ (ア)自律的な　(イ)論理的な　(ウ)集団主義的な
④ (ア)他律的な　(イ)個人主義的な　(ウ)社会システム重視の
⑤ (ア)自律的な　(イ)社会システム重視の　(ウ)集団主義的な

3 **次の(1)～(5)の問いに答えなさい。答えは①～⑤のうちから１つ選びなさい。**

(1) 「共生社会の形成に向けたインクルーシブ教育システム構築」について説明した次の文のうち，正しいものの組合せはどれか。

ア 「インクルーシブ教育システム」とは，「障害者の権利に関する条約」の中で提唱された，障害のある者と障害のない者が共に学ぶ仕組みである。

イ 「インクルーシブ教育システム」を構築することにより，就学基準に該当する障害のある子どもは，原則，特別支援学校に就学する仕組みに改められた。

ウ 「インクルーシブ教育システム」を推進していくためには，多様な学びの場として，通常の学級，通級による指導，特別支援学級，特別支援学校それぞれの環境整備の充実を図っていくことが必要である。

エ 医療的ケアを必要とする子どもについては，必ず特別支援学校に就学する仕組みになっている。

オ 「インクルーシブ教育システム」の理念の下では，障害のある子どもと障害のない子どもが，できるだけ同じ場で共に学ぶことを目指すため，授業内容を理解することよりも一緒に活動することを優先させた授業づくりが求められる。

① ア イ　② ア ウ　③ イ エ　④ ウ オ　⑤ エ オ

(2) 教育諸課題に対する取組について，正しいものの組合せはどれか。

ア スタディ・ログとは，学習者が学習を進めていく過程をデジタル化し，コンピュータ上で仮想的に学習体験を行うアルゴリズムのことである。

イ MEXCBT（メクビット）とは，児童生徒の学びの保障の観点から，学校や家庭において学習やアセスメントができる文部科学省が開発したコンピュータ使用型調査のことである。

ウ リカレント教育とは，複数の教科（科目）で1つのテーマを共有し，各教科（科目）の知識等を総合的に活用し，課題解決に向けて学びを深める教育のことである。

エ 民法の改正により，成年年齢が20歳から18歳に引き下げられ，18歳から喫煙や飲酒なども可能になったため，教科（科目）を横断して消費者教育や健康教育の充実が求められている。

オ 学校は，児童生徒や学校，地域の実態を適切に把握し，教育課程に基づき組織的かつ計画的に教育活動の質の向上を図っていく，カリキュラム・マネジメントの充実に努めていく必要がある。

① ア イ　② ア ウ　③ イ オ　④ ウ エ　⑤ エ オ

(3) 教員免許状に関する記述内容について，正しいものの組合せはどれか。

ア 教員免許状には，普通免許状，特別免許状，臨時免許状の3種類があり，いずれも文部科学省から授与される。

イ 普通免許状には，専修免許状（大学院修了相当），一種免許状（大学卒業相当），二種免許状（短期大学卒業相当）の3つの区分があり，この区分によって指導可能な範囲に違いがある。

ウ 既に普通免許状を有する場合は，一定の教員経験を評価し，通常より少ない単位数の修得により，上位区分，隣接学校種，同校種他教科の免許状の授与を受けることができる。

エ 令和4年の法改正により，普通免許状及び特別免許状のうち令和4年7月1日の時点で有効な免許状（休眠状態のものも含む。）については，同日以降，有効期間の定めのないものとなった。

① ア イ　② ア ウ　③ イ ウ　④ イ エ　⑤ ウ エ

(4) 次の文は，「教育データの利活用に係る留意事項（第1版）」（令和5年3月　文部科学省）におけるⅢ．総集編「1．個人情報の適切な取扱い」の一部（抜粋）である。

文中の空欄（ ア ）～（ エ ）に当てはまる語句の組合せとして，正しいものはどれか。

個人情報の適正な取扱いに当たっては，公立学校の教育データについて，学校の組織編制，教育課程，学習指導，生徒指導及び職業指導といった法令（条例を含みます。以下同じ。）に定める所掌事務や業務を遂行するために必要な場合に限って保有したうえで，個人情報保護法における（ ア ）の特定及び明示，変更等の整理を行う必要があります。

なお，個人情報の取扱いに当たっては個人情報保護法に準拠していれば十分というわけではなく，（ イ ）も求められます。個人情報保護法第３条においては，個人情報がプライバシーを含む個人の人格と密接な関連を有するものであり，個人が「個人として（ ウ ）される」ことを定めた憲法第13条の下，慎重に取り扱われるべきことを示すとともに，個人情報を取り扱う者は，その目的や態様を問わず，このような個人情報の性格と（ エ ）を十分認識し，その適正な取扱いを図らなければならないとの基本理念を示しています。

	(ア)	(イ)	(ウ)	(エ)
①	利用目的	情報モラル	尊敬	信頼性
②	利用条件	情報モラル	尊敬	重要性
③	利用目的	プライバシーの保護	尊敬	重要性
④	利用条件	プライバシーの保護	尊重	信頼性
⑤	利用目的	プライバシーの保護	尊重	重要性

(5) こども家庭庁に関する記述について，正しいものの組合せはどれか。

ア　こどもが，自立した個人としてひとしく健やかに成長することができる社会の実現に向けて設置された行政組織である。

イ　こどもの視点に立って，こどもの年齢及び発達の程度に応じて，その意見を尊重し，その最善の利益を優先して考慮することを基本とする。

ウ　こども政策の具体的な実施を中心的に担っている地方自治体の取組を促進するために，こども家庭庁が地方自治体に代わり，その取組を担う。

エ　こども家庭庁への民間人の登用や出向を積極的に行うとともに，民間団体等からの政策提案を積極的に取り入れる。

オ　こども家庭庁が行う事務は，こどもの保健の向上及び虐待の防止のみを行う。

① ア イ ウ　② ア イ エ　③ ア エ オ　④ イ ウ オ
⑤ ウ エ オ

解答＆解説

1 解答 (1)―①　(2)―③

解説 (1)教育基本法第２条第一号・第二号を参照。「教育の目標」の規定。

(2)ア：教育公務員特例法第21条第１項を参照。「研修」の規定。

エ：教育公務員特例法第22条第３項を参照。現職のままで長期にわたる「研修の機会」の規定。

群馬県

オ：教育公務員特例法第23条第１項を参照。「初任者研修」の規定。

イ：教育公務員特例法第21条第２項を参照。「研修」の規定。「校長」ではなく「教育公務員の研修実施者」。

ウ：教育公務員特例法第22条第２項を参照。勤務場所を離れて行う「研修の機会」の規定。「本属長の承認を受けずに」ではなく「本属長の承認を受けて」。

2 **解答** (1)―③　(2)―④

解説 (1)『生徒指導提要』(2022年12月）の「第Ⅰ部　生徒指導の基本的な進め方」「第１章　生徒指導の基礎」「1.1　生徒指導の意義」「1.1.2　生徒指導の実践上の視点」「(1)事故存在感の感受」を参照。

(2)結果論的道徳判断から動機論的道徳判断に移行するというピアジェ（1896～1980）の研究結果を踏まえて，幅広い年齢層に道徳性が関わる事態を示し，どのように対応するかを基に３水準６段階の変化を明らかにしたのがコールバーグ（1927～87）である。

3 **解答** (1)―②　(2)―③　(3)―⑤　(4)―⑤　(5)―②

解説 (1)中央教育審議会「共生社会の形成に向けたインクルーシブ教育システム構築のための特別支援教育の推進（報告)」(2012年７月23日）を参照。

ア・ウ：「１．共生社会の形成に向けて」「(1)共生社会の形成に向けたインクルーシブ教育システムの構築」「○２『インクルーシブ教育システム』の定義」を参照。

イ：「２．就学相談・就学先決定の在り方について」「(2)就学先決定の仕組み」「○１　就学先の決定等の仕組みの改善」を参照。正しくは「就学基準に該当する障害のある子どもは特別支援学校に原則就学するという従来の就学先決定の仕組みを改め，障害の状態，本人の教育的ニーズ，本人・保護者の意見，教育学，医学，心理学等専門的見地からの意見，学校や地域の状況等を踏まえた総合的な観点から就学先を決定する仕組みとすることが適当である」と示されている。

エ：「４．多様な学びの場の整備と学校間連携等の推進」「(1)多様な学びの場の整備と教職員の確保」「○１　多様な学びの場（通常の学級，通級による指導，特別支援学級，特別支援学校）における環境整備と教職員の確保」を参照。「学校においては，養護教諭を中心として，学級担任等，学校医，学校歯科医，学校薬剤師，スクールカウンセラーなど学校内における連携を更に進めるとともに，医療関係者や福祉関係者など地域の関係機関との連携を推進することが必要である。また，医療的ケアの観点からの看護師等の専門家についても，必要に応じ確保していく必要がある」と示されているが，医療的ケアを必要とする子どもが必ず特別支援学校に就学する仕組みではない。１の解説も参照。

オ：「１．共生社会の形成に向けて」「(2)インクルーシブ教育システム構築のための特別支援教育の推進」「○４　共に学ぶことについて」を参照。正しくは「基本的な方向性としては，障害のある子どもと障害のない子どもが，できるだけ同じ場で共に学ぶことを目指すべきである。その場合には，それぞれの子どもが，授業内容が分かり学習活動に参加している実感・達成感を持ちながら，充実した時間を過ごしつつ，生きる力を身に付けていけるかどうか，これが最も本質的な視点であり，そのための環境整備が必要である」と示されている。

(2)ア：「スタディ・ログ」は，個人の学習状況等の履歴をデジタル化した記録をいう。

ウ：「リカレント教育」は，生涯にわたって，学校やそれに準ずるような組織的・計画的な教育機関での教育と職場での労働とを繰り返す教育の在り方を指す，生涯学習の一つの形式である。「循環教育」や「回帰教育」とも呼ばれる。

エ：成年年齢が満18歳に引き下げられた後も，飲酒及び喫煙可能年齢は満20歳のままである。

(3)ウ：すでに教員免許状を持っている人が，他の校種・教科等の免許状を取得する方法は，大学の教職課程によらずに必要な単位を修得するために開設されている講習・公開講座として，免許法認定講習・公開講座・通信教育がある。

エ：2022年7月1日から教員免許更新制は解消され，普通免許状及び特別免許状は有効期間の定めはなくなった。

ア：教育職員免許法第4条第1項「(教員免許状の) 種類」の規定により，教員免許状は，普通免許状，特別免許状，臨時免許状の3種類がある。その授与について定めた同法第5条では，第6項の規定により，免許状は「都道府県の教育委員会」が授与することになっている。また，普通免許状は全国の学校で有効であるが，特別免許状と臨時免許状は，授与を受けた都道府県内の学校でのみ有効である。

イ：文部科学省ウェブサイト「教員免許状に関するQ＆A」の「1 教員免許状について」「1—4 教員免許状はどのようなものがありますか？」を参照。普通免許状の中の専修免許状（大学院修了相当），一種免許状（大学卒業相当），二種免許状（短期大学卒業相当）の3つの区分では「指導可能な範囲に違いはありません」と示されている。

(4)文部科学省「教育データの利活用に係る留意事項（第1版）」(2023年3月）の「Ⅲ．総論編（教育データを利活用する際に気を付けること)」「1. 個人情報の適正な取扱い」「1．1 個人情報を取り扱う際の基本理念」を参照。

(5)ウ：内閣官房こども家庭庁設立準備室「こども家庭庁設置に向けた主な取組状況」(2022年8月）などを参照。同取組状況では，「こども家庭庁の基本姿勢」の一つとして，「現場のニーズを踏まえた先進的な取組を横展開し，必要に応じ制度化。人事交流の推進。定期的な協議の場の設置」を挙げているほか，「Ⅳ．政策の立案・実施・評価におけるプロセス」では「地方自治体の先進的な取組の横展開や制度化，国と地方自治体の間での人事交流の推進，国と地方自治体の定期的な協議の場の設置等による地方自治体との連携強化」を掲げている。

オ：こども家庭庁設置法第4条を参照。「所掌事務」の規定。第一号～第二十七号まで，27項目示されている。

埼玉県／さいたま市

実施日	2023(令和5)年7月9日	試験時間	60分（一般教養を含む）
出題形式	マークシート式	問題数	18題（解答数18）
パターン	時事・法規＋原理・心理・教育史	公開状況	問題：公開　解答：公開　配点：公開

傾向&対策 ●教育法規と教育時事で教職教養全体の約8割を占める。●最も解答数の多い教育法規は，教育基本法，学校教育法など頻出条文の空欄補充問題が定番。●教育時事は，必出の特別支援教育より「発達障害の教育支援体制整備」に関するガイドライン（2017年3月），「障害のある子供の教育支援の手引」（2021年6月）＝2題のほか，5年連続の出題となる「第3期教育振興基本計画」（2018年6月），2年連続の出題となる「学校評価ガイドライン」（2016年3月），「令和の日本型学校教育」に関する中央教育審議会答申（2021年1月）と，「教育の機会の確保等」に関する基本指針（2017年3月），「教育相談」に関する文部科学省通知（2017年2月）。●教育原理は，改訂『生徒指導提要』より「生徒指導の目的」。

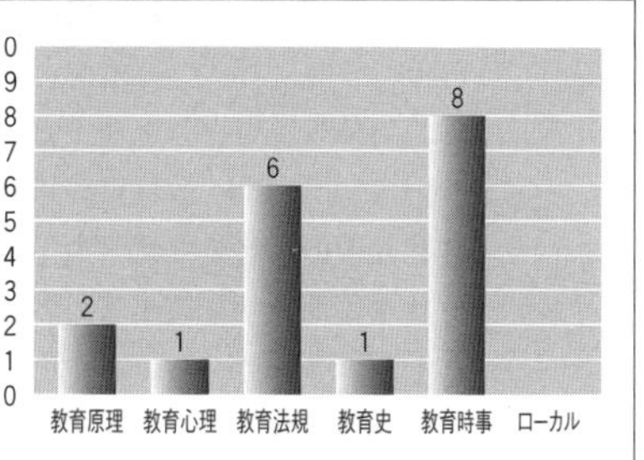

出題領域

教育原理	学習指導要領・前文	1	総則		特別の教科　道徳	
	外国語・外国語活動		総合的な学習(探究)の時間		特別活動	
	学習指導		生徒指導	1	学校・学級経営	
	特別支援教育	↓時事	人権・同和教育		その他	
教育心理	発達		学習	1	性格と適応	
	カウンセリングと心理療法		教育評価		学級集団	
教育法規	教育の基本理念		学校教育	1	学校の管理と運営	1
	児童生徒	3	教職員	1	その他	
教育史	日本教育史		西洋教育史	1		
教育時事	答申・統計	8	ローカル			

表中の数字は，解答数

全校種共通

☞解答＆解説 p.109

1 **次の文中の［　　］にあてはまる人物名として正しいものを，下の1～4の中から1つ選びなさい。**

現在のチェコ共和国で生まれ，三十年戦争において信仰上の理由で迫害された宗教改革家であり，教育思想家でもある［　　］は，個別の知識を分類して整え，全体をまとめあげる体系を作ろうと試みる「汎知学」を樹立し，『大教授学』を著した。

1　コメニウス　　2　エラスムス　　3　ルター　　4　ミルトン

2 **次の文中の［①］，［②］にあてはまる人物名と語句の組み合わせとして正しいものを，下の1～4の中から1 つ選びなさい。**

［①］は，自分自身が直接経験したり，外部からの強化を受けたりしなくても，他者の行動を見るだけでその行動型を習得することを提唱した。このことを［②］という。

1　①ケーラー　　②洞察
2　①ケーラー　　②観察学習
3　①バンデューラ　　②観察学習
4　①バンデューラ　　②洞察

3 **次は，「教育基本法　第5条」の一部です。文中の［①］，［②］にあてはまる語句の組み合わせとして正しいものを，下の1～4の中から1つ選びなさい。**

国民は，その保護する子に，別に法律で定めるところにより，［①］教育を受けさせる義務を負う。

2　義務教育として行われる［①］教育は，各個人の有する能力を伸ばしつつ社会において［②］的に生きる基礎を培い，また，国家及び社会の形成者として必要とされる基本的な資質を養うことを目的として行われるものとする。

1　①普通　　②文化
2　①普通　　②自立
3　①学校　　②自立
4　①学校　　②文化

4 **次は，「地方公務員法　第35条」の全文です。文中の［①］，［②］にあてはまる語句の組み合わせとして正しいものを，下の1～4の中から1つ選びなさい。**

職員は，法律又は条例に特別の定がある場合を除く外，その勤務時間及び職務上の［①］のすべてをその［②］遂行のために用い，当該地方公共団体がなすべき責を有する職務にのみ従事しなければならない。

1　①注意力　　②職責
2　①注意力　　②責務
3　①能力　　②責務
4　①能力　　②職責

5 **次は，「学校教育法　第11条」の全文です。文中の［①］，［②］にあてはまる語句の組み合わせとして正しいものを，下の1～4の中から1つ選びなさい。**

校長及び教員は，［①］必要があると認めるときは，［②］の定めるところにより，児童，生徒及び学生に懲戒を加えることができる。ただし，体罰を加えることはできない。

1　①生徒指導上　②学校の管理運営に関する規則
2　①生徒指導上　②文部科学大臣
3　①教育上　②学校の管理運営に関する規則
4　①教育上　②文部科学大臣

6　**次は，「学校保健安全法　第27条」の全文です。文中の［①］，［②］にあてはまる語句の組み合わせとして正しいものを，下の1～4の中から1つ選びなさい。**

学校においては，児童生徒等の安全の確保を図るため，当該学校の施設及び設備の安全点検，児童生徒等に対する［①］を含めた学校生活その他の日常生活における安全に関する指導，職員の研修その他学校における安全に関する事項について［②］を策定し，これを実施しなければならない。

1　①通学　②計画
2　①通学　②目標
3　①長期休業中　②目標
4　①長期休業中　②計画

7　**次は，「いじめ防止対策推進法　第28条」の一部です。文中の［①］，［②］にあてはまる語句の組み合わせとして正しいものを，下の1～4の中から1つ選びなさい。**

学校の設置者又はその設置する学校は，次に掲げる場合には，その事態（以下「重大事態」という。）に対処し，及び当該重大事態と同種の事態の発生の防止に資するため，速やかに，当該学校の設置者又はその設置する学校の下に組織を設け，質問票の使用その他の適切な方法により当該重大事態に係る事実関係を明確にするための調査を行うものとする。

一　いじめにより当該学校に在籍する児童等の［①］に重大な被害が生じた疑いがあると認めるとき。

二　いじめにより当該学校に在籍する児童等が相当の期間［②］を余儀なくされている疑いがあると認めるとき。

1　①教育を受ける権利　②学校を欠席すること
2　①教育を受ける権利　②心身の療養
3　①生命，心身又は財産　②心身の療養
4　①生命，心身又は財産　②学校を欠席すること

8　**次は，「教育職員等による児童生徒暴力等の防止等に関する法律　第4条」の一部です。文中の［①］，［②］にあてはまる語句の組み合わせとして正しいものを，下の1～4の中から1つ選びなさい。**

教育職員等による児童生徒暴力等の防止等に関する施策は，教育職員等による児童生徒性暴力等が全ての児童生徒等の［①］に関係する重大な問題であるという基本的認識の下に行われなければならない。

2　教育職員等による児童生徒性暴力等の防止等に関する施策は，児童生徒等が［②］学習その他の活動に取り組むことができるよう，学校の内外を問わず教育職員等による児童生徒性暴力等を根絶することを旨として行われなければならない。

1　①人権及び特性　　②安心して
2　①人権及び特性　　②安全な環境のもと
3　①心身の健全な発達　　②安心して
4　①心身の健全な発達　　②安全な環境のもと

9　**次は，「第3期教育振興基本計画」（平成30年6月15日　閣議決定）の「第1部 我が国における今後の教育政策の方向性　Ⅲ．2030年以降の社会を展望した教育政策の重点事項」の一部です。文中の［①］，［②］にあてはまる語句の組み合わせとして正しいものを，下の1～4の中から1つ選びなさい。**

○　AIの発展によって近い将来多くの職種がコンピューターに代替されるとの指摘がある時代だからこそ，［①］を主体的に使いこなす力だけでなく，他者と協働し，人間ならではの［②］や創造性を発揮しつつ新しい価値を創造する力を育成することが一層重要になる。これからの教育は，こうした人間の「可能性」を最大化することを幼児期から高齢期までの生涯にわたる教育の一貫した理念として重視しなければならない。

1　①ICT　　②感性
2　①ICT　　②知性
3　①インターネット　　②知性
4　①インターネット　　②感性

10　**次は，「中学校学習指導要領」（平成29年告示）の「前文」の一部です。文中の［①］，［②］にあてはまる語句の組み合わせとして正しいものを，下の1～4の中から1つ選びなさい。**

教育課程を通して，これからの時代に求められる教育を実現していくためには，よりよい学校教育を通してよりよい［①］を創るという理念を学校と［①］とが共有し，それぞれの学校において，必要な学習内容をどのように学び，どのような資質・能力を身に付けられるようにするのかを教育課程において明確にしながら，［①］との連携及び協働によりその実現を図っていくという，［①］に開かれた教育課程の実現が重要となる。

学習指導要領とは，こうした理念の実現に向けて必要となる教育課程の［②］を大綱的に定めるものである。学習指導要領が果たす役割の一つは，公の性質を有する学校における教育水準を全国的に確保することである。

1　①社会　　②目標
2　①社会　　②基準
3　①地域　　②基準
4　①地域　　②目標

11　**次は，「発達障害を含む障害のある幼児児童生徒に対する教育支援体制整備ガイドライン　～発達障害等の可能性の段階から，教育的ニーズに気付き，支え，つなぐために～」（平成29年3月　文部科学省）の一部です。文中の［①］，［②］にあてはまる語句の組み合わせとして正しいものを，下の1～4の中から1つ選びなさい。**

(2)　［①］の作成とそのねらい

教育上特別の支援を必要とする児童等の適切な指導及び必要な支援に当たっては，

個別の教育支援計画における一人一人の教育的ニーズや支援内容等を踏まえ，当該児童等に関わる教職員が協力して，各教科等における指導の目標や内容，配慮事項等を示した［①］を作成しつつ，必要な支援を行うことが有効です。

作成は［②］が中心となって行うこととなりますが，学校と家庭が一貫した支援を行えるよう，［①］に記載された指導・支援内容等について，保護者と共有することで，支援の効果を高めることが期待されます。

1　①個別の指導計画　②通常の学級の担任
2　①個別の指導計画　②特別支援教育コーディネーター
3　①年間運営計画　②通常の学級の担任
4　①年間運営計画　②特別支援教育コーディネーター

12 **次は，「障害のある子供の教育支援の手引　～子供たち一人一人の教育的ニーズを踏まえた学びの充実に向けて～」（令和3年6月　文部科学省初等中等教育局特別支援教育課）の一部です。文中の［①］，［②］にあてはまる語句の組み合わせとして正しいものを，下の1～4の中から1つ選びなさい。**

2　早期からの一貫した教育支援

(1)　早期からの教育相談・支援の重要性

（中略）

乳児期から幼児期にかけて子供が専門的な教育相談・支援が受けられる体制を，医療，福祉，保健等との連携の下に早急に確立することが必要であり，児童発達支援センター等の［①］施設等の資源の積極的・効果的な活用により，高い教育効果が期待できる。

乳幼児健康診査や［②］等と就学前の療育・相談との連携，認定こども園・幼稚園・保育所等と小学校や義務教育学校前期課程（以下単に「小学校」という。）との連携，子供家庭支援ネットワークを中心とした事業など，教育委員会と福祉部局とが早期から連携して，子供の発達支援や子育て支援の施策を行うことで，支援の担い手を多層的にすることが重要である。

1　①障害児通所支援　②保健師訪問
2　①障害児通所支援　②5歳児健康診査
3　①児童福祉　②保健師訪問
4　①児童福祉　②5歳児健康診査

13 **次は，「障害のある子供の教育支援の手引　～子供たち一人一人の教育的ニーズを踏まえた学びの充実に向けて～」（令和3年6月　文部科学省初等中等教育局特別支援教育課）の一部です。文中の［①］，［②］にあてはまる語句の組み合わせとして正しいものを，下の1～4の中から1つ選びなさい。**

①　特別支援学校（聴覚障害）の対象

対象となる障害の程度は以下のように示されている。

両耳の聴力レベルがおおむね［①］以上のもののうち，補聴器等の使用によっても通常の話声を解することが不可能又は著しく困難な程度のもの。（［②］）

1　①90デシベル　②学校教育法施行令第22条の3

2　①90デシベル　②学校教育法第72条

3　①60デシベル　②学校教育法施行令第22条の3

4　①60デシベル　②学校教育法第72条

14　**次は，「義務教育の段階における普通教育に相当する教育の機会の確保等に関する基本指針」（平成29年3月　文部科学省）の「1．教育機会の確保等に関する基本的事項」の「(3)基本的な考え方」の一部です。文中の［①］～［③］にあてはまる語句の組み合わせとして正しいものを，下の1～4の中から1つ選びなさい。**

まず，全ての児童生徒にとって，魅力あるより良い学校づくりを目指すとともに，いじめ，暴力行為，体罰等を許さないなど安心して教育を受けられる学校づくりを推進することが重要である。

不登校は，取り巻く環境によっては，どの児童生徒にも起こり得るものとして捉え，不登校というだけで［①］であると受け取られないよう配慮し，児童生徒の最善の利益を最優先に支援を行うことが重要である。

不登校児童生徒が行う［②］な学習活動の実情を踏まえ，個々の不登校児童生徒の状況に応じた必要な支援が行われることが求められるが，支援に際しては，登校という結果のみを目標にするのではなく，児童生徒が自らの進路を主体的に捉えて，［③］に自立することを目指す必要がある。なお，これらの支援は，不登校児童生徒の意思を十分に尊重しつつ行うこととし，当該児童生徒や保護者を追い詰めることのないよう配慮しなければならない。

1　①問題行動　②複雑　③精神的

2　①問題行動　②多様　③社会的

3　①不適応行動　②多様　③社会的

4　①不適応行動　②複雑　③精神的

15　**次は，「児童生徒の教育相談の充実について（通知）」（平成29年2月3日　文部科学省初等中等教育局長）の一部です。文中の［①］，［②］にあてはまる語句の組み合わせとして正しいものを，下の1～4の中から1つ選びなさい。**

(1)　［①］，早期発見及び支援・対応等への体制構築

これまでの教育相談は，どちらかといえば事後の個別事案への対応に重点が置かれていたが，今後は不登校，いじめや暴力行為等問題行動，子供の貧困，虐待等については，事案が発生してからのみではなく，［①］，早期発見，早期支援・対応，さらには，事案が発生した時点から事案の改善・回復，再発防止まで一貫した支援に重点を置いた体制づくりが重要であること。

(2)　学校内の関係者が［②］として取り組み，関係機関と連携した体制づくり

学校内の関係者が情報を共有し，教育相談に［②］として取り組むため，既存の校内組織を活用するなどして，早期から組織として気になる事例を洗い出し検討するための会議を定期的に実施し，解決すべき問題又は課題のある事案については，必ず支援・対応策を検討するためのケース会議を実施することが必要であること。

(3)　教育相談［③］の配置・指名

学校において，組織的な連携・支援体制を維持するためには，学校内に，児童生徒

の状況や学校外の関係機関との役割分担，SCやSSWの役割を十分に理解し，初動段階でのアセスメントや関係者への情報伝達等を行う教育相談［③］役の教職員が必要であり，教育相談［③］を中心とした教育相談体制を構築する必要があること。

1　①発達支援　②グループ　③支援員
2　①発達支援　②チーム　③支援員
3　①未然防止　②グループ　③コーディネーター
4　①未然防止　②チーム　③コーディネーター

16　**次は，「生徒指導提要」（令和４年12月　文部科学省）の「1.1.1　生徒指導の定義と目的」の一部です。文中の［①］～［③］にあてはまる語句の組み合わせとして正しいものを，下の１～４の中から１つ選びなさい。**

生徒指導の目的

生徒指導は，児童生徒一人一人の［①］の発見とよさや可能性の伸長と［②］の発達を支えると同時に，自己の幸福追求と社会に受け入れられる［③］を支えることを目的とする。

1　①強み　②社会的資質・能力　③自己実現
2　①強み　②社会情緒的能力　③キャリア達成
3　①個性　②社会情緒的能力　③キャリア達成
4　①個性　②社会的資質・能力　③自己実現

17　**次は，「学校評価ガイドライン（平成28年改訂）」（平成28年３月　文部科学省）で述べられている学校評価の目的です。文中の［ア］～［ウ］にあてはまる語句の組み合わせとして正しいものを，下の１～４の中から１つ選びなさい。**

①　各学校が，自らの教育活動その他の学校運営について，目指すべき目標を設定し，その達成状況や達成に向けた取組の適切さ等について評価することにより，学校として［ア］な改善を図ること。

②　各学校が，自己評価及び保護者など学校関係者等による評価の実施とその結果の公表・説明により，適切に［イ］を果たすとともに，保護者，地域住民等から理解と参画を得て，学校・家庭・地域の連携協力による学校づくりを進めること。

③　各学校の設置者等が，学校評価の結果に応じて，学校に対する支援や［ウ］等の改善措置を講じることにより，一定水準の教育の質を保証し，その向上を図ること。

1　ア　組織的・継続的　イ　経営責任　ウ　指導助言
2　ア　組織的・継続的　イ　説明責任　ウ　条件整備
3　ア　自主的・自律的　イ　経営責任　ウ　指導助言
4　ア　自主的・自律的　イ　説明責任　ウ　条件整備

18　**次は，「『令和の日本型学校教育』の構築を目指して　～全ての子供たちの可能性を引き出す，個別最適な学びと，協働的な学びの実現～（答申）」（令和３年１月26日　中央教育審議会）の一部です。文中の［　　］にあてはまる語句として正しいものを，下の１～４の中から１つ選びなさい。**

○　学校における授業づくりに当たっては，「個別最適な学び」と「協働的な学び」の要素が組み合わさって実現されていくことが多いと考えられる。各学校においては，教科等の特質に応じ，地域・学校や児童生徒の実情を踏まえながら，授業の中で「個別最適な学び」の成果を「協働的な学び」に生かし，更にその成果を「個別最適な学び」に還元するなど，「個別最適な学び」と「協働的な学び」を一体的に充実し，　　　に向けた授業改善につなげていくことが必要である。

1　「主体的・対話的で深い学び」の実現
2　基礎的・基本的な知識及び技能の確実な習得
3　生きる力の育成
4　創意工夫を生かした特色ある教育活動の展開

解答＆解説

1 解答 1

解説 1：コメニウス（1592～1670）は，当時の暗記と暗誦を中心とした方法ではなく，子どもの感覚を通じて直観にはたらきかける実物教授，直観教授の方法をとった。

2 解答 3

解説 3：バンデューラ（1925～2021）らは，学習の過程において社会的な条件の果たす役割に注目し，人間行動の変容や形成にはモデルの行動を観察することが極めて重要であることを指摘した。このような考え方を社会的学習（理）論（モデリング理論）といい，学習者本人への直接的な教科がなくても学習が成立するとした。

3 解答 2

解説 教育基本法第５条第１項及び第２項を参照。「義務教育」の規定。

4 解答 1

解説 地方公務員法第35条を参照。「職務に専念する義務」の規定。

5 解答 4

解説 学校教育法第11条を参照。「児童・生徒等の懲戒」の規定。

6 解答 1

解説 学校保健安全法第27条を参照。「学校安全計画の策定等」の規定。

7 解答 4

解説 いじめ防止対策推進法第28条第１項を参照。「学校の設置者又はその設置する学校による対処」の規定。

8 解答 3

解説 教育職員等による児童生徒性暴力等に防止等に関する法律第４条第１項及び第２項を参照。「基本理念」の規定。

9 解答 1

解説 「第３期教育振興基本計画」(2018年６月15日閣議決定)の「第１部　我が国における今後の教育政策の方向性」「Ⅲ．2030年以降の社会を展望した教育政策の重点事項」「(一人一人の『可能性』を最大限高めるための一貫した教育の実現)」を参照。なお，「第４期教育振興基本計画」が2023年６月16日に閣議決定されている。

10 解答 2

解説 平成29年版中学校学習指導要領（2017年３月31日告示）の前文を参照。

11 解答 1

解説　文部科学省「発達障害を含む障害のある幼児児童生徒に対する教育支援体制整備ガイドライン　～発達障害等の可能性の段階から，教育的ニーズに気付き，支え，つなぐために～」(2017年３月）の「第３部　学校用」「○通常の学級の担任・教科担任用」「２．個別の教育支援計画及び個別の指導計画の作成と活用・管理」「⑵個別の指導計画の作成とそのねらい」を参照。

12 解答 2

解説 文部科学省「障害のある子供の教育支援の手引　～子供たち一人一人の教育的ニーズを踏まえた学びの充実に向けて～」(2021年６月）の「第１編　障害のある子供の教育支援の基本的な考え方」「２ 早期からの一貫した教育支援」「⑴早期からの教育相談・支援の重要性」を参照。

13 解答 3

解説 文部科学省「障害のある子供の教育支援の手引　～子供たち一人一人の教育的ニーズを踏まえた学びの充実に向けて～」(2021年６月）の「第３編　障害の状態等に応じた教育的対応」「Ⅱ　聴覚障害」「２　聴覚障害のある子供の学校や学びの場と提供可能な教育機能」「⑴特別支援学校（聴覚障害）」「①特別支援学校（聴覚障害）の対象」を参照。

14 解答 2

解説 文部科学省「義務教育の段階における普通教育に相当する教育の機会の確保等に関する基本指針」(2017年３月31日）の「１．教育機会の確保等に関する基本的事項」「⑶基本的な考え方」を参照。

15 解答 4

解説 文部科学省「児童生徒の教育相談の充実について（通知)」(2017年２月３日）の「⑴未然防止，早期発見及び支援・対応等への体制構築」「⑵学校内の関係者がチームとして取り組み，関係機関と連携した体制づくり」「⑶教育相談コーディネーターの配置・指名」を参照。

16 解答 4

解説『生徒指導提要』(2022年12月）の「第Ⅰ部　生徒指導の基本的な進め方」「第１章生徒指導の基礎」「1.1　生徒指導の意義」「1.1.1　生徒指導の定義と目的」「⑵生徒指導の目的」を参照。

17 解答 2

解説 文部科学省「学校評価ガイドライン」(2016年３月）の「１．学校評価の目的，定義と流れ」「① 学校評価の目的」「学校評価の必要性と目的」を参照。

18 解答 1

解説 中央教育審議会答申「『令和の日本型学校教育』の構築を目指して　～全ての子供たちの可能性を引き出す，個別最適な学びと，協働的な学びの実現～」(2021年１月26日，４月22日更新）の「第Ⅰ部　総論」「３．2020 年代を通じて実現すべき『令和の日本型学校教育』の姿」「⑴子供の学び」を参照。

千葉県・千葉市

実施日	2023(令和５)年７月９日	試験時間	30分（一般教養を含む）
出題形式	マークシート式	問題数	４題(解答数19)
パターン	原理・法規・ローカル＋時事	公開状況	問題:公開　解答:公開　配点:公開

傾向&対策

●大問は「学習指導要領」「教育法規」「千葉県・千葉市の教育」「一般教養（教育時事を含む）」の４題。●必出のローカル問題は，昨年度と同じ「第３期千葉県教育振興基本計画」「第３次千葉市学校教育推進計画」「千葉県・千葉市教員等育成指標」。●教育時事は，２年連続の出題となる「令和の日本型学校教育」に関する中央教育審議会答申（2023年１月），「不登校児童生徒への支援の在り方」に関する文部科学省通知（2019年10月），「教育の情報化に関する手引（追補版）」（2020年６月），「通常の学級に在籍する特別な教育的支援を必要とする児童生徒」に関する調査（2022年12月）。●教育原理は，学習指導要領「総則」と改訂『生徒指導提要』。●教育法規では，こども家庭庁設置法が問われた。

出題領域

教育原理	教育課程・学習指導要領		総則	4	特別の教科　道徳	
	外国語活動		総合的な学習(探究)の時間		特別活動	
	学習指導		生徒指導	1	学校・学級経営	
	特別支援教育	↕総則 時事	人権・同和教育		その他	
教育心理	発達		学習		性格と適応	
	カウンセリングと心理療法		教育評価		学級集団	
教育法規	教育の基本理念		学校教育	2	学校の管理と運営	
	児童生徒	2	教職員	1	その他	
教育史	日本教育史		西洋教育史			
教育時事	答申・統計	4	ローカル	5		

表中の数字は，解答数

全校種共通

☞解答＆解説 p.119

1　学習指導要領に関する事項

1　「小学校学習指導要領」の「第１章　総則　第２　教育課程の編成」に関する内容として，適当でないものを選びなさい。

①　学校教育全体や各教科等における指導を通して育成を目指す資質・能力を踏まえつつ，各学校の教育目標を明確にするとともに，教育課程の編成についての基本的な方針が家庭や地域とも共有されるよう努める。

②　児童の発達の段階を考慮し，言語能力，情報活用能力（情報モラルを含む。），問題発見・解決能力等の学習の基盤となる資質・能力を育成していくことができるよう，各教科等の特質を生かし，教科等横断的な視点から教育課程の編成を図る。

③　各教科等の授業は，年間35週（第１学年については34週）以上にわたって行うよう計画し，週当たりの授業時数が児童の負担過重にならないようにするものとする。

④　特別活動の授業のうち，児童会活動，クラブ活動及び学校行事については，それらの内容に応じ，年間，学期ごと，月ごとなどに適切な授業時数を充てるものとする。

⑤　小学校の終わりまでに育ってほしい姿を踏まえた指導を工夫することにより，幼稚園教育要領等に基づく幼児期の教育を通して育まれた資質・能力を踏まえて教育活動を実施し，児童が主体的に自己を発揮しながら学びに向かうことが可能となるようにする。

2　次の文は，「中学校学習指導要領」の「第１章　総則　第１　中学校教育の基本と教育課程の役割」の一部である。文中の（ a ）～（ c ）にあてはまる語句の組合せとして，最も適当なものを選びなさい。

道徳教育を進めるに当たっては，人間尊重の精神と生命に対する畏敬の念を家庭，学校，その他社会における具体的な生活の中に生かし，（ a ）をもち，伝統と文化を尊重し，それらを育んできた我が国と郷土を愛し，個性豊かな文化の創造を図るとともに，平和で民主的な国家及び社会の形成者として，公共の精神を尊び，社会及び国家の発展に努め，他国を尊重し，国際社会の平和と発展や（ b ）に貢献し未来を拓く（c）のある日本人の育成に資することとなるよう特に留意すること。

①　a　豊かな心　　b　環境の保全　　c　主体性
②　a　豊かな心　　b　環境の保全　　c　協調性
③　a　豊かな心　　b　地球的課題の解決　　c　主体性
④　a　健やかな心　　b　地球的課題の解決　　c　協調性
⑤　a　健やかな心　　b　地球的課題の解決　　c　主体性

3　次の文は，「高等学校学習指導要領解説　総則編」の「第６章　生徒の発達の支援　第１節　生徒の発達を支える指導の充実　5　指導方法や指導体制の工夫改善など個に応じた指導の充実（第１章総則第５款１⑸）」の一部である。文中の（ a ）～（ c ）にあてはまる語句の組合せとして，最も適当なものを選びなさい。

生徒が，（ a ）な知識及び技能の習得も含め，学習内容を確実に身に付けることができるよう，生徒や学校の実態に応じ，個別学習やグループ別学習，繰り返し学習，学習内容の（ b ）の程度に応じた学習，生徒の興味・関心等に応じた課題学習，補充的な学習や発展的な学習などの学習活動を取り入れることや，（ c ）の協力による指導体制を確保することなど，指導方法や指導体制の工夫改善により，個に応じた指導の充実を図ること。

① a 応用的・発展的　b 習熟　c 地域
② a 基礎的・基本的　b 進度　c 地域
③ a 基礎的・基本的　b 習熟　c 教師間
④ a 主体的・対話的　b 進度　c 学校間
⑤ a 主体的・対話的　b 意欲　c 教師間

4 「特別支援学校教育要領・学習指導要領解説　総則編（幼稚部・小学部・中学部）」の「第3編　小学部・中学部学習指導要領解説　第2章　教育課程の編成及び実施　第3節　教育課程の編成」に関する内容として，適当でないものを選びなさい。

① 教育課程の編成に当たっては，学校教育全体や各教科等における指導を通して育成を目指す資質・能力を踏まえつつ，各学校の教育目標を明確にするとともに，教育課程の編成についての基本的な方針が家庭や地域とも共有されるよう努めるものとする。
② 知的障害者である児童に対する教育を行う特別支援学校の小学部においては，生活，国語，算数，音楽，図画工作及び体育の各教科，道徳科，特別活動並びに自立活動については，特に示す場合を除き，全ての児童に履修させるものとする，また，外国語活動については，児童や学校の実態を考慮し，必要に応じて設けることができる。
③ 特別支援学校においては，児童又は生徒の障害の状態や特性及び心身の発達の段階等を考慮し，言語能力，情報活用能力，問題発見・解決能力等の学習の基盤となる資質・能力の育成や教科等横断的な視点から教育課程の編成を必ずしも図る必要がない。
④ 中学部においては，特別支援学校高等部学習指導要領又は高等学校学習指導要領を踏まえ，高等部における教育又は高等学校教育及びその後の教育との円滑な接続が図られるよう工夫すること。
⑤ 各学校においては，豊かな人生の実現や災害等を乗り越えて次代の社会を形成することに向けた現代的な諸課題に対応して求められる資質・能力を，教科等横断的な視点で育成していくことができるよう，各学校の特色を生かした教育課程の編成を図るものとする。

2 教育法規に関する事項

1 次の条文は，「義務教育の段階における普通教育に相当する教育の機会の確保等に関する法律」の一部である。条文の（ a ）～（ c ）にあてはまる語句の組合せとして，最も適当なものを選びなさい。

第3条　教育機会の確保等に関する施策は，次に掲げる事項を基本理念として行われなければならない。

1　全ての児童生徒が豊かな学校生活を送り，安心して教育を受けられるよう，学校における環境の確保が図られるようにすること。

2　（ a ）が行う多様な学習活動の実情を踏まえ，個々の（ a ）の状況に応じた必要な支援が行われるようにすること。

3　（ a ）が安心して教育を十分に受けられるよう，学校における環境の整備が図られるようにすること。

4　義務教育の段階における普通教育に相当する教育を十分に受けていない者の意思を十分に尊重しつつ，その年齢又は（ b ）その他の置かれている事情にかかわりなく，その能力に応じた教育を受ける機会が確保されるようにするとともに，その者が，その教育を通じて，社会において自立的に生きる基礎を培い，豊かな人生を送ることができるよう，その教育水準の維持向上が図られるようにすること。

5　国，地方公共団体，教育機会の確保等に関する活動を行う（ c ）の団体その他の関係者の相互の密接な連携の下に行われるようにすること。

① a 児童生徒　b 信条　c 民間
② a 児童生徒　b 国籍　c 国外
③ a 不登校児童生徒　b 信条　c 民間
④ a 不登校児童生徒　b 国籍　c 国外
⑤ a 不登校児童生徒　b 国籍　c 民間

2　次の条文は，「学校教育法」の一部である。次の（a），（b）にあてはまる語句の組合せとして，最も適当なものを選びなさい。

第37条　小学校には，校長，教頭，教諭，（a）及び（b）を置かなければならない。
第60条　高等学校には，校長，教頭，教諭及び（b）を置かなければならない。

① a 栄養教諭　b 事務職員
② a 養護教諭　b 事務職員
③ a 養護教諭　b 栄養教諭
④ a 事務職員　b 養護教諭
⑤ a 栄養教諭　b 養護教諭

3「いじめ防止対策推進法」（平成25年６月公布）の「第８条」の「学校及び学校の教職員の責務」に関する内容として，最も適当なものを選びなさい。

① いじめの防止等のための対策を総合的に策定し，及び実施する責務を有する。

② 当該学校に在籍する児童等の保護者，地域住民，児童相談所その他の関係者との連携を図りつつ，学校全体でいじめの防止及び早期発見に取り組むとともに，当該学校に在籍する児童等がいじめを受けていると思われるときは，適切かつ迅速にこれに退所する責務を有する。

③ 児童等の教育について第一義的責任を有するものであって，その保護する児童等がいじめを行うことのないよう，当該児童等に対し，規範意識を養うための指導その他の必要な指導を行うよう努めるものとする。

④ いじめの防止等のための対策について，国と協力しつつ，当該地域の状況に応じ

た施策を策定し，及び実施する責務を有する。

⑤　その設置する学校におけるいじめの防止等のために必要な措置を講ずる責務を有する。

4　次の条文は，「教育基本法」（平成18年12月改正）の一部である。条文の（ a ）～（ c ）にあてはまる語句の組合せとして，最も適当なものを選びなさい。

第6条　法律に定める学校は，公の性質を有するものであって，国，地方公共団体及び法律に定める法人のみが，これを設置することができる。

2　前項の学校においては，教育の目標が達成されるよう，教育を受ける者の（ a ）に応じて，体系的な教育が（ b ）に行われなければならない。この場合において，教育を受ける者が，学校生活を営む上で必要な（ c ）を重んずるとともに，自ら進んで学習に取り組む意欲を高めることを重視して行われなければならない。

①　a　個性　b　系統的　c　態度
②　a　心身の発達　b　規則的　c　態度
③　a　心身の発達　b　組織的　c　規律
④　a　個性　b　系統的　c　権利
⑤　a　個性　b　組織的　c　規律

3　千葉県・千葉市の教育に関する事項

1　「第3期千葉県教育振興基本計画　次世代へ光り輝く『教育立県ちば』プラン」（令和2年2月　千葉県／千葉県教育委員会）の「第3章　2　基本目標1　ちばの教育の力で，志を持ち，未来を切り拓く，ちばの子供を育てる」の4つの施策として，適当でないものを選びなさい。

①　人生を主体的に切り拓くための学びの確立
②　道徳性を高める心の教育の推進
③　生涯をたくましく生きるための健康・体力づくりの推進
④　共生社会の形成に向けた特別支援教育の推進
⑤　多様なニーズに対応した教育の推進

2　次の文章は，「第3期千葉県教育振興基本計画　次世代へ光り輝く『教育立県ちば』プラン」（令和2年2月　千葉県／千葉県教育委員会）の「第3章　2　基本目標2　施策5　人間形成の場としての活力ある学校づくり」の「取組の基本方向」の一部である。文章中の（ a ）～（ c ）にあてはまる語句の組合せとして，最も適当なものを選びなさい。

各学校及び教育施設の老朽化対策等を計画的に進めます。また，子供たちが適切な判断と（ a ）力を身に付け，事故や（ b ）等に巻き込まれないための安全教育及び（ c ）の充実を図ります。

①　a　行動できる　b　犯罪　c　防災教育
②　a　行動できる　b　災害　c　道徳教育
③　a　生きる　b　犯罪　c　社会教育
④　a　協力する　b　事件　c　防災教育

⑤　a　協力する　　b　災害　　c　道徳教育

3　次の文は,「第３次千葉市学校教育推進計画」(令和５年３月　千葉市／千葉市教育委員会) の「第１章　総論　3　1　第３次千葉市学校教育推進計画策定の基本方針」に関するものである。文中の（ a ）～（ c ）にあてはまる語句の組合せとして，最も適当なものを選びなさい。

「目指すべき子どもの姿」

夢と思いやりの心を持ち,（a）子ども

「教育目標」

自ら考え，自ら（b)，自ら（c）できる力をはぐくむ

①　a　チャレンジする　　b　気付き　　c　行動
②　a　未来を拓く　　b　学び　　c　実践
③　a　チャレンジする　　b　学び　　c　実践
④　a　未来を拓く　　b　学び　　c　行動
⑤　a　チャレンジする　　b　気付き　　c　決断

4　次の文は,「千葉県・千葉市教員等育成指標とは（令和５年改訂)」(千葉県教育委員会) の「教員が身に付けるべき資質能力の６つの柱」の「学習指導に関する実践的指導力とは？」に関するものである。文中の（ a ）～（ c ）にあてはまる語句の組合せとして，最も適当なものを選びなさい。

（ a ）についての専門性をもつとともに，子供の実態に合った授業実践力や指導技術を身に付け,「主体的・対話的で深い学び」の実現に向けた授業改善を行うなど,「（ b ）な学び」と「（ c ）な学び」の一体的な充実を図ることが求められています。

①　a　教育等　　b　個別最適　　c　共感的
②　a　学習等　　b　自律的　　c　積極的
③　a　教育等　　b　継続的　　c　共感的
④　a　教科等　　b　個別最適　　c　協働的
⑤　a　教科等　　b　継続的　　c　協働的

4　一般教養（教育時事を含む）に関する事項

1　次の条文は,「こども家庭庁設置法」(令和４年６月公布) の一部である。条文の（ a ）～（ c ）にあてはまる語句の組合せとして，最も適当なものを選びなさい。

第３条　こども家庭庁は，心身の発達の過程にある者（以下「こども」という。）が（ a ）した個人としてひとしく健やかな成長することのできる社会の実現に向け，子育てにおける家庭の役割の重要性を踏まえつつ，こどもの年齢及び発達の程度に応じ，その意見を尊重し，その（ b ）の利益を優先して考慮することを基本とし，こども及びこどものある家庭の福祉の増進及び保健の向上その他のこどもの健やかな成長及びこどものある家庭における子育てに対する支援並びにこどもの権利利益の（ c ）に関する事務を行うことを任務とする。

2　前項に定めるもののほか，こども家庭庁は，同項の任務に関連する特定の内閣の重要政策に関する内閣の事務を助けることを任務とする。

3　こども家庭庁は，前項の任務を遂行するに当たり，内閣官房を助けるものとす

る。

① a 自立 b 最大 c 擁護
② a 独立 b 最大 c 保護
③ a 自立 b 最善 c 保護
④ a 自立 b 最善 c 擁護
⑤ a 独立 b 最高 c 擁護

2 「不登校児童生徒への支援の在り方について（通知）」（令和元年10月 文部科学省）の「2 学校等の取組の充実」の「(3)不登校児童生徒に対する効果的な支援の充実」に関する内容として，適当でないものを選びなさい。

① 校長のリーダーシップの下，教員だけでなく，様々な専門スタッフと連携協力し，組織的な支援体制を整えることが必要である。
② 不登校児童生徒の支援においては，予兆への対応を含めた初期段階からの組織的・計画的な支援が必要である。
③ 不登校の要因や背景を的確に把握するため，学級担任の視点のみならず，スクールカウンセラー及びスクールソーシャルワーカー等によるアセスメント（見立て）が有効である。
④ 学校においては，相談支援体制の両輪である，スクールカウンセラー及びスクールソーシャルワーカーを効果的に活用し，学校全体の教育力の向上を図ることが重要である。
⑤ 学校は，プライバシーに配慮するために，できるだけ家庭訪問はせずに，児童生徒の理解に努める必要がある。

3 「『令和の日本型学校教育』の構築を目指して ～全ての子供たちの可能性を引き出す，個別最適な学びと，協働的な学びの実現～（答申）」（令和３年１月26日 中央教育審議会）の「はじめに」の内容として，適当でないものを選びなさい。

① 社会の変化が加速度を増し，複雑で予測困難となってきている中，子供たちの資質・能力を確実に育成する必要がある。
② この答申では，新学習指導要領に基づいて，一人一人の教師を主語にする学校教育の目指すべき姿を具体的に描いている。
③ 子供たちを支える伴走者である教師には，ICTも活用しながら，個別最適な学びと協働的な学びを充実し，子供たちの資質・能力を育成することが求められる。
④ 新型コロナウイルス感染症対策に伴い臨時休業が行われる中，教師による対面指導や，子供同士による学び合い，地域社会での多様な体験活動など，リアルな体験を通じて学ぶことの重要性も改めて注目された。
⑤ 日本の学校教育はこれまで，学習機会と学力を保証するという役割のみならず，全人的な発達・成長を保障する役割や，人と安全・安心につながることができる居場所としての福祉的な役割も担ってきた。この役割の重要性は今後も変わることはない。

4 「第３期千葉県教育振興基本計画 次世代へ光り輝く『教育立県ちば』プラン」（令和２年２月 千葉県／千葉県教育委員会）に記載されている用語の説明として，適当でないものを選びなさい。

① スクールソーシャルワーカー — 児童生徒の問題状況に応じて，家庭や学校，医療・福祉等の関係機関との連絡調整を行い，関係機関との連携を通じ，児童生徒の問題解決を支援していく教育・福祉の専門家のこと。

② 伴走型の支援 — 支援者がマンツーマンで対象者を担当し，社会適応のプロセスを支援するという支援モデルのこと。

③ Society5.0 — 情報社会のことで，サイバー空間と現実空間を高度に融合させ，経済的発展と社会的課題解決を両立させることのできる，人間中心の社会のこと。

④ ウェルビーイング — 身体的，精神的，社会的に良好な状態にあることを意味する概念で，「幸福」と翻訳されることも多い。

⑤ 自己肯定感 — 自分のあり方を積極的に評価できる感情，自らの価値や存在意義を肯定できる感情などを意味する言葉。

5 次の文は，「教育の情報化に関する手引（追補版）」（令和２年６月　文部科学省）に関するものである。文中の（ａ）～（ｃ）にあてはまる語句の組合せとして，最も適当なものを選びなさい。

(1) 教育の情報化について

「教育の情報化」とは，情報通信技術の，時間的・空間的制約を超える，（ａ）を有する，カスタマイズを容易にするといった特長を生かして，教育の質の向上を目指すものであり，具体的には次の３つの側面から構成され，これらを通して教育の質の向上を図るものである。

① （ｂ）：子供たちの情報活用能力の育成

② 教科指導におけるICT活用：ICTを効果的に活用した分かりやすく深まる授業の実現等

③ 校務の情報化：教職員がICTを活用した（ｃ）によりきめ細やかな指導を行うことや，校務の負担軽減等

① ａ 双方向性　ｂ プログラミング教育　ｃ 集計作業
② ａ 公開性　ｂ 情報教育　ｃ 情報共有
③ ａ 専門性　ｂ プログラミング教育　ｃ 業務の効率化
④ ａ 双方向性　ｂ 情報教育　ｃ 情報共有
⑤ ａ 公開性　ｂ 情報モラル教育　ｃ 集計作業

6 次の文章は，「生徒指導提要」（令和４年12月改訂　文部科学省）における，生徒指導の定義である。文章中の（ａ），（ｂ）にあてはまる語句の組合せとして，最も適当なものを選びなさい。

生徒指導の定義

生徒指導とは，児童生徒が，社会の中で（ａ）生きることができる存在へと，自発的・主体的に成長や発達する過程を支える教育活動のことである。なお，生徒指導上の課題に対応するために，必要に応じて（ｂ）を行う。

① ａ 自分らしく　ｂ 指導や援助
② ａ 困難に立ち向かい　ｂ 指導や援助

③　a　自分らしく　　　b　キャリア教育
④　a　困難に立ち向かい　　b　キャリア教育
⑤　a　自分らしく　　　b　アクティブラーニング

7　次の文章は，「通常の学級に在籍する特別な教育的支援を必要とする児童生徒に関する調査結果について」（令和４年12月13日　文部科学省初等中等教育局特別支援教育課）の一部である。文章中の（ａ）～（ｃ）にあてはまる語句または数値の組合せとして，最も適当なものを選びなさい。

今回の調査は，平成24年に行われた「通常の学級に在籍する発達障害の可能性のある特別な教育的支援を必要とする児童生徒に関する調査」を基に，児童生徒の困難の状況と，受けている支援の状況を調査し，通常の学級に在籍する特別な教育的支援を必要とする児童生徒の実態を明らかにすることにより，今後の施策や教育の在り方を検討するものである。

学習面又は（ａ）で著しい困難を示すとされた小学校・中学校における児童生徒数の割合が，平成24年に行った調査においては推定値（ｂ）％であったが，今回の調査では，小学校・中学校においては推定値（ｃ）％，新たな調査対象である高等学校においては推定値2.2％であった。

①　a　行動面　　b　4.5　　c　6.5
②　a　生活面　　b　4.5　　c　6.5
③　a　行動面　　b　4.5　　c　8.8
④　a　生活面　　b　6.5　　c　8.8
⑤　a　行動面　　b　6.5　　c　8.8

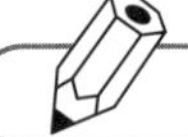

解答＆解説

1 解答　1—⑤　　2—①　　3—③　　4—③

解説　1　平成29年版小学校学習指導要領（2017年３月31日告示）の「第１章　総則」「第２　教育課程の編成」を参照。

⑤「4　学校段階等間の接続」の⑴を参照。「小学校の終わりまでに育ってほしい姿」ではなく「幼児期の終わりまでに育ってほしい姿」。

①「1　各学校の教育目標と教育課程の編成」を参照。

②「2　教科等横断的な視野に立った資質・能力の育成」の⑴を参照。

③「3　教育課程の編成における共通的事項」「⑵授業時数等の取扱い」のアを参照。

④「3　教育課程の編成における共通的事項」「⑵授業時数等の取扱い」のイを参照。

2　平成29年版中学校学習指導要領（2017年３月31日告示）の「第１章　総則」「第１　中学校教育の基本と教育課程の役割」の２⑵を参照。

3　『高等学校学習指導要領解説　総則編』（2018年７月）の「第６章　生徒の発

達の支援」「第1節　生徒の発達を支える指導の充実」「5　指導方法や指導体制の工夫改善など個に応じた指導の充実（第1章総則第5款1(5))」を参照。

4 『特別支援学校教育要領・学習指導要領解説　総則編（幼稚部・小学部・中学部)』(2018年3月）の「第3編　小学部・中学部学習指導要領解説」「第2章　教育課程の編成及び実施」「第3節　教育課程の編成」を参照。

③「2　教科等横断的な視点に立った資質・能力（第1章第3節の2）」「(1)学習の基盤となる資質・能力（第1章第3節2の(1)」の冒頭の囲みの中「2　教科等横断的な視点に立った資質・能力の育成」の(1)を参照。「編成を必ずしも図る必要がない」という記述はなく「各学校においては，児童又は生徒の障害の状態や特性及び心身の発達の段階等を考慮し，言語能力，情報活用能力（情報モラルを含む。)，問題発見・解決能力等の学習の基盤となる資質・能力を育成していくことができるよう，各教科等の特質を生かし，教科等横断的な視点から教育課程の編成を図るものとする」と示されている。

①「1　各学校の教育目標と教育課程の編成（第1章第3節の1）」の冒頭の囲みの中の「第3節　教育課程の編成」「1　各学校の教育目標と教育課程の編成」を参照。

②「3　教育課程の編成における共通的事項」「(1)内容等の取扱い」「④知的障害者である児童に対する教育を行う特別支援学校における各教科等の取扱い（第1章第3節の3の(1)のカ)」の冒頭の囲みの中のカを参照。

④「4　学部段階及び学校段階等間の接続」「(3)中学部における高等部の教育等及びその後の教育との接続（第1章第3節の4の(4))」の冒頭の囲みの中の(4)を参照。

⑤「2　教科等横断的な視点に立った資質・能力（第1章第3節の2）」「(1)学習の基盤となる資質・能力（第1章第3節2の(1)」の「(2)現代的な諸課題に対応して求められる資質・能力（第1章第3節の2の(2))」の冒頭の囲みの中の(2)を参照。

2 解答 1—⑤　2—②　3—②　4—③

解説 1　義務教育の段階における普通教育に相当する教育の機会の確保等に関する法律第3条を参照。「基本理念」の規定。

2　a・b：学校教育法第37条第1項を参照。小学校の「職員」の規定。

b：学校教育法第60条を参照。高等学校の「職員」の規定。

3　②いじめ防止対策推進法第8条を参照。「学校及び学校の教職員の責務」の規定。

①いじめ防止対策推進法第5条を参照。「国の責務」の規定。

③いじめ防止対策推進法第9条第1項を参照。「保護者の責務等」の規定。

④いじめ防止対策推進法第6条を参照。「地方公共団体の責務」の規定。

⑤いじめ防止対策推進法第7条を参照。「学校の設置者の責務」の規定。

4　教育基本法第6条を参照。「学校教育」の規定。

3 解答 1—⑤　2—①　3—④　4—④

解説 1　千葉県／千葉県教育委員会「第3期千葉県教育振興基本計画　次世代へ光り

輝く『教育立県ちば』プラン」(2020年２月）の「第３章　第３期千葉県教育振興基本計画の施策・取組」「２　今後５年間に実施する施策と主な取組」「基本目標１　ちばの教育の力で，志を持ち，未来を切り拓く，ちばの子供を育てる」を参照。同計画は，千葉県の教育を取り巻く現状や第２期計画の成果と課題，今後の重要課題に基づき，「県民としての誇り」「人間の強み」「世界とつながる人材」の３つの観点から「基本理念」を新たに設定するとともに，「子供」「学校」「家庭・地域」「県民」を柱とした４つの基本目標のもと，11の施策を推進していくこととしている。計画期間は2020～24年度。

⑤「多様なニーズに対応した教育の推進」は「基本目標２　ちばの教育の力で，『自信』と『安心』を育む学校をつくる」のうちの施策７。

２　千葉県／千葉県教育委員会「第３期千葉県教育振興基本計画　次世代へ光り輝く『教育立県ちば』プラン」(2020年２月）の「第３章　第３期千葉県教育振興基本計画の施策・取組」「２　今後５年間に実施する施策と主な取組」「基本目標２　ちばの教育の力で，『自信』と『安心』を育む学校をつくる」「施策５　人間形成の場としての活力ある学校づくり」「取組の基本方向」を参照。

３　千葉市／千葉市教育委員会「第３次千葉市学校教育推進計画・第６次千葉市生涯学習推進計画」(2023年３月）の「第１章　第３次千葉市学校教育推進計画」「総論」「３　第３次千葉市学校教育推進計画策定について」「１　第３次千葉市学校教育推進計画策定の基本方針」を参照。同計画は，教育基本法第17条第２項に基づく，地方公共団体における教育の振興のための施策に関する基本的な計画として策定するものであり，目指すべき子どもの姿を「夢と思いやりの心を持ち，未来を拓く子ども」とし，これを実現するための教育目標として「自ら考え，自ら学び，自ら行動できる力をはぐくむ」を掲げている。計画期間は2023～32年度。

４　千葉県教育委員会「千葉県・千葉市教員等育成指標とは（令和５年改訂)」の「教員が身に付けるべき資質能力の６つの柱」「学習指導に関する実践的指導力とは？」を参照。教員が身に付けるべき資質能力の残りの５つの柱は「教職に必要な素養とは？」「生徒指導等に関する実践的指導力とは？」「チーム学校を支える資質能力とは？」「特別な配慮や支援を必要とする子供への対応とは？」「ICTや情報・教育 データの利活用等とは？」。

4 **解答**　1—④　2—⑤　3—②　4—③　5—④　6—①　7—⑤

解説　1　こども家庭庁設置法第３条を参照。こども家庭庁の「任務」の規定。

２　文部科学省「不登校児童生徒への支援の在り方について（通知)」(2019年10月25日）の「２　学校等の取組の充実」「⑶不登校児童生徒に対する効果的な支援の充実」を参照。

⑤「５．家庭訪問を通じた児童生徒への積極的支援や家庭への適切な働き掛け」を参照。正しくは「学校は，プライバシーに配慮しつつ，定期的に家庭訪問を実施して，児童生徒の理解に努める必要があること」と示されている。

①「１．不登校に対する学校の基本姿勢」を参照。

②「２．早期支援の重要性」を参照。

③「3．効果的な支援に不可欠なアセスメント」を参照。

④「4．スクールカウンセラーやスクールソーシャルワーカーとの連携協力」を参照。

3　中央教育審議会答申「『令和の日本型学校教育』の構築を目指して　～全ての子供たちの可能性を引き出す，個別最適な学びと，協働的な学びの実現～」(2021年1月26日，4月22日更新）の「はじめに」を参照。

②「教師を主語にする」ではなく「子供を主語にする」。

4　千葉県／千葉県教育委員会「第3期千葉県教育振興基本計画　次世代へ光り輝く『教育立県ちば』プラン」(2020年2月）の「用語解説」を参照。

③Society5.0（超スマート社会）とは，①狩猟社会，②農耕社会，③工業社会，④情報社会に続く，新たな経済社会をいい，具体的には，サイバー空間と現実空間を高度に融合させ，経済的発展と社会的課題解決を両立させることのできる，人間中心の社会のことをいう。

5　文部科学省「教育の情報化に関する手引（追補版)」(2020年6月）の「第1章　社会的背景の変化と教育の情報化」「第1節　社会における情報化の急速な進展と教育の情報化」「2．『教育の情報化』について」「⑴教育の情報化について」を参照。

6　『生徒指導提要』(2022年12月改訂）の「第Ⅰ部　生徒指導の基本的な進め方」「第1章　生徒指導の基礎」「1.1.　生徒指導の意義」「1.1.1　生徒指導の定義と目的」「⑴生徒指導の意義」及び「⑵生徒指導の目的」を参照。

7　文部科学省「通常の学級に在籍する特別な教育的支援を必要とする児童生徒に関する調査結果について」(2022年12月13日）の「5．有識者会議における本調査結果に対する考察」「今回の調査結果から考えられること」及び「⑴『Ⅰ．児童生徒の困難の状況』について」を参照。

東京都

実施日	2023(令和５)年７月９日	試験時間	60分
出題形式	マークシート式	問題数	25題（共通問題23 校種別問題２）
パターン	小中:法規·時事·心理＋教育史·ローカル·原理 高:法規·時事·心理·ローカル＋教育史·原理	公開状況	問題：公開　解答：公開　配点：公開

傾向&対策 ●共通問題23題，校種別問題２題で構成。正誤判定問題が大半を占めるため，比較的長い文章の選択肢を読む演習が必須。●共通問題の教育法規は，「教職員の採用及び任用等」「職員の服務」など教職員に関する法規が必出。児童生徒に関する法規では，子ども・若者育成支援推進法，いじめ防止対策推進法が出題された。●教育時事は，「キャリア教育」「教育相談」「交流及び共同学習」「安全教育」と，PISAについて。●必出のローカル問題は，「東京都人権施策推進指針」（2015年８月）と，「学びの基盤」プロジェクト。●校種別問題は，学習指導要領各１題と，小学校は「全国学力・学習状況調査」，中学校は「児童生徒の問題行動・不登校等生徒指導上の諸課題に関する調査」，高等学校は都立学校について。

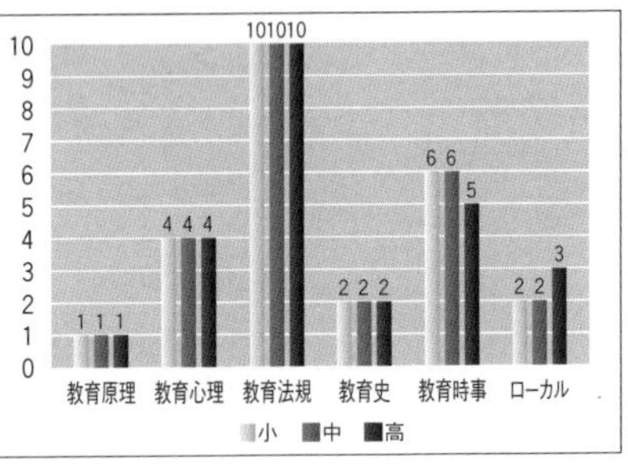

出題領域

分野	項目	小	中	高	項目	小	中	高	項目	小	中	高
教育原理	教育課程·学習指導要領				総　則			1	特別の教科　道徳			
	外国語·外国語活動				総合的な学習（探究）の時間		1		特別活動	1		
	学習指導				生徒指導	↓時事			学校·学級経営			
	特別支援教育	↓時事			人権·同和教育	↓ローカル			その他			
教育心理	発　達	1	1	1	学　習	1	1	1	性格と適応	1	1	1
	カウンセリングと心理療法				教育評価				心理学史	1	1	1
教育法規※	教育の基本理念	1	1	1	学校教育	1	1	1	学校の管理と運営	4	4	4
	児童生徒	2	2	2	教職員	4	4	4	その他			
教育史	日本教育史	1	1	1	西洋教育史	1	1	1				
教育時事	答申·統計	6	6	5	ローカル	2	2	3				

表中の数字は，解答数 小中高

※選択肢の出題領域が複数にわたる場合は，それぞれの項目に加算するためグラフの数とは異なる

1 ～ 23 は共通問題です。24 ～ 29 は選択問題です。A（24・25）は小学校に関する問題，B（26・27）は中学校に関する問題，C（28・29）は高等学校に関する問題です。次の表に従って，解答してください。

校種等	教科（科目等）		解答する問題の記号
小学校全科	小学校全科 小学校全科（英語コース）		A
中・高等学校共通	国語，社会（地理歴史），社会（公民），数学，理科（物理，化学，生物），英語，音楽，美術		B 又は C
小・中学校共通	理科，音楽，美術（図画工作）		A 又は B
小・中・高等学校共通	家庭，保健体育		A 又は B 又は C
中学校	技術		B
高等学校	情報，商業，工業（機械系，電気系，化学系，建築系，工芸系），農業（園芸系，食品系，畜産系，造園系），福祉，水産，水産（航海）		C
特別支援学校	小学部		A
	中学部	技術	B
	中学部 高等部	国語，社会，数学，理科，英語，保健体育	B 又は C
	小学部 中学部 高等部	音楽，美術，家庭	A 又は B 又は C
	理療		C
	自立活動（聴覚障害，視覚障害，肢体不自由）		A 又は B 又は C
養護教諭			A 又は B 又は C

全校種共通

☞解答＆解説 p.135

1　教育基本法の条文として適切なものは，次の1～5のうちのどれか。

1　すべて国民は，法律の定めるところにより，その能力に応じて，ひとしく教育を受ける権利を有する。

2　法律に定める学校の教員は，自己の崇高な使命を深く自覚し，絶えず研究と修養に励み，その職責の遂行に努めなければならない。

3　すべて国民は，法律の定めるところにより，その保護する子女に普通教育を受けさせる義務を負ふ。義務教育は，これを無償とする。

4　学校には，校長及び相当数の教員を置かなければならない。

5　国及びその機関は，宗教教育その他いかなる宗教的活動もしてはならない。

2　公立学校の学期や休業日等に関する記述として，法令に照らして適切なものは，次の

1～5のうちのどれか。

1　区市町村又は都道府県の設置する義務教育諸学校の学期にあっては，当該学校を設置する地方公共団体の長が定める。

2　授業終始の時刻は，区市町村の設置する学校にあっては当該区市町村の教育委員会が，都道府県の設置する学校にあっては当該都道府県の教育委員会が定める。

3　小学校，中学校及び高等学校の全ての学年は，４月２日に始まり，翌年３月31日に終わる。

4　教育委員会が必要と認める場合であっても，国民の祝日に授業日を定め，その日に授業を行うことはできない。

5　非常変災その他急迫の事情があるときは，校長は，臨時に授業を行わないことができる。

3　教科用図書等に関する記述として，法令に照らして適切なものは，次の１～５のうちのどれか。

1　学校は，毎年度，義務教育諸学校の児童及び生徒が各学年の課程において使用する教科用図書を購入し，義務教育諸学校の設置者に無償で給付するものとする。

2　11月に転学した児童又は生徒は，転学後に使用する教科用図書が転学前に給与を受けた教科用図書と同一の場合であっても，当該教科用図書が再度無償で給与される。

3　教科用図書以外の教材は，有益適切なものであっても，これを使用することができない。

4　義務教育諸学校において使用する教科用図書の採択は，当該教科用図書を使用する年度の前年度の９月30日までに行わなければならない。

5　都道府県の教育委員会は，毎年，文部科学大臣の指示する時期に，教科書展示会を開かなければならない。

4　学校保健安全法に関する記述として適切なものは，次の１～５のうちのどれか。

1「学校の設置者は，児童生徒等の安全の確保を図るため，その設置する学校において，事故等により児童生徒等に生ずる危険を防止することができるよう，当該学校の施設及び設備並びに管理運営体制の整備充実その他の必要な措置をとらなければならない。」とされている。

2「学校においては，児童生徒等の安全の確保を図るため，当該学校の施設及び設備の安全点検を除いた学校生活その他の日常生活における安全に関する指導，職員の研修その他学校における安全に関する事項について計画を策定し，これを実施しなければならない。」とされている。

3「校長は，当該学校の施設又は設備について，児童生徒等の安全の確保を図る上で支障となる事項があると認めた場合には，遅滞なく，その改善を図るために必要な措置を講じ，又は当該措置を講ずることができないときは，文部科学大臣に対し，その旨を申し出るものとする。」とされている。

4「学校においては，児童生徒等の安全の確保を図るため，当該学校の実情に応じて，危険等発生時において当該学校の職員がとるべき措置の具体的内容及び手順を定めた対処要領を作成するものとする。」とされている。

5 「学校においては，児童生徒等の安全の確保を図るため，児童生徒等の保護者との連携を図るとともに，当該学校が所在する地域の実情に応じることなく，関係機関，関係団体，当該地域の住民その他の関係者との連携を図るよう努めるものとする。」とされている。

5 **公立学校の教職員の職務又は配置に関する記述として，法令に照らして適切なものは，次の1～5のうちのどれか。**

1 校長は，校務を整理し，必要に応じ児童・生徒の教育をつかさどる。

2 副校長は，校長に事故があるときはその職務を代理し，校長が欠けたときはその職務を行う。

3 主幹教諭は，児童・生徒の教育をつかさどり，並びに教諭その他の職員に対して，教育指導の改善及び充実のために必要な指導及び助言を行う。

4 指導教諭は，校長及び副校長を助け，命を受けて校務の一部を整理し，並びに児童・生徒の教育をつかさどる。

5 学年主任は，校長の監督を受け，教育計画の立案その他の教務に関する事項について連絡調整及び指導，助言に当たる。

6 **教職員の採用及び任用等に関する記述として，法令に照らして適切なものは，次の1～5のうちのどれか。**

1 免許状を有する者が，公立学校の教員であって懲戒免職の処分を受けたときは，その免許状はその効力を失うが，当該失効の日から2年を経過すれば，免許状を再び取得することができる。

2 教員の採用は，選考によるものとし，公立学校にあっては，教員の任命権者である校長が行う。

3 公立学校の教諭の採用は，全て条件付のものとし，当該教諭がその職において六月を勤務し，その間その職務を良好な成績で遂行したときに正式採用になる。

4 公立の小学校等の校長及び教員の給与は，これらの者の職務と責任の特殊性に基づき条例で定めるものとする。

5 公立学校の教員の休職の期間は，結核性疾患のため長期の休養を要する場合の休職においては，満2年とするが，任命権者が認めるときは，満四年まで延長することができる。

7 **職員の服務に関する記述として，法令に照らして適切なものは，次の1～5のうちのどれか。**

1 職員は，法律又は条例に特別の定がある場合を除く外，その勤務時間及び職務上の注意力のすべてをその職責遂行のために用い，当該地方公共団体がなすべき責を有する職務にのみ従事しなければならない。

2 条件附採用期間中の職員及び臨時的に任用された職員については，懲戒の規定は適用されない。

3 職員は，政党その他の政治的団体の結成に関与し，若しくはこれらの団体の役員となることができる。

4 職員は，勤務条件の維持改善を図ることを目的として，職員団体を結成し，又はこれに加入することができ，争議行為を行ってよい。

5　職員は，勤務時間外であれば，任命権者の許可を受けることなく，自ら営利を目的とする私企業を営み，又は報酬を得て事業若しくは事務に従事できる。

8　**教育委員会に関する記述として，法令に照らして適切なものは，次の1～5のうちのどれか。**

1　教育長は，当該地方公共団体の長の被選挙権を有する者で，人格が高潔で，教育行政に関し識見を有するもののうちから，地方公共団体の長が，議会の同意を得て，任命する。

2　教育長の任期は4年とし，委員の任期は3年とする。教育長及び委員は，再任されることができる。

3　委員の任命に当たっては，委員の年齢，性別，職業等に著しい偏りが生じないように配慮するとともに，委員のうちに保護者である者が含まれないようにしなければならない。

4　教育委員会の会議は，公開しない。ただし，人事に関する事件その他の事件について，教育長又は委員の発議により，出席者の3分の2以上の多数で議決したときは，これを公開することができる。

5　教育委員会は，当該地方公共団体が処理する教育に関する事務で，管理し，及び執行するものには，文化財の保護に関することは含まれるが，ユネスコ活動に関することは含まれない。

9　**子ども・若者育成支援推進法に関する記述として適切なものは，次の1～5のうちのどれか。**

1　子ども・若者育成支援は，「一人一人の子ども・若者が，健やかに成長し，社会とのかかわりを自覚しつつ，自立した個人としての自己を確立し，他者とともに次代の社会を担うことができるようになることを目指すこと。」を基本理念のひとつとして行われなければならないとされている。

2　「国及び地方公共団体は，子ども・若者育成支援に関し，広く国民一般の関心を高め，その理解と協力を得る必要はないが，社会を構成する多様な主体の参加による自主的な活動に資するよう，必要な啓発活動を積極的に行うものとする。」とされている。

3　「関係機関等は，修学又は就業を助けることに寄与するため，当該子ども・若者の家族その他子ども・若者が円滑な社会生活を営むことに関係する者に対し，相談及び助言その他の援助を行わなければならない。」とされている。

4　「学校は，関係機関等が行う支援を適切に組み合わせることによりその効果的かつ円滑な実施を図るため，単独で又は共同して，関係機関等により構成される子ども・若者支援地域協議会を置くよう努めるものとする。」とされている。

5　「本部は，子ども・若者育成支援推進本部長，子ども・若者育成支援推進副本部長及び子ども・若者育成支援推進本部員をもって組織し，本部の長は，子ども・若者育成支援推進本部長とし，文部科学大臣をもって充てる。」とされている。

10　**我が国の教育に関する記述として適切なものは，次の1～5のうちのどれか。**

1　1946年，内閣の教育諮問機関として臨時教育審議会が設立され，教育基本法，学校教育法などの諸教育法令の制定を実現させるとともに，六三三の新学制について内閣総理大臣に建議した。

2　1954年，政治的中立性と自主性を擁護することを趣旨とする義務教育諸学校における教育の政治的中立の確保に関する臨時措置法と，公立学校の教育公務員の政治的活動の制限を国立学校の教育公務員と同様とする教育公務員特例法の一部を改正する法律が施行された。

3　1984年，内閣総理大臣の諮問機関として教育刷新委員会が設立され，個性重視の原則，学校教育だけにとどまらない生涯学習体系への移行，初任者研修制度の導入などを内容とする答申を行った。

4　2006年，学校教育法が全面的に改正され，生涯学習の理念，大学，教員の養成・研修の充実，家庭教育，幼児期の教育，学校・家庭及び地域住民等の相互の連携協力などが新たに規定された。

5　2013年，21世紀の日本にふさわしい教育体制を構築し，内閣の最重要課題の一つとされた教育の再生を実行に移していくため，内閣総理大臣の下に教育改革国民会議が開催された。

11　**モンテッソーリの教育思想に関する記述として適切なものは，次の１～５のうちのどれか。**

1　保育施設である子どもの家で感覚教育を実践した。また，子供の自発的活動を可能にする環境整備を重視し，感覚訓練のための教具を考案した。

2　教育目的として道徳的品性の陶冶をあげた。また，教育作用を，管理，教授，訓練の３部門に分けたが，教育的教授を重視した。

3　世界初の幼稚園を創設した。また，幼児用の教育的遊具として球体や立方体といった形からなる恩物と呼ばれる遊具を考案した。

4　プラグマティズムの思想をもつ哲学者であり，進歩主義教育を実践した。また，シカゴ大学附属小学校として実験学校を開設した。

5　ゲルトルート児童教育法で直観教授の理論を明らかにした。また，直観の三要素として数，形，語を取り上げた。

12　**いじめ防止対策推進法に関する次の記述ア～エのうち，正しいものを選んだ組合せとして適切なものは，下の１～５のうちのどれか。**

ア　この法律において「いじめ」とは，児童等に対して，当該児童等が在籍する学校に在籍している等当該児童等と一定の人的関係にある他の児童等が行う心理的又は物理的な影響を与える行為であって，当該行為の対象となった児童等が心身の苦痛を感じているものをいい，インターネットを通じて行われるものは含まれない。

イ　学校の設置者又はその設置する学校は，いじめにより当該学校に在籍する児童等の生命，心身又は財産に重大な被害が生じた疑いがあると認めるときや，いじめにより当該学校に在籍する児童等が相当の期間学校を欠席することを余儀なくされている疑いがあると認めるときには，その事態に対処し，及び当該重大事態と同種の事態の発生の防止に資するため，速やかに，当該学校の設置者又はその設置する学校の下に組織を設け，質問票の使用その他の適切な方法により当該重大事態に係る事実関係を明確にするための調査を行うものとする。

ウ　学校は，いじめに係る通報を受けたときその他当該学校に在籍する児童等がいじめを受けていると思われるときは，速やかに，当該児童等に係るいじめの事実の有無の確認を行うための措置を講ずるとともに，その結果を当該学校の設置者に報告するものとする。

エ　学校は，いじめが児童等の心身に及ぼす影響，いじめを防止することの重要性，いじめに係る相談制度又は救済制度等について必要な広報その他の啓発活動を行うものとする。

1　ア・ウ　　2　ア・エ　　3　イ・ウ　　4　イ・エ　　5　ウ・エ

13　**文部科学省が作成した「キャリア教育の手引き」に示された基礎的・汎用的能力を構成する４つの能力のうち，「人間関係形成・社会形成能力」に関する記述として適切なものは，次の１～５のうちのどれか。**

1　「働くこと」の意義を理解し，自らが果たすべき様々な立場や役割との関連を踏まえて「働くこと」を位置付け，多様な生き方に関する様々な情報を適切に取捨選択・活用しながら，自ら主体的に判断してキャリアを形成していく力である。

2　多様な他者の考えや立場を理解し，相手の意見を聴いて自分の考えを正確に伝えることができるとともに，自分の置かれている状況を受け止め，役割を果たしつつ他者と協力・協働して社会に参画し，今後の社会を積極的に形成することができる力である。

3　進路や職業等に関する様々な情報を収集・探索するとともに，必要な情報を選択・活用し，自己の進路や生き方を考える力である。

4　自分が「できること」「意義を感じること」「したいこと」について，社会との相互関係を保ちつつ，今後の自分自身の可能性を含めた肯定的な理解に基づき主体的に行動すると同時に，自らの思考や感情を律し，かつ，今後の成長のために進んで学ぼうとする力である。

5　仕事をする上での様々な課題を発見・分析し，適切な計画を立ててその課題を処理し，解決することができる力である。

14　**次の記述ア・イは，それぞれ「児童生徒の教育相談の充実について　～学校の教育力を高める組織的な教育相談体制づくり～（報告）」（教育相談等に関する調査研究協力者会議　平成29年１月）に示された，「学級担任・ホームルーム担任」，「スクールソーシャルワーカー」，「スクールカウンセラー」のいずれかの教職員の職務内容に関するものである。ア・イと，下の教職員Ａ～Ｃとの組合せとして適切なものは，下の１～５のうちのどれか。**

ア　不登校，いじめ等を学校として認知した場合又はその疑いが生じた場合や災害等が発生した際は，児童生徒の心理的な影響が想定されることから，児童生徒の不安や悩みの状況や要因を把握し，適切な配慮や支援方針並びに支援方法について立案し，ケース会議において報告することが求められている。

イ　不登校，いじめや暴力行為等問題行動，子供の貧困，児童虐待等の課題を抱える児童生徒の修学支援，健全育成，自己実現を図るため，児童生徒のニーズを把握し，支援を展開すると共に，保護者への支援，学校への働き掛け及び自治体の体制整備への働き掛けを行うことが求められている。

A　学級担任・ホームルーム担任　　B　スクールソーシャルワーカー

C　スクールカウンセラー

1　ア—A　　イ—B
2　ア—A　　イ—C
3　ア—B　　イ—C
4　ア—C　　イ—A
5　ア—C　　イ—B

15　**「交流及び共同学習ガイド」（文部科学省　平成31年３月）に示された，交流及び共同学習に関する記述として適切なものは，次の１～５のうちのどれか。**

1　交流及び共同学習は，相互の触れ合いを通じて豊かな人間性を育むことを目的とする共同学習の側面と，教科等のねらいの達成を目的とする交流の側面があり，この二つの側面を分かちがたいものとして捉え，推進していく必要がある。

2　交流及び共同学習の実施に当たっては，学校の教職員，子供たち，保護者など当該活動に関わる関係者が，取組の意義やねらい等について，十分に理解し，共通理解をもって進めることが大切である。

3　交流及び共同学習が一体的な活動とならないよう，事前学習・事後学習を含めて単発の交流やその場限りの活動を計画することが大切である。

4　障害のない子供たちや関係者に対する事前学習においては，子供たちが主体的に取り組む活動にするため，障害について形式的に理解させる程度にとどめるようにする。

5　活動後には，交流及び共同学習のねらいの達成状況，子供たちの意識や行動の変容を評価するが，その後の日常の生活における変容はとらえる必要はない。

16　**「東京都人権施策推進指針　～誰もが幸せを実感できる『世界一の都市・東京』を目指して～」（東京都　平成27年８月）に関する記述として適切でないものは，次の１～５のうちのどれか。**

1　人権課題「外国人」では，学校においては，広い視野を持ち，異文化を尊重する態度や異なる習慣・文化を持った人々と共に生きていく態度を育成するための教育の充実を図るとしている。

2　人権課題「インターネットによる人権侵害」では，学校教育においては，インターネットの適切な利用や，情報の収集・発信における個人の責任やモラルについて理解させるとともに，有害情報から子供を守るため学校非公式サイト等の監視等を行い，啓発・指導の充実を図るとしている。

3　人権課題「ハラスメント」では，ハラスメントの形態は同一であり，対応する相談機関も限られている。ハラスメントに対しては組織で取り組むことが大切であり，企業等に対し，職場での相談窓口の設置や研修を行うなど，職場での取組を促していくとしている。

4　人権課題「障害者」では，学校教育においては，発達障害の子供への支援体制の整備や，障害が軽い生徒の職業教育の充実，障害の重度・重複化や多様化等に対応した教育環境の整備など，特別な支援を必要とする子供の自立と社会参加に向けて，特別支援教育の充実を図るとしている。

5　人権課題「子供」では，学校教育及び社会教育を通じて，豊かな人間性や社会性を育む教育の一層の推進に努めていくとしている。

17　**次の記述ア～ウは，それぞれ「学校安全資料『生きる力』をはぐくむ学校での安全教育」（文部科学省　平成31年３月）に示された，「学校における安全教育」の「生活安全」，「交通安全」，「災害安全」のいずれかの領域の内容に関するものである。ア～ウと，下の領域Ａ～Ｃとの組合せとして適切なものは，下の１～５のうちのどれか。**

ア　道路の歩行や道路横断時の危険の理解と安全な行動の仕方

イ　学校，家庭，地域等日常生活の様々な場面における危険の理解と安全な行動の仕方

ウ　地域の防災活動の理解と積極的な参加・協力

Ａ　生活安全　　Ｂ　交通安全　　Ｃ　災害安全

1　ア―Ａ　イ―Ｂ　ウ―Ｃ
2　ア―Ａ　イ―Ｃ　ウ―Ｂ
3　ア―Ｂ　イ―Ａ　ウ―Ｃ
4　ア―Ｂ　イ―Ｃ　ウ―Ａ
5　ア―Ｃ　イ―Ａ　ウ―Ｂ

18　**心理学に携わった人物に関する記述として適切なものは，次の１～５のうちのどれか。**

1　ワトソンは，「我思う，ゆえに我あり」という言葉により，心身は心と物質の２つの独立した領域あるいは性質から構成されるという概念である二元論を定義した。

2　ヴントは，ライプツィヒ大学に世界で初となる心理学の実験室を開設した。

3　デカルトは，行動主義の創始者として知られ，観察可能な行動の研究を進めることを主張した。

4　ユングは，精神分析学を創始し，無意識をイド・自我・超自我に分割した理論を大成した。

5　フロイトは，リビドー及び無意識の概念について研究を進め，性格を内向性，外向性に分類した。

19　**学習に関する心理学に携わった人物に関する記述として適切なものは，次の１～５のうちのどれか。**

1　トールマンは，ネズミの迷路学習において，迷路の特徴が目標へ到達する手段となり，目標までの路線図を予測して行動できるようになると考え，認知地図という概念を提唱した。

2　バンデューラは，レバーを押すと給餌される仕掛けを備えた装置を使ったネズミの研究から，自発的，随意的な行動に関する学習過程をオペラント条件付けで説明した。

3　パヴロフは，檻に入れた空腹のネコが，檻から脱出して餌を獲得する過程を観察し，問題解決学習は試行錯誤の繰り返しによるものと考えた。

4　ソーンダイクは，犬の唾液腺の活動を調べているときに，音を鳴らしただけで唾液を分泌する反射が起こるようになったことに気づき，条件反射と名づけた。

5　スキナーは，社会的学習理論において，他者が行う行動を観察しているだけで学習

は成立するとして，モデリングと名づけた。

20 **次の記述ア～エは，それぞれピアジェによる思考の発達段階に基づく四つの段階のいずれかを説明したものである。ア～エを発達の段階順に並べたものとして適切なものは，下の1～5のうちのどれか。**

ア　数，量，重さ，体積などの保存が獲得され，具体的事物を用いた場合に限って操作が可能になる段階。

イ　外界との相互作用は感覚機能と運動機能とによって直接行われる段階。

ウ　具体的な場面や出来事に頼らずに抽象的に推論できる段階。

エ　イメージや言語などの象徴機能が飛躍的に発達する段階。

1　ア → イ → ウ → エ
2　イ → ウ → ア → エ
3　イ → エ → ア → ウ
4　エ → イ → ウ → ア
5　エ → ア → イ → ウ

21 **適応機制に関する記述として適切なものは，次の1～5のうちのどれか。**

1　抑圧とは，自己にとって都合の悪い欲求や感情を意識下に抑えつけて心理的安定をはかろうとするものである。

2　退行とは，欲求不満をもたらす状況から逃げることによって自己を守ろうとする方法である。

3　同一化とは，自分の行動や失敗を正当化するように理屈づけを行うことである。

4　反動形成とは，自己が許容することができない自己の欲求や感情を，他者の中に移しかえ，責めを他者に帰することである。

5　逃避とは，発達の前段階で欲求の充足に有効であった幼児的な行動様式に戻ることである。

22 **「OECD生徒の学習到達度調査（PISA）」に関する記述として適切なものは，次の1～5のうちのどれか。**

1　PISA調査は，2000年の調査開始以降，2年ごとに実施されている。

2　PISA調査は，読解力，数学的リテラシー，科学的リテラシーの3分野について継続して調査を実施しており，2018年調査では，科学的リテラシーが中心分野として設定された。

3　2018年調査では，我が国の読解力の平均得点はOECD平均より高得点のグループに位置し，前回調査の平均得点より上昇した。

4　科学的リテラシーは，2006年調査以降の我が国の習熟度レベル別の推移において，OECD平均の割合に対してレベル1以下の低得点層が少なく，レベル5以上の高得点層が多い。

5　2018年調査の生徒質問調査において，我が国の生徒は「読書は，大好きな趣味の一つだ」に対して肯定的に回答した割合がOECD平均より少ない。

23 **次の記述は，東京都のある教育施策に関するものである。この教育施策の名称として適切なものは，下の1～5のうちのどれか。**

社会人として自立するための「読解力」及び「自ら学ぶ力」の向上を目的として，都立高校生の「読解力」及び「自ら学ぶ力」の現状や課題を把握するとともに，効果的な指導方法を開発する。

1　東京ベーシック・ドリル　　2　「学びの基盤」プロジェクト
3　子供を笑顔にするプロジェクト　　4　ヤングケアラー相談専用ダイヤル
5　TOKYOスマート・スクール・プロジェクト

A　小学校に関する問題

24　**小学校学習指導要領特別活動の「各活動・学校行事の目標及び内容」の〔学校行事〕のうち，儀式的行事に関する記述として適切なものは，次の1～5のうちのどれか。**

1　学校生活に有意義な変化や折り目を付け，厳粛で清新な気分を味わい，新しい生活の展開への動機付けとなるようにすること。
2　平素の学習活動の成果を発表し，自己の向上の意欲を一層高めたり，文化や芸術に親しんだりするようにすること。
3　心身の健全な発達や健康の保持増進，事件や事故，災害等から身を守る安全な行動や規律ある集団行動の体得，運動に親しむ態度の育成，責任感や連帯感の涵養，体力の向上などに資するようにすること。
4　自然の中での集団宿泊活動などの平素と異なる生活環境にあって，見聞を広め，自然や文化などに親しむとともに，よりよい人間関係を築くなどの集団生活の在り方や公衆道徳などについての体験を積むことができるようにすること。
5　勤労の尊さや生産の喜びを体得するとともに，ボランティア活動などの社会奉仕の精神を養う体験が得られるようにすること。

25　**「令和4年度　全国学力・学習状況調査の結果」(国立教育政策研究所　令和4年7月)に示された，小学校の調査結果に関する記述として適切なものは，次の1～5のうちのどれか。**

1　国語の「書くこと」については，文章の構成や展開について感想や意見を伝え合うことを通して自分の文章のよさを見付けることはできている。
2　国語の「話すこと・聞くこと」については，必要なことを質問して話の中心を捉えることに課題がある。
3　算数の「変化と関係」については，日常生活の場面に即して，数量が変わっても割合は変わらないことを理解することはできている。
4　算数の「データの活用」については，目的に合う円グラフを選び，読み取った情報を答えることに課題がある。
5　理科の「観察，実験などに関する技能」については，実験の過程や得られた結果を適切に記録したものを選ぶことに課題がある。

B　中学校に関する問題

26 **中学校学習指導要領総合的な学習の時間の「指導計画の作成と内容の取扱い」に関する記述として適切なものは，次の1～5のうちのどれか。**

1　他教科等及び総合的な学習の時間で身に付けた資質・能力を相互に関連付け，学習や生活において生かし，それらが総合的に働くようにすること。

2　全体計画及び年間指導計画の作成に当たっては，学校における全教育活動との関連の下に，目標及び内容，学習活動，指導方法や指導体制，学習の評価の計画などを示すこと。その際，小学校における総合的な学習の時間の取組を踏まえないこと。

3　各学校における総合的な学習の時間の名称については，「総合的な学習の時間」としなければならない。

4　自然体験や職場体験活動，ボランティア活動などの社会体験，ものづくり，生産活動などの体験活動，観察・実験，発表や討論などの学習活動を積極的に取り入れること。ただし，見学や調査は含まない。

5　グループ学習などの多様な学習形態，地域の人々の協力も得つつ，全教師が一体となって指導に当たるなどの指導体制について工夫を行うこと。ただし，異年齢集団による学習は行わないこと。

27 **「令和3年度　児童生徒の問題行動・不登校等生徒指導上の諸課題に関する調査結果について」（文部科学省　令和4年10月）に示された中学校の長期欠席のうち，不登校に関する記述として適切なものは，次の1～5のうちのどれか。**

1　不登校生徒数は9年連続で増加し，過去最多となっている。

2　不登校の主たる要因として最も多いものは，学業の不振である。

3　理由別長期欠席者数のうち，不登校によるものは半数以下である。

4　不登校生徒の欠席期間別人数で，不登校生徒のうち「欠席日数90日以上の者」は80％である。

5　生徒1,000人当たりの不登校生徒数は，70.0人である。

C　高等学校に関する問題

28 **高等学校学習指導要領総則の「教育課程の編成」に関する記述として適切なものは，次の1～5のうちのどれか。**

1　卒業までに履修させる単位数の計は，各教科・科目の単位数並びに総合的な探究の時間の単位数を含めて74単位以上とし，単位については，1単位時間を50分とし，30単位時間の授業を1単位として計算することを標準とする。

2　各教科・科目等の授業時数等については，定時制の課程において，特別の事情がある場合には，ホームルーム活動の授業時数の一部を減じ，又はホームルーム活動及び生徒会活動の内容の一部を行わないものとすることができる。

3　各教科・科目等の内容等の取扱いのうち内容の範囲や程度等を示す事項は，当該科目を履修する全ての生徒に対して指導するものとする内容の範囲や程度等を示したものではないので，学校において必要がある場合には，この事項にかかわらず指導することができる。

4　学校においては，道徳教育を推進するために，生徒の特性や進路，学校や地域の実態等を考慮し，地域や産業界等との連携を図り，産業現場等における長期間の実習を取り入れるなどの就業体験活動の機会を積極的に設けるとともに，地域や産業界等の人々の協力を積極的に得るよう配慮するものとする。

5　生徒や学校の実態等に応じ，必要がある場合には，必履修教科・科目を履修させた後に，義務教育段階での学習内容の確実な定着を図ることを目標とした学校設定科目等を履修させるようにすること。

29　都立学校に関する記述として適切なものは，次の1～5のうちのどれか。

1　総合学科高校は，ビジネスに関して基礎的・基本的な知識・技能を修得し，将来国際社会で活躍できるスペシャリストを育成するために，大学等に進学し，継続して学習することを前提とした専門高校である。

2　チャレンジスクールは，小・中学校で十分能力を発揮できなかった生徒のやる気を育て，頑張りを励まし，応援する学校として，社会生活を送る上で必要な基礎的・基本的学力を身に付けることを目的とする学校である。

3　エンカレッジスクールは，小・中学校時代に不登校経験を持つ生徒や長期欠席等が原因で高校を中途退学した者等を主に受け入れる高校で，他部履修により3年での卒業も可能である。

4　中高一貫教育校は，6年間の一貫教育の中で，社会の様々な場面，分野において人々の信頼を得て，将来のリーダーとなり得る人材を育成することを目的とする学校であり，義務教育学校と中等教育学校の2つの種類がある。

5　小中高一貫教育校は，小学校から中等教育学校までの12年間一貫した教育課程を編成し，次代を担う児童・生徒一人一人の資質や能力を最大限に伸長させるとともに，豊かな国際感覚を養い，世界で活躍し貢献できる人間を育成することを目的とする学校である。

解答＆解説

1　解答　2

解説　2：教育基本法第9条第1項を参照。「教員」の規定。

1：日本国憲法第26条第1項を参照。「教育を受ける権利」の規定。

3：日本国憲法第26条第2項を参照。「教育を受けさせる義務，義務教育の無償」の規定。

4：学校教育法第7条を参照。「校長・教員」の配置の規定。

5：教育基本法第15条第2項を参照。「宗教教育」の規定。正しくは「国及び地方公共団体が設置する学校は，特定の宗教のための宗教教育その他宗教的活動をしてはならない」。

2　解答　5

解説 5：学校教育法施行規則第63条を参照。「非常変災等による臨時休業」の規定。

1：学校教育法施行令第29条第1項を参照。「学期及び休業日」の規定。「当該学校を設置する地方公共団体の長」ではなく「当該市区町村又は都道府県の教育委員会」。

2：学校教育法施行規則第60条を参照。「授業終始の時刻」の規定。授業終始の時刻は「校長」が定める。

3：学校教育法施行規則第59条を参照。「学年」の規定。学年は「4月2日」ではなく「4月1日」に始まる。また，学校教育法施行規則第104条「準用規定」の規定において，「第59条の規定にかかわらず，修業年限が3年を超える定時制の課程を置く場合は，その最終の学年は，4月1日に始まり，9月30日に終わるものとすることができる」と定められている。

4：学校教育法施行規則第61条第三号を参照。「公立小学校における休業日」の規定。教育委員会が必要と認める場合は，授業を行うことができる。

3 解答 5

解説 5：教科書の発行に関する臨時措置法第5条第1項を参照。「教科書展示会の開催」の規定。

1：義務教育諸学校の教科用図書の無償措置に関する法律第3条を参照。「教科用図書の無償給付」の規定。「学校」ではなく「国」が無償で給付する。

2：義務教育諸学校の教科用図書の無償措置に関する法律第5条第2項を参照。「教科用図書の給与」の規定。正しくは「学年の中途において転学した児童又は生徒については，その転学後において使用する教科用図書は，前項の規定にかかわらず，文部科学省令で定める場合を除き，給与しないものとする」と定められている。転学した児童生徒に教科用図書を給与する場合については，義務教育諸学校の教科用図書の無償措置に関する法律施行規則第1条「転学した児童生徒に教科用図書を給与する場合」の規定を参照。同条では「2月末日までの間に転学した児童又は生徒について，種目（法第13条第1項に規定する種目をいう。以下同じ。）ごとに転学後において使用する教科用図書が転学前に給与を受けた教科用図書と異なる場合とする」と定められている。したがって問題文のように，11月に転学し，転学後に使用する教科用図書が転学前に給与を受けた教科用図書と同一である場合は，再度無償で給与されない。

3：学校教育法第34条第4項を参照。「教科書用図書その他の教材の使用」の規定。正しくは，教科用図書以外の教材で「有益適切なものは，これを使用することができる」。

4：義務教育諸学校の教科用図書の無償措置に関する法律施行令第14条第1項を参照。「採択の時期」の規定。「9月30日」ではなく「8月31日」。

4 解答 4

解説 4：学校保健安全法第29条第1項を参照。「危険等発生時対処要領の作成等」の規定。

1：学校保健安全法第26条を参照。「学校安全に関する学校の設置者の責務」の規定。「必要な措置をとらなければならない」ではなく「必要な措置を講ずるよう努めるものとする」。

2：学校保健安全法第27条を参照。「学校安全計画の策定等」の規定。正しくは「当該学校の施設及び設備の安全点検，児童生徒等に対する通学を含めた学校生活その他の日常生活における安全に関する指導」。

3：学校保健安全法第28条を参照。「学校環境の安全の確保」の規定。「文部科学大臣」とではなく「当該学校の設置者」。

5：学校保健安全法第30条を参照。「地域の関係機関等との連携」の規定。「地域の実情に応じることなく」ではなく「地域の実情に応じて」。

5 **解答** 2

解説 2：学校教育法第37条第6項を参照。「職員」のうち副校長の職務に関する規定。

1：学校教育法第37条第4項を参照。「職員」のうち校長の職務に関する規定。校長は「校務をつかさどり，所属職員を監督する」。問題文は教頭の職務（第7項）。

3：学校教育法第37条第9項を参照。「職員」のうち主幹教諭の職務に関する規定。主幹教諭は「校長（副校長を置く小学校にあつては，校長及び副校長）及び教頭を助け，命を受けて校務の一部を整理し，並びに児童の教育をつかさどる」。問題文は指導教諭の職務（第10項）。

4：学校教育法第37条第10項を参照。「指導教諭の職務」の規定。指導教諭は「児童の教育をつかさどり，並びに教諭その他の職員に対して，教育指導の改善及び充実のために必要な指導及び助言を行う」。問題文は主幹教諭の職務（第9項）。

5：学校教育法施行規則第44条第5項を参照。「学年主任」の規定。学年主任は「校長の監督を受け，当該学年の教育活動に関する事項について連絡調整及び指導，助言に当たる」。問題文は教務主任の職務（第4項）。

6 **解答** 4

解説 4：教育公務員特例法第13条第1項を参照。「校長及び教員の給与」の規定。

1：教育職員免許法第10条第二号「失効」，及び第5条第1項第四号「授与」の規定を参照。懲戒免職処分を受けたとき，免許状は失効し，当該失効の日から「3年」を経過しない者は免許状を取得できない。

2：教育公務員特例法第11条を参照。「採用及び昇任の方法」の規定。選考は，教員の任命権者である「教育委員会の教育長」が行う。

3：地方公務員法第22条「条件付採用」，及び教育公務員特例法第12条「条件付任用」の規定を参照。前者では「6月」と規定されているが，後者によって「1年」として適用するよう規定されている。

5：教育公務員特例法第14条第1項を参照。「休職の期間及び効果」の規定。延長できる休職の期間は「満3年」と規定されている。

7 **解答** 1

解説 1：地方公務員法第35条を参照。「職務に専念する義務」の規定。

2：地方公務員法第29条の2を参照。「適用除外」の規定。条件附採用期間中の職員及び臨時的に任用された職員について，分限の規定（＝第28条第1項～第3

項）は適用除外とされているが，懲戒の規定（＝第29条）は適用除外ではない。

3：地方公務員法第36条第１項を参照。「政治的行為の制限」の規定。職員は「政党その他の政治的団体の結成に関与し，若しくはこれらの団体の役員となつてはならず，又はこれらの団体の構成員となるように，若しくはならないように勧誘運動をしてはならない」。

4：地方公務員法第52条「職員団体」，第37条第１項「争議行為等の禁止」の規定を参照。前者により，職員は職員団体を結成し，加入することはできるが，後者により争議行為を行うことは禁止されている。

5：地方公務員法第38条を参照。「営利企業への従事等の制限」の規定。勤務時間外であっても「任命権者の許可を受けなければ」自ら営利を目的とする私企業を営み，または報酬を得て事業若しくは事務に従事することはできない。なお，教育公務員は，教育公務員特例法第17条第１項「兼職及び他の事業等の従事」により，「教育に関する他の職を兼ね，又は教育に関する他の事業若しくは事務に従事することが本務の遂行に支障がないと任命権者において認める場合には，給与を受け，又は受けないで，その職を兼ね，又はその事業若しくは事務に従事することができる」。

8 解答 1

解説 1：地方教育行政の組織及び運営に関する法律第４条第１項を参照。教育長の「任命」の規定。

2：地方教育行政の組織及び運営に関する法律第５条を参照。教育長及び委員の「任期」の規定。教育長の任期は「３年」，委員の任期は「４年」。

3：地方教育行政の組織及び運営に関する法律第４条第５項を参照。委員の「任命」の規定。委員のうちに保護者である者が「含まれるようにしなければならない」。

4：地方教育行政の組織及び運営に関する法律第14条第７項を参照。教育委員会の「会議」の規定。教育委員会の会議は，「公開する」と規定されている。ただし，人事に関する事件その他の事件について，教育長または委員の発議により，出席者の３分の２以上の多数で議決したときは，これを「公開しないことができる」と規定されている。

5：地方教育行政の組織及び運営に関する法律第21条第十五号を参照。「教育委員会の職務権限」の規定。「ユネスコ活動に関すること」も含まれる。

9 解答 1

解説 1：子ども・若者育成支援推進法第２条第一号を参照。「基本理念」の規定。

2：子ども・若者育成支援推進法第10条を参照。「国民の理解の増進等」の規定。「その理解と協力を得る必要はないが」ではなく「その理解と協力を得るとともに」。

3：子ども・若者育成支援推進法第15条第２項を参照。「関係機関等による支援」の規定。「相談及び助言その他の援助を行わなければならない」ではなく「相談及び助言その他の援助を行うよう努めるものとする」。

4：子ども・若者育成支援推進法第19条第１項を参照。「子ども・若者支援地域協議会」の規定。「学校」ではなく「地方公共団体」。

5：「文部科学大臣」ではなく「内閣総理大臣」。なお，子ども・若者育成支援推進本部は，こども基本法（2023年4月1日施行）に基づき設置された「こども政策推進会議」に統合された。現在，子ども・若者育成支援推進法において，子ども・若者育成支援推進本部に関する規定は削除されている。

10 解答 2

解説 1：「臨時教育審議会」ではなく「教育刷新委員会」。

3：「教育刷新委員会」ではなく「臨時教育審議会」。

4：「学校教育法」ではなく「教育基本法」。

5：「教育改革国民会議」ではなく「教育再生実行会議」。教育改革国民会議が設置されたのは2000年。

11 解答 1

解説 2：ヘルバルト（1776～1841）の説明文。

3：フレーベル（1782～1852）の説明文。

4：デューイ（1859～1952）の説明文。

5：ペスタロッチ（1746～1827）の説明文。

12 解答 3

解説 イ：いじめ防止対策推進法第28条第1項を参照。「学校の設置者又はその設置する学校による対処」の規定。

ウ：いじめ防止対策推進法第23条第2項を参照。「いじめに対する措置」の規定。

ア：いじめ防止対策推進法第2条第1項を参照。いじめの「定義」の規定。インターネットを通じて行われるものを「含む」。

エ：いじめ防止対策推進法第21条を参照。「啓発活動」の規定。「学校」ではなく「国及び地方公共団体」。

13 解答 2

解説 文部科学省『小学校キャリア教育の手引き　―小学校学習指導要領（平成29年告示）準拠―』（2022年3月）の「第1章　キャリア教育とは何か」「第5節　基礎的・汎用的能力を構成する四つの能力と今後の実践」「(1)基礎的・汎用的能力を構成する四つの能力」「(ア)人間関係形式・社会形成能力」，『中学校・高等学校キャリア教育の手引き　―中学校・高等学校学習指導要領（平成29年・30年告示）準拠―』（2023年3月）の「第1章　キャリア教育とは何か」「第5節　基礎的・汎用的能力を構成する四つの能力と今後の実践」「1　基礎的・汎用的能力を構成する四つの能力」「(ア)人間関係形式・社会形成能力」を参照。

1：「キャリアプランニング能力」の説明文。

3：「キャリア教育における情報活用能力」の説明文（「第2節　キャリア教育を通して育成すべき能力『4領域8能力』の表）。

4：「自己理解・自己管理能力」の説明文。

5：「課題対応能力」の説明文。

14 解答 5

解説 教育相談等に関する調査研究協力者会議「児童生徒の教育相談の充実について～学校の教育力を高める組織的な教育相談体制づくり～（報告）」（2019年１月）の「第２章　今後の教育相談体制の在り方」「第２節　SC及びSSWの職務内容等」を参照。

ア：「1　SCの職務内容等」「(1)SCの職務」「②不登校，いじめ等を学校として認知した場合又はその疑いが生じた場合，災害等が発生した際の援助」「(ア)児童生徒への援助」を参照。

イ：「2　SSWの職務内容等」「(1)SSWの職務」を参照。

なお，同報告では，学級担任・ホームルーム担任の役割として，「児童生徒の課題を少しでも早く発見し，課題が複雑化，深刻化する前に指導・対応できるように，学級担任及びホームルーム担任には児童生徒を観察する力が必要である」としている。

15 解答 2

解説 文部科学省「交流及び共同学習ガイド」（2019年３月）を参照。

２：「第２章　交流及び共同学習の展開」「１　関係者の理解」を参照。

１：「第１章　交流及び共同学習の意義・目的」を参照。正しくは「交流及び共同学習は，相互の触れ合いを通じて豊かな人間性を育むことを目的とする交流の側面と，教科等のねらいの達成を目的とする共同学習の側面があり，この二つの側面を分かちがたいものとして捉え，推進していく必要があります」と示されている。

３：「第２章　交流及び共同学習の展開」「３　指導計画の作成」を参照。正しくは「交流及び共同学習が単発の交流やその場限りの活動とならないよう，事前学習・事後学習も含めて一体的な活動を計画することが大切です」と示されている。

４：「第２章　交流及び共同学習の展開」「４　活動の実施」「事前学習」を参照。正しくは「障害のない子供たちや関係者に対する事前学習においては，障害についての正しい知識，障害のある子供たちへの適切な支援や協力の仕方についての理解を促すことなどが考えられます」と示されている。

５：「第２章　交流及び共同学習の展開」「５　評価」「ポイント」を参照。正しくは「活動直後の状況だけではなく，その後の日常の生活における子供たちの変容をとらえる」と示されている。

16 解答 3

解説 東京都「東京都人権施策推進指針　～誰もが幸せを実感できる『世界一の都市・東京』を目指して」（2015年８月）の「Ⅲ　人権課題ごとの現状と東京都の施策の方向性」を参照。

３：「13　ハラスメント」「施策の方向性」を参照。正しくは「ハラスメントの形態は多岐に及んでおり，対応する相談機関も異なっています」と示されている。

１：「７　外国人」「施策の方向性」を参照。

２：「10　インターネットによる人権侵害」「施策の方向性」を参照。

４：「４　障害者」「施策の方向性」を参照。

5：「2　子供」「施策の方向性」を参照。

17 解答 3

解説 文部科学省「学校安全資料『生きる力』をはぐくむ学校での安全教育」(2019年3月）の「第2章　学校における安全教育」「第2節　安全教育の内容」「1　安全教育の各領域の内容」を参照。

ア：「(2)交通安全に関する内容」の①を参照。

イ：「(1)生活安全に関する内容」の①を参照。

ウ：「(3)災害安全に関する内容」の⑧を参照。

18 解答 2

解説 1：「ワトソン」(1878～1958）ではなく「デカルト」(1596～1650)。

3：「デカルト」(1596～1650）ではなく「ワトソン」(1878～1958)。

4：「ユング」(1875～1961）ではなく「フロイト」(1856～1939)。

5：「フロイト」(1856～1939）ではなく「ユング」(1875～1961)。

19 解答 1

解説 2：「バンデューラ」(1925～2021）ではなく「スキナー」(1904～90)。

3：「パヴ（ブ）ロフ」(1849～1936）ではなく「ソーンダイク」(1874～1949)。

4：「ソーンダイク」(1874～1949）ではなく「パヴ（ブ）ロフ」(1849～1936)。

5：「スキナー」(1904～90）ではなく「バンデューラ」(1925～2021)。

20 解答 3

解説 ピアジェ（1896～1980）は，物の見方や捉え方の枠組みをシェマと呼び，そのシェマが変容していく過程こそが認知発達だと主張して，感覚運動期，前操作期，具体的操作期，形式的操作期という4つの認知発達段階に分けた。

ア：具体的操作期，イ：感覚運動期，ウ：形式的操作期，エ：前操作期。

21 解答 1

解説 2：「退行」ではなく「逃避」。

3：「同一化」ではなく「合理化」。

4：「反動形成」ではなく「投射（投影)」。

5：「逃避」ではなく「退行」。

22 解答 4

解説 文部科学省・国立教育政策研究所「OECD 生徒の学習到達度調査2018年調査(PISA2018）のポイント」(2019年12月3日）を参照。

4：「3．数学的リテラシー及び科学的リテラシーについて」「日本の習熟度レベル別の推移」「科学的リテラシー」を参照。

1：「結果概要」「〈PISA2018について〉」を参照。「2年ごと」ではなく「3年ごと」。ただし，PISA2021は世界的な新型コロナウイルス感染症の拡大により，2022年に延期して実施された。

2：「結果概要」「〈PISA2018について〉」を参照。「科学的リテラシー」ではなく「読解力」。

3：「結果概要」「〈日本の結果〉」「三分野」を参照。正しくは「読解力は，

OECD平均より高得点のグループに位置するが，前回より平均得点・順位が統計的に有意に低下」した。

5：「2. 読解力について」「読書活動と読解力の関係」「◆日本の特徴」を参照。「OECD平均より少ない」ではなく「OECD平均より高い」。

23 解答 2

解説 1：東京ベーシック・ドリルは，小学校第1学年～中学校第1学年までの国語，算数・数学，小学校第3・4学年の社会・理科，中学校第1学年の英語の基礎的な学習内容を身に付けるためのドリル。

3：子供を笑顔にするプロジェクトは，新型コロナウイルス感染症対策の観点から，学校生活にさまざまに制約を受けている子供たちに向けて，「見る・聞く・触れる」体験を提供し，笑顔を取り戻してもらうことを目的としたプロジェクト。

4：ヤングケアラー相談専用ダイヤルは，教職員が，ヤングケアラーの支援における学校の役割や具体的な取組等について理解できるよう，福祉の専門家であるユースソーシャルワーカーが教職員の相談に乗り，迅速な問題解決をめざすための相談窓口。

5：TOKYOスマート・スクール・プロジェクトは，都立学校のデジタル化を強力に推進することで，学びのスタイルを「知識習得型」から「価値創造・課題解決型」へ転換するためのプロジェクト。子供の学ぶ意欲を高める「学び方改革」，子供の力を伸ばす「教え方改革」，教員の負担を軽減する「働き方改革」の3つの改革を同時に推進する。

24 解答 1

解説 平成29年版小学校学習指導要領（2017年3月31日告示）の「第6章　特別活動」「第2　各活動・学校行事の目標及び内容」「〔学校行事〕」「2　内容」「(1)儀式的行事」を参照。

2：文化的行事，3：健康安全・体育的行事，4：遠足・集団宿泊的行事，5：勤労生産・奉仕的行事。

25 解答 4

解説 国立教育政策研究所「令和4年度　全国学力・学習状況調査の結果（概要）」(2022年7月28日）の「1．教科に関する調査結果」を参照。

4：「小学校算数」「〈調査結果のポイント〉」を参照。

1：「小学校国語」「●学習指導要領の内容別の主な特徴と指導改善のポイント」「【書くこと】」を参照。正しくは「文章に対する感想や意見を伝え合い，自分の文章のよいところを見付けることに課題がある」と示されている。

2：「小学校国語」「●学習指導要領の内容別の主な特徴と指導改善のポイント」「【話すこと・聞くこと】」を参照。正しくは「必要なことを質問し，話し手が伝えたいことや自分が聞きたいことの中心を捉えることはできている」とした上で，「互いの立場や意図を明確にしながら計画的に話し合い，自分の考えをまとめることに引き続き課題がある」と示されている。

3：「小学校算数」「●学習指導要領の領域・内容別の主な特徴と指導改善のポイ

ント」「【変化と関係】」を参照。正しくは「割合を用いて問題を解決する場面において，数量（飲み物の量）が変わっても割合（飲み物の濃さ）は変わらないことを理解することに課題がある」と示されている。

5：「小学校理科」「〈調査結果のポイント〉」を参照。正しくは「実験の過程や得られた結果を適切に記録したものを選ぶことはできている」とした上で，「自然の現象（水の状態変化）については，知識を日常生活に関連付けて理解することに引き続き課題が見られる」と示されている。

26 解答 1

解説 平成29年版中学校学習指導要領（2017年3月31日告示）の「第4章　総合的な学習の時間」「第3　指導計画の作成と内容の取扱い」を参照。

1：1(3)を参照。

2：1(2)を参照。正しくは「小学校における総合的な学習の時間の取組を踏まえること」と示されている。

3：1(5)を参照。正しくは「各学校における総合的な学習の時間の名称については，各学校において適切に定めること」と示されている。

4：2(4)を参照。正しくは「自然体験や職場体験活動，ボランティア活動などの社会体験，ものづくり，生産活動などの体験活動，観察・実験，見学や調査，発表や討論などの学習活動を積極的に取り入れること」と示されている。

5：2(6)を参照。正しくは「グループ学習や異年齢集団による学習などの多様な学習形態，地域の人々の協力も得つつ，全教師が一体となって指導に当たるなどの指導体制について工夫を行うこと」と示されている。

27 解答 1

解説 文部科学省「令和3年度　児童生徒の問題行動・不登校等生徒指導上の諸課題に関する調査結果の概要」（2022年10月27日）を参照。

1：「【調査結果のポイント】」「3　長期欠席」「（長期欠席のうち小中学校における不登校）」を参照。

2：「小・中学校における不登校の状況について」「不登校の要因」を参照。中学校における不登校の主たる要因としては「いじめを除く友人関係をめぐる問題」の割合が最も高い。

3：「小・中学校における長期欠席の状況について」「小・中学校における長期欠席者数の推移」を参照。中学校における理由別長期欠席者に占める不登校の割合は「70.2%」（長期欠席者232,875人，うち不登校によるもの163,442人）。

4：「小・中学校における不登校の状況について」「不登校児童生徒の欠席期間別人数」を参照。欠席日数90日以上の者は「60.4%」。

5：「小・中学校における不登校の状況について」「不登校児童生徒数と1,000人当たりの不登校児童生徒数」を参照。生徒1,000人当たりの不登校生徒数は「50.0人」。

28 解答 2

解説 平成30年版高等学校学習指導要領（2018年3月30日告示）の「第1章　総則」「第

2款　教育課程の編成」を参照。

2：「3　教育課程の編成における共通的事項」「(3)各教科・科目等の授業時数等」のカを参照。

1：「3　教育課程の編成における共通的事項」「(1)各教科・科目及び単位数等」「ア　卒業までに履修させる単位数等」を参照。「30単位時間」ではなく「35単位時間」。

3：「3　教育課程の編成における共通的事項」「(5)各教科・科目等の内容等の取扱い」のアを参照。正しくは「当該科目を履修する全ての生徒に対して指導するものとする内容の範囲や程度等を示したものであり」と示されている。

4：「3　教育課程の編成における共通的事項」「(7)キャリア教育及び職業教育に関する配慮事項」のアを参照。「道徳教育」ではなく「キャリア教育及び職業教育」に関する記述。

5：「4　学校段階等間の接続」の(2)のウを参照。正しくは「義務教育段階での学習内容の確実な定着を図ることを目標とした学校設定科目等を履修させた後に，必履修教科・科目を履修させるようにすること」と示されている。

29 解答 5

解説 1：「総合学科高校」ではなく「進学型商業高校」。総合学科高校は，多様な科目を開設して，普通教育と専門教育を総合的に行う学校で，多様な能力・適性等に対応した柔軟な教育を行う。

2：「チャレンジスクール」ではなく「エンカレッジスクール」。

3：「エンカレッジスクール」ではなく「チャレンジスクール」。

4：「義務教育学校」ではなく「併設型中高一貫教育校」。

神奈川県／横浜市／川崎市／相模原市

実施日	2023(令和５)年７月９日	試験時間	60分（一般教養を含む）
出題形式	マークシート式	問題数	15題（解答数15）
パターン	原理・法規・心理＋時事	公開状況	問題：公開　解答：公開　配点：公開

傾向&対策 ●解答数15題だが，一般教養で障害者基本法と，人権教育に関する条約・宣言等の並べ替え問題あり。●教育原理は，学習指導要領が必出で，小・中・高・特から各１題。このほかジグソー学習など学習指導と，発達障害の種類（ADHD，ASD，SLD）。●教育法規は，教育基本法などの空欄補充問題と，教育公務員の政治的行為の制限等に関する具体的事例に基づく正誤判定問題。後者は，地方公務員法，教育公務員特例法のほか，「教職員等の選挙運動の禁止等」に関する文部科学省通知（2023年２月）も参照。●教育心理は，ピグマリオン効果，エリクソンのモラトリアム，ピアジェやコールバーグの発達段階など。●教育時事は，「令和の日本型学校教育」に関する中央教育審議会答申（2021年１月）。

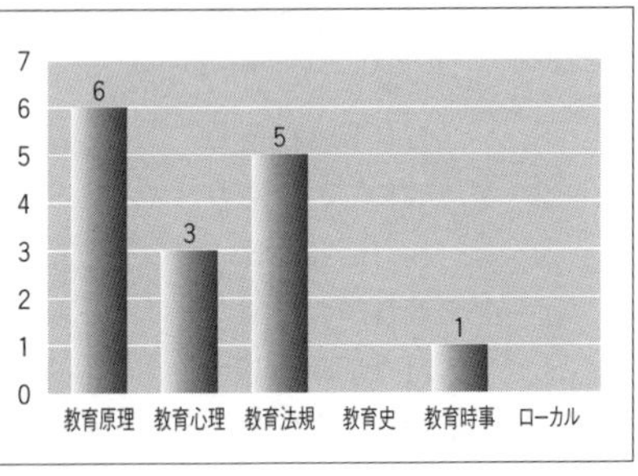

出題領域

分野	項目	数	項目	数	項目	数
教育原理	教育課程・学習指導要領		総　則	2	特別の教科　道徳	
	外国語・外国語活動	↓特別支援教育	総合的な学習(探究)の時間		特別活動	1
	学習指導	1	生徒指導		学校・学級経営	
	特別支援教育	2	人権・同和教育		その他	
教育心理※	発　達	2	学　習		性格と適応	1
	カウンセリングと心理療法		教育評価	1	学級集団	
教育法規※	教育の基本理念	1	学校教育		学校の管理と運営	2
	児童生徒	1	教職員	1	憲　法	1
教育史	日本教育史		西洋教育史			
教育時事	答申・統計	1	ローカル			

表中の数字は解答数

※選択肢の出題領域が複数にわたる場合は，それぞれの項目に加算するためグラフの数とは異なる

全校種共通

☞解答＆解説 p.152

1 次の記述は，「小学校学習指導要領解説　総則編」（平成29年７月）の「第３章　教育課程の編成及び実施　第１節　小学校教育の基本と教育課程の役割　4　カリキュラム・マネジメントの充実」（第１章第１の４）」の一部である。空欄［ア］～［ウ］に当てはまるものの組合せとして最も適切なものを，後の①～⑤のうちから選びなさい。

教育課程はあらゆる教育活動を支える基盤となるものであり，学校運営についても，教育課程に基づく教育活動をより効果的に実施していく観点から組織運営がなされなければならない。カリキュラム・マネジメントは，学校教育に関わる様々な取組を，教育課程を中心に据えながら組織的かつ計画的に実施し，［ア］の向上につなげていくことであり，本項においては，中央教育審議会答申の整理を踏まえ次の三つの側面から整理して示している。具体的には，

- 児童や学校，地域の実態を適切に把握し，教育の目的や目標の実現に必要な教育の内容等を［イ］な視点で組み立てていくこと，
- 教育課程の実施状況を［ウ］してその改善を図っていくこと，
- 教育課程の実施に必要な人的又は物的な体制を確保するとともにその改善を図っていくこと

などを通して，教育課程に基づき組織的かつ計画的に各学校の［ア］の向上を図っていくことと定義している。

① ア　教科等の授業力　イ　系統的かつ継続的　ウ　共有
② ア　教科等の授業力　イ　教科等横断的　ウ　共有
③ ア　教育活動の質　イ　教科等横断的　ウ　評価
④ ア　教科等の授業力　イ　教科等横断的　ウ　評価
⑤ ア　教育活動の質　イ　系統的かつ継続的　ウ　評価

2 次の記述は，「中学校学習指導要領」（平成29年３月告示）「第５章　特別活動　第２　各活動・学校行事の目標及び内容〔学級活動〕　2　内容　(3)一人一人のキャリア形成と自己実現」の一部である。空欄［ア］～［ウ］に当てはまるものの組合せとして最も適切なものを，後の①～⑤のうちから選びなさい。

ア　社会生活，職業生活との接続を踏まえた主体的な学習態度の形成と学校図書館等の活用

現在及び将来の学習と自己実現とのつながりを考えたり，［ア］に学習する場としての学校図書館等を活用したりしながら，学ぶことと働くことの意義を意識して学習の見通しを立て，振り返ること。

イ　社会参画意識の醸成や勤労観・職業観の形成

社会の一員としての自覚や責任をもち，社会生活を営む上で必要なマナーやルール，［イ］や社会に貢献することについて考えて行動すること。

ウ　主体的な進路の選択と将来設計

目標をもって，生き方や進路に関する適切な情報を［ウ］・整理し，自己の個性や興味・関心と照らして考えること。

① ア　探究的　イ　地域　ウ　分析
② ア　自主的　イ　地域　ウ　分析
③ ア　自主的　イ　働くこと　ウ　収集
④ ア　探究的　イ　地域　ウ　収集
⑤ ア　自主的　イ　働くこと　ウ　分析

3 **次の記述は，「高等学校学習指導要領解説　総則編」（平成30年7月）の「第3章　教育課程の編成　第1節　高等学校教育の基本と教育課程の役割　4　就業やボランティアに関わる体験的な学習の指導（第1章総則第1款4）」の一部である。空欄［ア］～［ウ］に当てはまるものの組合せとして最も適切なものを，後の①～⑤のうちから選びなさい。**

「就業やボランティアに関わる体験的な学習の指導」については，生徒を取り巻く生活環境の変化の中で，生徒の社会的な体験の機会が減少している状況を踏まえ，［ア］の自覚を深め，知・徳・体の調和のとれた人間形成を図るとともに，学校教育を地域社会に開かれたものにし，［イ］との連携を強めることを趣旨として示されてきたものである。今回の改訂においても，この基本的な趣旨を変えるものではなく，体験的な学習の指導がより具体性をもって，各教科・科目，総合的な探究の時間及び特別活動のそれぞれにおいて更に充実するよう，「就業やボランティアに関わる体験的な学習の指導」を進めると示したものである。このような体験的な学習は，高等学校段階の生徒にとって，［ウ］に対する理解と認識を深め，生徒が自己の在り方生き方を考える上でも極めて重要となっている。

① ア　社会の構成員として　イ　地域　ウ　自分と社会の関わり
② ア　自らの役割や責務等　イ　社会教育　ウ　自分と社会の関わり
③ ア　社会の構成員として　イ　地域　ウ　職業選択
④ ア　社会の構成員として　イ　社会教育　ウ　職業選択
⑤ ア　自らの役割や責務等　イ　社会教育　ウ　職業選択

4 **次の記述は，「特別支援学校小学部・中学部学習指導要領」（平成29年4月告示）「第4章　外国語活動　第2款　知的障害者である児童に対する教育を行う特別支援学校　1　目標」の一部である。空欄［ア］～［ウ］に当てはまるものの組合せとして最も適切なものを，後の①～⑤のうちから選びなさい。**

(1) 外国語を用いた［ア］を通して，日本語と外国語の音声の違いなどに気付き，外国語の音声に慣れ親しむようにする。
(2) 身近で簡単な事柄について，外国語に触れ，［イ］伝え合う力の素地を養う。
(3) 外国語を通して，外国の文化などに触れながら，［ウ］への関心を高め，進んでコミュニケーションを図ろうとする態度を養う。

① ア　体験的な活動　イ　表現を工夫して　ウ　異なる文化
② ア　基礎的な学習　イ　自分の気持ちを　ウ　言語
③ ア　基礎的な学習　イ　表現を工夫して　ウ　異なる文化
④ ア　体験的な活動　イ　自分の気持ちを　ウ　異なる文化
⑤ ア　体験的な活動　イ　自分の気持ちを　ウ　言語

5 **次の記述は，「『令和の日本型学校教育』の構築を目指して　～全ての子供たちの可能性を引き出す，個別最適な学びと，協働的な学びの実現～（答申）」（令和３年１月26日中央教育審議会）の「第Ⅰ部　総論　３．2020年代を通じて実現すべき「令和の日本型学校教育」の姿　（1）子供の学び」の一部である。空欄［ア］～［ウ］に当てはまるものの組合せとして最も適切なものを，後の①～⑤のうちから選びなさい。**

学校における授業づくりに当たっては，「個別最適な学び」と「協働的な学び」の要素が組み合わさって実現されていくことが多いと考えられる。各学校においては，教科等の特質に応じ，［ア］を踏まえながら，授業の中で「個別最適な学び」の成果を「協働的な学び」に生かし，更にその成果を「個別最適な学び」に還元するなど，「個別最適な学び」と「協働的な学び」を［イ］，「主体的・対話的で深い学び」の実現に向けた授業改善につなげていくことが必要である。その際，家庭や地域の協力も得ながら［ウ］な体制を整え，教育活動を展開していくことも重要である。

①　ア　児童生徒の興味・関心等　イ　一体的に充実し　ウ　人的・物的
②　ア　地域・学校や児童生徒の実情　イ　一体的に充実し　ウ　持続可能
③　ア　児童生徒の興味・関心等　イ　相互に往還させ　ウ　持続可能
④　ア　地域・学校や児童生徒の実情　イ　一体的に充実し　ウ　人的・物的
⑤　ア　地域・学校や児童生徒の実情　イ　相互に往還させ　ウ　人的・物的

6 **次の記述は，教師による児童生徒への影響について述べたものである。空欄［ア］に当てはまるものとして最も適切なものを，後の①～⑤のうちから選びなさい。**

児童生徒の能力に対して，教師が期待することで能力が向上することを［ア］という。

①ホーソン効果　②ハロー効果　③ピグマリオン効果　④ゴーレム効果
⑤ナッジ効果

7 **次の記述は，青年期の発達について述べたものである。空欄［ア］～［ウ］に当てはまるものの組合せとして最も適切なものを，後の①～⑤のうちから選びなさい。**

エリクソンは，青年期の発達段階の主語として［ア］を挙げており，［イ］が必要であると考えられている。また，エリクソンは，［ア］において，ある程度その決定を未定にしておく期間を想定し，その期間を［ウ］と呼んでいる。

①　ア　アイデンティティの統合　イ　親や大人の価値や信念の同一化
　　ウ　フォアクロージャー
②　ア　基本的信頼感の獲得　イ　他者の承認
　　ウ　モラトリアム
③　ア　アイデンティティの統合　イ　他者の承認
　　ウ　フォアクロージャー
④　ア　基本的信頼感の獲得　イ　親や大人の価値や信念の同一化
　　ウ　モラトリアム
⑤　ア　アイデンティティの統合　イ　他者の承認
　　ウ　モラトリアム

8 **教育心理に関する記述として適切ではないものを，次の①～④のうちから選びなさい。**

①　ピアジェは，発達について「感覚運動期」「前操作期」「具体的操作期」「形式的操

作期」という4つの段階を提唱した。

② フロイトは，心理的な葛藤や苦痛を回避するために無意識に生じる心の動きを「敬遠」「移動」「流動化」「人格形成」「解散」の5つに分類し，防衛機制として提唱した。

③ マズローは，「生理的欲求」「安全の欲求」「所属と愛情の欲求」「承認の欲求」「自己実現の欲求」という，5段階の欲求階層説を提唱した。

④ コールバーグは，道徳性の発達について「慣習以前の水準」「慣習的な水準」「慣習を超えた水準」という3つの水準に分けた。

9 **学習指導に関する記述として適切ではないものを，次の①～④のうちから選びなさい。**

① ジグソー学習とは，グループの一人ひとりが知識をもち寄ることで，学習課題を完成させる方法であり，アロンソンらによって考案された。

② 発見学習とは，教師が知識を直接教えるのではなく，児童生徒が自らそれを発見し，習得することを意図した学習方法であり，ブルーナーによって提唱された。

③ プログラム学習とは，学習内容を細かいステップに分けて配列し，一人ひとりの学習者が各ステップを順番にこなしていくことで最終目標を達成できるようにする方法であり，スキナーによって考えられた。

④ 機械的学習とは，教師が児童生徒の既存知識と関連づけながら学習内容を教授していく方法であり，オーズベルによって提唱された。

10 **次の記述は，発達上の特性について述べたものである。空欄［ア］～［ウ］に当てはまるものの組合せとして最も適切なものを，後の①～⑥のうちから選びなさい。**

［ア］は，不注意と多動性，衝動性によって特徴づけられている。不注意とは，気が散りやすいことなどを指す。多動性とは，手足を過度に動かすことなどを指す。衝動性とは，順番を守れないことなどを指す。

［イ］は，他者とのコミュニケーションの難しさと興味の幅の狭さ（こだわりの強さ）などにより説明される。また，感覚刺激に対する過剰・過小反応や偏食，時間・空間の見通しをもつといった想像力の弱さなどの特徴もみられる。

［ウ］は，知能の遅れはないが，読む，書く，計算するという基礎学習に関わる特定の機能に困難を示す状態のことである。

① ア SLD　イ ASD　ウ ADHD
② ア SLD　イ ADHD　ウ ASD
③ ア ADHD　イ SLD　ウ ASD
④ ア ADHD　イ ASD　ウ SLD
⑤ ア ASD　イ ADHD　ウ SLD
⑥ ア ASD　イ SLD　ウ ADHD

11 **次の「日本国憲法」の前文についての記述ア～オのうち，下線部の内容が正しいものの組合せとして最も適切なものを，後に①～⑤のうちから選びなさい。**

ア 日本国民は，正当に選挙された国会における代表者を通じて行動し，われらとわれらの子孫のために，国民相互の協和による成果と，わが国全土にわたつて自由のもたらす恵沢を確保し，政府の行為によつて再び戦争の惨禍が起ることのないやうにすることを決意し，ここに主権が国民に存することを宣言し，この憲法を確定する。

イ　そもそも国政は，国民の<u>厳粛な信託</u>によるものであつて，その権威は国民に由来し，その権力は国民の代表者がこれを行使し，その福利は国民がこれを享受する。

ウ　日本国民は，恒久の平和を念願し，人間相互の関係を支配する<u>崇高な使命</u>を深く自覚するのであつて，平和を愛する諸国民の公正と信義に信頼して，われらの安全と生存を保持しようと決意した。

エ　われらは，平和を維持し，専制と隷従，<u>圧迫と偏狭</u>を地上から永遠に除去しようと努めてゐる国際社会において，名誉ある地位を占めたいと思ふ。

オ　われらは，<u>すべての日本国民</u>が，ひとしく恐怖と欠乏から免かれ，平和のうちに生存する権利を有することを確認する。

① ア と ウ
② ア と オ
③ イ と エ
④ イ と オ
⑤ ウ と エ

12 **次の記述は，「教育基本法」（平成18年12月公布）及び「学校教育法」（令和４年６月改正）の条文の一部である。空欄［ア］～［エ］に当てはまるものの組合せとして最も適切なものを，後の①～⑤のうちから選びなさい。**

教育基本法

第13条　学校，家庭及び地域住民その他の関係者は，教育におけるそれぞれの［ア］を自覚するとともに，相互の［イ］に努めるものとする。

学校教育法

第43条　小学校は，当該小学校に関する保護者及び地域住民その他の関係者の［ウ］を深めるとともに，これらの者との［イ］の推進に資するため，当該小学校の［エ］その他の学校運営の状況に関する情報を積極的に提供するものとする。

① ア　立場と義務　イ　連絡調整　ウ　認識　エ　教育方針
② ア　立場と義務　イ　連携及び協力　ウ　理解　エ　教育活動
③ ア　役割と責任　イ　連携及び協力　ウ　理解　エ　教育活動
④ ア　役割と責任　イ　連絡調整　ウ　認識　エ　教育方針
⑤ ア　立場と義務　イ　連携及び協力　ウ　理解　エ　教育方針

13 **次の記述ア～オは，教育公務員の政治的行為の制限等について述べたものである。教育公務員の服務等に関する法規に基づき，正しく述べているものの組合せとして最も適切なものを，後の①～⑤のうちから選びなさい。**

ア　公立学校の教育公務員は，その勤務時間内は職務に専念する義務が課されているため，勤務時間内において，政治的行為が制限されているが，勤務時間外においては，制限されない。

イ　公立学校の教育公務員について制限されている政治的行為は，公立学校の教育公務員以外の地方公務員について制限されている政治的行為とは異なるものであり，かつ，その制限の地域的範囲は勤務地域の内外を問わずに全国に及ぶ。

ウ　公立学校の教育公務員は，公の選挙において，選挙の当日，その選挙権を行使することは禁止されている。

エ　公立学校の教育公務員は，特定の候補者を支持するため，教員等の地位を利用して，その候補者の後援団体を結成したり，その団体の構成員となることを勧誘することは禁止されている。

オ　公立学校の教育公務員は，学校における児童生徒及び保護者に対する面接指導の際，自分の支持する政党や候補者の名を挙げることは禁止されている。

①　ア　と　イ　と　オ
②　ア　と　ウ　と　エ
③　イ　と　ウ　と　エ
④　イ　と　エ　と　オ
⑤　ウ　と　エ　と　オ

14　**次の記述は，「著作権法」（令和5年5月改正）の条文の一部である。空欄［ア］～［エ］に当てはまるものの組合せとして最も適切なものを，後の①～⑤のうちから選びなさい。**

第35条　学校その他の教育機関（営利を目的として設置されているものを除く。）において［ア］を担任する者及び［イ］を受ける者は，その［イ］の過程における利用に供することを目的とする場合には，［ウ］において，公表された著作物を複製し，若しくは公衆送信（自動公衆送信の場合にあつては，送信可能化を含む。以下この条において同じ。）を行い，又は公表された著作物であつて公衆送信されるものを受信装置を用いて公に伝達することができる。ただし，当該著作物の種類及び用途並びに当該複製の部数及び当該複製，公衆送信又は伝達の態様に照らし著作権者の［エ］を不当に害することとなる場合は，この限りでない。

①　ア　教育　イ　授業　ウ　その必要と認められる限度　エ　利益
②　ア　授業　イ　教育　ウ　その必要と認められる限度　エ　権利
③　ア　教育　イ　授業　ウ　文化庁長官が定める範囲内　エ　利益
④　ア　授業　イ　教育　ウ　文化庁長官が定める範囲内　エ　権利
⑤　ア　教育　イ　授業　ウ　その必要と認められる限度　エ　権利

15　**次の記述は，「子どもの貧困対策の推進に関する法律」（令和4年6月改正）の条文の一部である。空欄［ア］～［エ］に当てはまるものの組合せとして最も適切なものを，後の①～⑤のうちから選びなさい。**

第2条

2　子どもの貧困対策は，子ども等に対する［ア］の支援，［イ］の安定に資するための支援，職業生活の安定と向上に資するための就労の支援，経済的支援等の施策を，子どもの現在及び将来がその［ウ］によって左右されることのない社会を実現することを旨として，子ども等の生活及び取り巻く環境の状況に応じて［エ］に講ずることにより，推進されなければならない。

①　ア　進学　イ　学力　ウ　家庭の経済力　エ　総合的かつ適切
②　ア　進学　イ　生活　ウ　生まれ育った環境　エ　総合的かつ適切
③　ア　教育　イ　生活　ウ　生まれ育った環境　エ　包括的かつ早期

④　ア　教育　イ　学力　ウ　家庭の経済力　エ　包括的かつ早期
⑤　ア　進学　イ　生活　ウ　家庭の経済力　エ　総合的かつ適切

※この試験問題は神奈川県の著作物です。

解答&解説

1 解答 ③

解説 『小学校学習指導要領解説　総則編』(2017年７月）の「第３章　教育課程の編成及び実施」「第１節　小学校教育の基本と教育課程の役割」「４　カリキュラム・マネジメントの充実（第１章第１の４）」を参照。

2 解答 ③

解説 平成29年版中学校学習指導要領（2017年３月31日告示）の「第５章　特別活動」「第２　各活動・学校行事の目標及び内容」「〔学級活動〕」「２　内容」「(3)一人一人のキャリア形成と自己実現」を参照。

3 解答 ①

解説 『高等学校学習指導要領解説　総則編』(2018年７月）の「第３章　教育課程の編成」「第１節　高等学校教育の基本と教育課程の役割」「４　就業やボランティアに関わる体験的な学習の指導（第１章総則第１款４）」を参照。

4 解答 ⑤

解説 平成29年版特別支援学校小学部・中学部学習指導要領（2017年４月28日告示）の「第４章　外国語活動」「第２款 知的障害者である児童に対する教育を行う特別支援学校」「１　目標」を参照。知的障害者を教育する特別支援学校小学部の外国語活動は，必要に応じて設けることができる。中学部の外国語科は，生徒や学校の実態を考慮し必要に応じて設けることができる。知的障害者以外の障害種別については，小学部の場合，小学校学習指導要領第４章に示されているものに準ずることに留意する。

5 解答 ④

解説 中央教育審議会答申「『令和の日本型学校教育』の構築を目指して　～全ての子供たちの可能性を引き出す，個別最適な学びと，協働的な学びの実現～（答申)」(2021年１月26日，４月22日更新）の「第Ⅰ部　総論」「3.　2020年代を通じて実現すべき『令和の日本型学校教育』の姿」「(1)子供の学び」を参照。

6 解答 ③

③ピグマリオン効果は，教師期待効果ともいわれ，親や教師に期待されると，子どもの能力がその方向に変化する現象をいう。例えば，成績が伸びるであろうというプラス方向の期待はピグマリオン効果で，伸びることはないであろうというマイナス方向の期待はゴーレム効果である。

7 解答 ⑤

解説 エリクソン（1902～94）は，乳児期から老年期に至るまでを８つの段階に分け，それぞれで体験する心理社会的危機を挙げた。その中で青年期は自我同一性（同一性あるいはアイデンティティ）を確立できるか否かを「同一性対同一性拡散」という言葉で表した。

8 解答 ②

解説 ②フロイト（1856～1939）が最初に指摘した防衛機制は，抑圧，反動形成，退行，隔離，否定，投影，取り入れなど。その後研究が発展する中で，多様な機制があることが指摘されている。

9 解答 ④

解説 ④機械的学習は，覚えるべき事項をそのまま覚えさせる方法。これに対し，オーズベル（1918～2008）が提唱した有意味受容学習は，学習者に思考の枠組みとなるような先行オーガナイザーをあらかじめ導入しておくと，本学習で学習材料の理解が容易になり，現在の認知構造への受容が促進されるとしている。

10 解答 ④

解説 ア：注意欠陥多動性障害（ADHD：Attention-Deficit/Hyperactivity Disorder）とは，年齢あるいは発達に不釣合いな注意力または衝動性・多動性を特徴とする障害であり，社会的な活動や学校生活を営む上で著しい困難を示す状態である。通常12 歳になる前に現れ，その状態が継続するものであるとされている。注意欠陥多動性障害の原因としては，中枢神経系に何らかの要因による機能不全があると推定されている。なお，日本精神神経学会の定めたDSM―５病名・用語翻訳ガイドラインでは「注意欠如・多動症／注意欠如・多動性障害」を用いることが推奨されている。

イ：自閉症スペクトラム症（ASD：Autism Spectrum Disorder）は，①他者との社会的関係の形成の困難さ，②言葉の発達の遅れ，③興味や関心が狭く特定のものにこだわることを特徴とする発達の障害である。その特徴は，３歳くらいまでに現れることが多いが，成人期に症状が顕在化することもある。中枢神経系に何らかの要因による機能不全があると推定されている。自閉症と同義であるが，日本精神神経学会の定めたDSM―５病名・用語翻訳ガイドラインでは「自閉スペクトラム症／自閉症スペクトラム障害」を用いることが推奨されている。これは，自閉的な特徴がある人は，知能障害などその他の障害の有無・状態にかかわらず，その状況に応じて支援を必要としており，その点では自閉症やアスペルガー症候群などと区分しなくてよいこと，また，自閉症やアスペルガー症候群などの広汎性発達障害の下位分類の状態はそれぞれ独立したものではなく状態像として連続している一つのものと考えることができること，という診断基準の変更によるものである。

ウ：限局性学習症／限局性学習障害（SLD：Specific Learning Disorder）は，基本的には，全般的な知的発達に遅れはないが，聞く，話す，読む，書く，計算するまたは推論する能力のうち，特定のものの習得と使用に著しい困難を示す様々な状態を指すものである。学習障害は，その原因として，中枢神経系に何らかの要因による機能不全があると推定されるが，視覚障害，聴覚障害，知的障害，情緒障害などの障害や，環境的な要因が直接的な原因となるものではない。学習障害（LD：Learning Disabilities）と同義であるが，日本精神神経学会の定めたDSM―5病名・用語翻訳ガイドラインでは「限局性学習症／限局性学習障害(SLD)」を用いることが推奨されている。

11 解答 ③

解説 日本国憲法の前文を参照。

イ・エ：当該箇所を参照。

ア：「国民相互の協和」ではなく「諸国民との協和」。

ウ：「崇高な使命」ではなく「崇高な理想」。

オ：「すべての日本国民」ではなく「全世界の国民」。

12 解答 ③

解説 ア・イ：教育基本法第13条を参照。「学校，家庭及び地域住民等の相互の連携協力」の規定。

イ～エ：学校教育法第43条を参照。「学校運営情報提供義務」の規定。

13 解答 ④

解説 イ：文部科学省「教職員等の選挙運動の禁止等について（通知）」(2023年2月24日）の「1　地方公務員法及び教育公務員特例法関係」の(3)を参照。

エ：文部科学省「教職員等の選挙運動の禁止等について（通知）」(2023年2月24日）の「2　公職選挙法関係」の(2),「(参考）教育公務員の違反行為の具体例」「1　候補者の推薦等」の(3)を参照。

オ：文部科学省「教職員等の選挙運動の禁止等について（通知）」(2023年2月24日）の「(参考）教育公務員の違反行為の具体例」「2　投票の依頼又は勧誘」の(2)を参照。

ア：文部科学省「教職員等の選挙運動の禁止等について（通知）」(2023年2月24日）の「1　地方公務員法及び教育公務員特例法関係」の(4),「2　公職選挙法関係」の(3)を参照。政治的行為については，「公務員としての身分を有する限り(教員等である限り)，勤務時間の内外を問わず適用される」と示されている。地方公務員法第35条「職務に専念する義務」，地方公務員法第36条第2項「政治的行為の制限」，教育公務員特例法第18条「公立学校の教育公務員の政治的行為の制限」の規定も参照。

ウ：選挙権の行使は禁止されていない。

14 解答 ①

解説 著作権法第35条第1項を参照。「学校その他の教育機関における複製等」の規定。

15 解答 ③

解説 子どもの貧困対策の推進に関する法律第2条第2項を参照。「基本理念」の規定。

新潟県

実施日	2023(令和５)年７月２日	試験時間	55分（一般教養を含む）
出題形式	選択式	問題数	11題（解答数11）
パターン	法規・時事＋原理・教育史・ローカル	公開状況	問題：公開　解答：公開

傾向＆対策 ●記述問題を除き，新潟市と共通問題が多い。出題分野にかかわらず，特別支援教育，人権教育，情報教育に関する問題が頻出。●教育法規は，発達障害者支援法，学校教育の情報化の推進に関する法律などの空欄補充問題と，地方公務員法，教育公務員特例法などの出典法規を問う問題。●教育時事は，「次期教育振興基本計画」（2023年３月）及び「道徳の教育課程の改善」（2014年10月）に関する中央教育審議会答申，「不登校児童生徒への支援の在り方」に関する文部科学省通知（2019年10月），「第３次学校安全の推進に関する計画」（2022年３月）。●教育原理は，改訂『生徒指導提要』（2022年12月）より「生徒指導の目的」。●必出のローカル問題は，３年連続で「新潟県人権教育基本方針」（2021年３月）。

出題領域

分野	項目	数	項目	数	項目	数
教育原理	教育課程・学習指導要領		総則		特別の教科　道徳	↓時事
	外国語・外国語活動		総合的な学習(探究)の時間		特別活動	
	学習指導		生徒指導	1	学校・学級経営	
	特別支援教育	↓法規	人権・同和教育	↓ローカル	その他	
教育心理	発達		学習		性格と適応	
	カウンセリングと心理療法		教育評価		学級集団	
教育法規※	教育の基本理念	1	学校教育	1	学校の管理と運営	1
	児童生徒		教職員	1	特別支援教育	1
教育史	日本教育史		西洋教育史	1		
教育時事	答申・統計	4	ローカル	1		

表中の数字は，解答数

※選択肢の出題領域が複数にわたる場合は，それぞれの項目に加算するためグラフの数とは異なる

全校種共通

☞解答＆解説 p.160

1 **次の日本国憲法の条文について，①～④に当てはまる語句の組合せとして正しいものは，下の1～5のうちどれか。**

第26条　すべて国民は，法律の定めるところにより，その［①］に応じて，ひとしく［②］を受ける権利を有する。

2　すべて国民は，法律の定めるところにより，その保護する子女に［③］を受けさせる義務を負ふ。［④］は，これを無償とする。

1　①個性　②教育　③普通教育　④義務教育
2　①個性　②義務教育　③教育　④普通教育
3　①能力　②教育　③義務教育　④普通教育
4　①能力　②教育　③普通教育　④義務教育
5　①能力　②義務教育　③教育　④普通教育

2 **「教育の過程」の著者であり，「発見学習」の提唱者として適切なものは，次の1～5のうちどれか。**

1　マカレンコ　2　ブルーナー　3　デューイ　4　モンテッソーリ
5　パーカスト

3 **次の文は，平成26年10月21日に中央教育審議会が示した「道徳に係る教育課程の改善等について（答申）」の一部である。［①］～［③］に当てはまる語句の組合せとして適切なものは，下の1～5のうちどれか。**

道徳教育は，人が一生を通じて追求すべき人格形成の根幹に関わるものであり，同時に，民主的な国家・社会の［①］発展を根底で支えるものでもある。

また，道徳教育を通じて育成される道徳性，とりわけ，内省しつつ物事の本質を考える力や何事にも［②］をもって誠実に向き合う意志や態度，豊かな情操などは，「豊かな心」だけでなく，「確かな学力」や「健やかな体」の基盤ともなり，［③］を育むものである。

1　①普遍的　②客観性　③「豊かな人間性」
2　①普遍的　②主体性　③「生きる力」
3　①持続的　②主体性　③「生きる力」
4　①持続的　②主体性　③「豊かな人間性」
5　①普遍的　②客観性　③「生きる力」

4 **次の文は，文部科学省が令和4年12月に改訂した「生徒指導提要」の一部である。［①］～［③］に当てはまる語句の組合せとして適切なものは，下の1～5のうちどれか。**

生徒指導の目的を達成するためには，児童生徒一人一人が［①］を身に付けることが重要です。児童生徒が，深い［②］に基づき，「何をしたいのか」，「何をするべきか」，主体的に［③］を発見し，自己の目標を選択・設定して，この目標の達成のため，自発的，自律的，かつ，他者の主体性を尊重しながら，自らの行動を決断し，実行する力，すなわち，「［①］」を獲得することが目指されます。

1　①自己判断力　②自己理解　③問題や課題

2　①自己判断力　②自己探究　③価値や課題

3　①自己判断力　②自己探究　③問題や課題

4　①自己指導能力　②自己探究　③価値や課題

5　①自己指導能力　②自己理解　③問題や課題

5　**次の文は，令和5年3月8日に中央教育審議会が示した「次期教育振興基本計画について（答申）」の「目標1　確かな学力の育成，幅広い知識と教養・専門的能力・職業実践力の育成」の一部である。［①］～［④］に当てはまる語句の組合せとして適切なものは，下の1～5のうちどれか。**

幼児教育から高等教育まで各学校段階を通じた［①］なキャリア教育を推進する。初等中等教育段階においては「キャリア・パスポート」等を活用し，児童生徒が，学ぶことと［②］とのつながりを見通しながら，［③］自立に向けて必要な基盤となる［④］を育成する取組を通じて，社会の中で自分の役割を果たしながら，自分らしい生き方を実現していくキャリア発達を促進する。

1　①社会的・職業的　②自己の将来　③体系的・系統的　④資質・能力

2　①体系的・系統的　②社会の発展　③社会的・職業的　④資質・能力

3　①社会的・職業的　②社会の発展　③体系的・系統的　④知識・技能

4　①社会的・職業的　②自己の将来　③体系的・系統的　④知識・技能

5　①体系的・系統的　②自己の将来　③社会的・職業的　④資質・能力

6　**次の法の条文と法の組合せとして正しいものは，下の1～5のうちどれか。**

①　職員には，その勤務能率の発揮及び増進のために，研修を受ける機会が与えられなければならない。

②　公立の小学校等の校長及び教員の研修実施者は，指標を踏まえ，当該校長及び教員の研修について，毎年度，体系的かつ効果的に実施するための計画（以下この条及び第22条の6第2項において「教員研修計画」という。）を定めるものとする。

③　法律に定める学校の教員は，自己の崇高な使命を深く自覚し，絶えず研究と修養に励み，その職責の遂行に努めなければならない。

1　①学校教育法　②地方公務員法　③教育基本法

2　①地方公務員法　②教育公務員特例法　③教育基本法

3　①地方公務員法　②教育基本法　③教育公務員特例法

4　①学校教育法　②教育公務員特例法　③地方公務員法

5　①地方公務員法　②学校教育法　③教育公務員特例法

7　**令和3年3月26日に改定された「新潟県人権教育基本方針」に示されている内容として適切でないものは，次の1～5のうちどれか。**

1　学校教育及び社会教育におけるすべての学習機会をとおして，人権尊重の精神に基づき，一人一人の個性や多様性を認め合い，自他の人権を守る行動力の育成を図る人権教育を推進する。また，教育における主体性や中立性を保持するとともに，学校園，家庭，地域，様々な機関等が連携し，社会全体で人権尊重の精神を育むことができるよう努める。

2　学校教育においては，差別の現実に深く学び，幼児児童生徒や保護者，地域と深くかかわるといった「かかわる同和教育」の理念を踏まえ，一人一人を大切にしながら，人権が尊重される学級づくり，学校園づくりを全校体制で行う。また，幼児期からの発達の段階に応じた計画的・組織的な人権教育を行い，人権に関する理解を深め，豊かな人権感覚を養い，互いに自他の大切さを認め合う態度や行動力を身に付けさせる。その際，インターネットやSNSの使用に当たって，他者の人権を侵すことがないよう確実に指導する。

3　学校教育及び社会教育をとおして，家族全員が家庭内外において自他の人権を尊重し合えるよう，家庭への人権に関する理解や様々な人権問題に関する学習機会の提供，情報発信等を行うことなどにより，家庭における教育力向上を支援する。

4　教職員をはじめとする指導に当たる立場の人は，差別の現実に学ぶ機会や現地研修等をとおして，人権や様々な人権問題についての正しい認識を身に付け，人権教育，同和教育を推進する。

5　社会教育においては，すべての人々の人権が尊重される地域社会づくりを目指して，社会情勢の変化や学習者のニーズ等に影響されることなく，様々な人権問題に関する学習の充実に努める。

8　**次の文は，平成28年6月3日に改正された「発達障害者支援法」の条文の一部である。［①］～［③］に当てはまる語句の組合せとして正しいものは，下の1～5のうちどれか。**

第2条の2　発達障害者の支援は，全ての発達障害者が［①］の機会が確保されること及びどこで誰と生活するかについての選択の機会が確保され，地域社会において他の人々と共生することを妨げられないことを旨として，行われなければならない。

2　発達障害者の支援は，［②］の除去に資することを旨として，行われなければならない。

3　発達障害者の支援は，個々の発達障害者の性別，年齢，障害の状態及び［③］の実態に応じて，かつ，医療，保健，福祉，教育，労働等に関する業務を行う関係機関及び民間団体相互の緊密な連携の下に，その意思決定の支援に配慮しつつ，切れ目なく行われなければならない。

1　①就労　②差別　③生活
2　①社会参加　②社会的障壁　③発達
3　①就労　②差別　③発達
4　①社会参加　②社会的障壁　③生活
5　①社会参加　②差別　③生活

9　**次の文は，令和元年10月25日に文部科学省が通知した「不登校児童生徒への支援の在り方について（通知）」の内容の一部である。［①］～［③］に当てはまる語句の組合せとして適切なものは，下の1～5のうちどれか。**

不登校児童生徒への支援は，「学校に登校する」という結果のみを目標にするのではなく，児童生徒が自らの進路を［①］に捉えて，社会的に自立することを目指す必要があること。また，児童生徒によっては，不登校の時期が休養や［②］を見つめ直す等の積極的な意味を持つことがある一方で，学業の遅れや［③］上の不利益や社会的自立へのリスクが存在することに留意すること。

1　①客観的　②自分　③進路選択
2　①主体的　②自分　③進路選択
3　①主体的　②学校生活　③進路選択
4　①客観的　②学習成果　③社会生活
5　①主体的　②自分　③社会生活

10　**次の文は，「学校教育の情報化の推進に関する法律」の条文の一部である。［①］～［③］に当てはまる語句の組合せとして適切なものは，下の1～5のうちどれか。**

第3条　学校教育の情報化の推進は，情報通信技術の特性を生かして，個々の児童生徒の能力，特性等に応じた教育，［①］のある教育（児童生徒の主体的な学習を促す教育をいう。）等が学校の教員による適切な指導を通じて行われることにより，各教科等の指導等において，情報及び情報手段を主体的に選択し，及びこれを活用する能力の［②］な育成その他の知識及び技能の習得等（心身の発達に応じて，基礎的な知識及び技能を習得させるとともに，これらを活用して課題を解決するために必要な思考力，判断力，表現力その他の能力を育み，主体的に学習に取り組む態度を養うことをいう。）が［③］に図られるよう行われなければならない。

1　①双方向性　②個別的　③効果的
2　①双方向性　②体系的　③効果的
3　①多面性　②個別的　③積極的
4　①双方向性　②体系的　③積極的
5　①多面性　②体系的　③効果的

11　**次の文は，令和4年3月25日に策定された「第3次学校安全の推進に関する計画」の一部である。［①］～［③］に当てはまる語句の組合せとして適切なものは，下の1～5のうちどれか。**

学校における安全教育の目標は，日常生活全般における安全確保のために必要な事項を［①］に理解し，自他の［②］を基盤として，生涯を通じて安全な生活を送る基礎を培うとともに，進んで安全で安心な社会づくりに参加し貢献できるような資質・能力を育成することを目指すものである。

各学校では，新学習指導要領において重視している［③］の考え方を生かしながら，児童生徒等や学校，地域の実態及び児童生徒等の発達の段階を考慮して，学校の特色を生かした安全教育の目標や指導の重点を設定し，教育課程を編成・実施していくことが重要であり，各学校において管理職や教職員の共通理解を図りながら，安全教育を積極的に推進するべきである。

1　①実践的　②生命尊重　③カリキュラム・マネジメント
2　①実践的　②人権尊重　③社会に開かれた教育課程
3　①実践的　②生命尊重　③社会に開かれた教育課程
4　①計画的　②人権尊重　③カリキュラム・マネジメント
5　①計画的　②生命尊重　③カリキュラム・マネジメント

解答＆解説

1 解答 4

解説 日本国憲法第26条を参照。「教育を受ける権利，教育を受けさせる義務，義務教育の無償」の規定。

2 解答 2

解説 2：ブルーナー（1915～2016）は，教師は子どもの知的潜在能力を引き出すことを目指すべきだとし，教師が一方的に指導するのではなく，学習者が自らの直感・想像を働かせて学習者自身に知識の生成過程をたどらせ，知識を「構造」として学習させる発見学習を唱えた。

3 解答 3

解説 中央教育審議会答申「道徳に係る教育課程の改善等について」（2014年10月21日）の「1　道徳教育の改善の方向性」「(1)道徳教育の使命」を参照。

4 解答 5

解説『生徒指導提要』（2022年12月）の「第Ⅰ部　生徒指導の基本的な進め方」「第1章　生徒指導の基礎」「1.1　生徒指導の意義」「1.1.1　生徒指導の定義と目的」「(2)生徒指導の目的」を参照。

5 解答 5

解説 中央教育審議会答申「次期教育振興基本計画について」（2023年3月8日）の「Ⅳ．今後5年間の教育政策の目標と基本施策」「(目標，基本施策及び指標)」「目標1　確かな学力の育成，幅広い知識と教養・専門的能力・職業実践力の育成」「【基本施策】」「○キャリア教育・職業教育の充実」を参照。

6 解答 2

解説 ①地方公務員法第39条第1項を参照。「研修」の規定。
②教育公務員特例法第22条の4第1項を参照。「教員研修計画」の規定。
③教育基本法第9条第1項を参照。「教員」の規定。

7 解答 5

解説 新潟県教育委員会「新潟県人権教育基本方針」（2021年3月26日）を参照。同方針は，人権教育のねらいや方向性を明らかにし，市町村教育委員会，学校及び社会教育施設等での人権教育，同和教育の取組の一層の進展を図ることを目的として制定された。

5：「社会教育における人権教育」を参照。「社会情勢の変化や学習者のニーズ等に影響されることなく，様々な人権問題に関する学習の充実に努める」ではなく，「社会情勢の変化や学習者のニーズ等に応じ，多様な学習情報や学習プログラムを提供するなどして，人権に関する理解を深め，様々な人権問題に関する学習の充実に努める」。

1：「人権教育推進の基本姿勢」を参照。

2：「学校教育における人権教育」を参照。

3：「家庭教育への支援」を参照。

4：「教職員等の研修」を参照。

8 解答 4

解説 発達障害者支援法第２条の２を参照。「基本理念」の規定。

9 解答 2

解説 文部科学省「不登校児童生徒への支援の在り方について（通知）」(2019年10月25日）の「1．不登校児童への支援に対する基本的な考え方」「(1)支援の視点」を参照。

10 解答 2

解説 学校教育の情報化の推進に関する法律第３条第１項を参照。「基本理念」の規定。

11 解答 1

解説「第３次学校安全の推進に関する計画」(2022年３月25日閣議決定）の「Ⅱ　学校安全を推進するための方策」「3. 学校における安全に関する教育の充実」を参照。

新潟市

実施日	2023(令和5)年7月2日	試験時間	55分（一般教養を含む）
出題形式	選択＋記述式	問題数	8題（解答数8）
パターン	法規・時事＋原理・教育史・ローカル・記述	公開状況	問題：公開　解答：公開　配点：公開

傾向&対策 ●記述問題があるため，新潟県より3題少ない。選択問題は新潟県と一部共通であるが，出題順が異なる。1題2点の選択問題に対し，記述問題（字数制限なし）は20点と配点が高い。●教育法規は，日本国憲法，発達障害者支援法の空欄補充問題。●教育時事は，「次期教育振興基本計画」に関する中央教育審議会答申（2023年3月）と「第3次学校安全の推進に関する計画」(2022年3月)。●新登場のローカル問題は，「第4期新潟市教育ビジョン」(2020年3月）の基本施策より。●教育原理は，改訂『生徒指導提要』より「生徒指導の目的」。●教育史は，業績と著書よりブルーナーを選択する問題。●記述問題は，「学校が保護者と連携・協働していくための学級担任，養護教諭等としての取り組み」。

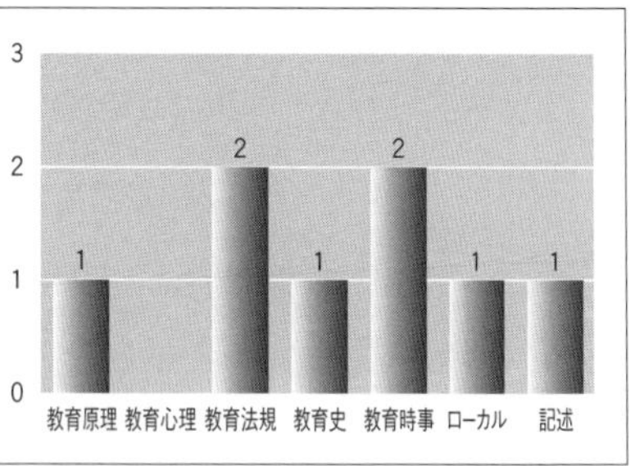

出題領域

教育原理	教育課程・学習指導要領		総則		特別の教科　道徳	
	外国語活動		総合的な学習(探究)の時間		特別活動	↓法規
	学習指導		生徒指導	1	学校・学級経営	
	特別支援教育	↓法規	人権・同和教育		記述	1
教育心理	発達		学習		性格と適応	
	カウンセリングと心理療法		教育評価		学級集団	
教育法規※	教育の基本理念	1	学校教育	1	学校の管理と運営	
	児童生徒		教職員		特別支援教育	1
教育史	日本教育史		西洋教育史	1		
教育時事	答申・統計	2	ローカル	1		

表中の数字は，解答数
※選択肢の出題領域が複数にわたる場合は，それぞれの項目に加算するためグラフの数とは異なる

全校種共通

☞解答＆解説 p.165

1 **次の日本国憲法の条文について，［①］～［④］に当てはまる語句の組合せとして正しいものは，下の1～5のうちどれか。**

第26条　すべて国民は，法律の定めるところにより，その［①］に応じて，ひとしく［②］を受ける権利を有する。

2　すべて国民は，法律の定めるところにより，その保護する子女に［③］を受けさせる義務を負ふ。［④］は，これを無償とする。

1　①個性　②教育　③普通教育　④義務教育
2　①個性　②義務教育　③教育　④普通教育
3　①能力　②教育　③義務教育　④普通教育
4　①能力　②教育　③普通教育　④義務教育
5　①能力　②義務教育　③教育　④普通教育

2 **「教育の過程」の著者であり，「発見学習」の提唱者として適切なものは，次の1～5のうちどれか。**

1　マカレンコ　2　ブルーナー　3　デューイ　4　モンテッソーリ
5　パーカスト

3 **次の文は，文部科学省が令和4年12月に改訂した「生徒指導提要」の一部である。［①］～［③］に当てはまる語句の組合せとして適切なものは，下の1～5のうちどれか。**

生徒指導の目的を達成するためには，児童生徒一人一人が［①］を身に付けることが重要です。児童生徒が，深い［②］に基づき，「何をしたいのか」，「何をするべきか」，主体的に［③］を発見し，自己の目標を選択・設定して，この目標の達成のため，自発的，自律的，かつ，他者の主体性を尊重しながら，自らの行動を決断し，実行する力，すなわち，「［①］」を獲得することが目指されます。

1　①自己判断力　②自己理解　③問題や課題
2　①自己判断力　②自己探究　③価値や課題
3　①自己判断力　②自己探究　③問題や課題
4　①自己指導能力　②自己探究　③価値や課題
5　①自己指導能力　②自己理解　③問題や課題

4 **次の文は，令和5年3月8日に中央教育審議会が示した「次期教育振興基本計画について（答申）」の「目標1　確かな学力の育成，幅広い知識と教養・専門的能力・職業実践力の育成」の一部である。［①］～［④］に当てはまる語句の組合せとして適切なものは，下の1～5のうちどれか。**

幼児教育から高等教育まで各学校段階を通じた［①］なキャリア教育を推進する。初等中等教育段階においては「キャリア・パスポート」等を活用し，児童生徒が，学ぶことと［②］とのつながりを見通しながら，［③］自立に向けて必要な基盤となる［④］を育成する取組を通じて，社会の中で自分の役割を果たしながら，自分らしい生き方を実現していくキャリア発達を促進する。

1　①社会的・職業的　②自己の将来　③体系的・系統的　④資質・能力
2　①体系的・系統的　②社会の発展　③社会的・職業的　④資質・能力
3　①社会的・職業的　②社会の発展　③体系的・系統的　④知識・技能
4　①社会的・職業的　②自己の将来　③体系的・系統的　④知識・技能
5　①体系的・系統的　②自己の将来　③社会的・職業的　④資質・能力

5　**次の文は，平成28年6月3日に改正された「発達障害者支援法」の条文の一部である。［①］～［③］に当てはまる語句の組合せとして正しいものは，下の1～5のうちどれか。**

第2条の2　発達障害者の支援は，全ての発達障害者が［①］の機会が確保されること及びどこで誰と生活するかについての選択の機会が確保され，地域社会において他の人々と共生することを妨げられないことを旨として，行われなければならない。

2　発達障害者の支援は，［②］の除去に資することを旨として，行われなければならない。

3　発達障害者の支援は，個々の発達障害者の性別，年齢，障害の状態及び［③］の実態に応じて，かつ，医療，保健，福祉，教育，労働等に関する業務を行う関係機関及び民間団体相互の緊密な連携の下に，その意思決定の支援に配慮しつつ，切れ目なく行われなければならない。

1　①就労　②差別　③生活
2　①社会参加　②社会的障壁　③発達
3　①就労　②差別　③発達
4　①社会参加　②社会的障壁　③生活
5　①社会参加　②差別　③生活

6　**次の文は，「第4期新潟市教育ビジョン」の「基本施策6　人権を守り共に支え合う社会の推進」の「施策の計画」の一部である。［①］～［③］に当てはまる語句の組合せとして適切なものは，下の1～5のうちどれか。**

6―1　人権教育・同和教育の推進，男女平等教育の推進

日常生活の中で市民一人一人の［①］が尊重され，偏見や差別を生み出さない社会を実現するための人権教育，同和教育，男女平等教育を進めます。

職員一人一人が人権問題や同和問題に関心をもち，理解と認識を深め，市民の良き相談役・パートナーとしての資質を高めるとともに，公民館では，女性セミナーや人権講座，家庭教育学級などの事業を通して，市民に［②］を啓発します。また，人権問題や同和問題について，［③］が差別の現実を正しく認識し，子どもへの教育を推進します。

1　①個性　②人権意識　③教職員
2　①個性　②男女共同参画　③市民
3　①人権　②人権意識　③教職員
4　①人権　②男女共同参画　③教職員
5　①人権　②人権意識　③市民

7　**次の文は，令和4年3月25日に策定された「第3次学校安全の推進に関する計画」の一部である。［①］～［③］に当てはまる語句の組合せとして適切なものは，下の1～**

5のうちどれか。

学校における安全教育の目標は，日常生活全般における安全確保のため必要な事項を［ ① ］に理解し，自他の［ ② ］を基盤として，生涯を通じて安全な生活を送る基礎を培うとともに，進んで安全で安心な社会づくりに参加し貢献できるような資質・能力を育成することを目指すものである。

各学校では，新学習指導要領において重視している［ ③ ］の考え方を生かしながら，児童生徒等や学校，地域の実態及び児童生徒等の発達の段階を考慮して，学校の特色を生かした安全教育の目標や指導の重点を設定し，教育課程を編成・実施していくことが重要であり，各学校において管理職や教職員の共通理解を図りながら，安全教育を積極的に推進するべきである。

1　①実践的　②生命尊重　③カリキュラム・マネジメント
2　①実践的　②人権尊重　③社会に開かれた教育課程
3　①実践的　②生命尊重　③社会に開かれた教育課程
4　①計画的　②人権尊重　③カリキュラム・マネジメント
5　①計画的　②生命尊重　③カリキュラム・マネジメント

8 **児童生徒の健全な育成には，学校と保護者がそれぞれの役割と責任を果たし，相互に連携・協働していくことが重要です。学校が保護者と連携・協働していくために，あなたは，学級担任，養護教諭または栄養教諭として，何が一番大切だと考え，どのようなことに取り組みますか。具体的に書きなさい。**

解答＆解説

1 解答 4

解説 日本国憲法第26条を参照。「教育を受ける権利，教育を受けさせる義務，義務教育の無償」の規定。

2 解答 2

解説 2：ブルーナー（1915～2016）は，教師は子どもの知的潜在能力を引き出すことを目指すべきだとし，教師が一方的に指導するのではなく，学習者が自らの直感・想像を働かせて学習者自身に知識の生成過程をたどらせ，知識を「構造」として学習させる発見学習を唱えた。

3 解答 5

解説『生徒指導提要』(2022年12月）の「第Ⅰ部　生徒指導の基本的な進め方」「第1章　生徒指導の基礎」「1.1　生徒指導の意義」「1.1.1　生徒指導の定義と目的」「(2)生徒指導の目的」を参照。

4 解答 5

解説 中央教育審議会答申「次期教育振興基本計画について」(2023年3月8日）の「Ⅳ. 今後5年間の教育政策の目標と基本施策」「（目標，基本施策及び指標）」「目標1　確かな学力の育成，幅広い知識と教養・専門的能力・職業実践力の育成」「【基本施策】」「○キャリア教育・職業教育の充実」を参照。

5 解答 4

解説 発達障害者支援法第2条の2を参照。「基本理念」の規定。

6 解答 3

解説 新潟市教育委員会「新潟市 教育ビジョン　これからの社会をたくましく生き抜く力の育成　～学・社・民の融合による人づくり，地域づくり，学校づくり～ 第4期 実施計画（令和2～6年度）」(2020年3月）の「Ⅵ　実施計画」「2　施策別計画」「基本施策6　人権を守り共に支え合う社会の推進」「施策の計画」「6―1　人権教育・同和教育の推進，男女平等教育の推進」を参照。同計画では，「基本構想」として3つの基本目標と，学校教育，生涯学習，教育行政の目指す方向が示され，「基本構想」を実現する12の基本施策と34の施策からなる。計画期間は2020～24年度。

7 解答 1

解説「第3次学校安全の推進に関する計画」(2022年3月25日）の「Ⅱ　学校安全を推進するための方策」「3．学校における安全に関する教育の充実」を参照。

8 解答 略

富山県

実施日	2023(令和5)年7月15日／8月19日	試験時間	60分（一般教養を含む）／50分
出題形式	選択＋記述式(一般教養)／論述式	問題数	2題（解答数14）／1題
パターン	法規＋原理・心理・教育史・時事	公開状況	問題:公開　解答:公開　配点:公開

傾向&対策 ●教職教養：一般教養は1：3で一般教養重視型。単純な空欄補充問題が中心。●教職教養全体の半数以上を占める教育法規は，教育基本法，学校教育法などの頻出条文のキーワードを問う空欄補充問題と，出典法規を問う問題が必出。●教育原理は，改訂『生徒指導提要』より「生徒指導の目的」と，特別支援教育の学業不振児について。●教育心理は，エリクソンの自我同一性，非社会的行動（ひきこもり）。●教育史はラングランについて。●教育時事は，「研修履歴を活用した対話に基づく受講奨励に関するガイドライン」(2022年8月）より。●2次の教職教養は，50分・800字の論述問題が校種別に1題。テーマは「日本語の習熟が十分ではない外国人児童への対応」など具体的な事例で問われる。

【1次試験】

教育原理	教育心理	教育法規	教育史	教育時事	ローカル
2	2	8	1	1	

出題領域（1次試験）

教育原理	教育課程・学習指導要領		総則		特別の教科　道徳	
	外国語・外国語活動		総合的な学習(探究)の時間		特別活動	
	学習指導		生徒指導	1	学校・学級経営	
	特別支援教育	1	人権・同和教育		その他	
教育心理	発達	1	学習		性格と適応	1
	カウンセリングと心理療法		教育評価		学級集団	
教育法規	教育の基本理念		学校教育		学校の管理と運営	3
	児童生徒	2	教職員	1	憲法	2
教育史	日本教育史		西洋教育史	1		
教育時事	答申・統計	1	ローカル			

表中の数字は，解答数

1次　全校種共通

☞解答＆解説 p.171

1　**次の(1)〜(5)の各文は，下の［語群］のA〜Eのいずれかの法令の条文の一部である。文中の（　　）に最も適するものを，それぞれ下のア〜エから１つずつ選び，記号で答えよ。**

また，(1)〜(3)の各文が規定されている法令名を下の［語群］のA〜Eからそれぞれ１つずつ選び，記号で答えよ。

(1)（　　）及び良心の自由は，これを侵してはならない。

ア　言論　　イ　教育　　ウ　思想　　エ　信教

(2) 小学校においては，（　　）の検定を経た教科用図書又は文部科学省が著作の名義を有する教科用図書を利用しなければならない。

ア　市町村教育委員会　　イ　内閣総理大臣　　ウ　都道府県教育委員会
エ　文部科学大臣

(3) 国及び地方公共団体は，能力があるにもかかわらず，経済的理由によって修学が困難な者に対して，（　　）の措置を講じなければならない。

ア　奨学　　イ　報償　　ウ　支援　　エ　機会

(4) 職員は，法律又は条例に特別の定がある場合を除く外，その勤務時間及び職務上の（　　）のすべてをその職責遂行のために用い，当該地方公共団体がなすべき責を有する職務にのみ従事しなければならない。

ア　注意力　　イ　指導力　　ウ　調整力　　エ　判断力

(5) 学校教育の情報化の推進は，情報通信技術を活用した学校事務の効率化により，学校の教職員の負担が軽減され，（　　）が図られるよう行われなければならない。

ア　業務内容の改善　　イ　ワーク・ライフ・バランスの実現　　ウ　情報化の恵沢
エ　児童生徒に対する教育の充実

［語群］A　日本国憲法　　B　教育基本法　　C　地方公務員法
D　学校教育の情報化の推進に関する法律　　E　学校教育法

2　**次の(1)〜(6)の文中の（　　）に最も適するものを，下のア〜エからそれぞれ１つずつ選び，記号で答えよ。**

(1)「生徒指導提要」(令和４年12月改訂) において，「生徒指導は，児童生徒一人一人の個性の発見とよさや可能性の伸長と社会的資質・能力の発達を支えると同時に，自己の幸福追求と社会に受け入れられる（　　）を支えることを目的とする。」とされている。

ア　人間関係　　イ　自己実現　　ウ　生活習慣　　エ　自己理解

(2)「教育公務員特例法及び教育職員免許法の一部を改正する法律」を受け，令和４年８月に文部科学省より「研修履歴を活用した（　　）に基づく受講奨励に関するガイドライン」が策定された。

ア　面談　　イ　対話　　ウ　相談　　エ　会話

(3)（　　）によると，自我同一性は，生涯を通して８つの発達段階の中で肯定的な目標と否定的な危険に直面しながら少しずつ達成されていくと考えられている。

ア　デューイ　　イ　レヴィン　　ウ　エリクソン　　エ　ソーンダイク

(4)　フランスの教育思想家（　　）は，1965年に開催されたユネスコの成人教育推進国際委員会の議長を務め，生涯教育の理念を提唱した。著書に「生涯教育入門」がある。

ア　ラングラン　　イ　ルソー　　ウ　シュタイナー　　エ　マズロー

(5)　知能検査の結果からは高い知能が想定されるものの，学力テストを行うと想定以上に低い得点しか得られない場合，そのような学習者は（　　）と呼ばれる。

ア　LD　　イ　学業不振児　　ウ　ADHD　　エ　自閉スペクトラム症

(6)　人が心理的に不安定になっている状態が続くと，問題行動として反社会的行動と非社会的行動が表れてくることがある。非社会的行動に分類されるものは（　　）である。

ア　ひきこもり　　イ　非行　　ウ　対教師暴力　　エ　器物損壊

2次　校種別問題

3　【小学校】　現在，A教諭は小学校で2年3組の担任をしている。2年3組の男子児童Bは，外国人児童である。日本語指導担当教師の1年間の指導で，平易な日本語は理解できるようになったが，自分の思いを日本語で伝えることは難しい状況である。今年度も週に5時間，昨年度と同じ日本語指導担当教師から日本語指導を受けている。1学期の始業式以来，気にかけて見ているが，明るく元気に行動し，気が合う男子児童と仲良く遊ぶ様子が見られる。授業では興味をもったことに対しては進んで取り組んでいる。両親も外国人で，日本語の習熟は十分ではない。

6月初旬ごろから，児童Bは授業中に教科書を開かずに手遊びをしたり，立ち歩きをしたりするようになった。最初は，個別に声をかけることで，着席していたが，次第に声をかけるだけでは，着席せず，気が合う男子児童の席へ行き，ちょっかいを出すようになってきた。また，何か指示を出すと「めんどうくさい」と反発するようになってきた。この様子を見て，女子児童を中心に，児童Bのことを避けるようになってきた。

あなたがA教諭だとすると，このような状況にどう対応するか。児童Bへの対応やその他の児童への関わり，今後の学級づくり等について800字以内で述べよ。

4　【中高共通】　Aは中学2年生の女子生徒である。吹奏楽部に所属し，部活動に熱心に取り組んでいる。クラス内でも明るく活発な生徒だったが，10月項から元気がなくなり，仲のよかった同じクラスの友人数人とも距離を置くようになるなど，一人で行動することが多くなってきた。

11月のある日，担任は，Aの手首に傷跡が数本あることに気付いた。放課後にAと面談を行い，手首の傷跡について尋ねたところ，Aは，ためらいながらも，これまでに自宅の自室で数回自傷行為をしたことを告白した。自傷行為をするようになったのは最近のことで，勉強を始めてもなかなか集中できず，気付いたら行為に及んでしまっていることもあるという。Aからは，自傷行為をしたことについて親に知らせないでほしいと依頼された。

あなたがAの担任ならば，Aに対してどのように対応するか，800字以内で述べよ。

5　【特別支援学校】　特別支援学校においては，自立と社会参加に向け，一人一人の教育的ニーズに応じた教育を発展させ，共生社会の実現に向けたインクルーシブ教育システムの推進が求められています。

このことを踏まえ，特別支援学校の教員として障害のある児童生徒の地域生活を将来にわたって豊かにするための取組について，あなたの考えを述べよ。

ただし，対象とする児童生徒の障害種別と学部を解答欄に記入し，「取組のねらい」「取組の意義」を踏まえながら800字以内でまとめよ。

6 【養護教諭】 次の事例を読んで，あとの問いに答えよ。

［事例］ A子…中学校２年生女子（陸上部）
家族構成４人（本人，両親，弟（小学校６年生））

養護教諭が，健康相談の対象者を把握するために，定期健康診断の結果（肥満度曲線）を確認していたところ，A子の肥満度が昨年度の「普通」から今年度は「やせ傾向」に変化していることが分かった。A子の健康診断の結果は，身長157.0cm，体重38.2kg，肥満度―21.4％であった。昨年の検診結果は，身長153.5cm　44.2kg　肥満度―2.3％であり，身長は伸びているが，体重は６kg減少していた。

陸上部の顧問でもある学級担任にA子について尋ねたところ，遅刻や欠席はなく，成績はトップクラスで，学級でも部活動でもリーダー的な存在であり，陸上部の練習にも熱心だが，昨年秋ごろまで伸びていたタイムが，今年に入ってなかなか伸びず，苦労しているとのことであった。

後日，A子が体育の授業中に貧血を起こし，保健室を利用した。その際，養護教諭との会話の中で，A子はつぎのように打ち明けた。

- 先輩から「減量するとタイムが上がる」と言われ，給食のご飯の量を減らしたり，夕食を抜いたりして体重を落とした。
- 始めは順調に体重が減り，面白いようにタイムが伸びたが，最近は夕食を抜いても体重が減らず，身体も思うように動かない。
- 大会が近いので，すぐに効果の出るダイエット方法を知りたい。
- 母親は心配性なので，ダイエットをしていることは，知られたくない。

［問い］ 次の(1)，(2)について，あなたは養護教諭としてどのように対応するか，摂食障害（神経性やせ症）の症状等に関する説明もあわせて800字以内で述べよ。

(1)　A子に対する学校全体での支援について

(2)　A子及びその家族への接し方や今後の対応について

7 【栄養教諭】 次の［事例］を読んで，あとの［問い］に答えよ。

A中学校の男子サッカー部は，例年，T市でベスト４まで勝ち進んでいる強豪チームである。しかし，最近は，けがをしたり十分な睡眠がとれなかったり，朝食や夕食を欠食する部員が増えてきた。

１か月後の５月に開催されるT市中学校体育大会に向けて体調を整え，試合で実力を十分に発揮できるように食事指導をして欲しいというサッカー部の顧問から依頼があった。男子サッカー部員は30名（１年生10名，２年生12名，３年生８名）で，平均身長は161cm，平均体重は50kgである。

顧問は，日頃から朝，昼，夕の三食をしっかり食べることの指導や，練習中は15～30

分ごとに水分補給する時間を設定している。

[問い] 上記の [事例] について，あなたはA中学校の栄養教諭として，サッカー部員や保護者に対し，どのように指導し，またどのように対応するか。800字以内で述べよ。

解答&解説

1 解答 空欄：(1)―ウ　(2)―エ　(3)―ア　(4)―ア　(5)―エ

法令名：(1)―A　(2)―E　(3)―B

解説 (1)日本国憲法第19条を参照。「思想及び良心の自由」の規定。

(2)学校教育法第34条第1項を参照。「教科用図書その他の教材の使用」の規定。

(3)教育基本法第4条第3項を参照。「教育の機会均等」の規定。

(4)地方公務員法第35条を参照。「職務に専念する義務」の規定。

(5)学校教育の情報化の推進に関する法律第3条第4項を参照。「基本理念」の規定。

2 解答 (1)―イ　(2)―イ　(3)―ウ　(4)―ア　(5)―イ　(6)―ア

解説 (1)『生徒指導提要』(2022年12月) の「第Ⅰ部　生徒指導の基本的な進め方」「第1章　生徒指導の基礎」「1.1　生徒指導の意義」「1.1.1　生徒指導の定義と目的」「(2)生徒指導の目的」を参照。

(2)文部科学省「研修履歴を活用した対話に基づく受講奨励に関するガイドライン」(2022年8月，2023年3月一部修正) を参照。

(3)ウ：エリクソン (1902～94) は，乳児期から老年期に至るまでを8つの段階に分け，それぞれで体験する心理社会的危機を挙げた。その中で青年期は自我同一性 (同一性あるいはアイデンティティ) を確立できるか否かを「同一性対同一性拡散」という言葉で表した。

(4)ア：ラングラン (1910～2003) は，生涯教育の提唱者・実践者。1965年のユネスコの成人教育推進国際会議で議長を務めた後も，成人教育理論の普及に努めた。

(5)イ：知能は普通以上であるにもかかわらず，健康，性格，環境その他の要因によって学業成績が不良である者をアンダーアチーバー (学業不振児) という。一方，知能と比較して学業成績が優秀である者をオーバーアチーバー (学業優良児) という。

(6)社会に対して攻撃的な行動となるのが反社会的行動で，社会から逸脱して自己の殻に入ってしまうような行動が非社会的行動である。

石川県

実施日	2023(令和5)年7月15日	試験時間	90分（一般教養を含む）
出題形式	マークシート＋論述式(一般教養)	問題数	3題（解答数9＋論述）
パターン	法規＋原理・教育史・論述	公開状況	問題:公開　解答:公開　配点:公開

傾向&対策 ●教職教養：一般教養の出題比≒1：3で一般教養重視型。300字程度の論述問題を含むので，時間配分に要注意。例年，教育に関するテーマで，今年度は『個別最適な学びと協働的な学び』に関する文章を読み，一斉指導の長所と短所を踏まえ，これからの学習指導についてまとめるもので，教職教養の知識が必須。●出題構成は流動的だが，2年連続で教育原理，教育法規，教育史で構成。●最も解答数の多い教育法規は，教育基本法，地方公務員法などの空欄補充問題。新しく制定された法規や改正法は必出で，今年度は学校教育の情報化の推進に関する法律が出題された。●教育原理は，改訂『生徒指導提要』より「生徒指導の目的」と，特別支援教育よりHSCについて。●教育史は，フレーベル。

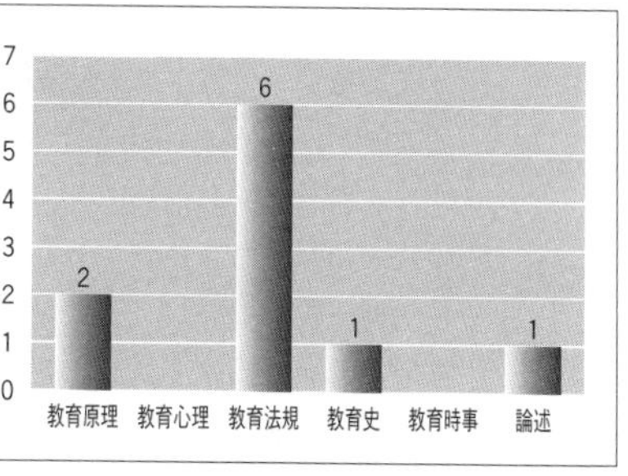

出題領域

分野	項目	数	項目	数	項目	数
教育原理	教育課程・学習指導要領		総則		特別の教科　道徳	
	外国語・外国語活動		総合的な学習(探究)の時間		特別活動	
	学習指導		生徒指導	1	学校・学級経営	
	特別支援教育	1	人権・同和教育		その他	
教育心理	発達		学習		性格と適応	
	カウンセリングと心理療法		教育評価		学級集団	
教育法規	教育の基本理念		学校教育	1	学校の管理と運営	2
	児童生徒	1	教職員	2	その他	
教育史	日本教育史		西洋教育史	1		
教育時事	答申・統計		ローカル			

表中の数字は，解答数

全校種共通

☞解答＆解説 p.174

1　次の(1)・(3)の空欄［ア］～［ウ］に入るものとして最も適当なものを，それぞれ下の①～④から一つずつ選びなさい。

(1) 12年ぶりに改訂が行われた生徒指導提要（令和４年12月　文部科学省）では，生徒指導の目的を達成するためには，児童生徒一人一人が［ア］を身につけることが重要であるとしている。

①自己実現力　②自己指導能力　③自己表現能力　④自己理解能力

(2) アメリカの心理学者エレイン・N・アーロン博士が提唱した概念である［イ］は，「人一倍敏感な子ども」を指し，感受性が豊かで，他人の気持ちによく気がつく一方，周囲の刺激に敏感で傷つきやすい子どものことをいう。５人に１人の割合で存在するといわれている。

①ADHD　②ASD　③LD　④HSC

(3) ［ウ］は，著書「人間の教育」の中で，遊びは幼児期の人間の最高の段階を示しているといい，幼児期の遊びの大切さを指摘した。

①アドラー　②デューイ　③フレーベル　④ルソー

2　次の(1)～(6)の法令の条文またはその一部について，（ a ）（ b ）に当てはまる語句の組合せとして正しいものを，それぞれ下の①～④から一つずつ選びなさい。

(1) 学校の設置者及びその設置する学校は，当該学校におけるいじめを（ a ）ため，当該学校に在籍する児童等に対する（ b ）その他の必要な措置を講ずるものとする。
（いじめ防止対策推進法第16条）

① a 早期に発見する　b 相談体制
② a 早期に発見する　b 定期的な調査
③ a 防止する　b 相談体制
④ a 防止する　b 定期的な調査

(2) 学校においては，児童生徒等の安全の確保を図るため，当該学校の施設及び設備の安全点検，児童生徒等に対する（ a ）を含めた学校生活その他の日常生活における安全に関する指導，職員の研修その他学校における安全に関する事項について計画を策定し，これを（ b ）。　（学校保健安全法第27条）

① a 通学　b 実施するよう努めなければならない
② a 通学　b 実施しなければならない
③ a 心身の健康　b 実施するよう努めなければならない
④ a 心身の健康　b 実施しなければならない

(3) 職員は，その職務を遂行するに当つて，法令，条令，地方公共団体の規則及び地方公共団体の機関の定める規程に従い，且つ，（ a ）の職務上の命令に（ b ）従わなければならない。　（地方公務員法第32条）

① a 上司　b 忠実に　② a 上司　b 可能な限り
③ a 教育委員会　b 忠実に　④ a 教育委員会　b 可能な限り

(4) 法律に定める学校は，公の性質を有するものであって，国，地方公共団体及び法律に定める法人のみが，これを設置することができる。

2　前項の学校においては，教育の目標が達成されるよう，教育を受ける者の心身の発達に応じて，（ a ）な教育が組織的に行われなければならない。この場合において，教育を受ける者が，学校生活を営む上で必要な（ b ）を重んずるとともに，自ら進んで学習に取り組む意欲を高めることを重視して行われなければならない。

（教育基本法第６条）

①　a　自主的　　b　役割　　②　a　自主的　　b　規律

③　a　体系的　　b　役割　　④　a　体系的　　b　規律

(5)　学校教育の情報化の推進は，デジタル教科書その他のデジタル教材を活用した学習その他の（ a ）を活用した学習とデジタル教材以外の教材を活用した学習，体験学習等とを適切に組み合わせること等により，（ b ）が推進されるよう行われなければならない。　（学校教育の情報化の推進に関する法律第３条）

①　a　情報通信技術　　b　情報教育

②　a　情報通信技術　　b　多様な方法による学習

③　a　情報通信ネットワーク　　b　情報教育

④　a　情報通信ネットワーク　　b　多様な方法による学習

(6)　公立の小学校等の校長及び教員の任命権者は，文部科学省令で定めるところにより，当該校長及び教員ごとに，研修の（ a ）その他の当該校長及び教員の資質の向上のための取組の状況に関する（ b ）を作成しなければならない。

（教育公務員特例法第22条の５）

①　a　計画　　b　記録　　②　a　計画　　b　評価基準

③　a　受講　　b　記録　　④　a　受講　　b　評価基準

石川県

3　**〔傾向〕那須正裕『個別最適な学びと協働的な学び』の文章を読み，問いに答える問題。**

問　一斉指導の長所と短所をあげ，それを踏まえて，これからの学習指導について，自分の考えを300字程度で書く問題。

解答＆解説

1　**解答** (1)―②　(2)―④　(3)―③

解説 (1)『生徒指導提要』（2022年12月）の「第Ⅰ部　生徒指導の基本的な進め方」「第１章　生徒指導の基礎」「1.1　生徒指導の意義」「1.1.1　生徒指導の定義と目的」「(2)生徒指導の目的」を参照。

(2)④HSCは，Highly Sensitive Childの略。

(3)③フレーベル（1782～1852）は，子どもの内発的自己活動を重視し，遊戯や作業を通じて創造性，社会性の育成を図ろうとした。

2　**解答** (1)―②　(2)―②　(3)―①　(4)―④　(5)―②　(6)―③

解説 (1)いじめ防止対策推進法第16条第１項を参照。「いじめの早期発見のための措置」の規定。

(2)学校保健安全法第27条を参照。「学校安全計画の策定等」の規定。

(3)地方公務員法第32条を参照。「法令等及び上司の職務上の命令に従う義務」の規定。

(4)教育基本法第6条を参照。「学校教育」の規定。

(5)学校教育の情報化の推進に関する法律第3条第2項を参照。「基本理念」の規定。

(6)教育公務員特例法第22条の5第1項を参照。「研修等に関する記録」の規定。

3 解答 **(着眼点：①条件を踏まえた解答になっているか。②自分の考えが述べられているか。③文章が論理的か。④実体験や具体例を示し，文章に説得力があるか。)**

福井県

実施日	2023(令和５)年７月１日	試験時間	60分（一般教養を含む）
出題形式	選択式	問題数	20題（解答数20）
パターン	原理・心理・法規＋教育史・時事・ローカル	公開状況	問題：公開　解答：公開　配点：公開

傾向＆対策

●「不登校の未然防止」「道徳科の評価」について，事例問題が新登場。●教育原理は，学習指導要領と生徒指導が必出で，前者は「総則」「特別の教科　道徳」「総合的な学習（探究）の時間」で解説書からも出題。後者は改訂『生徒指導提要』が問われた。●教育心理は，発達，性格と適応，教育評価。●教育法規は，学校教育法，児童虐待の防止等に関する法律の正誤判定問題と，こども基本法の空欄補充問題。●５年ぶりの出題となる教育史は，西洋教育史の重要人物と，日本の近代の法令史。●教育時事は，「令和の日本型学校教育」に関する中央教育審議会答申（2021年１月）と，「いじめの防止等のための基本的な方針」(2017年３月)。●必出のローカル問題は，２年連続の「福井県教育振興基本計画」(2020年３月)。

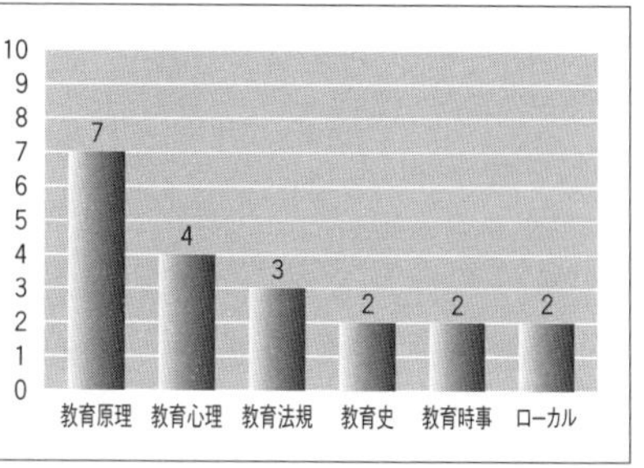

出題領域

教育原理	教育課程・学習指導要領		総則	1	特別の教科　道徳	1
	外国語・外国語活動		総合的な学習(探究)の時間	1	特別活動	
	学習指導	2	生徒指導	2	学校・学級経営	
	特別支援教育		人権・同和教育		その他	
教育心理	発達	2	学習		性格と適応	1
	カウンセリングと心理療法		教育評価	1	学級集団	
教育法規	教育の基本理念		学校教育	1	学校の管理と運営	
	児童生徒	2	教職員		その他	
教育史	日本教育史	1	西洋教育史	1		
教育時事	答申・統計	2	ローカル	2		

※表中の数字は，解答数

全校種共通

☞解答＆解説 p.185

1 **次のア～ウは教育評価としてよく用いられる検査法についての説明である。それぞれの説明に合った検査方法の組み合わせとして適切なものを，下の①～⑥の中から１つ選んで番号で答えなさい。**

ア　インクのしみで描かれた図版を見せて，それが何に見えるか，どうしてそのように見えたのかなど回答させる検査

イ　検査全体を踏まえて算出される総合的なIQである全検査IQに加えて，言語理解，知覚推理，処理速度，ワーキングメモリーの４つの指標によって被検査者の知的能力を多面的に把握することができる知能検査

ウ　ランダムに１桁の数字が印刷されており，制限時間内で隣り合った２つの数字を加算し，下１桁の数字を記入していく作業を行う検査

①　ア：矢田部・ギルフォード性格検査　イ：田中・ビネー式知能検査
　　ウ：PFスタディ
②　ア：矢田部・ギルフォード性格検査　イ：WISC-IV
　　ウ：内田・クレペリン検査
③　ア：矢田部・ギルフォード性格検査　イ：田中・ビネー式知能検査
　　ウ：内田・クレペリン検査
④　ア：ロールシャッハテスト　イ：WISC-IV
　　ウ：PFスタディ
⑤　ア：ロールシャッハテスト　イ：田中・ビネー式知能検査
　　ウ：PFスタディ
⑥　ア：ロールシャッハテスト　イ：WISC-IV
　　ウ：内田・クレペリン検査

2 **次の表は人間の発達についてまとめたものである。人物欄ア～エに入る名前の組み合わせとして適切なものを，下の①～⑥の中から１つ選んで番号で答えなさい。**

人　物	理　論
ア	ヒナ鳥が生後10数時間以内に刺激対象が与えられないと追従反応が生じないことを見出し，この時期を臨界期と名付けた。このように，生後間もなくの限られた時間内に生じ，再学習することが不可能になる学習現象を，刷り込みという。
イ	人間は１年早く出産しているとして，生理的早産説を唱え，胎内にいるはずの１年間を刺激に満ちた外界で過ごすことの意味を問いかけた。
ウ	生物学的な成熟は環境からの働きかけの効果を左右するものであり，成熟こそが発達における中核的な役割を果たしているとする成熟優位説を唱えた。
エ	幼児も性衝動をもっていると考え，その性衝動が満足される身体的部位が発達とともに変化するとし，口唇期，肛門期などの発達段階の考え方を唱えた。

	ア	イ	ウ	エ
①	ア：ロジャーズ	イ：シュテルン	ウ：ワトソン	エ：エリクソン
②	ア：ロジャーズ	イ：ポルトマン	ウ：ゲゼル	エ：フロイト
③	ア：ロジャーズ	イ：シュテルン	ウ：ワトソン	エ：フロイト
④	ア：ロレンツ	イ：ポルトマン	ウ：ゲゼル	エ：フロイト
⑤	ア：ロレンツ	イ：シュテルン	ウ：ワトソン	エ：エリクソン
⑥	ア：ロレンツ	イ：ポルトマン	ウ：ゲゼル	エ：エリクソン

3 **次の文は，マズローの動機の階層性に関して述べたものである。下の図の空欄に入る語句の組み合わせとして適切なものを，下の①～⑥の中から1つ選んで番号で答えなさい。**

マズローは，動機づけを「自己実現」という概念を用いて説明し，人間の最高の目標はこの「自己実現」であると考えた。自己実現とは，成長し，本来あるべき人間存在になろうと努力する力を意味し，その力が働くことによって動機づけられ，能力，技能，感情の発達が促されるとした。そして，下の図のように，人間の欲求は，「生理的欲求」を基礎とし，下位の欲求の実現が上位の欲求の実現の基礎となるという概念的枠組みを構築した。

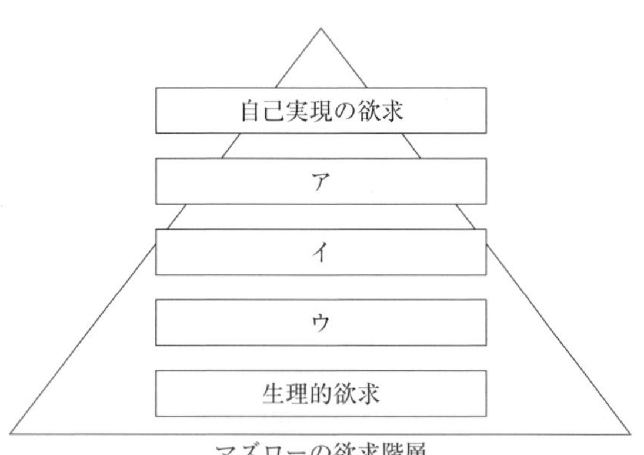

マズローの欲求階層

	ア	イ	ウ
①	ア：学習と補償の欲求	イ：経験と成功の欲求	ウ：受容の欲求
②	ア：学習と補償の欲求	イ：所属と愛情の欲求	ウ：受容の欲求
③	ア：尊敬と承認の欲求	イ：経験と成功の欲求	ウ：受容の欲求
④	ア：学習と補償の欲求	イ：所属と愛情の欲求	ウ：安全の欲求
⑤	ア：尊敬と承認の欲求	イ：所属と愛情の欲求	ウ：安全の欲求
⑥	ア：尊敬と承認の欲求	イ：経験と成功の欲求	ウ：安全の欲求

4 **乳幼児期に関して述べた次のア～エの文の正誤の組み合わせとして適切なものを，下の①～⑥の中から1つ選んで番号で答えなさい。**

ア　乳児期に頭を支えて仰向けに寝かせ，急に頭の支えをはずすと，両腕を胸の前へ突き出して広げ，何かにしがみつくような動作をすることを，バビンスキー反射という。

イ　スキャモンの示した発達曲線になると，乳幼児期はとくに神経型の発達が顕著である。

ウ　人見知りは，生後6ヵ月頃になると始まり，見知らぬ人や物に対して示す不安や恐怖反応で，8ヵ月頃に頻繁に認められることから，スピッツはこの現象を8ヵ月不安と呼んだ。

エ　自己主張が次第に強まり，「自分でする，自分でできる」と主張する時期は第一次反抗期と呼ばれ，5歳頃からよくみられ，自我の健全な発達にとっては望ましいことである。

①　ア：正　イ：正　ウ：誤　エ：誤　②　ア：正　イ：誤　ウ：誤　エ：正
③　ア：正　イ：誤　ウ：正　エ：正　④　ア：誤　イ：誤　ウ：正　エ：正
⑤　ア：誤　イ：正　ウ：正　エ：誤　⑥　ア：誤　イ：正　ウ：誤　エ：誤

5　学習指導に関して述べた次の文のア～ウに当てはまる言葉の組み合わせとして正しいものを，下の①～⑥から1つ選んで番号で答えなさい。

- 子どもの対人関係を円滑にはぐくむために，学校現場においても［ア］教育を行うことの重要性が指摘されている。一般的な進め方としては，教示　→　モデリング　→　リハーサル　→　フィードバック　→　般化　→　アセスメント　という一連の流れで行う。
- ［イ］は，集団内の人間関係づくりに効果的な心理教育の一技法として開発され，学校教育の中で広く普及している。ファシリテーターは，学級の現状を踏まえて適切なエクササイズを実施する。
- ［ウ］学習は，スキナーによって考案された教授法で，学習のオペラント条件づけの諸理論および技法がもとになっており，最終的な目標行動に向かって，系列的に［ウ］を組み，強化随伴性を調整していくものである。

①　ア：ソーシャル・スキル　イ：構成的グループ・エンカウンター
　　ウ：プログラム
②　ア：ソーシャル・スキル　イ：ピア・サポート
　　ウ：プログラム
③　ア：ソーシャル・スキル　イ：構成的グループ・エンカウンター
　　ウ：ジグソー
④　ア：ライフ・スキル　イ：ピア・サポート
　　ウ：プログラム
⑤　ア：ライフ・スキル　イ：構成的グループ・エンカウンター
　　ウ：ジグソー
⑥　ア：ライフ・スキル　イ：ピア・サポート
　　ウ：ジグソー

6　次の文は，「生徒指導提要（令和4年12月改訂）」の第1部「生徒指導の基本的な進め方」の第1章「生徒指導の基礎」からの抜粋である。文の空欄にあてはまる語句の組み合わせとして適切なものを，下の①～⑥の中から1つ選んで番号で答えなさい。

- 日常の生徒指導を基盤とする［ア］生徒指導と組織的・計画的な［イ］防止教育は，積極的な先手形の常態的・先行的（プロアクティブ）生徒指導と言えます。
- 課題の予兆的段階や初期状態における指導・援助を行う［ウ］対応と，深刻な課題への切れ目のない指導・援助を行う［エ］対応的生徒指導は，事後対応型の即応的・継続的（リアクティブ）生徒指導と言えます。

① ア：教育相談的　イ：いじめ・事故　ウ：課題初期　エ：困難課題
② ア：教育相談的　イ：課題未然　ウ：課題早期発見　エ：事後継続
③ ア：教育相談的　イ：いじめ・事故　ウ：課題初期　エ：事後継続
④ ア：発達支持的　イ：課題未然　ウ：課題早期発見　エ：困難課題
⑤ ア：発達支持的　イ：いじめ・事故　ウ：課題早期発見　エ：事後継続
⑥ ア：発達支持的　イ：課題未然　ウ：課題初期　エ：困難課題

7 **次の文は，「『令和の日本型学校教育』の構築を目指して　～全ての子供たちの可能性を引き出す，個別最適な学びと，協働的な学びの実現～（答申）（令和3年1月26日中央教育審議会）」において示された「2020年代を通じて実現すべき『令和の日本型教育』の姿」について述べたものである。文の空欄に入る語句の組み合わせとして適切なものを，下の①～⑥の中から1つ選んで番号で答えなさい。**

- 全ての子供に基礎的・基本的な知識・技能を確実に習得させ，思考力・判断力・表現力等や，自ら学習を調整しながら粘り強く学習に取り組む態度等を育成するためには，教師が支援の必要な子供により重点的な指導を行うことなどで効果的な指導を実現することや，子供一人一人の特性や学習進度，学習到達度等に応じ，指導方法・教材や学習時間等の柔軟な提供・設定を行うことなどの［ア］が必要である。
- 基礎的・基本的な知識・技能等や，言語能力，情報活用能力，問題発見・解決能力等の学習の基盤となる資質・能力等を土台として，幼児期からの様々な場を通じての体験活動から得た子供の興味・関心・キャリア形成の方向性等に応じ，探究において課題の設定，情報の収集，整理・分析，まとめ・表現を行う等，教師が子供一人一人に応じた学習活動や学習課題に取り組む機会を提供することで，子供自身が学習が最適となるよう調整する［イ］も必要である。
- ［ア］と［イ］を教師視点から整理した概念が「個に応じた指導」であり，この「個に応じた指導」を学習者視点から整理した概念が［ウ］である。

① ア：指導の個別化　イ：学習の個性化　ウ：個別最適な学び
② ア：指導の個別化　イ：学習の最適化　ウ：個別最適な学び
③ ア：指導の個別化　イ：学習の個性化　ウ：協働的な学び
④ ア：指導の一体化　イ：学習の最適化　ウ：協働的な学び
⑤ ア：指導の一体化　イ：学習の個性化　ウ：協働的な学び
⑥ ア：指導の一体化　イ：学習の最適化　ウ：個別最適な学び

8 **学習理論について説明している次のア～オの文について正しいものの組み合わせを，下の①～⑥の中から1つ選んで番号で答えなさい。**

ア　ヘルバルトが提唱した4段階教授法は，予備－提示－比較－応用という教授の過程をパターン化することで合理的に教授する方法である。

イ　社会的学習論（モデリング理論）とは，自身の体験だけではなく他者の行動の観察・模倣によっても学習が成立することを示した理論である。

ウ　有意味受容学習とは，学習者が主体的に問題解決活動を行い，意味を考えながら行う学習のことである。

エ　プロジェクトメソッドとは，子どもたちが自分の活動を選択し，計画し，方向づけていく問題解決的な学習過程の理論である。

オ　完全習得学習とは，目標を明確にし，それに基づいて評価を合理的に実施し適切な指導を行うならば，すべての学習者が同じ時間の中で同一の学習程度に到達できるという学習理論である。

①　ア，ウ　②　ア，オ　③　イ，ウ　④　イ，エ　⑤　ウ，エ
⑥　エ，オ

9　**「福井県教育振興基本計画（令和２年３月策定）」では，『一人一人の個性が輝く，ふくいの未来を担う人づくり　～子どもたちの「夢と希望」「ふくい愛」を育む教育の推進から』という基本理念のもと，新たな時代にどのような人間を育てていくのか，本県の教育が目指す人間像を３つ示している。次のア～オのうち，本県の教育が目指す３つの人間像の正しい組み合わせを下の①～⑥の中から１つ選んで番号で答えなさい。**

ア　自らの個性を発揮し，人生を切り拓くために挑戦し続ける人
イ　責任とモラルを重んじ，健康や体力の増進に努める活力ある人
ウ　多様な人々の存在を認め，協働して新たな価値を生み出す人
エ　ふるさとや自然を愛し，いつどこにいても社会や地域に貢献する人
オ　学ぶ意欲にあふれ，心豊かでたくましく夢に向かって羽ばたく人

①　ア，イ，ウ　②　ア，イ，オ　③　ア，ウ，エ　④　イ，ウ，エ
⑤　イ，エ，オ　⑥　ウ，エ，オ

10　**「福井県教育振興基本計画」（令和２年３月策定）」において，「学ぶ喜びを知り，自ら進んで学ぶ意欲と力の育成」という方針のもと，確かな学力の育成に向けての施策を挙げている。次の①～⑤の文のうち誤っているものを１つ選んで番号で答えなさい。**

①　福井県独自の学力調査について，採点業務の軽減と分析期間の短縮化を図り，分析結果を速やかに授業改善に活用している。

②　遠隔授業・研修システムを活用し，学校間の合同授業や，博物館・美術館・大学・民間の専門家との双方向型の授業を充実している。

③　NIF教育研究会と連携し，新聞を活用した授業や公開授業，研修会を推進している。

④　中学１年生の学級編制基準を32人から30人に見直すことにより，少人数学級をさらに推進している。

⑤　理数教育の推進のために「ふくい理数グランプリ」を開催している。

11　**次の文は，「学校教育法（令和４年６月改正）」第２章「義務教育」の第21条からの抜粋である。第21条の条文として誤っているものを，次の①～⑤の中から１つ選んで番号で答えなさい。**

①　学校内外における社会的活動を促進し，自主，自律及び協同の精神，規範意識，公正な判断力並びに公共の精神に基づき主体的に社会の形成に参画し，その発展に寄与する態度を養うこと。

②　我が国と郷土の現状と歴史について，正しい理解に導き，伝統と文化を尊重し，それらをはぐくんできた我が国と郷土を愛する態度を養うとともに，進んで外国の文化の理解を通じて，他国を尊重し，国際社会の平和と発展に寄与する態度を養うこと。

③　読書に親しませ，生活に必要な国語を正しく理解し，使用する基礎的な能力を養うこと。

④　学校教育の情報化について，デジタル教材以外の教材を活用した学習，体験学習等とを適切に組み合わせること等により，多様な方法による学習が推進されるよう行うこと。

⑤　職業についての基礎的な知識と技能，勤労を重んずる態度及び個性に応じて将来の進路を選択する能力を養うこと。

12　**次の文は「いじめの防止等のための基本的な方針（平成29年３月最終改訂）」の第２「いじめの防止等のための対策の内容に関する事項」の３の（４）「学校におけるいじめの防止等に関する措置」からの抜粋である。文の空欄に入る語句の組み合わせとして適切なものを，下の①～⑥の中から１つ選んで番号で答えなさい。**

被害者に対する［　ア　］な影響を与える行為（インターネットを通じて行われるものを含む。）が止んでいる状態が［　イ　］継続していること。この［　イ　］とは，少なくとも［　ウ　］を目安とする。ただし，いじめの被害の重大性等からさらに［　エ　］が必要であると判断される場合は，この目安にかかわらず，学校の設置者又は学校いじめ対策組織の判断により，より［　エ　］を設定するものとする。

①　ア：心理的又は物理的　イ：相当の期間　ウ：１か月　エ：長期の期間
②　ア：心理的又は物理的　イ：長期の期間　ウ：１か月　エ：相当の期間
③　ア：心理的又は物理的　イ：相当の期間　ウ：３か月　エ：長期の期間
④　ア：精神的又は肉体的　イ：長期の期間　ウ：３か月　エ：相当の期間
⑤　ア：精神的又は肉体的　イ：相当の期間　ウ：３か月　エ：長期の期間
⑥　ア：精神的又は肉体的　イ：長期の期間　ウ：１か月　エ：相当の期間

13　**次の文は，「児童虐待の防止等に関する法律（令和元年６月改正）」における学校や教職員に求められる役割について述べたものである。下の①～⑤の中で，誤っているものを１つ選んで番号で答えなさい。**

①　児童虐待を発見しやすい立場にあることを自覚し，児童虐待の早期発見に努めなければならない。

②　児童虐待の予防その他の児童虐待の防止並びに児童虐待を受けた児童の保護及び自立の支援に関する国及び地方公共団体の施策に協力するよう努めなければならない。

③　児童虐待を受けたと思われる児童を発見したら，保護者と十分に連携し，速やかに福祉事務所若しくは児童相談所に通告しなければならない。

④　正当な理由がなく，その職務に関して知り得た児童虐待を受けたと思われる児童に関する秘密を漏らしてはならない。

⑤　児童及び保護者に対して，児童虐待の防止のための教育又は啓発に努めなければならない。

14　**次の文は，「こども基本法（令和４年６月公布）」の第３条「基本理念」について述べたものの一部である。文の空欄に入る語句の組み合わせとして適切なものを，下の①～⑥の中から１つ選んで番号で答えなさい。**

一　全てのこどもについて，個人として尊重され，その基本的人権が保障されるとともに，［ア］的取扱いを受けることがないようにすること。

二　全てのこどもについて，適切に［イ］されること，その生活を保障されること，愛され保護されること，その健やかな成長及び発達並びにその自立が図られることその他の福祉に係る権利が等しく保障されるとともに，教育基本法（平成18年法律第120号）の精神にのっとり教育を受ける機会が等しく与えられること。

三　全てのこどもについて，その年齢及び発達の程度に応じて，［ウ］に直接関係する全ての事項に関して意見を表明する機会及び多様な社会的活動に参画する機会が確保されること。

四　全てのこどもについて，その年齢及び発達の程度に応じて，その意見が尊重され，その［エ］が優先して考慮されること。

①　ア：虐待　イ：監督　ウ：社会　エ：公共の福祉
②　ア：虐待　イ：養育　ウ：自己　エ：最善の利益
③　ア：虐待　イ：監督　ウ：自己　エ：公共の福祉
④　ア：差別　イ：養育　ウ：社会　エ：最善の利益
⑤　ア：差別　イ：監督　ウ：社会　エ：公共の福祉
⑥　ア：差別　イ：養育　ウ：自己　エ：最善の利益

15　**次の文は，「中学校学習指導要領（平成29年３月告示）」の第１章「総則」の第４「生徒の発達の支援」からの抜粋である。文の空欄に入る語句の組み合わせとして適切なものを，下の①～⑥の中から１つ選んで番号で答えなさい。**

生徒が，学ぶことと自己の将来とのつながりを見通しながら，［ア］自立に向けて必要な基盤となる資質・能力を身に付けていくことができるよう，［イ］を要としつつ各教科等の特質に応じて，［ウ］の充実を図ること。その中で，生徒が自らの生き方を考え主体的に進路を選択することができるよう，学校の教育活動全体を通じ，組織的かつ計画的な［エ］を行うこと。

①　ア：社会的・職業的　イ：特別活動　ウ：キャリア教育　エ：進路指導
②　ア：社会的・職業的　イ：道徳　ウ：カリキュラム・マネジメント
　エ：職場体験活動
③　ア：社会的・職業的　イ：特別活動　ウ：カリキュラム・マネジメント
　エ：進路指導
④　ア：個人的・経済的　イ：道徳　ウ：キャリア教育
　エ：職場体験活動
⑤　ア：個人的・経済的　イ：特別活動　ウ：キャリア教育　エ：進路指導
⑥　ア：個人的・経済的　イ：道徳　ウ：カリキュラム・マネジメント
　エ：職場体験活動

16　**あなたは，福井県内のある小学校に赴任した担任教諭であるとする。不登校の「未然防止」の観点から，自分のクラスの児童への働きかけを考えた。次の①～⑤の働きかけの中で，不登校の「未然防止」の取組みではないものを１つ選んで番号で答えなさい。**

①　どの児童にも分かる授業を目指して，学習内容の習熟の程度に応じた指導をしたり，児童の興味・関心等に応じた課題学習を設定したりする。

② 児童の継続的な頑張りを認めたり，浮かない表情の児童に声かけをしたりするために，日頃から児童の様子を注意深く観察する。

③ 自分のクラスの児童の心身の不調を早期に把握するため，養護教諭と密に連携をとる。

④ 「間違えるのが嫌だから発表したくない」と話す児童を生まないために，安心して授業や学校生活が送れる学級風土を育む声かけや支援をする。

⑤ 本格的な不登校に移行させないために，欠席日数が累積5日になった時点で不登校状況シートを作成し，校内で当該児童の情報共有を行い，チームとして対応していく。

17 **あなたは，ある中学校の担任となり，「特別の教科　道徳」の評価をすることになったとする。次のア～エの文は，道徳　科における生徒の学習状況及び成長の様子についての評価について考えたものである。ア～エの文の正誤の組み合わせとして適切なものを，下の①～⑥の中から1つ選んで番号で答えなさい。**

ア　道徳的な判断力，心情，実践意欲と態度のそれぞれについて，観点別に評価をする。

イ　年間や学期といった一定の時間的なまとまりの中で，生徒の学習状況や道徳性に係る成長の様子を把握する必要がある。

ウ　発言が多くない生徒や考えたことを文章に記述することが苦手な生徒には，生徒一人一人の状況を踏まえて評価することも重要である。

エ　個人内の成長の過程は，生徒が書いたワークシートや感想などの具体的な記録物のみで評価する。

① ア：正　イ：正　ウ：誤　エ：誤　　② ア：正　イ：誤　ウ：誤　エ：正
③ ア：正　イ：誤　ウ：正　エ：誤　　④ ア：誤　イ：誤　ウ：正　エ：正
⑤ ア：誤　イ：正　ウ：正　エ：誤　　⑥ ア：誤　イ：正　ウ：誤　エ：正

18 **次の文は，「高等学校学習指導要領（平成30年告示）解説　総合的な探究の時間編（平成30年7月）」の第6章「高等学校における総合的な探究の時間の意義」の第1節「高等学校における総合的な探究の時間」からの抜粋である。文の空欄に入る語句の組み合わせとして適切なものを，下の①～⑥の中から1つ選んで番号で答えなさい。**

総合的な探究の時間は，高等学校の教育課程において，自然や社会との深いつながりや質・量ともに豊かな体験を意図的，［ア］に提供し，そこで出会う教育的に価値ある諸課題の探究に，各教科・科目等で学んだ知識や技能をも活用しながら，主体的，［イ］に取り組む機会を得られることからも極めて重要な意義を有する。これにより，生徒には，人間としての在り方を理念的に希求し，それを将来の進路実現や社会の一員としての生き方の中に具現すべく模索するとともに，学校での学習を自己の在り方と生き方との関わりにおいて［ウ］することが期待されている。

① ア：計画的，組織的　イ：創造的，協働的　ウ：発展，多様化
② ア：計画的，組織的　イ：創造的，協働的　ウ：深化，総合化
③ ア：計画的，組織的　イ：対話的，系統的　ウ：深化，総合化
④ ア：自主的，実践的　イ：創造的，協働的　ウ：発展，多様化
⑤ ア：自主的，実践的　イ：対話的，系統的　ウ：発展，多様化
⑥ ア：自主的，実践的　イ：対話的，系統的　ウ：深化，総合化

19 **次の文と人物の正しい組み合わせを，下の①～⑥の中から１つ選んで番号で答えなさい。**

ア　啓蒙思想家で，「人間による教育」「事物による教育」「自然による教育」に合致させる消極教育を提唱した。主著に「エミール」がある。

イ　すべての子どもは神性を宿し，これを啓発するのが教育であると説いた。子どもは労作・遊戯を通して神を知り，神に近づくとした。国民教育制度の一環として，世界で初めて幼稚園を創設した。主著に「人間の教育」がある。

ウ　道具主義・実験主義を唱え，学習を「環境との相互作用における経験の不断の再構成」と定義。また，人は「なすことによって学ぶ」ものだから，学習は児童の自発的活動を中心になされるべきとした。主著に「学校と社会」がある。

①　ア：カント　イ：フレーベル　ウ：デューイ
②　ア：カント　イ：ペスタロッチ　ウ：ヘルバルト
③　ア：カント　イ：フレーベル　ウ：ヘルバルト
④　ア：ルソー　イ：ペスタロッチ　ウ：デューイ
⑤　ア：ルソー　イ：フレーベル　ウ：デューイ
⑥　ア：ルソー　イ：ペスタロッチ　ウ：ヘルバルト

20 **次の法令等を年代の古い順に並べ替えたときア～ウに入る正しい組み合わせを，下の①～⑥の中から１つ選んで番号で答えなさい。**

(古い)【　ア　】→【　　】→【　イ　】→【　　】→【　ウ　】→【　　】(新しい)

〔法令等〕

・教育勅語　・小学校令　・教育令　・教育基本法　・学制　・国民学校令

①　ア：学制　イ：教育勅語　ウ：教育基本法
②　ア：学制　イ：小学校令　ウ：国民学校令
③　ア：学制　イ：国民学校令　ウ：教育勅語
④　ア：教育令　イ：教育勅語　ウ：教育基本法
⑤　ア：教育令　イ：小学校令　ウ：国民学校令
⑥　ア：教育令　イ：国民学校令　ウ：教育勅語

解答＆解説

1 解答 ⑥

解説 ア：ロールシャッハ（・）テストは投影法検査の一つで，左右対称のインクのしみでできた10枚の図版を見て，何に見えるか，どこがそのように見えたか，どうしてそのように見えたかを分析することにより，表面的な性格ではなく深層部分の性格を知ることができる。

イ：WISCは，ウェクスラー（1896～1981）によって考案された，児童用の知能検査。検査は言語性問題と動作性問題で構成され，WISC-Ⅳはその第４版。最新のWISC-Ⅴでは，全検査IQと，言語理解，空間視覚，流動性推理，ワーキングメモリ，処理速度という5つの群指数の得点によって診断がなされる。

ウ：クレペリン（1856～1926）が発見した作業曲線を基に，内田勇三郎（1894～1966）が1920～30年代にかけて開発した内田・クレペリン精神作業検査は，1桁の数字の連続加算作業の結果を基に性格を診断する作業法検査。

2 解答 ④

解説 ア：ロ（ー）レンツ（1903～89）は，孵化してまもないひな鳥が初めて出会った動く物の後についていく行動をインプリンティング（刻印づけ，刷り込み）と命名した。インプリンティンが起こるかどうかは，その動く対象と出会う時期が重要な要因となっており，早すぎても遅すぎても難しい。この適切な時期を臨界期という。

イ：ポルトマン（1897～1982）は，動物は高等になるにしたがって産む子どもの数を減らし，成熟した状態で産むようになったが，人間は産む子どものは減らしたものの未熟な状態で産んでいると説いた。この人間の特異性を生理的早産という。

ウ：ゲゼル（1880～1961）は，一卵性双生児を用いた階段昇りによる運動発達の実験から，発達と学習には一定の成熟状態が前提となるという成熟優位説を主張した。

エ：フロイト（1856～1939）は，性的エネルギーであるリビドーが発達段階に応じて身体のどこに焦点化するかを基に，乳幼児期の口唇期，幼児前期の肛門期，幼児後期の男根期（エディプス期），児童期の潜伏期，青年期以降の性器期に分けた。

3 解答 ⑤

解説 マズロー（1908～70）は，欲求を生理的欲求，安全の欲求，所属と愛情の欲求，自尊（尊敬と承認）の欲求，自己実現の欲求からなる階層構造で捉え，低次の欲求から発達的に順に芽生えること，低次の欲求が満たされないとそれより高次の欲求の充足が困難になることを示した。「動機の階層性」は，欲求の階層構造説と同義である。

4 解答 ⑤

解説 ア：「バビンスキー反射」ではなく「モロー反射」あるいは「抱きつき反射」。

エ：第一次反抗期は「5歳頃」ではなく，一般に「2～3歳頃」に起こる現象。

5 解答 ①

解説 ア：ソーシャル・スキル教育（ソーシャル・スキル・トレーニング）は，さまざまな社会的技能をトレーニングにより育てる方法。「相手を理解する」「人間関係を円滑にする」「問題を解決する」「集団行動に参加する」などがトレーニングの目標となる。

イ：構成的グループ・エンカウンターは，ロジャーズ（1902～87）が集団心理療法として創始したエンカウンター・グループを基礎に，熟練したリーダーが不在でも，限られた時間内で効果を得られるように工夫された技法。

ウ：スキナー（1904～90）が開発したプログラム学習は，オペラント条件づけの理論に基づき，ティーチング・マシンを用いた個別の学習方法。スモール・ステップの原理，即時確認の原理，積極的反応の原理，自己ペースの原理，学習者検証の原理という５つの原理がある。

6 解答 ④

解説 『生徒指導提要』(2022年12月) の「第Ⅰ部　生徒指導の基本的な進め方」「第１章　生徒指導の基礎」「1.2　生徒指導の構造」「1.2.1　２軸３類４層構造」「⑴生徒指導の２軸」を参照。

ア・イ：「①常態的・先行的（プロアクティブ）生徒指導」を参照。

ウ・エ：「②即応的・継続的（リアクティブ）生徒指導」を参照。

7 解答 ①

解説 中央教育審議会答申「『令和の日本型学校教育』の構築を目指して　～全ての子供たちの可能性を引き出す，個別最適な学びと，協働的な学びの実現～」(2021年１月26日，４月22日更新）の「第Ⅰ部　総論」「３．2020年代を通じて実現すべき『令和の日本型学校教育』の姿」「⑴子供の学び」を参照。

8 解答 ④

解説 イ：バンデューラ（1925～2021）らは，学習の過程において社会的な条件の果たす役割に注目し，人間行動の変容や形成にはモデルの行動を観察することが極めて重要であることを指摘した。このような考え方を社会的学習（理）論（モデリング理論）といい，学習者本人への直接的な教科がなくても学習が成立するとした。

エ：キルパトリック（1871～1965）が考案したプロジェクト・メソッド（プロジェクト学習）は，子どもが自分の活動を選択し，計画し，方向付けていく問題解決的な学習過程の理論。

9 解答 ③

解説 福井県教育委員会「福井県教育振興基本計画（令和２～６年度)」(2020年３月策定）の「第３章　福井県が目指す教育の姿」「２　目指す人間像」を参照。同計画は，教育基本法第17条２項に基づく福井県の「教育の振興のための施策に関する基本的な計画」。「一人一人の個性が輝く，ふくいの未来を担う人づくり　～子どもたちの『夢と希望』『ふくい愛』を育む教育の推進～」という基本理念の下，８つの基本的な方針に沿って教育施策を進めている。計画期間は2020～24年度。

10 解答 ④

解説 福井県教育委員会「福井県教育振興基本計画（令和２～６年度)」(2020年３月策定）の「第４章　今後５年間に取り組む施策」「２　重点的に推進する施策」「(方針１　学ぶ喜びを知り，自ら進んで学ぶ意欲と力の育成」「〔主な施策〕」「1．確かな学力の育成」を参照。

④「⑴基礎・基本の定着」「④学級編制基準の見直し」を参照。「32人から30人」ではなく「30人から32人」。同計画では，「中学校の学級編制基準を見直すことにより（中学１年生：30人→32人)，担任以外の教員配置を拡充し，習熟度別指導などを充実」するとしている。

①「⑴基礎・基本の定着」「①学力調査を活用した授業改善」を参照。

②「⑴基礎・基本の定着」「② ICT を活用した授業改善」を参照。

③「(1)基礎・基本の定着」「③読解力の育成」を参照。

⑤「(3)学習意欲の向上」「①理数教育の推進」を参照。

11 解答 ④

解説 ④学校教育の情報化の推進に関する法律第3条第2項を参照。「基本理念」の規定を改変したもの。

①学校教育法第21条第一号を参照。「義務教育の目標」の規定。

②学校教育法第21条第三号を参照。「義務教育の目標」の規定。

③学校教育法第21条第五号を参照。「義務教育の目標」の規定。

⑤学校教育法第21条第十号を参照。「義務教育の目標」の規定。

12 解答 ③

解説「いじめの防止等のための基本的な方針」(2013年10月11日文部科学大臣決定，2017年3月14日最終改定）の「第2　いじめの防止等のための対策の内容に関する事項」「3　いじめの防止等のために学校が実施すべき施策」「(4)学校におけるいじめの防止等に関する措置」「iii）いじめに対する措置」「①いじめに係る行為が止んでいること」を参照。

13 解答 ③

解説 児童虐待の防止等に関する法律を参照。

③第6条第1項を参照。「児童虐待に係る通告」の規定。保護者との連携については規定されていない。

①第5条第1項を参照。「児童虐待の早期発見等」の規定。

②第5条第2項を参照。「児童虐待の早期発見等」の規定。

④第5条第3項を参照。「児童虐待の早期発見等」の規定。

⑤第5条第5項を参照。「児童虐待の早期発見等」の規定。

14 解答 ⑥

解説 こども基本法第3条第一号～第四号を参照。こども基本法は，こども施策を社会全体で総合的かつ強力に推進していくための包括的な基本法として，2022年6月15日に成立し，2023年4月1日に施行された。

15 解答 ①

解説 平成29年版中学校学習指導要領（2017年3月31日告示）の「第1章　総則」「第4　生徒の発達の支援」「1　生徒の発達を支える指導の充実」の(3)を参照。

16 解答 ⑤

解説 ⑤福井県教育委員会「福井県不登校対策指針」(2018年10月改訂)，同リーフレット「誰もが笑顔になれる学校づくりのための3つのシステム（未然防止，初期対応，自立支援)」を参照。問題文は「未然防止」ではなく「初期対応」に当たる。

17 解答 ⑤

解説『小学校学習指導要領解説　特別の教科　道徳編』(2017年7月）の「第5章　道徳の評価」「第2節　道徳科における児童の学習状況及び成長の様子についての評価」「2　道徳科における評価」を参照。なお，『中学校学習指導要領解説　特別の教科　道徳編』(2017年7月）にも同様の記述あり。

ア：「(1)道徳科に関する評価の基本的な考え方」を参照。正しくは「道徳性の諸様相である道徳的判断力，心情，実践意欲と態度のそれぞれについて分節し，学習状況を分析的に捉える観点別評価を通じて見取ろうとすることは，児童の人格そのものに働きかけ，道徳性を養うことを目的とする道徳科の評価としては妥当ではない」と示されている。

イ：「(1)道徳科に関する評価の基本的な考え方」を参照。

ウ：「(2)個人内評価として見取り，記述により表現することの基本的な考え方」を参照。

エ：「(3)評価のための具体的な工夫」を参照。これら「具体的な記録物」について，「記録物や実演自体を評価するのではなく，学習過程を通じていかに道徳的価値の理解を深めようとしていたか，自分との関わりで考えたかなどの成長の様子を見取るためのものであることに留意が必要である」と示されている。

18 解答 ②

解説『高等学校学習指導要領解説　総合的な探究の時間編』(2018年７月) の「第６章　高等学校における総合的な探究の時間の意義」「第１節　高等学校における総合的な探究の時間」「１　高等学校の生徒の発達の段階を踏まえた総合的な探究の時間の意義」を参照。

19 解答 ⑤

解説 ア：ルソー (1712～78) は，すべての教育は自然による教育に導かなければならないとし，子どもの発達法則，すなわち自然の歩みに即した「消極教育」を提唱した。

イ：フレーベル (1782～1852) は，子どもの内発的自己活動を重視し，遊戯や作業を通じて創造性，社会性の育成を図ろうとした。

ウ：デューイ (1859～1952) は，「なすことによって学ぶ」という，経験による学習を重視した新教育運動の理論的指導者で，教育とは「経験の再構成」であり，子どもの生活経験に基づき，子どもの自発的活動が中心でなければならないとした。

20 解答 ②

解説 学制1872年→教育令1879年→小学校令1886年→教育勅語1890年→国民学校令1941年→教育基本法1947年。

山梨県

実施日	2023(令和５)年７月９日	試験時間	60分（一般教養を含む）
出題形式	選択式	問題数	10題（解答数30）
パターン	原理・法規・時事＋心理・教育史	公開状況	問題：公開　解答：公開　配点：公開

傾向＆対策　●教職教養10題（解答数30），一般教養12題（解答数40）で，配点は教職教養39点，一般教養61点と，一般教養重視型。●大問１題につき小問（あるいは空欄）３題で構成され，教育原理，教育法規，教育時事で教職教養全体の８割を占める。●教育原理は，学習指導要領「総則」が必出で，「特別活動」の出題も。『生徒指導提要』は７年連続の出題。●教育法規は，頻出条文の空欄補充問題のほか，正誤判定問題，出典法規を問う問題が必出。●教育時事は，３年連続の出題となる「令和の日本型学校教育」に関する中央教育審議会答申（2021年１月）のほか，「次期教育振興基本計画」に関する中央教育審議会答申（2023年３月）。●教育心理は，教育評価について。●教育史は，スペンサー，ペーターゼン，津田梅子。

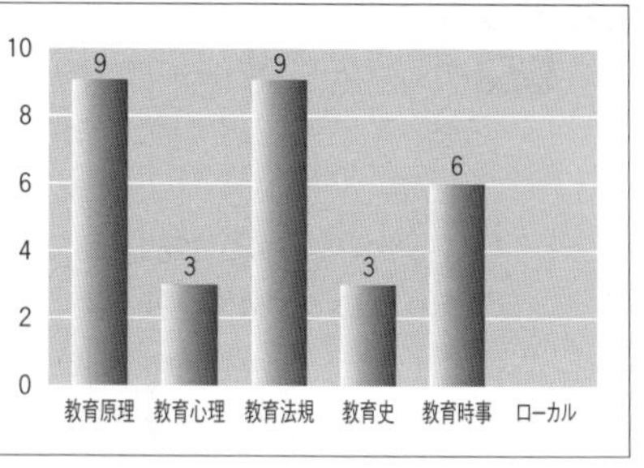

出題領域

教育原理	教育課程・学習指導要領		総則	3	特別の教科　道徳	
	外国語活動		総合的な学習(探究)の時間		特別活動	3
	学習指導		生徒指導	3	学校・学級経営	
	特別支援教育		人権・同和教育		その他	
教育心理	発達		学習		性格と適応	
	カウンセリングと心理療法		教育評価	3	学級集団	
教育法規	教育の基本理念		学校教育	1	学校の管理と運営	2
	児童生徒	3	教職員	3	その他	
教育史	日本教育史	1	西洋教育史	2		
教育時事	答申・統計	6	ローカル			

表中の数字は，解答数

全校種共通

☞解答＆解説 p.196

1 **次の(1)〜(3)は，教育評価について述べたものである。空欄［1］〜［3］にあてはまることばを，下のア〜エからそれぞれ一つ選べ。なお，同じ番号には，同じことばが入るものとする。**

(1) ［1］は指導の過程における評価であり，ある短期間の授業の進行の過程で，当面の教育目標に対しての児童生徒の学習の達成状況などを中間的に把握する評価活動である。この［1］は，児童生徒の学習の達成状況を教師の学習指導に還元し，以後の新たな指導をより適切に，より効果的なものにすることなどを目的としている。

ア．診断的評価　　イ．総括的評価　　ウ．形成的評価　　エ．到達度評価

(2) ある特定の目的・テーマのもとに学習した内容を多様な評価手段を用いて収集した資料などにより，児童生徒と教師が共同で学習成果を評価する方法を［2］評価という。［2］とは，学習者が学習の過程で収集した資料とそれに対する意見や感想，自己評価及び教師のコメント，ペーパーテストなどの様々な学習活動の成果をファイル化したものの総称である。

ア．ポートフォリオ　　イ．ルーブリック　　ウ．レディネス
エ．パフォーマンス

(3) 他者を評価する際に，ある側面における肯定的特徴が目立っていれば，全体的評価も肯定的な色合いを帯びることを［3］という。逆に，ある側面における否定的特徴が目立っていれば，全体的評価も否定的なものになることもある。［3］は後光効果や光背効果ともいわれる。

ア．ピグマリオン効果　　イ．ゴーレム効果　　ウ．ホーソン効果
エ．ハロー効果

2 **次は，「次期教育振興基本計画について（答申）」（令和5年3月，中央教育審議会）の「Ⅱ．今後の教育政策に関する基本的な方針」で示された「5つの基本的な方針」のうち「②誰一人取り残さず，全ての人の可能性を引き出す共生社会の実現に向けた教育の推進」についての「共生社会の実現に向けた教育の方向性」の一部である。空欄［1］〜［3］にあてはまることばを，ア〜ケからそれぞれ一つ選べ。**

○「令和の日本型学校教育」答申で提言された「個別最適な学びと協働的な学びの一体的充実」は，多様な子供の状況に応じた学びを進めるとともに，多様な他者と学び合う機会を確保するものであり，共生社会の実現に向けて必要不可欠な教育政策の方向性である。また，障害者の権利に関する条約に基づく［1］教育システムを推進していくことも重要である。

○ 児童生徒に対する生徒指導は，学習指導と並んで，共生社会実現に向けた資質・能力の育成に重要な意識を有するものである。児童生徒が自発的・主体的に自らを発達させていくことが尊重され，その過程を学校や教職員が支えていくという［2］的生徒指導を重視していくことが求められる。また，児童生徒が将来において社会的な自己実現ができるような資質・能力・態度を形成するように働きかけるための教育相談も，生徒指導と一体化させ，全教職員が一致して取組を進めることが求められる。

○　個人と社会のウェルビーイングの実現の観点からは，保護者や地域住民等が学校運営に当事者として参画する［ 3 ］や，地域住民等の参画により地域と学校が連携・協働する地域学校協働活動を一体的に推進するとともに，地域の多様な人材を活用した家庭教育支援チームの活動を推進していくことが効果的である。

ア．分離　　イ．コミュニティ・スクール　　ウ．PTA活動
エ．学校評議員会　　オ．共感　　カ．インクルーシブ
キ．発達支持　　ク．リカレント　　ケ．自立支援

3　次の(1)～(3)と関係の深い人物名を，下のア～エからそれぞれ一つ選べ。

(1)　イギリスの思想家・哲学者であり，「教育論」において，知育，徳育，体育の三育を示したことで知られる。教育の主要な機能を，現前する産業型社会への個人の適応に必要な諸知識の獲得とし，その方略として提唱した生活活動分析法と教育内容への有用な科学の導入は，20世紀のカリキュラム論の範型となった。

ア．エレン・ケイ　　イ．シュプランガー　　ウ．デューイ　　エ．スペンサー

(2)　子供の自己活動を尊重し，授業が独特な集団授業の形態をとる「イエナ・プラン」を構想し実践した。「イエナ・プラン」の特徴としては，学級が異年齢の子供集団（「根幹グループ」）で構成され，時間割，科目別によらない合科教授と集団作業を中心としたカリキュラム編成を基本とすることなどがあげられる。

ア．ペーターゼン　　イ．モリソン　　ウ．パーカースト　　エ．ウォッシュバーン

(3)「岩倉使節団」一行として渡米した日本で最初の女子留学生の一人である。帰国後，華族女学校教授，再渡米などを経て，「女子英学塾」を創設した。男性と協同して対等に力を発揮できる女性の育成を目指し，近代的な女子高等教育に尽力した。

ア．羽仁もと子　　イ．津田梅子　　ウ．下田歌子　　エ．平塚らいてう

4　次は，小学校〈中学校・高等学校〉学習指導要領「第1章　総則」の一部である。空欄［ 1 ］～［ 3 ］にあてはまることばを，下のア～ケからそれぞれ一つ選べ。

※〈　〉内は中学校・高等学校学習指導要領による。

2　学校の教育活動を進めるに当たっては，各学校において，第3〈款〉の1に示す主体的・対話的で深い学びの実現に向けた授業改善を通して，創意工夫を生かした特色ある教育活動を展開する中で，次の(1)～(3)までに掲げる事項の実現を図り，児童〈生徒〉に生きる力を育むことを目指すものとする。

(1)　略

(2)　道徳教育や体験活動，多様な表現や鑑賞の活動等を通して，豊かな心や［ 1 ］の涵(かん)養を目指した教育の充実に努めること。

中略

道徳教育を進めるに当たっては，人間尊重の精神と生命に対する畏敬の念を家庭，学校，その他社会における具体的な生活の中に生かし，豊かな心をもち，［ 2 ］を尊重し，それらを育んできた我が国と郷土を愛し，個性豊かな文化の創造を図るとともに，平和で民主的な国家及び社会の形成者として，公共の精神を尊び，社会及び国家の発展に努め，他国を尊重し，国際社会の平和と発展や［ 3 ］に貢献し未来を拓(ひら)く主体性のある日本人の育成に資することとなるよう特に留意すること。

(3) 略

ア．伝統と文化　イ．責任感　ウ．持続可能な社会　エ．経済の発展
オ．環境の保全　カ．創造性　キ．協調性　ク．人権と文化
ケ．個人の意見

5 **次の(1)～(3)は，『「令和の日本型学校教育」の構築を目指して　～全ての子供たちの可能性を引き出す，個別最適な学びと，協働的な学びの実現～(答申)』(令和3年1月，中央教育審議会）において示された『5．「令和の日本型学校教育」の構築に向けたICTの活用に関する基本的な考え方』の「(1)学校教育の質の向上に向けたICTの活用」の一部である。空欄 1 ～ 3 にあてはまることばを，下のア～エからそれぞれ一つ選べ。**

(1) ICTの活用により新学習指導要領を着実に実施し，学校教育の質の向上につなげるためには， 1 を充実させつつ，各教科等において育成を目指す資質・能力等を把握した上で，特に「主体的・対話的で深い学び」の実現に向けた授業改善に生かしていくことが重要である。また，従来はなかなか伸ばせなかった資質・能力の育成や，他の学校・地域や海外との交流など今までできなかった学習活動の実施，家庭など学校外での学びの充実などにもICTの活用は有効である。

ア．授業評価　イ．教科指導　ウ．教育課程
エ．カリキュラム・マネジメント

(2) 1人1台の端末環境を生かし，端末を日常的に活用することで，ICTの活用が特別なことではなく「当たり前」のこととなるようにするとともに，ICTにより現実の社会で行われているような方法で児童生徒も学ぶなど，学校教育を現代化することが必要である。児童生徒自身がICTを「 2 」として自由な発想で活用できるよう環境を整え，授業をデザインすることが重要である。

ア．文房具　イ．デジタル教材　ウ．学習支援ツール　エ．通信機器

(3) 不登校，病気療養，障害，あるいは日本語指導を要するなどにより 3 が必要な児童生徒に対するきめ細かな支援，さらには個々の才能を伸ばすための高度な学びの機会の提供等に，ICTの持つ特性を最大限活用していくことが重要である。

ア．特別な指導　イ．特別な支援　ウ．専門的な支援　エ．補助的な支援

6 **次は，小学校〈中学校・高等学校〉学習指導要領「第6章〈第5章〉　特別活動」の「第2　各活動・学校行事の目標及び内容」で示された「学校行事」の種類とその内容の一部を整理した表である。空欄 1 ～ 3 にあてはまることばを，下のア～コからそれぞれ一つ選べ。**

※〈　〉内は中学校・高等学校学習指導要領による。

表

学校行事の種類	内　容
1 的行事	学校生活に有意義な変化や折り目を付け，厳粛で清新な気分を味わい，新しい生活の展開への動機付けとなるようにすること。
文化的行事	平素の学習活動の成果を発表し，自己の向上の意欲を一層高めたり，文化や 2 に親しんだりするようにすること。

3 ・体育的行事	心身の健全な発達や健康の保持増進，事件や事故，災害等から身を守る安全な行動や規律ある集団行動の体得，運動に親しむ態度の育成，責任感や連帯感の涵養，体力の向上などに資するようにすること。

ア．集団活動　イ．安全管理　ウ．教養　エ．健康管理　オ．伝統
カ．儀式　キ．芸術　ク．健康安全　ケ．式典　コ．社会体験

7 **次の(1)～(3)に答えよ。**

(1) 学校教育法第１条に定められた学校に該当しないものを，次のア～オから一つ選べ。
ア．小学校　イ．中学校　ウ．高等学校　エ．特別支援学校　オ．専修学校

(2) 学校教育法施行規則第28条で定められた，20年間保存しなければならない表簿を，次のア～オから一つ選べ。
ア．出席簿　イ．健康診断に関する表簿　ウ．指導要録の学籍に関する記録
エ．職員の名簿　オ．学校日誌

(3) 教科用図書，教科用図書以外の教材に関する記述として誤っているものを，次のア～エから一つ選べ。
ア．教科用図書とは，教科の主たる教材として，教授の用に供せられる児童又は生徒用図書で，文部科学大臣の検定を経たものに限られる。
イ．教科用図書の内容には，学習指導要領に示す内容等に照らして不必要なものは取り上げていないこととされている。
ウ．小学校における教科用図書の使用義務を定めた法の規定は，中学校，高等学校及び特別支援学校に準用される。
エ．教育委員会は，学校における教科用図書以外の教材の使用について，あらかじめ届け出させ，又は承認を受けさせることとする定めを設けるものとする。

山梨県

8 **次の(1)～(3)は，法規の条文の一部である。空欄 1 ～ 3 にあてはまることばを，下のア～コからそれぞれ一つ選び，記号で答えよ。なお，同じ番号には，同じことばが入るものとする。**

(1) 校長は，危険等発生時対処要領の職員に対する周知， 1 の実施その他の危険等発生時において職員が適切に対処するために必要な措置を講ずるものとする。
（学校保健安全法第29条第２項）

(2) 学校の設置者及びその設置する学校は，医療，心理，福祉及び法律に関する専門的な知識を有する者の協力を得つつ，教育職員等による児童生徒性暴力等を受けた当該学校に在籍する児童生徒等の保護及び 2 並びにその保護者に対する 2 を継続的に行うものとする。
（教育職員等による児童生徒性暴力等の防止等に関する法律第20条）

(3) 学校の設置者及びその設置する学校は，当該学校におけるいじめを早期に発見するため，当該学校に在籍する児童等に対する定期的な 3 その他の必要な措置を講ずるものとする。
（いじめ防止対策推進法第16条）

ア．研修　イ．訓練　ウ．指導　エ．面談　オ．相談

カ．助言　　キ．支援　　ク．配慮　　ケ．検査　　コ．調査

9 **次の(1)〜(3)は，法規の条文の一部である。法規名を，下のア〜ケからそれぞれ一つ選べ。**

(1) 法律に定める学校の教員は，自己の崇高な使命を深く自覚し，絶えず研究と修養に励み，その職責の遂行に努めなければならない。

(2) 公立の小学校等の校長及び教員の任命権者は，文部科学省令で定めるところにより，当該校長及び教員ごとに，研修の受講その他の当該校長及び教員の資質の向上のための取組の状況に関する記録（以下この条及び次条第２項において「研修等に関する記録」という。）を作成しなければならない。

(3) 職員は，職務上知りたい秘密を漏らしてはならない。その職を退いた後も，また，同様とする。

ア．日本国憲法　　イ．教育基本法　　ウ．学校教育法
エ．地方公務員法　　オ．社会教育法　　カ．教育公務員特例法
キ．学校保健安全法　　ク．学校教育法施行令　　ケ．学校教育法施行規則

10 **次は，生徒指導提要（令和４年12月，文部科学省）「第１章　生徒指導の基礎」の「1.3.2　集団指導と個別指導」の一部である。空欄［ 1 ］〜［ 3 ］にあてはまることばを，下のア〜クからそれぞれ一つ選べ。**

(1) 集団指導

集団指導では，社会の一員としての自覚と責任，他者との協調性，集団の目標達成に貢献する態度の育成を図ります。児童生徒は役割分担の過程で，各役割の重要性を学びながら，協調性を身に付けることができます。自らも集団の形成者であることを自覚し，互いが支え合う社会の仕組みを理解するとともに，集団において，自分が大切な存在であることを実感します。指導においては，あらゆる場面において，児童生徒が人として平等な立場で互いに理解し信頼した上で，集団の目標に向かって励まし合いながら成長できる集団をつくることが大切です。そのために，教職員には，一人一人の児童生徒が

① 安心して生活できる
② 個性を発揮できる
③ 自己［ 1 ］の機会を持てる
④ 集団に貢献できる役割を持てる
⑤ 達成感・［ 2 ］感を持つことができる
⑥ 集団での存在感を実感できる
⑦ 他の児童生徒と好ましい人間関係を築ける
⑧ 自己肯定感・自己［ 3 ］感を培うことができる
⑨ 自己実現の喜びを味わうことができる

ことを基盤とした集団づくりを行うように工夫することが求められます。

ア．満足　　イ．成就　　ウ．有用　　エ．幸福　　オ．判断　　カ．決定
キ．主張　　ク．習熟

解答＆解説

1 解答 1—ウ　2—ア　3—エ

解説 (1)ウ：診断的評価は，教育活動の開始に先立って行われるもので，教育目標に照らし合わせた学習活動に入ることが可能かどうかという児童生徒の適性，及びレディネスの有無を調べることを目的とした評価である。

(2)ア：ポートフォリオ評価は，児童生徒の学習の過程や成果などの記録や作品を計画的にファイル等に集積。そのファイル等を活用して児童生徒の学習状況を把握するとともに，児童生徒や保護者等に対し，その成長の過程や到達点，今後の課題等を示す。

(3)エ：ハロー効果は，光背効果ともいわれ，ある特定の人物が望ましい（望ましくない）特性をいくつかもっていると，ほかの諸側面についても調査・観察することなしにすべて望ましい（望ましくない）特性であると判断しがちな傾向をいう。

2 解答 1—カ　2—キ　3—イ

解説 中央教育審議会答申「次期教育振興基本計画について」(2023年３月８日）の「Ⅱ．今後の教育政策に関する基本的な方針」「（５つの基本的な方針）」「②誰一人取り残さず，全ての人の可能性を引き出す共生社会の実現に向けた教育の推進」「(共生社会の実現に向けた教育の方向性)」を参照。

3 解答 (1)—エ　(2)—ア　(3)—イ

解説 (1)エ：スペンサー（1820～1903）は，教育の目的は「完全な生活への準備」をすることにあると主張，人間生活を構成する活動に役立つ知識こそ重要であるとした。

(2)ア：ペーターゼン（1884～1952）が考案したイエナ・プランでは，学校は生活共同体の縮図でなければならないという観点から，従来の学年制の学級を廃して低学年・中学年・高学年の３集団に再編成し，児童生徒は指導的立場と指導される立場を経験しながら集団訓練を基調とする生活共同体として学習する。

(3)イ：津田梅子（1864～1929）は，女子英学塾（後に津田英学塾，さらに津田塾大学）の創設者で，女性の自立のための教育に尽力し，遅れていた明治期の女子教育に貢献した。

4 解答 1—カ　2—ア　3—オ

解説 平成29年版小学校学習指導要領（2017年３月31日告示）の「第１章　総則」「第１　小学校教育の基本と教育課程の役割」の２，平成29年版中学校学習指導要領（2017年３月31日告示）の「第１章　総則」「第１　中学校教育の基本と教育課程の役割」の２，平成30年版高等学校学習指導要領（2018年３月30日告示）の「第１章　総則」「第１款　高等学校教育の基本と教育課程の役割」の２を参照。

5 解答 1—エ　2—ア　3—イ

解説 中央教育審議会答申「『令和の日本型学校教育』の構築を目指して　～全ての子供たちの可能性を引き出す，個別最適な学びと，協働的な学びの実現～」(2021年１月26日，４月22日更新）の「第Ⅰ部　総論」「５．『令和の日本型学校教育』の構築に向けたICTの活用に関する基本的な考え方」「(1)学校教育の質の向上に向けたICTの活用」を参照。

6 **解答** 1―カ　2―キ　3―ク

解説 平成29年版小学校学習指導要領（2017年３月31日告示）の「第６章　特別活動」「第２　各活動・学校行事の目標及び内容」「〔学校行事〕」「２　内容」，平成29年版中学校学習指導要領（2017年３月31日告示）の「第５章　特別活動」「第２　各活動・学校行事の目標及び内容」「〔学校行事〕」「２　内容」，平成30年版高等学校学習指導要領（2018年３月30日告示）の「第５章　特別活動」「第２　各活動・学校行事の目標及び内容」「〔学校行事〕」「２　内容」を参照。

7 **解答** (1)―オ　(2)―ウ　(3)―ア

解説 (1)学校教育法第１条を参照。「学校の範囲」の規定。同条で定められた学校とは，幼稚園，小学校，中学校，中学校，義務教育学校，高等学校，中等教育学校，特別支援学校，大学，高等専門学校である。

(2)学校教育法施行規則第28条第２項を参照。「備付表簿，その保存期間」の規定。ア・イ・エ・オの保存期間は５年間。

(3)ア：教科書の発行に関する臨時措置法第２条第１項を参照。教科書の「定義」の規定。「文部科学大臣の検定を経たものに限られる」ではなく「文部科学大臣の検定を経たもの又は文部科学省が著作の名義を有するものをいう」。

イ：「義務教育諸学校教科用図書検定基準」（2017年８月10日，文部科学省告示第105号）の「第２章　教科共通の条件」「（学習指導要領との関係）」を参照。

ウ：学校教育法第34条を参照。「教科用図書その他の教材の使用」の規定。中学校は同法第49条，高等学校は同法第62条，特別支援学校は同法第82条により準用される。

エ：地方教育行政の組織及び運営に関する法律第33条第２項を参照。「学校等の管理」の規定。

8 **解答** 1―イ　2―キ　3―コ

解説 (1)学校保健安全法第29条第２項を参照。「危険等発生時対処要領の作成等」の規定。

(2)教育職員等による児童生徒性暴力等の防止等に関する法律第20条第１項を参照。「学校に在籍する児童生徒等の保護及び支援等」の規定。

(3)いじめ防止対策推進法第16条第１項を参照。「いじめの早期発見のための措置」の規定。

9 **解答** (1)―イ　(2)―カ　(3)―エ

解説 (1)教育基本法第９条第１項を参照。「教員」の規定。

(2)教育公務員特例法第22条の５第１項を参照。「研修等に関する記録」の規定。

(3)地方公務員法第34条第１項を参照。「秘密を守る義務」の規定。

10 **解答** 1―カ　2―イ　3―ウ

解説 『生徒指導提要』（2022年12月）の「第Ⅰ部　生徒指導の基本的な進め方」「第１章　生徒指導の基礎」「1.3　生徒指導の方法」「1.3.2　集団指導と個別指導」「(1)集団指導」を参照。

長野県

実施日	2023(令和５)年７月１日	試験時間	小中特:60分（一般教養を含む） 高:30分（一般教養を含む）
出題形式	マークシート式	問題数	小中特:10題（解答数10） 高:４題（解答数５）
パターン	小中特:法規・原理＋時事 高:原理・時事＋法規	公開状況	問題:公開　解答:公開　配点:公開

傾向&対策

●【小学校・中学校・特別支援学校】【高等学校】で別問題。●【小学校・中学校・特別支援学校】の教育法規は，下線部が「正しいもの／誤っているものはいくつあるか」という出題形式が定番。【高等学校】は，教育職員等による児童生徒性暴力等の防止等に関する法律の空欄補充問題。●【小学校・中学校・特別支援学校】の教育原理は，学習指導要領「総則」，改訂『生徒指導提要』より「児童生徒理解」。【高等学校】は，学習指導要領「総合的な探究の時間」と，改訂『生徒指導提要』より「生徒指導の定義」。●【小学校・中学校・特別支援学校】の教育時事は，「『生きる力』をはぐくむ学校での安全教育」(2019年３月)。【高等学校】は，「令和の日本型学校教育」に関する中央教育審議会答申（2021年１月）。

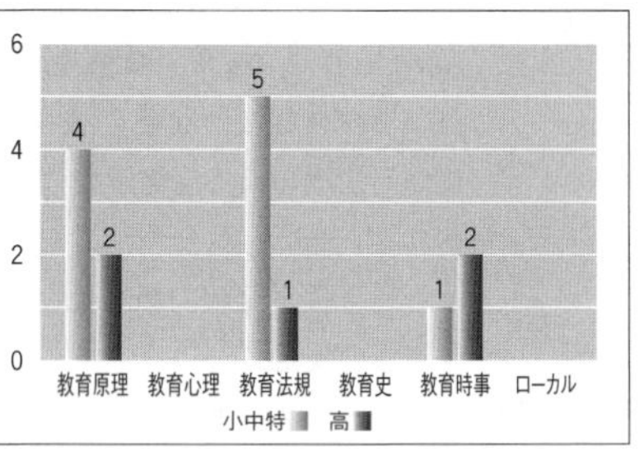

出題領域

分野	項目	小中特	高	項目	小中特	高	項目	小中特	高
教育原理	教育課程・学習指導要領			総　則	3		特別の教科　道徳		
	外国語活動			総合的な学習(探究)の時間		1	特別活動		
	学習指導			生徒指導	1	1	学校・学級経営		
	特別支援教育			人権・同和教育			その他		
教育心理	発　達			学　習			性格と適応		
	カウンセリングと心理療法			教育評価			学級集団		
教育法規※	教育の基本理念			学校教育	2		学校の管理と運営		
	児童生徒	1	1	教職員	2		憲　法	2	
教育史	日本教育史			西洋教育史					
教育時事	答申・統計	1	2	ローカル					

表中の数字は，解答数　小中特｜高

※選択肢の出題領域が複数にわたる場合は，それぞれの項目に加算するためグラフの数とは異なる

小中特共通

☞解答＆解説 p.205

1　次は日本国憲法の条文の一部である。（　　）に入る正しい言葉の組み合わせを選びなさい。

第20条　（ ア ）の自由は，何人に対してもこれを保障する。いかなる（ イ ）も，国から特権を受け，又は政治上の権力を行使してはならない。

第26条　2　すべて国民は，法律の定めるところにより，その（ ウ ）する子女に（ エ ）を受けさせる義務を負ふ。（ オ ）は，これを無償とする。

① ア　信教　イ　政治団体　ウ　養育　エ　一般教育　オ　義務教育
② ア　思想　イ　政治団体　ウ　保護　エ　普通教育　オ　初等教育
③ ア　思想　イ　宗教団体　ウ　養育　エ　普通教育　オ　初等教育
④ ア　信教　イ　宗教団体　ウ　養育　エ　一般教育　オ　義務教育
⑤ ア　信教　イ　宗教団体　ウ　保護　エ　普通教育　オ　義務教育

2　次のア～オの中で日本国憲法の条文（一部抜粋）として下線部の正しいものはいくつありますか。

ア　第3条　天皇の国事に関するすべての行為には，内閣の助言と承認を必要とし，国会が，その責任を負ふ。

イ　第44条　両議院の議員及びその選挙人の資格は，法律でこれを定める。但し，人種，信条，性別，社会的身分，門地，教育，財産又は収入によつて差別してはならない。

ウ　第60条　予算は，さきに衆議院に提出しなければならない。

エ　第68条　内閣総理大臣は，国務大臣を任命する。但し，その過半数は，国会議員の中から選ばれなければならない。

オ　第98条　この憲法は，国の普遍法規であつて，その条規に反する法律，命令，詔勅及び国務に関するその他の行為の全部又は一部は，その効力を有しない。

①1つ　②2つ　③3つ　④4つ　⑤5つ

3　次は，「教育基本法」第6条である。（　　）に入る正しい言葉の組み合わせを選びなさい。

第6条　法律に定める学校は，公の性質を有するものであって，国，地方公共団体及び法律に定める（ ア ）のみが，これを設置することができる。

2　前項の学校においては，教育の（ イ ）が達成されるよう，教育を受ける者の心身の（ ウ ）に応じて，体系的な教育が（ エ ）的に行われなければならない。この場合において，教育を受ける者が，学校生活を営む上で必要な（ オ ）を重んずるとともに，自ら進んで学習に取り組む意欲を高めることを重視して行われなければならない。

① ア　法人　イ　目標　ウ　発達　エ　組織　オ　規律
② ア　団体　イ　目標　ウ　成長　エ　段階　オ　校則
③ ア　法人　イ　目標　ウ　成長　エ　段階　オ　校則
④ ア　団体　イ　目的　ウ　成長　エ　組織　オ　規律

⑤ ア 法人　イ 目的　ウ 発達　エ 組織　オ 規律

4 **次は，「学校教育法」第9条の条文である。下線部の中で誤っているものはいくつありますか。**

第9条　次の各号のいずれかに該当する者は，校長又は教員となることができない。

一　懲役以上の刑に処せられた者

二　教育職員免許法第10条第1項第二号又は第三号に該当することにより免許状がその効力を失い，当該失効の日から5年を経過しない者

三　教育職員免許法第11条第1項から第3項までの規定により免許状取上げの処分を受け，10年を経過しない者

四　日本国憲法施行の日以後において，日本国憲法又はその下に成立した政府を暴力で破壊することを主張する政党その他の団体を結成し，又はこれに加入した者

①1つ　②2つ　③3つ　④4つ　⑤5つ

5 **次のア～オの中で，法令の条文（一部抜粋）として下線部の正しいものはいくつありますか。**

ア　第19条　小学校，中学校，義務教育学校，中等教育学校及び特別支援学校の校長は，常に，その学校に在学する学齢児童又は学齢生徒の出席状況を明らかにしておかなければならない。（学校教育法施行令）

イ　第24条　校長は，その学校に在学する児童等の指導要録を作成しなければならない。（学校教育法施行規則）

ウ　第30条　すべて職員は，全体の奉仕者として公共の利益のために勤務し，且つ，職務の遂行に当つては，全力を挙げてこれに専念しなければならない。（地方公務員法）

エ　第34条　職員は，職務上知り得た情報を漏らしてはならない。その職を退いた後も，また，同様とする。（地方公務員法）

オ　第57条　小学校において，各学年の課程の修了又は卒業を認めるに当たつては，児童の平素の成績を評価して，これを定めなければならない。（学校教育法施行規則）

①1つ　②2つ　③3つ　④4つ　⑤5つ

6 **次は，「生徒指導提要」（令和4年12月　文部科学省）の一部である。下線部の中で誤っているものはいくつありますか。**

生徒指導の基本と言えるのは，教職員の児童生徒理解です。しかし，経験のある教職員であっても，児童生徒一人一人の学習状況，生育歴，能力・適性，興味・関心等を把握することは非常に難しいことです。また，授業や休み時間などで，日常的に児童生徒に接していても，児童生徒の感情の動きや児童生徒相互の人間関係を把握することは容易ではありません。さらに，スマートフォンやインターネットの発達によって，教職員の目の行き届かないネット社会で，不特定多数の人と交流するなど，思春期の多感な時期にいる中学生や高校生の複雑な心理や人間関係を理解するのは困難を極めます。したがって，いじめや自殺の未然防止においては，教職員の児童生徒理解の深さが鍵となります。

①1つ　②2つ　③3つ　④4つ　⑤5つ

7 **次は，「小学校学習指導要領」（平成29年3月）第1章　総則　第3　教育課程の実施と学習評価　の一部である。下線部の中で誤っているものはいくつありますか。**

(3)　第2の2の(1)に示す<u>情報活用能力</u>の育成を図るため，各学校において，コンピュータや情報通信ネットワークなどの情報手段を活用するために必要な環境を整え，これらを適切に活用した学習活動の充実を図ること。また，各種の統計資料や<u>新聞</u>，視聴覚教材や教育機器などの教材・教具の適切な活用を図ること。

あわせて，各教科等の特質に応じて，次の学習活動を計画的に実施すること。

ア　児童がコンピュータで<u>データ</u>を入力するなどの学習の基盤として必要となる情報手段の基本的な操作を習得するための学習活動

イ　児童が<u>AI技術</u>を体験しながら，コンピュータに意図した処理を行わせるために必要な<u>論理的思考力</u>を身に付けるための学習活動

①1つ　②2つ　③3つ　④4つ　⑤5つ

8 **次は，「小学校学習指導要領」（平成29年3月）第1章　総則　第1　小学校教育の基本と教育課程の役割の一部である。（　　）に入る正しい言葉の組み合わせを選びなさい。**

(2)　道徳教育や体験活動，多様な表現や観賞の活動等を通して，豊かな心や（ ア ）の涵養を目指した教育の充実に努めること。

学校における道徳教育は，特別な教科である道徳（以下「道徳科」という。）を要として学校の教育活動全体を通じて行うものであり，道徳科はもとより，各教科，外国語活動，総合的な学習の時間及び特別活動のそれぞれの（ イ ）に応じて，児童の（ ウ ）を考慮して，適切な指導を行うこと。

道徳教育は，教育基本法及び学校教育法に定められた教育の（ エ ）に基づき，自己の生き方を考え，主体的な判断の下に行動し，自立した人間として他者と共に（ オ ）生きるための基盤となる道徳性を養うことを目標とすること。

（略）

①　ア　創造性　イ　特質　ウ　個性　エ　根本精神　オ　よりよく
②　ア　多様性　イ　特性　ウ　個性　エ　基本方針　オ　社会の中で
③　ア　創造性　イ　特質　ウ　発達の段階　エ　根本精神　オ　よりよく
④　ア　多様性　イ　特質　ウ　個性　エ　根本精神　オ　社会の中で
⑤　ア　創造性　イ　特性　ウ　発達の段階　エ　基本方針　オ　よりよく

9 **次は，『「生きる力」をはぐくむ学校での安全教育』（平成31年3月　文部科学省）第1章　総説　第2節　学校安全の考え方　の一部である。（　　）に入る正しい言葉の組み合わせを選びなさい。**

○　学校安全のねらいは，児童生徒等が自ら安全に行動し，他の人や社会の安全に貢献できる資質・能力を育成するとともに，児童生徒等の安全を確保するための（ ア ）を整えることである。

○　学校安全の領域は，「生活安全」「交通安全」「災害安全」などがあるが，従来想定されなかった新たな危機事象の出現などにも柔軟に対応し，学校保健や（ イ ）など

様々な関連領域と連携して取り組むことが重要である。

○ 学校安全の活動は，安全教育，安全管理から構成されており，相互に関連付けて組織的に行うことが必要である。

○ 学校における安全教育は，主に学習指導要領を踏まえ，学校の（ ウ ）全体を通じて実施する。

○ 学校における安全管理・組織活動は，主に（ エ ）に基づいて実施する。

○ 学校安全の推進に関する施策の方向性と具体的な方策は，（ オ ）ごとに策定する学校安全の推進に関する計画に定められている。

① ア 環境　イ 生徒指導　ウ 教育活動　エ 学校保健安全法　オ 5年
② ア 生活　イ 生活指導　ウ 特別活動　エ 学校安全法　オ 10年
③ ア 生活　イ 生徒指導　ウ 教育活動　エ 学校安全法　オ 5年
④ ア 環境　イ 生徒指導　ウ 特別活動　エ 学校安全法　オ 10年
⑤ ア 環境　イ 生活指導　ウ 教育活動　エ 学校保健安全法　オ 5年

10 **次は，「中学校学習指導要領」（平成29年3月） 第1章 総則 第4 生徒の発達の支援 の一部である。（ ）に入る正しい言葉の組み合わせを選びなさい。**

2 特別な配慮を必要とする生徒への指導

(1) 障害のある生徒などへの指導

(略)

ウ 障害のある生徒に対して，通級による指導を行い，特別の教育課程を編成する場合には，特別支援学校小学部・中学部学習指導要領第7章に示す（ a ）の内容を参考とし，具体的な目標や内容を定め，指導を行うものとする。その際，効果的な指導が行われるよう，（ b ）と通級による指導との関連を図るなど，教師間の連携に努めるものとする。

エ 障害のある生徒などについては，家庭，地域及び医療や福祉，（ c ），労働等の業務を行う関係機関との連携を図り，（ d ）な視点で生徒への教育的支援を行うために，個別の教育支援計画を作成し活用することに努めるとともに，（ e ）の指導に当たって，個々の生徒の実態を的確に把握し，個別の指導計画を作成し活用することに努めるものとする。(略)

① a 自立活動　b 各教科等　c 行政　d 総合的　e 各教科等
② a 各教科等　b 自立活動　c 保健　d 長期的　e 自立活動
③ a 自立活動　b 自立活動　c 行政　d 総合的　e 自立活動
④ a 各教科等　b 自立活動　c 保健　d 長期的　e 各教科等
⑤ a 自立活動　b 各教科等　c 保健　d 長期的　e 各教科等

高等学校

1 **次の「生徒指導提要」（令和4年12月 文部科学省）に関する問いに答えなさい。**

第Ⅰ部　生徒指導の基本的な進め方

第１章　生徒指導の基礎

1.1　生徒指導の意義

1.1.1　生徒指導の定義と目的

(1)　生徒指導の定義

学校教育の目的は，「［A］を目指し，平和で民主的な国家及び社会の形成者として必要な資質を備えた心身ともに健康な国民の育成」（教育基本法第１条）を期することであり，また，「個人の価値を尊重して，その能力を伸ばし，創造性を培い，自主及び自律の精神を養う」（同法第２条第２号）ことが目標の一つとして掲げられています。この学校教育の目的や目標達成に寄与する生徒指導を定義すると，次のようになります。

> 生徒指導の定義
> 生徒指導とは，児童生徒が，［B］の中で自分らしく生きることができる存在へと，自発的・主体的に成長や発達する過程を支える教育活動のことである。なお，生徒指導上の課題に対応するために，必要に応じて指導や援助を行う。

生徒指導は，児童生徒が自身を［C］として認め，自己に内在しているよさや可能性に自ら気付き，引き出し，伸ばすと同時に，社会生活で必要となる社会的資質・能力を身に付けることを支える働き（機能）です。（以下略）

(1)　空欄［A］［B］［C］に当てはまる語句として適切な組み合わせはどれか。

①　［A］社会的自立　［B］家庭　［C］有用的存在
②　［A］社会的自立　［B］学校　［C］個性的存在
③　［A］幸福の追求　［B］集団　［C］有用的存在
④　［A］人格の完成　［B］自然　［C］個性的存在
⑤　［A］人格の完成　［B］社会　［C］個性的存在

2　**次の「『令和の日本型学校教育』の構築を目指して　～全ての子供たちの可能性を引き出す，個別最適な学びと，協働的な学びの実現～（答申）」（令和３年１月26日　中央教育審議会）に関する各問いに答えなさい。**

第Ⅰ部　総論

1．急激に変化する時代の中で育むべき資質・能力

（中略）

○　国際的な動向を見ると，国際連合が平成27（2015）年に設定した［D］な開発目標（SDGs）などを踏まえ，自然環境や資源の有限性，貧困，イノベーションなど，地域や［E］規模の諸課題について，子供一人一人が自らの課題として考え，［D］な社会づくりにつなげていく力を育むことが求められている。また，経済協力開発機構（OECD）では子供たちが2030年以降も活躍するために必要な資質・能力について検討を行い，令和元（2019）年５月に“Learning Compass 2030”を発表しているが，この中で子供たちが［F］を実現していくために自ら主体的に目標を設定し，振り返りながら，責任ある行動がとれる力を身に付けることの重要性が指摘されている。（中略）

第Ⅱ部　各論
(中略)
4．新時代の特別支援教育の在り方について
(1)基本的な考え方
(中略)

○　また，障害者の権利に関する条約に基づく［G］教育システムの理念を構築し，特別支援教育を進展させていくために，引き続き，障害のある子供と障害のない子供が可能な限り共に教育を受けられる条件整備，障害のある子供の自立と社会参加を見据え，一人一人の教育的ニーズに最も的確に応える指導を提供できるよう，通常の学級，［H］による指導，特別支援学級，特別支援学校といった，連続性のある多様な学びの場の一層の充実・整備を着実に進めていく必要がある。
(以下略)

(1)　空欄［D］［E］［F］に当てはまる語句として適切な組み合わせはどれか。
①　［D］持続可能　［E］地球　［F］ニューノーマル（New Normal）
②　［D］持続可能　［E］地球　［F］ウェルビーイング（Well-being）
③　［D］持続可能　［E］宇宙　［F］ニューノーマル（New Normal）
④　［D］発展的　［E］宇宙　［F］ウェルビーイング（Well-being）
⑤　［D］発展的　［E］地球　［F］ウェルビーイング（Well-being）

(2)　空欄［G］［H］に当てはまる語句として適切な組み合わせはどれか。
①　［G］インクルーシブ　［H］通級
②　［G］インクルーシブ　［H］少人数学級
③　［G］共生社会　［H］オンライン配信
④　［G］レジリエンス　［H］通級
⑤　［G］レジリエンス　［H］オンライン配信

3　次の「教育職員等による児童生徒性暴力等の防止等に関する法律」に関する問いに答えなさい。

第1章　総則
(定義)
第2条
(中略)
3　この法律において「児童生徒性暴力等」とは，次に掲げる行為をいう。(中略)
四　児童生徒等に次に掲げる行為（児童生徒等の心身に有害な影響を与えるものに限る。）であって児童生徒等を著しく羞恥させ，若しくは児童生徒等に不安を覚えさせるようなものをすること又は児童生徒等をしてそのような行為をさせること（中略）。
イ　衣服その他の身に着ける物の上から又は直接に人の性的な部位（児童ポルノ法第2条第3項第三号に規定する性的な部位をいう。）その他の［I］に触れること。
ロ　通常衣服で隠されている人の下着又は身体を撮影し，又は撮影する目的で写

真機その他の機器を差し向け，若しくは［J］すること。

五　児童生徒等に対し，性的羞恥心を害する［K］であって，児童生徒等の心身に有害な影響を与えるものをすること（中略）。

(1)　空欄［I］［J］［K］に当てはまる語句として適切な組み合わせはどれか。

①　［I］心の琴線　　［J］操作　［K］行動

②　［I］心の琴線　　［J］設置　［K］態度

③　［I］身体の一部　［J］操作　［K］態度

④　［I］身体の一部　［J］設置　［K］言動

⑤　［I］身体の一部　［J］操作　［K］言動

4　**次の「高等学校学習指導要領（平成30年告示）」に関する問いに答えなさい。**

第４章　総合的な探究の時間

第１　目標

探究の見方・考え方を働かせ，横断的・総合的な学習を行うことを通して，自己の在り方生き方を考えながら，よりよく課題を発見し解決していくための資質・能力を次のとおり育成することを目指す。

(中略)

(2)　実社会や実生活と自己との関わりから問いを見いだし，自分で［L］を立て，［M］を集め，整理・分析して，まとめ・表現することができるようにする。(以下略)

(1)　空欄［L］［M］に当てはまる語句として適切な組み合わせはどれか。

①　［L］課題　　［M］仲間

②　［L］課題　　［M］情報

③　［L］仮説　　［M］仲間

④　［L］仮説　　［M］情報

⑤　［L］見通し　［M］仲間

解答＆解説

小中特共通

1　解答　⑤

解説　ア・イ：日本国憲法第20条第１項を参照。「信教の自由」の規定。

ウ～オ：日本国憲法第26条第２項を参照。「教育を受けさせる義務，義務教育の無償」の規定。

2　解答　③

解説　ア：日本国憲法第３条を参照。「天皇の国事行為に対する内閣の助言・承認及び責任」の規定。「国会」ではなく「内閣」。

イ：日本国憲法第44条を参照。「議員及び選挙人の資格」の規定。

ウ：日本国憲法第60条第１項を参照。「衆議院の予算先議」の規定。

エ：日本国憲法第68条第１項を参照。「国務大臣の任命及び罷免」の規定。

オ：日本国憲法第98条第１項を参照。「憲法の最高法規性」の規定。「普遍法規」ではなく「最高法規」。

3 解答 ①

解説 教育基本法第６条を参照。「学校教育」の規定。

4 解答 ③

解説 学校教育法第９条を参照。「校長・教員の欠格事由」を参照。

第一号：「懲役」ではなく「禁錮」。

第二号：「５年」ではなく「３年」。

第三号：「10年」ではなく「３年」。

5 解答 ④

解説 ア：学校教育法施行令第19条を参照。「校長の義務」の規定。

イ：学校教育法施行規則第24条第１項を参照。「指導要録」の規定。

ウ：地方公務員法第30条を参照。「服務の根本基準」の規定。

エ：地方公務員法第34条第１項を参照。「秘密を守る義務」の規定。「情報」ではなく「秘密」。

オ：学校教育法施行規則第57条を参照。小学校の「課程の修了・卒業の認定」の規定。

6 解答 ④

解説 『生徒指導提要』(2022年12月）の「第Ｉ部　生徒指導の基本的な進め方」「第１章　生徒指導の基礎」「1.3　生徒指導の方法」「1.3.1　児童生徒理解」「⑴複雑な心理・人間関係の理解」を参照。

「学習状況」ではなく「家庭環境」。「休み時間」ではなく「部活動」。「ネット社会」ではなく「仮想空間」。「自殺」ではなく「児童虐待」。

7 解答 ②

解説 平成29年版小学校学習指導要領（2017年３月31日告示）の「第１章　総則」「第３　教育課程の実施と学習評価」「１　主体的・対話的で深い学びの実現に向けた授業改善」の⑶を参照。

「データ」ではなく「文字」。「AI技術」ではなく「プログラミング」。

8 解答 ③

解説 平成29年版小学校学習指導要領（2017年３月31日告示）の「第１章　総則」「第１　小学校教育の基本と教育課程の役割」の２⑵を参照。

9 解答 ①

解説 文部科学省「学校安全資料　『生きる力』をはぐくむ学校での安全教育」(2019年３月）の「第１章　総説」「第２節　学校安全の考え方」の冒頭の囲みを参照。

10 解答 ⑤

解説 平成29年版中学校学習指導要領（2017年３月31日告示）の「第１章　総則」「第４　生徒の発達の支援」「２　特別な配慮を必要とする生徒への指導」「⑴障害のある生徒などへの指導」のウ・エを参照。

高等学校

1 解答 (1)―⑤

解説『生徒指導提要』(2022年12月）の「第Ⅰ部　生徒指導の基本的な進め方」「第1章　生徒指導の意義」「1.1　生徒指導の意義」「1.1.1　生徒指導の定義と目的」「(1)生徒指導の定義」を参照。

2 解答 (1)―②　(2)―①

解説 中央教育審議会答申「『令和の日本型学校教育』の構築を目指して　～全ての子供たちの可能性を引き出す，個別最適な学びと，協働的な学びの実現～」(2021年1月26日，4月22日更新）を参照。

D～F：「第Ⅰ部　総論」「1．急激に変化する時代の中で育むべき資質・能力」を参照。

F・G：「第Ⅱ部　各論」「4．新時代の特別支援教育の在り方について」「(1)基本的な考え方」を参照。

3 解答 (1)―④

解説 教育職員等による児童生徒性暴力等の防止等に関する法律第2条第3項第四号・第五号を参照。「児童生徒性暴力等」の規定。

4 解答 (1)―②

解説 平成30年版高等学校学習指導要領（2018年3月30日告示）の「第4章　総合的な探究の時間」「第1　目標」を参照。

岐阜県

実施日	2023(令和５)年７月22日	試験時間	15分
出題形式	マークシート式	問題数	10題（解答数10）
パターン	時事・法規＋原理・心理	公開状況	問題:公開　解答:公開　配点:公開

●今年度から試験時間が全校種で15分となり，解答数は10題と少ないが時間配分に注意。●最も解答数の多い教育時事は，２年連続の出題となる「令和の日本型学校教育」に関する中央教育審議会答申（2021年１月）と，「教師の勤務時間の上限」に関するガイドライン（2019年１月），「障害のある子供の教育支援」の手引（2021年６月），「不登校児童生徒への学習機会と支援の在り方」に関する報告書（2022年６月），「学習者用デジタル教科書の活用」に関するガイドライン（2021年３月）より。●教育法規は，教育基本法，学校教育法，地方公務員法，教育公務員特例法，学校保健安全法，いじめ防止対策推進法の空欄補充問題。●教育原理は改訂『生徒指導提要』。●教育心理は，ピアジェの認知発達理論。

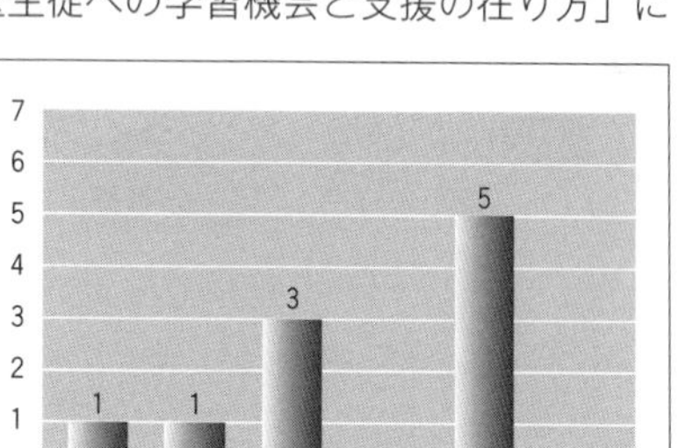

出題領域

教育原理	教育課程·学習指導要領		総　則		特別の教科　道徳	
	外国語活動		総合的な学習(探究)の時間		特別活動	
	学習指導		生徒指導	1	学校·学級経営	
	特別支援教育	↓時事	人権·同和教育		その他	
教育心理	発　達	1	学　習		性格と適応	
	カウンセリングと心理療法		教育評価		学級集団	
教育法規※	教育の基本理念		学校教育	2	学校の管理と運営	1
	児童生徒	1	教職員	1	その他	
教育史	日本教育史		西洋教育史			
教育時事	答申·統計	5	ローカル			

表中の数字は，解答数
※選択肢の出題領域が複数にわたる場合は，それぞれの項目に加算するためグラフの数とは異なる

全校種共通

☞解答＆解説 p.214

1　次の文章は，「教育基本法（平成18年法律第120号）」の第５条である。［A］～［D］に当てはまる語句の組合せとして正しいものを，次の①～⑤の中から一つ選べ。

第５条　［A］は，その保護する子に，別に法律で定めるところにより，普通教育を受けさせる義務を負う。

2　義務教育として行われる普通教育は，各個人の有する能力を伸ばしつつ社会において［B］に生きる基礎を培い，また，国家及び社会の形成者として必要とされる基本的な資質を養うことを目的として行われるものとする。

3　国及び地方公共団体は，義務教育の機会の保障し，その［C］するため，適切な役割分担及び相互の協力の下，その実施に責任を負う。

4　国又は地方公共団体の設置する学校における義務教育については，［D］を徴収しない。

①　A　保護者　B　自立的　C　水準を確保　D　授業料
②　A　保護者　B　計画的　C　教育を遂行　D　授業料
③　A　保護者　B　自立的　C　教育を遂行　D　教育費
④　A　国民　B　計画的　C　教育を遂行　D　教育費
⑤　A　国民　B　自立的　C　水準を確保　D　授業料

2　次のア～エの文章は，学校教育にかかわる法令の記載内容の一部である。［A］～［D］に当てはまる語句の組合せとして正しいものを，次の①～⑤の中から一つ選べ。

ア　この法律で，学校とは，［A］，小学校，中学校，義務教育学校，高等学校，中等教育学校，特別支援学校，大学及び高等専門学校とする。　（学校教育法　第１条）

イ　すべて職員は，全体の奉仕者として［B］の利益のために勤務し，且つ，職務の遂行に当つては，全力を挙げてこれに専念しなければならない。

（地方公務員法　第30条）

ウ　学校には，健康診断，［C］，保健指導，救急処置その他の保健に関する措置を行うため，保健室を設けるものとする。　（学校保健安全法　第７条）

エ　教育公務員は，その職責を遂行するために，絶えず研究と［D］に努めなければならない。　（教育公務員特例法　第21条）

①　A　幼稚園　B　社会　C　カウンセリング　D　修養
②　A　幼稚園　B　社会　C　健康相談　D　学習
③　A　幼稚園　B　公共　C　健康相談　D　修養
④　A　認定こども園　B　社会　C　カウンセリング　D　学習
⑤　A　認定こども園　B　公共　C　カウンセリング　D　修養

3　次の文章は，ピアジェの認知発達理論についてまとめたものである。［A］～［E］に当てはまる語句の組合せとして最も適切なものを，次の①～⑤の中から一つ選べ。

ピアジェは，外界を認識する認知的枠組み（［A］）が，［B］（既存の［A］によって外界をとらえようとする）と［C］（既存の［A］を新しい経験に適応させるように変形する）による均衡化を通して高次化していくと考えた。

発達段階としては，まず，運動を通して外界の認識が成立する感覚運動期が，次に，前論理的，主観的，一次元的な理解を特徴とする［ D ］が，そして，具体的に理解できる範囲のものに関して，論理的な操作による思考や推理が可能になる具体的操作期が，最後に，抽象的な対象について，仮説検証的，論理的に考えることができるようになる［ E ］が想定されている。

① A 内的作業モデル　B 同化　C 調節　D 感覚操作期
　E 応用的操作期

② A 内的作業モデル　B 統合　C 生成　D 前操作期
　E 形式的操作期

③ A シェマ　B 統合　C 調節　D 感覚操作期
　E 応用的操作期

④ A シェマ　B 同化　C 調節　D 前操作期
　E 形式的操作期

⑤ A シェマ　B 統合　C 生成　D 感覚操作期
　E 応用的操作期

4 **次の文章は，「公立学校の教師の勤務時間の上限に関するガイドライン（平成31年1月25日　文部科学省）」の一部である。［ A ］～［ C ］に当てはまる語句の組合せとして正しいものを，次の①～⑤の中から一つ選べ。**

現在，我が国の学校教育が挙げてきた大きな蓄積と高い効果を持続可能なものとし，新学習指導要領を円滑に実施していくため，「学校における働き方改革」が進められている。

教師の業務負担の軽減を図り，限られた時間の中で，教師の［ A ］を生かしつつ，授業改善のための時間や児童生徒等に接する時間を十分確保し，教師が我が国の学校教育の蓄積と向かい合って自らの授業を磨くとともに日々の生活の質や教職人生を豊かにすることで，教師の［ B ］や創造性を高め，児童生徒等に対して効果的な教育活動を持続的に行うことをできる状況を作り出す。これが「学校における働き方改革」の目指すところであり，文部科学省では，業務の［ C ］・適正化，必要な環境整備等，教師の長時間勤務是正に向けた取組を着実に実施していくこととしている。

① A 資質　B 道徳性　C 簡素化

② A 資質　B 道徳性　C 明確化

③ A 専門性　B 人間性　C 簡素化

④ A 専門性　B 人間性　C 明確化

⑤ A 資質　B 人間性　C 明確化

5 **「障害のある子供の教育支援の手引　～子供たち一人一人の教育的ニーズを踏まえた学びの充実に向けて～（令和3年6月　文部科学省初等中等教育局特別支援教育課）」で述べられている就学に関する新しい支援の方向性として最も適切なものを，次の①～⑤の中から一つ選べ。**

① インクルーシブ教育システムの構築のためには，障害のある子供と障害のない子供が，可能な限り異なる場で，それぞれの発達の程度に合わせて学ぶことを目指すこと

が必要である。

② インクルーシブ教育システムを構築するための環境整備として，子供一人一人の自立と社会参加を見据えて，その時点での教育的ニーズに最も的確に応える指導を提供できる，多様で柔軟な仕組みを整備することが重要である。

③ 教育的ニーズに最も的確に応える指導を行うためには，通級による指導ではなく，小中学校等における通常の学級，特別支援学級や，特別支援学校といった，連続性のある「多様な学びの場」を用意していくことが必要である。

④ 教育的ニーズを整理するには，障害の状態等，特別な指導内容，性別の三つの観点を踏まえることが大切である。

⑤ 本人や保護者の意見ではなく，教育学，医学，心理学等専門的見地からの意見，学校や地域の状況等を踏まえた総合的な観点から，就学先の学校や学びの場を判断することが必要である。

6 **次の文章は，「『令和の日本型学校教育』の構築を目指して　～全ての子供たちの可能性を引き出す，個別最適な学びと，協働的な学びの実現～（答申）（令和３年１月26日中央教育審議会）」の一部である。［A］～［D］に当てはまる語句の組合せとして正しいものを，次①～⑤の中から一つ選べ。**

中央教育審議会では，平成28年答申において，社会の変化にいかに対処していくかという受け身の観点に立つのであれば難しい時代になる可能性を指摘した上で，変化を前向きに受け止め，社会や人生，生活を，人間ならではの［A］を働かせてより豊かなものにする必要性等を指摘した。とりわけ，その審議の際に［B］の専門家も交えて議論を行った結果，次代を切り拓く子供たちに求められる資質・能力としては，文章の意味を正確に理解する読解力，教科等固有の見方・考え方を働かせて自分の頭で考えて表現する力，対話や協働を通じて知識やアイディアを共有し新しい解や［C］を生み出す力などが挙げられた。

また，［D］や規範意識，自他の生命の尊重，自己肯定感・自己有用感，他者への思いやり，対面でのコミュニケーションを通じて人間関係を築く力，困難を乗り越え，ものごとを成し遂げる力，公共の精神の育成等を図るとともに，子供の頃から各教育段階に応じて体力の向上，健康の確保を図ることなどは，どのような時代であっても変わらず重要である。

① A 知恵　B AI　C 絶対解　D 道徳心
② A 知恵　B 医療　C 納得解　D 豊かな情操
③ A 感性　B AI　C 納得解　D 道徳心
④ A 感性　B 医療　C 絶対解　D 道徳心
⑤ A 感性　B AI　C 納得解　D 豊かな情操

7 **次の文章は，「生徒指導提要」（令和４年12月　文部科学省）で述べられている「1.1.1 生徒指導の定義と目的　⑵生徒指導の目的」の一部である。［A］～［E］に当てはまる語句の組合せとして正しいものを，次の①～⑤の中から選べ。**

生徒指導の目的は，［A］の内外を問わず，学校が提供する全ての教育活動の中で児童生徒の人格が尊重され，個性の発見と［B］の伸長を児童生徒自らが図りながら，多

岐阜県

様な社会的資質・能力を獲得し，自らの資質・能力を適切に行使して［C］を果たすべく，自己の幸福と社会の発展を児童生徒自らが追求することを支えるところに求められます。(中略)

児童生徒は，学校生活における多様な他者との関わり合いや学び合いの経験を通して，学ぶこと，生きること，働くことなどの価値や課題を見いだしていきます。その過程において，自らの［D］や人生の目標が徐々に明確になります。学校から学校への移行，学校から社会への移行においても，主体的な選択・決定を促す［E］が重要です。

① A 教育課程　B 自己学習能力　C 自己実現
　D 在り方　E 主体的に学ぶ態度
② A 教育課程　B よさや可能性　C 自己実現
　D 生き方　E 自己指導能力
③ A 学校生活　B 自己学習能力　C アイデンティティの確立
　D 在り方　E 主体的に学ぶ態度
④ A 教育課程　B よさや可能性　C アイデンティティの確立
　D 生き方　E 自己指導能力
⑤ A 学校生活　B よさや可能性　C 自己実現
　D 生き方　E 主体的に学ぶ態度

8 **次の文章は，「いじめ防止対策推進法（平成25年法律第71号）」の第一部である。［A］～［E］に当てはまる語句の組合せとして正しいものを，次の①～⑤の中から選べ。**

第23条　学校の教職員，［A］の職員その他の児童等からの相談に応じる者及び児童等の［B］は，児童等からいじめに係る相談を受けた場合において，いじめの事実があると思われるときは，いじめを受けたと思われる児童等が在籍する学校への通報その他の適切な措置をとるものとする。

2　学校は，前項の規定による通報を受けたときその他当該学校に在籍する児童等がいじめを受けていると思われるときは，速やかに，当該児童等に係るいじめの事実の有無の確認を行うための措置を講ずるとともに，その結果を当該学校の［C］に報告するものとする。(中略)

6　学校は，いじめが犯罪行為として取り扱われるべきものであると認めるときは所轄［D］と連携してこれに対処するものとし，当該学校に在籍する児童等の生命，身体又は財産に重大な被害が生じるおそれがあるときは直ちに所轄［D］に通報し，適切に，援助を求めなければならない。

第26条　市町村の教育委員会は，いじめを行った児童等の［B］に対して学校教育法第35条第１項（同法第49条において準用する場合を含む。）の規定に基づき当該児童等の［E］を命ずる等，いじめを受けた児童等その他の児童等が安心して教育を受けられるようにするために必要な措置を速やかに講ずるものとする。

① A 教育委員会　B 保護者　C 設置者　D 警察署
　E 停学
② A 教育委員会　B 担任　C 学校長　D 児童相談所

E　出席停止

③　A　地方公共団体　B　担任　C　学校長　D　警察署
E　停学

④　A　地方公共団体　B　保護者　C　学校長　D　児童相談所
E　出席停止

⑤　A　地方公共団体　B　保護者　C　設置者　D　警察署
E　出席停止

9　**次の文章は，「不登校に関する調査研究協力者会議報告書　～今後の不登校児童生徒への学習機会と支援の在り方について～（不登校に関する調査研究協力者会議　令和4年6月）」の一部である。［A］～［D］に当てはまる語句の組合せとして正しいものを，次の①～⑤の中から一つ選べ。**

不登校の［A］は多岐に渡り，個々の児童生徒の状況も多様である。学校には行けるが休みがちである者，教室には入れず別室による指導を希望する者，在籍校には行けずに教育支援センターによる［B］を受けたい者，別の学校で学習したい者，［C］等の民間施設に通いたい者，自宅においてICTを活用した学習・相談を希望する者など，［D］が求める国・地方公共団体・民間団体等の連携を促進し，それぞれの児童生徒の状況に応じ様々な支援が可能となるような多様な学習機会・教育機会の確保を図っていくことが求められている。

①　A　背景や要因　B　健康相談　C　フリースクール　D　社会教育法
②　A　背景や要因　B　個別指導　C　フリースクール　D　教育機会確保法
③　A　現れ方　B　個別指導　C　不登校特例校　D　社会教育法
④　A　現れ方　B　健康相談　C　不登校特例校　D　教育機会確保法
⑤　A　背景や要因　B　個別指導　C　不登校特例校　D　教育機会確保法

10　**「学校教育法等の一部を改正する法律（平成30年法律第39号）」により，学習者用デジタル教科書を使用することができるようになった。文部科学省が示している「教育の充実を図るため，紙の教科書に代えて学習者用デジタル教科書を使用する際の基準」として正しくないものを，次の①～⑤の中から一つ選べ。**

①　紙の教科書と学習者用デジタル教科書を適切に組み合わせた教育課程を編成すること。
②　児童生徒がそれぞれ紙の教科書を使用できるようにしておくこと。
③　学習者用デジタル教科書は教室に設置された電子黒板においてのみ使用すること。
④　採光・照明等に関し児童生徒の健康保護の観点から適切な配慮がなされていること。
⑤　コンピュータ等の故障により学習に支障が生じないよう適切な配慮がなされていること。

解答＆解説

1 解答 ⑤

解説 教育基本法第５条を参照。「義務教育」の規定。

2 解答 ③

解説 ア：学校教育法第１条を参照。「学校の範囲」の規定。
イ：地方公務員法第30条を参照。「服務の根本基準」の規定。
ウ：学校保健安全法第７条を参照。「保健室」の規定。
エ：教育公務員特例法第21条第１項を参照。「研修」の規定。

3 解答 ④

解説 ピアジェ（1896～1980）は，物の見方や捉え方の枠組みをシェマと呼び，そのシェマが変容していく過程こそが認知発達だと主張して，感覚運動期，前操作期，具体的操作期，形式的操作期という４つの認知発達段階に分けた。

4 解答 ④

解説 文部科学省「公立小学校の教師の勤務時間の上限に関するガイドライン」（2019年１月25日）の「１．趣旨」を参照。

5 解答 ②

解説 文部科学省「障害のある子供の教育支援の手引　～子供たち一人一人の教育的ニーズを踏まえた学びの充実に向けて～」（2021年６月）の「第１編　障害のある子供の教育支援の基本的な考え方」「１　障害のある子供の教育に求められること」「⑵就学に関する新しい支援の方向性」を参照。

②当該箇所を参照。

①正しくは「インクルーシブ教育システムの構築のためには，障害のある子供と障害のない子供が，可能な限り同じ場で共に学ぶことを目指すべきであり，その際には，それぞれの子供が，授業内容を理解し，学習活動に参加している実感・達成感をもちながら，充実した時間を過ごしつつ，生きる力を身に付けていけるかどうかという最も本質的な視点に立つことが重要である」と示されている。

③正しくは「小中学校等における通常の学級，通級による指導，特別支援学級や，特別支援学校といった，連続性のある『多様な学びの場』を用意していくことが必要である」と示されている。

④囲み「教育的ニーズを整理するために」を参照。正しくは「三つの観点（①障害の状態等，②特別な指導内容，③教育上の合理的配慮を含む必要な支援の内容）を踏まえることが大切である。」と示されている。

⑤：正しくは「子供一人一人の障害の状態等や教育的ニーズ，本人及び保護者の意見，教育学，医学，心理学等専門的見地からの意見，学校や地域の状況等を踏まえた総合的な観点から，就学先の学校や学びの場を判断することが必要である」と示されている。

6 解答 ⑤

解説 中央教育審議会答申「『令和の日本型学校教育』の構築を目指して　～全ての子

供たちの可能性を引き出す，個別最適な学びと，協働的な学びの実現～」(2021年１月26日，４月22日更新）の「第Ｉ部　総論」「１．急激に変化する時代の中で育むべき資質・能力」を参照。

7 解答 ②

解説 『生徒指導提要』(2022年12月）の「第Ｉ部　生徒指導の基本的な進め方」「第１章　生徒指導の基礎」「1.1　生徒指導の意義」「1.1.1　生徒指導の定義と目的」「(2)生徒指導の目的」を参照。

8 解答 ⑤

解説 A～D：いじめ防止対策推進法第23条第一号・第二号・第六号を参照。「いじめに対する措置」の規定。

B・E：いじめ防止対策推進法第26条を参照。「出席停止制度の適切な運用等」の規定。

9 解答 ②

解説 不登校に関する調査研究協力者会議「不登校に関する調査研究協力者会議報告書～今後の不登校児童生徒への学習機会と支援の在り方について～」(2022年６月）の「３．今後重点的に実施すべき施策の方向性」「(3)不登校児童生徒の多様な教育機会の確保」「a.不登校特例校，教育支援センター，民間団体等の多様な場における支援」「(児童生徒の主体性を尊重した多様な教育機会の確保)」を参照。

10 解答 ③

解説 文部科学省「学習者用デジタル教科書の効果的な活用の在り方等に関するガイドライン」(2018年12月，2021年３月改訂）を参照。

③「４．学習者用デジタル教科書の使用に当たり留意すべき点について」「(1)学習者用デジタル教科書を使用した指導上の留意点」の④を参照。正しくは「児童生徒が自分の考えを発表する際に，必要に応じて具体的なものなどを用いたり，黒板に書いたりするなど，学習者用デジタル教科書の使用に固執しないこと」と示されている。

①「附属資料」「５．学習者用デジタル教科書関係法令」「○学校教育法第34条第２項に規定する教材の使用について定める件（平成 30 年文部科学省告示第237号)」の第１条第一号を参照。

②「４．学習者用デジタル教科書の使用に当たり留意すべき点について」「(1)学習者用デジタル教科書を使用した指導上の留意点」の②を参照。

④「附属資料」「５．学習者用デジタル教科書関係法令」「○学校教育法第34条第２項に規定する教材の使用について定める件（平成 30 年文部科学省告示第237号)」第１条第二号のハを参照。

⑤「附属資料」「５．学習者用デジタル教科書関係法令」「○学校教育法第34条第２項に規定する教材の使用について定める件（平成 30 年文部科学省告示第237号)」第１条第二号のニを参照。

静岡県／静岡市／浜松市

実施日	2023(令和５)年７月１日	試験時間	60分（一般教養を含む）
出題形式	選択式	問題数	８題（解答数35）
パターン	原理･時事＋心理･法規･教育史	公開状況	問題:公開　解答:公開　配点:公開

傾向＆対策

●教育原理と教育時事で，教職教養全体の７割以上を占める。出題分野にかかわらず「特別支援教育」「学校安全」は必出の教育トピックで，今年度は教育時事で問われた。●教育原理は学習指導要領「総則」が必出で，「児童（生徒）の発達の支援」より。改訂『生徒指導提要』は，「生徒指導の定義と目的」のほか，生徒指導の重層的支援構造の図，「チーム学校による生徒指導体制」なども問われた。●教育時事は，３年連続の出題となる「令和の日本型学校教育」に関する中央教育審議会答申(2021年１月)のほか，「第３次学校安全の推進に関する計画」(2022年３月)，「障害のある子供の教育支援の手引」(2021年６月)。●教育法規は，頻出条文の空欄補充問題。●教育心理・教育史は，重要人物の業績等について。

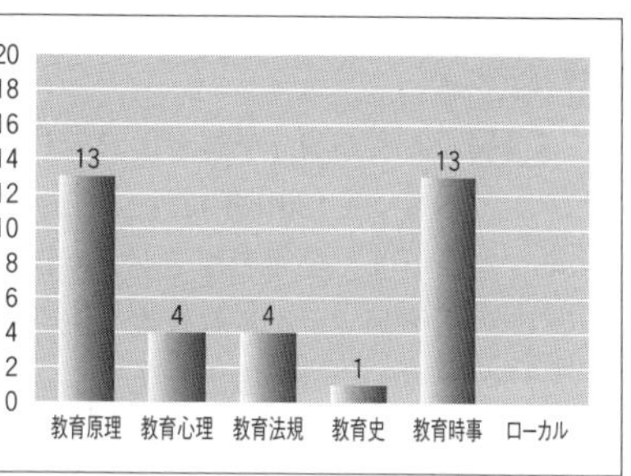

出題領域

教育原理	教育課程･学習指導要領		総則	4	特別の教科　道徳	
	外国語･外国語活動		総合的な学習(探究)の時間		特別活動	
	学習指導		生徒指導	9	学校･学級経営	
	特別支援教育	↓時事	人権･同和教育		その他	
教育心理	発達		学習	2	性格と適応	2
	カウンセリングと心理療法		教育評価		学級集団	
教育法規	教育の基本理念	1	学校教育	1	学校の管理と運営	
	児童生徒	1	教職員	1	その他	
教育史	日本教育史	1	西洋教育史			
教育時事	答申･統計	13	ローカル			

表中の数字は，解答数

全校種共通

☞解答＆解説 p.223

1　次の(1)〜(3)の各問いに答えなさい。

(1)　次の文は，学習の理論について述べたものである。文中の（ ① ），（ ② ）に入る人物を以下のア〜オから一つずつ選び，記号で答えなさい。

イヌの唾液腺の消化機能を研究する中で，学習とは刺激と反応の新たな結びつきであることを発見し，レスポンデント条件づけ（古典的条件づけ）理論を確立した（ ① ）に対し，レバーを押すたびに餌が出る実験装置によってオペラント条件づけ（道具的条件づけ）を理論化したのが，スキナーである。

オペラント条件づけでは，学習者が受ける賞・罰の強化が学習成立に不可欠だった。しかし，人間は他人の経験を見たり聞いたりするだけでその経験を取り入れることができることを踏まえ，（ ② ）は直接経験のみでなく，他の人が学習する場面を観察するという代理経験によっても学習が成立することを示した。

ア　ケーラー　　イ　トールマン　　ウ　パブロフ　　エ　バンデューラ
オ　ソーンダイク

(2)　次の表は，パーソナリティ検査について説明したものである。表中の（ ① ），（ ② ）に入る語句を以下のア〜オから一つずつ選び，記号で答えなさい。

検査名	説明
（ ① ）	スイスの精神科医によって考案された。被験者にインクのしみのような模様が描かれている図版を示し，それが何に見えるかという問いに答えてもらうことで，外界の刺激をどのように取り入れ，意味づけ，反応するのかを見る。
（ ② ）	質問紙形式の検査で，情緒安定性を表す６つの特性と向性を表す６つの特性の，合計12のパーソナリティ特性を測る尺度が含まれている。各特性10項目，全体で120項目からなり，３件法で回答し，特性ごとに得点が集計される。

ア　ロールシャッハ・テスト　　イ　バウム・テスト
ウ　内田クレペリン精神作業検査　　エ　ミネソタ多面人格目録
オ　矢田部ギルフォード性格検査

(3)　江戸時代には，門人たちに学問や芸能を教える私塾が多く設けられ，優れた人材を輩出した。次の文の（ ① ）に入る語句を以下のア〜オから一つ選び，記号で答えなさい。

（ ① ）は，オランダ商館医であったドイツ人のシーボルトが，文政期に診療所を兼ねて長崎郊外に開いた私塾である。

ア　松下村塾　　イ　鳴滝塾　　ウ　慶應義塾　　エ　咸宜園　　オ　古義堂

2　次の(1)〜(4)の各文について，（ Ａ ），（ Ｂ ）に入る語句の組合せとして正しいものをそれぞれア〜エから一つずつ選び，記号で答えなさい。

(1)　教育基本法　前文

我々日本国民は，たゆまぬ努力によって築いてきた民主的で文化的な国家を更に発展させるとともに，世界の平和と人類の福祉の向上に貢献することを願うものである。

我々は，この理想を実現するため，（ A ）を重んじ，真理と正義を希求し，公共の精神を尊び，（ B ）と創造性を備えた人間の育成を期するとともに，伝統を継承し，新しい文化の創造を目指す教育を推進する。

ア　A：個人の人権　　B：豊かな人間性

イ　A：個人の尊厳　　B：豊かな人間性

ウ　A：基本的人権　　B：確かな人間性

エ　A：生命の尊厳　　B：確かな人間性

(2) 地方公務員　第35条

職員は，法律又は条例に特別の定がある場合を除く外，その勤務時間及び職務上の（ A ）のすべてをその職責遂行のために用い，当該地方公共団体がなすべき責を有する職務にのみ（ B ）しなければならない。

ア　A：気力　B：奉仕　　イ　A：集中力　B：従事

ウ　A：注意力　B：従事　　エ　A：能力　B：奉仕

(3) いじめ防止対策推進法　第８条

学校及び学校の教職員は，基本理念にのっとり，当該学校に在籍する児童等の保護者，地域住民，児童相談所その他の関係者との連携を図りつつ，（ A ）でいじめの防止及び早期発見に取り組むとともに，当該学校に在籍する児童等がいじめを受けていると思われるときは，適切かつ迅速にこれに対処する（ B ）を有する。

ア　A：学校全体　　B：責務　　イ　A：学校全体　　B：義務

ウ　A：該当学年　　B：職務　　エ　A：該当学年　　B：責任

(4) 義務教育の段階における普通教育に相当する教育の機会の確保等に関する法律　第３条　第４項

義務教育の段階における普通教育に相当する教育を十分に受けていない者の（ A ）を十分に尊重しつつ，その年齢又は国籍その他の置かれている事情にかかわりなく，その能力に応じた教育を受ける機会が確保されるようにするとともに，その者が，その教育を通じて，社会において（ B ）に生きる基礎を培い，豊かな人生を送ることができるよう，その教育水準の維持向上が図られるようにすること。

ア　A：希望　　B：前向き　　イ　A：希望　　B：自主的

ウ　A：意思　　B：積極的　　エ　A：意思　　B：自立的

3 **「小学校学習指導要領（平成29年３月告示）」，「中学校学習指導要領（平成29年３月告示）」，「高等学校学習指導要領（平成30年３月告示）」の総則では，児童（生徒）の発達を支える指導の充実について，次のとおり述べられている。文中の（ ① ）～（ ④ ）に入る語句を以下のア～クから一つずつ選び，記号で答えなさい。ただし，同じ番号の（　）には同じ語句が入る。**

(1) 学習や生活の基盤として，教師と児童（生徒）*1との信頼関係及び児童（生徒）*1相互の（ ① ）人間関係を育てるため，日頃から学級（ホームルーム）*2経営の充実を図ること。また，主に集団の場面で必要な指導や援助を行う（ ② ）と，個々の児童（生徒）*1の多様な実態を踏まえ，一人一人が抱える課題に個別に対応した指導を行う（ ③ ）の双方により，児童（生徒）*1の発達を支援すること。

（略）*3

(2) 児童（生徒）*1が，自己の存在感を実感しながら，（ ① ）人間関係を形成し，有意義で充実した学校生活を送る中で，現在及び将来における自己実現を図っていくことができるよう，児童（生徒）*1理解を深め，（ ④ ）と関連付けながら，生徒指導の充実を図ること。

（注）＊1　小学校学習指導要領は児童，中学校・高等学校学習指導要領は生徒と表記している。

（注）＊2　小学校・中学校学習指導要領は学級，高等学校学習指導要領はホームルームと表記している。

（注）＊3　小学校学習指導要領のみ該当する。

ア　好ましい　　イ　家庭生活　　ウ　カウンセリング　　エ　学習指導
オ　シェアリング　　カ　よりよい　　キ　ピア・サポート　　ク　ガイダンス

4　**「第3次学校安全の推進に関する計画（令和4年3月25日　文部科学省）」では，地域の災害リスクを踏まえた実践的な防災教育の充実について，次のとおり述べられている。文中の（ ① ）～（ ④ ）に入る語句を以下のア～クから一つずつ選び，記号で答えなさい。**

新学習指導要領において「社会に開かれた教育課程」の実現を図ることとされる中，防災教育についても，地域の防災リーダーなどの資格者やボランティアなどの人材，公民館における防災講座なども（ ① ）として活用することが重要である。消防署と学校の連携のみならず，地域に密着して「（ ② ）」の役割を担っている消防団，自主防災組織，自治会やまちづくり組織等の地域コミュニティの活動と，学校における防災教育を関連付けることや，防災・減災に専門性を持つ大学・NPO等が学校における避難訓練をはじめとする防災教育に参画するなど，地域の実情に応じた防災教育を進めることも重要である。

また，避難訓練については，例えば，大地震の発生を想定した訓練では，余震等を伴うことを訓練で再現しているか，高確率で停電が発生することを想定して校内放送を使用しない訓練を行っているか，悪天候時や揺れの渦中など校庭に集合することが合理的ではない場合を想定して訓練を行っているかなど，学校現場における訓練が（ ③ ）なものとなっていないことが指摘されている。災害の発生が学校の教育活動中ではない場合も想定し，児童生徒等が様々な場所にいる場合にも自らの判断で安全に対処できる力を身に付けられるようにするため，児童生徒等が安全教育で身に付けた力を発揮し行動する場として避難訓練を位置付け，訓練を通して児童生徒等が（ ④ ）を振り返り課題を見付け改善を図る問題解決の学習の流れとなるよう意図的計画的に実施し，より実効性のある訓練になるよう見直しを図る必要がある。

ア　周囲の状況　　イ　現実的　　ウ　教育資源　　エ　身近　　オ　共助
カ　自らの行動　　キ　教材　　ク　自助

5　**「『令和の日本型学校教育』の構築を目指して　～全ての子供たちの可能性を引き出す，個別最適な学びと，協働的な学びの実現～（答申）（令和3年1月26日　中央教育審議**

会)」では，遠隔・オンライン教育を含むICTを活用した学びの在り方について，次のとおり述べられている。文中の（ ① ）～（ ⑤ ）に入る語句を以下のア～コから一つずつ選び，記号で答えなさい。

○　学校教育におけるICTの活用に当たっては，新学習指導要領の趣旨を踏まえ，各教科等において育成するべき資質・能力等を把握し，心身に及ぼす影響にも留意しつつ，まずはICTを日常的に活用できる環境を整え，児童生徒が「(①)」として活用できるようにし，「主体的・対話的で深い学び」の実現に向けた授業改善に生かしていくことが重要である。

○　なお，ICTの活用に当たっては，(② ）を考えながら活用することが重要であり，ICTを活用すること自体が（ ③ ）しないようにするとともに，例えば旧来型の学習観に基づく（ ④ ）等に偏ったICTの活用に陥らないように注意する必要がある。また，（ ⑤ ）を共有することで得られるものが失われる危険もあるため，その活用方法については，教師と児童生徒との具体的関係の中でしっかりと見極めることが必要である。

ア	文房具	イ	データ	ウ	操作スキルの向上
エ	問題解決的な学習	オ	空間や時間	カ	教具
キ	目的化	ク	形式化	ケ	機械的なドリル学習
コ	教育効果				

6 **「障害のある子供の教育支援の手引　～子供たち一人一人の教育的ニーズを踏まえた学びの充実に向けて～（令和３年６月　文部科学省)」では，障害のある子供の教育支援の基本的な考え方について，次のとおり述べられている。文中の（ ① ）～（ ④ ）に入る語句を以下のア～クから一つずつ選び，記号で答えなさい。ただし，同じ番号の（　　）には同じ語句が入る。**

障害のある子供が，地域社会の一員として，生涯にわたって様々な人々と関わり，主体的に社会参加しながら心豊かに生きていくことができるようにするためには，教育，医療，福祉，保健，労働等の各分野が一体となって，社会全体として，その子供の自立を生涯にわたって教育支援していく体制を整備することが必要である。

このため，早期から始まっている（ ① ）・支援を就学期に円滑に引き継ぎ，障害のある子供一人一人の精神的及び身体的な能力等をその可能な最大限度まで発達させ，学校卒業後の地域社会に主体的に参加できるよう移行支援を充実させるなど，（ ② ）が強く求められる。

障害のある子供一人一人の教育的ニーズを把握・整理し，適切な指導及び必要な支援を図る特別支援教育の理念を実現させていくためには，早期からの（ ① ）・支援，就学相談・支援，就学後の継続的な教育支援の全体を「(②)」と捉え直し，（ ③ ）の作成・活用等の推進を通じて，子供一人一人の教育的ニーズに応じた教育支援の充実を図ることが，今後の特別支援教育の更なる推進に向けた基本的な考え方として重要である。

（ ③ ）の作成・活用等により，障害のある子供一人一人について，

- 教育的ニーズの整理*

- 支援の目標や（ ④ ）を含む必要な支援の内容の検討*
- 関係者間の情報共有の促進と共通認識の醸成*
- 家庭や医療，福祉，保健，労働等の関係機関との連携強化*
- 教育的ニーズと必要な支援の内容の定期的な見直し等による継続的な支援*

などの効果が期待でき，その取組を強力に推進していくことは，特別支援教育の理念の実現につながるものである。

（注）＊は引用文の体裁を変更している。

ア　基礎的環境整備　　イ　一貫した教育支援　　ウ　切れ目ない支援
エ　個別の教育支援計画　　オ　特別な指導　　カ　教育上の合理的配慮
キ　個別の指導計画　　ク　教育相談

7　**「生徒指導提要（令和４年12月　文部科学省）」について，次の(1)～(3)の各問いに答えなさい。**

(1)　第１章では，生徒指導の定義と目的について，次のとおり述べられている。（ A ），（ B ）に入る語句の組合せとして正しいものを，以下のア～エから一つ選び，記号で答えなさい。

生徒指導の定義

生徒指導とは，児童生徒が，社会の中で自分らしく生きることができる存在へと，自発的・主体的に成長や発達する過程を支える教育活動のことである。なお，生徒指導上の課題に対応するために，必要に応じて指導や（ A ）を行う。

生徒指導の目的

生徒指導は，児童生徒一人一人の個性の発見と（ B ）の伸長と社会的資質・能力の発達を支えると同時に，自己の幸福追求と社会に受け入れられる自己実現を支えることを目的とする。

ア　A：助言　　B：向上心や可能性　　イ　A：助言　　B：よさや自主性
ウ　A：補助　　B：向上心や自主性　　エ　A：援助　　B：よさや可能性

(2)　次の図は，生徒指導の重層的支援構造を示したものである。図の（ ① ）～（ ③ ）に入る語句を，以下のア～カから一つずつ選び，記号で答えなさい。

図　生徒指導の重層的支援構造

ア　発達支持的　　イ　基礎基本的　　ウ　困難課題対応的

エ　重大課題対応的　　オ　課題予防的　　カ　予測対応的

(3)　チーム学校を実現するための視点が書かれた次の文のうち，誤っているものを以下のア～オから一つ選び，記号で答えなさい。

ア　心理や福祉等の専門スタッフを学校の教育活動の中に位置付け，教員と専門スタッフとの連携・協働の体制を充実させる。

イ　副校長の配置や，教頭の複数配置，事務長の配置など，校長の権限を適切に分担する体制や校長の判断を補佐する体制の整備によって，管理職もチームとして取り組む。

ウ　教員が持てる力を発揮できるように，校務分掌や校内委員会の持ち方，業務の内容や進め方の見直し，教職員のメンタルヘルス対策等に取り組む。

エ　教職員が絶えず自らの生徒指導実践を振り返り，教職員同士で相互に意見を交わし，学び合うことのできる同僚関係が不可欠である。

オ　情報の収集と伝達を円滑に進めるためのネットワークを学校の内外につくるには，管理職を頂点としたトップダウンのピラミッド型組織をつくることが求められている。

8　**「生徒指導提要（令和４年12月　文部科学省）」では，いじめ防止につながる発達支持的生徒指導について，次のとおり述べられている。文中の（ ① ）～（ ④ ）に入る語句も以下のア～クから一つずつ選び，記号で答えなさい。ただし，同じ番号の（　　）には同じ語句が入る。**

児童生徒が，「（ ① ）の大切さとともに（ ② ）の大切さを認めること」ができる人権（ ③ ）を身に付けるように働きかけるためには，教職員が，一人一人の児童生徒が大切にされることを目指す人権教育と生徒指導は密接な関係にあり，いじめ防止につながる相乗的な効果を持つものであることを意識することが必要です。

また，市民性を育む教育を行うことも重要です。いじめ防止につながるという視点からは，発達段階に応じた法教育を通じて，「誰もが法によって守られている」，「法を守ることによって社会の安全が保たれる」という意識を高めるとともに，学校に市民社会のルールを持ち込むことも必要です。その際，児童生徒のみならず，教職員も保護者も，学校に関係する地域の人々も，市民社会のルールを尊重することが求められます。

児童生徒が「多様性を認め，人権（ ④ ）をしない人」へと育つためには，学校や学級が，人権が尊重され，安心して過ごせる場となることが必要です。こうした学校・学級の雰囲気を経験することによって，児童生徒の人権（ ③ ）や共生（ ③ ）は養われます。

ア　自分　　イ　侵害　　ウ　社会　　エ　他の人　　オ　人間　　カ　相手

キ　感覚　　ク　差別

解答＆解説

1 解答 (1)①—ウ　②—エ　(2)①—ア　②—オ　(3)—イ

解説 (1)①ウ：パブロフ（1849～1936）は，イヌにえさ（無条件刺激）とベルの音（条件刺激）の対提示を繰り返すと，ベルの音を聞いただけで唾液を分泌するようになる（無条件反応）ことから，条件刺激だけでも条件反応が生じるようになるとする古典的条件づけ（レスポンデント条件づけ）を唱えた。

②エ：バンデューラ（1925～2021）は，子どもは直接的経験をもたなくても，他者の行動を観察することによって，攻撃性や性役割などさまざまな行動規範を獲得することができるとする観察学習（モデリング学習）を唱えた。

(2)①ア：ロールシャッハ・テストは投影法検査の一つで，左右対称のインクのしみでできた10枚の図版を見て，何に見えるか，どこがそのように見えたか，どうしてそのように見えたかを分析することにより，表面的な性格ではなく深層部分の性格を知ることができる。

②オ：矢田部ギルフォード性格検査（YG性格検査）は，因子分析によって抽出された12個の性格因子におけるプロフィールから性格を診断する120項目からなる質問紙法検査。

(3)イ：オランダ商館医のシーボルト（1796～1866）が開いた鳴滝塾は，医学・博物学の講義と診療を行い，伊東玄朴，高野長英ら優れた門下生を輩出した。

2 解答 (1)—イ　(2)—ウ　(3)—ア　(4)—エ

解説 (1)教育基本法の前文を参照。

(2)地方公務員法第35条を参照。「職務に専念する義務」の規定。

(3)いじめ防止対策推進法第８条を参照。「学校及び学校の教職員の責務」の規定。

(4)義務教育の段階における普通教育に相当する教育の機会の確保に関する法律第３条第４項を参照。「基本理念」の規定。

3 解答 ①—カ　②—ク　③—ウ　④—エ

解説 平成29年版小学校学習指導要領（2017年３月31日告示）の「第１章　総則」「第４　児童の発達の支援」「１　児童の発達を支える指導の充実」の(1)及び(2)，平成29年版中学校学習指導要領（2017年３月31日告示）の「第１章　総則」「第４　生徒の発達の支援」「１　生徒の発達を支える指導の充実」の(1)及び(2)，平成30年版高等学校学習指導要領（2018年３月30日告示）の「第１章　総則」「第５款　生徒の発達の支援」「１　生徒の発達を支える指導の充実」の(1)及び(2)を参照。

4 解答 ①—ウ　②—オ　③—イ　④—カ

解説 文部科学省「第３次学校安全の推進に関する計画」（2022年３月25日）の「II　学校安全を推進するための方策」「3.　学校における安全に関する教育の充実」「(2)地域の災害リスクを踏まえた実践的な防災教育の充実」「(防災教育の重要性・必要性)」を参照。

5 解答 ①—ア　②—コ　③—キ　④—ケ　⑤—オ

解説 中央教育審議会答申「『令和の日本型学校教育』の構築を目指して　～全ての子

供たちの可能性を引き出す，個別最適な学びと，協働的な学びの実現」(2021年1月26日，4月22日更新）の「第Ⅱ部　各論」「6. 遠隔・オンライン教育を含むICTを活用した学びの在り方について」「(1)基本的な考え方」を参照。

6 **解答** ①―ク　②―イ　③―エ　④―カ

解説 文部科学省「障害のある子供の教育支援の手引　～子供たち一人一人の教育的ニーズを踏まえた学びの充実に向けて～」(2021年6月）の「第1編　障害のある子供の教育支援の基本的な考え方」「2　早期からの一貫した教育支援」「(2)一貫した教育支援の重要性」を参照。

7 **解答** (1)―エ　(2)①―ウ　②―オ　③―ア　(3)―オ

解説『生徒指導提要』(2022年12月）の「第Ⅰ部　生徒指導の基本的な進め方」を参照。

(1)「第1章　生徒指導の基礎」「1.1　生徒指導の意義」「1.1.1　生徒指導の定義と目的」「(1)生徒指導の定義」及び「(2)生徒指導の目的」を参照。

(2)「第1章　生徒指導の基礎」「1.2　生徒指導の構造」「1.2.1　2軸3類4層構造」「(3)生徒指導の4層」を参照。

(3)オ：「第3章　チーム学校による生徒指導体制」「3.1　チーム学校における学校組織」「3.1.2　チーム学校として機能する学校組織」「③管理職を中心に，ミドルリーダーが機能するネットワークをつくる」を参照。正しくは「<u>トップダウンのピラミッド型組織ではなく</u>，情報の収集と伝達を円滑に進めるためのネットワークを学校の内外につくることが求められます」と示されている。

ア～ウ：「第3章　チーム学校による生徒指導体制」「3.1　チーム学校における学校組織」「3.1.2　チーム学校として機能する学校組織」を参照。

エ：「第1章　生徒指導の基礎」「1.4　生徒指導の基盤」「1.4.1　教職員集団の同僚性」「(1)教職員の受容的・支持的・相互扶助的な人間関係」を参照。

8 **解答** ①―ア　②―エ　③―キ　④―イ

解説『生徒指導提要』(2022年12月）の「第Ⅱ部　個別の課題に対する生徒指導」「第4章　いじめ」「4.3　いじめに関する生徒指導の重層的支援構造」「4.3.1　いじめ防止につながる発達支持的生徒指導」を参照。

愛知県

実施日	2023(令和５)年７月22日	試験時間	60分（一般教養を含む）
出題形式	OCR式	問題数	14題（解答数14）
パターン	原理・法規＋教育史・時事・ローカル・心理	公開状況	問題：公開　解答：公開　配点：公開

傾向＆対策

●教職教養は，ローカル問題を含む全分野型。OCR式で，選択肢はすべて組み合わせ，かつ１題当たり８～10と多いのが特徴。●教育原理では，学習指導要領が必出で，小・中・高・特すべての学習指導要領から出題。●教育法規は，教育基本法など頻出条文の空欄補充問題が定番。日本国憲法は，「家族生活における個人の尊厳と両性の本質的平等」など一般教養的な条文も含む。●教育時事は，「学習評価及び指導要録の改善等」に関する文部科学省通知（2019年３月）と，「外国人児童生徒の教育の充実」に関する報告書（2020年３月）。●必出のローカル問題は，２年連続の出題となる「あいちの教育ビジョン2025」（2021年２月）と，「人権教育・啓発に関する愛知県行動計画（改訂版）」（2019年３月）。

出題領域

教育原理	教育課程・学習指導要領		総　則	1	特別の教科　道徳	
	外国語活動		総合的な学習(探究)の時間	1	特別活動	1
	学習指導		生徒指導		学校・学級経営	
	特別支援教育	1	人権・同和教育	↓ローカル	その他	
教育心理	発　達		学　習	1	性格と適応	
	カウンセリングと心理療法		教育評価		学級集団	
教育法規※	教育の基本理念	1	学校教育		学校の管理と運営	
	児童生徒	2	教職員		憲　法	1
教育史	日本教育史	1	西洋教育史	1		
教育時事	答申・統計	2	ローカル	2		

表中の数字は，解答数

※選択肢の出題領域が複数にわたる場合は，それぞれの項目に加算するためグラフの数とは異なる

全校種共通

☞解答＆解説 p.232

1 **次の(1)～(7)は，「あいちの教育ビジョン2025 ―第四次愛知県教育振興基本計画―」（令和３年２月　愛知県・愛知県教育委員会）に示されている基本的な取組の方向の一部を基にしたものである。（ a ）～（ c ）内に当てはまるものを語群から選ぶとき，正しい組合せとなるものを解答群から一つ選び，番号で答えよ。**

(1) 自ら（ a ）教育を充実させ，自己の可能性を伸ばす力を育みます

(2) 人としての在り方・生き方を考える教育を充実させ，（ b ）を伴った道徳性・社会性を育みます

(3) 健やかな体と心を育む教育を充実させ，生涯にわたって，たくましく生きる力を育みます

(4) ふるさとの魅力やあいちの伝統・文化に学びつつ，技術の進歩に取り組み，社会の発展を支える人を育みます

(5) 世界とつながり，生き生きと活躍するために必要な力を育みます

(6) 子供の意欲を高め，教師の（ c ）がある魅力的な教育環境づくりを進めます

(7) 大規模災害や感染症拡大等の緊急時においても，子供たちが安心・安全に学べることを保障します

【語　群】 ア　教養を高める　　イ　学びに向かう　　ウ　実践力
　　　　　エ　持続力　　　　　オ　学びがい　　　　カ　働きがい

【解答群】
1　a―ア　b―ウ　c―オ　　2　a―ア　b―ウ　c―カ
3　a―ア　b―エ　c―オ　　4　a―ア　b―エ　c―カ
5　a―イ　b―ウ　c―オ　　6　a―イ　b―ウ　c―カ
7　a―イ　b―エ　c―オ　　8　a―イ　b―エ　c―カ

2 **次の(1)～(3)は，「日本国憲法」（昭和21年11月公布）の条文の一部を基にしたものである。（ a ）～（ c ）内に当てはまるものを語群から選ぶとき，正しい組合せとなるものを解答群から一つ選び，番号で答えよ。**

(1) すべて公務員は，全体の（ a ）であつて，一部の（ a ）ではない。（第15条２）

(2) 思想及び（ b ）の自由は，これを侵してはならない。（第19条）

(3) 配偶者の選択，財産権，相続，住居の選定，離婚並びに婚姻及び家族に関するその他の事項に関しては，法律は，（ c ）と両性の本質的平等に立脚して，制定されなければならない。（第24条２）

【語　群】 ア　労働者　　イ　奉仕者　　ウ　良心　　エ　表現
　　　　　オ　個人の尊厳　　カ　基本的人権

【解答群】
1　a―ア　b―ウ　c―オ　　2　a―ア　b―ウ　c―カ
3　a―ア　b―エ　c―オ　　4　a―ア　b―エ　c―カ
5　a―イ　b―ウ　c―オ　　6　a―イ　b―ウ　c―カ
7　a―イ　b―エ　c―オ　　8　a―イ　b―エ　c―カ

3 **次の(1)～(3)は，「教育基本法」（平成18年12月改正）の条文の一部を基にしたものであ**

る。（ a ）～（ c ）内に当てはまるものを語群から選ぶとき，正しい組合せとなるものを解答群から一つ選び，番号で答えよ。

(1) すべて国民は，ひとしく，その（ a ）を受ける機会を与えられなければならず，人種，信条，性別，社会的身分，経済的地位又は門地によって，教育上差別されない。（第4条）

(2) 国及び地方公共団体は，障害のある者が，その障害の状態に応じ，（ b ）教育を受けられるよう，教育上必要な支援を講じなければならない。（第4条2）

(3) 国及び地方公共団体は，能力があるにもかかわらず，（ c ）によって修学が困難な者に対して，奨学の措置を講じなければならない。（第4条3）

【語　群】 ア　能力に応じた教育　　イ　状況に応じた支援　　ウ　最低限の
エ　十分な　　オ　年齢的理由　　カ　経済的理由

【解答群】
1　a―ア　b―ウ　c―オ　　2　a―ア　b―ウ　c―カ
3　a―ア　b―エ　c―オ　　4　a―ア　b―エ　c―カ
5　a―イ　b―ウ　c―オ　　6　a―イ　b―ウ　c―カ
7　a―イ　b―エ　c―オ　　8　a―イ　b―エ　c―カ

4　次は，「教育職員等による児童生徒性暴力等の防止等に関する法律」（令和3年6月公布）の条文の一部を基にしたものである。（ a ）～（ c ）内に当てはまるものを語群から選ぶとき，正しい組合せとなるものを解答群から一つ選び，番号で答えよ。

この法律は，教育職員等による児童生徒性暴力等が児童生徒等の権利を著しく侵害し，児童生徒等に対し（ a ）にわたって回復し難い心理的外傷その他の心身に対する重大な影響を与えるものであることに鑑み，児童生徒等の（ b ）するため，児童生徒性暴力等の禁止について定めるとともに，教育職員等による児童生徒性暴力等の防止等に関し，基本理念を定め，国等の責務を明らかにし，基本指針の策定，教育職員等による児童生徒性暴力等の防止に関する措置並びに教育職員等による児童生徒性暴力等の早期発見及び児童生徒性暴力等への対処に関する措置等について定め，あわせて，特定免許状失効者等に対する（ c ）法（昭和24年法律第117号）の特例等について定めることにより，教育職員等による児童生徒性暴力等の防止等に関する施策を推進し，もって児童生徒等の権利利益の擁護に資することを目的とする。（第1条）

【語　群】 ア　学齢期　　イ　生涯　　ウ　成長を促進
エ　尊厳を保持　　オ　教育職員免許　　カ　教育公務員特例

【解答群】
1　a―ア　b―ウ　c―オ　　2　a―ア　b―ウ　c―カ
3　a―ア　b―エ　c―オ　　4　a―ア　b―エ　c―カ
5　a―イ　b―ウ　c―オ　　6　a―イ　b―ウ　c―カ
7　a―イ　b―エ　c―オ　　8　a―イ　b―エ　c―カ

5　次は，「小学校学習指導要領」（平成29年告示）の「第2章　各教科」に示された目標の一部を基にしたものである。（ a ）～（ c ）内に当てはまるものを語群から選ぶとき，正しい組合せとなるものを解答群から一つ選び，番号で答えよ。

［社会］

社会的事象の特色や相互の関連，意味を多角的に考えたり，社会に見られる課題を把握して，その解決に向けて社会への関わり方を（ a ）したりする力，考えたことや（ a ）したことを適切に表現する力を養う。

［理科］

観察，実験などを行い，（ b ）を養う。

［生活］

身近な人々，社会及び自然を（ c ）で捉え，自分自身や自分の生活について考え，表現することができるようにする。

【語　群】 ア 推測・模索　イ 選択・判断　ウ 探究心
エ 問題解決の力　オ 他者とのつながり　カ 自分との関わり

【解答群】
1 a—ア b—ウ c—オ　2 a—ア b—ウ c—カ
3 a—ア b—エ c—オ　4 a—ア b—エ c—カ
5 a—イ b—ウ c—オ　6 a—イ b—ウ c—カ
7 a—イ b—エ c—オ　8 a—イ b—エ c—カ

6 **次の(1)～(3)は，「中学校学習指導要領」（平成29年告示）の「第４章　総合的な学習の時間」の一部を基にしたものである。（ a ）～（ c ）内に当てはまるものを語群から選ぶとき，正しい組合せとなるものを解答群から一つ選び，番号で答えよ。**

(1) （ a ）な学習の過程においては，他者と協働して課題を解決しようとする学習活動や，言語により分析し，まとめたり表現したりするなどの学習活動が行われるようにすること。

(2) 学びに向かう力，人間性等については，自分自身に関すること及び（ b ）との関わりに関することの両方の視点を踏まえること。

(3) 年間や，単元など内容や時間のまとまりを見通して，その中で育む資質・能力の育成に向けて，生徒の主体的・対話的で（ c ）の実現を図るようにすること。

【語　群】 ア 多面的　イ 探究的　ウ 家庭や学校行事
エ 他者や社会　オ 深い学び　カ 広い学び

【解答群】
1 a—ア b—ウ c—オ　2 a—ア b—ウ c—カ
3 a—ア b—エ c—オ　4 a—ア b—エ c—カ
5 a—イ b—ウ c—オ　6 a—イ b—ウ c—カ
7 a—イ b—エ c—オ　8 a—イ b—エ c—カ

7 **次の(1)～(3)は，「高等学校学習指導要領」（平成30年告示）の一部を基にしたものである。（ a ）～（ c ）内に当てはまるものを語群から選ぶとき，正しい組合せとなるものを解答群から一つ選び，番号で答えよ。**

(1) 学校においては，卒業までに修得させる単位数を定め，（ a ）は，当該単位数を修得した者で，特別活動の成果がその目標からみて満足できると認められるものについて，高等学校の全課程の修了を認定するものとする。

(2) （ b ）の一環として学校給食を実施する場合には，食育の観点を踏まえた適切な指導を行うこと。

(3) 全日制の課程における週当たりの授業時数は，（ c ）単位時間を標準とする。ただし，必要がある場合には，これを増加することができる。

愛知県

【語　群】 ア　校長　イ　教育委員会　ウ　特別活動
エ　総合的な探究の時間　オ　30　カ　35

【解答群】
1　a―ア　b―ウ　c―オ　2　a―ア　b―ウ　c―カ
3　a―ア　b―エ　c―オ　4　a―ア　b―エ　c―カ
5　a―イ　b―ウ　c―オ　6　a―イ　b―ウ　c―カ
7　a―イ　b―エ　c―オ　8　a―イ　b―エ　c―カ

8　**次は，「特別支援学校小学部・中学部学習指導要領」（平成29年告示）の「第７章　自立活動」の目標の一部を基にしたものである。（ a ）～（ c ）内に当てはまるものを語群から選ぶとき，正しい組合せとなるものを解答群から一つ選び，番号で答えよ。**

個々の児童又は生徒が自立を目指し，障害による学習上又は生活上の困難を（ a ）的に改善・克服するために必要な知識，技能，態度及び（ b ）を養い，もって心身の（ c ）的発達の基盤を培う。

【語　群】 ア　意欲　イ　主体　ウ　習慣　エ　興味・関心　オ　飛躍
カ　調和

【解答群】
1　a―ア　b―ウ　c―オ　2　a―ア　b―ウ　c―カ
3　a―ア　b―エ　c―オ　4　a―ア　b―エ　c―カ
5　a―イ　b―ウ　c―オ　6　a―イ　b―ウ　c―カ
7　a―イ　b―エ　c―オ　8　a―イ　b―エ　c―カ

9　**次は，「小学校，中学校，高等学校及び特別支援学校等における児童生徒の学習評価及び指導要録の改善等について（通知）」（平成31年３月　文部科学省）の一部を基にしたものである。（ a ）～（ c ）内に当てはまるものを語群から選ぶとき，正しい組合せとなるものを解答群から一つ選び，番号で答えよ。**

学習評価の結果の活用に際しては，各教科等の児童生徒の学習状況を（ a ）に捉え，各教科等における学習状況を分析的に把握することが可能な（ a ）学習状況の評価と，各教科等の児童生徒の学習状況を（ b ）に捉え，教育課程全体における各教科等の学習状況を把握することが可能な（ c ）の双方の特長を踏まえつつ，その後の指導の改善等を図ることが重要である。

【語　群】 ア　能力別　イ　観点別　ウ　部分的　エ　総括的　オ　偏差値
カ　評定

【解答群】
1　a―ア　b―ウ　c―オ　2　a―ア　b―ウ　c―カ
3　a―ア　b―エ　c―オ　4　a―ア　b―エ　c―カ
5　a―イ　b―ウ　c―オ　6　a―イ　b―ウ　c―カ
7　a―イ　b―エ　c―オ　8　a―イ　b―エ　c―カ

10　**次の(1)，(2)は，「人権教育・啓発に関する愛知県行動計画」（平成31年３月　愛知県）の一部を基にしたものである。（ a ）～（ c ）内に当てはまるものを語群から選ぶとき，正しい組合せとなるものを解答群から一つ選び，番号で答えよ。**

(1)（ a ）問題（部落差別）の実態や固有の経緯等を十分に認識しつつ，「部落差別の解消の推進に関する法律」の趣旨を踏まえ，全ての国民に基本的人権の享有を保障する（ b ）の理念にのっとり，部落差別のない社会の実現を目指して，教育・啓発などについて積極的に推進する。

(2) 県民意識調査では，（ c ）に関する人権上の問題について，特に問題となっていると思うこととして，性同一性障害，性的指向ともに「理解が足りないため，世間から好奇又は偏見の目で見られること」が最も多く挙げられており，（ c ）に関する問題の正しい理解を促進することが求められている。

【語　群】 ア　同和　イ　国際　ウ　日本国憲法
エ　教育基本法　オ　性的少数者　カ　ジェンダーギャップ

【解答群】							
1	a—ア	b—ウ	c—オ	2	a—ア	b—ウ	c—カ
3	a—ア	b—エ	c—オ	4	a—ア	b—エ	c—カ
5	a—イ	b—ウ	c—オ	6	a—イ	b—ウ	c—カ
7	a—イ	b—エ	c—オ	8	a—イ	b—エ	c—カ

11 **次の(1)〜(3)は，「外国人児童生徒等の教育の充実について（報告）」（令和２年３月 外国人児童生徒等の教育の充実に関する有識者会議）の一部を基にしたものである。（ a ）〜（ c ）内に当てはまるものを語群から選ぶとき，正しい組合せとなるものを解答群から一つ選び，番号で答えよ。**

(1) 外国人児童生徒等の教育に関しては，単に日本語指導を行うだけではなく，児童生徒の文化的背景を踏まえた学校生活への適応や（ a ）の観点から，日本語と教科の統合指導，生活指導等を含めた総合的・多面的な指導を含むものである。

(2) 外国人の子供たちが日本における生活の基礎を身に付け，その能力を伸ばし，未来を切り拓くことができるようにすることは，（ b ）に基づく確固とした権利であり，「誰一人取り残さない」という発想に立ち，社会全体としてその環境を提供できるようにしなければならない。

(3) 日本語の能力が十分でない外国人児童生徒等は，言葉のハンディから，学習や（ c ）関係の形成に困難を抱えがちである。このため，適切な指導・支援の下で将来への現実的な展望が持てるよう，学校の内外を通じ，日本語教育のみならず，キャリア教育や相談支援などを包括的に提供する必要がある。

【語　群】 ア　学力保障　イ　健康保持　ウ　出入国管理法
エ　国際人権規約　オ　交友　カ　利害

【解答群】							
1	a—ア	b—ウ	c—オ	2	a—ア	b—ウ	c—カ
3	a—ア	b—エ	c—オ	4	a—ア	b—エ	c—カ
5	a—イ	b—ウ	c—オ	6	a—イ	b—ウ	c—カ
7	a—イ	b—エ	c—オ	8	a—イ	b—エ	c—カ

12 **次のa〜cは，学びに関する用語について述べたものである。それぞれの用語を語群から選ぶとき，正しい組合せとなるものを解答群から一つ選び，番号で答えよ。**

a 「したいからする」や「知りたいから調べる」といった，ある行動を行うこと自体が目的となるような動機づけ

b 学習者の作品や活動内容に関するさまざまな学習記録を収集したもの，その中身やその入れ物のこと

c 自分自身の認知過程をモニターするコントロールメカニズムとそれを支える知識

【語　群】　ア　外発的動機づけ　　イ　内発的動機づけ　　ウ　ポートフォリオ
エ　ルーブリック　　オ　メタ認知　　カ　形式知

【解答群】　1　a—ア　b—ウ　c—オ　　2　a—ア　b—ウ　c—カ
3　a—ア　b—エ　c—オ　　4　a—ア　b—エ　c—カ
5　a—イ　b—ウ　c—オ　　6　a—イ　b—ウ　c—カ
7　a—イ　b—エ　c—オ　　8　a—イ　b—エ　c—カ

13　**次は，明治初期の教育について述べたものである。（ a ）～（ c ）内に当てはまるものを語群から選ぶとき，正しい組合せとなるものを解答群から一つ選び，番号で答えよ。**

1871年の文部省の新設に続いて，翌年に，（ a ）の学校制度にならった統一的な学制が公布された。政府は，国民各自が身を立て，智を開き，産を作るための学問という功利主義的な教育観をとなえて，小学校教育の普及に力を入れ，（ b ）学ばせる国民皆学教育の建設をめざした。専門教育では，1877年に旧幕府の開成所・医学所を起源とする諸校を統合して東京大学を設立し，多くの外国人教師をまねいた。（ c ）のための師範学校のほか，女子教育・産業教育についてもそれぞれ専門の学校を設けた。

【語　群】　ア　アメリカ　　イ　フランス　　ウ　全ての男子に
エ　男女に等しく　　オ　軍人育成　　カ　教員育成

【解答群】　1　a—ア　b—ウ　c—オ　　2　a—ア　b—ウ　c—カ
3　a—ア　b—エ　c—オ　　4　a—ア　b—エ　c—カ
5　a—イ　b—ウ　c—オ　　6　a—イ　b—ウ　c—カ
7　a—イ　b—エ　c—オ　　8　a—イ　b—エ　c—カ

14　**次のア～オは，西洋教育史に関わる人物について述べたものである。正しいものを二つ選ぶとき，その組合せを解答群から一つ選び，番号で答えよ。**

ア　コメニウスは，混乱した世界を正道に戻すことができるのは教育だと考えて活動を行い，『大教授学』では，男女両性のすべての青少年が通う学校を構想し，彼らが楽しく着実に学べるような学校を作るための体系的な方法を提案した。

イ　ロックは，近代哲学の父とも呼ばれるフランスの哲学者であり，代数幾何学の創始者でもある。『方法序説』で示され『省察』で詳論された「われ思う，ゆえにわれあり」という命題は近代哲学の原点となった。

ウ　ヴィゴツキーは，旧ソ連の心理学者で，発達心理学や教育心理学の基本を構築した。『発達の最近接領域』では子どもがその時点で自発的にはできないが，援助があればできる課題水準があり，それが最適な学びのための課題のレベルを設定する指標となることを示した。

エ　デューイは，イギリス経験論の父とも呼ばれ，『人間知性論』は認識論という近代哲学の中心的ジャンルの出発点となった。また，『教育に関する考察』では習慣形成を軸とする教育論を展開し，欲望を理性によって統御する習慣をつけることが教育の中心任務であると説いた。

オ　デカルトは，アメリカの哲学者で，プラグマティズムの大成者とも呼ばれる。『学校と社会』では作業を中心とする新しい学校とカリキュラムのあり方を提案した。その影響は現代の「生活科」や「総合的な学習の時間」にもみることができる。

【解答群】 1 ア，イ　2 ア，ウ　3 ア，エ　4 ア，オ　5 イ，ウ　6 イ，エ　7 イ，オ　8 ウ，エ　9 ウ，オ　0 エ，オ

解答＆解説

1 解答 6

解説 愛知県・愛知県教育委員会「あいちの教育ビジョン2025　―第四次愛知県教育振興基本計画―」(2021年２月) の「第１章　目指すあいちの教育」「2　基本的な取組の方向」を参照。同計画は，教育基本法第17条第２項に基づき，愛知県における教育の振興のため，同県の教育振興基本計画として策定されたもの。７つの基本的な取組の方向（設問文の(1)～(7)）と30の取組の柱が設定され，計画期間は2021～25年度。

2 解答 5

解説 (1)日本国憲法第15条第２項を参照。「公務員の本質」の規定。

(2)日本国憲法第19条を参照。「思想及び良心の自由」の規定。

(3)日本国憲法第24条第２項を参照。「家族生活における個人の尊厳と両性の本質的平等」の規定。

3 解答 4

解説 (1)教育基本法第４条第１項を参照。「教育の機会均等」の規定。

(2)教育基本法第４条第２項を参照。「教育の機会均等」の規定。

(3)教育基本法第４条第３項を参照。「教育の機会均等」の規定。

4 解答 7

解説 教育職員等による児童生徒性暴力等の防止等に関する法律第１条を参照。この法律の「目的」の規定。

5 解答 8

解説 平成29年版小学校学習指導要領（2017年３月31日告示）の「第２章　各教科」を参照。

a：「第２節　社会」「第１　目標」の(2)を参照。

b：「第４節　理科」「第１　目標」の(2)を参照。

c：「第５節　生活」「第１　目標」の(2)を参照。

6 解答 7

解説 平成29年版中学校学習指導要領（2017年３月31日告示）の「第４章　総合的な学習の時間」を参照。

(1)「第３　指導計画の作成と内容の取扱い」の２(2)を参照。

(2)「第２　各学校において定める目標及び内容」「３　各学校において定める目標及び内容の取扱い」の(6)ウを参照。

(3)「第３　指導計画の作成と内容の取扱い」の１(1)を参照。

7 解答 1

解説 平成30年版高等学校学習指導要領（2018年３月30日告示）を参照。

⑴「第１章　総則」「第４款　単位の修得及び卒業の認定」「２　卒業までに修得させる単位数」を参照。

⑵「第５章　特別活動」「第３　指導計画の作成と内容の取扱い」の２⑸を参照。

⑶「第１章　総則」「第２款　教育課程の編成」「３　教育課程の編成における共通的事項」「⑶各教科・科目等の授業時数等」のイを参照。

8 **解答** 6

解説 平成29年版特別支援学校小学部・中学部学習指導要領（2017年４月28日告示）の「第７章　自立活動」「第１　目標」を参照。

9 **解答** 8

解説 文部科学省「小学校，中学校，高等学校及び特別支援学校等における児童生徒の学習評価及び指導要録の改善等について（通知）」（2019年３月29日）の「２．学習評価の主な改善点について」の⑶を参照。

10 **解答** 1

解説 愛知県「人権教育・啓発に関する愛知県行動計画（改定版）　～人権尊重の愛知県を目指して～」（2019年３月）を参照。同計画は，2001年２月に策定，2014年３月に改定されたが，人権を取り巻く社会情勢の変化に対応するため，2019年３月にさらに改定された。その主な改正点は，

①　部落差別の解消の推進に関する法律の施行（2016年12月）を踏まえ，「同和問題」から「同和問題（部落差別）」に表記を変更。

②　重要課題「外国人」への施策として，新たに「ヘイトスピーチ解消に向けた啓発の推進」を追加。

③　「性的少数者」への社会的関心の高まりを踏まえ，重要課題として位置付け，施策として「性的少数者に対する理解の促進」「教育活動の推進」を追加。

④　2017年度に実施した「人権に関する県民の意識調査」の結果を反映。

⑴「Ⅲ　重要課題への対応」「５ 同和問題（部落差別）」「⑵施策の方向」を参照。

⑵「Ⅲ　重要課題への対応」「11　性的少数者」「⑴現状と課題」を参照。

11 **解答** 3

解説 外国人児童生徒等の教育の充実に関する有識者会議「外国人児童生徒等の教育の充実について（報告）」（2020年３月）を参照。

⑴「Ⅰ．検討の背景」を参照。

⑵・⑶「Ⅱ．基本的な考え方」「〈取組の方向性〉」を参照。

12 **解答** 5

解説 ａ：内発的動機づけとは，課題に対して意欲や関心をもたせたり，知的好奇心を抱かせたりすることで行動を導こうとすること。一方，望ましい行動ができたら報酬を与える，望ましくないことをしたら罰を与える，互いに競争させるというように，外的な圧力を加えて行動を導こうとすることを外発的動機づけという。

ｂ：ポートフォリオとは，もともとは写真家や画家などが自分の作品をしまい込んでおく「折りカバン」や「紙挟み」のこと。これを利用したのがポートフォリ

オ評価で，児童生徒の学習の過程や成果などの記録や作品を計画的にファイル等に集積。そのファイル等を活用して児童生徒の学習状況を把握するとともに，児童生徒や保護者等に対し，その成長の過程や到達点，今後の課題等を示す。

ｃ：自分がどのような認知様式を用いているか，自分の記憶力はどれくらいか，どのような方法であれば記憶できるかなど，自分自身の認知の特徴を認知することがメタ認知である。

13 解答 8

解説 ａ・ｂ：学制は，1872年公布の日本初の統一的な近代学校制度を定めた法。基本構成はフランス，内容面ではアメリカの影響を受けた。国民皆学を目指し，小・中・大学３段階の単線型学校体系による立身出世主義に基づく教育を実施した。

ｃ：師範学校は学制発布と同じ1872年に発足し，米人スコット（1843～1922）を招いて教育が開始された。その後，各地に官公立師範学校が設けられたが，制度的に強固な基礎が固まったのは，初代文部大臣の森有礼（1847～89）が1886年に師範学校令を制定してから。

14 解答 2

解説 イ：「ロック」（1632～1704）ではなく「デカルト」（1596～1650）の説明文。

エ：「デューイ」（1859～1952）ではなく「ロック」（1632～1704）の説明文。

オ：「デカルト」（1596～1650）ではなく「デューイ」（1859～1952）の説明文。

名古屋市

実施日	2023(令和5)年7月22日	試験時間	40分（一般教養を含む）
出題形式	OCR式	問題数	4題（解答数20）
パターン	時事＋法規・原理	公開状況	問題：公開　解答：公開

傾向&対策

●大問4題が「教育時事」「特別支援教育」「教育法規」「人権教育」に割り当てられ，領域を問わず「特別支援教育」「人権教育」の比重が高い。●教育時事は，「公立の小学校等の校長及び教員としての資質の向上に関する指標の策定に関する指針」（2022年8月），「不登校児童生徒への支援の在り方」（2019年10月）及び「発達障害者支援法の一部改正」（2016年8月）に関する文部科学省通知，「令和4年版　障害者白書」（2022年6月），「第5次男女共同参画基本計画」（2020年12月）。●教育法規は，2023年4月施行のこども基本法より，第3条「教育理念」に関する空欄補充問題。●教育原理の出典は『学習指導要領解説　総則編』であるが，内容は特別支援教育の「個別の教育支援計画」について。

出題領域

教育原理	教育課程・学習指導要領		総　則	1	特別の教科　道徳	
	外国語・外国語活動		総合的な学習(探究)の時間		特別活動	
	学習指導		生徒指導	↓時事	学校・学級経営	
	特別支援教育	↑総則 ↓法規，時事	人権・同和教育	↓時事	その他	
教育心理	発　達		学　習		性格と適応	
	カウンセリングと心理療法		教育評価		学級集団	
教育法規	教育の基本理念		学校教育		学校の管理と運営	
	児童生徒	4	教職員		その他	
教育史	日本教育史		西洋教育史			
教育時事	答申・統計	15	ローカル			

表中の数字は，解答数

全校種共通

☞解答＆解説 p.239

1　次の(1)～(3)の各問いに答えなさい。

(1)　次の文は「公立の小学校等の校長及び教員としての資質の向上に関する指標の策定に関する指針」(令和４年８月31日　文部科学省告示）において，改正への背景及び趣旨について書かれているものから一部を抜粋したものである。文中の（ ア ）～（ エ ）に当てはまる語句として正しいものを，下の１～８からそれぞれ１つずつ選び，番号で書きなさい。

【背景及び趣旨】

グローバル化，（ ア ）の進展等，社会が急速に変化するとともに，先行き不透明で予測困難な時代が到来する中，「「令和の日本型学校教育」の構築を目指して～全ての子供たちの可能性を引き出す，個別最適な学びと，協働的な学びの実現～」(令和３年１月　中央教育審議会答申）においては，2020年代を通じて実現を目指す「令和の日本型学校教育」において実現すべき教員の理想的な姿が示された。具体的には，技術の発達や新たなニーズなど学校教育を取り巻く環境の変化を前向きに受け止め，教職生涯を通じて（ イ ）を持ちつつ自律的かつ（ ウ ）に新しい知識・技能を学び続け，子供一人一人の学びを最大限に引き出し，子供の（ エ ）な学びを支援する伴走者としての役割を果たすことである。

1　探究心　　2　主体的　　3　過疎化　　4　継続的　　5　受動的
6　間欠的　　7　好奇心　　8　情報化

(2)「公立の小学校等の校長及び教員としての資質の向上に関する指標の策定に関する指針」(令和４年８月31日　文部科学省告示）では，５つの事項について，教員の資質向上に関する指標の内容を定めるとしている。５つの事項として正しくないものを，次の１～６から１つ選び，番号で書きなさい。

1　学習指導　　2　ICTや情報・教育データの利活用　　3　教職に必要な素養
4　生徒指導　　5　特別な配慮や支援を必要とする子供への対応
6　仕事と生活の調和

(3)　次の各文は「不登校児童生徒への支援の在り方について（通知）」(令和元年10月25日　文部科学省）に示されている「不登校児童生徒が自宅においてICT等を活用した学習活動を行った場合の指導要録上の出欠の取扱いについて（別記２)」から抜粋したものである。（ ア ）～（ ウ ）に当てはまる語句の組み合わせとして正しいものを，下の１～６から１つ選び，番号で書きなさい。

○　ICT等を活用した学習活動とは，ICT（コンピュータやインターネット，（ ア ）など）や郵送，FAXなどを活用して提供される学習活動であること。

○　訪問等による対面指導が適切に行われることを前提とすること。対面指導は，当該児童生徒に対する（ イ ）支援や将来の自立に向けた支援などが定期的かつ継続的に行われるものであること。

○　学習活動の成果を評価に反映する場合には，学校が把握した当該学習の計画や内容がその学校の（ ウ ）に照らし適切と判断される場合であること。

1　ア　IoTシステム　イ　財政　ウ　教育課程
2　ア　遠隔教育システム　イ　財政　ウ　相談支援体制
3　ア　IoTシステム　イ　財政　ウ　相談支援体制
4　ア　遠隔教育システム　イ　学習　ウ　教育課程
5　ア　IoTシステム　イ　学習　ウ　教育課程
6　ア　遠隔教育システム　イ　学習　ウ　相談支援体制

2　**次の文は「令和４年版　障害者白書」（令和４年６月　内閣府）における「第３章　社会参加へ向けた自立の基盤づくり　第１節　障害のある子供の教育・育成に関する施策」の一部である。次の(1)～(3)の各問いに答えなさい。**

(1)　文中の（ ア ）～（ カ ）に当てはまる語句として正しいものを，下の１～12からそれぞれ１つずつ選び，番号で書きなさい。

特別支援学校及び①特別支援学級においては，検定済教科書又は文部科学省著作の教科書以外の図書（いわゆる「一般図書」）を教科書として使用することができる。

また，文部科学省においては，拡大教科書など，障害のある児童生徒が使用する教科用特定図書等の普及を図っている。

具体的には，できるだけ多くの（ ア ）の児童生徒に対応できるよう標準的な規格を定めるなど，教科書発行者による拡大教科書の発行を促しており，2021年度に使用された，小・中学校の検定済教科書に対応した標準規格の拡大教科書は，ほぼ全点発行されている。また，教科書発行者が発行する拡大教科書では学習が困難な児童生徒のために，一人一人のニーズに応じた拡大教科書などを製作する（ イ ）などに対して，教科書デジタルデータの提供を行っている。このほか，通常の検定済教科書において一般的に使用される文字や図形等を認識することが困難な②発達障害等のある児童生徒に対しては，教科書の文字を音声で読み上げるとともに，読み上げ箇所がハイライトで表示される（ ウ ）等の音声教材を提供できるよう，関係協力団体（大学・特定非営利活動法人等）に効率的な製作方法等の調査研究を委託し，成果物である音声教材を無償提供するなど，その普及推進に努めている。

さらには，近年の教育の情報化に伴い，2020年度から実施されている新学習指導要領を踏まえた「主体的・（ エ ）で深い学び」の視点からの授業改善や，障害等により教科書を使用して学習することが困難な児童生徒の学習上の支援のため，2018年に「学校教育法」（昭和22年法律第26号）等の改正等を行い，2019年度より，視覚障害や発達障害等の障害等により（ オ ）を使用して学習することが困難な児童生徒の学習上の困難を低減させる必要がある場合には，教育課程の全部において，（ オ ）に代えて（ カ ）を使用することができることとなった。これに関し，文部科学省では，2021年度において，特別支援学校及び特別支援学級を含む全国約４割の小中学校等に，（ カ ）を１教科分提供する事業等を実施した。

1　弱視　2　協働的　3　データ管理機関
4　マルチメディアデイジー教材　5　点字教科書　6　視聴覚教材
7　紙の教科書　8　学習者用デジタル教科書　9　難聴　10　対話的
11　言語指導の教科書　12　ボランティア団体

(2) 下線部①特別支援学級に在籍する児童生徒については，「小学校学習指導要領解説」（平成29年７月　文部科学省）及び「中学校学習指導要領解説」（平成29年７月　文部科学省）において個別の教育支援計画を全員について作成するとしている。この２つの学習指導要領解説の中で示されている個別の教育支援計画の意義，位置付け及び作成や活用上の留意点として，正しくないものを次の１～４から１つ選び，番号で書きなさい。

1　障害の状態等に応じた指導内容や指導方法の工夫を検討する際の情報として個別の指導計画に生かしていくこと。
2　進路先に在学中の支援の目的や教育的支援の内容を伝えること。
3　一人一人の実態等に応じた具体的な指導目標及び指導内容を設定すること。
4　支援の内容を整理したり，関連付けたりするなど関係機関の役割を明確にすること。

(3) 下線部②発達障害について，「発達障害者支援法の一部を改正する法律」（平成28年８月　文部科学省）において，「基本理念の新設について（第２条の２関係）」に示されている発達障害者の支援に関する内容のうち，正しくないものを次の１～４から１つ選び，番号で書きなさい。

1　全ての発達障害者が社会参加の機会が確保されること。
2　社会的障壁の除去に資することを旨として行われなければならないこと。
3　成年後見制度を利用しなければならないこと。
4　どこで誰と生活するかについての選択の機会が確保され，地域社会において他の人々と共生することを妨げられないこと。

名古屋市

3　次の文は，「こども基本法」（令和５年４月１日施行）の一部である。下の(1)，(2)の各問いに答えなさい。

第３条　こども施策は，次に掲げる事項を基本理念として行われなければならない。

一　全てのこどもについて，個人として尊重され，その（　ア　）が保障されるとともに，差別的取扱いを受けることがないようにすること。

二　全てのこどもについて，適切に養育されること，その生活を保障されること，愛され保護されること，その健やかな成長及び発達並びにその自立が図られることその他の（　イ　）が等しく保障されるとともに，教育基本法（平成18年法律第120号）の精神にのっとり教育を受ける機会が等しく与えられること。

三　全てのこどもについて，その年齢及び発達の程度に応じて，自己に直接関係する全ての事項に関して（　ウ　）及び多様な社会的活動に参画する機会が確保されること。

四　全てのこどもについて，その年齢及び発達の程度に応じて，その意見が尊重され，その（　エ　）が優先して考慮されること。

五　こどもの養育については，家庭を基本として行われ，父母その他の保護者が第一義的責任を有するとの認識の下，これらの者に対してこどもの養育に関し十分な支援を行うとともに，家庭での養育が困難なこどもにはできる限り（　オ　）を確保することにより，こどもが心身ともに健やかに育成されるようにすること。

六　家庭や子育てに夢を持ち，子育てに伴う喜びを実感できる（ カ ）を整備すること。

(1) 文中の（ ア ）～（ ウ ）に当てはまる語句として正しいものを，次の1～6からそれぞれ1つ選び，番号で書きなさい。

1　意見を表明する機会　　2　最低限度の生活を営む権利
3　状況に応じた支援　　4　幸福な生活　　5　福祉に係る権利
6　基本的人権

(2) 文中の（ エ ）～（ カ ）に当てはまる語句の組み合わせとして正しいものを，次の1～6から1つ選び，番号で書きなさい。

	エ	オ	カ
1	心身の状況	家庭と同様の養育環境	家庭環境
2	最善の利益	就学の機会	教育環境
3	学習活動に対する支援	教育を受ける機会	社会環境
4	心身の状況	教育を受ける機会	家庭環境
5	最善の利益	家庭と同様の養育環境	社会環境
6	学習活動に対する支援	就学の機会	教育環境

4　次の文は，「第5次男女共同参画基本計画」（令和2年12月　内閣府）の一部である。文中の（ 1 ），（ 2 ）に当てはまる語句として正しいものを，1～4からそれぞれ1つずつ選び，番号で書きなさい。

地方公共団体や関係機関・団体と連携し，人権に配慮し，固定的な性別役割分担意識や性差に関する偏見の解消，固定観念を打破するとともに，（ 1 ）による悪影響が生じないよう，男女双方の意識改革と理解の促進を図る。また，人々の意識形成に大きな影響力をもつ（ 2 ）及びメディアの分野における政策・方針決定過程への女性の参画を促進する。

1　無意識の思い込み（アンコンシャス・バイアス）　　2　貧困
3　学校教育　　4　健康と福祉

解答&解説

1 解答 (1)ア―8　イ―1　ウ―4　エ―2　(2)―6　(3)―4

解説 (1)文部科学省「公立の小学校等の校長及び教員としての資質の向上に関する指標の策定に関する指針」（2022年8月31日改正）の「一　背景及び趣旨」を参照。

(2)文部科学省「公立の小学校等の校長及び教員としての資質の向上に関する指標の策定に関する指針」（2022年8月31日改正）の「三　公立の小学校等の教員等としての資質の向上に関する指標の内容に関する事項」「3　指標の内容を定める際の観点」「(2)教員の指標」を参照。

(3)文部科学省「不登校児童生徒への支援の在り方について（通知）」（2019年10月25日）添付の「（別記2）不登校児童生徒が自宅においてICT等を活用した学習活動を行った場合の指導要録上の出欠の取扱いについて」「2　出席扱い等の要件」

を参照。

2 解答 ⑴ア―1　イ―12　ウ―4　エ―10　オ―7　カ―8　⑵―3　⑶―3

解説 ⑴内閣府『令和4年度版　障害者白書』(2022年6月) の「第3章　社会参加へ向けた自立の基盤づくり」「第1節　障害のある子供の教育・育成に関する施策」「1．特別支援教育の充実」「⑵多様な学びの場の整備」「ア　特別支援教育に関する指導の充実」「②障害のある児童生徒の教科書・教材の充実」を参照。文部科学省著作の教科書として，視覚障害者用の点字版の教科書，聴覚障害者用の国語，知的障害者用の国語，算数（数学)，音楽の教科書がある点に留意する。

⑵『小学校学習指導要領解説　総則編』(2017年7月) の「第3章　教育課程の編成及び実施」「第4節　児童の発達の支援」「2　特別な配慮を必要とする児童への指導」「⑴障害のある児童などへの指導」「④個別の教育支援計画や個別の指導計画の作成と活用」,『中学校学習指導要領解説　総則編』(2017年7月) の「第3章　教育課程の編成及び実施」「第4節　生徒の発達の支援」「2　特別な配慮を必要とする生徒への指導」「⑴障害のある児童などへの指導」「④個別の教育支援計画や個別の指導計画の作成と活用」を参照。

3：「②個別の指導計画」を参照。「個別の教育支援計画」ではなく「個別の指導計画」の内容。

1・2・4：「①個別の教育支援計画」を参照。

⑶文部科学省「発達障害者支援法の一部を改正する法律の施行について」(2016年8月1日) の「第2　改正法の概要」を参照。

3：「11　権利利益の擁護に関する改正について（第12条関係)」を参照。「基本理念の新設」に関する第2条の2関係ではなく「権利利益の擁護に関する改正」に関する第12条関係の内容。

1・4：「3　基本理念の新設について（第2条の2関係)」の⑴を参照。

2：「3　基本理念の新設について（第2条の2関係)」の⑵を参照。

3 解答 ⑴ア―6　イ―5　ウ―1　⑵―5

解説 こども基本法第3条を参照。「基本理念」の規定。

こども基本法は，こども施策を社会全体で総合的かつ強力に推進していくための包括的な基本法として，2022年6月15日に成立し，2023年4月1日に施行された。

4 解答 ⑴―1　⑵―3

解説 内閣府「第5次男女共同参画基本計画　～すべての女性が輝く令和の社会へ～」(2020年12月25日閣議決定) の「第2部　政策編」「III　男女共同参画社会の実現に向けた基盤の整備」「第10分野　教育・メディア等を通じた男女双方の意識改革，理解の促進」「【基本認識】」を参照。

三重県

実施日	2023(令和５)年７月22日／８月19日	試験時間	40分（一般教養を含む）／60分
出題形式	マークシート式／論述式	問題数	午前：９題(解答数11)／午前：３題 午後：９題(解答数15)／午後：３題
パターン	午前：時事・ローカル＋原理・心理・法規・教育史 午後：時事・教育史・ローカル＋原理・法規	公開状況	問題：公開　解答：公開　配点：公開

傾向＆対策

●出題分野を問わず，「人権教育」「ローカル」が必出の教育トピック。●1次試験の教育時事は，「学習者用デジタル教科書」「令和の日本型学校教育」「校長及び教員の資質向上に関する指標」「教育公務員特例法及び教育職員免許法の一部改正」＝以上午前，「令和の日本型学校教育」「障害のある子供の教育支援」「いじめ」「個別最適な学びと協働的な学び」＝以上午後。●ローカル問題は，「人権教育ガイドライン」＝午前，「性の多様性を認め合い，誰もが安心して暮らせる三重県づくり条例」「みえ元気プラン」＝以上午後。●2次試験の論述問題は3題で，「校長及び教員の資質向上に関する指標」「みえ元気プラン」『生徒指導提要』＝以上午前，「教育の情報化」「COCOLOプラン」「人権教育ガイドライン」＝以上午後。

【1次試験】

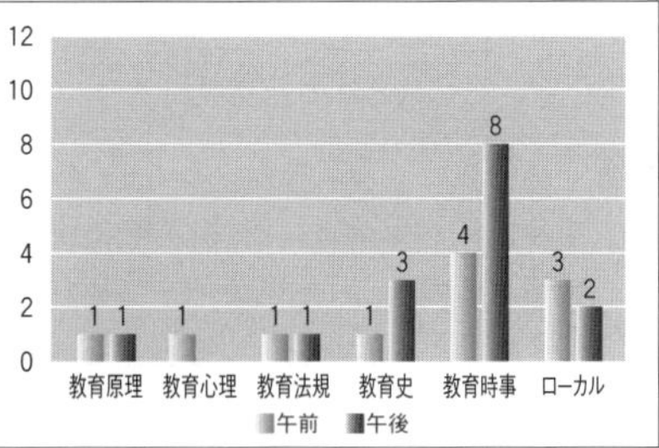

出題領域（1次試験）

分野	項目	午前	午後	項目	午前	午後	項目	午前	午後
教育原理	教育課程・学習指導要領		↓時事	総　則			特別の教科　道徳		
	外国語・外国語活動			総合的な学習(探究)の時間			特別活動		
	学習指導			生徒指導	1	1	学校・学級経営		
	特別支援教育		↓時事	人権・同和教育	↓ローカル		その他		
教育心理	発　達	1		学　習			性格と適応		
	カウンセリングと心理療法			教育評価			学級集団		
教育法規	教育の基本理念		1	学校教育			学校の管理と運営		
	児童生徒			教職員	1		その他		
教育史	日本教育史			西洋教育史	1	3			
教育時事	答申・統計	4	8	ローカル	3	2			

※表中の数字は，解答数。午前｜午後

1次　全校種共通(午前)

☞解答＆解説 p.252

1 アメリカの哲学者デューイの著書の組み合わせとして最も適切なものを，①～⑥の中から一つ選びなさい。

	著　書
①	『エミール』『種の起源』
②	『エミール』『哲学の改造』
③	『民主主義と教育』『種の起源』
④	『民主主義と教育』『哲学の改造』
⑤	『ノヴム・オルガヌム（新機関）』『種の起源』
⑥	『ノヴム・オルガヌム（新機関）』『哲学の改造』

2 次の人物と関連のある語句の組み合わせとして最も適切なものを，①～⑥の中から一つ選びなさい。

	コールバーグ	ピアジェ	ボウルビィ
①	道徳性の発達段階	脱中心化	欲求階層説
②	脱中心化	欲求階層説	アタッチメント理論
③	アタッチメント理論	道徳性の発達段階	脱中心化
④	脱中心化	アタッチメント理論	欲求階層説
⑤	アタッチメント理論	欲求階層説	道徳性の発達段階
⑥	道徳性の発達段階	脱中心化	アタッチメント理論

3 次のａ～ｅの文章のうち，「学習者用デジタル教科書の効果的な活用の在り方等に関するガイドライン」（令和３年３月改訂　文部科学省）の内容の組み合わせとして最も適切なものを，①～⑤から一つ選びなさい。

ａ　紙の教科書を使用する授業と学習者用デジタル教科書を使用する授業を適切に組み合わせることが重要であること。なお，学習者用デジタル教科書を使用する際には，学習者用デジタル教科書の使用を各教科等の授業時数の２分の１に満たないようにすること。

ｂ　学習者用デジタル教科書を紙の教科書に代えて使用する授業においては，学習者用デジタル教科書の故障や不具合等が生じる場合に備え，可能な限り予備用学習者用コンピュータを準備しておくとともに，常に紙の教科書を使用できるようにしておくこと。

ｃ　学習者用デジタル教科書を紙の教科書に代えて使用する授業においては，児童生徒一人一人が，それぞれ学習者用デジタル教科書を使用すること。全児童生徒に一人一台の学習者用コンピュータが整備されていない場合には，当該授業において少なくとも児童生徒二人につき一台の学習者用コンピュータを用意すること。

ｄ　学習者用デジタル教科書や学習者用デジタル教材を単に視聴させるだけではなく，「主体的・対話的で深い学び」の視点からの授業改善に資するよう活用すること。また，児童生徒が自分の考えを発表する際に，必要に応じて具体的なものなどを用いたり，黒板に書いたりするなど，学習者用デジタル教科書の使用に固執しないこと。

e　学習者用デジタル教科書を使用する際には，姿勢に関する指導を適切に行い，目と学習者用コンピュータの画面の距離を30cm以上離すよう指導すること。

①	a	b	c
②	a	c	e
③	a	d	e
④	b	c	d
⑤	b	d	e

4　**次の文章は，「教育公務員特例法」（令和４年６月改正）の抜粋である。（ a ）～（ c ）にあてはまる語句の組み合わせとして正しいものを，①～⑥の中から一つ選びなさい。**

（この法律の趣旨）

第１条　この法律は，教育を通じて（ a ）に奉仕する教育公務員の（ b ）とその責任の特殊性に基づき，教育公務員の任免，人事評価，給与，分限，懲戒，服務及び（ c ）等について規定する。

	（ a ）	（ b ）	（ c ）
①	国民全体	職務	研修
②	国民全体	使命	権利
③	学校	職務	福利厚生
④	学校	使命	権利
⑤	地域社会	使命	福利厚生
⑥	地域社会	職務	研修

5　**次の文章は，「『令和の日本型学校教育』の構築を目指して　～全ての子供たちの可能性を引き出す，個別最適な学びと，協働的な学びの実現～（答申）」（令和３年１月26日中央教育審議会）の「第Ⅱ部　各論」「４．新時代の特別支援教育の在り方について」「(3)特別支援教育を担う教師の専門性向上」「①全ての教師に求められる特別支援教育に関する専門性」の抜粋である。**

（ a ）～（ c ）にあてはまる語句の組み合わせとして正しいものを，①～⑥の中から一つ選びなさい。

○　全ての教師には，障害の（ a ）等に関する理解と指導方法を工夫できる力や，個別の教育支援計画・個別の指導計画などの特別支援教育に関する基礎的な知識，（ b ）に対する理解等が必要である。加えて，障害のある人や子供との触れ合いを通して，障害者が日常生活又は社会生活において受ける制限は障害により起因するものだけでなく，社会における様々な障壁と相対することによって生ずるものという考え方，いわゆる「（ c ）」の考え方を踏まえ，障害による学習上又は生活上の困難について本人の立場に立って捉え，それに対する必要な支援の内容を一緒に考えていくような経験や態度の育成が求められる。また，こうした経験や態度を，多様な教育的ニーズのある子供がいることを前提とした学級経営・授業づくりに生かしていくことが必要である。

	(a)	(b)	(c)
①	特性	合理的配慮	社会モデル
②	種類	児童生徒	社会モデル
③	種類	合理的配慮	医学モデル
④	特性	児童生徒	社会モデル
⑤	特性	合理的配慮	医学モデル
⑥	種類	児童生徒	医学モデル

6　次の文章は，「生徒指導提要」（令和４年12月　文部科学省）の「第Ⅰ部　生徒指導の基本的な進め方」「第１章　生徒指導の基礎」「1.1　生徒指導の意義」「1.1.1　生徒指導の定義と目的」の抜粋である。（ a ）～（ d ）にあてはまる語句の組み合わせとして正しいものを，①～⑥の中から一つ選びなさい。

生徒指導の定義

生徒指導とは，児童生徒が，社会の中で自分らしく生きることができる存在へと，（ a ）・（ b ）に成長や発達する過程を支える教育活動のことである。なお，生徒指導上の課題に対応するために，必要に応じて指導や（ c ）を行う。

生徒指導の目的

生徒指導は，児童生徒一人一人の個性の発見とよさや可能性の伸長と社会的資質・能力の発達を支えると同時に，自己の幸福追求と社会に受け入れられる（ d ）を支えることを目的とする。

	(a)	(b)	(c)	(d)
①	自発的	主体的	援助	自己実現
②	段階的	継続的	懲戒	社会的自立
③	段階的	主体的	援助	社会的自立
④	自発的	継続的	懲戒	自己実現
⑤	段階的	継続的	援助	自己実現
⑥	自発的	主体的	懲戒	社会的自立

7　次の文章は，「人権教育ガイドライン」（2018（平成30）年３月　三重県教育委員会）「２　個別的な人権問題に対する取組」「部落問題を解決するための教育」「⑴現状」の抜粋である。［ 1 ］～［ 3 ］にあてはまる語句として正しいものを，語群①～⑧の中からそれぞれ一つ選びなさい。

国は，2016（平成28）年に「部落差別の解消の推進に関する法律」（以下，「部落差別解消推進法」）を制定しました。この法律は，現在もなお部落差別が存在することを明示しています。また，［ 1 ］に伴って部落差別に関する状況の変化が生じていることをふまえて，国及び地方公共団体の責務を明らかにし，［ 2 ］・啓発を実施するよう規定しました。基本理念にのっとって必要な取組を進めることにより，［ 3 ］社会を実現することを目的としています。2017（平成29）年に内閣府が行った世論調査からも，部落問題を解決するうえで［ 2 ］に対する期待が高いことがうかがえます。これらをふまえ，すべての学校において部落差別を解消するための取組を充実させていくことが求められています。

三重県

《語群》

① 教育　② 人権保障の発展　③ 人権教育を推進する
④ 自己の生き方を考える　⑤ 部落差別のない　⑥ 地域
⑦ 情報化の進展　⑧ 課題の多様化

8 **次の文章は，「公立の小学校等の校長及び教員としての資質の向上に関する指標の策定に関する指針」（令和４年８月改正　文部科学省）の「一 背景及び趣旨」の抜粋である。（ a ）～（ c ）にあてはまる語句の組み合わせとして正しいものを，①～⑥の中から一つ選びなさい。**

新たな教員の学びの姿として求められているのは，一人一人の教員等が，自らの専門職性を高めていく営みであると自覚しながら，誇りを持って（ a ）に研修に打ち込むことである。教員等の（ b ）を図ることは，児童生徒等の教育を充実することに他ならない。児童生徒等の学びと教員等の学びは相似形となることが重要であり，個別最適な学び，協働的な学びの充実を通じて，「（ c ）」を実現することは，児童生徒等の学びのみならず，教員等の学びにもまた求められており，児童生徒等の学びのロールモデルとなることが期待される。

	（ a ）	（ b ）	（ c ）
①	計画的	資質の向上	学力の保障
②	組織的	学ぶ意欲の向上	主体的・対話的で深い学び
③	主体的	個性や長所の伸長	学力の保障
④	計画的	個性や長所の伸長	児童生徒の安心・安全
⑤	組織的	学ぶ意欲の向上	児童生徒の安心・安全
⑥	主体的	資質の向上	主体的・対話的で深い学び

9 **次の文章は，「教育公務員特例法及び教育職員免許法の一部を改正する法律等の施行について（通知）」（令和４年６月21日　文部科学省）の「1．改正の概要」「1改正の趣旨」の抜粋である。（ a ）～（ d ）にあてはまる語句の組み合わせとして正しいものを，①～⑥の中から一つ選びなさい。**

グローバル化や（ a ）の進展により，教育を巡る状況の変化も速度を増している中で，教師自身も高度な専門職として新たな知識技能の修得に継続的に取り組んでいく必要が高まっている。また，オンライン研修の拡大や研修の体系化の進展など，教師の研修を取り巻く環境も大きく変化してきた。

このような社会的変化，学びの環境の変化を受け，令和の日本型学校教育を実現するこれからの「新たな教師の学びの姿」として，（ b ）を通じて（ c ）を持ちつつ主体的に学び続けること，一人一人の教師の個性に即した（ d ）学びの提供，校内研修等の教師同士の学び合いなどを通じた協働的な学びの機会確保が重要となる。

	（ a ）	（ b ）	（ c ）	（ d ）
①	専門化	職務全般	向上心	深い
②	効率化	職務全般	探究心	持続的な
③	情報化	教職生涯	探究心	個別最適な
④	専門化	教職生涯	向上心	深い

⑤	情報化	授業改善	好奇心	個別最適な
⑥	効率化	授業改善	好奇心	持続的な

1次　全校種共通（午後）

1　**次の表のa～cの著書の著者 1 ～ 3 として最も適切なものを，語群①～⑤の中からそれぞれ一つ選びなさい。**

	著書	著者
a	『人間不平等起源論』『社会契約論』	1
b	『善悪の彼岸』『悲劇の誕生』	2
c	『方法序説』『省察』	3

《語群》 ①デカルト　②ベーコン　③ニーチェ　④デューイ　⑤ルソー

2　**次の文章は，「生徒指導提要」（令和4年12月　文部科学省）の「第10章　不登校」の抜粋である。（ a ）～（ c ）にあてはまる語句の組み合わせとして正しいものを，①～⑥の中から一つ選びなさい。**

不登校は「何らかの（ a ）的，情緒的，身体的あるいは社会的要因・背景により，登校しない，あるいはしたくともできない状況にあるため年間（ b ）日以上欠席した者のうち，病気や（ c ）的な理由による者を除いたもの」と定義されています。

	（ a ）	（ b ）	（ c ）
①	発達	60	経済
②	心理	30	発達
③	発達	30	心理
④	心理	60	発達
⑤	心理	30	経済
⑥	発達	60	心理

3　**次の文章は，「『令和の日本型学校教育』の構築を目指して　～全ての子供たちの可能性を引き出す，個別最適な学びと，協働的な学びの実現～（答申）」（令和3年1月26日中央教育審議会）の「第Ⅰ部　総論」「4．『令和の日本型学校教育』の構築に向けた今後の方向性」の抜粋である。（ a ）～（ c ）にあてはまる語句の組み合わせとして正しいものを，①～⑤の中から一つ選びなさい。**

○　現行の日本の学校教育制度では，所定の教育課程を一定年限の間に履修することでもって足りるとする（ a ），履修した内容に照らして一定の学習の実現状況が期待される（ b ），進学・卒業要件として一定年限の在学を要する（ c ），進学・卒業要件として一定の課程の修了を要求する課程主義の考え方がそれぞれ取り入れられている。

○　全ての児童生徒への基礎・基本の確実な定着への要請が強い義務教育段階においては，進級や卒業の要件としては（ c ）を基本に置きつつも，教育課程を履修したと判断するための基準については，（ a ）と（ b ）の考え方を適切に組み合わせ，それぞれの長所を取り入れる教育課程の在り方を目指すべきである。高等学校においては，これまでも履修の成果を確認して単位の修得を認定する制度が採られ，また原級留置の運用もなされており，（ b ）・課程主義の要素がより多く取り入れられていることから，このような高等学校教育の特質を踏まえて教育課程の在り方を検討していく必要がある。

	（ a ）	（ b ）	（ c ）
①	履修主義	年齢主義	修得主義
②	年齢主義	修得主義	履修主義
③	年齢主義	履修主義	修得主義
④	履修主義	修得主義	年齢主義
⑤	修得主義	履修主義	年齢主義

4 **次の文章は，「教育基本法」（平成18年12月改正）の抜粋である。（ a ）～（ c ）にあてはまる語句の組み合わせとして正しいものを，①～⑥の中から一つ選びなさい。**

（教育の目標）

第２条　教育は，その目的を実現するため，学問の自由を尊重しつつ，次に掲げる目標を達成するよう行われるものとする。

一　幅広い知識と教養を身に付け，真理を求める態度を養い，豊かな情操と（ a ）を培うとともに，健やかな身体を養うこと。

二　個人の価値を尊重して，その能力を伸ばし，（ b ）を培い，自主及び自律の精神を養うとともに，職業及び生活との関連を重視し，勤労を重んずる態度を養うこと。

三　正義と責任，男女の平等，自他の敬愛と協力を重んずるとともに，（ c ）の精神に基づき，主体的に社会の形成に参画し，その発展に寄与する態度を養うこと。

四　生命を尊び，自然を大切にし，環境の保全に寄与する態度を養うこと。

五　伝統と文化を尊重し，それらをはぐくんできた我が国と郷土を愛するとともに，他国を尊重し，国際社会の平和と発展に寄与する態度を養うこと。

	（ a ）	（ b ）	（ c ）
①	自尊心	社会性	公共
②	自尊心	創造性	相互扶助
③	自尊心	人間性	慈善
④	道徳心	創造性	公共
⑤	道徳心	人間性	相互扶助
⑥	道徳心	社会性	慈善

5 **次の文章は，「障害のある子供の教育支援の手引　～子供たち一人一人の教育的ニーズを踏まえた学びの充実に向けて～」（令和３年６月　文部科学省）の「第２編　就学に関する事前の相談・支援，就学先決定，就学先変更のモデルプロセス」「第６章　就学に関わる関係者に求められるもの～相談担当者の心構えと求められる専門性～」「３　関係者に求められること」「⑷学校関係者に求められること」の抜粋である。（ a ）～**

(c ）にあてはまる語句の組み合わせとして正しいものを，①～⑥の中から一つ選びなさい。

小中学校等及び特別支援学校についても，就学前からの支援を受け継ぐ機関として，障害のある子供への教育支援に対し，幅広く関与していく姿勢が求められる。また，障害のある子供への義務教育の実施を担当する責任はもちろん，就学後における障害の状態等の変化に対しても，各学校の関係者が主体的に子供の（ a ）の変化の把握等のフォローを行っていく必要がある。

これらの前提として，全ての教員は，特別支援教育に関する一定の知識・技能を有していることが求められる。特に，（ b ）に関する一定の知識・技能は，多くの小中学校等の通常の学級に（ b ）の可能性のある子供の多くが在籍していることから，必須である。

また，特別支援学校については，小中学校等の教員への支援機能，特別支援教育に関する相談・情報提供機能，障害のある子供への指導・支援機能，関係機関等との連絡・調整機能，小中学校等の教員に対する研修協力機能，障害のある子供への施設設備等の提供機能といった（ c ）機能を有しており，その一層の充実を図るとともに，更なる専門性の向上に取り組む必要がある。

	（ a ）	（ b ）	（ c ）
①	教育的ニーズ	知的障害	センター的
②	実態	発達障害	補助的
③	教育的ニーズ	発達障害	センター的
④	実態	知的障害	補助的
⑤	教育的ニーズ	発達障害	補助的
⑥	実態	発達障害	センター的

6 次の文章は，「いじめの重大事態の調査に関するガイドライン」（平成29年3月　文部科学省）の「第2　重大事態を把握する端緒」の抜粋である。［1］～［3］にあてはまる語句として正しいものを，語群①～⑦の中からそれぞれ一つ選びなさい。ただし，文中の「法」とは，「いじめ防止対策推進法」（平成25年6月公布）のことを指す。

（重大事態の定義）

○ 法第28条第1項においては，いじめの重大事態の定義は「いじめにより当該学校に在籍する児童等の生命，心身又は［1］に重大な被害が生じた［2］があると認めるとき」（同項第一号。以下「生命心身［1］重大事態」という。），「いじめにより当該学校に在籍する児童等が相当の期間学校を欠席することを余儀なくされている［2］があると認めるとき」（同項第二号。以下「不登校重大事態」という。）とされている。改めて，重大事態は，［3］が確定した段階で重大事態としての対応を開始するのではなく，「［2］」が生じた段階で調査を開始しなければならないことを認識すること。

《語群》 ①事実関係　②尊厳　③疑い　④財産　⑤加害者　⑥行為　⑦家族

7 次の文章は，「性の多様性を認め合い，誰もが安心して暮らせる三重県づくり条例」（令和3年3月）の抜粋である。（ a ）～（ c ）にあてはまる語句の組み合わせとして

正しいものを，①～⑥の中から一つ選びなさい。

誰一人取り残されることのない社会の構築は，人類共通の課題であり，性的指向及び性自認を理由とした差別や偏見は決して許されず，学習，就労，地域活動等の社会生活上の制限なく，将来の子どもたちにとっても，（ a ）が育まれ，能力発揮の機会が平等に保障されなければならない。

また，私たちは一人ひとり尊い存在であり，性別，性的指向及び性自認をはじめ価値観，（ b ）などもさまざまである。誰もが自らの（ b ）を選択し，自分らしく生きられるよう，お互いを理解して交流し，一人ひとりが社会の一員として分断ではなく支え合う温かい三重県を未来にわたり築くことは，私たちの願いである。

ここに，性の多様性をはじめ多様な（ b ）を認め合い，性のあり方にかかわらず，誰もが自分らしく安心して学び，働き，暮らすことができる社会づくりを，（ c ）で進めることを決意し，この条例を制定する。

	（ a ）	（ b ）	（ c ）
①	多様な個性	生き方	地域社会全体
②	人権意識	進路	地域社会全体
③	多様な個性	生き方	関係機関
④	多様な個性	進路	学校教育
⑤	人権意識	生き方	関係機関
⑥	人権意識	進路	学校教育

8 **次の文章は，「みえ元気プラン」（令和４年10月　三重県）「第３章　政策・施策」「第３節　施策の概要」「施策14-1　未来の礎となる力の育成」の抜粋である。（ a ）～（ c ）にあてはまる語句の組み合わせとして正しいものを，①～⑥の中から一つ選びなさい。**

施策の目標

（めざす姿）

子どもたち誰もが，知識・技能，思考力・判断力・表現力などの「（ a ）」，規範意識や自尊感情，自他の命の尊重，いじめを許さない心といった「（ b ）」，体力の向上，心身の健康などに支えられる「（ c ）」育み，これからの時代を生きていくための基礎となる力を身につけています。

	（ a ）	（ b ）	（ c ）
①	確かな学力	思いやりの力	社会的自立
②	確かな学力	豊かな心	健やかな身体
③	生きる力	人間関係を築く力	社会的自立
④	生きる力	豊かな心	健やかな身体
⑤	個別最適な学び	思いやりの心	社会的自立
⑥	個別最適な学び	人間関係を築く力	健やかな身体

9 **次の文章は，「学習指導要領の趣旨の実現に向けた個別最適な学びと協働的な学びの一体的な充実に関する参考資料」（令和３年３月版　文部科学省）「４．教育課程の実施と学習評価」「⑴　主体的・対話的で深い学びの実現に向けた授業改善」の抜粋である。**

[1]～[3]にあてはまる語句として正しいものを，語群①～⑦の中からそれぞれ一つ選びなさい。。

個別最適な学びを充実していく上では，基礎的・基本的な知識・技能の習得が重要であることは言うまでもありませんが，[1]や学びに向かう力等こそ，家庭の経済事情など，子供を取り巻く環境を背景とした差が生まれやすい能力であるとの指摘もあることに留意が必要です。主体的・対話的で深い学びを実現し，[2]や幅広い資質・能力の育成に向けた効果的な取組を展開していくことによって，学校教育が個々の家庭の経済事情等に左右されることなく，子供たちに必要な力を育んでいくことが求められます。例えば，児童生徒の学習意欲を向上する観点からは，[3]や一人一人の学習状況を児童生徒に伝えること等が重要となります。

《語群》　①情報活用能力　②学びの動機付け　③思考力，判断力，表現力等
④自己肯定感　⑤協働的な学び　⑥教科等を学ぶ本質的な意義
⑦学級経営

2次　全校種共通（午前）

1　**三重県教育委員会では，「公立の小学校等の校長及び教員としての資質の向上に関する指標の策定に関する指針」の改正（令和4年8月　文部科学省告示）に伴い，「校長及び教員としての資質の向上に関する指標」（以下，「指標」）を令和5年3月に改定しました。これは，養成・採用・研修を通した一体的な教員育成を推進するため，教員等が経験や職種に応じて身につけるべき資質・能力を各ライフステージで求められる指標として示したものです。**

「指標」に掲載されている「教育課題への対応力」における以下の4つの「資質・能力にかかる項目」について，あなたが特に大切だと考える項目を1つ選び，選んだ理由とその項目の教育活動について具体的に述べ，あわせて300字以内でまとめなさい。

〈資質・能力にかかる項目〉
①ICTや情報・教育データの利活用　②グローカル教育　③人権教育
④防災教育

2　**みえ元気プラン（令和4年10月　三重県）では，「第3章　政策・施策」「第3節　施策の概要」の1つとして「14-2　未来を創造し社会の担い手となる力の育成」を掲げ，そのめざす姿を以下のように示しています。**

このことをふまえたうえで，あなたが児童生徒に身につけさせたいと考える「未来を創造し社会の担い手となる力」を1つ挙げるとともに，その力を身につけさせるために取り組む学校の教育活動について具体的に述べ，250字以内でまとめなさい。

「めざす姿」

子どもたちが，変化が激しく予測困難なこれからの社会において，変化をしなやかに前向きに受け止めて，失敗をおそれず挑戦する心や生涯をとおして学びに向かう姿勢，社会の一員としての自覚と責任を持ち，他者との協働を大切にしながら，豊かな未来を創っていく力を身につけています。

3 「生徒指導提要」(令和4年12月改訂　文部科学省) では，生徒指導の目的として，「生徒指導は，児童生徒一人一人の個性の発見とよさや可能性の伸長と社会的資質・能力の発達を支えると同時に，自己の幸福追求と社会に受け入れられる自己実現を支えることを目的とする。」こととされています。

また，生徒指導の目的を達成するためには，児童生徒一人一人が自己指導能力を身に付けることが重要で生徒指導の実践上の視点として，以下の4つが示されています。

このことをふまえたうえで，あなたが生徒指導の目的を達成するために，大切にしたい生徒指導の実践上の視点を1つ選び，選んだ理由について述べるとともに，その視点を生かした生徒指導の目的を達成するための取組を具体的に述べ，250字以内でまとめなさい。

「生徒指導の実践上の視点」

(1)自己存在感の感受　(2)共感的な人間関係の育成　(3)自己決定の場の提供

(4)安全・安心な風土の醸成

2次　全校種共通（午後）

1 「教育の情報化に関する手引（追補版）」(令和2年6月　文部科学省) において，「教育の情報化」とは，情報通信技術の，時間的・空間的制約を超える，双方向性を有する，カスタマイズを容易にするといった特長を生かして，教育の質の向上を目指すものであり，具体的には以下の3つの側面から構成され，これらを通して教育の質の向上を図るものとされています。

これらのことをふまえて，あなたが教育の情報化として取り組みたいものを①～③から1つ選び，選んだ理由を述べるとともに，教育の情報化に向けた取組とその効果について具体的に述べ，300字以内でまとめなさい。

①　情報教育：子供たちの情報活用能力の育成

②　教科指導におけるICT活用：ICTを効果的に活用した分かりやすく深まる授業の実現等

③　校務の情報化：教職員がICTを活用した情報共有によりきめ細やかな指導を行うことや，校務の負担軽減等

2 「誰一人取り残されない学びの保障に向けた不登校対策」(COCOLOプラン) (令和5年3月　文部科学省) において，不登校により学びにアクセスできない子どもたちをゼロにすることを目指し，具体的な取組として以下の3つが挙げられています　。

これらの取組のうち，あなたが特に取り組みたいものを①～③から1つ選び，選んだ理由と取組について具体的に述べ，250字以内でまとめなさい。

①　不登校の児童生徒全ての学びの場を確保し，学びたいと思った時に学べる環境を整える

②　心の小さなSOSを見逃さず，「チーム学校」で支援する

③　学校の風土の「見える化」を通して，学校を「みんなが安心して学べる」場所にする

3 「人権教育ガイドライン」(2018（平成30）年３月　三重県教育委員会）では，一人ひとりが，人権問題の解決を自分の課題としてとらえ，状況を変えようとする具体的な行動に結びつく教育・学習の充実を図るため，以下の個別的な人権問題を解決するための教育を積極的に推進することとしています。

このことをふまえたうえで，あなたが取り組みたい内容を１つ選び，選んだ理由と取り組みたい内容を推進するための教育活動について具体的に述べ，250字以内でまとめなさい。

個別的な人権問題に対する取組

- 部落問題を解決するための教育
- 障がい者の人権に係わる問題を解決するための教育
- 外国人の人権に係わる問題を解決するための教育
- 子どもの人権に係わる問題を解決するための教育
- 女性の人権に係わる問題を解決するための教育
- 様々な人権に係わる問題※を解決するための教育

※　様々な人権に係わる問題とは，高齢者，患者，犯罪被害者，アイヌ民族，刑を終えた人・保護観察中の人，性的マイノリティ，ホームレス等の人権に係わる問題，インターネットによる人権侵害，災害と人権，貧困等に係る人権課題や北朝鮮当局による拉致問題等などです。

解答＆解説

1次　全校種共通（午前）

1 解答 ④

解説 ④デューイ（1859～1952）は，「なすことによって学ぶ」という，経験による学習を重視した新教育運動の理論的指導者で，教育とは「経験の再構成」であり，子どもの生活経験に基づき，子どもの自発的活動が中心でなければならないとした。

2 解答 ⑥

解説 結果論的道徳判断から動機論的道徳判断に移行するというピアジェ（1896～1980）の研究結果を踏まえて，幅広い年齢層に道徳性が関わる事態を示し，どのように対応するかを基に３水準６段階の変化を明らかにしたのがコールバーグ（1927～87）である。

ピアジェ（1896～1980）は，物の見方や捉え方の枠組みをシェマと呼び，そのシェマが変容していく過程こそが認知発達だと主張して，感覚運動期，前操作期，具体的操作期，形式的操作期という４つの認知発達段階に分けた。「脱中心化」は自己中心性から脱却することをいい，具体的操作期の特徴の一つである。

ボウルビィ（1907～90）は，幼い霊長類や鳥類が，誕生後まもなく特定の成体に対して形成する情愛的結び付きのことを「愛着」(アタッチメント) と呼んだ。

3 解答 ⑤

解説 文部科学省「学習者用デジタル教科書の効果的な活用の在り方等に関するガイドライン」(2021年3月改訂) の「4．学習者用デジタル教科書の使用に当たり留意すべき点について」を参照。

b：「(1)学習者用デジタル教科書を使用した指導上の留意点」の②を参照。

d：「(1)学習者用デジタル教科書を使用した指導上の留意点」の④を参照。

e：「(3)児童生徒の健康に関する留意点」の②を参照。

a：「(1)学習者用デジタル教科書を使用した指導上の留意点」の①を参照。正しくは「なお，前述の告示改正により，学習者用デジタル教科書を各教科等の授業時数の制限なく使用できることとなっている」と示されている。

c：「(1)学習者用デジタル教科書を使用した指導上の留意点」の③を参照。正しくは「全児童生徒に一人一台の学習者用コンピュータが整備されていない場合には，クラス間における利用調整等を行い，当該授業において一人一台の学習者用コンピュータを用意すること」と示されている。

4 解答 ①

解説 教育公務員特例法第1条を参照。「この法律の趣旨」の規定。

5 解答 ①

解説 中央教育審議会答申「『令和の日本型学校教育』の構築を目指して　～全ての子供たちの可能性を引き出す，個別最適な学びと，協働的な学びの実現～（答申)」(2021年1月26日，4月22日更新)「第Ⅱ部　各論」「4．新時代の特別支援教育の在り方について」「(3)特別支援教育を担う教師の専門性向上」「①全ての教師に求められる特別支援教育に関する専門性」を参照。

6 解答 ①

『生徒指導提要』(2022年12月) の「第Ⅰ部　生徒指導の基本的な進め方」「第1章　生徒指導の基礎」「1.1　生徒指導の意義」「1.1.1　生徒指導の定義と目的」「(1)生徒指導の定義」及び「(2)「生徒指導の目的」を参照。

7 解答 1―⑦　2―①　3―⑤

解説 三重県教育委員会「人権教育ガイドライン」(2018年3月) の「2　個別的な人権問題に対する取組」「部落問題を解決するための教育」「(1)現状」を参照。同ガイドラインでは，○人権教育の目的を達成するための3つの目標，人権教育の重要な柱である同和教育の理念や成果等についての具体的内容，○「人権教育基本方針」示す個別的な人権問題についての現状や具体的な取組内容，○人権教育の取組を推進するうえで大切な視点や考え方についての解説――を記述している。

8 解答 ⑥

解説 文部科学省「公立の小学校等の校長及び教員としての資質の向上に関する指標の策定に関する指針」(2022年8月31日改正) の「一　背景及び趣旨」を参照。

9 解答 ③

解説 文部科学省「教育公務員特例法及び教育職員免許法の一部を改正する法律等の施

行について（通知）」（2022年６月21日）の「１．改正の概要」「第一教育公務員特例法及び教育職員免許法の一部を改正する法律（令和４年法律第40号）」の「１　改正の趣旨」を参照。

1次　全校種共通(午後)

1 **解答** 1―⑤　2―③　3―①

解説 1：ルソー（1712～78）は，すべての教育は自然による教育に導かなければならないとし，子どもの発達法則，すなわち自然の歩みに即した「消極教育」を提唱した。

2：ニーチェ（1844～1900）は，「神は死んだ」と語り，キリスト教の信仰の上に築かれたヨーロッパの伝統的な価値観が崩壊し，生きる目的も意味も失われたニヒリズム（虚無主義）が到来したと主張した。

3：デカルト（1596～1650）は，合理論の創始者，近代哲学の祖とされ，方法的懐疑によって「われ思う，ゆえにわれあり」という根本的原理にたどりつき，近代的自我を発見した。そして，数学の演繹的方法を模範に，「考えるわれ」から論理的な推理によって真理を導き出した。さらに，「神・精神・物体」という３つの実体の存在を証明した。

2 **解答** ⑤

解説『生徒指導提要』（2022年12月）の「第Ⅱ部　個別の課題に対する生徒指導」「第10章　不登校」「10.1　不登校に関する関連法規・基本指針」「10.1.1　不登校に関する基本指針の変遷」を参照。

3 **解答** ④

解説 中央教育審議会答申「『令和の日本型学校教育』の構築を目指して　～全ての子供たちの可能性を引き出す，個別最適な学びと，協働的な学びの実現～」（2021年１月26日，４月22日更新）の「第Ⅰ部　総論」「４．『令和の日本型学校教育』の構築に向けた今後の方向性」「⑷履修主義・修得主義等を適切に組み合わせる」を参照。

4 **解答** ④

解説 教育基本法第２条を参照。「教育の目標」の規定。

5 **解答** ③

解説 文部科学省「障害のある子供の教育支援の手引　～子供たち一人一人の教育的ニーズを踏まえた学びの充実に向けて～」（2021年６月）の「第２編　就学に関する事前の相談・支援，就学先決定，就学先変更のモデルプロセス」「第６章　就学に関わる関係者に求められるもの～相談担当者の心構えと求められる専門性～」「３　関係者に求められること」「⑷学校関係者に求められること」を参照。

6 **解答** 1―④　2―③　3―①

解説 文部科学省「いじめの重大事態の調査に関するガイドライン」（2017年３月）の「第２　重大事態を把握する端緒」「（重大事態の定義）」を参照。

7 解答 ①

解説「性の多様性を認め合い，誰もが安心して暮らせる三重県づくり条例」(2021年３月）を参照。同条例を基に，性の多様性についての理解が広がり，当事者が抱える課題が社会の中で共通認識となり，性の在り方にかかわらず，すべての人の人権が尊重され，多様な生き方を認め合うことができる社会づくりを，地域社会全体で進めていく，としている。

8 解答 ②

解説 三重県「みえ元気プラン」(2022年10月）の「第３章　政策・施策」「第３節　施策の概要」「施策14-1　未来の礎となる力の育成」「施策の目標」「めざす姿」を参照。人口減少対策などのさまざまな直面する課題への対応を進め，将来世代も含む県民が未来に希望を持ち，幸せを感じながら，元気に，かつ安全・安心に暮らすことのできる持続可能な地域を県民と共に創っていくため，県政運営の指針となる長期ビジョン「強じんな美し国ビジョンみえ」とともに，中期の戦略計画「みえ元気プラン」が2022年10月に策定された。計画期間は2022～26年度。

9 解答 1—③　2—②　3—⑥

解説 文部科学省「学習指導要領の趣旨の実現に向けた個別最適な学びと協働的な学びの一体的な充実に関する参考資料」(2021年３月版）の「４．教育課程の実施と学習評価」「⑴主体的・対話的で深い学びの実現に向けた授業改善」「①個別最適な学び・協働的な学びと授業改善」を参照。

2次　全校種共通(午前)

1 〔公開解答例〕私が特に大切だと考える項目は，ICTや情報・教育データの利活用です。理由は，これからの学校教育を支える基盤的なツールとして，ICTは必要不可欠なものであると考えるからです。具体的には，児童生徒の情報端末を積極的に活用します。例えば，探究の過程において，生徒一人一人が自分でデータを取得し，考察・推論を主体的に行ったり，個人の観察記録をクラス全体で共有し，考察を深めることができるなど，児童生徒の学習の場を広げ，学習の質を高めることが期待できます。また，児童生徒の学習に関するデータや生活に関するデータを把握・分析し，抱える問題を早期発見することで，個に応じた指導・支援を行うことができると考えます。(299字)

2 〔公開解答例〕私は，「未来を創造し社会の担い手となる力」として，他者と協働して課題解決に取り組む力を身につけさせたいと考えます。その力を身につけさせるために，私は，身近な地域や地球規模の課題をテーマとした課題解決型の学習において，地域の住民や企業，大学，関係機関などのさまざまな主体と連携しながら，多様な考え方を持つ仲間との学びや教科横断的な学びを行います。また，データサイエンスやプレゼンテーションにかかる知識・技能を高めるとともに，国際的な視野に立って行動できるよう，海外の生徒との交流も積極的に行います。(248字)

3 〔公開解答例〕私は，共感的な人間関係の育成を大切にしたいと考えます。なぜなら，児童生徒が安心して学校生活が送れ，互いを認め合い，励まし合い，支え合える共感的な人間関係のある学習集団が生徒指導の土台となると考えるからです。具体的な取組としては，学習活動にペアワークやグループ活動を取り入れ，他者との関わりや協力して問題解決を行う機会を多く設けます。また，活動の振り返りを行い，友人のよさを認め，自分の思ったことを伝え合えるようにし，自他の個性を尊重し，相手の立場に立って考え，行動できる共感的な人間関係を育成します。(250字)

2次　全校種共通(午後)

1 〔公開解答例〕私が取り組みたい内容は，教科指導におけるICT活用です。理由は，ICT機器を活用することにより，子どもたちの興味・関心を喚起することができるからです。具体的には，小学校の国語の授業で，児童の実態に応じてコンピュータや大型提示装置，情報通信ネットワーク等を活用し，スピーチの授業で，スピーチのモデルを共有するための動画を提示することや，作文の授業で，モデルとなる文章や図，写真などの複数の資料を大型提示装置に提示します。このように，ICTを活用した取組により，学習課題を効果的に提示・説明できることから，学習の導入段階で児童に学習の見通しを適切にもたせ，学習への興味・関心を高める効果があると考えます。(300字)

2 〔公開解答例〕私が取り組みたい内容は，心の小さなSOSを見逃さず，「チーム学校」で支援する取組です。理由は，小さなSOSに早期に気づき，「チーム学校」による最適な支援をすることで不登校を未然に防ぐことができるからです。具体的には，１人１台端末を活用し，心や体調の変化を早期に発見し，スクールカウンセラーやスクールソーシャルワーカーなどの専門家と連携して最適な支援につなげることに取り組みます。その結果，自分のクラスに入りづらい児童生徒が，落ち着いた環境の中で自分に合ったペースで学習・生活できるようにしたいです。(249字)

3 〔公開解答例〕私は，様々な人権に係わる問題を解決するための教育の中のインターネットによる人権侵害について取り組みたいです。理由は，インターネットを介したいじめや差別，誹謗中傷などが多く発生しており，インターネットの特性を理解し，安全に活用することができる子どもを育むことが求められているからです。具体的な教育活動として，人権学習指導資料等を活用し，様々な情報を読み解く力や発信する情報に対する責任感，情報を受け取る他者への想像力，自分に関する情報を自らが管理しコントロールできる力を養う学習に取り組みたいです。(248字)

滋 賀 県

実施日	2023（令和５）年６月25日	試験時間	40分（一般教養を含む）
出題形式	マークシート式	問題数	４題（解答数10）
パターン	法規・心理・ローカル＋原理・教育史・時事	公開状況	問題：公開　解答：公開

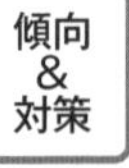

傾向＆対策

●ローカル問題を含む全分野から出題。●教育法規は，教育基本法，地方公務員法の空欄補充問題と，２年連続の出題となる教育職員等による児童生徒性暴力等の防止等に関する法律の正誤判定問題。●教育心理は，ヴィゴツキー，ユング，アドラー，シュプランガー，ワトソンについて。●必出のローカル問題は，３年連続の出題となる保護者向け情報誌「教育しが」より「個別最適な学び」の図，「令和３・４年度　人と人とが豊かにつながる学校支援づくり支援事業」のリーフレットより「豊かなつながり」を生み出すポイント。●教育原理は，改訂『生徒指導提要』より「生徒指導の定義と目的」。●教育史は，ブルームについて。●教育時事は，「教育の情報化に関する手引（追補版）」（2020年６月）。

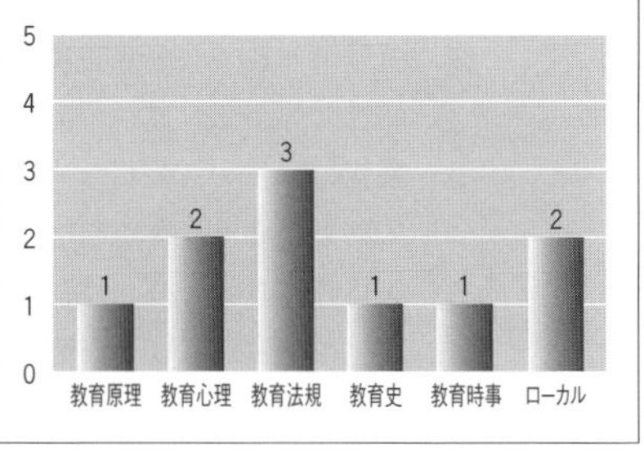

出題領域

教育原理	教育課程・学習指導要領		総　則		特別の教科　道徳	
	外国語活動		総合的な学習(探究)の時間		特別活動	
	学習指導		生徒指導	1	学校・学級経営	
	特別支援教育		人権・同和教育		その他	
教育心理※	発　達		学　習	2	性格と適応	1
	カウンセリングと心理療法		教育評価		学級集団	
教育法規	教育の基本理念	1	学校教育		学校の管理と運営	
	児童生徒	1	教職員	1	その他	
教育史	日本教育史		西洋教育史	1		
教育時事	答申・統計	1	ローカル	2		

表中の数字は，解答数

※選択肢の出題領域が複数にわたる場合は，それぞれの項目に加算するためグラフの数とは異なる

全校種共通

☞解答＆解説 p.263

1 次の問１～問３に答えなさい。

問１　次は，教育基本法（平成18年12月22日　法律第120号）の条文または条文の一部である。文中の（　A　）～（　D　）にあてはまる語句の正しい組合せはどれか。１～６から選びなさい。

第１条　教育は，（　A　）を目指し，平和で民主的な国家及び社会の形成者として必要な資質を備えた心身ともに健康な国民の育成を期して行われなければならない。

第２条　教育は，その目的を実現するため，学問の自由を尊重しつつ，次に掲げる目標を達成するよう行われるものとする。

一　幅広い知識と教養を身に付け，真理を求める態度を養い，（　B　）と道徳心を培うとともに，健やかな身体を養うこと。

五　伝統と文化を尊重し，それらをはぐくんできた我が国と郷土を愛するとともに，他国を尊重し，（　C　）の平和と発展に寄与する態度を養うこと。

第４条　すべて国民は，ひとしく，その（　D　）に応じた教育を受ける機会を与えられなければならず，人種，信条，性別，社会的身分，経済的地位又は門地によって，教育上差別されない。

	A	B	C	D
1	個性の伸長	公共の精神	世界	適性
2	個性の伸長	豊かな情操	世界	能力
3	個性の伸長	公共の精神	国際社会	能力
4	人格の完成	豊かな情操	国際社会	能力
5	人格の完成	公共の精神	世界	適性
6	人格の完成	豊かな情操	国際社会	適性

問２　次は，地方公務員法（昭和25年12月13日　法律第261号）の条文または条文の一部である。文中の（　A　）～（　E　）にあてはまる語句の正しい組合せはどれか。１～６から選びなさい。

第30条　すべて職員は，（　A　）として公共の利益のために勤務し，且つ，職務の遂行に当つては，全力を挙げてこれに専念しなければならない。

第32条　職員は，その職務を遂行するに当つて，法令，条例，地方公共団体の規則及び地方公共団体の機関の定める規程に従い，且つ，上司の職務上の命令に（　B　）に従わなければならない。

第33条　職員は，その職の信用を傷つけ，又は職員の職全体の（　C　）となるような行為をしてはならない。

第34条　職員は，職務上知り得た（　D　）を漏らしてはならない。その職を退いた後も，また，同様とする。

第35条　職員は，法律又は条例に特別の定がある場合を除く外，その勤務時間及び職務上の（　E　）のすべてをその職責遂行のために用い，当該地方公共団体がなすべき責を有する職務にのみ従事しなければならない。

	A	B	C	D	E
1	全体の奉仕者	忠実	不名誉	情報	集中力
2	全体の奉仕者	真摯	不利益	情報	注意力
3	全体の奉仕者	忠実	不名誉	秘密	注意力
4	公務員	真摯	不利益	秘密	集中力
5	公務員	忠実	不利益	情報	集中力
6	公務員	真摯	不名誉	秘密	注意力

問３　次は，教育職員等による児童生徒性暴力等の防止等に関する法律（令和３年６月４日　法律第57号）の条文である。下線部ア～オのうち，誤っているものはどれか。１～５から選びなさい。

第４条　教育職員等による児童生徒性暴力等の防止等に関する施策は，教育職員等による児童生徒性暴力等が全ての児童生徒等の[ア]心身の健全な発達に関係する重大な問題であるという基本的認識の下に行われなければならない。

２　教育職員等による児童生徒性暴力等の防止等に関する施策は，児童生徒等が安心して学習その他の活動に取り組むことができるよう，学校の内外を問わず教育職員等による児童生徒性暴力等を[イ]未然に防止することを旨として行われなければならない。

３　教育職員等による児童生徒性暴力等の防止等に関する施策は，被害を受けた児童生徒等を適切かつ迅速に[ウ]保護することを旨として行われなければならない。

４　教育職員等による児童生徒性暴力等の防止等に関する施策は，教育職員等による児童生徒性暴力等が懲戒免職の事由（解雇の事由として懲戒免職の事由に相当するものを含む。）となり得る行為であるのみならず，児童生徒等及びその保護者からの教育職員等に対する信頼を著しく低下させ，学校教育の信用を傷つけるものであることに鑑み，児童生徒性暴力等をした教育職員等に対する[エ]懲戒処分等について，適正かつ厳格な実施の徹底を図るための措置がとられることを旨として行われなければならない。

５　教育職員等による児童生徒性暴力等の防止等に関する施策は，国，地方公共団体，学校，医療関係者その他の関係者の[オ]連携の下に行われなければならない。

１　ア　　２　イ　　３　ウ　　４　エ　　５　オ

２　**次の問１～問２に答えなさい。**

問１　次のＡ～Ｅのうち，ブルーム（Bloom, B. S.）について説明したものはどれか。１～５から選びなさい。

Ａ　アメリカ進歩主義教育運動の理論的指導者。プロジェクト－メソッドを創始し，教授方法論のレベルでデューイ（Dewey, J.）の理論を大衆化した。

Ｂ　教育の方法としての管理・教授・訓練の作用のうち，教育的教授を重視して，その形式的段階を定式化した。

Ｃ　スキナー箱による動物実験によってオペラント行動を研究し，その結果を教授学（ティーチング－マシン）や治療学（行動療法）などに広く応用した。

Ｄ　万物に内在する神性の展開を教育目的とし，ここから子供の内発的自己活動を重視する教育理論をつくりあげた。

E　教科ごとに教育目標になりうるものを認知・情意・運動に三分し，教授過程の具体的学習目標と達成基準を提示し，“教育目標の分類学”を推進した。

1　A　　2　B　　3　C　　4　D　　5　E

問2　次は，「教育の情報化に関する手引（追補版）」（令和2年6月　文部科学省）第3章　第1節の一部である。文中の（ A ）～（ D ）にあてはまる語句の正しい組合せはどれか。1～6から選びなさい。

1．（ A ）教育の必要性

今日，コンピュータは人々の生活の様々な場面で活用されている。スマートフォンや仕事を処理するパソコン，家電や自動車をはじめ身近なものの多くにもコンピュータが内蔵され，人々の生活を便利で豊かなものにしている。さらに，インフラや経済活動，生産活動等，（ B ）でもコンピュータは不可欠となっている。誰にとっても，職業生活，学校での学習，家庭生活など，あらゆる活動において，コンピュータなどの情報機器やサービスとそれらによってもたらされる情報とを適切に選択・活用して問題を解決していくことが不可欠な社会が到来しつつあり，今後「Society5. 0」と言われる。大量の情報を生かし，（ C ）を活用して様々なことを判断させたり，身近な物の働きがインターネット経由で（ D ）されたりする時代の到来が，社会の在り方を大きく変えていくとの予測がなされている。

コンピュータをより適切かつ効果的に活用していくためには，その仕組みを知ることが重要である。

	A	B	C	D
1	情報モラル	生活の基盤	SNS	明瞭化
2	情報モラル	社会の基盤	人工知能	最適化
3	情報モラル	生活の基盤	SNS	最適化
4	プログラミング	社会の基盤	人工知能	最適化
5	プログラミング	生活の基盤	人工知能	明瞭化
6	プログラミング	社会の基盤	SNS	明瞭化

3　**次の問1～問3に答えなさい。**

問1　次は，「生徒指導提要」（令和4年12月　文部科学省）に示されている生徒指導の定義と目的である。文中の（ A ）～（ D ）にあてはまる語句の正しい組合せはどれか。1～6から選びなさい。

生徒指導の定義

生徒指導とは，児童生徒が，社会の中で（ A ）生きることができる存在へと，自発的・主体的に成長や発達する過程を支える教育活動のことである。なお，生徒指導上の課題に対応するために，必要に応じて指導や（ B ）を行う。

生徒指導の目的

生徒指導は，児童生徒一人一人の個性の発見とよさや（ C ）の伸長と社会的資質・能力の発達を支えると同時に，自己の（ D ）と社会に受け入れられる自己実現を支えることを目的とする。

	A	B	C	D
1	自分らしく	援助	可能性	幸福追求
2	自分らしく	アセスメント	創造性	幸福追求
3	自分らしく	援助	創造性	健全な成長
4	自信をもって	アセスメント	可能性	健全な成長
5	自信をもって	援助	可能性	幸福追求
6	自信をもって	アセスメント	創造性	健全な成長

問２　次は，「教育しが」（令和５年１月号　滋賀県教育委員会）に掲載された，「個別最適な学び」について表した図である。図中の（ A ）～（ D ）にあてはまる語句の正しい組合せはどれか。１～６から選びなさい。

個別最適な学び

一人ひとりの特性や学習進度、興味や関心等に応じた指導の工夫や学習活動等の提供を通じて、子どもが（ A ）に学習を進めていくことです。

指導の（ B ）

学習内容の確実な定着

自ら学習を（ D ）

必要に応じた重点的な指導の工夫

個々の特性・学習進度・到達度等

学習の（ C ）

学習内容の理解を深め、広げる

自ら学習を（ D ）

一人ひとりに応じた学習活動・学習課題の提供

各々の興味・関心等

	A	B	C	D
1	主体的	個別化	個性化	計画
2	主体的	個性化	個別化	調整
3	主体的	個別化	個性化	調整
4	積極的	個性化	個別化	計画
5	積極的	個別化	個性化	計画
6	積極的	個性化	個別化	調整

問３　次は，「令和３・４年度　人と人とが豊かにつながる学校づくり支援事業」（滋賀県教育委員会）のリーフレットの一部である。文中の（ A ）～（ D ）にあてはまる語句の正しい組合せはどれか。１～６から選びなさい。

「豊かなつながり」を生み出すためのポイント

- 教職員同士の情報共有によって，児童生徒との距離を縮める方法を模索・実施すること。
- 児童生徒主体の活動を創造・実施し，教職員が（ A ）に徹すること。
- 児童生徒が自分たちの力でつくりあげたという（ B ）や成功体験を生み出す機会を創出すること。
- 安心感が得られる居場所や相談・おしゃべりができる居人（いびと）の存在を大切にすること。
- 児童生徒同士をつなぐ「リード役」の教職員は，児童生徒間の（ C ）ができた時点で少しずつ存在感を薄めていくこと。
- 教職員が人権と自分との関係性を語ること（自己開示）。
- 人権通信や掲示物等の活用を図り，児童生徒の声や（ D ）を発信すること。

	A	B	C	D
1	見守り役	実績	ルール	成果
2	見守り役	達成感	つながり	成果
3	見守り役	実績	つながり	変容
4	ファシリテーター	達成感	ルール	変容
5	ファシリテーター	実績	ルール	成果
6	ファシリテーター	達成感	つながり	変容

4 **次の問1～問2に答えなさい。**

問1　次は，ヴィゴツキー（Vygotsky, L. S.）について述べたものである。文中の（ A ）～（ D ）にあてはまる語句の正しい組合せはどれか。1～6から選びなさい。

人間に固有の認知機能である高次精神機能の起源は，（ A ）な活動の中にあり，それが次第に個人的なものへと（ B ）されていく，つまり，精神間機能から精神内機能へ移行すると考えた。

また，高次精神機能は，人間の活動が道具や（ C ）に媒介されることによって成立すると考えた。そして，発達の（ D ）領域や内言といった概念を提唱した。

	A	B	C	D
1	本能的	内面化	記号	高水準
2	本能的	潜在化	記号	高水準
3	本能的	内面化	音声	最近接
4	社会的	潜在化	音声	最近接
5	社会的	内面化	記号	最近接
6	社会的	潜在化	音声	高水準

問2　次のA～Dの記述と最も関連の深い人物について，正しい組合せはどれか。1～6から選びなさい。

A　リビドーや関心の向く方向によって人間の基本的態度に外向と内向の二つのタイ

プがあるとした。また，無意識のうちにコンプレックスがあることを主張した。

B　劣等感を補償しようとする傾向により，人は権力への意思をもつようになり，それにより性格形成や人格の発達のあり方が決定されると考えた。

C　人の基本的な生活領域として，理論，経済，審美，社会，政治，宗教等の６種を考え，これらのどの領域に価値を置き，興味をもって生活しているかによって生活形式による類型を考えた。

D　行動主義心理学の創始者であり，心理学では，意識や内観でなく，純粋に客観的に測定しうる行動を対象として扱うべきであると考えた。刺激―反応（S―R）心理学を確立した。

シュプランガー（Spranger, E.）　ユング（Jung, C. G.）　ワトソン（Watson, J. B.）
クレッチマー（Kretschmer, E.）　アドラー（Adler, A.）

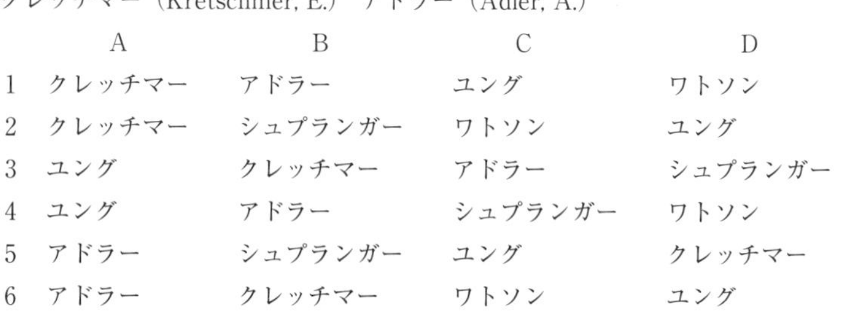

	A	B	C	D
1	クレッチマー	アドラー	ユング	ワトソン
2	クレッチマー	シュプランガー	ワトソン	ユング
3	ユング	クレッチマー	アドラー	シュプランガー
4	ユング	アドラー	シュプランガー	ワトソン
5	アドラー	シュプランガー	ユング	クレッチマー
6	アドラー	クレッチマー	ワトソン	ユング

解答＆解説

1 **解答** 問１　４　　問２　３　　問３　２

解説 問１　A：教育基本法第１条を参照。「教育の目的」の規定。

B・C：教育基本法第２条第一号及び第五号を参照。「教育の目標」の規定。

D：教育基本法第４条第１項を参照。「教育の機会均等」の規定。

問２　A　地方公務員法第30条を参照。「服務の根本基準」の規定。

B：地方公務員法第32条を参照。「法令等及び上司の職務上の命令に従う義務」の規定。

C：地方公務員法第33条を参照。「信用失墜行為の禁止」の規定。

D：地方公務員法第34条第１項を参照。「秘密を守る義務」の規定。

E：地方公務員法第35条を参照。「職務に専念する義務」の規定。

問３　教育職員等による児童生徒性暴力等の防止等に関する法律第４条を参照。「基本理念」の規定。イは「未然に防止」ではなく「根絶」。

2 **解答** 問１　５　　問２　４

解説 問１　E：ブルーム（1913～99）は，達成すべき目標を明確にし，合理的評価とそれに基づく適切な指導を行うプロセスを繰り返すことで，学習者に学習を完全に習得させる完全習得学習（マスタリー・ラーニング）を提唱した。

A：キルパトリック（1871～1965），B：ヘルバルト（1776～1841），C：スキナー（1904～90），D：フレーベル（1782～1852）の説明文。

問２　文部科学省『教育の情報化に関する手引（追補版）』（2020年６月）の「第３章　プログラミング教育の推進」「第１節　プログラミング教育の必要性及びその充実」「１．プログラミング教育の必要性」を参照。

3 **解答** 問１　1　　問２　3　　問３　6

解説 問１　『生徒指導提要』（2022年12月）の「第１章　生徒指導の基礎」「1.1　生徒指導の意義」「1.1.1　生徒指導の定義と目的」の「⑴生徒指導の定義」及び「⑵生徒指導の目的」を参照。

問２　滋賀県教育委員会「教育しが」（2023年１月号）の「個別最適な学び」を参照。「教育しが」は，教育委員会の施策や事業，学校の話題を掲載した保護者向け情報誌。2023年１月号では「子どもたちの『わかった』『できた』につながる『個別最適な学び』を推進しています！」と題する特集を組んでいる。

問３　滋賀県教育委員会のリーフレット「令和３・４年度　人と人とが豊かにつながる学校づくり支援事業」の「『豊かなつながり』を生み出すためのポイント」を参照。2020年より猛威を振るい始めた新型コロナウイルス感染症により，「仲間づくり」「集団づくり」の機会が急激に減少したことによるつながりの希薄化を懸念し，県内３つの学校が２年間にわたって「豊かにつながる」ための学校づくりについて考え，取り組んだ実践の成果や児童生徒・教職員の変容についてまとめている。

4 **解答** 問１　5　　問２　4

解説 問１　ヴィゴツキー（1896～1934）の主張は社会文化的発達理論とも呼ばれるように，社会的な相互作用の中での経験が内面化されていく過程を重視した。また，子どもの知的発達には，現在の能力で問題が解決できる発達水準と，他者からの援助やヒントが得られれば解決できる発達水準の２つがあり，この水準の差を発達の最近接領域と呼んだ。

問２　A：ユング（1875～1961）は，リビドーを一般的な心的エネルギー（意思の生命力）として位置付け，リビドーが外へ向かえば外向性，主体内部へ向かえば内向性であるとする向性理論を提唱した。

B：アドラー（1870～1937）は，「個人心理学」の提唱者で，人間は自らの劣等感を克服するためにより強く完全な人間になろうとする気持ちを抱くと考えた。

C：シュプランガー（1882～1963）は，人がどの領域に文化的価値を置いているかにより，理論型，審美型，経済型，宗教型，社会型，政治型の６つの類型に分類した。

D：ワトソン（1878～1958）は，意識や心的生活などは仮定されたものにすぎず，実在するものは行動だけであり，すべての行動は刺激に対する反応であると見た。

京都府

実施日	2023(令和５)年６月24日	試験時間	40分
出題形式	マークシート式	問題数	20題（解答数20）
パターン	時事＋ローカル·原理·心理·法規·教育史	公開状況	問題:公開　解答:公開　配点:公開

傾向＆対策　●ローカル問題を含む全分野から出題される。●最も解答数の多い教育時事は，７年連続の「学習指導要領の改訂」(2016年12月）及び３年連続の「令和の日本型学校教育」(2021年１月）に関する中央教育審議会答申のほか，「不登校児童生徒への学習機会と支援の在り方」(2022年６月)，「道徳の教育課程の改善等」(2014年10月)，「障害のある子供の教育支援」(2021年６月)，「特別支援教育の在り方」(2021年１月)，「教育再生実行会議提言」(2021年６月)，「学校と地域でつくる学びの未来」，「『令和の日本型学校教育』を担う教師」(2022年12月）と，多岐にわたる。●ローカル問題は，２年連続の「第２期　京都府教育振興プラン」(2021年３月）と，「第２次京都府子どもの貧困対策推進計画」(2020年３月）より。

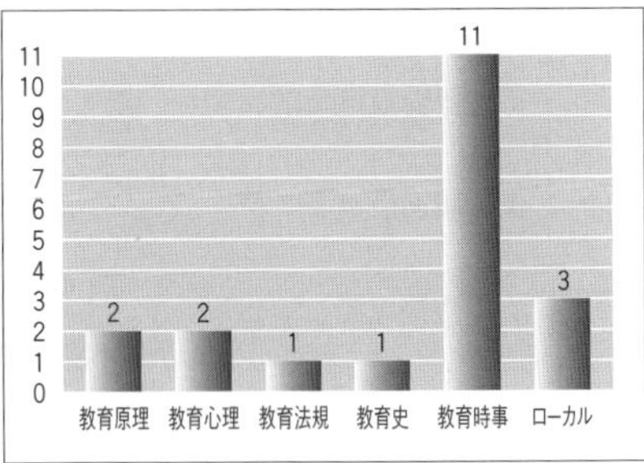

出題領域

分野	項目	数	項目	数	項目	数
教育原理	教育課程·学習指導要領	↓時事	総　則	1	特別の教科　道徳	↓時事
	外国語·外国語活動		総合的な学習(探究)の時間		特別活動	
	学習指導		生徒指導	1	学校·学級経営	
	特別支援教育	↓時事	人権·同和教育		その他	
教育心理	発　達	1	学　習	1	性格と適応	
	カウンセリングと心理療法		教育評価		学級集団	
教育法規※	教育の基本理念	1	学校教育	1	学校の管理と運営	1
	児童生徒		教職員	1	その他	
教育史	日本教育史		西洋教育史	1		
教育時事	答申·統計	11	ローカル	3		

表中の数字は，解答数

※選択肢の出題領域が複数にわたる場合は，それぞれの項目に加算するためグラフの数とは異なる

全校種共通

☞解答＆解説 p.277

1 次の文章は，「『令和の日本型学校教育』の構築を目指して（答申）」（令和３年１月26日　中央教育審議会）からの抜粋である。文章中の空欄（ ① ）～（ ⑤ ）に当てはまる語句を正しく組み合わせているものはどれか，下のア～オから１つ選びなさい。

○　これからの学校においては，子供が「（ ① ）」を進められるよう，教師が専門職としての知見を活用し，子供の実態に応じて，学習内容の確実な定着を図る観点や，その理解を深め，広げる学習を充実させる観点から，（ ② ）の充実・強化を図るとともに，これまで以上に子供の成長やつまずき，悩みなどの理解に努め，個々の興味・関心・意欲等を踏まえてきめ細かく指導・支援することや，子供が自らの学習の状況を把握し，（ ③ ）ことができるよう促していくことが求められる。

○　その際，ICTの活用により，（ ④ ）（スタディ・ログ）や生徒指導上のデータ，健康診断情報等を（ ⑤ ）・分析・利活用することや，教師の負担を軽減することが重要である。また，データの取扱いに関し，配慮すべき事項等を含めて専門的な検討を進めていくことも必要である。

	①	②	③	④	⑤
ア	個別最適な学び	スクール・ミッション	主体的に学習を調整する	学習経過	管理
イ	個別最適な学び	スクール・ミッション	体系的に学習を行う	学習履歴	管理
ウ	個別最適な学び	カリキュラム・マネジメント	主体的に学習を調整する	学習履歴	蓄積
エ	持続可能な学び	スクール・ミッション	体系的に学習を行う	学習履歴	蓄積
オ	持続可能な学び	カリキュラム・マネジメント	主体的に学習を調整する	学習経過	管理

2 次の文章は，学習指導要領の総則に示された体験活動に関する記述について，小学校，中学校，高等学校及び特別支援学校に共通した部分の抜粋である。文章中の空欄（ ① ）～（ ⑤ ）に当てはまる語句を正しく組み合わせているものはどれか，下のア～オから１つ選びなさい。

児童[＊1]が（ ① ）の有限性や（ ② ）の大切さ，主体的に挑戦してみることや多様な他者と協働することの重要性などを（ ③ ）しながら理解することができるよう，各教科等[＊2]の特質に応じた体験活動を重視し，（ ④ ）と連携しつつ体系的・（ ⑤ ）に実施できるよう工夫すること。

＊１　中学校，高等学校及び特別支援学校高等部では「生徒」，特別支援学校小学部・中学部では「児童又は生徒」

＊２　高等学校では「各教科・科目等」，特別支援学校高等部では「各教科・科目等又は各教科等」

	①	②	③	④	⑤
ア	生命	自然	実感	家庭や地域社会	継続的
イ	生命	自然	実感	自治体や企業	効果的
ウ	生命	自然	想像	家庭や地域社会	効果的
エ	自然	生命	想像	家庭や地域社会	継続的
オ	自然	生命	実感	自治体や企業	継続的

3 **次の文章は，「『令和の日本型学校教育』の構築を目指して（答申）」（令和3年1月26日　中央教育審議会）からの抜粋である。文章中の空欄（ ① ）～（ ⑤ ）に当てはまる語句を正しく組み合わせているものはどれか，下のア～オから1つ選びなさい。**

○　「協働的な学び」においては，集団の中で個が埋没してしまうことがないよう，「主体的・対話的で深い学び」の実現に向けた（ ① ）につなげ，子供一人一人のよい点や可能性を生かすことで，異なる考え方が組み合わさり，よりよい学びを生み出していくようにすることが大切である。「協働的な学び」において，同じ空間で時間を共にすることで，お互いの感性や考え方等に触れ刺激し合うことの重要性について改めて認識する必要がある。人間同士の（ ② ）は社会を形成していく上で不可欠であり，（ ③ ）を一体的に育むためには，教師と子供の関わり合いや子供同士の関わり合い，（ ④ ）を通して理解する実習・実験，地域社会での体験活動，専門家との交流など，様々な場面でリアルな体験を通じて学ぶことの重要性が，AI技術が高度に発達するSociety5.0時代にこそ一層高まるものである。

○　また，「協働的な学び」は，同一学年・学級はもとより，異学年間の学びや他の学校の子供との学び合いなども含むものである。（ ③ ）を一体で育む「日本型学校教育」のよさを生かし，学校行事や児童会（生徒会）活動等を含め学校における様々な活動の中で異学年間の交流の機会を充実することで，子供が自らのこれまでの成長を振り返り，将来への展望を培うとともに，（ ⑤ ）を育むなどの取組も大切である。

	①	②	③	④	⑤
ア	授業改善	リアルな関係づくり	思考力・判断力・表現力	自己認識	職業観・勤労観
イ	授業改善	リアルな関係づくり	知・徳・体	自分の感覚や行為	自己肯定感
ウ	授業改善	積極的な意見交流	知・徳・体	自己認識	職業観・勤労観
エ	生徒理解	リアルな関係づくり	思考力・判断力・表現力	自己認識	自己肯定感
オ	生徒理解	積極的な意見交流	思考力・判断力・表現力	自分の感覚や行為	自己肯定感

4 **次の①～⑤の文は，「生徒指導提要」（令和4年12月　文部科学省）の「校則の運用・見直し」の内容について述べたものである。内容が正しければ○，誤っていれば×とすると，○×を正しく組み合わせているものはどれか，下のア～オから1つ選びなさい。**

① 児童生徒が遵守すべき学習上，生活上の規律として定められる校則は，児童生徒が健全な学校生活を送り，よりよく成長・発達していくために設けられるものである。
② 校則の在り方は，特に法令上は規定されていない。
③ 校則の制定に当たっては，少数派の意見を採用することなく，児童生徒個人の能力や自主性を伸ばすものとなるように配慮することが必要である。
④ 校則の内容については，外部の人間が参照できることは好ましくないので，学校のホームページ等で公開してはいけない。
⑤ 児童生徒がそれぞれのきまりの意義を理解し，主体的に校則を遵守するようになるために，制定した背景等についても示しておくことが適切であると考えられる。

	①	②	③	④	⑤
ア	○	×	×	○	○
イ	×	×	○	×	○
ウ	○	×	○	×	×
エ	×	○	×	○	×
オ	○	○	×	×	○

5 次の①～⑤の文章は，「不登校に関する調査研究協力者会議報告書　～今後の不登校児童生徒への学習機会と支援の在り方について～」（令和４年６月）の「不登校傾向のある児童生徒の早期発見及び支援ニーズの適切な把握」の内容について述べたものである。内容が正しければ○，誤っていれば×とすると，○×を正しく組み合わせているものはどれか，下のア～オから１つ選びなさい。

① 不登校の背景や要因が多岐に渡る中，予兆を含め学校に行きづらい等初期の段階で不登校傾向の児童生徒に気付き，適切に支援していくことは，その後の学習の遅れや生活の乱れ等を回避し，児童生徒の学ぶ機会の保障や将来の社会的自立にもつながる。
② 児童生徒が安心して過ごせるためには，学校生活だけでなく家庭生活も重要な要素であり，例えば児童虐待やヤングケアラー等児童生徒の生活面に社会的課題がある場合では，学校とスクールカウンセラーが連携して課題を抱える児童生徒を把握し関係機関と連携するなど，安定した生活が送れ，生計が保障されるよう環境調整を行う役割が求められている。
③ 実態調査によると，低学年の時期に不登校になった児童生徒は，自ら支援を求める意識がより低いため，積極的な把握が求められる。そのためには，個々の児童生徒の状況や支援ニーズについて，児童生徒の日頃の状況を良く把握している学級担任や養護教諭，生徒指導担当教諭や教育相談担当教諭等とともに，スクールカウンセラーやスクールソーシャルワーカー等の専門家が連携し，学校や児童生徒への的確なアセスメント（見立て）を行い，職員会議等において支援の在り方を検討するなど，効果的な教職員体制の構築が重要である。
④ ネットゲーム等による生活習慣の乱れが不登校の前後を通じて児童生徒に与える影響等についても調査研究を実施する等，アセスメントを後押しするような知見の蓄積も必要である。

⑤　低学年の不登校児童生徒への支援については，幼稚園・保育所・認定こども園（以下「幼児教育施設」という。）における幼児教育から小学校教育との円滑な接続が重要である。子どもの発達や学びが連続するよう，幼児教育施設と小学校の教職員が教育課程編成・指導計画作成等を工夫するとともに，子どもが抱えている課題，学習や生活で感じている困難さについて早期に把握し，支援につなげていく必要がある。

	①	②	③	④	⑤
ア	○	○	×	×	×
イ	×	×	○	○	○
ウ	○	×	×	○	○
エ	×	○	×	×	○
オ	○	×	○	×	×

6　**次の文章は，「道徳に係る教育課程の改善等について（答申）」（平成26年10月21日中央教育審議会）からの抜粋である。文章中の空欄（ ① ）～（ ④ ）に当てはまる語句を正しく組み合わせているものはどれか，下のア～オから1つ選びなさい。**

なお，道徳教育をめぐっては，児童生徒に（ ① ）を押し付けようとするものではないかなどの批判が一部にある。しかしながら，道徳教育の本来の使命に鑑みれば，（ ① ）を押し付けたり，（ ② ）言われるままに行動するよう指導したりすることは，道徳教育が目指す方向の対極にあるものと言わなければならない。むしろ，（ ③ ）の，時に対立がある場合を含めて，誠実にそれらの価値に向き合い，道徳としての問題を（ ④ ）こそ道徳教育で養うべき基本的資質であると考えられる。

	①	②	③	④
ア	多様な価値観	自らの意見をもたず	特定の価値観	考え続ける姿勢
イ	多様な価値観	主体性をもたず	特定の価値観	解決する力
ウ	特定の価値観	自らの意見をもたず	多様な価値観	解決する力
エ	特定の価値観	主体性をもたず	多様な価値観	考え続ける姿勢
オ	特定の価値観	主体性をもたず	多様な価値観	解決する力

7　**次の文章は，「障害のある子供の教育支援の手引　～子供たち一人一人の教育的ニーズを踏まえた学びの充実に向けて～」（令和3年6月　文部科学省）からの抜粋である。文章中の空欄（ ① ）～（ ④ ）に当てはまる語句を正しく組み合わせているものはどれか，下のア～オから1つ選びなさい。**

学校教育は，障害のある子供の自立と社会参加を目指した取組を含め，「（ ① ）」の形成に向けて，重要な役割を果たすことが求められている。そのためにも「（ ① ）」の形成に向けた（ ② ）構築のための特別支援教育の推進が必要とされている。

（ ② ）の構築のためには，障害のある子供と障害のない子供が，可能な限り同じ場で共に学ぶことを目指すべきであり，その際には，それぞれの子供が，授業内容を理解し，学習活動に参加している（ ③ ）をもちながら，充実した時間を過ごしつつ，（ ④ ）を身に付けていけるかどうかという最も本質的な視点に立つことが重要である。

	①	②	③	④
ア	共生社会	インクルーシブ教育システム	実感・達成感	生きる力
イ	共生社会	インクルーシブ教育システム	自己肯定感	自ら学ぶ力
ウ	共生社会	合理的配慮体制	実感・達成感	自ら学ぶ力
エ	協働社会	インクルーシブ教育システム	実感・達成感	自ら学ぶ力
オ	協働社会	合理的配慮体制	自己肯定感	生きる力

8 **次の文章は，「新しい時代の特別支援教育の在り方に関する有識者会議　報告」（令和3年1月）からの抜粋である。文章中の空欄（ ① ）～（ ⑤ ）に当てはまる語句を正しく組み合わせているものはどれか，下のア～オから1つ選びなさい。**

○　特別支援学級や（ ① ）の担当教師には，通常の教育課程に基づく指導の専門性を基盤として，実際に指導に当たる上で必要な，（ ② ）教育課程の編成方法や，（ ③ ）と個別の指導計画の作成方法，障害の特性等に応じた指導方法，（ ④ ）を実践する力，障害のある児童生徒の保護者支援の方法，関係者間との連携の方法等に関する専門性の習得が求められる。

特に，児童生徒の実態に応じて教育課程が異なる場合のある特別支援学級では，各教科等での目標が異なる児童生徒を（ ⑤ ）実践力が求められる。

	①	②	③	④	⑤
ア	通級による指導	特別な	個別の 学習支援計画	特別活動	個別に 指導する
イ	通級による指導	特別な	個別の 教育支援計画	自立活動	同時に 指導する
ウ	通級による指導	柔軟な	個別の 教育支援計画	特別活動	個別に 指導する
エ	個別指導	特別な	個別の 教育支援計画	特別活動	個別に 指導する
オ	個別指導	柔軟な	個別の 学習支援計画	自立活動	同時に 指導する

9 **次の文章は，「第2期　京都府教育振興プラン」（令和3年3月　京都府教育委員会）推進方策2　豊かな人間性の育成と多様性の尊重　(6)人権教育の推進　からの抜粋である。文章中の空欄（ ① ）～（ ⑤ ）に当てはまる語句を正しく組み合わせているものはどれか，下のア～オから1つ選びなさい。**

1　学校教育や社会教育において，教育活動全体及び生涯の（ ① ）に人権教育を適切に位置付け，一人一人を大切にした教育の推進を図ります。また，人権教育推進のための基本的取組方針や重点的取組事項を毎年度策定します。

2　すべての学校（園）において，人権尊重の理念や同和問題（部落差別）など様々な人権問題に関する学習及び（ ② ）を尊重する学習を充実し，あらゆる人権問題の解決に向けた実践的な行動力を育成するために，教材の開発や指導方法の工夫改善を推進します。

京都府

3　教職員自らが人権教育推進の担い手としての自覚を高め，（ ③ ）の進展や社会情勢の変化に伴って多様化・複雑化する人権問題についての認識を深め，高い人権意識を持つとともに，人権教育に関する実践力・（ ④ ）を向上させるための研修を充実します。

4　人権教育の指導者として様々な人権問題についての理解と認識を深めるとともに，（ ⑤ ）の実態に即した人権学習の工夫改善に取り組めるよう，社会教育関係者等の学習の機会を充実します。

	①	②	③	④	⑤
ア	ある機会	多様性	国際化	応用力	地域
イ	ある機会	個性	情報化	指導力	学校
ウ	あらゆる機会	個性	情報化	応用力	学校
エ	あらゆる機会	個性	国際化	指導力	地域
オ	あらゆる機会	多様性	情報化	指導力	地域

10　**次の文章は，「『令和の日本型学校教育』の構築を目指して（答申）」（令和3年1月26日　中央教育審議会）からの抜粋である。文章中の空欄（ ① ）～（ ⑤ ）に当てはまる語句を正しく組み合わせているものはどれか，下のア～オから1つ選びなさい。**

○　また，キャリア教育の充実に当たっては，（ ① ）を通じ，各教科等での指導を含む学校教育全体でその実践を行いつつ，総合的な学習の時間において教科等を（ ② ）して自ら学習テーマを設定し探究する活動や，特別活動において自らの学習状況やキャリア形成を見通したり振り返ったりしながら，自身の変容や成長を自己評価する学習活動などを充実していくことが求められる。この中で，（ ③ ）等も活用し，児童生徒が自覚するまでに至っていない成長や変容に気付いて指摘したり，一人一人が自らの成長を（ ④ ）に認識できるように働きかけたりするなど，教師が（ ⑤ ）な関わりを持ち相互作用の中でキャリアを創り上げていくことが不可欠である。

	①	②	③	④	⑤
ア	幼稚園から中学校まで	横断	キャリア・コンサルタント	客観的	対話的
イ	幼稚園から中学校まで	選択	キャリア・パスポート	肯定的	誘導的
ウ	小学校から高等学校まで	横断	キャリア・コンサルタント	客観的	誘導的
エ	小学校から高等学校まで	横断	キャリア・パスポート	肯定的	対話的
オ	小学校から高等学校まで	選択	キャリア・パスポート	客観的	対話的

11　**次の①～⑤の言葉をのこした人物を正しく組み合わせているものはどれか，下のア～オから1つ選びなさい。**

①　人間は教育によってはじめて人間になることができる。

② 人間は環境の子である。

③ 教育が果たすべき機能は，完全な生活へわれわれを準備していくことである。

④ 人間はただ人間的な社会においてのみ人間となる。

⑤ われわれの教育は，自己教育を可能にし，感覚の組織的教育を可能にする。

	①	②	③	④	⑤
ア	オーエン	カント	スペンサー	ナトルプ	ヘルバルト
イ	オーエン	カント	スペンサー	ロック	モンテッソーリ
ウ	オーエン	カント	ルソー	ナトルプ	モンテッソーリ
エ	カント	オーエン	スペンサー	ナトルプ	モンテッソーリ
オ	カント	オーエン	ルソー	ロック	ヘルバルト

12 **学習される行動について，「行動の分類」，「学習の説明」，「主な研究者」を正しく組み合わせているものはどれか，次のア～オから1つ選びなさい。**

	行動の分類	学習の説明	主な研究者
ア	オペラント行動	生き物が自発する行動が学習される。	パヴロフ
イ	レスポンデント行動	環境からの刺激を受けて生じる，無意識的，不随意的な行動が学習される。	スキナー
ウ	オペラント行動	環境からの刺激を受けて生じる，無意識的，不随意的な行動が学習される。	スキナー
エ	レスポンデント行動	生き物が自発する行動が学習される。	パヴロフ
オ	オペラント行動	生き物が自発する行動が学習される。	スキナー

13 **下の①～⑤の文は，エリクソンの発達理論について述べたものである。内容が正しければ○，誤っていれば×とすると，○×を正しく組み合わせているものはどれか，下のア～オから1つ選びなさい。**

① 青年期は，発達課題である「自我同一性」を獲得するために，社会的な義務や責任を猶予されている準備期間（モラトリアム）であるといえる。

② 「同一性拡散」のあらわれとして，対人的関わりの失調（いわゆる対人不安），否定的同一性の選択（いわゆる非行），選択の回避と麻痺（いわゆるアパシー）などがある。

③ 「自律性」は，遊びを中心にして，自分で何かを解決したりいろいろな遊びに挑戦したりする，就学前期に身につく発達課題である。

④ 乳児期の赤ん坊は，母親から安定した養育を受けた経験を通して，「親密性」を身につけるが，それがうまくいかなかった場合「孤独」の危機に陥る。

⑤ 学童期は学校教育を受けるようになり，それを通して「勤勉性」を身につける時期である。しかし，失敗体験も多くなり，「劣等感」を形成しやすい時期でもある。

	①	②	③	④	⑤
ア	○	○	×	×	○
イ	×	○	○	×	×
ウ	○	×	×	○	×

エ	×	×	○	×	○
オ	○	○	×	○	×

14 **次の①〜⑤の文は，それぞれある法規の条文である。法規の名称を正しく組み合わせているものはどれか，下のア〜オから1つ選びなさい。**

① すべて国民は，法の下に平等であつて，人種，信条，性別，社会的身分又は門地により，政治的，経済的又は社会的関係において，差別されない。

② 教育は，人格の完成を目指し，平和で民主的な国家及び社会の形成者として必要な資質を備えた心身ともに健康な国民の育成を期して行われなければならない。

③ この法律で，学校とは，幼稚園，小学校，中学校，義務教育学校，高等学校，中等教育学校，特別支援学校，大学及び高等専門学校とする。

④ 学校においては，児童生徒等の心身の健康に関し，健康相談を行うものとする。

⑤ すべて職員は，全体の奉仕者として公共の利益のために勤務し，且つ，職務の遂行に当つては，全力を挙げてこれに専念しなければならない。

	①	②	③	④	⑤
ア	日本国憲法	教育基本法	学校教育法	健康増進法	地方教育行政の組織及び運営に関する法律
イ	日本国憲法	教育基本法	学校教育法	学校保健安全法	地方公務員法
ウ	日本国憲法	学校教育法	教育基本法	健康増進法	地方公務員法
エ	民法	教育基本法	学校教育法	学校保健安全法	地方教育行政の組織及び運営に関する法律
オ	民法	学校教育法	教育基本法	健康増進法	地方公務員法

15 **次の文章は，「教育再生実行会議第十二次提言　〜ポストコロナ期における新たな学びの在り方について〜」（令和3年6月3日）からの抜粋である。文章中の空欄（ ① ）〜（ ⑤ ）に当てはまる語句を正しく組み合わせているものはどれか，下のア〜オから1つ選びなさい。**

教育再生実行会議では，ポストコロナ期における新たな学びの在り方を考えていくに当たって，こうした課題を解決するためには，一人一人の多様な幸せであるとともに社会全体の幸せでもある（ ① ）の理念の実現を目指すことが重要であるとの結論に至りました。この幸せとは，経済的な豊かさだけでなく，（ ② ）な豊かさや（ ③ ）も含まれ，このような幸せが実現される社会は，多様性と（ ④ ）のある持続可能な社会でもあります。こうした社会を実現していくためには，一人一人が自分の身近なことから他者のことや社会の様々な問題に至るまで関心を寄せ，社会を構成する当事者として，自ら主体的に考え，責任ある行動をとることができるようになることが大切です。こうした個人を育むためには，我が国の教育を（ ⑤ ）主体の視点に転換していく必要があります。

	①	②	③	④	⑤
ア	ウェルビーイング（Well-being）	精神的	健康	包摂性	学習者
イ	ニューノーマル（New Normal）	精神的	平和	包摂性	学校
ウ	ウェルビーイング（Well-being）	文化的	平和	包摂性	学校
エ	ニューノーマル（New Normal）	文化的	健康	機能性	学習者
オ	ウェルビーイング（Well-being）	精神的	平和	機能性	学習者

16 **次の文章は，文部科学省の「学校と地域でつくる学びの未来」ウェブサイトからの抜粋である。文章中の空欄（ ① ）～（ ⑤ ）に当てはまる語句を正しく組み合わせているものはどれか，下のア～オから１つ選びなさい。**

コミュニティ・スクール（（ ① ）制度）は，学校と地域住民等が力を合わせて学校の運営に取り組むことが可能となる「地域とともにある学校」への転換を図るための有効な仕組みです。コミュニティ・スクールでは，学校運営に地域の声を積極的に生かし，地域と一体となって特色ある学校づくりを進めていくことができます。

法律（地教行法第47条の５）に基づいて（ ② ）が学校に設置する（ ① ）には，主な役割として，

○ （ ③ ）が作成する学校運営の基本方針を（ ④ ）する
○ 学校運営に関する意見を（ ② ）又は（ ③ ）に述べることができる
○ 教職員の（ ⑤ ）に関して，（ ② ）規則に定める事項について，（ ② ）に意見を述べることができる

の３つがあります。

	①	②	③	④	⑤
ア	学校関係者評価委員会	教育委員会	校長	閲覧	任用
イ	学校関係者評価委員会	教育委員会	校長	承認	業務
ウ	学校関係者評価委員会	校長	教育委員会	閲覧	任用
エ	学校運営協議会	教育委員会	校長	承認	任用
オ	学校運営協議会	校長	教育委員会	承認	業務

17 **次の文章は，「幼稚園，小学校，中学校，高等学校及び特別支援学校の学習指導要領等の改善及び必要な方策等について（答申）」（平成28年12月21日　中央教育審議会）からの抜粋である。文章中の空欄（ ① ）～（ ⑤ ）に当てはまる語句を正しく組み合わせているものはどれか，下のア～オから１つ選びなさい。**

○ （ ① ）を定める日本国憲法の下，民主主義を尊重し責任感をもって政治に参画しようとする国民を育成することは学校教育に求められる極めて重要な要素の一つであり，（ ② ）歳への選挙権年齢の引下げにより，小・中学校からの体系的な（ ③ ）の充実を図ることが求められている。

○ また，（ ③ ）については，政治に関わる主体として適切な判断を行うことができるようになることが求められており，そのためには，政治に関わる主体としてだけではなく広く国家・社会の形成者としていかに社会と向き合うか，例えば，経済に関わ

る主体（（ ④ ）等としての主体を含む）等として適切な生活を送ったり産業に関わったりして，社会と関わることができるようになることも前提となる。

○　こうした主権者として必要な資質・能力の具体的な内容としては，国家・社会の基本原理となる法やきまりについての理解や，政治，経済等に関する知識を習得させるのみならず，事実を基に多面的・多角的に考察し，公正に判断する力や，課題の解決に向けて，協働的に追究し根拠をもって主張するなどして合意を形成する力，よりよい社会の実現を視野に国家・社会の形成に主体的に参画しようとする力である。これらの力を教科横断的な視点で育むことができるよう，教科等間相互の連携を図っていくことが重要である。

○　これらの力を育んでいくためには，発達段階に応じて，家庭や学校，地域，国や国際社会の課題の解決を視野に入れ，学校の（ ⑤ ）を確保しつつ，例えば，小学校段階においては地域の身近な課題を理解し，その解決に向けて自分なりに考えるなど，現実の社会的事象を取り扱っていくことが求められる。

	①	②	③	④	⑤
ア	議会制民主主義	16	主権者教育	消費者	教科等指導時間
イ	議会制民主主義	18	キャリア教育	労働者	教科等指導時間
ウ	議会制民主主義	18	主権者教育	消費者	政治的中立性
エ	直接民主主義	16	キャリア教育	消費者	政治的中立性
オ	直接民主主義	18	主権者教育	労働者	教科等指導時間

18　**次の文章は，「『令和の日本型学校教育』を担う教師の養成・採用・研修の在り方について　～「新たな教師の学びの姿」の実現と，多様な専門性を有する質の高い教職員集団の形成～（答申）」（令和４年12月19日　中央教育審議会）からの抜粋である。文章中の空欄（ ① ）～（ ④ ）に当てはまる語句を正しく組み合わせているものはどれか，下のア～オから１つ選びなさい。**

AIやロボティクス，ビッグデータ，IoTといった技術が発展したSociety5.0時代の到来に対応し，教師の情報活用能力，（ ① ）の向上は一層重要である。時代が今後どのようなものに変わっていくのかは予測困難であるが，様々な分野で発生する予測のできない非連続的な変化が予想される。教師や学校は，こうした社会の変化に背を向けるのではなく，前向きに受け止めていくことが必要である。

一方，過去の国際的な比較では，児童生徒に課題や学習での活動にICTを活用させている教師の割合が低いとの結果が示されている。「（ ② ）考える必要がある課題を与える」「（ ③ ）課題を提示する」といった指導実践を行っている教師の割合も，他国に比べ著しく低い。

子供たちについても，数学や科学に関するリテラシーは引き続き世界トップレベルである一方，言語能力や情報活用能力，デジタル時代における情報への対応などの課題があり，子供たちの（ ④ ）の使用について，我が国では，学校よりも家庭が先行し，「遊び」に多く使う一方「学び」には使わない傾向が明らかになっていた。

	①	②	③	④
ア	データリテラシー	協働して	明らかな解決法が存在しない	インターネット
イ	データ分析能力	協働して	明らかな解決法が存在しない	デジタルデバイス
ウ	データリテラシー	協働して	論理的な思考を要する	インターネット
エ	データ分析能力	批判的に	論理的な思考を要する	デジタルデバイス
オ	データリテラシー	批判的に	明らかな解決法が存在しない	デジタルデバイス

19 次の表は,「第2期　京都府教育振興プラン」(令和3年3月　京都府教育委員会) からの抜粋である。表中の空欄(①)～(⑤)に当てはまる語句を正しく組み合わせているものはどれか,下のア～オから1つ選びなさい。

京都府の教育の基本理念	目指す人間像	めまぐるしく(①)していく社会において, (①)を前向きにとらえて(②)に行動し, よりよい社会と(③)な人生を創り出せる人
	はぐくみたい力	(②)に学び考える力 (④)人とつながる力 新たな価値を生み出す力
	教育に関わるすべての者が大切にしたい想い	すべての子どもを愛情と信頼と期待とで包み込んでいくこと, すべての子どもが【包み込まれているという感覚】を 土台にして【(⑤)】をはぐくむことができるように, 学校で,家庭で,地域で,教育に関わるすべての京都の人々が, 等しくこの想いを胸に,子どもたちに接していくこと

	①	②	③	④	⑤
ア	変化	主体的	健全	すべての	確かな学力
イ	変化	主体的	幸福	多様な	自己肯定感
ウ	変化	自主的	幸福	すべての	確かな学力
エ	進化	主体的	健全	多様な	自己肯定感
オ	進化	自主的	幸福	多様な	確かな学力

20 次の文章は,「第2次京都府子どもの貧困対策推進計画　～すべての子どもが将来の夢を実現できる社会の実現を目指す～」(令和2年3月　京都府) Ⅱ　計画の基本理念と基本的視点　2　基本的視点　からの抜粋である。文章中の空欄(①)～(⑤)に当てはまる語句を正しく組み合わせているものはどれか,下のア～オから1つ選びなさい。

○ すべての子どもが生まれ育つ(①)に左右されることなく,子どもの最善の利益が優先され,社会の担い手として活躍できるよう総合的に推進

○ 義務教育を終えた後の(②)自立のできていない若者など支援が届いていない,又は届きにくい子どもに対する(②)自立に向けた総合的な取組を推進

○ 貧困の世代を超えた連鎖を断ち切り,子どもが健やかに育つ社会を確保するために,(③)に困難な家庭に対する包括的支援の推進

○ 学校を子どもの貧困対策の(④)と位置づけるとともに,妊娠,出産期から

（ ② ）自立まで，子どもの成長・発達段階に応じた，切れ目のない支援体制を構築

○ 府・市町村はもとより，保育所・認定こども園・幼稚園，学校，企業，施設，NPO等地域団体，ボランティアなどが連携・協働し，子どもの貧困対策を（ ⑤ ）の取組として推進

	①	②	③	④	⑤
ア	環境	社会的	経済的	ステーション	教育機関全体
イ	地域	経済的	社会的	プラットフォーム	社会全体
ウ	環境	社会的	経済的	プラットフォーム	社会全体
エ	地域	社会的	経済的	ステーション	社会全体
オ	環境	経済的	社会的	ステーション	教育機関全体

解答＆解説

1 解答 ウ

解説 中央教育審議会答申「『令和の日本型学校教育』の構築を目指して　～全ての子供たちの可能性を引き出す，個別最適な学びと，協働的な学びの実現～」(2021年１月26日，４月22日更新）の「第Ⅰ部　総論」「３．2020年代を通じて実現すべき『令和の日本型学校教育』の姿」「(1)子供の学び」を参照。

2 解答 ア

解説 平成29年版小学校学習指導要領（2017年３月31日告示）の「第１章　総則」「第３　教育課程の実施と学習評価」「１　主体的・対話的で深い学びの実現に向けた授業改善」の(5)，平成29年版中学校学習指導要領（2017年３月31日告示）の「第１章　総則」「第３　教育課程の実施と学習評価」「１　主体的・対話的で深い学びの実現に向けた授業改善」の(5)，平成30年版高等学校学習指導要領（2018年３月30日告示）の「第１章　総則」「第３款　教育課程の実施と学習評価」「１　主体的・対話的で深い学びの実現に向けた授業改善」の(5)，平成29年版特別支援学校小学部・中学部学習指導要領（2017年４月28日告示）の「第１章　総則」「第４節　教育課程の実施と学習評価」「１　主体的・対話的で深い学びの実現に向けた授業改善」の(5)，平成31年版特別支援学校高等部学習指導要領（2019年２月４日告示）の「第１章　総則」「第２節　教育課程の編成」「第３款　教育課程の実施と学習評価」「１　主体的・対話的で深い学び」の(5)を参照。

3 解答 イ

解説 中央教育審議会答申「『令和の日本型学校教育』の構築を目指して　～全ての子供たちの可能性を引き出す，個別最適な学びと，協働的な学びの実現～」(2021年１月26日，４月22日更新）の「第Ⅰ部　総論」「３．2020年代を通じて実現すべき『令和の日本型学校教育』の姿」「(1)子供の学び」を参照。

4 解答 オ

解説『生徒指導提要』(2022年12月）の「第Ⅰ部　生徒指導の基本的な進め方」「第３章

チーム学校による生徒指導体制」「3.6　生徒指導に関する法制度等の運用体制」「3.6.1　校則の運用・見直し」を参照。

①・②「(1)校則の意義・位置付け」を参照。

③「(1)校則の意義・位置付け」を参照。「少数派の意見を採用することなく」ではなく「少数派の意見も尊重しつつ」。

④「(2)校則の運用」を参照。正しくは「校則の内容について，普段から学校内外の関係者が参照できるように学校のホームページ等に公開しておくことや，児童生徒がそれぞれのきまりの意義を理解し，主体的に校則を遵守するようになるために，制定した背景等についても示しておくことが適切である」と示されている。

⑤「(2)校則の運用」を参照。

5 解答 ウ

解説 不登校に関する調査研究協力者会議「不登校に関する調査研究協力者会議報告書～今後の不登校児童生徒への学習機会と支援の在り方について～」(2022年6月)の「3．今後重点的に実施すべき施策の方向性」「(2)困難を抱える児童生徒に対する支援ニーズの早期把握」「a. 不登校傾向のある児童生徒の早期発見及び支援ニーズの適切な把握」「(スクリーニング及び「児童生徒理解・教育支援シート」を活用したアセスメントの有機的な実施)」を参照。

①・④・⑤当該箇所を参照。

②「生計」ではなく「学習」。

③「職員会議等」ではなく「ケース会議等」。

6 解答 エ

解説 中央教育審議会答申「道徳に係る教育課程の改善等について」(2014年10月21日)の「1　道徳教育の改善の方向性」「(1)道徳教育の使命」を参照。

7 解答 ア

解説 文部科学省「障害のある子供の教育支援の手引　～子供たち一人一人の教育的ニーズを踏まえた学びの充実に向けて～」(2021年6月)の「第1編　障害のある子供の教育支援の基本的な考え方」「1　障害のある子供の教育に求められること」「(2)就学に関する新しい支援の方向性」を参照。

8 解答 イ

解説 新しい時代の特別支援教育の在り方に関する有識者会議「新しい時代の特別支援教育の在り方に関する有識者会議　報告」(2021年1月)の「Ⅲ．特別支援教育を担う教師の専門性の向上」「2．特別支援学級，通級による指導を担当する教師に求められる専門性」「(求められる専門性)」を参照。

9 解答 オ

解説 京都府教育委員会「第2期　京都府教育振興プラン」(2021年3月)の「第3章　取り組む施策の方向性」「推進方策2：豊かな人間性の育成と多用性の尊重」「(6)人権教育の推進」を参照。同プランは，長期的な展望に立って，京都府の教育の目指す方向及びその実現に向けた総合的な教育施策を明示し，「京都府ならではの教育」を進めていくための指針となるもの。計画期間は2021～30年度。

10 解答 エ

解説 中央教育審議会答申「『令和の日本型学校教育』の構築を目指して　～全ての子供たちの可能性を引き出す，個別最適な学びと，協働的な学びの実現～」(2021年1月26日，4月22日更新）の「第Ⅱ部　各論」「2．9年間を見通した新時代の義務教育の在り方について」「(2)教育課程の在り方」「①学力の確実な定着等の資質・能力の育成に向けた方策」を参照。

11 解答 エ

解説 ①カント（1724～1804）は，人間が人間として形成される要因として素質に対する環境の優位性を強調した。

②オーエン（1771～1858）は，良い教育環境を与えれば良い性格が形成され，社会改革も可能であると考えた。

③スペンサー（1820～1903）は，教育の目的は「完全な生活への準備」をすることにあると主張，人間生活を構成する活動に役立つ知識こそ重要であるとした。

④ナトルプ（1854～1924）は，教育の根本は「意志の陶冶」であり，教育は社会なしには存立しえないとして教育の社会的意義を強調し，自らの立場を「社会的教育学」と呼んだ。

⑤モンテッソーリ（1870～1952）は，障害児の教育に当たる中で，感覚・機能訓練のための「モンテッソーリ教具」を考案し，ローマの貧民街に「子どもの家」を創設した。

12 解答 オ

解説 オ：スキナー（1904～90）は，「スキナー箱」という実験装置を考案して，ネズミやハトがうまくバーを押すと餌が得られるように学習させた。これを「オペラント条件づけ（道具的条件づけ）」と呼び，この理論を実験的に研究して体系化し，プログラム学習，ティーチング・マシンなどの開発や行動療法にも応用した。

なお，レスポンデント条件づけ（行動）は古典的条件づけとも呼ばれ，「パブロフ」(1849～1936）が主な研究者，「環境からの刺激を受けて生じる，無意識的，不随意的な行動が学習される」が正しい説明である。

13 解答 ア

解説 エリクソン（1902～94）は，乳児期から老年期に至るまでを8つの段階に分け，それぞれで体験する心理社会的危機を挙げた。その中で青年期は自我同一性（同一性あるいはアイデンティティ）を確立できるか否かを「同一性対同一性拡散」という言葉で表した。

③「自律性」は，幼児前期に危機を乗り越えられた場合に獲得されるもので，就学前期（幼児後期）は「自発性」が正しい。

④成人前期の危機の説明。乳児期は，信頼を獲得する重要な時期である。

14 解答 イ

解説 ①日本国憲法第14条第1項を参照。「法の下の平等」の規定。

②教育基本法第1条を参照。「教育の目的」の規定。

③学校教育法第1条を参照。「学校の範囲」の規定。

④学校保健安全法第８条を参照。「健康相談」の規定。

⑤地方公務員法第30条を参照。「服務の根本基準」の規定。

15 解答 ア

解説 教育再生実行会議「ポストコロナ期における新たな学びの在り方について（第十二次提言）」（2021年６月３日）の「はじめに」を参照。

16 解答 エ

解説 文部科学省のウェブサイト「学校と地域でつくる学びの未来」の「国の取組」「地域と学校の連携・協働」「コミュニティ・スクール（学校運営協議会制度）」を参照。

17 解答 ウ

解説 中央教育審議会答申「幼稚園，小学校，中学校，高等学校及び特別支援学校の学習指導要領等の改善及び必要な方策等について」（2016年12月21日）の「第１部　学習指導要領等改訂の基本的な方向性」「第５章　何ができるようになるか　－育成を目指す資質・能力－」「５．現代的な諸課題に対応して求められる資質・能力」「(主権者として求められる資質・能力)」を参照。

18 解答 オ

解説 中央教育審議会答申「『令和の日本型学校教育』を担う教師の養成・採用・研修等の在り方について　～『新たな教師の学びの姿』の実現と，多様な専門性を有する質の高い教職員集団の形成」（2022年12月19日）の「第Ⅰ部　総論」「２．子供たちの多様化と社会の変化」「(3) Society5.0とポストコロナ時代の新たな学び」を参照。

19 解答 イ

解説 京都府教育委員会「第２期　京都府教育振興プラン」（2021年３月）の「第３章　取り組む施策の方向性」「２　教育振興プランの全体像と『教育環境日本一プロジェクト』」を参照。

20 解答 ウ

解説 京都府「第２次京都府子どもの貧困対策推進計画　～すべての子どもが将来の夢を実現できる社会の実現を目指す～」（2020年３月）の「Ⅱ　計画の基本理念と基本的視点」「２　基本的視点」を参照。同計画は，第１次計画が期間満了となったことに伴い，子どもの貧困対策の推進に関する法律や大綱の見直し及び現在の子どもを巡る社会状況を踏まえるとともに，すべての子どもが生まれ育つ環境に左右されることなく，その将来に夢や希望を持って成長していける社会の実現に向けた教育の支援，生活の支援，経済的支援等の施策を，教育・福祉・労働等の各機関が協働し，第１次計画をより一層の実行性を持った計画とするため見直しを図った。計画期間は2020年４月～25年３月。

京都市

実施日	2023(令和5)年6月24日	試験時間	30分（一般教養を含む）
出題形式	マークシート式	問題数	11題（解答数11）
パターン	時事・法規＋原理・教育史	公開状況	問題:公開　解答:公開

傾向&対策

●出題分野にかかわらず「特別支援教育」「人権教育」が必出の教育トピック。●最も解答数の多い教育時事は，「令和の日本型学校教育」に関する中央教育審議会答申（2021年1月），ヤングケアラーの定義，「学校の危機管理マニュアル作成の手引き」（2018年2月）。これらに加え，必出の「人権教育」では「人権教育の指導方法等」に関する第三次とりまとめ補足資料（2021年3月）と，人権に関する資料として児童の権利に関する条約，日本国憲法，「いじめの防止等のための基本的な方針」，世界人権宣言，京都市の人権教育の目的に関する正誤判定問題が問われた。●特別支援教育は，特別支援学校・特別支援学級・通級による指導・通常の学級の教育課程の編成の区別と，障害者に関するマークについて。

出題領域

教育原理	教育課程・学習指導要領		総則		特別の教科　道徳	
	外国語・外国語活動		総合的な学習(探究)の時間		特別活動	
	学習指導		生徒指導		学校・学級経営	
	特別支援教育	2	人権・同和教育	↓時事 ローカル	その他	
教育心理	発達		学習		性格と適応	
	カウンセリングと心理療法		教育評価		学級集団	
教育法規※	教育の基本理念	1	学校教育	1	学校の管理と運営	2
	児童生徒	1	教職員		その他	
教育史	日本教育史		西洋教育史	1		
教育時事※	答申・統計	5	ローカル※	1		

表中の数字は，解答数

※選択肢の出題領域が複数にわたる場合は，それぞれの項目に加算するためグラフの数とは異なる

全校種共通

☞解答＆解説 p.287

1　次の文は，学校教育法（昭和22年法律第26号）の抜粋である。下線部の内容が誤っているものの組合せはどれか，①～⑤から一つ選んで番号で答えなさい。

ア　学校の設置者は，その設置する学校を管理し，法令に特別の定のある場合を除いては，その学校の経費を負担する。

イ　学校教育上支障のない限り，学校には，社会教育に関する施設を附置し，又は学校の施設を社会教育その他公共のために，利用させることができる。

ウ　校長及び教員は，教育上必要があると認めるときは，文部科学大臣の定めるところにより，児童，生徒及び学生に懲戒を加えることができる。ただし，傷害を加えることはできない。

エ　学校においては，別に法律で定めるところにより，幼児，児童，生徒及び学生並びに職員の健康の保持増進を図るため，健康診断を行い，その他その保健に必要な措置を講じなければならない。

オ　この法律で，学校とは，保育所，幼稚園，小学校，中学校，義務教育学校，高等学校，中等教育学校，特別支援学校，大学及び高等専門学校とする。

①　イ，エ　②　ア，ウ　③　イ，ウ　④　ウ，オ　⑤　ア，オ

2　次の文は，教育基本法（平成18年法律第120号）の抜粋である。文中の（ ア ）～（ オ ）に当てはまる語句の正しい組合せを，①～⑤から一つ選んで番号で答えなさい。

○　教育は，（ ア ）を目指し，平和で民主的な国家及び社会の形成者として必要な資質を備えた心身ともに健康な国民の育成を期して行われなければならない。

○　教育は，その目的を実現するため，学問の自由を尊重しつつ，次に掲げる目標を達成するよう行われるものとする。

一　幅広い（ イ ）を身に付け，真理を求める態度を養い，豊かな情操と道徳心を培うとともに，健やかな身体を養うこと。

二　個人の価値を尊重して，その能力を伸ばし，創造性を培い，自主及び自律の精神を養うとともに，職業及び生活との関連を重視し，勤労を重んずる態度を養うこと。

三　正義と責任，男女の平等，自他の敬愛と協力を重んずるとともに，（ ウ ）の精神に基づき，主体的に社会の形成に参画し，その発展に寄与する態度を養うこと。

四　生命を尊び，自然を大切にし，環境の保全に寄与する態度を養うこと。

五　（ エ ）を尊重し，それらをはぐくんできた我が国と郷土を愛するとともに，他国を尊重し，国際社会の平和と発展に寄与する態度を養うこと。

○　すべて国民は，ひとしく，その能力に応じた（ オ ）を与えられなければならず，人種，信条，性別，社会的身分，経済的地位又は門地によって，教育上差別されない。

①　ア　社会の発展　イ　視点　ウ　博愛　エ　協調性
　　オ　教育を受ける機会

②　ア　人格の完成　イ　知識と教養　ウ　公共　エ　伝統と文化
　　オ　教育を受ける機会

③　ア　生きる力の育成　イ　視点　ウ　奉仕　エ　国民性

　　オ　学問の自由

④　ア　人格の完成　　イ　知識と教養　　ウ　公共　　エ　国民性
　　オ　学問の自由

⑤　ア　社会の発展　　イ　知識と教養　　ウ　博愛　　エ　伝統と文化
　　オ　教育を受ける機会

3　次の文の（ ア ）～（ エ ）に当てはまる語句について，正しい組合せはどれか，①～⑤から一つ選んで番号で答えなさい。

令和３年１月に中央教育審議会（中教審）から出された「『令和の日本型学校教育』の構築を目指して」という答申では，「一人一人の児童生徒が，（ ア ）や可能性を認識するとともに，あらゆる他者を（ イ ）として尊重し，多様な人々と（ ウ ）しながら様々な社会的変化を乗り越え，豊かな人生を切り拓き，（ エ ）の創り手となることができるよう」，その資質・能力を育成することが求められている。

①　ア　自分のよさ　　イ　価値のある存在　　ウ　協働　　エ　持続可能な社会

②　ア　自分のよさ　　イ　価値のある存在　　ウ　協働　　エ　明るい未来

③　ア　自分のよさ　　イ　認め合える存在　　ウ　連携　　エ　接続可能な社会

④　ア　社会のよさ　　イ　認め合える存在　　ウ　協働　　エ　持続可能な社会

⑤　ア　社会のよさ　　イ　価値のある存在　　ウ　連携　　エ　明るい未来

4　次の文の（ ア ）～（ オ ）に当てはまる語句について，正しい組合せはどれか，①～⑤から一つ選んで番号で答えなさい。

本来大人が担うと想定されている家事や家族の世話などを日常的に行っていることにより，本来受けるべき教育を受けられなかったり，自身がやりたいことができなかったりする子どもたちのことを（ ア ）という。その支援策として国は（ イ ），（ ウ ），（ エ ），（ オ ）の以上４つの支援策を提示した。

①　ア　ヤングケアラー　　イ　早期把握　　ウ　相談支援
　　エ　家事育児支援　　オ　介護サービスの提供

②　ア　ヤングケアラー　　イ　早期把握　　ウ　保護者指導
　　エ　家事育児支援　　オ　介護サービスの提供

③　ア　ヤングケアラー　　イ　実数把握　　ウ　相談支援
　　エ　食料支援　　オ　教育支援

④　ア　ガスライティング　　イ　実数把握　　ウ　相談支援
　　エ　家事育児支援　　オ　介護サービスの提供

⑤　ア　ガスライティング　　イ　早期把握　　ウ　保護者指導
　　エ　食料支援　　オ　教育支援

5　次の文の（ ア ）～（ オ ）に当てはまる語句について，正しい組合せはどれか，①～⑤から一つ選んで番号で答えなさい。

ルソーの教育思想を受け継ぎ，自分の教育理念を形成したスイスの教育家である（ ア ）は，その生涯において理想の教育のあり方を思索し，直接的に子どもを教育した。彼が示した「人間教育」についての思想は，著書である（ イ ）において，知識教育である（ ウ ）や身体的教育である（ エ ）を経て，心情的教育である（ オ ）をもって完成されると記述されている。

① ア ペスタロッチ イ 『ゲルトルート児童教育法』 ウ 知的教育
　エ 技術的教育 オ 道徳教育

② ア ペスタロッチ イ 『ゲルトルート児童教育法』 ウ 心理教育
　エ 倫理教育 オ 情操教育

③ ア ヘルバルト イ 『一般教育学』 ウ 心理教育
　エ 倫理教育 オ 家庭教育

④ ア ヘルバルト イ 『ドルトンプラン教育』 ウ 知的教育
　エ 技術的教育 オ 道徳教育

⑤ ア ヘレン・パーカースト イ 『ドルトンプラン教育』 ウ 知的教育
　エ 技術的教育 オ 情操教育

6 **次の文は,「人権教育の指導方法等の在り方について［第三次とりまとめ］補足資料」(令和3年3月) からの抜粋である。(ア) ～ (ウ) に当てはまる語句の組合せとして正しいものはどれか, ①～⑤から一つ選んで番号で答えなさい。**

第三次とりまとめでは, 人権教育を通じて育てたい資質・能力について,(ア)側面, 価値的・態度的側面, 技能的側面の3つの側面から捉えているが, 人権感覚を育成する基礎となる価値的・態度的側面と技能的側面については, 児童生徒が自ら主体的に, 学級の他の児童生徒とともに学習活動に参加し, 協力的に活動し, 体験することを通して初めて身に付くものとされている。人権教育の指導方法の基本原理として, 児童生徒の「協力」,「参加」,「(イ)」を中核に置き,「協力的な学習」,「参加的な学習」,「(イ)的な学習」を行うことも示されている。こうした学習は「(ウ)」の実現に向けた授業改善にもつながるものであり, 人権に関する知的理解や人権感覚を養い, 自分の人権を守り, 他者の人権を守ろうとする意識・意欲・態度を育て, その結果, 自分の人権を守り, 他者の人権を守るための実践行動がとれるようになる。

① ア 資質的 イ 共感 ウ 資質・能力の育成
② ア 知識的 イ 体験 ウ 主体的・対話的で深い学び
③ ア 知識的 イ 創造 ウ 資質・能力の育成
④ ア 知識的 イ 共感 ウ 主体的・対話的で深い学び
⑤ ア 資質的 イ 体験 ウ 資質・能力の育成

7 **人権に関する次の文のうち, 誤っているものはどれか, ①～⑤から一つ選んで番号で答えなさい。**

① 児童の権利に関する条約では,「初等教育を義務的なものとし, すべての者に対して無償のものとする。」と定められている。

② 日本国憲法では, 基本的人権として「国民は, すべての基本的人権の享有を妨げられない。この憲法が国民に保障する基本的人権は, 侵すことのできない永久の権利として, 現在及び将来の国民に与へられる。」と定めている。

③ いじめの防止等のための基本的な方針 (最終改訂平成29年3月) では,「学校は, いじめの防止等のため, 学校いじめ防止基本方針に基づき, 学校いじめ対策組織を中核として, 学校運営協議会の指導の下, 一致協力体制を確立し, 学校の設置者とも適

切に連携の上，学校の実情に応じた対策を推進することが必要である。」としている。

④　昭和23年12月10日，国連第３回総会において，「すべての人民とすべての国とが達成すべき共通の基準」として，「世界人権宣言」が採択された。この宣言は，基本的人権尊重の原則を定めたものであり，それ自体が法的拘束力を持つものではないが，初めて人権の保障を国際的にうたった画期的なものである。

⑤　京都市における人権教育の目的は，「自ら進路を切り拓き，自立して生活することができるとともに，人権の大切さを理解し，人権尊重を規範とした日常の行動がとれる子どもの育成，すなわち，『人権という普遍的文化』の担い手を育成すること」である。

8　**次の文は，「ア　特別支援学校」「イ　特別支援学級」「ウ　通級による指導」「エ　通常の学級」のいずれかの教育課程の編成に関するものである。正しい組合せはどれか，①～⑤から一つ選んで番号で答えなさい。**

a　ここに在籍する障害のある子どもについては，その実態に応じ，指導内容や指導方法を工夫することとされている。

b　障害に基づく種々の困難を改善・克服するために，「自立活動」という特別な指導領域が設けられている。また，子どもの障害の状態等に応じた弾力的な教育課程が編成できるようになっている。

c　障害の状態に応じた特別の指導（自立活動の指導等）を特別の指導の場で行うことから，通常の学級の教育課程に加え，又はその一部に替えた特別の教育課程を編成することができるようになっている。

d　基本的には，小学校・中学校の学習指導要領に沿って教育が行われるが，子どもの実態に応じて，特別支援学校の学習指導要領を参考として特別の教育課程も編成できるようになっている。

①　ア—a　イ—c　ウ—b　エ—d
②　ア—b　イ—c　ウ—a　エ—d
③　ア—d　イ—b　ウ—c　エ—a
④　ア—d　イ—b　ウ—a　エ—c
⑤　ア—b　イ—d　ウ—c　エ—a

9　**下の図は，障害者に関係するマークである。**
「ア　聴覚障害者標識」「イ　ハート・プラスマーク」に当てはまるマークの組合せはどれか，①～⑤から一つ選んで番号で答えなさい。

a	b	c	d	e	f
青地に白	緑地に黄色	色は緑	黒地に白	青地で体は白，ハート・十字は赤	赤地に白

①　ア—a　イ—d　②　ア—b　イ—e　③　ア—c　イ—f

④　ア―c　イ―e　　⑤　ア―b　イ―f

10　**次の文は，「学校の危機管理マニュアル作成の手引き」（平成30年２月初版）より抜粋した内容である。（ ア ）～（ オ ）に当てはまる語句の組合せとして正しいものはどれか，①～⑤から一つ選んで番号で答えなさい。**

事故等に児童生徒等が遭遇すると，恐怖や喪失体験などにより心に傷を受け，そのときの出来事を繰り返し思い出す，遊びの中で再現するなどの症状に加え，情緒不安定，睡眠障害などが現れ，生活に大きな支障を来すことがあります。こうした反応は誰にでも起こり得ることであり，ほとんどは，時間の経過とともに薄れていきますが，このような状態が，事故等の遭遇後３日から（ ア ）持続する場合を「急性ストレス障害（Acute Stress Disorder 通称ASD）」といい，（ ア ）以上長引く場合を「心的外傷後ストレス障害（Post Traumatic Stress Disorder 通称PTSD）」といいます。そのため，事故等の発生直後から児童生徒等や保護者等に対する支援を行い，PTSDの予防と早期発見に努めることが大切です。なお，事故等の遭遇後まもなくASDの症状を呈し，それが（ イ ）してPTSDに移行するケースのほか，最初は症状が目立たないケースや症状が一度軽減した後の（ ウ ）か月後に発症するケースもあることから，なるべく長期にわたって心のケアを実施することが大切です。

また，被害児童生徒等の保護者や教職員は，自らのことを後回しにしたり，心身の不調に対し（ エ ）になることがあり，心のケアが必要になることがあります。被害児童生徒等にとっては，周囲にいる保護者や教職員が精神的に安定していることが大切です。このため，自分自身の心身の不調に早めに気付き，意識的に休息したり，相談したりするなど，心のケアが必要であることを理解することが重要です。

なお，心のケアが長期にわたって，必要になることがあるため，被害児童生徒等が進学や転校した場合においても心の健康状態の把握や支援体制等を継続して行われるよう，（ オ ）等の連携を十分に図っておくことも必要です。

①　ア　１週間　イ　常態化　ウ　4～6　エ　過敏　オ　学校間で引継ぎ
②　ア　１か月　イ　常態化　ウ　4～6　エ　鈍感　オ　医療的ケアの実施
③　ア　１週間　イ　慢性化　ウ　2～3　エ　過敏　オ　学校間で引継ぎ
④　ア　１週間　イ　常態化　ウ　4～6　エ　過敏　オ　医療的ケアの実施
⑤　ア　１か月　イ　慢性化　ウ　2～3　エ　鈍感　オ　学校間で引継ぎ

11　**次の文は，「学校給食法　第１章　総則　第２条　学校給食の目標」（昭和29年法律第160号）より抜粋した内容である。（ ア ）～（ オ ）に当てはまる語句の組合せとして正しいものはどれか，①～⑤から一つ選んで番号で答えなさい。**

【学校給食の目標】

第２条　学校給食を実施するに当たつては，義務教育諸学校における教育の目的を実現するために，次に掲げる目標が達成されるよう努めなければならない。

一　適切な栄養の摂取による健康の（ ア ）を図ること。

二　日常生活における食事について正しい理解を深め，（ イ ）食生活を営むことができる判断力を培い，及び望ましい食習慣を養うこと。

三　学校生活を豊かにし，明るい社交性及び（ ウ ）を養うこと。

四　食生活が自然の恩恵の上に成り立つものであるということについての理解を深め，（ エ ）を尊重する精神並びに環境の保全に寄与する態度を養うこと。

五　食生活が食にかかわる人々の様々な活動に支えられていることについての理解を深め，勤労を重んずる態度を養うこと。

六　我が国や各地域の優れた（ オ ）食文化についての理解を深めること。

七　食料の生産，流通及び消費について，正しい理解に導くこと。

① ア　自立　イ　適切な　ウ　協同の精神　エ　生命及び自然　オ　伝統的な

② ア　保持増進　イ　適切な　ウ　協働の精神　エ　生命及び自然　オ　日本の

③ ア　保持増進　イ　健全な　ウ　協働の精神　エ　生命及び自由　オ　伝統的な

④ ア　自立　イ　適切な　ウ　協同の精神　エ　生命及び自由　オ　日本の

⑤ ア　保持増進　イ　健全な　ウ　協同の精神　エ　生命及び自然　オ　伝統的な

解答＆解説

1 解答 ④

解説 ウ：学校教育法第11条を参照。「児童・生徒等の懲戒」の規定。「傷害」ではなく「体罰」。

オ：学校教育法第１条を参照。「学校の範囲」の規定。「保育所」は学校ではない。同条に規定された学校は「幼稚園，小学校，中学校，義務教育学校，高等学校，中等教育学校，特別支援学校，大学及び高等専門学校」。

ア：学校教育法第５条を参照。「学校の管理・経費の負担」の規定。

イ：学校教育法第137条を参照。「社会教育施設の附置・目的外利用」の規定。

エ：学校教育法第12条を参照。「健康診断等」の規定。

2 解答 ②

解説 ア：教育基本法第１条を参照。「教育の目的」の規定。

イ～エ：教育基本法第２条を参照。「教育の目標」の規定。

オ：教育基本法第４条第１項を参照。「教育の機会均等」の規定。

3 解答 ①

解説 中央教育審議会答申「『令和の日本型学校教育』の構築を目指して　～全ての子供たちの可能性を引き出す，個別最適な学びと，協働的な学びの実現～」（2021年１月26日，４月22日更新）の「第Ⅰ部　総論」「１．急激に変化する時代の中で育むべき資質・能力」を参照。

4 解答 ①

解説 ヤングケアラーの支援に向けた福祉・介護・医療・教育の連携プロジェクトチーム「ヤングケアラーの支援に向けた福祉・介護・医療・教育の連携プロジェクトチーム報告」(2021年５月17日）を参照。
ア：「はじめに」の脚注を参照。
イ～オ：「３　厚生労働省・文部科学省として今後取り組むべき施策について」を参照。

5 **解答** ①

解説 ペスタロッチ（1746～1827）は，すべての人間は共通に平等の人間性を有するという認識に立ち，人間に共通の能力を頭，心，手に分け，その調和的発達を教育の目標とした。

6 **解答** ②

解説 学校教育における人権教育調査研究協力者会議「人権教育を取り巻く諸情勢について　～人権教育の指導方法等の在り方について〔第三次とりまとめ〕策定以降の補足資料～」(2021年３月）の「Ⅰ．学校における人権教育の推進」「２．人権教育の総合的な推進」「⑴人権教育の充実を目指した教育課程の編成」「③主体的・対話的で深い学びの実現に向けた授業改善」を参照。

7 **解答** ③

解説 ③文部科学省「いじめの防止等のための基本的な方針」(2013年10月11日文部科学大臣決定，2017年３月14日最終改定）の「第２　いじめの防止等のための対策の内容に関する事項」「３．いじめの防止等のために学校が実施すべき施策」の冒頭部分を参照。「学校運営協議会の指導の下」ではなく「校長の強力なリーダーシップの下」，一致協力体制を確立することが示されている。
①児童の権利に関する条約第28条第１項⒜を参照。
②日本国憲法第11条を参照。「基本的人権の享有と本質」の規定。
④世界人権宣言は前文及び全30条からなり，第26条に「教育を受ける権利」など教育について規定されている。
⑤京都市教育委員会「《学校における》人権教育を進めるにあたって」(2019年１月一部改訂）の「Ⅲ　人権教育推進の基本的方向」「１ 本市人権教育の目的～『人権という普遍的文化』の担い手の育成～」を参照。同資料の一部改訂は，社会情勢や様々な取組の進展により学校における人権教育のさらなる充実の重要性が高まる中，子ども一人一人の人権を尊重する京都市教育の豊かな伝統を踏まえつつ，人権を取り巻く社会環境の変化に対応するため，今後の京都市人権教育の方向性を改めて示したものである。

8 **解答** ⑤

解説 ア：学校教育法施行規則第126条「小学部の教育課程」，第127条「中学部の教育課程」，第128条「高等部の教育課程」の規定を参照。「自立活動」という特別な指導領域があるのは特別支援学校のみ。
イ：学校教育法施行規則第138条「特別支援学級の教育課程編成の特例」の規定，平成29年版小学校学習指導要領（2017年３月31日告示）の「第１章　総則」「第４

児童の発達の支援」「2　特別な配慮を必要とする児童への指導」「(1)障害のある児童などへの指導」のイを参照。特別支援学級の教育課程は小学校・中学校に準じて作成されるが，子どもの実態に応じて，特別支援学校の学習指導要領を参考に特別の教育課程も編成できる（中学校，高等学校も同様）。

ウ：学校教育法施行規則第140条「障害に応じた特別の指導―通級指導」の規定，平成29年版小学校学習指導要領（2017年3月31日告示）の「第1章　総則」「第4　児童の発達の支援」「2　特別な配慮を必要とする児童への指導」「(1)障害のある児童などへの指導」のウを参照。通級による指導は，通常の学級の教育課程に加えて障害の状態に応じた特別の指導を行う（中学校，高等学校も同様）。

エ：平成29年版小学校学習指導要領（2017年3月31日告示）の「第1章　総則」「第4　児童の発達の支援」「2　特別な配慮を必要とする児童への指導」「(1)障害のある児童などへの指導」のアを参照。通常の学級に在籍している障害のある子どもについては，その実態に応じて指導内容や指導方法を工夫することとされている（中学校，高等学校も同様）。

9 解答 ②

解説 b：聴覚障害者標識は，政令で定める程度の聴覚障害のあることを理由に運転免許に条件を付けられた者が，車に表示するマーク。

e：ハート・プラスマークは，内臓に障害のある者を表したもの。心臓疾患などの内部障害・内臓疾患は外見からは分かりにくいため，そのような者の存在を視覚的に示し，理解と協力を広げるために作成された。

a：身体障害者標識で，肢体不自由であることを理由に運転免許に条件を付された者が車に表示するマーク。

c：耳マークで，聴覚に障害のあることを示し，コミュニケーション方法に配慮を求める場合などに使用されているマーク。

d：オスメイトマークで，人工肛門や人工膀胱を造設した者を示すマーク。オスメイト対応トイレ等の設備があることを示す場合などに使用されている。

f：ヘルプマークで，援助や配慮を必要としていることが外見からは分からない者が，周囲の者に配慮を必要としていることを知らせることで，援助を得やすくなるように作成された。

10 解答 ⑤

解説 文部科学省「学校の危機管理マニュアル作成の手引」（2018年2月初版）の「第4章　事後の危機管理」「4-2　心のケア」を参照。

11 解答 ⑤

解説 学校給食法第2条を参照。「学校給食の目標」の規定。

大阪府／豊能地区／大阪市／堺市

実施日	2023（令和５）年６月24日	試験時間	90分（思考力・判断力を問う問題を含む）
出題形式	マークシート式	問題数	15題（解答数15）
パターン	法規・時事・原理＋心理・教育史	公開状況	問題：公開　解答：公開

傾向＆対策

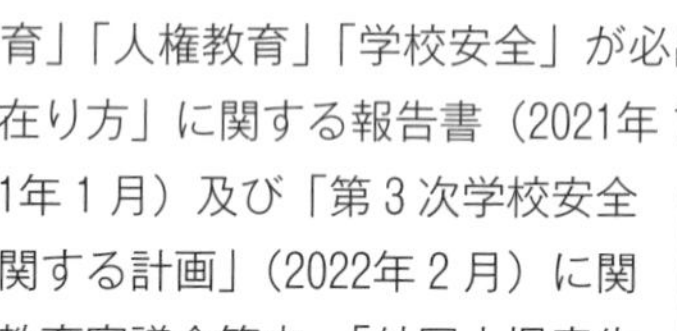

●教職教養：思考力・判断力を問う問題＝1：１。●教育法規は，「教育公務員の倫理（服務規律）」に関する事例問題が必出。今年度は個人情報の管理，飲酒運転の禁止について，具体的事例で問われた。●教育時事は，「特別支援教育」「人権教育」「学校安全」が必出の教育トピックで，今年度は「特別支援教育の在り方」に関する報告書（2021年１月），２年連続の「令和の日本型学校教育」（2021年１月）及び「第３次学校安全の推進に関する計画」（2022年２月）に関する中央教育審議会答申，「外国人児童生徒の受入れ」の手引（2019年３月），「カリキュラム・マネジメントの充実」に関する審議のまとめ（2021年１月）が問われた。●教育原理は，改訂『生徒指導提要』より生徒指導の重層的支援構造について。

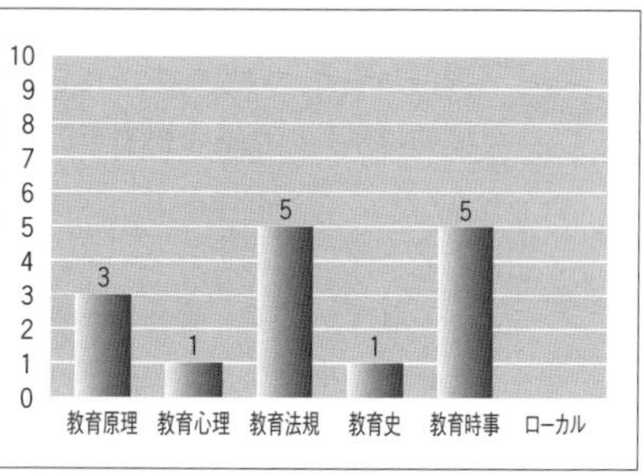

出題領域

分野	項目	数	項目	数	項目	数
教育原理	教育課程・学習指導要領		総　則	1	特別の教科　道徳	
	外国語活動		総合的な学習（探究）の時間		特別活動	
	学習指導	1	生徒指導	1	学校・学級経営	
	特別支援教育	↓時事	人権・同和教育	↓法規	その他	
教育心理	発　達	1	学　習		性格と適応	
	カウンセリングと心理療法		教育評価		学級集団	
教育法規	教育の基本理念		学校教育	1	学校の管理と運営	
	児童生徒	1	事例	2	人権教育	1
教育史	日本教育史		西洋教育史	1		
教育時事	答申・統計	5	ローカル			

表中の数字は，解答数

全校種共通

☞解答＆解説 p.300

1　次の文は，平成29年３月に文部科学省から示された小学校学習指導要領「総則」の小学校教育の基本と教育課程の役割に関する記述の一部である。空欄Ａ～Ｄに，あとのア～クのいずれかの語句を入れてこの文を完成させる場合，正しい組合せはどれか。１～５から一つ選べ。

道徳教育や体験活動，多様な表現や鑑賞の活動等を通して，豊かな心や［　Ａ　］の涵養を目指した教育の充実に努めること。

学校における道徳教育は，特別の教科である道徳（以下「道徳科」という。）を［　Ｂ　］学校の教育活動全体を通じて行うものであり，道徳科はもとより，各教科，外国語活動，総合的な学習の時間及び特別活動のそれぞれの特質に応じて，児童の発達の段階を考慮して，適切な指導を行うこと。

道徳教育は，教育基本法及び学校教育法に定められた教育の根本精神に基づき，自己の［　Ｃ　］を考え，主体的な判断の下に行動し，自立した人間として他者と共によりよく生きるための基盤となる［　Ｄ　］を養うことを目標とすること。

ア　社会性　　イ　創造性　　ウ　活用して　　エ　要として　　オ　生き方
カ　将来　　キ　道徳性　　ク　人間性

	Ａ	Ｂ	Ｃ	Ｄ
1	ア	ウ	カ	キ
2	ア	エ	オ	ク
3	イ	ウ	オ	キ
4	イ	エ	オ	キ
5	ア	エ	カ	ク

2　次の各文は，「義務教育の段階における普通教育に相当する教育の機会の確保等に関する法律」の条文である。空欄Ａ～Ｃに，あとのア～カのいずれかの語句を入れてこれらの条文を完成させる場合，正しい組合せはどれか。１～５から一つ選べ。

第８条　国及び地方公共団体は，全ての児童生徒が豊かな学校生活を送り，安心して教育を受けられるよう，［　Ａ　］の構築を図るための取組，児童生徒の置かれている環境その他の事情及びその意思を把握するための取組，学校生活上の困難を有する個々の児童生徒の状況に応じた支援その他の学校における取組を支援するために必要な措置を講ずるよう努めるものとする。

第12条　国及び地方公共団体は，不登校児童生徒が［　Ｂ　］において行う学習活動の状況，不登校児童生徒の心身の状況その他の不登校児童生徒の状況を継続的に把握するために必要な措置を講ずるものとする。

第13条　国及び地方公共団体は，不登校児童生徒が［　Ｂ　］において行う多様で適切な学習活動の重要性に鑑み，個々の不登校児童生徒の［　Ｃ　］を踏まえ，当該不登校児童生徒の状況に応じた学習活動が行われることとなるよう，当該不登校児童生徒及びその保護者（学校教育法第16条に規定する保護者をいう。）に対する必要な情報の提供，助言その他の支援を行うために必要な措置を講ずるものとする。

ア　学校や家庭以外の様々な場所や場面でのICT活用も踏まえた支援体制
イ　児童生徒と学校の教職員との信頼関係及び児童生徒相互の良好な関係
ウ　学校以外の場
エ　保健室，相談室等の学校内の施設
オ　休養の必要性
カ　課題の重大性

	A	B	C
1	イ	エ	オ
2	ア	ウ	オ
3	イ	ウ	オ
4	ア	エ	カ
5	イ	ウ	カ

3　**次の各文は，「人権教育及び人権啓発の推進に関する法律」の条文であるが，下線部については誤りの含まれているものがある。下線部A～Dの語句のうち，正しいものを○，誤っているものを×とした場合，正しい組合せはどれか。1～5から一つ選べ。**

第1条　この法律は，人権の尊重の緊要性に関する認識の高まり，A社会的身分，門地，人種，信条又は性別による不当な差別の発生等の人権侵害の現状その他人権の擁護に関する内外の情勢にかんがみ，人権教育及び人権啓発に関する施策の推進について，B学校，地域，家庭及び関係諸機関の役割を明らかにするとともに，必要な措置を定め，もって人権の擁護に資することを目的とする。

第2条　この法律において，人権教育とは，人権尊重の精神の涵養を目的とする教育活動をいい，人権啓発とは，C国民の間に人権尊重の理念を普及させ，及びそれに対する国民の理解を深めることを目的とする広報その他の啓発活動（人権教育を除く。）をいう。

第3条　国及び地方公共団体が行う人権教育及び人権啓発は，学校，地域，家庭，職域その他の様々な場を通じて，国民が，Dその社会の中での立場や職業に応じ，人権尊重の理念に対する理解を深め，これを体得することができるよう，多様な機会の提供，効果的な手法の採用，国民の自主性の尊重及び実施機関の中立性の確保を旨として行われなければならない。

	A	B	C	D
1	○	×	○	×
2	○	×	×	○
3	×	○	○	×
4	×	×	○	○
5	×	○	×	○

4　**次の文は，「新しい時代の特別支援教育の在り方に関する有識者会議　報告」（令和3年1月　文部科学省）の記述の一部である。空欄A～Dに，あとのア～クのいずれかの語句を入れてこの文を完成させる場合，正しい組合せはどれか。1～5から一つ選べ。**

全ての教師には，障害の特性等に関する理解と指導方法を工夫できる力や，個別の教育支援計画・個別の指導計画などの特別支援教育に関する［ A ］な知識，合理的配慮に対する理解等が必要である。

加えて，障害のある人や子供との触れ合いを通して，障害者が日常生活又社会生活において受ける制限は，障害により起因するものだけではなく，社会における様々な［ B ］と相対することによって生ずるものという考え方，いわゆる「社会モデル」の考え方を踏まえ，障害による学習上又は生活上の困難について本人の立場に立って捉え，それに対する必要な支援の内容を一緒に考え，本人自ら合理的配慮を［ C ］できるように促していくような経験や態度の育成が求められる。

また，こうした経験や態度を，多様な［ D ］のある子供がいることを前提とした学級経営・授業づくりに生かしていくことが必要である。

ア　発展的　　イ　基礎的　　ウ　障壁　　エ　差別　　オ　意思表明　　カ　理解
キ　個性　　ク　教育的ニーズ

	A	B	C	D
1	ア	ウ	オ	キ
2	ア	エ	カ	ク
3	イ	ウ	カ	ク
4	イ	エ	カ	キ
5	イ	ウ	オ	ク

5 **次の各文のうち，「第3次学校安全の推進に関する計画の策定について（答申）」（令和4年2月　中央教育審議会）の中の，地域の災害リスクを踏まえた実践的な防災教育の充実に関する記述の内容として正しいものを○，誤っているものを×とした場合，正しい組合せはどれか。1～5から一つ選べ。**

A　防災教育は，単に生命を守る技術の教育として狭く捉えるのではなく，どのような児童生徒等の資質・能力を育みたいのかという視点から「防災を通した教育」と広く捉えることも必要である。

B　防災教育には，災害時に自分と周囲の人の命を守ることができるようになるという効果とともに，児童生徒等の主体性や社会性，郷土愛や地域を担う意識を育む効果や，地域と学校が連携して防災教育に取り組むことを通じて大人が心を動かされ，地域の防災力を高める効果も期待される。

C　消防署と学校の連携のみならず，地域に密着して「共助」の役割を担っている消防団，自主防災組織，自治会やまちづくり組織等の地域コミュニティの活動と，学校における防災教育を関連付けることや，防災・減災に専門性を持つ大学・NPO等が学校における避難訓練をはじめとする防災教育に参画するなど，地域の実情に応じた防災教育を進めることも重要である。

D　避難訓練については，必ず校内放送を使用し，児童生徒等が安全に避難できるよう教職員が適時適切に指示することが重要である。また，集合場所を校庭に限定するなど，児童生徒等が避難経路を確認できるよう意図的計画的に実施し，より実効性のある訓練になるよう見直しを図る必要がある。

	A	B	C	D
1	×	○	○	×
2	×	○	×	○
3	○	×	×	×
4	○	×	×	○
5	○	○	○	×

6 **次のグラフは，スキャモン（Scammon,R.E.）の発達曲線を示している。A～Dの曲線に対応する類型を，それぞれあとのア～エから選ぶ場合，正しい組合せはどれか。1～5から一つ選べ。**

ア　リンパ型：扁桃腺，リンパ腺，アデノイドなどの分泌組織の発達曲線

イ　神経型　：脳髄，脊髄，感覚器官などの神経組織の発達曲線

ウ　一般型　：骨格，筋肉，内臓諸器官などの全体的な身体組織の発達曲線

エ　生殖型　：こう丸，卵巣，子宮などの生殖器官の発達曲線

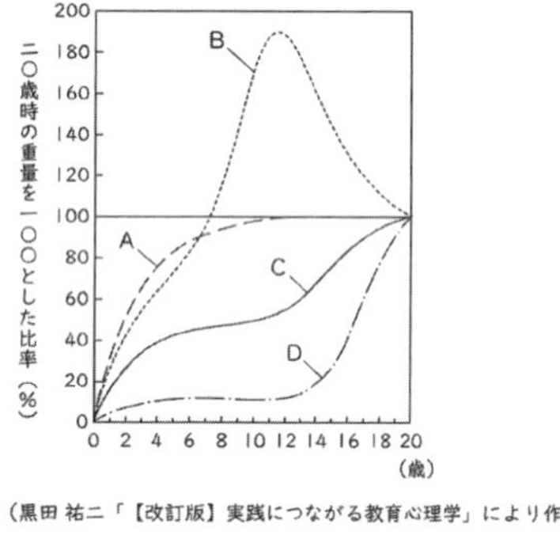

（黒田 祐二「【改訂版】実践につながる教育心理学」により作成）

	A	B	C	D
1	ウ	エ	ア	イ
2	イ	ア	ウ	エ
3	エ	ウ	イ	ア
4	ア	イ	エ	ウ
5	ウ	ア	イ	エ

7 **次の各文は，「子どもの貧困対策の推進に関する法律」の条文または条文の一部であるが，下線部については誤りの含まれているものがある。下線部A～Dの語句のうち，正しいものを○，誤っているものを×とした場合，正しい組合せはどれか。1～5から一つ選べ。**

第2条　子どもの貧困対策は，社会のあらゆる分野において，子どもの年齢及び発達の程度に応じて，[A]その意見が尊重され，その最善の利益が優先して考慮され，子どもが心身ともに健やかに育成されることを旨として，推進されなければならない。

2　子どもの貧困対策は，子ども等に対する教育の支援，生活の安定に資するための支援，職業生活の安定と向上に資するための就労の支援，経済的支援等の施策を，子どもの現在及び将来が[B]その資質によって左右されることのない社会を実現することを旨として，子ども等の生活及び取り巻く環境の状況に応じて包括的かつ早期に講ずることにより，推進されなければならない。

第10条　国及び地方公共団体は，[C]教育の機会均等が図られるよう，就学の援助，学資の援助，学習の支援その他の貧困の状況にある子どもの教育に関する支援のために必要な施策を講ずるものとする。

第11条　国及び地方公共団体は，貧困の状況にある子ども及びその保護者に対する生活に関する相談，[D]貧困の状況にある子どもに対する生活に必要な物資の提供その他の貧困の状況にある子どもの生活の安定に資するための支援に関し必要な施策を講

ずるものとする。

	A	B	C	D
1	○	○	×	×
2	○	○	×	○
3	×	○	○	○
4	×	×	○	○
5	○	×	○	×

8 **次の各文のうち，教授法・学習法に関する記述の内容として正しいものを○，誤っているものを×とした場合，正しい組合せはどれか。1～5から一つ選べ。**

A　アメリカの心理学者であるソーンダイク（Thorndike,E.L.）は，児童生徒が当面している問題の解決への努力を通して，経験や知識を再構成し，発展させて子どもの自主的，創造的，批判的な思考能力を高めようとする「問題解決学習」という学習法を提唱した。

B　アメリカの心理学者であるブルーナー（Bruner,J.S.）は，学習者が能動的にその知識の生成過程をたどることにより，知識を発見し学習する「発見学習」という学習法を提唱した。

C　ドイツの心理学者であるケーラー（Köhler,W.）は，一斉指導の過程で，形成的評価を行い，一人一人の子どもの学習状況を診断しながら，個別指導の補充プログラムや深化プログラムを取り入れて再学習を行い，総括的評価を行うことにより，共通の到達目標基準を達成していく「完全習得学習」という学習法を提唱した。

D　アメリカの心理学者であるオーズベル（Ausubel,D.P.）は，新しく習得が求められる学習内容を，学習者自身がもつ内的な認知構造と意味づけて関連づけながら受け入れていく「有意味受容学習」という学習法を提唱した。

	A	B	C	D
1	○	×	○	×
2	×	○	×	○
3	×	○	○	×
4	○	○	×	×
5	○	×	×	○

9 **次の図は，「生徒指導提要（改訂版）」（令和4年12月　文部科学省）の中の，生徒指導の重層的支援構造を示している。空欄A～Dに当てはまる語句の正しい組合せはどれか。1～5から一つ選べ。**

	A	B	C	D
1	発達支持	課題未然防止教育	課題早期発見対応	困難課題対応
2	発達支持	課題早期発見対応	課題指導実践評価	教育支援計画
3	発達段階	課題未然防止教育	課題早期発見対応	困難課題対応
4	発達支持	課題指導実践評価	課題未然防止教育	教育支援計画
5	発達段階	課題早期発見対応	課題指導実践評価	困難課題対応

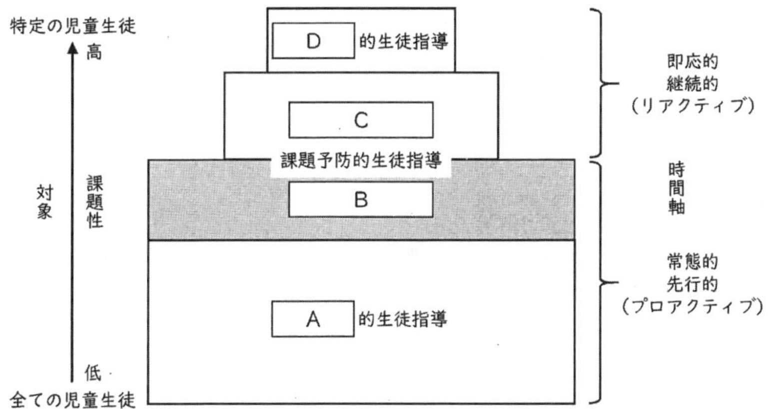

10 次の各文のうち，「外国人児童生徒受入れの手引　改訂版」（2019年３月　文部科学省）の中の，外国人児童生徒等の多様な背景に関する記述の内容として誤っているものはどれか。１～５から一つ選べ。

1　母語の違いは，それぞれの出身国による。ただし，同じ国内でも公用語と民族語，地域による言語の差異，多様な言語の存在など，さらに多様になることもまれではない。こうした地域から日本に来た子供たちの場合，母語はその国籍だけでは判断できない。

2　近年，学校生活で配慮すべき事項として宗教的な背景の違いがある。例えば，イスラム教圏の子供たちの場合，給食や体育についても配慮が必要であり，また，学校において宗教的な実践であるラマダン（断食月）の行事を児童生徒が行うかどうかなどについても保護者と事前に相談を行い，判断する必要がある。これらの場面では，基本的には保護者の宗教的な判断を尊重すべきことが多く，受入れ初期に共通理解をしておくことが重要になってくる。

3　現在では，日本で生まれ，日本で育った外国籍の子供たちも多く，こうした子供たちと，新たに来日した子供たちへの支援，指導上の配慮は異なる。日本育ちの子供の場合には，外国籍であったり，家庭での言語，文化の背景などが異なっていたりしても，日本での生活のみの経験者であり，日本語を使う機会が多いので，日本語の指導をする必要はない。

4　外国人児童生徒等の指導に当たっては，その家族的な背景を考えることが重要である。例えば，南米からの日系人家族の場合，来日が始まった当初とは異なり，比較的長期にわたり滞在することが多くなっている。また，中国残留邦人家族の場合も，留学生や企業等の派遣とは異なり，永住を念頭に置いて滞日している場合が多いようである。

5　来日前の就学，学習経験についても把握する必要がある。日本の学校は，教科の学習から生活指導，食事や余暇の過ごし方まで広範に指導することが特色であるが，国や地域によっては，学校の役割が日本と比べて限定的であることも多く，来日した子供にとっては，音楽や体育などの教科が初めての経験であることもある。

11 **次の各文のうち，「『令和の日本型学校教育』の構築を目指して　～全ての子供たちの可能性を引き出す，個別最適な学びと，協働的な学びの実現～（答申）」（令和３年１月中央教育審議会）の中の，関係機関の連携強化による切れ目ない支援の充実に関する記述の内容として誤っているものはどれか。1～5から一つ選べ。**

1　特別支援教育を受けてきた子供の指導や合理的配慮の状況等を，個別の教育支援計画等を活用し，学校間で適切に引き継ぎ，各学校における障害に配慮した適切な指導につなげることが重要である。その際，個別の指導計画との趣旨の違いに留意しながら，共通して引き継がれるべき事項をより明確にするとともに，統合型校務支援システムの活用を図るなど教育のデジタル化の動向も踏まえた環境整備を行うことが必要である。

2　早期からのキャリア教育では，保護者や身近な教師以外の大人とのコミュニケーションの機会や，自己肯定感を高める経験，産業構造や進路を巡る環境の変化等の現代社会に即した情報等について理解を促すような活動が自己のキャリア発達を促す上で重要であることから，その実施に当たっては，地域の就労関係機関との連携等による機会の確保の充実が必要である。

3　特別な支援が必要な子供に対して，幼児教育段階からの一貫した支援を充実する観点からも保健・医療・福祉・教育部局と家庭との一層の連携や，保護者も含めた情報共有や保護者支援のための具体的な連携体制の整備を進める必要がある。その際，提供される合理的配慮がそれぞれ異なる点に留意し，障害のある子供に対する支援に係る情報や相談窓口の情報については，その子供の保護者にのみ情報提供を行うことが重要である。

4　就職後の定着を図るため，関係機関・関係者間で必要な配慮等の確実な引継ぎがなされるよう，教育における個別の教育支援計画と，福祉におけるサービスの利用計画や事業所の個別支援計画，労働における移行支援計画とが一体的に情報提供や情報共有ができるような仕組みの検討や，就職時及び就職後のアフターケアなどの就労支援の充実が必要である。

5　医療的ケアが必要な子供への対応については，安心して学校で学ぶことができるよう，また，その保護者にも安全・安心への理解が得られるよう，学校長の管理下において，一丸となって学校における医療的ケアの実施体制を構築していくことが重要である。その際，新型コロナウイルス感染症をはじめとする感染症への対応についても留意するとともに，災害発生時にも必要な医療的ケアを継続できるよう，平時から準備を整えることが重要である。

12 **19世紀末から20世紀初頭にかけて，「新教育運動」と呼ばれる教育改革運動が世界的規模で行われた。次の各文のうち，旧教育を批判し，新しい教育のあり方を求めた「新教育運動」に関する記述の内容として誤っているものはどれか。1～5から一つ選べ。**

1　スウェーデンの社会思想家であるケイ（Key,Ellen）は，著書『児童の世紀』で，20世紀こそは児童の世紀として子どもが幸せに育つことのできる平和な社会を築くべき時代であると主張した。『児童の世紀』は各国語に翻訳されて世界的な注目を集め，教育における児童中心主義運動の一つの発端をつくった。

2　ドイツの教育学者であるヘルバルト（Herbart, Johann Friedrich）は，主著『一般教育学』の中で，教育の目的は倫理学から，教育の方法は心理学から導き出すべきだとし，そして，生徒に多方興味を与え，それが生徒の徳の育成を結果すると考えた。そのための方法として，授業では，管理，教育的教授，訓練を三大要件として立てた。

3　ドイツの教育学者であるケルシェンシュタイナー（Kerschensteiner, Georg）は，教育学の基本概念を陶冶，興味，価値とし，価値観念を最高位においた。陶冶の実践方法として労作の原理を主張し，この原理に基づいて知識教育を最小量にとどめ，熟練，労作の喜悦を与える職業教育を中心とし，公民的陶冶を培う労作学校の普及に努力した。

4　フランスの社会学者であるドモラン（Demolins, Joseph-Edmond）は，イギリスの教育，特にアボッツホルムの学校などを視察研究，それと比較してフランスの教育が古典に偏し，試験を過度に重視するなど，あまりにも守旧的，非実際的であること，体育，運動を軽視していることなどを批判し，それを克服すべきであると理想的教育論を展開した。

5　ドイツの教育学者であるエストライヒ（Oestreich, Paul）は，現実の労働は経済的・生産的・社会的・人間的関係の中で成り立っていると考え，労働を現実的諸関係の中で経験する「生活・生産学校」を中核的概念とする「弾力的統一学校」を提唱した。

大阪府／豊能地区／大阪市／堺市

13　**次の各文のうち，「教育課程部会における審議のまとめ」（令和3年1月　中央教育審議会）の中の，カリキュラム・マネジメントの充実に向けた取組の推進に関する記述の内容として正しいものを○，誤っているものを×とした場合，正しい組合せはどれか。1～5から一つ選べ。**

A　国際的な比較によれば，我が国の児童生徒は言語能力や情報活用能力に課題が見られるとされている。新学習指導要領では，言語能力，情報活用能力，問題発見・解決能力等を学習の基盤となる資質・能力として位置付け，その育成のため，各教科等の特質を生かし，系統的な学習の視点から教育課程の編成を図るものとされており，その充実を図ることが必要である。

B　各学校においては，各種調査結果やデータ等を活用して，児童生徒や学校，地域の実態を定期的に把握し，教育の目的・目標の実現状況や教育課程の実施状況を確認・分析して，課題となる事項を見いだし，改善していくことが求められる。例えば，学力調査等の結果の活用をカリキュラム・マネジメントに位置付けることも，各学校の課題を解決するためには有効である。その際，学力調査等が把握できるのは学習指導要領が育成を目指す資質・能力の一部のみであることに留意することが必要である。

C　児童生徒に求められる資質・能力とは何かを学校と社会とが共有し，連携する「社会に開かれた教育課程」の観点から，学校と家庭や地域，企業等とが育成を図る資質・能力やその重要性，発達の段階に応じた指導や長期的な視点に立った資質・能力の育成などについて認識の共有を図ることが重要である。その際，コミュニティ・スクール（学校運営協議会制度）において，児童生徒の資質・能力の育成についても地域と学校が目標を共有し，連携して取り組むこと等が重要である。

D　各教科等におけるICT活用を充実させるためにも，とりわけ小学校学習指導要領の総則に規定されている「観察や見学，聞き取りなどの調査活動を含む具体的な体験を伴う学習やそれに基づく表現活動」を確実に実施するとともに，各学校段階を通して，コンピュータや情報通信ネットワークなどの情報手段を活用するために必要な環境を整え，これらを適切に活用した学習活動の充実を図るべきである。

	A	B	C	D
1	×	○	○	×
2	○	×	×	○
3	○	○	×	×
4	×	×	○	○
5	○	×	○	×

14 **学校は，児童生徒，保護者等から様々な個人情報を収集・管理しており，教員はこれらの個人情報を適正に取り扱う必要がある。個人情報の管理を誤ると，個人のプライバシーを侵害し，大きな被害の発生につながるだけでなく，学校の信用も失墜させることから，教員は関係法令や校内のルールを遵守しなければならない。**

次のア～エで述べられているA～Dの各教諭の行為について，不適切なもののみをすべて挙げているものはどれか。1～5から一つ選べ。

ア　A教諭は，「T警察署です。そちらの学校の生徒Eさんが喧嘩騒ぎを起こしました。生徒Eさんの保護者に連絡したいので，連絡先を教えてください。」と電話を受けた。A教諭は電話を切らずにそのまま生徒Eの保護者の連絡先を電話の相手に口頭で伝えた。

イ　B教諭は，学校に出入りしている教材教具の販売業者Fが職員室に来たので，「教材のサンプルを持ってきてほしい。」と依頼した。B教諭は自分の机にあった紙にいくつか持ってきてほしい教材名を書き，販売業者Fへ渡した。数時間後，販売業者Fから「もらった紙の裏に生徒の名前や連絡先が書かれていた。」と電話を受けた。

ウ　C教諭は，担任するクラスの生徒全員の定期テストの結果を一覧表にまとめる作業を校務端末で行っていた。しかし，思いのほか作業がはかどらず，他の業務が立て込んできたことから，やむを得ず帰宅後に作業の続きをするために，定期テストの答案用紙とともに作業中のデータを保存したUSBメモリーを無許可で学校外に持ち出したところ，帰宅途中に立ち寄った飲食店で置き引きにあい紛失した。

エ　D教諭は，担任するクラスの児童の保護者全員に連絡文書を配付する際，あらかじめ緊急連絡用に収集していた保護者のメールアドレスを利用して電子メールで送信しようと考えた。D教諭は電子メールの宛先（To）に保護者全員のメールアドレスを入力した後，連絡文書を添付して一斉に送信した。

1　ア　イ　ウ
2　ア　イ　エ
3　ア　ウ　エ
4　イ　ウ　エ
5　ア　イ　ウ　エ

15 **飲酒運転は，道路交通法で禁止されている違法な行為であるとともに，重大な交通事**

故に直結する極めて悪質・危険な行為である。また，自分の意志で防ぐことができる行為であり，とりわけ児童生徒に遵法精神を説くべき教育公務員の飲酒運転は，公務員全体の信用を失墜させるばかりでなく，児童生徒を裏切ることにもなり，絶対に許されず，決して行ってはならない。

次のア～エで述べられているA～Dの各教諭の行為について，不適切なもののみをすべて挙げているものはどれか。1～5から一つ選べ。

ア　A教諭は，午後７時頃に自動車で実家に行き，飲酒を伴う食事をした。A教諭は食事中に350mLの缶ビールを３本飲んだので，乗ってきた自動車は実家で預かってもらい，自転車に乗って午後10時頃に帰宅した。

イ　B教諭は，大学時代の先輩のEさんと午後８時頃に自宅近くの居酒屋に行った。それぞれ生ビールを中ジョッキで３杯ずつ飲んだ後，B教諭はEさんに「職場に忘れ物をしたから，自動車を貸してほしい。」と言われたので，一緒に自宅へ戻り，自身が所有している自動車を貸した。Eさんは午後10時頃に借りた自動車を運転して職場に向かった。

ウ　C教諭は，友人のFさんと食事をするため，午後７時頃に自動車で飲食店まで行った。C教諭は飲酒をするつもりはなかったが，久しぶりにFさんと再会したので，自動車運転代行業者を予約した後，ワインをグラスで６杯飲んだ。午後10時頃，C教諭は予約していた自動車運転代行業者に運転を代行させて帰宅した。

エ　D教諭は，友人のGさんの家で午後８時頃に食事をし，D教諭は日本酒を２合，Gさんは日本酒を３合飲んだ。帰り際にD教諭は，Gさんに「車で送ってあげる。」と言われたので，自身を送るようお願いし，午後11時頃にGさんが運転する自動車に同乗して帰宅した。

1　イ　エ
2　ア　ウ
3　ア　イ　エ
4　イ　ウ　エ
5　ア　イ　ウ　エ

解答＆解説

1 解答 4

解説 平成29年版小学校学習指導要領（2017年３月31日）の「第１章　総則」「第１　小学校教育の基本と教育課程の役割」の２(2)を参照。

2 解答 3

解説 義務教育の段階における普通教育に相当する教育の機会の確保等に関する法律を参照。

A：第８条を参照。「学校における取組への支援」の規定。

B：第12条を参照。「学校以外の場における学習活動の状況等の継続的な把握」

の規定。

C：第13条を参照。「学校以外の場における学習活動等を行う不登校児童生徒に対する支援」の規定。

3 解答 1

解説 人権教育及び人権啓発の推進に関する法律を参照。

A・B：第１条を参照。この法律の「目的」の規定。Bは「学校，地域，家庭及び関係諸機関の役割」ではなく「国，地方公共団体及び国民の責務」。

C：第２条を参照。人権教育，人権啓発の「定義」の規定。

D：第３条を参照。「基本理念」の規定。「その社会の中での立場や職業」ではなく「その発達段階」。

4 解答 5

解説 新しい時代の特別支援教育の在り方に関する有識者会議「新しい時代の特別支援教育の在り方に関する有識者会議　報告」(2021年１月）の「Ⅲ. 特別支援教育を担う教師の専門性の向上」「1. 全ての教師に求められる特別支援教育に関する専門性」「(求められる資質・専門性)」を参照。

5 解答 5

解説 中央教育審議会答申「第３次学校安全の推進に関する計画の策定について」(2022年２月７日）の「Ⅱ　学校安全を推進するための方策」「3. 学校における安全に関する教育の充実」「(2)地域の災害リスクを踏まえた実践的な防災教育の充実」「(防災教育の重要性・必要性)」を参照。

A～C：当該箇所を参照。

D：正しくは「避難訓練については，例えば，大地震の発生を想定した訓練では，余震等を伴うことを訓練で再現しているか，高確率で停電が発生することを想定して校内放送を使用しない訓練を行っているか，悪天候時や揺れの渦中など校庭に集合することが合理的ではない場合を想定して訓練を行っているかなど，学校現場における訓練が現実的なものとなっていないことが指摘されている」としている。

6 解答 2

解説 スキャモン（1883～1952）は，20歳のときの各器官の重量を100とした相対比率を基に，胸腺やリンパ腺をリンパ型，脳や脊髄を神経型，骨格や内臓を一般型，生殖器官を生殖腺型と分類した。

7 解答 5

解説 子どもの貧困対策の推進に関する法律を参照。

A・B：第２条を参照。「基本理念」の規定。Bは「その資質によって左右されることのない社会を実現すること」ではなく「その生まれ育った環境によって左右されることのない社会を実現すること」。

C：第10条を参照。「教育の支援」の規定。

D：第11条を参照。「生活の安定に資するための支援」の規定。「貧困の状況にある子どもに対する生活に必要な物質の提供」ではなく「貧困の状況にある子どもに対する社会との交流の機会の提供」。

8 解答 2

解説 A：「ソーンダイク」（1874～1949）ではなく「デューイ」（1859～1952）。ソーンダイクは，「問題箱」と呼ばれる複雑な仕掛けがある装置の中にネコを入れ，脱出するまでの行動を観察した結果，経験を重ねるごとに脱出時間が短くなったことから試行錯誤説を唱えた。

C：「ケーラー」（1887～1967）ではなく「ブルーム」（1913～99）。ケーラーは，チンパンジーを使った問題解決場面の実験から，学習の成立は「試行錯誤」によって漸進的に行われるのではなく，洞察（全体構造の見通し）によって突然に成就されるとする洞察説を唱えた。

9 解答 1

解説 『生徒指導提要』（2022年12月）の「第Ⅰ部　生徒指導の基本的な進め方」「第1章　生徒指導の基礎」「1.2　生徒指導の構造」「1.2.1　2軸3類4層構造」「⑶生徒指導の4層」を参照。

10 解答 3

解説 文部科学省「外国人児童生徒受入れの手引　改訂版」（2019年3月）の「第1章　外国人児童生徒等の多様性への対応」を参照。

3：「3　外国人児童生徒等の多様な背景」「⑵日本に来た理由・時期，将来設計の多様性」を参照。「日本での生活のみの経験者であり，日本語を使う機会が多く，一見して課題がないように見えるかもしれませんが，まずはしっかりと子供の実態を把握し，その上で指導する必要があります」と示されている。

1・2：「3　外国人児童生徒等の多様な背景」「⑴言語，文化の多様性」を参照。

4・5：「3　外国人児童生徒等の多様な背景」「⑵日本に来た理由・時期，将来設計の多様性」を参照。

11 解答 3

解説 中央教育審議会答申「『令和の日本型学校教育』の構築を目指して　～全ての子供たちの可能性を引き出す，個別最適な学びと，協働的な学びの実現～」（2021年1月26日，4月22日更新）の「第Ⅱ部　各論」「4．新時代の特別支援教育の在り方について」「⑷関係機関の連携強化による切れ目ない支援の充実」を参照。

3：正しくは「その際，福祉施設が行う保育所等訪問支援事業等の取組について，学校関係者にも十分に周知する必要がある。また，障害のある子供に対する支援に係る情報や相談窓口の情報について，障害の有無にかかわらず全ての保護者に周知されるよう情報提供を行うことが重要である」と示されている。

1・2・4・5：当該箇所を参照。

12 解答 2

解説 2：ヘルバルト（1776～1841）が提唱した教育の三大要件とは，「管理」「教授」「訓練」。

13 解答 1

解説 中央教育審議会「教育課程部会における審議のまとめ」（2021年1月25日）を参照。

A：「3．各学校段階を通した資質・能力の育成」「(1)学力の確実な定着等の資質・能力の育成に向けた方策」を参照。正しくは「新学習指導要領では，児童生徒の発達の段階を考慮し，言語能力，情報活用能力，問題発見・解決能力等の学習の基盤となる資質・能力を育成していくことができるよう，各教科等の特質を生かし，教科等横断的な視点から教育課程の編成を図るものとされており，その充実を図ることが必要である」と示されている。

B：「6．カリキュラム・マネジメントの充実に向けた取組の推進」「(2)教育課程の実施状況の評価と改善」を参照。

C：「6．カリキュラム・マネジメントの充実に向けた取組の推進」「(3)人的・物的な体制の確保・改善」「①組織的な取組の推進」を参照。

D：「6．カリキュラム・マネジメントの充実に向けた取組の推進」「(3)人的・物的な体制の確保・改善」「②ICTの活用」を参照。「観察や見学，聞き取りなどの調査活動を含む具体的な体験を伴う学習やそれに基づく表現活動」ではなく「児童がコンピュータで文字を入力するなどの学習の基盤として必要となる情報手段の基本的な操作を習得するための学習活動」。

14 解答 5

解説 地方公務員法第33条「信用失墜行為の禁止」，第34条「秘密を守る義務」の規定を参照。また，大阪市教育委員会「教育公務員の服務規律について」，文部科学省「学校における個人情報の持出し等による漏えい等の防止について（通知）」(2006年4月21日)，「大阪府教育委員会における個人情報の取扱い及び管理に関する要綱」などをあわせて参照のこと。

ア：電話の相手が警察署関係者ではない可能性も考えられる。かかってきた電話に対して十分に確認せずに個人情報を伝えることはあってはならない。

イ：個人情報が記載された文書を正しく管理せず，外部に流出させる事態を生じさせることがあってはならない。

ウ：成績は個人情報であり，無断で持ち出してはならない。生徒の個人情報を持ち出す必要がある場合は，事前に学校長に相談し許可を受けなければいけない。

エ：電子メールの宛先（To）に保護者全員のメールアドレスを入力すると，受信者に全員のメールアドレスが表示されるため，個人情報保護の点から不適切である。一斉に送信する場合は，受信者のメールアドレスが分からない「BCC」欄を使用すべきである。

15 解答 3

解説 地方公務員法第33条「信用失墜行為の禁止」，道路交通法第65条「酒気帯び運転の禁止」の規定を参照。また，大阪市教育委員会「教育公務員の服務規律について」などをあわせて参照のこと。

ア：道路交通法第2条第十一号のイの軽車両の「定義」，第65条第1項「酒気帯び運転の禁止」の規定を参照。自転車は道路交通法では軽車両に位置付けられており，自動車の場合と同じく酒気を帯びて運転してはならない。

イ：道路交通法第65条第2項を参照。「酒気帯び運転等の禁止」の規定。酒気を帯びている者で，車両等を運転することとなるおそれがあるものに対し，車両等を提供してはならない。

エ：道路交通法第65条第４項を参照。「酒気帯び運転等の禁止」の規定。運転者が酒気を帯びていることを知りながら，同乗してはならない。体からアルコールが抜けるまでに必要な時間について，政府広報によると，「睡眠によって分解が促進されることはなく，また，一般的な中ジョッキサイズのビール（約500ml）には純アルコールが20グラム程度含まれており，個人差はあるものの，体重60kgの標準的な男性の場合，このアルコール量を分解処理するのに約４時間も要すると言われ，当然，飲酒量が増えるとアルコール分解時間も長くなる」と示されている。Gさんが飲んだアルコール量から，かなりのアルコールが体内に残っているものと考えられる。

ウ：運転代行を利用しており，適切である。

大阪府・豊能地区・大阪市・堺市で毎年必ず２題は出題される「教育公務員の倫理（服務規律）」に関する事例問題は，大阪市教育委員会「教育公務員の服務規律について」をベースに作問されている。今年度出題された「個人情報の取扱いについて」「飲酒運転について」を含む７項目（具体的事例とその解説，参考資料）に目を通しておこう。

＊大阪市教育委員会「教育公務員の服務規律について」

〈掲載項目（目次）〉

1．信用失墜行為について
2．営利企業等の従事制限について
3．体罰について
4．スクール・ハラスメントについて
5．飲酒運転について
6．会計の適正管理について
7．個人情報の取扱いについて

兵庫県

実施日	2023(令和５)年７月23日	試験時間	60分（一般教養を含む）
出題形式	マークシート式	問題数	７題（解答数７）
パターン	原理・時事・ローカル＋法規	公開状況	問題：公開　解答：公開　配点：公開

傾向＆対策

●教職教養：一般教養の出題比≒１：６で，一般教養重視型。出題分野にかかわらず「情報教育」「特別支援教育」に関する問題が多い。出題構成は流動的で，今年度は教育心理がなくなり，教育原理が復活。●教育原理は，学習指導要領「総則」より不登校児童への配慮と，改訂『生徒指導提要』より児童の権利に関する条約の４つの原則。●教育時事は，「遠隔教育の推進に向けた施策方針」（2018年９月）と，「令和の日本型学校教育」に関する中央教育審議会答申（2021年１月）。●ローカル問題は，２年連続の出題となる「第３期ひょうご教育創造プラン」（2019年２月）の３つの基本方針と，「副籍ガイド」（2022年３月）より副籍制度に関する正誤判定問題。●教育法規は，教育基本法より「教育の目的」。

出題領域

教育原理	教育課程・学習指導要領		総則	1	特別の教科　道徳	
	外国語・外国語活動		総合的な学習(探究)の時間		特別活動	
	学習指導		生徒指導	1	学校・学級経営	
	特別支援教育	↓ローカル	人権・同和教育		その他	
教育心理	発達		学習		性格と適応	
	カウンセリングと心理療法		教育評価		学級集団	
教育法規	教育の基本理念	1	学校教育		学校の管理と運営	
	児童生徒		教職員		その他	
教育史	日本教育史		西洋教育史			
教育時事	答申・統計	2	ローカル	2		

表中の数字は，解答数

全校種共通

☞解答＆解説 p.307

1 **文部科学省が示した「遠隔教育の推進に向けた施策方針」（遠隔教育の推進に向けたタスクフォース　平成30年）において，遠隔教育の推進にあたり，遠隔システムの積極的な活用が有効な教育活動に繋がることを説明した文として適切でないものを，次のア～エから1つ選びなさい。**

ア　小規模校の場合，社会性やコミュニケーション能力を身に付ける機会を得にくいなどの課題が生じることから，より質の高い教育活動を行うためには，遠隔システムの活用は有効である。

イ　不登校児童生徒や病気療養児など，様々な事情により通学して教育を受けることが困難な児童生徒にとって，自宅や病院等において行う遠隔教育は，学習機会の確保を図る観点から，重要な役割を果たす。

ウ　外部人材の活用や幅広い科目の開設などにより，学習活動の幅を広げることができるなど，遠隔システムの活用は重要な意義を持つ。

エ　遠隔教育を推進すれば，配信側の者は，学習上や生活指導上の困難を有する児童生徒への対応を含め，日常的な児童生徒理解に基づいた指導を，対面で行う場合よりも効果的に行うことができる。

2 **令和4年12月に示された「生徒指導提要」では，「児童の権利に関する条約」に留意するよう記載されている。この条約の4つの原則として適切でないものを，次のア～エから1つ選びなさい。**

ア　児童の最善の利益

イ　気候変動に具体的な対策を講じる義務

ウ　生命・生存・発達に対する権利

エ　意見を表明する権利

3 **第3期「ひょうご教育創造プラン」の3つの基本方針として定めていないものを，次のア～エから1つ選びなさい。**

ア　「生きる力」を育む教育の推進

イ　子どもたちの学びを支える環境の充実

ウ　人生100年を通じた学びの推進

エ　専門機関等と連携したチーム支援の推進

4 **令和3年1月に示された「『令和の日本型学校教育』の構築を目指して　～全ての子供たちの可能性を引き出す，個別最適な学びと，協働的な学びの実現～（答申）」の内容として適切でないものを，次のア～エから1つ選びなさい。**

ア　小学校における教科担任制の導入は，教師の持ちコマ数の軽減や授業準備の効率化により，学校教育活動の充実や教師の負担軽減に資するものである。

イ　小学校，中学校，高等学校段階における1人1台端末環境の実現や学校内の通信ネットワーク環境の整備などにより，全国津々浦々の学校において指導・支援の充実等がなされている。

ウ　高等学校改革を取り上げた本提言において，STEAM教育は「各教科での学習を実社会での問題発見・解決にいかしていくための教科横断的な教育」とされている。

エ　特別支援教育は，発達障害のある子どもも含めて，障害により特別な支援を必要とする子どもが在籍する一部の学校において実施されるものである。

5 **「教育は，人格の完成を目指し，平和で民主的な国家及び社会の形成者として必要な資質を備えた心身ともに健康な国民の育成を期して行われなければならない。」と規定している法令として適切なものを，次のア～エから1つ選びなさい。**

ア　日本国憲法　　イ　学校教育法　　ウ　教育基本法　　エ　地方公務員法

6 **次の文は，「小学校学習指導要領（平成29年告示）平成29年3月告示」，「中学校学習指導要領（平成29年告示）平成29年3月告示」，「高等学校学習指導要領（平成30年告示）平成30年3月告示」の「不登校児童への配慮」（中学校学習指導要領，高等学校学習指導要領では児童を生徒と表記）より一部を抜粋したものである。文中の（ ① ），（ ② ）に入る語句の組合せとして適切なものを，あとのア～エから1つ選びなさい。**

2　特別な配慮を必要とする児童への指導

（略）

(3)　不登校児童への配慮

ア　不登校児童については，保護者や関係機関と連携を図り，（ ① ）や福祉の専門家の助言又は援助を得ながら，社会的自立を目指す観点から，個々の児童の（ ② ）に応じた情報の提供その他の必要な支援を行うものとする。

ア　①医療　　②要請　　イ　①心理　　②実態　　ウ　①就労　　②発達

エ　①教育　　②意向

7 **「副籍ガイド　～共に助け合う地域でのつながりをめざして　～令和4年3月　兵庫県教育委員会」において述べられている内容として適切なものを，次のア～エから1つ選びなさい。**

ア　特別支援学校に在籍する児童生徒は，副籍によって特別支援学校と小・中・義務教育学校に二重学籍を設けることとする。

イ　特別支援学校に在籍する児童生徒が，病気治療等のために一時的に入院した場合，入院先の医療機関に近い小・中・義務教育学校に副籍を置くものとする。

ウ　特別支援学校に在籍する児童生徒が，直接交流として副籍校の授業に参加する場合は，年間で10時間を上限とする。

エ　副籍の導入については，本県において，令和5年度は全県で実施とした。なお，副籍を導入する学年は毎年，小・中学部新入生を対象に副籍校に通知する。

解答＆解説

1 解答 エ

解説 遠隔教育の推進に向けたタスクフォース「遠隔教育の推進に向けた施策方針」（2018年9月14日）を参照。

エ：「2．遠隔教育の現状と課題」「(1)学校における指導上の課題」を参照。正しくは「遠隔教育の場合には，配信側の者が学習上や生活指導上の困難を有する児童生徒への対応を含め，日常的な児童生徒理解に基づいた指導を十分に行うことができない可能性がある」と示されている。

ア：「1．遠隔教育の推進に当たっての基本的な考え方」「(2)遠隔教育が効果を発揮する基盤の整備」を参照。

イ：「4．個々の児童生徒への対応」を参照。

ウ：「1．遠隔教育の推進に当たっての基本的な考え方」「(1)遠隔システムの積極的な活用が有効な教育活動」を参照。

2 **解答** イ

解説『生徒指導提要』(2022年12月）の「第Ⅰ部　生徒指導の基本的な進め方」「第1章　生徒指導の基礎」「1.5　生徒指導の取組上の留意点」「1.5.1　児童生徒の権利の理解」「(1)児童の権利に関する条約」を参照。もう一つは「差別の禁止」。

児童の権利に関する条約（児童の権利条約）では，第2条「差別の禁止」，第3条「児童の最善の利益」，第6条「生命・生存・発達に対する権利，第12条「意見を表明する権利」を参照。

3 **解答** エ

解説 兵庫県「第3期ひょうご教育創造プラン　兵庫県教育基本計画［2019（平成31）年度～2023 年度］」(2019年2月）の「第3部　兵庫の教育のめざす姿」「6　基本方針」を参照。同プランは，教育基本法の規定に基づいて，第2期プランの成果と課題を踏まえ兵庫県教育が目指すべき方向性と今後講じるべき施策等を示す基本的な計画。基本理念を「兵庫が育むこころ豊かで自立する人づくり」とし，「『未来への道を切り拓く力』の育成」の重点テーマのもと教育を推進している。計画期間は2019～23年度。

4 **解答** エ

解説 中央教育審議会答申「『令和の日本型学校教育』の構築を目指して　～全ての子供たちの可能性を引き出す，個別最適な学びと，協働的な学びの実現～」(2021年1月26日，4月22日更新）を参照。

エ：「第Ⅱ部　各論」「4．新時代の特別支援教育の在り方について」「(1)基本的な考え方」を参照。正しくは「特別支援教育は，発達障害のある子供も含めて，障害により特別な支援を必要とする子供が在籍する全ての学校において実施されるものである」と示されている。

ア：「第Ⅱ部　各論」「2．9年間を見通した新時代の義務教育の在り方について」「(3)義務教育9年間を見通した教科担任制の在り方」「①小学校高学年からの教科担任制の導入」を参照。

イ：「第Ⅰ部　総論」「3．2020年代を通じて実現すべき『令和の日本型学校教育』の姿「(3)子供の学びや教職員を支える環境」を参照。

ウ：「第Ⅱ部　各論」「3．新時代に対応した高等学校教育等の在り方について」「(4)STEAM教育等の教科等横断的な学習の推進による資質・能力の育成」を参照。

5 **解答** ウ

解説 教育基本法第１条を参照。「教育の目的」の規定。

6 解答 イ

解説 平成29年版小学校学習指導要領（2017年３月31日告示）の「第１章　総則」「第４　児童の発達の支援」「２　特別な配慮を必要とする児童への指導」「⑶不登校児童への配慮」のア，平成29年版中学校学習指導要領（2017年３月31日告示）の「第１章　総則」「第４　生徒の発達の支援」「２　特別な配慮を必要とする生徒への指導」「⑶不登校生徒への配慮」のア，平成30年版高等学校学習指導要領（2018年３月30日告示）の「第１章　総則」「第５款　生徒の発達の支援」「２　特別な配慮を必要とする児童への指導」「⑶不登校生徒への配慮」のアを参照。

7 解答 エ

解説 兵庫県教育委員会「副籍ガイド　～共に助け合う地域でのつながりをめざして～」（2022年３月）を参照。

エ：「６ 副籍実施のＱ＆Ａ」のＱ９の回答Ａ９を参照。

ア：「３ 副籍について」「⑵副籍の目的」を参照。正しくは「特別支援学校在籍児童生徒は，特別支援学校に正式な学籍があるため，副籍によって特別支援学校と小・中・義務教育学校に二重学籍を設けるものではない」と示されている。

イ：「４ 副籍の実施方法について」「⑴副籍の導入」を参照。正しくは「病気治療等のために一時的に入院し，特別支援学校に転学をして教育を受けている児童生徒については，退院もしくは健康が回復した際には前籍校に復学することを前提としているため，副籍を置く児童生徒の対象ではない」と示されている。

ウ：「６ 副籍実施のＱ＆Ａ」のＱ２の回答Ａ２を参照。直接交流として副籍校の授業に参加する場合の「標準的な時数はない」と示されている。

神戸市

実施日	2023(令和５)年６月24日	試験時間	50分（一般教養を含む）
出題形式	マークシート式	問題数	15題（解答数15）
パターン	法規・時事＋原理・教育史・心理	公開状況	問題：公開　解答：公開　配点：公開

傾向&対策 ●出題分野にかかわらず，「特別支援教育」「人権教育」が必出の教育トピック。●最も解答数の多い教育時事は，２年連続の出題となる「特別支援教育の在り方」に関する報告書（2021年１月）のほか，「感染症や災害の発生等の非常時に登校できない児童生徒の学習指導」（2021年２月）及び「学習評価及び指導要録の改善等」（2019年３月）に関する文部科学省通知，「令和の日本型学校教育」に関する中央教育審議会答申（2021年１月），「性同一性障害や性的指向・性自認に対する対応」（2018年１月）と，多岐にわたる。●教育法規は，教育基本法，地方公務員法など頻出条文の空欄補充問題。●２年ぶりに復活した教育原理は，改訂『生徒指導提要』と『学習指導要領解説　総則編』から出題。

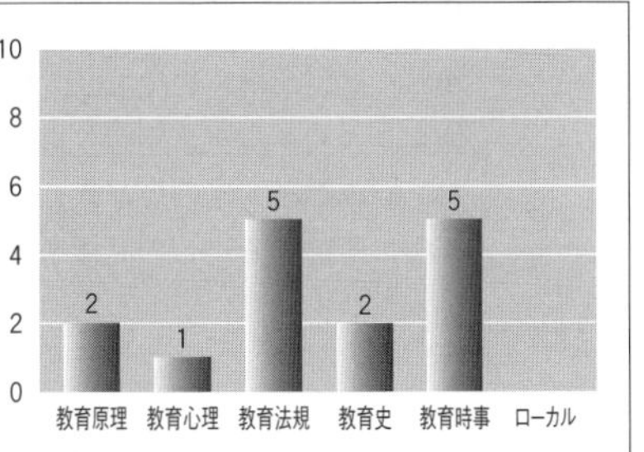

出題領域

分野	項目	解答数	項目	解答数	項目	解答数
教育原理	教育課程・学習指導要領		総　則	1	特別の教科　道徳	
	外国語活動		総合的な学習(探究)の時間		特別活動	
	学習指導		生徒指導	1	学校・学級経営	
	特別支援教育	↓時事	人権・同和教育	↓時事	その他	
教育心理	発　達		学　習	1	性格と適応	
	カウンセリングと心理療法		教育評価		学級集団	
教育法規	教育の基本理念	1	学校教育	1	学校の管理と運営	
	児童生徒	1	教職員	2	その他	
教育史	日本教育史	1	西洋教育史	1		
教育時事	答申・統計	5	ローカル			

表中の数字は，解答数

全校種共通

☞解答＆解説 p.316

1　次の文は，日本国憲法第26条の一部である。（ ア ）（ イ ）にあてはまる語句の適切な組合せを①～④から選び，番号で答えよ。

第26条 2　すべて国民は，法律の定めるところにより，その保護する子女に（ ア ）教育を受けさせる義務を負ふ。（ イ ）教育は，これを無償とする。

①　(ア)普通　(イ)初等
②　(ア)普通　(イ)義務
③　(ア)学校　(イ)初等
④　(ア)学校　(イ)義務

2　次の文は，教育基本法第３条である。（ ア ）（ イ ）にあてはまる語句の適切な組合せを①～④から選び，番号で答えよ。

第３条　国民一人一人が，自己の人格を磨き，豊かな人生を送ることができるよう，その生涯にわたって，あらゆる（ ア ）に，あらゆる（ イ ）において学習することができ，その成果を適切に生かすことのできる社会の実現が図られなければならない。

①　(ア)機会　(イ)場所
②　(ア)年齢　(イ)方法
③　(ア)機会　(イ)方法
④　(ア)年齢　(イ)場所

3　次の文は，教育公務員特例法第23条の一部である。（ ア ）（ イ ）にあてはまる語句の適切な組合せを①～④から選び，番号で答えよ。

第23条　公立の小学校等の教諭等の（ ア ）は，当該教諭等（臨時的に任用された者その他の政令で定める者を除く。）に対して，その採用（現に教諭等の職以外の職に任命されている者を教諭等の職に任命する場合を含む。附則第五条第一項において同じ。）の日から一年間の教諭又は保育教諭の職務の遂行に必要な事項に関する（ イ ）研修（以下「初任者研修」という。）を実施しなければならない。

①　(ア)校長　(イ)校内
②　(ア)校長　(イ)実践的な
③　(ア)任命権者　(イ)校内
④　(ア)任命権者　(イ)実践的な

4　次の文は，「感染症や災害の発生等の非常時にやむを得ず学校に登校できない児童生徒の学習指導について（通知）」（令和３年２月　文部科学省）に関する記述である。適切でないものを①～④から選び，番号で答えよ。

①　学校教育は教師と児童生徒との関わり合いや児童生徒同士の関わり合い等を通じて行われるものであり，学校においてはこのことを踏まえ，非常時に臨時休業又は出席停止等により児童生徒がやむを得ず学校に登校できない場合であっても，児童生徒の学習の機会を確保することができよう，平常時から非常時を想定した備えをしておくことが重要である。

②　感染症や災害の発生等の非常時においても，当該感染症や災害等の状況に応じて，

地域や学校，児童生徒の実情等を踏まえながら，まずは学校において可能な限り感染リスクを低減させ，あるいは安全を確保した上で，学校運営の方針について保護者の理解を得ながら，早期に教育活動を再開させ，児童生徒が登校して学習できるようにすることが重要である。

③　家庭の事情等により特に配慮を要する児童生徒に対しては，ICT環境の整備のため特段の配慮措置を講じたり，地域における学習支援の取組の利用を促したりする必要があり，感染症予防上，特別に登校させたりすることがないよう留意すべきである。

④　学習指導を行う際には，感染症や災害等の状況に応じて，地域や学校，児童生徒の実情等を踏まえながら，主たる教材である教科書に基づいて指導するとともに，教科書と併用できる教材等（例えばデジタル又はアナログの教材，オンデマンド動画，テレビ放送等）を組み合わせたり，ICT環境を活用したりして指導することが重要である。また，課題を配信する際には児童生徒の発達の段階や学習の状況を踏まえ，適切な内容や量となるよう留意する。

5　**次の文は，「小学校，中学校，高等学校及び特別支援学校等における児童生徒の学習評価及び指導要録の改善等について（通知）」（平成31年３月　文部科学省）に関する記述である。適切でないものを①～④から選び，番号で答えよ。**

①　「学習指導」と「学習評価」は学校の教育活動の根幹であり，教育課程に基づいて組織的かつ計画的に教育活動の質の向上を図る「カリキュラム・マネジメント」の中核的な役割を担っている。

②　指導と評価の一体化の観点から，新学習指導要領で重視している「主体的・対話的で深い学び」の視点からの授業改善を通して各教科等における資質・能力を確実に育成する上で，学習評価は補助的な役割を担っている。

③　各学校においては，教師の勤務負担軽減を図りながら学習評価の妥当性や信頼性が高められるよう，学校全体としての組織的かつ計画的な取組を行うことが重要である。

④　学校における働き方改革が喫緊の課題となっていることも踏まえ，児童生徒の学習改善につながるものにしていくこと，教師の指導改善につながるものにしていくこと，これまで慣行として行われてきたことでも，必要性・妥当性が認められないものは見直していくこと，といった基本的な考え方に立ち，学習評価を真に意味のあるものとすることが重要である。

6　**次の文は，ある著作の一部である。著者の名前として，適切なものを①～④から選び，番号で答えよ。**

※著作権保護のため文章は略

①ブルーナー　②シュプランガー　③スペンサー　④デューイ

7　**次の文は，大正新教育運動についての記述である。下線部㋐～㋓を主導した人物として適切な組合せを①～④から選び，番号で答えよ。**

大正期には，大正デモクラシーの潮流に支えられて，子どもたちの自発活動を重視する立場からの教育改造運動が展開された。またこの時期の㋐『赤い鳥』や㋑自由画教育のような芸術教育運動や㋒ドルトン・プラン，綴り方の㋓自由選題，学校側などの運動の高揚もみられた。

①　㋐鈴木三重吉　㋑芦田恵之助　㋒パーカースト　㋓山本鼎

② (ア)鈴木三重吉　(イ)山本鼎　(ウ)パーカースト　(エ)芦田恵之助

③ (ア)浜田廣介　(イ)山本鼎　(ウ)モンテッソーリ　(エ)芦田恵之助

④ (ア)浜田廣介　(イ)芦田恵之助　(ウ)モンテッソーリ　(エ)山本鼎

8 **次の〔人物名〕と，その人物が論じた〔学説名〕の適切な組合せを①～④から選び，番号で答えよ。**

〔人物名〕 ア ホール　イ スキナー　ウ ヴィゴツキー

〔学説名〕 A 発達の最近接領域　B ピグマリオン効果　C 内発的動機づけ

D 反復説　E オペラント条件づけ

① ア D　イ E　ウ A

② ア B　イ C　ウ D

③ ア B　イ E　ウ D

④ ア D　イ C　ウ A

9 **次の文は，「教育職員等による児童生徒性暴力等の防止等に関する法律」に関する記述である。適切でないものを①～④から選び，番号で答えよ。**

① 教育職員等による児童生徒性暴力等は児童生徒等に対し生涯にわたって回復し難い心理的外傷その他の心身に対する重大な影響を与えるものである。

② 教育職員等による児童生徒性暴力等の防止等に関する施策は，児童生徒等が安心して学習その他の活動に取り組むことができるよう，学校内において教育職員等による児童生徒性暴力等を根絶することを旨として行われなければならない。

③ 教育職員等による児童生徒性暴力等が児童生徒等の権利を著しく侵害するものである。

④ 教育職員等は，基本理念にのっとり，児童生徒性暴力等を行うことがないよう教育職員等としての倫理の保持を図る責務を有する。

10 **次の文は，「小学校学習指導要領解説　総則編」（平成29年7月　文部科学省）第1章総説の1改訂の経緯及び基本方針に示される今回の改訂の基本方針の一部である。適切でないものを①～④から選び，番号で答えよ。**

① 子供たちに求められる知識・技能とは何かを世界と共有し，連携する「世界に開かれた教育課程」を重視する。

② 知識及び技能の習得と思考力，判断力，表現力等の育成のバランスを重視する平成20年改訂の学習指導要領の枠組みや教育内容を維持した上で，知識の理解の質を更に高め，確かな学力を育成する。

③ 先行する特別教科化など道徳教育の充実や体験活動の重視，体育・健康に関する指導の充実により，豊かな心や健やかな体を育成する。

④ 教育基本法，学校教育法などを踏まえ，これまでの我が国の学校教育の実践や蓄積を生かし，子供たちが未来社会を切り拓くための資質・能力を一層確実に育成することを目指す。

11 **次の文は，地方公務員法第30条である。（ ア ）（ イ ）にあてはまる語句の適切な組合せを①～④から選び，番号で答えよ。**

第30条　すべて職員は，（ ア ）として公共の（ イ ）のために勤務し，且つ，職務の遂行に当つては，全力を挙げてこれに専念しなければならない。

① ㈠全体の奉仕者　㈡福祉
② ㈠公務員　㈡福祉
③ ㈠全体の奉仕者　㈡利益
④ ㈠公務員　㈡利益

12 **次の文は，「『令和の日本型学校教育』の構築をめざして　～全ての子供たちの可能性を引き出す，個別最適な学びと，協働的な学びの実現～（答申）」（令和３年１月　中央教育審議会）の特別支援教育を担う教師の専門性向上についての記述である。適切でないものを①～④から選び，番号で答えよ。**

① 全ての教師には，障害の特性等に関する理解と指導方法を工夫できる力や，個別の教育支援計画・個別の指導計画などの特別支援教育に関する基礎的な知識，合理的配慮に対する理解等が必要である。

② 障害のある人や子供との触れ合いを通して，障害者が日常生活又は社会生活において受ける制限は本人の障害の特性により起因しており，社会における様々な理解と支援によって克服されるという考え方，いわゆる「社会モデル」の考え方を踏まえ，障害による学習上又は生活上の困難について本人の障害の特性を踏まえて捉え，それに対する必要な支援の内容を社会の人々と共に考えていくような資質・能力の育成が求められる。

③ 目の前の子供の障害の状態等により，障害による学習上又は生活上の困難さが異なることを理解し，個に応じた分かりやすい指導内容や指導方法の工夫を検討し，子供が意欲的に課題に取り組めるようにすることが重要である。その際，困難さに対する配慮等が明確にならない場合などは，専門的な助言又は援助を要請したりするなどして，主体的に問題を解決していくことができる資質や能力が求められる。

④ 管理職や特別支援教育コーディネーター等が中心となり，全ての教師が日々の勤務の中で必要な助言や支援を受けられる体制を構築することが重要である。

13 **次の文は，「新しい時代の特別支援教育の在り方に関する有識者会議　報告」（令和３年１月　文部科学省）における記述である。（ ア ）～（ エ ）にあてはまる語句の適切な組合せを①～④から選び，番号で答えよ。**

子供の障害の特性や個々の学習の状況等を勘案しつつ，ホームルーム等の学級活動や（ ア ）等について，可能な限り共に行うことが必要である。また，（ イ ）についても，児童生徒の障害の状態等を踏まえ，共同で実施することが可能なものについては，年間指導計画等に位置付けて，年間を通じて計画的に実施することが必要である。その際，可能な限り，両学級の教育内容の関連の確保を図るとともに，通常の学級においては，引き続き，（ ウ ）や合理的配慮の提供を前提とする学級経営・授業づくりを進めていく必要がある。なお，特別支援学級の教師は当該学級の児童生徒の（ エ ）に対応するために配置されていることに留意する必要がある。

① ㈠総合的な学習の時間　㈡自立活動　㈢バリアフリー
　㈣教育的ニーズ
② ㈠給食　㈡教科学習　㈢ユニバーサルデザイン

(エ)教育的ニーズ

③ (ア)給食　(イ)自立活動　(ウ)バリアフリー
(エ)個別支援

④ (ア)総合的な学習の時間　(イ)教科学習　(ウ)ユニバーサルデザイン
(エ)個別支援

14 **次の文は「性同一性障害や性的指向・性自認に係る，児童生徒に対するきめ細かな対応等の実施について」（平成30年１月　文部科学省）の一部である。（ ア ）～（ エ ）にあてはまる語句の適切な組合せを①～④から選び，番号で答えよ。**

性同一性障害に係る児童生徒や「性的マイノリティ」とされる児童生徒は，自身のそうした状態を（ ア ）しておきたい場合があること等を踏まえつつ，学校においては，日頃より児童生徒が相談しやすい環境を整えていくことが望まれること。このため，まず教職員自身が性同一性障害や「性的マイノリティ」全般についての心ない言動を慎むことはもちろん，例えば，ある児童生徒が，その（ イ ）の性別によく見られる（ ウ ）としていない場合，性同一性障害等を理由としている可能性を考慮し，そのことを一方的に（ エ ）したり揶揄したりしないこと等が考えられること。

① (ア)秘匿　(イ)身体上　(ウ)言葉遣いや態度等　(エ)否定
② (ア)カミングアウト　(イ)戸籍上　(ウ)服装や髪型等　(エ)指導
③ (ア)秘匿　(イ)戸籍上　(ウ)服装や髪型等　(エ)否定
④ (ア)カミングアウト　(イ)身体上　(ウ)言葉遣いや態度等　(エ)指導

15 **「生徒指導提要」（令和４年12月　文部科学省）に示されている「児童虐待の定義」として正しいものを○，誤っているものを×とした場合，その組合せとして適切な組合せを①～④から選び，番号で答えよ。**

ア　身体的虐待とは，児童の身体に外傷が生じるような暴行であり，暴行の有無を外傷があることによってのみ判断する。

イ　性的虐待とは，児童にわいせつな行為をすること又は児童をしてわいせつな行為をさせることであり，子供を児童ポルノの被写体にすることなども含む。

ウ　ネグレクトとは，児童の心身の正常な発達を妨げるような著しい減食又は長時間の放置，兄弟姉妹など同居人が行う暴力などの虐待行為を保護者が止めないことや，自宅に子供だけを残して長期に渡って外出をすることや車中に放置することなども該当する。

エ　心理的虐待とは，児童に対する直接的な著しい暴言又は著しく拒絶的な対応によって，児童に著しい心理的外傷を与えることである。

① ア ○　イ ×　ウ ×　エ ○
② ア ×　イ ○　ウ ○　エ ×
③ ア ×　イ ○　ウ ×　エ ○
④ ア ○　イ ×　ウ ○　エ ×

解答＆解説

1 解答 ②

解説 日本国憲法第26条第２項を参照。「教育を受けさせる義務，義務教育の無償」の規定。

2 解答 ①

解説 教育基本法第３条を参照。「生涯学習の理念」の規定。

3 解答 正答なし

解説 教育公務員特例法第23条第１項「初任者研修」の正しい条文は以下の通り。

公立の小学校等の教諭等の研修実施者は，当該教諭等（臨時的に任用された者その他の政令で定める者を除く。）に対して，その採用（現に教諭等の職以外の職に任命されている者を教諭等の職に任命する場合を含む。）の日から１年間の教諭又は保育教諭の職務の遂行に必要な事項に関する実践的な研修（次項において「初任者研修」という。）を実施しなければならない。

4 解答 ③

解説 文部科学省「感染症や災害の発生等の非常時にやむを得ず学校に登校できない児童生徒の学習指導について（通知）」(2021年２月19日）を参照。

③「2. 非常時にやむを得ず学校に登校できない児童生徒に対する学習指導」「(1)基本的な考え方」を参照。正しくは「家庭の事情等により特に配慮を要する児童生徒に対しては，ICT環境の整備のため特段の配慮措置を講じたり，地域における学習支援の取組の利用を促したり，特別に登校させたりするなどの対応をとることが必要であること」と示されている。

①「1．平常時からの準備」を参照。

②・④「2. 非常時にやむを得ず学校に登校できない児童生徒に対する学習指導」「(1)基本的な考え方」を参照。

5 解答 ②

解説 文部科学省「小学校，中学校，高等学校及び特別支援学校等における児童生徒の学習評価及び指導要録の改善等について（通知）」(2019年３月29日）を参照。

②「1．学習評価についての基本的な考え方」「(2)主体的・対話的で深い学びの視点からの授業改善と評価」を参照。正しくは「学習評価は重要な役割を担っている」と示されている。

①「1．学習評価についての基本的な考え方」「(1)カリキュラム・マネジメントの一環としての指導と評価」を参照。

③「4. 学習評価の円滑な実施に向けた取組について」の(1)を参照。

④「1．学習評価についての基本的な考え方」「(4)学習評価の改善の基本的な方向性」を参照。

6 解答 ④

解説 ④デューイ（1859～1952）は，「なすことによって学ぶ」という，経験による学習を重視した新教育運動の理論的指導者で，教育とは「経験の再構成」であり，子どもの生活経験に基づき，子どもの自発的活動が中心でなければならないとした。

7 解答 ②

解説 (ア)鈴木三重吉（1882～1936）は，児童雑誌『赤い鳥』を通して子どもの作文指導を行い，活発な児童文学活動を展開して生活綴方運動の先駆をなした。

(イ)山本鼎（1882～1946）は，大正期の自由画教育運動の推進者で，明治以来の手本を模写する画一教育を批判し，野外写生などによって子どもに自由に描かせる自由画を提唱した。

(ウ)パーカースト（1887～1973）が創始したドルトン・プランは，従来の学級組織を解体して教科別の実験室を設け，生徒は実験室で教科担任の指導を受けながら自学することを原則とする。

(エ)芦田恵之助（1873～1951）は，作文教育における「随意選題（自由選題）」の提唱者で，子どもの自由な思考と表現を重んじ，自己の向上を強調する教育論は，画一的・抑圧的な教育を批判する大正期の児童中心主義思潮を背景に大きな影響を与え，後の生活綴方運動の源流となった。

8 解答 ①

解説 ア：ホール（1844～1924）は，些細な刺激に対しても並外れた感情反応が起こることもある青年期を「疾風怒涛の時代」と評した。その反復説は，生物学者・哲学者であるヘッケル（1834～1919）が唱えた個体発生は系統発生を繰り返すという考えを心理学に当てはめたものであるが，実証性に乏しいということから，ホールの反復説は否定されているのが実際である。

イ：スキナー（1904～90）は，「スキナー箱」という実験装置を考案して，ネズミやハトがうまくバーを押すと餌が得られるように学習させた。これを「オペラント条件づけ（道具的条件づけ）」と呼び，この理論を実験的に研究して体系化し，プログラム学習，ティーチング・マシンなどの開発や行動療法にも応用した。

ウ：ヴィゴツキー（1896～1934）の主張は社会文化的発達理論とも呼ばれるように，社会的な相互作用の中での経験が内面化されていく過程を重視した。また，子どもの知的発達には，現在の能力で問題が解決できる発達水準と，他者からの援助やヒントが得られれば解決できる発達水準の2つがあり，この水準の差を発達の最近接領域と呼んだ。

9 解答 ②

解説 教育職員等による児童生徒性暴力等の防止等に関する法律を参照。

②第4条第2項を参照。「基本理念」の規定。「学校内において」ではなく「学校の内外を問わず」。

①・③第1条を参照。この法律の「目的」の規定。

④第10条を参照。「教育職員等の責務」の規定。

10 解答 ①

解説 『小学校学習指導要領解説　総則編』（2017年7月）の「第1章　総説」「1　改訂の経緯及び基本方針」「(2)改訂の基本方針」「①今回の改訂の基本的な考え方」を参照。

①アを参照。正しくは「社会と共有し，連携する『社会に開かれた教育課程』を重視する」と示されている。

②はイ，③はウ，④はアを参照。

11 解答 ③

解説 地方公務員法第30条を参照。「服務の根本基準」の規定。

12 解答 ②

解説 中央教育審議会答申「『令和の日本型学校教育』の構築を目指して　～全ての子供たちの可能性を引き出す，個別最適な学びと，協働的な学びの実現～」(2021年1月26日，4月22日更新）の「第Ⅱ部　各論」「4．新時代の特別支援教育の在り方について」「(3)特別支援教育を担う教師の専門性向上」「①全ての教師に求められる特別支援教育に関する専門性」を参照。

②「社会モデル」については，「障害者が日常生活又は社会生活において受ける制限は障害により起因するものだけでなく，社会における様々な障壁と相対することによって生ずるものという考え方」と示されている。

①・③・④当該箇所を参照。

13 解答 ②

解説 新しい時代の特別支援教育の在り方に関する有識者会議「新しい時代の特別支援教育の在り方に関する有識者会議　報告」(2021年1月）の「Ⅱ　障害のある子供の学びの場の整備・連携強化」「2．小中学校における障害のある子供の学びの充実」「(特別支援学級と通常の学級の子供が共に学ぶ活動の充実)」を参照。

14 解答 ③

解説 文部科学省「性同一性障害や性的指向・性自認に係る，児童生徒に対するきめ細かな対応等の実施について（教職員向け)」(2018年1月）の③「4．『性同一性障害に係る児童生徒に対するきめ細かな対応の実施等について』(平成27年4月30日児童生徒課長通知）(抄)」「(2)性同一性障害に係る児童生徒や『性的マイノリティ』とされる児童生徒に対する相談体制等の充実」を参照。

15 解答 ②

解説『生徒指導提要』(2022年12月）の「第Ⅱ部　個別の課題に対する生徒指導」「第7章　児童虐待」「7.1　児童福祉法・児童虐待の防止等に関する法律等」「7.1.2 児童虐待の定義」を参照。併せて，児童虐待の防止等に関する法律第2条「児童虐待の定義」の規定も参照。

ア：「(1)身体的虐待」を参照。同提要では「まだ外傷のないものを含むため，けがの有無とは別に，暴行の可能性の有無で判断することが必要」と示されている。

イ：「(2)性的虐待」を参照。

ウ：「(3)ネグレクト」を参照。

エ：「(4)心理的虐待」を参照。同提要では「子供への拒否的な態度や暴言だけでなく，家庭における配偶者間の暴力，つまりDV（Domestic Violence）がある場合などが例示されており，子供の心の傷になるものが広く含まれます」と示されている。

奈良県／大和高田市

実施日	2023(令和５)年６月24日	試験時間	45分
出題形式	マークシート式	問題数	24題（解答数30）
パターン	時事・法規＋原理・心理・教育史	公開状況	問題：公開　解答：公開　配点：公開

傾向&対策 ●今年度はローカル問題がなくなった。教職教養全体の約半数を占める教育時事は，「不登校対策」「次期教育振興基本計画」「『令和の日本型学校教育』を担う教師」「学習者用デジタル教科書」「人権教育」「道徳教育」「学習指導要領の改訂」と多岐にわたり，うち下線部は昨年度も出題された必出の教育トピック。●教育法規は，教育基本法，学校教育法などの頻出条文の空欄補充問題と正誤判定問題。2023年４月施行のこども基本法は独立して出題された。●教育原理は，学習指導要領及び解説書の「総則」と反転授業のほか，改訂『生徒指導提要』より「不登校」について。●教育心理は，発達，学習など満遍なく問われた。●教育史は，日本教育史より森有礼，西洋教育史より七自由科。

教育原理	教育心理	教育法規	教育史	教育時事	ローカル
4	4	8	2	12	

出題領域

教育原理	教育課程・学習指導要領	↓時事	総　則	2	特別の教科　道徳	↓時事
	外国語活動		総合的な学習(探究)の時間		特別活動	
	学習指導	1	生徒指導	1	学校・学級経営	
	特別支援教育	↓法規	人権・同和教育	↓時事	その他	
教育心理※	発　達	1	学　習	1	性格と適応	1
	カウンセリングと心理療法	1	教育評価	1	学級集団	1
教育法規※	教育の基本理念	1	学校教育	3	学校の管理と運営	3
	児童生徒	2	教職員	3	特別支援教育	1
教育史	日本教育史	1	西洋教育史	1		
教育時事	答申・統計	12	ローカル			

表中の数字は，解答数
※選択肢の出題領域が複数にわたる場合は，それぞれの項目に加算するためグラフの数とは異なる

全校種共通

☞解答＆解説 p.334

1 **下の文は，「日本国憲法」（昭和21年憲法）および「教育基本法」（平成18年法律第120号）の条文の一部である。文中の（ a ）～（ d ）に当てはまる語句の正しい組合せはどれか。1～6から1つ選べ。**

日本国憲法

第14条　すべて国民は，法の下に平等であつて，人種，信条，性別，社会的身分又は門地により，政治的，経済的又は（ a ）的関係において，差別されない。

教育基本法

第5条　3　国及び地方公共団体は，義務教育の機会を保障し，その（ b ）を確保するため，適切な役割分担及び相互の協力の下，その実施に責任を負う。

第6条　法律に定める学校は，（ c ）を有するものであって，国，地方公共団体及び法律に定める法人のみが，これを設置することができる。

2　前項の学校においては，教育の目標が達成されるよう，教育を受ける者の心身の発達に応じて，体系的な教育が組織的に行われなければならない。この場合において，教育を受ける者が，学校生活を営む上で必要な（ d ）を重んずるとともに，自ら進んで学習に取り組む意欲を高めることを重視して行われなければならない。

1　a―社会　b―水準　c―崇高な使命　d―規律
2　a―文化　b―学力　c―崇高な使命　d―思いやり
3　a―文化　b―学力　c―公の性質　d―思いやり
4　a―文化　b―水準　c―公の性質　d―規律
5　a―社会　b―学力　c―崇高な使命　d―思いやり
6　a―社会　b―水準　c―公の性質　d―規律

2 **下の文は，「こども基本法」（令和4年法律第77号）の条文の一部である。文中の（ a ）～（ d ）に当てはまる語句の正しい組合せはどれか。1～6から1つ選べ。ただし，同じ記号には，同じ語句が入るものとする。**

第3条　こども施策は，次に掲げる事項を基本理念として行われなければならない。

一　全てのこどもについて，個人として尊重され，その基本的人権が保障されるとともに，差別的取扱いを受けることがないようにすること。

二　全てのこどもについて，適切に養育されること，その生活を保障されること，（ a ）保護されること，その健やかな成長及び発達並びにその自立が図られることその他の福祉に係る権利が等しく保障されるとともに，教育基本法（平成18年法律第120号）の精神にのっとり教育を受ける機会が等しく与えられること。

三　全てのこどもについて，その年齢及び発達の程度に応じて，自己に直接関係する全ての事項に関して（ b ）を表明する機会及び多様な社会的活動に参画する機会が確保されること。

四　全てのこどもについて，その年齢及び発達の程度に応じて，その（ b ）が尊重され，その最善の（ c ）が優先して考慮されること。

五　こどもの養育については，（ d ）を基本として行われ，父母その他の保護者が第一義的責任を有するとの認識の下，これらの者に対してこどもの養育に関し十分な支援を行うとともに，家庭での養育が困難なこどもにはできる限り家庭と同様の養育環境を確保することにより，こどもが心身ともに健やかに育成されるようにすること。

六　家庭や子育てに夢を持ち，子育てに伴う喜びを実感できる社会環境を整備すること。

1　a—愛され　b—意見　c—利益　d—家庭
2　a—教育を受け　b—意見　c—利益　d—学校
3　a—愛され　b—意思　c—選択　d—家庭
4　a—愛され　b—意見　c—選択　d—学校
5　a—教育を受け　b—意思　c—選択　d—家庭
6　a—教育を受け　b—意思　c—利益　d—学校

3　**下の文は，学校に関する諸法令条文の一部である。文中の（　a　）～（　d　）に当てはまる語句の正しい組合せはどれか。1～6から1つ選べ。**

学校教育法（昭和22年法律第26号）

第37条　④　校長は，（　a　）をつかさどり，所属職員を監督する。

学校教育法施行規則（昭和22年文部省令第11号）

第52条　小学校の教育課程については，この節に定めるもののほか，教育課程の基準として（　b　）が別に公示する小学校学習指導要領によるものとする。

学校保健安全法（昭和33年法律第56号）

第7条　学校には，健康診断，健康相談，（　c　），救急処置その他の保健に関する措置を行うため，保健室を設けるものとする。

学校図書館法（昭和28年法律第185号）

第6条　学校には，前条第1項の司書教諭のほか，学校図書館の運営の改善及び向上を図り，児童又は生徒及び（　d　）による学校図書館の利用の一層の促進に資するため，専ら学校図書館の職務に従事する職員（次項において「学校司書」という。）を置くよう努めなければならない。

1　a—校務　b—文部科学大臣　c—保健指導　d—教員
2　a—教育　b—教育委員会　c—保健指導　d—地域住民
3　a—教育　b—教育委員会　c—健康観察　d—教員
4　a—教育　b—文部科学大臣　c—健康観察　d—地域住民
5　a—校務　b—教育委員会　c—保健指導　d—地域住民
6　a—校務　b—文部科学大臣　c—健康観察　d—教員

4　**下の文は，諸法令条文の一部である。文中の下線部a～dについて，正しいものを○，誤っているものを×としたとき，正しい組合せはどれか。1～6から1つ選べ。**

地方公務員法（昭和25年法律第261号）

第27条　全て職員の分限及び懲戒については，a <u>厳格</u>でなければならない。

教育公務員特例法（昭和24年法律第1号）

第12条　公立の小学校，中学校，義務教育学校，高等学校，中等教育学校，特別支援学

校，幼稚園及び幼保連携型認定こども園（以下「小学校等」という。）の教諭，助教諭，保育教諭，助保育教諭及び講師（以下「教諭等」という。）に係る地方公務員法第22条に規定する採用については，同条中「6月」とあるのは「b 1年」として同条の規定を適用する。

学校教育の情報化の推進に関する法律（令和元年法律第47号）

第3条　学校教育の情報化の推進は，情報通信技術の特性を生かして，個々の児童生徒の能力，特性等に応じた教育，双方向性のある教育（児童生徒の主体的な学習を促す教育という。）等が学校の教員による適切な指導を通じて行われることにより，各教科等の指導等において，情報及び情報手段を主体的に選択し，及びこれを活用する能力のc 体系的な育成その他の知識及び技能の習得等（心身の発達に応じて，基礎的な知識及び技能を習得させるとともに，これらを活用して課題を解決するために必要な思考力，判断力，表現力その他の能力を育み，主体的に学習に取り組む態度を養うことをいう。）が効果的に図られるよう行われなければならない。

教育職員等による児童生徒性暴力等の防止等に関する法律（令和3年法律第57号）

第10条　教育職員等は，基本理念にのっとり，児童生徒性暴力等を行うことがないよう教育職員等としてのd 誇りの形成を図るとともに，その勤務する学校に在籍する児童生徒等が教育職員等による児童生徒性暴力等を受けたと思われるときは，適切かつ迅速にこれに対処する責務を有する。

1	a―○	b―×	c―×	d―○
2	a―○	b―○	c―○	d―×
3	a―×	b―○	c―×	d―○
4	a―×	b―×	c―×	d―○
5	a―×	b―○	c―○	d―×
6	a―○	b―×	c―○	d―×

5 **下の文は，「誰一人取り残されない学びの保障に向けた不登校対策について（通知）」（令和5年3月31日　文部科学省）の一部である。次の問いに答えよ。**

不登校児童生徒への支援につきましては，① 義務教育の段階における普通教育に相当する教育の機会の確保等に関する法律等に基づき，関係者において様々な努力がなされ，児童生徒の社会的自立に向けた支援が行われてきておりますが，近年，不登校児童生徒数が増加し続け，令和3年度「児童生徒の問題行動・不登校等生徒指導上の諸課題に関する調査」では，小学校及び中学校で約24.5万人，高等学校を合わせると約30万人に上り過去最高となるなど，生徒指導上の喫緊の課題となっております。また，同調査からは，90日以上の不登校であるにもかかわらず，学校内外の専門機関等で相談・指導等を受けていない小・中学生が約（ ② ）人に上ることも明らかとなっています。

こうした状況を受けて，文部科学省では，このたび永岡文部科学大臣の下，別添のとおり，③「誰一人取り残されない学びの保障に向けた不登校対策」（COCOLOプラン）を取りまとめました。

(1)　下線部①の義務教育の段階における普通教育に相当する教育の機会の確保等に関する法律第3条に挙げられる同法の基本理念に照らして誤りのあるものを1～6から1

つ選べ。

1　全ての児童生徒が豊かな学校生活を送り，安心して教育を受けられるよう，学校における環境の確保が図られるようにする。

2　不登校児童生徒が行う学習活動の傾向を踏まえ，全国で統一された基準的な支援が行われるようにする。

3　不登校児童生徒が安心して教育を受けられるよう，学校における環境の整備が図られるようにする。

4　義務教育の段階における普通教育に相当する教育を十分に受けていない者の意思を十分に尊重しつつ，その年齢又は国籍その他の置かれている事情にかかわりなく，その能力に応じた教育を受ける機会が確保されるようにする。

5　義務教育の段階における普通教育に相当する教育を十分に受けていない者がその教育を通じて，社会において自立的に生きる基礎を培い，豊かな人生を送ることができるよう，その教育水準の維持向上が図られるようにする。

6　国，地方公共団体，教育機会の確保等に関する活動を行う民間の団体その他の関係者の相互の密接な連携の下に行われるようにする。

(2)　文中の（ ② ）に当てはまる数はどれか。1～6から1つ選べ。

1　600　　2　2千　　3　8千　　4　4.6万　　5　10.5万　　6　30万

(3)　同通知および下線部③で示される対策（プラン）について，次の（　　）に当てはまる語句はどれか。1～6から1つ選べ。

児童生徒が不登校になった場合でも，小・中・高等学校等を通じて，（　　）多様な学びにつながることができるよう，不登校児童生徒の個々のニーズに応じた受け皿を整備するとともに，教育支援センターが地域の拠点となって，児童生徒や保護者に必要な支援を行うことが重要である。

1　学びたいと思った際に　　2　上級の学校へ進学するために

3　保護者の意向に即して　　4　児童生徒が希望する

5　学校の教員が自宅を訪問するなどして　　6　体験的な活動を伴う

6　**下の文は，「次期教育振興基本計画について（答申）」（令和5年3月8日　中央教育審議会）の一部である。このなかでは，5つの基本的な方針が示され，2つ目の方針として「誰一人取り残さず，全ての人の可能性を引き出す共生社会の実現に向けた教育の推進」が挙げられている。次の問いに答えよ。**

○　誰一人取り残さず，相互に多様性を認め，高め合い，他者のウェルビーイングを思いやることができる教育環境を個々の状況に合わせて整備することで，つらい様子の子供が笑顔になり，その結果として自分の目標を持って学習等に取り組むことができる場面を一つでも多く作り出すことが求められる。

○　その際，支援を必要とする子供やマイノリティの子供の他の子供との差異を「弱み」として捉え，そこに着目して支えるという視点だけではなく，そうした子供たちが持っている「長所・強み」に着目し，（ ① ）を引き出して発揮させていく視点（エンパワメント）を取り入れることも大切である。このことにより，マイノリティの子供の尊厳を守るとともに，周りの子供や大人が多様性を尊重することを学び，誰もが違いを乗り越え共に生きる共生社会の実現に向けたマジョリティの変容にもつなげていくことが重要である。

○　また，一人一人のニーズに合わせた教育資源の配分を行うという「公平，公正」の考え方も重要となる。「多様性」，「包摂性」に「公平，公正」を加え頭文字を取った（ ② ）の考え方も重視されてきている。

(1)　文中の（ ① ）に当てはまる語句はどれか。1～6から1つ選べ。

1　潜在能力　2　個性　3　協調性　4　学力　5　可能性　6　希望

(2)　下線部に関する答申中の説明について，下の文中の（ a ），（ b ）に当てはまる語句の正しい組合せはどれか。1～6から1つ選べ。ただし，同じ記号には，同じ語句が入るものとする。

ウェルビーイングとは身体的・精神的・社会的に（ a ）にあることをいい，短期的な幸福のみならず，（ b ）や人生の意義など将来にわたる持続的な幸福を含むものである。また，個人のみならず，個人を取り巻く場や地域，社会が持続的に（ a ）であることを含む包括的な概念である。

1　a—満たされた状態　b—豊かな暮らし
2　a—適度に整った状態　b—生きがい
3　a—良い状態　b—健康
4　a—満たされた状態　b—健康
5　a—良い状態　b—生きがい
6　a—適度に整った状態　b—豊かな暮らし

(3)　文中の（ ② ）に当てはまる語句はどれか。1～6から1つ選べ。

1　ESD　2　OECD　3　VUCA　4　STEAM　5　DX　6　DE&I

7　下の文は，「『令和の日本型学校教育』を担う教師の養成・採用・研修等の在り方について～『新たな教師の学びの姿』の実現と，多様な専門性を有する質の高い教職員集団の形成～（答申）」（令和4年12月19日　中央教育審議会）の一部である。次の問いに答えよ。ただし，同じ記号には，同じ語句が入るものとする。

高度な専門職である教師は，自己の崇高な使命を深く自覚し，絶えず研究と修養に励み，その職責の遂行に努める義務を負っており，学び続ける存在であることが社会からも期待されている。

既に，審議まとめでは，「新たな教師の学びの姿」として，

- 変化を前向きに受け止め，（ a ）を持ちつつ自律的に学ぶという「主体的な姿勢」
- 求められる知識技能が変わっていくことを意識した「継続的な学び」
- 新たな領域の（ b ）を身に付けるなど強みを伸ばすための，一人一人の教師の個性に即した「個別最適な学び」
- 他者との対話や振り返りの機会を確保した「協働的な学び」

を示した。

具体的には，教師と任命権者・服務監督権者・学校管理職等との積極的な対話を踏まえながら，任命権者等が提供する学びの機会と，教師自らが主体的に求めていく多様な主体が提供する学びと相まって，変化を前向きに受け止め，（ a ）を持ちつつ自律的

に学ぶ教師が育っていくことを目指すことが必要である。

また，教師の学びの内容の多様性と，自らの日々の経験や他者から学ぶといった「（ c ）」も含む学びのスタイルの多様性を重視するということも重要である。この観点からも，教師の個別最適な学びの実現のみならず，協働的な学びを実現していくことが必要である。

(1) 下線部に関連して「自己の崇高な使命を深く自覚し，絶えず研究と修養に励み，その職責の遂行に努めなければならない」ことを規定した法令名はどれか。1～6から1つ選べ。

1　日本国憲法　　2　教育基本法　　3　教育公務員特例法

4　地方公務員法　　5　地方教育行政の組織及び運用に関する法律

6　学校教育の水準の維持向上のための義務教育諸学校の教育職員の人材確保に関する特別措置法

(2) 文中の（ a ），（ b ）にあてはまる語句の正しい組合せはどれか。1～6から1つ選べ。

1　a―持久力　　b―資格

2　a―好奇心　　b―専門性

3　a―探究心　　b―資格

4　a―持久力　　b―知識技能

5　a―好奇心　　b―知識技能

6　a―探究心　　b―専門性

(3) 文中の（ c ）に当てはまる語句はどれか。1～6から1つ選べ。

1　現場の経験　　2　耳学問　　3　日常知　　4　インターネットからの学び

5　読書からの知見　　6　こどもから学ぶこと

8 **「反転授業」の説明文として誤っているものはどれか。1～6から1つ選べ。**

1　反転授業とは，従来は教室の中で行われていた授業学習と，演習や課題など宿題として課される授業外学習とを入れ替えた教授学習の様式である。

2　反転授業は，アメリカで二人の教師が2007年に自身の講義を録画して授業前に視聴させ，授業中に理解度チェックや個別指導を行ったことをマスメディアが取り上げたことが契機になり，一般に知られるようになった。

3　反転授業は，学習者自己ペースの原理などの，スキナーが開発したプログラム学習の方法原理に基づいている。

4　反転授業の形態には，オンライン授業と対面式授業を組み合わせたブレンド型学習がある。

5　反転授業には，従来の授業相当分の学習をオンラインですることによって，知識の定着や応用力の育成を重視した対面授業の設計が可能になるという長所がある。

6　反転授業には，学習者が予習をしてくることが必須であるが，それを徹底することが困難であるという短所がある。

9 **文部科学省は，「学習者用デジタル教科書の効果的な活用の在り方等に関するガイドライン」（令和3年3月改訂　文部科学省）において，紙の教科書と学習者用デジタル**

教科書の運用方法を明示している。次のa～dは，そこで示された紙の教科書と学習者用デジタル教科書の制度上の取り扱いに関する取り決めである。その内容が正しいものを○，誤っているものを×としたとき，正しい組合せはどれか。1～6から1つ選べ。

a　紙の教科書は，各学校において使用しなければならない。

b　学習者用デジタル教科書は，各学校において使用しなければならない。

c　学習者用デジタル教科書は，義務教育段階では児童生徒に対し無償で給付される。

d　学習者用デジタル教科書は，紙の教科書の検定を経た後，さらに文部科学大臣の検定を経る必要はない。

1　a—×　b—○　c—○　d—×
2　a—×　b—×　c—○　d—○
3　a—×　b—○　c—×　d—○
4　a—○　b—×　c—×　d—○
5　a—○　b—○　c—○　d—×
6　a—○　b—×　c—×　d—×

10　日本の初代文部大臣森有礼の功績に関する記述として誤っているものはどれか。1～6から1つ選べ。

1　大隈重信などと共に「明六社」を起こし，開明的雑誌を刊行した。
2　渋沢栄一らと商法講習所（現・一橋大学）を設立し，商業教育の端緒を開いた。
3　教員養成のため，師範学校を高等師範学校と尋常師範学校の二段階にした。
4　教科書の採用について，従来の認可制から検定制度に改めた。
5　愛国心の教育を重視し，軍隊式教育や軍事訓練を奨励した。
6　日本最初の一夫一婦論である「妻妾論」を唱えた。

11　ヨーロッパでは，ローマ時代末からルネサンス時代にかけて，一般教養の基本となった七自由科（seven liberal arts）といわれるものがあった。七自由科に含まれないものはどれか。1～6から1つ選べ。

1　文法　2　修辞　3　美術　4　算術　5　音楽　6　弁証法

12　下の文は，小学校学習指導要領（平成29年3月告示），中学校学習指導要領（平成29年3月告示）及び高等学校学習指導要領（平成30年3月告示）の「第1章（高等学校では第1款）総則　第3　教育課程の実施と学習評価」の一部である。文中の（　a　）～（　c　）に当てはまる語句の正しい組合せはどれか。1～6から1つ選べ。なお，文中の「児童」は，中学校及び高等学校の学習指導要領では「生徒」と表記されており，「各教科等」は，高等学校学習指導要領では「各教科・科目等」と表記されている。

学習評価の実施に当たっては，次の事項に配慮するものとする。

(1)　児童のよい点や進歩の状況などを（　a　）に評価し，学習したことの意義や価値を実感できるようにすること。また，各教科等の目標の実現に向けた（　b　）を把握する観点から，単元や題材など内容や時間のまとまりを見通しながら評価の場面や方法を工夫して，学習の過程や成果を評価し，指導の改善や学習意欲の向上を図り，資質・能力の育成に生かすようにすること。

(2)　創意工夫の中で学習評価の妥当性や（　c　）が高められるよう，組織的かつ計画的な取組を推進するとともに，学年や学校段階を越えて児童の学習の成果が円滑に接続されるように工夫すること。

1　a一積極的　b一到達度　c一客観性
2　a一積極的　b一学習状況　c一客観性
3　a一積極的　b一学習状況　c一信頼性
4　a一肯定的　b一到達度　c一客観性
5　a一肯定的　b一学習状況　c一信頼性
6　a一肯定的　b一到達度　c一信頼性

13　**学校給食法第２条には学校給食の目標が示されている。その条文の記述として誤っているものはどれか。１～６から１つ選べ。**

1　適切な栄養の摂取による健康の保持増進を図ること。
2　日常生活における食事について正しい理解を深め，健全な食生活を営むことができる判断力を培い，及び望ましい食習慣を養うこと。
3　学校生活を豊かにし，明るい社交性及び協同の精神を養うこと。
4　食生活が食にかかわる人々の様々な活動に支えられていることについての理解を深め，勤労を重んずる態度を養うこと。
5　我が国と地域の食文化に接することで，我が国と地域を愛する心を育てること。
6　食料の生産，流通及び消費について，正しい理解に導くこと。

14　**下の文は，「生徒指導提要」（令和４年12月改訂　文部科学省）の「第10章　不登校」の一部である。文中の（ a ）～（ d ）に当てはまる語句の正しい組合せはどれか。１～６から１つ選べ。**

不登校は「何らかの心理的，情緒的，身体的あるいは社会的要因・背景により，登校しない，あるいはしたくともできない状況にあるため年間（ a ）以上欠席した者のうち，病気や経済的な理由による者を除いたもの」と定義されています。

不登校が注目され始めたのは昭和30年代半ばで，当初は学校に行けない児童生徒の状態は「（ b ）」と呼ばれていました。ところが，その後，学校に行けない児童生徒が増加し，教育問題として注目され始め，呼称は「（ c ）」へと変化しました。（略）

一方，その後も不登校の数が増え続けると同時に，不登校の原因や状態像も多様化していくなかで，神経症的な不登校に対しては「待つこと」も必要であるが，ただ「待つ」のみではなく，不登校の児童生徒がどのような状態にあり，どのような支援を必要としているのかを見極め，個々の状況に応じた適切な働きかけや関わりを持つことの重要性が指摘されるようになりました。（略）

その後，さらに不登校の数が増加すると同時に，背景要因もますます多様化・複雑化していきました。そうした状況に対応するため，（略）平成28年には「（ d ）」が成立しました。

1　a一30日　b一登校嫌悪症　c一学校忌避　d一子ども・子育て支援法
2　a一30日　b一学校恐怖症　c一登校拒否
d一義務教育の段階における普通教育に相当する教育の機会の確保等に関する法律
3　a一30日　b一学校恐怖症　c一登校拒否　d一子ども・子育て支援法

4　a—28日　b—登校嫌悪症　c—学校忌避
d—義務教育の段階における普通教育に相当する教育の機会の確保等に関する法律

5　a—28日　b—登校嫌悪症　c—学校忌避　d—子ども・子育て支援法

6　a—28日　b—学校恐怖症　c—登校拒否
d—義務教育の段階における普通教育に相当する教育の機会の確保等に関する法律

15　**下のA～Cの文は，アタッチメント（愛着）理論に関する研究をした人物について述べたものである。それぞれの記述と対応する人物についての正しい組合せはどれか。1～6から1つ選べ。**

A　乳児のアタッチメントの個人差を実験法により測定するストレンジ・シチュエーション法を考案した。この実験では，養育者との分離場面や再会場面を設定し，そこで乳児が見せる反応を分類することで，アタッチメントの特徴を観察する。

B　イギリスの児童精神科医で，アタッチメント理論の創始者。WHO（世界保健機関）に依託され，戦災孤児など施設で養育されている子ども（施設児）の研究を行った。この研究の中でマターナル・デプリベーションという概念を示し，大きな反響を呼んだ。

C　アカゲザルの幼体を対象に，代理母親への愛着形成に関する実験を行った。具体的には，授乳用の哺乳瓶を取り付けた針金製と布製の母親模型を用意し，半数の幼体は針金製，もう半数の幼体は布製の母親模型があるゲージに入れ，2体の母親模型への接触時間を比較した。

1　A—エインズワース　B—ボウルビィ　C—ハーロウ
2　A—エインズワース　B—ハーロウ　C—ボウルビィ
3　A—ボウルビィ　B—エインズワース　C—ハーロウ
4　A—ボウルビィ　B—ハーロウ　C—エインズワース
5　A—ハーロウ　B—エインズワース　C—ボウルビィ
6　A—ハーロウ　B—ボウルビィ　C—エインズワース

16　**下のA～Dの文は，心理学の知能に関する理論について述べたものである。正しいものを○，誤っているものを×としたとき，正しい組合せはどれか。1～6から1つ選べ。**

A　サーストンは，知能に関する57種類の課題について因子分析を行った結果から，知能には7つの因子が存在するという，知能の多因子説を提唱した。

B　創造性を知能の一部であると考えたギルフォードは，創造性は与えられた情報から様々な方向に多数の解決策を生み出す「収束的思考」と，与えられた情報から単一の結論あるいは妥当な答えを求める「拡散的思考」の2つに分けられるとした。

C　スピアマンは，知能は全ての知的活動に共通して働く一般知能因子（g因子）と，個々の知的活動のみに特有な特殊因子（s因子）があることを見出し，知能の2因子説を提唱した。

D　知能についてキャッテルは，教育や文化的背景に大きく依存する知識や経験に基づく能力である「流動性知能」と，新しい場面や状況に適応する時に働く能力である「結晶性知能」の2つが存在すると考えた。

1　A—○　B—○　C—○　D—○

2　A―○　B―○　C―○　D―×
3　A―○　B―×　C―○　D―×
4　A―×　B―×　C―○　D―○
5　A―×　B―×　C―×　D―○
6　A―×　B―×　C―×　D―×

17　**下のA～Dの文は，リーダーシップ理論の1つであるPM理論について述べたものである。正しいものを○，誤っているものを×としたとき，正しい組合せはどれか。1～6から1つ選べ。**

A　PM理論の提唱者は社会心理学者の三隅二不二である。

B　PM理論では，リーダーシップ機能を集団活動の観点から課題解決または目標達成に関する機能である「P機能」と，集団の存続や維持に関する機能である「M機能」の二次元で捉える。

C　リーダーがP機能とM機能のそれぞれを，平均値を基準としてより高く果たしている場合には，PとMを大文字で表し，より低い場合は小文字で表すことにより，4つのリーダーシップ・スタイル（PM型，Pm型，pM型，pm型）に類型化する。

D　リーダーに従う集団のメンバーの意欲や満足度が最も高く，生産的になるのは，pm型である。

1　A―○　B―○　C―○　D―○
2　A―○　B―×　C―×　D―○
3　A―○　B―○　C―○　D―×
4　A―×　B―○　C―○　D―×
5　A―×　B―×　C―×　D―○
6　A―×　B―×　C―×　D―×

18　**下のA～Dの文は，心理学に関係の深い人物について述べたものである。対応する人物の正しい組合せはどれか。1～6から1つ選べ。**

A　集団心理療法の創始者で，集団における人間関係を把握するためのソシオメトリック・テストやソシオグラムを考案した。

B　ラットやハトを用いて自発的反応の強化プロセスを記録する装置を使い，オペラント条件づけや行動形成（シェイピング）などの研究をした。

C　成功・失敗の原因帰属が達成動機に及ぼす影響の研究から，原因帰属の特性を記述する主要三次元として，原因の所在，安定性，統制可能性を提唱した。

D　精神分析の創始者で，無意識についての理論を提唱したほか，エディプス・コンプレックスや防衛機制に関する理論など多数の概念を提唱した。

1　A―フロイト　B―ワイナー　C―スキナー　D―モレノ
2　A―モレノ　B―スキナー　C―ワイナー　D―フロイト
3　A―フロイト　B―モレノ　C―スキナー　D―ワイナー
4　A―モレノ　B―フロイト　C―ワイナー　D―スキナー
5　A―スキナー　B―ワイナー　C―モレノ　D―フロイト
6　A―ワイナー　B―スキナー　C―フロイト　D―モレノ

19 **下のA，Bの文は，「人権教育を取り巻く諸情勢について　～人権教育の指導方法等の在り方について［第三次とりまとめ］策定以降の補足資料～」（令和３年３月　学校教育における人権教育調査研究協力者会議（令和５年３月改訂））から抜粋したものである。文中の（　a　）～（　d　）に当てはまる語句の正しい組合せはどれか。１～６から１つ選べ。**

A　人権教育の意義や概念は，「人権教育・啓発推進法」や「人権教育・啓発に関する基本計画」（平成14年３月15日閣議決定），第三次とりまとめで既に言及されているが，国民の意識や社会情勢の変化に伴い，その重要性は更に高まっている。個別的な人権課題のうち，学校にとっても最も関わりの深い「（　a　）」について，令和２年度はコロナ禍の影響で児童生徒間の直接の対面によるやり取りの機会が減少したこともあり，いじめの認知件数や重大事態の件数，暴力行為の発生件数は一時的に減少したものの，令和３年度にはいずれの件数ともに前年度より増加した。また，不登校児童生徒数は９年連続，児童相談所における児童虐待相談対応件数は31年連続で増加している。また，「（　a　）」以外の個別的な人権課題でも，「障害者虐待の防止，障害者の養護者に対する支援等に関する法律」（平成23年法律第79号）や「障害を理由とする差別の解消の推進に関する法律」（平成25年法律第65号），「本邦外出身者に対する不当な差別的言動の解消に向けた取組の推進に関する法律」（平成28年法律第68号），「（　b　）の解消の推進に関する法律」（平成28年法律第109号），「アイヌの人々の誇りが尊重される社会を実現するための施策の推進に関する法律」（平成31年法律第16号）等，立法措置が相次いでいる。これらの法律の中には，差別の解消のための教育の必要性が明記されているものも存在している。こうした情勢を踏まえ，学校種を問わず，全ての学校において，人権教育のより一層の推進が必要とされている。

B　学校における人権教育の指導方法等は，第三次とりまとめで言及されているが，その理念や内容自体は変わるものではない。人権教育は，学校の（　c　）を通じて推進することが大切であり，そのためには，人権尊重の精神に立つ学校づくりを進め，人権教育の充実を目指した教育課程の編成や，人権尊重の理念に立った生徒指導，人権尊重の視点に立った学級経営等が必要である。他方，特に近年では，学習指導要領の改訂や，生徒指導提要の改訂，学校における働き方改革，（　d　）などが進んでおり，学校を取り巻く情勢は大きく変化している。このような学校制度の改革の趣旨を実現するためにも，人権教育のより一層の推進が不可欠である。

1　a―子供　b―部落差別　c―教育活動全体　d―GIGAスクール構想
2　a―インターネットによる人権侵害　b―女性差別　c―ホームルーム活動　d―ヤングケアラーへの対策
3　a―ハラスメント　b―ハンセン病患者に対する差別　c―授業　d―GIGAスクール構想
4　a―いじめ問題　b―性同一性障害者に対する差別　c―課外活動　d―新型コロナウイルスなどの感染症対策
5　a―いじめ問題　b―部落差別

c—教育活動全体　　d—外国人児童生徒等の受け入れ

6　a—子供　　b—女性差別

c—ホームルーム活動　　d—新型コロナウイルスなどの感染症対策

20 **下の文は，「人権教育・啓発に関する基本計画」（平成14年3月15日閣議決定）の「第3章　人権教育・啓発の基本的在り方」の一部である。文中の下線部a～eについて，正しいものを○，誤っているものを×としたとき，正しい組合せはどれか。1～6から1つ選べ。**

○　人権とは，人間の尊厳に基づいて各人が持っている固有の権利であり，社会を構成するすべての人々が個人としての[a]生存と自由を確保し，社会において幸福な生活を営むために欠かすことのできない権利である。

○　人権教育・啓発は，幼児から高齢者に至る幅広い層を対象とするものであり，その活動を効果的に推進していくためには，人権教育・啓発の対象者の[b]家庭環境を踏まえ，地域の実情等に応じて，ねばり強くこれを実施する必要がある。

特に，人権の意義や重要性が知識として確実に身に付き，人権問題を直感的にとらえる感性や日常生活において人権への配慮がその態度や行動に現れるような[c]人権感覚が十分に身に付くようにしていくことが極めて重要である。

○　人権教育・啓発の手法については，「法の下の平等」，「個人の尊重」といった人権一般の[d]普遍的な視点からのアプローチと，具体的な人権課題に即した[e]固有的な視点からのアプローチとがあり，この両者があいまって人権尊重についての理解が深まっていくものと考えられる。

1　a—○　b—×　c—○　d—×　e—×

2　a—×　b—○　c—×　d—○　e—×

3　a—○　b—×　c—○　d—○　e—×

4　a—×　b—○　c—×　d—○　e—○

5　a—○　b—○　c—×　d—×　e—○

6　a—×　b—×　c—○　d—×　e—○

21 **下の文は，「道徳に係る教育課程の改善等について（答申）」（平成26年10月21日　中央教育審議会）の一部である。文中の（ a ）～（ f ）に当てはまる語句の正しい組合せはどれか。1～6から1つ選べ。**

教育基本法においては，教育の目的として，人格の（ a ）を目指すことが示されている。人格の（ b ）となるのが道徳性であり，その道徳性を育てることが道徳教育の（ c ）である。平成25年12月の「道徳教育の充実に関する懇談会」報告では，道徳教育について，「自立した一人の人間として人生を他者とともに（ d ）生きる人格を形成することを目指すもの」と述べられている。道徳教育においては，人間尊重の精神と生命に対する畏敬の念を前提に，人が互いに尊重し（ e ）して社会を形作っていく上で（ f ）に求められるルールやマナーを学び，規範意識などを育むとともに，人としてよりよく生きる上で大切なものとは何か，自分はどのように生きるべきかなどについて，時には悩み，葛藤しつつ，考えを深め，自らの生き方を育んでいくことが求められる。

1	a—伸長	b—核	c—目標	d—豊かに	e—協働	f—個々人
2	a—完成	b—核	c—使命	d—豊かに	e—協力	f—個々人
3	a—完成	b—基盤	c—使命	d—よりよく	e—協働	f—共通
4	a—伸長	b—基盤	c—使命	d—よりよく	e—協力	f—個々人
5	a—伸長	b—核	c—目標	d—よりよく	e—協力	f—共通
6	a—完成	b—基盤	c—目標	d—豊かに	e—協働	f—共通

22 **下の文は，「幼稚園，小学校，中学校，高等学校及び特別支援学校の学習指導要領等の改善及び必要な方策等について（答申）」**（平成28年12月21日　中央教育審議会）**の一部である。文中の下線部a～fについて，正しいものを○，誤っているものを×としたとき，正しい組合せはどれか。1～6から1つ選べ。**

戦後我が国の道徳教育は，学校の[a]教育活動全体を通じて行うという方針の下に進められてきた。小・中学校に関しては，各学年週1単位時間の「道徳の時間」が，[b]平成元年告示の学習指導要領において設置され，学校における道徳教育の「[c]要」としての役割を果たしてきた。

しかし，これまでの間，学校や児童生徒の実態などに基づき充実した指導を重ね，確固たる成果を上げている学校がある一方で，例えば，歴史的経緯に影響され，いまだに道徳教育そのものを忌避しがちな風潮があること，他教科に比べて軽んじられていること，[d]発達の段階を踏まえた内容や指導方法となっていなかったり，主題やねらいの設定が不十分な単なる生活経験の話合いや読み物の登場人物の心情の読み取りのみに偏った形式的な指導が行われていたりする例があることなど，多くの課題が指摘されてきた。

このような状況を踏まえて行われた「特別の教科」化は，多様な価値観の，時には対立がある場合を含めて，誠実にそれらの[e]価値に向き合い，道徳としての問題を考え続ける姿勢こそ道徳教育で養うべき基本的資質であるという認識に立ち，発達の段階に応じ，答えが一つではない道徳的な課題を一人一人の児童生徒が[f]個人の問題と捉え，向き合う「考え，議論する道徳」へと転換を図るものである。小学校で平成30年度から，中学校で31年度から全面実施されることに向けて，全国の一つ一つの学校において，「考え，議論する道徳」への質的転換が，着実に進むようにすることが必要である。

1	a—○	b—×	c—○	d—○	e—○	f—×
2	a—○	b—○	c—○	d—×	e—×	f—○
3	a—×	b—×	c—×	d—○	e—×	f—○
4	a—○	b—×	c—×	d—○	e—○	f—○
5	a—×	b—○	c—○	d—×	e—○	f—×
6	a—×	b—○	c—×	d—×	e—×	f—×

23 **下の文は，「学校教育法施行規則」**（昭和22年文部省令第11号）**の条文の一部である。文中の（ a ）～（ c ）に当てはまる語句の正しい組合せはどれか。1～6から1つ選べ。ただし，同じ記号には，同じ語句が入るものとする。**

第140条　小学校，中学校，義務教育学校，高等学校又は中等教育学校において，次の各号のいずれかに該当する児童又は生徒（（ a ）児童及び生徒を除く。）のうち当該障害に応じた特別の指導を行う必要があるものを教育する場合には，文部科学大臣が別に定めるところにより（略），特別の（ b ）によることができる。

一　言語障害者

二　自閉症者

三　情緒障害者

四　弱視者

五　難聴者

六　（ c ）

七　注意欠陥多動性障害者

八　その他障害のある者で，この条の規定により特別の（ b ）による教育を行うことが適当なもの

1　a—通常の学級の　b—教育課程　c—学習障害者

2　a—特別支援学級の　b—指導計画　c—知的障害者

3　a—通常の学級の　b—指導計画　c—学習障害者

4　a—特別支援学級の　b—教育課程　c—学習障害者

5　a—通常の学級の　b—指導計画　c—知的障害者

6　a—特別支援学級の　b—教育課程　c—知的障害者

24　**下の文は，「小学校学習指導要領（平成29年告示）解説　総則編」（平成29年７月文部科学省）の一部である。文中の下線部ａ～ｄの語句について正しいものを○，誤っているものを×としたとき，正しい組合せはどれか。１～６から１つ選べ。**

第３章　教育課程の編成及び実施

第４節　児童の発達の支援

2　特別な配慮を必要とする児童への指導

(1)　障害のある児童などへの指導

（略）

①　個別の教育支援計画

平成15年度から実施された障害者基本計画においては，教育，医療，福祉，ａ司法等の関係機関が連携・協力を図り，障害のある児童の生涯にわたる継続的な支援体制を整え，それぞれの年代における児童の望ましい成長を促すため，個別の支援計画を作成することが示された。この個別の支援計画のうち，幼児児童生徒に対して，教育機関が中心となって作成するものを，個別の教育支援計画という。

障害のある児童などは，学校生活だけでなく家庭生活や地域での生活を含め，長期的な視点で幼児期から学校卒業後までのｂ一貫した支援を行うことが重要である。（略）

②　個別の指導計画

個別の指導計画は，個々の児童の実態に応じて適切な指導を行うために学校で作成されるものである。個別の指導計画は，ｃ教育活動を具体化し，障害のある児童など一人一人の指導目標，指導内容及びｄ指導方法を明確にして，きめ細やかに指導するために作成するものである。

1	a―○	b―○	c―×	d―×
2	a―×	b―○	c―×	d―○
3	a―×	b―○	c―×	d―×
4	a―×	b―×	c―○	d―○
5	a―○	b―×	c―○	d―×
6	a―○	b―×	c―○	d―○

解答&解説

1 解答 6

解説 a：日本国憲法第14条第1項を参照。「法の下の平等」の規定。

b：教育基本法第5条第3項を参照。「義務教育」の規定。

c：教育基本法第6条を参照。「学校教育」の規定。

2 解答 1

解説 こども基本法第3条を参照。「基本理念」の規定。こども基本法は，こども施策を社会全体で総合的かつ強力に推進していくための包括的な基本法として，2022年6月15日に成立し，2023年4月1日に施行された。

3 解答 1

解説 a：学校教育法第37条第4項を参照。「職員」のうち校長の職務も規定。

b：学校教育法施行規則第52条を参照。小学校の「教育課程の基準」の規定。

c：学校保健安全法第7条を参照。「保健室」の規定。

d：学校図書館法第6条第1項を参照。「学校司書」の規定。

4 解答 5

解説 a：地方公務員法第27条第1項を参照。「分限及び懲戒の基準」の規定。「厳格」ではなく「公正」。

b：教育公務員特例法第12条第1項を参照。「条件付任用」の規定。

c：学校教育の情報化の推進に関する法律第3条第1項を参照。「基本理念」の規定。

d：教育職員等による児童生徒性暴力等の防止等に関する法律第10条を参照。「教育職員等の責務」の規定。「誇りの形成」ではなく「倫理の保持」。

5 解答 (1)―2　(2)―4　(3)―1

解説 (1)義務教育の段階における普通教育に相当する教育の機会の確保等に関する法律第3条を参照。「基本理念」の規定。

2：第二号を参照。正しくは「不登校児童生徒が行う多様な学習活動の実情を踏まえ，個々の不登校児童生徒の状況に応じた必要な支援が行われるようにすること」と示されている。

1：第一号，3：第三号，4・5：第四号，6：第五号を参照。

(2)文部科学省「誰一人取り残されない学びの保障に向けた不登校対策について（通

知)」(2023年３月31日）を参照。

⑶文部科学省「誰一人取り残されない学びの保障に向けた不登校対策について（通知)」(2023年３月31日）の「１．不登校児童生徒が学びたいと思った時に学べる環境の整備」を参照。文部科学省「誰一人取り残されない学びの保障に向けた不登校対策（COCOLOプラン)」(2023年３月31日）の「１　不登校の児童生徒全ての学びの場を確保し，学びたいと思った時に学べる環境を整えます」にも同様の記述あり。

6 解答 ⑴―５　⑵―５　⑶―６

解説 中央教育審議会答申「次期教育振興基本計画について」(2023年３月８日）の「Ⅱ．今後の教育政策に関する基本的な方針」を参照。

⑴・⑶「(５つの基本的な方針)」「②誰一人取り残さず，全ての人の可能性を引き出す共生社会の実現に向けた教育の推進」「(共生社会の実現に向けた教育の考え方)」を参照。DE & Iは「Diversity, Equity and Inclusion」の略称。

⑵「(総括的な基本方針・コンセプト)」「⑵日本社会に根差したウェルビーイングの向上 」を参照。

7 解答 ⑴―２　⑵―６　⑶―１

解説 ⑴教育基本法第９条第１項を参照。「教員」の規定。

⑵・⑶中央教育審議会答申「『令和の日本型学校教育』を担う教師の養成・採用・研修等の在り方について　～「新たな教師の学びの姿」の実現と，多様な専門性を有する質の高い教職員集団の形成～」(2022年12月19日）の「第Ⅰ部　総論」「4.今後の改革の方向性」「⑴『新たな教師の学びの姿』の実現」「①. 教職生活を通じた『新たな学びの姿』の実現」を参照。

8 解答 ３

解説 ３：反転授業は，スキナー（1904～90）が開発したプログラム学習の方法原理との関連性は薄く，「基づいている」と表現できるものではない。

9 解答 ４

解説 文部科学省「学習者用デジタル教科書の効果的な活用の在り方等に関するガイドライン」(2021年３月改訂）の「2. 学習者用デジタル教科書の制度概要」を参照。

ａ：「⑴学習者用デジタル教科書に関する法令改正の概要」の①を参照。

ｂ：「⑶学習者用デジタル教科書の制度化の内容」を参照。正しくは「学習者用デジタル教科書は，紙の教科書と異なり，その使用が義務付けられるものではない」と示されている。

ｃ：「⑶学習者用デジタル教科書の制度化の内容」を参照。正しくは「義務教育諸学校については，紙の教科書が無償給与され，学習者用デジタル教科書は無償給与されない」と示されている。

ｄ：「⑶学習者用デジタル教科書の制度化の内容」を参照。

10 解答 １

解説 １：明六社を結成したのは，森有礼（1847～89）とともに，福澤諭吉（1835～1901)，加藤弘之（1836～1916)，中村正直（1832～91)，西周（1829～97)，西村茂樹（1828～1902），津田真道（1829～1903），箕作秋坪（1826～86），杉亨二（1828～1917），箕作麟祥（1846～97）らで，大隈重信（1838～1922）は含まれない。

11 解答 3

解説 3：七自由科（自由七科）は，文法・論理学（弁証法）・修辞学の三学と，算術・幾何・天文・音楽の四科となっている。そのため美術は含まれない。

12 解答 3

解説 平成29年版小学校学習指導要領（2017年3月31日告示）の「第1章　総則」「第3　教育課程の実施と学習評価」「2　学習評価の充実」，平成29年版中学校学習指導要領（2017年3月31日告示）の「第1章　総則」「第3　教育課程の実施と学習評価」「2　学習評価の充実」，平成30年版高等学校学習指導要領（2018年3月30日告示）の「第1章　総則」「第3款　教育課程の実施と学習評価」「2　学習評価の充実」を参照。

13 解答 5

解説 学校給食法第2条を参照。「学校給食の目標」の規定。

1：第一号，2：第二号，3：第三号，4：第五号，6：第七号を参照。

14 解答 2

解説 『生徒指導提要』（2022年12月）の「第Ⅱ部　個別の課題に対する生徒指導」「第10章　不登校」「10.1　不登校に関する関連法規・基本指針」「10.1.1　不登校に関する基本指針の変遷」及び「10.1.2　教育機会確保法」を参照。

15 解答 1

解説 A：ストレンジ・シチューション法は，エインズ（ス）ワース（1913～99）が考案したアタッチメントの形成の程度を調べる方法。別離と再会の場面で子どもがどのような反応を示すかを観察し，正常群（別離後も見知らぬ他者と親の帰りを遊んで待っていられ，再会時には喜びで歓迎の行動を示す），アンビバレント群（別離に際して強い不安を示し，再会すると歓迎と怒りの相反する行動を示す），回避群（別離にも再会にも喜びを示さず，親からの接触を避けることさえある）に分類する。

B：ボウルビィ（1907～90）は，幼い霊長類や鳥類が誕生後まもなく特定の成体に対して形成する情愛的結び付きを「アタッチメント（愛情）」と呼んだ。また，発達初期に母親による母性的な養育を経験しなかった子どもに認められる情緒，知能，性格等の障害を「マターナル・デプリベーション（母性的養育の欠如）」という。

C：ハーロー（ウ）（1905～81）は，母親と離れて育ったサルが成長後さまざまな異常行動を示すことから，子ザルに種々の人工的な代理母親を与えて，スキンシップが親子の愛情的結び付きに重要な意味をもつことを示した。

ハーロー（ウ）の代理母実験が，ボウルビィがアタッチメントという概念を提起するのに影響を及ぼし，このアタッチメントを実験的に明らかにする方法としてエインス（ズ）ワースがストレンジ・シチュエーション法を開発したというのが歴史的な流れである。

16 解答 3

解説 B：「収束的思考」と「拡散的思考」が逆になっている。ギルフォード（1897～1987）は，すでにもっている多くの知識を手掛かりとして論理的な考えに従って一つの回答を得る「収束的思考」と，わずかな情報を手掛かりとして考えられるさまざまな可能性を想定する「拡散的思考」に分類した。

D：キャッテル（1905～98）は知能因子説において，流動性知能とは新しい場面に適応するときに必要な能力であり，結晶性知能とは過去に学習したことを高度に適用して得られる判断力や習慣を指す。したがって，青年期をピークとしてその後は衰退方向にあるのが流動性知能，青年期以降も向上する可能性を持っているのが結晶性知能である。

17 解答 3

解説 D：メンバーの意欲や満足度が高く生産的になるには，P機能もM機能も充実していることが求められるので，どちらも低いpm型ではなく，どちらも高いPM型である。

18 解答 2

解説 A：モレノ（1889～1974）は，参加者同士で筋書きのない即興劇を演じ，自己理解や他者理解を深めるとともに役割演技の仕方を体得することを目指すサイコドラマ（心理劇）を開発した。

B：スキナー（1904～90）は，「スキナー箱」という実験装置を考案して，ネズミやハトがうまくバーを押すと餌が得られるように学習させた。これを「オペラント条件づけ（道具的条件づけ）」と呼び，この理論を実験的に研究して体系化し，プログラム学習，ティーチング・マシンなどの開発や行動療法にも応用した。

C：ワイナー（1935～）の原因帰属理論では，原因帰属を原因の所在（位置；内的／外的）・安定性（安定／不安定）・統制可能性（統制可能／不可能）の３次元で理解できるとする。また，原因帰属そのものよりも，帰属により生じた感情経験により達成行動が動機づけられると提唱している。

D：フロイト（1856～1939）は，精神分析学の創始者で，神経症や心身症の原因として無意識下に抑圧された欲求，願望，葛藤，感情（コンプレックス）のはたらきを挙げ，治療法として自由連想や夢の解釈を用いた。

19 解答 1

解説 学校教育における人権教育調査研究協力者会議「人権教育を取り巻く諸情勢について　～人権教育の指導方法等の在り方について〔第三次とりまとめ〕策定以降の補足資料～ 」(2021年３月）の「Ⅰ. 学校における人権教育の推進」を参照。

A：「1. 人権教育の重要性」を参照。

B：「2. 人権教育の総合的な推進」を参照。

20 解答 3

解説 法務省「人権教育・啓発に関する基本計画」(2002年３月15日閣議決定，2011年４月１日閣議決定（変更））の「第３章 人権教育・啓発の基本的在り方」を参照。

a：「1　人権尊重の理念」を参照。

b～e：「2　人権教育・啓発の基本的在り方」「(2)発達段階等を踏まえた効果的な方法」を参照。bは「家庭環境」ではなく「発達段階」。eは「固有的」ではなく「個別的」。

21 解答 3

解説 中央教育審議会答申「道徳に係る教育課程の改善等について」(2014年10月21日）の「1　道徳教育の改善の方向性」「(1)道徳教育の使命」を参照。

22 解答 1

解説 中央教育審議会答申「幼稚園，小学校，中学校，高等学校及び特別支援学校の学習指導要領等の改善及び必要な方策等について」(2016年12月21日）の「第2部　各学校段階，各教科等における改訂の具体的な方向性」「第2章 各教科・科目等の内容の見直し」「15. 道徳教育」「(1)現行学習指導要領の成果と課題を踏まえた道徳教育の在り方」「①現行学習指導要領の成果と課題」「(小・中学校学習指導要領等の一部改正と『考え，議論する道徳』への転換)」を参照。

b：「平成元年」ではなく「昭和33年」。

f：「個人」ではなく「自分自身」。

23 解答 4

解説 学校教育法施行規則第140条を参照。「障害に応じた特別の教育課程―通級指導」の規定。

24 解答 2

解説『小学校学習指導要領解説　総則編』(2019年7月）の「第3章　教育課程の編成及び実施」「第4節　児童の発達への支援」「2　特別な配慮を必要とする児童への指導」「(1)障害のある児童などへの指導」「④個別の教育支援計画や個別の指導計画の作成と活用（第1章第4の2の(1)のエ)」を参照。

a：「司法」ではなく「労働」。

c：「教育活動」ではなく「教育課程」。

和歌山県

実施日	2023(令和５)年６月24日	試験時間	60分（一般教養を含む）
出題形式	マークシート式	問題数	10題（解答数10）
パターン	原理・心理・法規・時事＋教育史	公開状況	問題：公開　解答：公開　配点：公開

傾向＆対策

●今年度から一般教養を含む60分で実施となり，教職教養の出題数は15題→10題に減少したが，ローカル問題を除く５分野から出題される構成は変更なし。●教育原理は，学習指導要領「総則」と改訂『生徒指導提要』。後者は２題ともいじめに関する部分。●教育心理は，学習の領域より外発的動機づけ，内発的動機づけ，アンダーマイニング効果，記憶について。●教育法規は，教育基本法，学校教育法の正誤判定問題。●教育時事は，２年連続の出題となる「障害のある子供の教育支援の手引」（2021年６月）と，「『令和の日本型学校教育』を担う教師」に関する中央教育審議会答申（2022年12月）。●教育史は，日本教育史の出題がなくなり，著書の一節から筆者であるデューイを選択する問題。

	教育原理	教育心理	教育法規	教育史	教育時事	ローカル
解答数	3	2	2	1	2	

出題領域

教育原理	教育課程・学習指導要領		総　則	1	特別の教科　道徳	
	外国語・外国語活動		総合的な学習(探究)の時間		特別活動	
	学習指導		生徒指導	2	学校・学級経営	
	特別支援教育	↓時事	人権・同和教育		その他	
教育心理	発　達		学　習	2	性格と適応	
	カウンセリングと心理療法		教育評価		学級集団	
教育法規	教育の基本理念		学校教育	1	学校の管理と運営	1
	児童生徒		教職員		その他	
教育史	日本教育史		西洋教育史	1		
教育時事	答申・統計	2	ローカル			

表中の数字は，解答数

全校種共通

☞解答＆解説 p.344

1 **次の文は，教育基本法第14条及び15条である。文中の下線部A～Cの語句が正しいものを○，誤っているものを×としたとき，正しい組合せを，下の1～5の中から1つ選べ。**

第14条　良識ある公民として必要な政治的教養は，教育上尊重されなければならない。

2　A法律に定める学校は，特定の政党を支持し，又はこれに反対するための政治教育その他政治的活動をしてはならない。

第15条　宗教に関するB信仰の自由，宗教に関する一般的な教養及び宗教の社会生活における地位は，教育上尊重されなければならない。

2　C国及び地方公共団体が設置する学校は，特定の宗教のための宗教教育その他宗教的活動をしてはならない。

	A	B	C
1．	×	×	×
2．	×	×	○
3．	○	○	○
4．	○	○	×
5．	○	×	○

2 **次の文は，学校教育法第34条の一部である。文中の下線部A～Cの語句が正しいものを○，誤っているものを×としたとき，正しい組合せを，下の1～5の中から1つ選べ。なお，この条文の条項は，中学校，義務教育学校，高等学校，中等教育学校，特別支援学校にも準用されている。**

第34条　小学校においては，文部科学大臣の検定を経た教科用図書又は文部科学省が著作のA名義を有する教科用図書をB使用しなければならない。

② 前項に規定する教科用図書（以下この条において「教科用図書」という。）の内容を文部科学大臣の定めるところにより記録したCデジタル教科書（電子的方式，磁気的方式その他人の知覚によつては認識することができない方式で作られる記録であつて，電子計算機による情報処理の用に供されるものをいう。）である教材がある場合には，同項の規定にかかわらず，文部科学大臣の定めるところにより，児童の教育の充実を図るため必要があると認められる教育課程の一部において，教科用図書に代えて当該教材を使用することができる。

	A	B	C
1．	○	○	×
2．	○	×	○
3．	○	×	×
4．	×	×	○
5．	×	○	×

3 **次のA～Dの文のうち，「生徒指導提要」（令和4年12月　文部科学省）の「第Ⅱ部　個別の課題に対する生徒指導　第4章　いじめ　4．3　いじめに関する生徒指導の重**

層的支援構造　4．3．1　いじめ防止につながる発達支持的生徒指導」に示された内容として正しいものを○，誤っているものを×としたとき，正しい組合せを，下の1～5の中から1つ選べ。

A．発達段階に応じた法教育を通じて，児童生徒の中に「誰もが法によって守られている」，「法を守ることによって社会の安全が保たれる」という意識を高めるとともに，学校に市民社会のルールを持ち込む。

B．児童生徒がいじめの問題を自分のこととして捉え，考え，議論することにより，いじめに対して正面から向き合うことができるような実践的な取組を充実させる。

C．児童生徒が困ったときや悩みがあるときに，隠して耐えるのではなく，弱音を吐いたり，人に頼ったりすることができる学校や学級の雰囲気を醸成する。

D．教室に，様々な異なる考えや意見を出し合える自由な雰囲気を確保し，児童生徒がお互いの違いを理解し，「いろいろな人がいた方がよい」と思えるように働きかける。

	A	B	C	D
1．	○	×	○	○
2．	○	×	×	○
3．	○	○	○	×
4．	×	×	○	○
5．	×	○	×	×

4　中央教育審議会答申「『令和の日本型学校教育』を担う教師の養成・採用・研修等の在り方について　～「新たな教師の学びの姿」の実現と，多様な専門性を有する質の高い教職員集団の形成～」（令和4年12月）の「第Ⅰ部　総論　4．今後の改革の方向性」では，「高度な専門職である教師は，自己の崇高な使命を深く自覚し，絶えず研究と修養に励み，その職責の遂行に努める義務を負っており，学び続ける存在であることが社会からも期待されている。」とした上で，「新たな教師の学びの姿」が示されている。そこで示されている「学びの姿」の内容として誤っているものを，次の1～5の中から1つ選べ。

1．変化を前向きに受け止め，探究心を持ちつつ自律的に学ぶという「主体的な姿勢」

2．子供の主体的な学びを支援する「伴走者としての姿勢」

3．求められる知識技能が変わっていくことを意識した「継続的な学び」

4．新たな領域の専門性を身に付けるなど強みを伸ばすための，一人一人の教師の個性に即した「個別最適な学び」

5．他者との対話や振り返りの機会を確保した「協働的な学び」

5　次の文は，「小学校学習指導要領」（平成29年3月告示　文部科学省），「中学校学習指導要領」（平成29年3月告示　文部科学省），「特別支援学校小学部・中学部学習指導要領」（平成29年4月告示　文部科学省），「高等学校学習指導要領」（平成30年3月告示　文部科学省）の「第1章　総則」では，「学習評価の充実」に関して，次のように記されている。文中の（ A ）～（ C ）にあてはまる語句の正しい組合せを，下の1～5の中から1つ選べ。なお，文中の「児童」は，「特別支援学校小学部・中学部学習指導要領」では「児童又は生徒」，「中学校学習指導要領」，「高等学校学習指導要領」では「生徒」

と記されている。また「各教科等」は,「高等学校学習指導要領」では「各教科・科目等」と記されている。その他,「特別支援学校小学部・中学部学習指導要領」には一部異なる語句が含まれている。

児童のよい点や進歩の状況などを積極的に評価し，学習したことの（ A ）を実感できるようにすること。また，各教科等の目標の実現に向けた（ B ）を把握する観点から，単元や題材など内容や時間のまとまりを見通しながら評価の場面や方法を工夫して，学習の過程や成果を評価し，（ C ）や学習意欲の向上を図り，資質・能力の育成に生かすようにすること。

	A	B	C
1．	成就感や達成感	到達度	学力の形成
2．	成就感や達成感	到達度	指導の改善
3．	意義や価値	学習状況	学力の形成
4．	意義や価値	学習状況	指導の改善
5．	意義や価値	到達度	学力の形成

6 **「障害のある子供の教育支援の手引　～子供たち一人一人の教育的ニーズを踏まえた学びの充実に向けて～」（令和３年６月　文部科学省）の「第１編　障害のある子供の教育支援の基本的な考え方」に示されている合理的配慮についての説明として誤っているものを，次の１～５から１つ選べ。**

1．障害のある子供が，他の子供と平等に「教育を受ける権利」を享有・行使することを確保するために行われる。

2．日本の学校教育においては，学校の設置者及び学校が必要かつ適当な変更・調整を行う。

3．障害のある子供に対し，その状況に応じて，学校教育を受ける場合に個別に必要とされるものである。

4．合理的配慮の提供は，国の行政機関・地方公共団体・独立行政法人等では法律上の義務である。

5．合理的配慮の決定・提供に当たっては，各学校の設置者及び学校の体制面，財政面における負担には関係なく行われる。

7 **次の文は,「生徒指導提要」（令和４年12月　文部科学省）の「第Ⅱ部　個別の課題に対する生徒指導　第４章　いじめ　4．2　いじめの防止等の対策のための組織と計画」の一部である。文中の（ A ）～（ D ）にあてはまる語句の組合せとして正しいものを，下の１～５の中から１つ選べ。**

いじめへの対応に当たっては，学校いじめ対策組織を起点として，教職員全員の共通理解を図り，学校全体で総合的ないじめ対策を行うことが求められます。そのためには，教職員一人一人が，いじめの情報を学校いじめ対策組織に報告・共有する義務があることを，改めて認識する必要があります。

学校いじめ対策組織が，いじめの未然防止，早期発見，事実確認，事案への対処等を的確に進めるためには，管理職の（ A ）の下，生徒指導主事などを中心として（ B ）な指導・相談体制を構築することが不可欠です。

組織の構成メンバーは，校長，副校長や教頭，（ C ），生徒指導主事，教務主任，学年主任，養護教諭，教育相談コーディネーター，特別支援教育コーディネーターなどから，学校の規模や実態に応じて決定します。さらに，心理や福祉の専門家であるSCやSSW，弁護士，（ D ），警察官経験者などの外部専門家を加えることで，多角的な視点からの状況の評価や幅広い対応が可能になります。

	A	B	C	D
1．	指揮	集中的	指導教諭	医師
2．	指揮	協働的	主幹教諭	社会福祉士
3．	リーダーシップ	集中的	主幹教諭	社会福祉士
4．	リーダーシップ	協働的	主幹教諭	医師
5．	リーダーシップ	集中的	指導教諭	社会福祉士

8 **次の文は，どの人物の著作に記述されている一節か。下の1～5の中から1つ選べ。**

今日わたしたちの教育に到来しつつある変化は，重力の中心の移動にほかならない。（中略） このたびは子どもが太陽となり，その周囲を教育のさまざまな装置が回転することになる。子どもが中心となり，その周りに教育についての装置が組織されることになるのである。

1．キルパトリック　2．ブルーナー　3．デューイ　4．ケイ
5．フレネ

9 **次の文中の（ A ）～（ C ）にあてはまる語句の正しい組合せを，下の1～5の中から1つ選べ。**

報酬を得るためや，罰を逃れるためといったことにより行動が動機づけられることを（ A ）という。その活動をすること自体が目的となって行動が動機づけられることを（ B ）という。（ B ）による行動に報酬を与えることで，これが低下してしまう現象を（ C ）という。

	A	B	C
1．	内発的動機づけ	外発的動機づけ	ハロー効果
2．	外発的動機づけ	内発的動機づけ	アンダーマイニング効果
3．	内発的動機づけ	達成動機	ハロー効果
4．	達成動機	内発的動機づけ	アンダーマイニング効果
5．	外発的動機づけ	達成動機	アンダーマイニング効果

10 **次の文中の（ A ）～（ D ）にあてはまる語句の正しい組合せを，下の1～5の中から1つ選べ。**

記憶の二重貯蔵モデルでは，外界からの刺激は目や耳といった器官から取り込まれ，一時的にとどまる。これを（ A ）という。この中で注意が向けられた情報は（ B ）へと送られ，数十秒間，保持される。この中で憶えておくことを何度も反復する（ C ）を行うことで，情報は（ D ）として定着し，数時間から数十年蓄えられることになる。

	A	B	C	D
1．	短期記憶	感覚記憶	リハーサル	長期記憶
2．	感覚記憶	長期記憶	チャンク	短期記憶

3．短期記憶　感覚記憶　チャンク　長期記憶
4．感覚記憶　短期記憶　リハーサル　長期記憶
5．感覚記憶　短期記憶　チャンク　長期記憶

解答＆解説

1 解答 5．

解説 A：教育基本法第14条を参照。「政治教育」の規定。

B・C：教育基本法第15条を参照。「宗教教育」の規定。Bは「信仰の自由」ではなく「寛容の態度」。

2 解答 1．

解説 学校教育法第34条を参照。「教科用図書その他の教材の使用」の規定。

C：「デジタル教科書」ではなく「電磁的記録」。

3 解答 1．

解説『生徒指導提要』（2022年12月）の「第Ⅱ部　個別の課題に対する生徒指導」「第4章　いじめ」「4.3　いじめに関する生徒指導の重層的支援構造」「4.3.1　いじめ防止につながる発達支持的生徒指導」を参照。

A：当該箇所を参照。

B：「4.3.2　いじめの未然防止教育」「(1)いじめる心理から考える未然防止教育の取組」の内容。

C：「④『困った，助けて』と言えるように適切な援助希求を促す」を参照。

D：「①『多様性に配慮し，均質化のみに走らない』学校づくりを目指す」を参照。

4 解答 2．

解説 中央教育審議会答申「『令和の日本型学校教育』を担う教師の養成・採用・研修等の在り方について　～『新たな教師の学びの姿』の実現と，多様な専門性を有する質の高い教職員集団の形成～」（2022年12月19日）の「第Ⅰ部　総論」「4．今後の改革の方向性」「(1)『新たな教師の学びの姿』の実現」「①．教職生活を通じた『新たな学びの姿』の実現」を参照。

5 解答 4．

解説 平成29年版小学校学習指導要領（2017年3月31日告示）の「第1章　総則」「第3　教育課程の実施と学習評価」「2　学習評価の充実」の(1)，平成29年版中学校学習指導要領（2017年3月31日告示）の「第1章　総則」「第3　教育課程の実施と学習評価」「2　学習評価の充実」の(1)，平成30年版高等学校学習指導要領（2018年3月30日告示）の「第1章　総則」「第3款　教育課程の実施と学習評価」「2　学習評価の充実」の(1)，平成29年版特別支援学校小学部・中学部学習指導要領（2017年4月28日）の「第1章　総則」「第4節　教育課程の実施と学習評価」「3　学習評価の充実」の(1)を参照。

6 解答 5．

解説 文部科学省「障害のある子供の教育支援の手引　～子供たち一人一人の教育的ニーズを踏まえた学びの充実に向けて～」(2021年6月) の「第1編　障害のある子供の教育支援の基本的な考え方」「3　今日的な障害の捉えと対応」「(3)合理的配慮とその基礎となる環境整備」「②合理的配慮の定義等」を参照。

5．：合理的配慮の決定・提供に当たっては,「学校の設置者及び学校に対して,体制面・財政面において, 均衡を失した又は過度の負担を課さないもの」と定義されている。

1．～4．：当該箇所を参照。

7 **解答** 4．

解説『生徒指導提要』(2022年12月) の「第Ⅱ部　個別の課題に対する生徒指導」「第4章　いじめ」「4.2　いじめの防止等の対策のための組織と計画」「4.2.1　組織の設置」「(1)組織の構成」を参照。

8 **解答** 3．

解説 3．：デューイ (1859～1952) は,「なすことによって学ぶ」という, 経験による学習を重視した新教育運動の理論的指導者で, 教育とは「経験の再構成」であり, 子どもの生活経験に基づき, 子どもの自発的活動が中心でなければならないとした。

9 **解答** 2．

解説 A：外発的動機づけとは, 望ましい行動ができたら報酬を与える, 望ましくないことをしたら罰を与える, 互いに競争させるというように, 外的な圧力を加えて行動を導こうとすることをいう。

B：内発的動機づけとは, 課題に対して意欲や関心をもたせたり, 知的好奇心を抱かせたりすることで行動を導こうとすることをいう。

C：アンダーマイニング効果 (現象) とは, 内発的動機づけで始まった行動を維持するエネルギーが外発的動機づけに変化することをいう。これとは逆に, 当初は外発的動機づけであたにもかかわらず, 課題自体に魅力を感じるようになって重点が内発的動機づけに移行する現象を機能的自律という。

10 **解答** 4．

解説 A：感覚記憶とは, 五感を通して脳に伝わる膨大な情報量からなる記憶。そのうち視覚的な記憶はアイコニックメモリ, 聴覚的な記憶はエコイックメモリという。

B：短期記憶 (STM, short term memory) とは, 感覚記憶の中で注意を向けた情報のうち, 数秒から数分だけ保持できる記憶。

C：リハーサルは, 記憶した情報を反復すること。そのうち, 覚えた通りに機械的に反復する方法を維持リハーサルという。これに対し, まとまりを作って繰り返したり, 語呂合わせをして繰り返すなど, 何らかの心的処理を加えてから反復する方法を精緻化リハーサルという。

D：長期記憶 (LTM, long term memory) とは, 短期記憶の情報のうち, リハーサルや自己との関連付けなど心的処理がなされ半永久的に忘れられない記憶。

鳥取県

実施日	2023(令和５)年６月11日	試験時間	60分（専門教養を含む）
出題形式	小特養：マークシート式 中高：選択＋記述式	問題数	小特養：３題（解答数５） 中高：１題（解答数１）
パターン	小特養：原理＋法規・時事 中高：時事＋法規	公開状況	問題:公開　解答:公開　配点:公開

傾向&対策

●教職教養は，専門教養に含み，【小学校】【中学校・高等学校】【特別支援学校】【養護教諭】で別問題。●【小学校】【特別支援学校】【養護教諭】の教育原理は，学習指導要領「総則」や「特別活動」，理科，外国語活動など。●全校種の教育時事は，「令和の日本型学校教育」に関する中央教育審議会答申（2021年１月）。●【小学校】【特別支援学校】【養護教諭】の教育法規は，学校教育法の特別支援学級の規定。【中学校・高等学校】は，地方公務員法より教職員の服務について。

【小学校】【特別支援学校】【養護教諭】

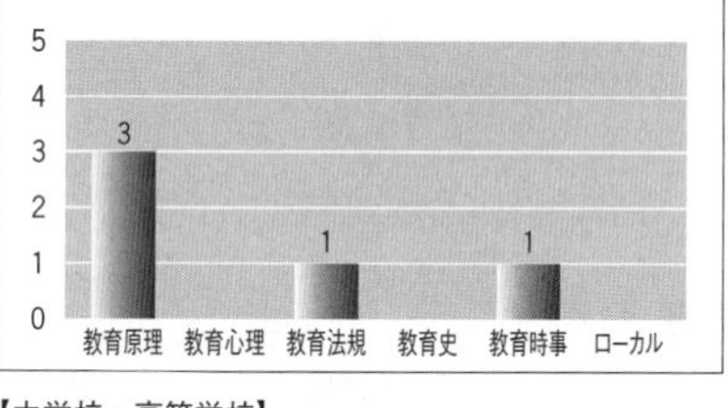

【中学校・高等学校】

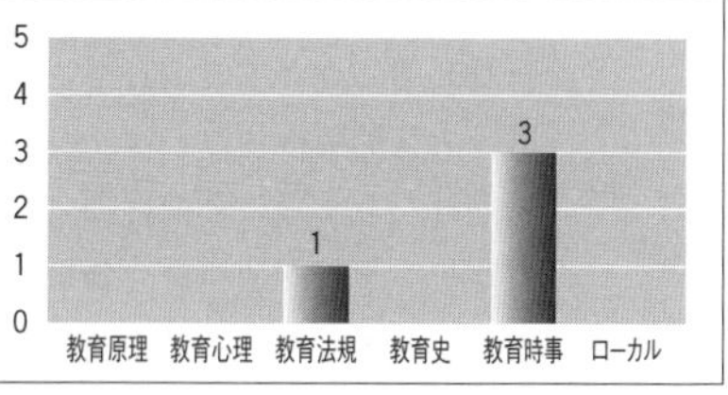

出題領域

区分	項目	解答数	項目	解答数	項目	解答数
教育原理	学習指導要領・各教科	2 ¦ 1 ¦ 3	総則	1 ¦ 1 ¦	特別の教科　道徳	
	外国語活動		総合的な学習(探究)の時間		特別活動	¦ 1 ¦
	学習指導		生徒指導		学校・学級経営	
	特別支援教育	↓法規 ¦ ↓法規 ¦ ↓法規	人権・同和教育		その他	
教育心理	発達		学習		性格と適応	
	カウンセリングと心理療法		教育評価		学級集団	
教育法規	教育の基本理念		学校教育		学校の管理と運営	
	児童生徒		教職員	¦ 1 ¦	特別支援教育	1 ¦ 1 ¦ 1
教育史	日本教育史		西洋教育史			
教育時事	答申・統計	1 ¦ 3 1 ¦ 1	ローカル			

表中の数字は，解答数 小 ¦ 中高 / 特 ¦ 養

小学校

☞解答＆解説 p.354

1 **次の問1～問3の各問いに答えなさい。**

問1　次の文章は，小学校学習指導要領（平成29年3月告示）の「第1章　総則　第5　学校運営上の留意事項」の一部である。（ ① ）～（ ③ ）にあてはまる語句の組み合わせとして正しいものを，下の1～5の中から一つ選びなさい。

ア　各学校においては，校長の方針の下に，校務分掌に基づき教職員が適切に役割を分担しつつ，相互に連携しながら，各学校の特色を生かしたカリキュラム・マネジメントを行うよう努めるものとする。また，各学校が行う（ ① ）については，教育課程の編成，実施，改善が教育活動や学校運営の中核となることを踏まえ，カリキュラム・マネジメントと関連付けながら実施するよう留意するものとする。

イ　教育課程の編成及び実施に当たっては，学校保健計画，（ ② ），食に関する指導の全体計画，（　③　）等のための対策に関する基本的な方針など，各分野における学校の全体計画等と関連付けながら，効果的な指導が行われるように留意するものとする。

1　①学校評価　②学校安全計画　③いじめの防止
2　①教育評価　②学校防災計画　③感染症予防
3　①教育評価　②学校安全計画　③いじめの防止
4　①学校評価　②学校防災計画　③いじめの防止
5　①教育評価　②学校安全計画　③感染症予防

問2　次の文章は，小学校学習指導要領（平成29年3月告示）の「第2章　各教科　第4節　理科　第1　目標」である。（ ① ）～（ ③ ）にあてはまる語句の組み合わせとして正しいものを，下の1～5の中から一つ選びなさい。

自然に親しみ，理科の見方・考え方を働かせ，（ ① ）観察，実験を行うことなどを通して，自然の事物・現象についての問題を（ ② ）に解決するために必要な資質・能力を次のとおり育成することを目指す。

(1)　自然の事物・現象についての理解を図り，観察，実験などに関する基本的な（ ③ ）を身に付けるようにする。
(2)　観察，実験などを行い，問題解決の力を養う。
(3)　自然を愛する心情や主体的に問題解決しようとする態度を養う。

1　①予測しながら　②実証的　③操作
2　①予測しながら　②科学的　③技能
3　①見通しをもって　②実証的　③操作
4　①見通しをもって　②科学的　③技能
5　①見通しをもって　②実証的　③技能

問3　次の文章は，小学校学習指導要領（平成29年3月告示）の「第4章　外国語活動　第1　目標」である。（ ① ）～（ ③ ）にあてはまる語句の組み合わせとして正しいものを，下の1～5の中から一つ選びなさい。

外国語によるコミュニケーションにおける見方・考え方を働かせ，外国語による聞くこと，話すことの（ ① ）を通して，コミュニケーションを図る素地となる資質・能力を次のとおり育成することを目指す。

(1) 外国語を通して，言語や文化について（ ② ）に理解を深め，日本語と外国語との音声の違い等に気付くとともに，外国語の音声や基本的な表現に慣れ親しむようにする。

(2) 身近で簡単な事柄について，外国語で聞いたり話したりして自分の考えや気持ちなどを伝え合う力の素地を養う。

(3) 外国語を通して，言語やその（ ③ ）に対する理解を深め，相手に配慮しながら，主体的に外国語を用いてコミュニケーションを図ろうとする態度を養う。

1　①経験　②実践的　③背景にある文化
2　①経験　②体験的　③背景にある国民性
3　①言語活動　②実践的　③背景にある国民性
4　①言語活動　②実践的　③背景にある文化
5　①言語活動　②体験的　③背景にある文化

2 **次の文章は，学校教育法第81条の条文である。（ ① ）～（ ③ ）にあてはまる語句の組み合わせとして正しいものを，下の1～5の中から一つ選びなさい。**

第81条　幼稚園，小学校，中学校，義務教育学校，高等学校及び中等教育学校においては，次項各号のいずれかに該当する幼児，児童及び生徒その他教育上特別の支援を必要とする幼児，児童及び生徒に対し，文部科学大臣の定めるところにより，障害による学習上又は生活上の困難を克服するための教育を行うものとする。

② 小学校，中学校，義務教育学校，高等学校及び中等教育学校には，次の各号のいずれかに該当する児童及び生徒のために，特別支援学級を置くことができる。

一　（ ① ）
二　（ ② ）
三　身体虚弱者
四　弱視者
五　難聴者
六　その他障害のある者で，特別支援学級において教育を行うことが適当なもの

③ 前項に規定する学校においては，疾病により療養中の児童及び生徒に対して，特別支援学級を設け，又は（ ③ ），教育を行うことができる。

1　①知的障害者　②学習障害者　③病院内で
2　①知的障害者　②学習障害者　③教員を派遣して
3　①知的障害者　②肢体不自由者　③教員を派遣して
4　①発達障害者　②肢体不自由者　③教員を派遣して
5　①発達障害者　②学習障害者　③病院内で

3 **次の文章は，「『令和の日本型学校教育』の構築を目指して」（令和3年1月　中央教育審議会答申）の「第Ⅰ部　総論　1．急激に変化する時代の中で育むべき資質・能力」の一部である。（ ① ）～（ ③ ）にあてはまる語句の組み合わせとして正しいものを，下の1～5の中から一つ選びなさい。**

人工知能（AI），ビッグデータ，Internet of Things（IoT），ロボティクス等の先端技術が高度化してあらゆる産業や社会生活に取り入れられた（ ① ）時代が到来しつつあり，社会の在り方そのものがこれまでとは「非連続」と言えるほど劇的に変わる状況が生じつつある。～中略～

このように急激に変化する時代の中で，我が国の学校教育には，一人一人の児童生徒が，自分のよさや可能性を認識するとともに，あらゆる他者を（ ② ）として尊重し，多様な人々と協働しながら様々な社会的変化を乗り越え，豊かな人生を切り拓き，（ ③ ）社会の創り手となることができるよう，その資質・能力を育成することが求められている。

1　①Society 5.0　②一人の人間　③主体的な
2　①Society 5.0　②価値のある存在　③持続可能な
3　①Society 5.0　②価値のある存在　③主体的な
4　①第五次産業革命　②価値のある存在　③持続可能な
5　①第五次産業革命　②一人の人間　③主体的な

中学校・高等学校

1　**次の各問いに答えなさい。**

問1　次の文は，地方公務員法に規定される服務に関する条文である。①～⑥の中で，誤っているものをすべて選び，記号で答えなさい。

① すべて職員は，全体の奉仕者として児童・生徒の利益のために勤務し，且つ，職務の遂行に当つては，全力を挙げてこれに専念しなければならない。

② 職員は，その職務を遂行するに当つて，法令，条例，地方公共団体の機関の定める規程に従い，且つ，校長の職務上の命令に忠実に従わなければならない。

③ 職員は，その職の信用を傷つけ，又は職員の職全体の不名誉となるような行為をしてはならない。

④ 職員は，職務上知り得た秘密を漏らしてはならない。その職を退いた後は，その限りではない。

⑤ 職員は，法律又は条例に特別の定がある場合を除く外，その勤務時間及び職務上の注意力のすべてをその職責遂行のために用い，当該地方公共団体がなすべき責を有する職務にのみ従事しなければならない。

⑥ 職員は，政党その他の政治的団体の結成に関与し，若しくはこれらの団体の役員となつてはならず，又はこれらの団体の構成員となるように，若しくはならないように勧誘運動をしてはならない。

問2　次の文章は，令和3年1月に中央教育審議会で取りまとめられた「『令和の日本型学校教育』の構築を目指して　～全ての子供たちの可能性を引き出す，個別最適な学びと，協働的な学びの実現～（答申）」における「第Ⅰ部　総論」の「3．2020年代を通じて実現すべき『令和の日本型学校教育』の姿」に記載された内容の一部である。（ ① ）～（ ③ ）にあてはまる最も適切な語句を答えなさい。

第Ⅰ部　総論

3．2020年代を通じて実現すべき「令和の日本型学校教育」の姿

(1)　子供の学び

○　新型コロナウイルス感染症の感染拡大による臨時休業の長期化により，多様な子供一人一人が自立した学習者として学び続けていけるようになっているか，という点が改めて焦点化されたところであり，これからの学校教育においては，子供が（ ① ）も活用しながら自ら学習を調整しながら学んでいくことができるよう，「個に応じた指導」を充実することが必要である。この「個に応じた指導」の在り方を，より具体的に示すと以下のとおりである。

○　全ての子供に基礎的・基本的な知識・技能を確実に習得させ，思考力・判断力・表現力等や，自ら学習を調整しながら粘り強く学習に取り組む態度等を育成するためには，教師が支援の必要な子供により重点的な指導を行うことなどで効果的な指導を実現することや，子供一人一人の特性や学習進度，学習到達度等に応じ，指導方法・教材や学習時間等の柔軟な提供・設定を行うことなどの「指導の（ ② ）」が必要である。

○　基礎的・基本的な知識・技能等や，言語能力，情報活用能力，問題発見・解決能力等の学習の基盤となる資質・能力等を土台として，幼児期からの様々な場を通じての体験活動から得た子供の興味・関心・キャリア形成の方向性等に応じ，探究において課題の設定，情報の収集，整理・分析，まとめ・表現を行う等，教師が子供一人一人に応じた学習活動や学習課題に取り組む機会を提供することで，子供自身が学習が最適となるよう調整する「学習の（ ③ ）」も必要である。

○　以上の「指導の（ ② ）」と「学習の（ ③ ）」を教師視点から整理した概念が「個に応じた指導」であり，この「個に応じた指導」を学習者視点から整理した概念が「個別最適な学び」である。

特別支援学校

1　**次の問１～問３の各問いに答えなさい。**

問１　次の文章は，「特別支援学校小学部・中学部学習指導要領」（平成29年４月告示）に示されている「第１章　総則　第２節　小学部及び中学部における教育の基本と教育課程の役割」の一部である。（ ① ）～（ ④ ）にあてはまる最も適切な語句の組み合わせを，下の１～５の中から一つ選びなさい。

～略～

学校における自立活動の指導は，障害による学習上又は生活上の困難を改善・（ ① ）し，（ ② ）社会参加する資質を養うため，自立活動の時間はもとより，学校の教育活動全体を通じて適切に行うものとする。特に，自立活動の時間における指導は，各教科，道徳科，外国語活動，総合的な学習の時間及び特別活動と密接な（ ③ ）を保ち，個々の児童又は生徒の障害の状態や特性及び心身の発達の段階等を的確に把握し

て，適切な（ ④ ）の下に行うよう配慮すること。　～略～

1　①払拭　②積極的に　③連続性　④教育課程
2　①克服　②積極的に　③関連　④教育課程
3　①払拭　②自立し　③連続性　④教育課程
4　①克服　②積極的に　③連続性　④指導計画
5　①克服　②自立し　③関連　④指導計画

問２　次の文章は，「特別支援学校小学部・中学部学習指導要領」(平成29年４月告示)に示されている「第２章　各教科　第２節　中学部　第２款　知的障害者である生徒に対する教育を行う特別支援学校　第１　各教科の目標及び内容」の一部である。（ ① ）～（ ④ ）にあてはまる最も適切な語句の組み合わせを，下の１～５の中から一つ選びなさい。なお，同じ番号の空欄には同じ語句が入る。

～略～

〔社　会〕

1　目　標

社会的な見方・考え方を働かせ，社会的事象について関心をもち，具体的に考えたり関連付けたりする活動を通して，自立し生活を豊かにするとともに，（ ① ）で民主的な国家及び社会の形成者に必要な公民としての資質・能力の基礎を次のとおり育成することを目指す。

(1)　地域や我が国の国土の地理的環境，現代社会の仕組みや役割，地域や和が国の歴史や伝統と文化及び外国の様子について，具体的な活動や体験を通して理解するとともに，経験したことと関連付けて，調べまとめる技能を身に付けるようにする。

(2)　社会的事象について，自分の生活と結び付けて具体的に考え，社会との関わりの中で，選択・判断したことを適切に表現する力を養う。

(3)　社会に主体的に関わろうとする態度を養い，地域社会の一員として人々と共に生きていくことの大切さについての（ ② ）を養う。　～略～

〔外国語〕

1　目　標

外国語によるコミュニケーションにおける見方・考え方を働かせ，外国語の音声や基本的な表現に触れる活動を通して，コミュニケーションを図る（ ③ ）となる資質・能力を次のとおり育成することを目指す。

(1)　外国語を用いた体験的な活動を通して，身近な生活で見聞きする外国語に興味や関心をもち，外国語の音声や基本的な表現に（ ④ ）ようにする。

(2)　身近で簡単な事柄について，外国語で聞いたり話したりして自分の考えや気持ちなどを伝え合う力の（ ③ ）を養う。

(3)　外国語を通して，外国語やその背景にある文化の多様性を知り，相手に配慮しながらコミュニケーションを図ろうとする態度を養う。

1　①平等　②感性　③意欲　④触れる
2　①平和　②自覚　③素地　④慣れ親しむ

3　①平等　②自覚　③意欲　④慣れ親しむ
4　①平和　②感性　③素地　④慣れ親しむ
5　①平等　②自覚　③意欲　④触れる

問3　次の文章は，「特別支援学校小学部・中学部学習指導要領」（平成29年4月告示）に示されている「第6章　特別活動」である。（ ① ）～（ ③ ）にあてはまる最も適切な語句の組み合わせを，下の1～5の中から一つ選びなさい。なお，同じ番号の空欄には同じ語句が入る。

小学部又は中学部の特別活動の目標，各活動・学校行事の目標及び内容並びに指導計画の作成と内容の取扱いについては，それぞれ小学校学習指導要領第6章又は中学校学習指導要領第5章に示すものに準ずるほか，次に示すところによるものとする。

1　学級活動においては，適宜他の学級や学年と合同で行うなどして，少人数からくる種々の制約を解消し，活発な（ ① ）が行われるようにする必要があること。

2　児童又は生徒の経験を広めて積極的な態度を養い，社会性や豊かな（ ② ）を育むために，（ ① ）を通して小学校の児童又は中学校の生徒などと交流及び共同学習を行ったり，地域の人々などと活動を共にしたりする機会を積極的に設ける必要があること。その際，児童又は生徒の障害の状態や特性等を考慮して，活動の種類や時期，実施方法等を適切に定めること。

3　知的障害者である児童又は生徒に対する教育を行う特別支援学校において，内容の指導に当たっては，個々の児童又は生徒の知的障害の状態，生活年齢，学習状況及び経験等に応じて，適切に指導の（ ③ ）を定め，具体的に指導する必要があること。

1　①集団活動　②人間性　③重点
2　①体験活動　②人間性　③重点
3　①集団活動　②道徳性　③基準
4　①体験活動　②人間性　③基準
5　①体験活動　②道徳性　③重点

2　**小学校の 2 と同じ。**

3　**小学校の 3 と同じ。**

養護教諭

1　**小学校の 2 と同じ。**

2　**小学校の 3 と同じ。**

3　**次の問1～問3の各問いに答えなさい。**

問1　次の文章は，小学校学習指導要領（平成29年3月告示）の「第2章　各教科　第9節　体育　第2　各学年の目標及び内容〔第5学年及び第6学年〕2　内容　G　保健」の一部である。（ ① ）～（ ④ ）にあてはまる語句の組み合わせとして正しいものを，下の1～5の中から一つ選びなさい。なお，同じ番号の（　　）には同じ語句が入る。

G　保健

(1)　心の健康について，課題を見付け，その解決を目指した活動を通して，次の事項を身に付けることができるよう指導する。

ア　心の発達及び不安や悩みへの対処について理解するとともに，簡単な対処をすること。

(ア)　心は，いろいろな（ ① ）経験を通して，年齢に伴って発達すること。

(イ)　心と体には，密接な関係があること。

(ウ)　不安や悩みへの対処には，大人や友達に相談する，仲間と遊ぶ，（ ② ）をするなどいろいろな方法があること。

イ　心の健康について，課題を見付け，その解決に向けて思考し判断するとともに，それらを（ ③ ）すること。

(2)　けがの防止について，課題を見付け，その解決を目指した活動を通して，次の事項を身に付けることができるよう指導する。

ア　けがの防止に関する次の事項を理解するとともに，けがなどの簡単な手当をすること。

(ア)　（ ④ ）や身の回りの（ ① ）の危険が原因となって起こるけがの防止には，周囲の危険に気付くこと，的確な判断の下に安全に行動すること，環境を安全に整えることが必要であること。

(イ)　けがなどの簡単な手当は，速やかに行う必要があること。

イ　けがを防止するために，危険の予測や回避の方法を考え，それらを（ ③ ）すること。

1　①学習　②運動　③実践　④災害
2　①学習　②食事　③実践　④交通事故
3　①生活　②運動　③実践　④交通事故
4　①生活　②運動　③表現　④交通事故
5　①生活　②食事　③表現　④災害

問2　次の文章は，中学校学習指導要領（平成29年3月告示）の「第2章　各教科　第7節　保健体育〔保健分野〕　2　内容」の一部である。（ ① ）～（ ④ ）にあてはまる語句の組み合わせとして正しいものを，下の1～5の中から一つ選びなさい。

(1)　略

(2)　心身の機能の発達と心の健康について，課題を発見し，その解決を目指した活動を通して，次の事項を身に付けることができるよう指導する。

ア　心身の機能の発達と心の健康について理解を深めるとともに，ストレスへの対処をすること。

(ア)　身体には，多くの（ ① ）が発育し，それに伴い，様々な機能が発達する時期があること。また，発育・発達の時期やその程度には，（ ② ）があること。

(イ)　思春期には，（ ③ ）によって生殖に関わる機能が成熟すること。また，成熟に伴う変化に対応した適切な行動が必要となること。

(ウ)　知的機能，（ ④ ），社会性などの精神機能は，生活経験などの影響を受けて発達すること。また，思春期においては，自己の認識が深まり，自己形成がなされること。

1① 技能 ②個人差 ③適切な運動 ④情意機能
2① 器官 ②個人差 ③内分泌の働き ④情意機能
3① 技能 ②環境要因 ③適切な運動 ④欲求
4① 器官 ②個人差 ③内分泌の働き ④欲求
5① 器官 ②環境要因 ③適切な運動 ④情意機能

問3 次の文章は，高等学校学習指導要領（平成30年3月告示）「第2章 各学科に共通する各教科 第6節 保健体育 第2款 各科目 第2 保健 1 目標」の一部である。（ ① ）～（ ④ ）にあてはまる語句の組み合わせとして正しいものを，下の1～5の中から一つ選びなさい。

（ ① ）を働かせ，合理的，計画的な解決に向けた学習過程を通して，生涯を通じて人々が自らの健康や環境を適切に管理し，改善していくための資質・能力を次のとおり育成する。

(1) 個人及び（ ② ）における健康・安全について理解を深めるとともに，技能を身に付けるようにする。
(2) 健康についての自他や社会の課題を発見し，合理的，計画的な解決に向けて思考し判断するとともに，目的や状況に応じて（ ③ ）力を養う。
(3) 生涯を通じて自他の健康の保持増進やそれを支える（ ④ ）を目指し，明るく豊かで活力ある生活を営む態度を養う。

1 ①健康の考え方 ②社会生活 ③意思決定 ④安全な社会づくり
2 ①保健の見方・考え方 ②社会生活 ③意思決定 ④環境づくり
3 ①健康の考え方 ②国民 ③意思決定 ④環境づくり
4 ①健康の考え方 ②国民 ③他者に伝える ④安全な社会づくり
5 ①保健の見方・考え方 ②社会生活 ③他者に伝える ④環境づくり

解答&解説

小学校

1 解答 問1 1 問2 4 問3 5

解説 平成29年版小学校学習指導要領（2017年3月31日告示）を参照。

問1 「第1章 総則」「第5 学校運営上の留意事項」「1 教育課程の改善と

鳥取県

学校評価等」を参照。

問２　「第２章　各教科」「第４節　理科」「第１　目標」を参照。

問３　「第４章　外国語活動」「第１　目標」を参照。

2 解答 3

解説 学校教育法第81条を参照。「特別支援学級」の規定。

3 解答 2

解説 中央教育審議会答申「『令和の日本型学校教育』の構築を目指して　～全ての子供たちの可能性を引き出す，個別最適な学びと，協働的な学びの実現～」(2021年１月26日，４月22日更新）の「第Ⅰ部　総論」「１．急激に変化する時代の中で育むべき資質・能力」を参照。

中学校・高等学校

1 解答 **問１　①，②，④　　問２　①ICT　②個別化　③個性化**

解説 問１　①地方公務員法第30条を参照。「服務の根本基準」の規定。「児童・生徒の利益」ではなく「公共の利益」。

②地方公務員法第32条を参照。「法令等及び上司の職務上の命令に従う義務」の規定。「法令，条例，地方公共団体の機関の定める規程」ではなく「法令，条例，地方公共団体の規則及び地方公共団体の機関の定める規程」。「校長」ではなく「上司」。

④地方公務員法第34条第１項を参照。「秘密を守る義務」の規定。「その職を退いた後は，その限りではない」ではなく「その職を退いた後も，また，同様とする」。

③地方公務員法第33条を参照。「信用失墜行為の禁止」の規定。

⑤地方公務員法第35条を参照。「職務に専念する義務」の規定。

⑥地方公務員法第36条第１項を参照。「政治的行為の制限」の規定。

問２　中央教育審議会答申「『令和の日本型学校教育』の構築を目指して　～全ての子供たちの可能性を引き出す，個別最適な学びと，協働的な学びの実現～」(2023年１月26日，４月22日更新）の「第Ⅰ部　総論」「３．2020年代を通じて実現すべき『令和の日本型学校教育』の姿」「(1)子供の学び」を参照。

特別支援学校

1 解答 **問1　5　　問2　2　　問3　1**

解説 平成29年版特別支援学校小学部・中学部学習指導要領（2017年４月28日告示）を参照。

問１　「第１章　総則」「第２節　小学部及び中学部における教育の基本と教育課程の役割」の２(4)を参照。

問２　「第２章　各教科」「第２節　中学部」「第２款　知的障害者である生徒に対する教育を行う特別支援学校」「第１　各教科の目標及び内容」の〔社会〕「１

目標」及び〔外国語〕「1　目標」を参照。

問3　「第6章　特別活動」を参照。

2 小学校の **2** と同じ。

3 小学校の **3** と同じ。

養護教諭

1 小学校の **2** と同じ。

2 小学校の **3** と同じ。

3 解答 問1　4　　問2　2　　問3　5

解説 問1　平成29年版小学校学習指導要領（2017年3月31日告示）の「第2章　各教科」「第9節　体育」「第2　各学年の目標及び内容」「〔第5学年及び第6学年〕」「2　内容」「G　保健」の(1)・(2)を参照。

問2　平成29年版中学校学習指導要領（2017年3月31日告示）の「第2章　各教科」「第7節　保健体育」「第2　各学年の目標及び内容」「〔保健分野〕」「2　内容」の(2)を参照。

問3　平成30年版高等学校学習指導要領（2018年3月30日告示）の「第2章　各学科に共通する各教科」「第6節　保健体育」「第2款　各科目」「第2　保健」「1　目標」を参照。

島根県

実施日	2023(令和5)年7月8日	試験時間	非公開
出題形式	マークシート式	問題数	午前・午後：10題（解答数10）
パターン	午前：法規・時事＋原理 午後：時事＋法規・原理	公開状況	問題：公開　解答：公開　配点：公開

傾向&対策 ●今年度から【小学校・情報以外】【小学校・情報】で午前・午後に分かれるが，教育原理，教育法規，教育時事という出題構成は同じ。●教育原理は，学習指導要領「総合的な学習の時間」と改訂『生徒指導提要』＝以上午前，一斉指導，特別支援教育＝以上午後。●教育法規は，教育基本法など，頻出条文の空欄補充問題と正誤判定問題。●教育時事は，「教師の勤務時間の上限」「チームとしての学校」「インクルーシブ教育，ユニバーサルデザイン，合理的配慮」「性同一性障害や性的指向・性自認」＝以上午前，「令和の日本型学校教育」「校長及び教員としての資質向上に関する指標」「Well-Being」「人権教育」「体罰」＝以上午後と，多岐にわたる。体罰は文部科学省通知（2013年3月）に基づく具体的事例で問われた。

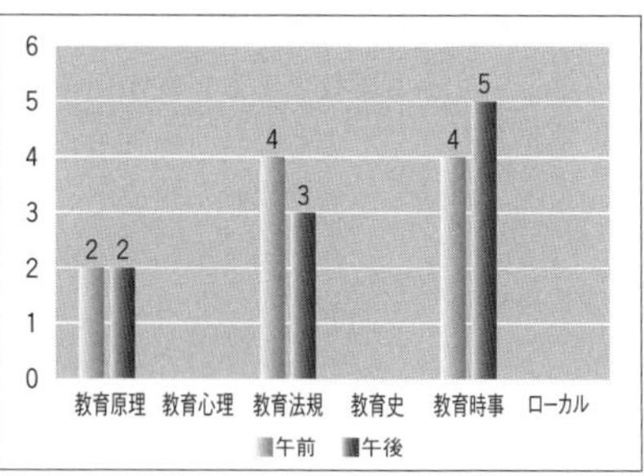

出題領域

分野	項目	午前	午後	項目	午前	午後	項目	午前	午後
教育原理※	教育課程・学習指導要領			総則			特別の教科　道徳		
	外国語活動			総合的な学習(探究)の時間	1		特別活動		
	学習指導		1	生徒指導	1	↓時事	学校・学級経営		
	特別支援教育	↓法規時事	1	人権・同和教育	↓時事		その他		
教育心理	発達			学習			性格と適応		
	カウンセリングと心理療法			教育評価			学級集団		
教育法規※	教育の基本理念		1	学校教育		1	学校の管理と運営	2	
	児童生徒	3		教職員		1	特別支援教育	1	
教育史	日本教育史			西洋教育史					
教育時事	答申・統計	4	5	ローカル					

表中の数字は，解答数 午前｜午後

※選択肢の出題領域が複数にわたる場合は，それぞれの項目に加算するためグラフの数とは異なる

1次　小学校・情報以外(午前)

☞解答＆解説 p.367

1　**次の文は，「公立学校の教師の勤務時間の上限に関するガイドライン」（平成31年１月25日　文部科学省）において「勤務時間」の対象となる「在校時間等，外形的に把握することができる時間」に関するものである。誤っているものを①～⑤から一つ選べ。**

① 校内に在校して学習指導，生徒指導，校務などに従事している時間。

② 所定の勤務時間外に校内において自らの判断に基づいて自らの力量を高めるために行う自己研鑽の時間。

③ 校外において，職務として行う研修に参加している時間。

④ 時間外勤務命令に基づくもの以外で，児童生徒等の校外への引率等の職務に従事している時間。

⑤ 各地方公共団体で定める方法によるテレワーク等による時間。

2　**次の文は，「チームとしての学校の在り方と今後の改善方策について（答申）」（平成27年12月　中央教育審議会）について述べたものである。文中の［ア］～［オ］にあてはまる語句の組合せとして正しいものを①～⑤から一つ選べ。**

「チームとしての学校」像は，校長のリーダーシップの下，［ア］，日々の教育活動，学校の資源が一体的にマネジメントされ，教職員や学校内の多様な人材が，それぞれの専門性を生かして能力を発揮し，子供たちに必要な資質・能力を確実に身に付けさせることができる学校である。我が国の学校の教員は，従来から，教育に関する専門性を共通の基盤として持ちつつ，それぞれ独自の得意分野を生かし，学校の中で，授業や生徒指導等の様々な教育活動の場面で「チームとして」連携・協働し，成果を上げてきた。一方，近年は，学校の多忙化等が指摘される中，教員が［イ］しているという指摘もある。今後，専門能力スタッフや地域の力の参画を得るに当たっては，まず，教員が「チームとして」教育活動に取り組むことが重要である。その上で，多様な専門性や経験を有する専門能力スタッフ等が学校の教育活動に参画することとなることから，教員も専門能力スタッフも「チームとしての学校」の一員として，目的を共有し，取組の方向性を揃えることが今まで以上に求められる。その際，関係者間の［ウ］が重要となるので，関係者間で十分なコミュニケーションを取ることができるようにする必要がある。ICT機器等も活用し，情報の重要性を勘案して，共有すればよいもの，［エ］することが必要なものなど，コミュニケーションの充実に取り組んでいくべきである。また，チーム体制を構築していくに当たっては，それぞれの職務内容，権限と責任を明確化することによって，チームを構成する個々人がそれぞれの立場・役割を認識し，［オ］を持ち学校の課題への対応や業務の効率的・効果的な実施に取り組んでいくことが重要である。

	ア	イ	ウ	エ	オ
①	教育目標	孤立化	情報共有	相談	当事者意識
②	教育目標	バーンアウト	情報共有	伝達	個々のビジョン
③	カリキュラム	バーンアウト	共通理解	伝達	当事者意識
④	カリキュラム	孤立化	共通理解	相談	個々のビジョン
⑤	カリキュラム	孤立化	情報共有	相談	当事者意識

3 **次の文は，中学校学習指導要領（平成29年告示）における「総合的な学習の時間の目標」を示したものである。［ア］～［オ］にあてはまる語句の組合せとして正しいものを①～⑤から一つ選べ。なお，「小学校学習指導要領」（平成29年告示），「高等学校学習指導要領」（平成30年告示）に関しても，同趣旨の文がある。**

探究的な見方・考え方を働かせ，［ア］・総合的な学習を行うことを通して，よりよく［イ］を解決し，［ウ］を考えていくための資質・能力を次のとおり育成することを目指す。

(1) 探究的な学習の過程において，［イ］の解決に必要な知識及び技能を身に付け，［イ］に関わる概念を形成し，探究的な学習のよさを理解するようにする。

(2) ［エ］の中から問いを見いだし，自分で［イ］を立て，情報を集め，整理・分析して，まとめ・表現することができるようにする。

(3) 探究的な学習に主体的・［オ］に取り組むとともに，互いのよさを生かしながら，積極的に社会に参画しようとする態度を養う。

	ア	イ	ウ	エ	オ
①	横断的	問題	自己の生き方	実社会や実生活	協働的
②	専門的	課題	よりよい社会の実現	過去の歴史	協力的
③	横断的	課題	よりよい社会の実現	過去の歴史	協働的
④	横断的	課題	自己の生き方	実社会や実生活	協働的
⑤	専門的	問題	自己の生き方	過去の歴史	協力的

4 **次の文は，インクルーシブ教育，ユニバーサルデザイン，合理的配慮について説明したものである。誤っているものを①～⑤から一つ選べ。**

① 「障害者の権利に関する条約」の第24条では，障害のある児童生徒がそれぞれの障害に基づいて無償のかつ義務的な特別支援教育を提供されることなど，障害者が，それぞれのニーズに応じた教育を公教育制度の下で確保されることが定められている。

② ユニバーサルデザイン2020行動計画で取り組む「心のバリアフリー」とは，様々な心身の特性や考え方を持つすべての人々が，相互に理解を深めようとコミュニケーションをとり，支え合うことである。

③ 各人が「心のバリアフリー」を体現するためには，障害のある人への社会的障壁を取り除くのは社会の責務であるという「障害の社会モデル」を理解すること，障害のある人（及びその家族）への差別を行わないよう徹底すること，自分とは異なる条件を持つ多様な他者とコミュニケーションを取る力を養い，すべての人が抱える困難や痛みを想像し共感する力を培うことがポイントとなる。

④ 「合理的配慮」とは，障害のある子どもが，他の子どもと平等に「教育を受ける権利」を享有・行使することを確保するために，学校の設置者及び学校が必要かつ適当な変更・調整を行うことであり，障害のある子どもに対し，その状況に応じて，学校教育を受ける場合に個別に必要とされるものであり，学校の設置者及び学校に対して，体制面，財政面において，均衡を失した又は過度の負担を課さないものである。

⑤ 「合理的配慮」は，一人一人の障害の状態や教育的ニーズ等に応じて決定されるものであり，設置者・学校と本人・保護者により，発達の段階を考慮しつつ，「合理的

配慮」の観点を踏まえ，「合理的配慮」について可能な限り合意形成を図った上で決定し，提供されることが望ましく，その内容を個別の教育支援計画に明記することが望ましい。

5 **次の文は，「性同一性障害や性的指向・性自認に係る，児童生徒に対するきめ細かな対応等の実施について（教職員向け）」（平成28年４月１日　文部科学省）の一部である。文中の［ア］～［オ］にあてはまる語句の組合せとして正しいものを①～⑤から一つ選べ。**

性同一性障害に係る児童生徒が求める支援は，（中略）学校として［ア］をもたず，その時々の児童生徒の状況等に応じた支援を行うことが必要であること。

他の児童生徒や［イ］との情報の共有は，当事者である児童生徒や［イ］の意向等を踏まえ，個別の事情に応じて進める必要があること。（中略）

指導要録の記載については学齢簿の記載に基づき行いつつ，卒業後に法に基づく［ウ］上の性別の変更等を行った者から卒業証明書等の発行を求められた場合は，［ウ］を確認した上で，当該者が不利益を被らないよう適切に対応すること。（中略）

性同一性障害に係る児童生徒や「性的マイノリティ」とされる児童生徒は，自身のそうした状態を［エ］しておきたい場合があること等を踏まえつつ，学校においては，日頃より児童生徒が相談しやすい環境を整えていくことが望まれること。このため，まず教職員自身が性同一性障害や「性的マイノリティ」全般についての心ない言動を慎むことはもちろん，例えば，ある児童生徒が，その［ウ］上の性別によく見られる［オ］等としていない場合，性同一性障害等を理由としている可能性を考慮し，そのことを一方的に否定したり揶揄（やゆ）したりしないこと等が考えられること。

教職員が児童生徒から相談を受けた際は，当該児童生徒からの信頼を踏まえつつ，まずは悩みや不安を聞く姿勢を示すことが重要であること。

	ア	イ	ウ	エ	オ
①	固定観念	教育委員会	身体	カミングアウト	言葉遣いや態度
②	固定観念	保護者	戸籍	秘匿	服装や髪形
③	先入観	保護者	戸籍	秘匿	服装や髪形
④	先入観	教育委員会	戸籍	カミングアウト	言葉遣いや態度
⑤	先入観	保護者	身体	カミングアウト	言葉遣いや態度

6 **次の文は，「生徒指導提要」（令和４年12月　文部科学省）に関するものである。誤っているものを①～⑤から一つ選べ。**

① 生徒指導と同様に，児童生徒の社会的自己実現を支える教育活動としてキャリア教育がある。生徒指導を進める上で，両者の相互作用を理解して，一体となった取組を行うことが大切である。

② 小・中学校学習指導要領の総則においては，キャリア教育について「児童（生徒）が，学ぶことと自己の将来とのつながりを見通しながら，社会的・職業的自立に向けて必要な基盤となる資質・能力を身に付けていくことができるよう，特別活動を要としつつ各教科等の特質に応じて，キャリア教育の充実を図ること。」と示されている。

③ キャリア教育を学校教育全体で進めるという前提の下，これまでの教科の学びや体

験活動等を振り返るなど，教育活動全体の取組を自己の将来や社会につなげていくことが求められている。

④　進路指導の中にキャリア教育が包含されており，小・中・高のそれぞれの段階における進路指導の一環としてキャリア教育を実施することが望ましい。

⑤　いじめや暴力行為などの生徒指導上の課題への対応においては，児童生徒の反省だけでは再発防止力は弱く，自他の人生への影響を考えること，自己の生き方を見つめること，自己の内面の変化を振り返ること及び将来の夢や進路目標を明確にすることが重要である。

7　**次の文は，いじめ防止対策推進法の条文である。［ア］～［ウ］にあてはまる語句の組合せとして正しいものを①～⑤から一つ選べ。**

（目的）

第１条　この法律は，いじめが，いじめを受けた児童等の［ア］権利を著しく侵害し，その心身の健全な成長及び［イ］の形成に重大な影響を与えるのみならず，その生命又は身体に重大な危険を生じさせるおそれがあるものであることに鑑み，児童等の［ウ］を保持するため，いじめの防止等（いじめの防止，いじめの早期発見及びいじめへの対処をいう。以下同じ。）のための対策に関し，基本理念を定め，国及び地方公共団体等の責務を明らかにし，並びにいじめの防止等のための対策に関する基本的な方針の策定について定めるとともに，いじめの防止等のための対策の基本となる事項を定めることにより，いじめの防止等のための対策を総合的かつ効果的に推進することを目的とする。

	ア	イ	ウ
①	健康的で文化的な生活を営む	学力	健康
②	健康的で文化的な生活を営む	人格	尊厳
③	教育を受ける	人格	尊厳
④	教育を受ける	学力	健康
⑤	健康的で文化的な生活を営む	学力	尊厳

8　**次の文は，学校保健安全法及び同法施行令に関するものである。誤っているものを①～⑤から一つ選べ。**

①　出席停止の期間は，感染症の種類等に応じて，学校設置者の定める基準による。

②　学校の設置者は，感染症の予防上必要があるときは，臨時に，学校の全部又は一部の休業を行うことができる。

③　学校においては，毎学年定期に，児童生徒等（通信による教育を受ける学生を除く。）の健康診断を行わなければならない。

④　学校には，健康診断，健康相談，保健指導，救急処置その他の保健に関する措置を行うため，保健室を設けるものとする。

⑤　校長は，感染症にかかつており，かかつている疑いがあり，又はかかるおそれのある児童生徒等があるときは，政令で定めるところにより，出席を停止させることができる。

9　**次の文は，教育職員等による児童生徒性暴力等の防止等に関する法律の条文である。**

[ア]～[ウ]にあてはまる語句の組合せとして正しいものを①～⑤から一つ選べ。

（基本理念）

第４条　教育職員等による児童生徒性暴力等の防止等に関する施策は，教育職員等による児童生徒性暴力等が全ての児童生徒等の[ア]に関係する重大な問題であるという基本的認識の下に行われなければならない。

2　教育職員等による児童生徒性暴力等の防止等に関する施策は，児童生徒等が安心して学習その他の活動に取り組むことができるよう，学校の内外を問わず教育職員等による児童生徒性暴力等を[イ]することを旨として行われなければならない。

3　教育職員等による児童生徒性暴力等の防止等に関する施策は，被害を受けた児童生徒等を適切かつ迅速に[ウ]することを旨として行われなければならない。

	ア	イ	ウ
①	キャリア発達	根絶	隔離
②	キャリア発達	予防	隔離
③	心身の健全な発達	根絶	保護
④	キャリア発達	根絶	保護
⑤	心身の健全な発達	予防	隔離

10　**次の文は，学校教育の情報化の推進に関する法律の条文である。[ア]～[ウ]にあてはまる語句の組合せとして正しいものを①～⑤から一つ選べ。**

（基本理念）

第３条　学校教育の情報化の推進は，情報通信技術の特性を生かして，個々の児童生徒の能力，特性等に応じた教育，[ア]のある教育（児童生徒の主体的な学習を促す教育をいう。）等が学校の教員による適切な指導を通じて行われることにより，各教科等の指導等において，情報及び情報手段を主体的に選択し，及びこれを活用する能力の体系的な育成その他の知識及び技能の習得等（心身の発達に応じて，基礎的な知識及び技能を習得させるとともに，これらを活用して課題を解決するために必要な思考力，判断力，表現力その他の能力を育み，主体的に学習に取り組む態度を養うことをいう。）が効果的に図られるよう行われなければならない。

2　学校教育の情報化の推新は，デジタル教科書その他のデジタル教材を活用した学習その他の情報通信技術を活用した学習とデジタル教材以外の教材を活用した学習，[イ]等とを適切に組み合わせること等により，多様な方法による学習が推進されるよう行われなければならない。（中略）

5　学校教育の情報化の推進は，児童生徒等の[ウ]の適正な取扱い及びサイバーセキュリティ（サイバーセキュリティ基本法（平成26年法律第104号）第２条に規定するサイバーセキュリティをいう。第17条において同じ。）の確保を図りつつ行われなければならない。

	ア	イ	ウ
①	双方向性	言語学習	通信技術
②	一方向性	言語学習	個人情報
③	双方向性	体験学習	通信技術

島根県

④　一方向性　　体験学習　個人情報
⑤　双方向性　　体験学習　個人情報

1次　小学校・情報(午後)

1　**次の文は，「『令和の日本型学校教育』の構築を目指して（答申）」（令和３年１月　中央教育審議会）の記述である。文中の［ア］～［ウ］にあてはまる語句の組合せとして正しいものを①～⑤から一つ選べ。**

GIGAスクール構想により配備される１人１台の［ア］は，シンプルかつ安価なものであり，この［ア］からネットワークを通じて［イ］にアクセスし［イ］上のデータ，各種サービスを活用することを前提としている。このため，学校内のみならず学校外とつなぐネットワークが高速大容量であること，地方公共団体等の学校の設置者が整備する教育情報［ウ］ポリシー等において，［イ］の活用を禁止せず，必要な［ウ］対策を講じた上でその活用を進めることが必要である。

	ア	イ	ウ
①	端末	クラウド	セーフティ
②	端末	ホームページ	セキュリティ
③	ＰＣ	クラウド	セーフティ
④	ＰＣ	ホームページ	セーフティ
⑤	端末	クラウド	セキュリティ

2　**次の①～⑤から，「公立の小学校等の校長及び教員としての資質の向上に関する指標の策定に関する指針」（令和４年　文部科学省告示第115号）に記載されている内容として正しいものをすべて選べ。**

①　教員等の資質の向上を図るに当たっては，校内研修や授業研究・保育研究などの「現場の経験」を重視した学びを中心として，教育公務員特例法第20条第１項の研修実施者や様々な主体が行う校外研修によって最適に補完される組合せにより実施されることが重要である。

②　校内研修等は，それぞれの学校の教育課題に対応した協働的な学びを学校組織全体で行い，その成果を教職員間で共有することにより，学校の組織力を高め，効果的な学校教育活動の実施にも資するものであり，校長のリーダーシップの下，より活性化させていくことが求められる。

③　研修の実施に当たっては，対面・集合型で行われるもの，同時双方向型のオンラインで行われるもの，オンデマンド型のオンラインで行われるものなど，様々な実施方法が想定される。特に，近年の情報化の進展等により，オンラインによる研修が急速に広まっており，その利点を最大限に生かすとともに，主として知識伝達型の学びであるかどうか，協議やグループワーク形式により学びを深めるものであるかどうかなど，研修の内容・態様に応じて，これらの方法を適切に組み合わせる必要がある。

④　研修を実施する際には，受講そのものを目的化するのではなく，その成果がどのように職務に生かされるかという視点を常に持ちながら行われなければならない。この

ため，成果の確認方法を，研修の性質に応じて明確化することが重要であり，特に研修実施者が実施する体系的かつ計画的に行われる研修については，成果の確認方法をあらかじめ明確化した上で実施することが極めて重要である。

⑤　日々の授業・保育（以下「授業等」という。）の改善など「現場の経験」を重視した学びでは，設置自治体の教育委員会の指導主事等が，当該校における学校教育課題や教員のニーズ等を踏まえて研修・研究テーマを適切に設定するとともに，定期的な授業等の観察や指導助言を訪問して実施するなど，適切な関与を行うことにより，組織的に状況を確認し，教員の資質の向上を支えることが重要である。

3　**経済協力開発機構（OECD）2019年5月に発表した“Learning Compass 2030”において，実現を目指していくとするものは何か。正しいものを①～⑤から一つ選べ。**

①SDGs　②PISA　③Society 5.0　④Well-being　⑤IoT

4　**次の①～⑤で説明されている特別支援教育に関する記述のうち，誤っているものを一つ選べ。**

①　障害のある子供の学びの場については，障害者の権利に関する条約に基づく「インクルーシブ教育システム」の理念の実現に向け，障害のある子供と障害のない子供が可能な限り共に教育を受けられるように条件整備が行われている。

②　障害のある子供の自立と社会参加を見据え，一人一人の教育的ニーズに最も的確に応える指導を提供できるよう，通常の学級，通級による指導，特別支援学級，特別支援学校といった明確に分離された学びの場の整備が行われている。

③　小学校，中学校等において，対象となる障害種がある児童生徒に対し，障害による学習上又は生活上の困難を克服するために特別支援学級が設置されている。

④　小学校，中学校，高等学校等において，通常の学級に在籍し，通常の学級での学習におおむね参加でき，一部特別な指導を必要とする児童生徒に対して，障害に応じた特別の通級による指導が行われている。

⑤　小学校，中学校，高等学校等でも，障害のある児童生徒が通常の学級に在籍しており，個々の障害に配慮しつつ通常の教育課程に基づく指導が行われている。

5　**次のア～オについて，「人権教育の指導方法等の在り方について［第三次とりまとめ］」（平成20年3月　人権教育の指導方法等に関する調査研究会議）で述べられているものの組合せとして正しいものを①～⑤から一つ選べ。**

ア　人権教育は，人権に関する知的理解と人権感覚の涵養を基盤として，意識，態度，実践的な行動力など様々な資質や能力を育成し，発展させることを目指す総合的な教育である。

イ　人権教育により身に付けるべき知識は，自他の人権を尊重したり人権問題について考えたりする上で役立つ見方・考え方でなければならない。例えば，自由，責任，正義，個人の尊厳，権利，義務などの諸概念についての知識，人権の歴史や現状についての知識，国内法や国際法等々に関する知識，自他の人権を擁護し人権侵害の予防や解決策を検討するために必要な理論的知識等が含まれる。

ウ　人権教育が育成を目指す価値や態度には，人間の尊厳の尊重，自他の人権の尊重，多様性に対する肯定的評価，責任感，正義や自由の実現のために活動しようとする意欲などが含まれる。人権に関する知識や人権擁護に必要な諸技能を人権実現のための実践行動に結びつけるためには，このような価値や態度の育成が不可欠である。

エ　人権の本質やその重要性を実践的な知識として知るだけでは，必ずしも人権擁護の実現に十分であるとはいえない。人権に関わる事柄を直観的に感受するだけではなく，その内容を認知的に捉え，反省的に考察し，それを体系化することが求められる。そのような理解や体系化のためには，様々な技能の助けが必要である。

オ　人権教育が育成を目指す技能には，コミュニケーション技能，合理的・分析的に思考する技能や偏見や差別を見きわめる技能，その他相違を認めて受容できるための諸技能，協力的・建設的に問題解決に取り組む技能，責任を負う技能などが含まれる。こうした諸技能が人権感覚を鋭敏にする。

①　ア・ウ・オ　②　イ・エ・オ　③　ア・イ・ウ　④　イ・ウ・エ
⑤　ア・ウ・エ

6　**次の①～⑤で説明されている学習（活動）の形態に関する記述のうち，誤っているものを一つ選べ。**

①　一斉学習とは，学級の全員が一人の教師の下で，同一内容を同一進度で学習する学習形態である。

②　一斉学習では，学習者相互の関係は薄いものの，多人数を経済的に教育しうるので，義務教育制度の発達とともに学校の学習形態の主流となった。

③　一斉学習では，それぞれの子どもの能力・学力・理解の正確な把握に基づいて，その実態に即した個別の教材の提示と多様な指導法によって，知識・技能の習得が目指される。

④　小集団学習（活動）では，活動の種類によって主に学習班と生活班に分けられるが，その人数や期間は目的に応じてさまざまである。

⑤　小集団学習（活動）は，少人数による対面的接触が密接なため，お互いの理解が容易でありかつ深めやすいなどの意義を有するが，成員間に協同的な人間関係が生まれるようにすることなど，教師の意図的，計画的な働きかけが不可欠である。

7　**次の文は，教育基本法の条文である。［ア］，［イ］にあてはまる語句の組合せとして正しいものを①～⑥から一つ選べ。**

（教育の目的）

第１条　教育は，［ア］を目指し，平和で［イ］な国家及び社会の形成者として必要な資質を備えた心身ともに健康な国民の育成を期して行われなければならない。

	ア	イ
①	学力の伸長	民主的
②	個人の自立	平等
③	人格の完成	民主的
④	学力の伸長	平等
⑤	人格の完成	文化的
⑥	個人の自立	文化的

8　**次の①～⑤から，体罰に相当するものを一つ選べ。**

① 宿題を忘れた児童に対して，教室の後方で正座で授業を受けるよう言い，児童が苦痛を訴えたが，そのままの姿勢を保持させる。

② 休み時間に廊下で，他の児童を押さえつけて殴るという行為に及んだ児童がいたため，この児童の両肩をつかんで引き離す。

③ 学校当番を多く割り当てる。

④ 立ち歩きの多い児童生徒を叱って席につかせる。

⑤ 児童が教員の指導に反抗して教員の足を蹴ったため，児童の背後に回り，体をきつく押さえる。

9 **次の文は，服務に関するものである。地方公務員法に照らして正しいものを①～⑤から一つ選べ。**

① 職員は，その職務を遂行するに当って，法令，条例，地方公共団体の規則及び地方公共団体の機関の定める規程に従い，且つ，任命権者の身分上の命令に忠実に従わなければならない。

② 職員は，職務上知り得た秘密を漏らしてはならない。ただし，その職を退いた後は，この限りではない。

③ 職員は，法律又は条例に特別の定がある場合を除く外，その勤務時間及び職務上の注意力のすべてをその職責遂行のために用い，当該地方公共団体がなすべき責を有する職務にのみ従事しなければならない。

④ 職員は，その職全体の信頼を毀損し，又は職員の不利益となるような行為をしてはならない。

⑤ 職員は，法律の定めるところにより，服務の宣誓をしなければならない。

10 **次の文は，学校教育における目標に関するものである。学校教育法の規定に照らして誤っているものを①～⑤から一つ選べ。**

① 義務教育の目標の一つに，我が国と郷土の現状と歴史について，正しい理解に導き，伝統と文化を尊重し，それらをはぐくんできた我が国と郷土を愛する態度を養うとともに，進んで外国の文化の理解を通じて，他国を尊重し，国際社会の平和と発展に寄与する態度を養うことがある。

② 義務教育の目標の一つに，学校外における体験活動を促進し，自主，自律及び協調の精神，規範意識，公正な思考力並びに共生の精神に基づき主体的に社会の形成に参画し，その発展に寄与する態度を養うことがある。

③ 高等学校の目標の一つに，社会において果たさなければならない使命の自覚に基づき，個性に応じて将来の進路を決定させ，一般的な教養を高め，専門的な知識，技術及び技能を習得させることがある。

④ 高等学校の目標の一つに，個性の確立に努めるとともに，社会について，広く深い理解と健全な批判力を養い，社会の発展に寄与する態度を養うことがある。

⑤ 中等教育学校の目標の一つに，個性の確立に努めるとともに，社会について，広く深い理解と健全な批判力を養い，社会の発展に寄与する態度を養うことがある。

解答＆解説

1次　小学校・情報以外（午前）

1 解答 ②

解説 文部科学省「公立学校の教師の勤務時間の上限に関するガイドライン」（2019年1月25日）の「3．勤務時間の上限の目安時間」「⑴本ガイドラインにおいて対象となる『勤務時間』の考え方」を参照。

②「所定の勤務時間外に校内において自らの判断に基づいて自らの力量を高めるために行う自己研鑽の時間その他業務外の時間については，自己申告に基づき除くものとする」と示されている。

2 解答 ⑤

解説 中央教育審議会答申「チームとしての学校の在り方と今後の改善方策について」（2015年12月21日）の「2．『チームとしての学校』の在り方」の冒頭の囲み，及び「⑴『チームとしての学校』を実現するための3つの視点」「①専門性に基づくチーム体制の構築」「（チーム体制の構築）」を参照。

3 解答 ④

解説 平成29年版小学校学習指導要領（2017年3月31日告示）の「第5章　総合的な学習の時間」「第1　目標」，平成29年版中学校学習指導要領（2017年3月31日告示）の「第4章　総合的な学習の時間」「第1　目標」，平成30年版高等学校学習指導要領（2018年3月30日告示）の「第4章　総合的な探究の時間」「第1　目標」を参照。

4 解答 ①

解説 ①障害者の権利に関する条約第24条第2項⒜を参照。「教育」の規定。同項では「障害者が障害に基づいて一般的な教育制度から排除されないこと及び障害のある児童が障害に基づいて無償のかつ義務的な初等教育から又は中等教育から排除されないこと」と定められており，設問文の「特別支援教育」は誤り。

②・③関係閣僚会議「ユニバーサルデザイン2020行動計画」（2017年2月20日決定，2020年12月22日一部改正）の「Ⅱ.『心のバリアフリー』」「1．考え方」を参照。

④文部科学省「障害のある子供の教育支援の手引　～子供たち一人一人の教育的ニーズを踏まえた学びの充実に向けて～」（2021年6月）の「第1編　障害のある子供の教育支援の基本的な考え方」「3　今日的な障害の捉えと対応」「⑶合理的配慮とその基礎となる環境整備」「②合理的配慮の定義等」を参照。

⑤文部科学省「障害のある子供の教育支援の手引　～子供たち一人一人の教育的ニーズを踏まえた学びの充実に向けて～」（2021年6月）の「第1編　障害のある子供の教育支援の基本的な考え方」「3　今日的な障害の捉えと対応」「⑶合理的配慮とその基礎となる環境整備」「③合理的配慮の決定方法・提供」を参照。

5 解答 ③

解説 文部科学省「性同一性障害や性的指向・性自認に係る，児童生徒に対するきめ細かな対応等の実施について（教職員向け）」（2016年４月１日）の「４．『性同一性障害に係る児童生徒に対するきめ細かな対応の実施等について』（平成27年４月30日　児童生徒課長通知）（抄）」を参照。

ア・イ：「⑴性同一性障害に係る児童生徒についての特有の支援」「③学校生活の各場面での支援について」を参照。

ウ：「⑴性同一性障害に係る児童生徒についての特有の支援」「④卒業証明書等について」を参照。

ウ～オ：「⑵性同一性障害に係る児童生徒や『性的マイノリティ』とされる児童生徒に対する相談体制等の充実」を参照。

6 解答 ④

解説『生徒指導提要』（2022年12月改訂）の「第Ⅰ部　生徒指導の基本的な進め方」「第１章　生徒指導の基礎」「1.1　生徒指導の意義」「1.1.3　生徒指導の関連性」「⑴生徒指導とキャリア教育」を参照。

④正しくは「キャリア教育の中に進路指導が包含されており，（中略）小・中・高を通じたキャリア教育の積み重ねの重要性が指摘されています」と示されている。

①～③・⑤当該箇所を参照。

7 解答 ③

解説 いじめ防止対策推進法第１条を参照。この法律の「目的」の規定。

8 解答 ①

解説 ①学校保健安全法施行令第６条第２項を参照。「出席停止の指示」の規定。「学校設置者」ではなく「文部科学省令」で定める基準による。具体的には学校保健安全法施行規則第19条に「出席停止の期間の基準」が規定されている。

②学校保健安全法第20条を参照。感染症予防のための「臨時休業」の規定。

③学校保健安全法第13条第１項を参照。「児童生徒等の健康診断」の規定。

④学校保健安全法第７条を参照。「保健室」の規定。

⑤学校保健安全法第19条を参照。感染症予防のための「出席停止」の規定。

9 解答 ③

解説 教育職員等による児童生徒性暴力等の防止等に関する法律第４条第１項～第３項を参照。「基本理念」の規定。

10 解答 ⑤

解説 学校教育の情報化の推進に関する法律第３条第１項・第２項・第５項を参照。「基本理念」の規定。

１次　小学校・情報（午後）

1 解答 ⑤

解説 中央教育審議会答申「『令和の日本型学校教育』の構築を目指して　～全ての子

供たちの可能性を引き出す，個別最適な学びと，協働的な学びの実現～」(2021年１月26日，４月22日更新）の「第Ⅰ部　総論」「５．『令和の日本型学校教育』の構築に向けたICTの活用に関する基本的な考え方」「(3)ICT環境整備の在り方」を参照。

2 解答 ②，③，④

解説 文部科学省「公立の小学校等の校長及び教員としての資質の向上に関する指標の策定に関する指針」(2022年８月31日改正）の「二　公立の小学校等の教員等としての資質の向上に関する基本的な事項」「１　教員等の資質の向上に関する基本的考え方」を参照。

②・③「(2)多様な内容・方法による資質の向上」を参照。

④「(3)研修の成果の確認方法の明確化」を参照。

①「(2)多様な内容・方法による資質の向上」を参照。正しくは「校内研修や授業研究・保育研究などの『現場の経験』を重視した学びと法第20条第１項の研修実施者（以下「研修実施者」という。）や様々な主体が行う校外研修とが最適な組合せにより実施されることが重要である」と示されている。

⑤「(3)研修の成果の確認方法の明確化」を参照。正しくは「校長等の学校管理職が，自校における学校教育課題や教員のニーズ等を踏まえて研修・研究テーマを適切に設定するとともに，定期的な授業等の観察や指導助言を実施するなど，適切な関与を行うことにより，組織的に状況を確認し，学校組織全体で教員の資質の向上を支えることが重要である」と示されている。

3 解答 ④

解説 ④「OECDラーニング・コンパス（学びの羅針盤）2030」(2019年１月）を参照。個人や社会のウェルビーイングを「私たちの望む未来（Future We Want）に向けた方向性」とし，社会のウェルビーイングは共通の「目的地」とされている。なお，「第４期教育振興基本計画」(2023年６月16日閣議決定）では，ウェルビーイングとは「身体的・精神的・社会的に良い状態にあることをいい，短期的な幸福のみならず，生きがいや人生の意義など将来にわたる持続的な幸福を含むもの」であり，「個人のみならず，個人を取り巻く場や地域，社会が持続的に良い状態であることを含む包括的な概念」であると定義付けしている（「Ⅱ．今後の教育政策に関する基本的な方針」「(2)日本社会に根差したウェルビーイングの向上」)。

4 解答 ②

解説 ②中央教育審議会報告「共生社会の形成に向けたインクルーシブ教育システム構築のための特別支援教育の推進」(2012年７月23日）の「１．共生社会の形成に向けて」の冒頭の囲みを参照。「明確に分離された学びの場」ではなく「連続性のある『多様な学びの場』」。

①中央教育審議会報告「共生社会の形成に向けたインクルーシブ教育システム構築のための特別支援教育の推進」(2012年７月23日）の「１．共生社会の形成に向けて」の冒頭の囲みを参照。

③根拠法令は学校教育法第81条を参照。「特別支援学級」の規定。

④根拠法令は学校教育法施行規則第140条を参照。「障害に応じた特別の指導―通級指導」の規定。『小学校学習指導要領解説　総則編』(2017年７月）の「第３章　教育課程の編成及び実施」「第４節　児童の発達の支援」「２　特別な配慮を必要とする児童への指導」「(1)障害のある児童などへの指導」「②通級による指導における特別の教育課程（第１章第４の２の(1)のウ)」も参照（他校種にも同様の記述あり）。

⑤『小学校学習指導要領解説　総則編』(2017年７月）の「第３章　教育課程の編成及び実施」「第４節　児童の発達の支援」「２　特別な配慮を必要とする児童への指導」「(1)障害のある児童などへの指導」「①児童の障害の状態に応じた指導の工夫（第１章第４の２の(1)のア)」などを参照（他校種にも同様の記述あり）。各学習指導要領の「第１章　総則」において，障害のある児童生徒への配慮事項等が示されている。

5 解答 ①

解説 人権教育の指導方法等に関する調査研究会議「人権教育の指導方法等の在り方について［第三次とりまとめ］」(2008年３月）の「指導等の在り方編」「第１章　学校教育における人権教育の改善・充実の基本的考え方」「１．人権及び人権教育」「(4)人権教育を通じて育てたい資質・能力」を参照。

ア：当該箇所を参照。

ウ：「２．価値的・態度的側面」を参照。

オ：「３．技能的側面」を参照。

イ：「１．知識的側面」を参照。「理論的知識等」ではなく「実践的知識等」。

エ：「３．技能的側面」を参照。正しくは「人権に関わる事柄を認知的に捉えるだけではなく，その内容を直感的に感受し，共感的に受けとめ，それを内面化することが求められる。そのような受容や内面化のためには，様々な技能の助けが必要である」と示されている。

6 解答 ③

解説 ③一斉学習は，選択肢①の通り原則として１人の教師が学級全員に同一内容，同一進度で学習させる学習方法。効率はよいが，学習者はそれぞれの速度と特性をもって学習するので，個々の習得について把握しきれない可能性がある。

7 解答 ③

解説 教育基本法第１条を参照。「教育の目的」の規定。

8 解答 ①

解説 文部科学省「体罰の禁止及び児童生徒理解に基づく指導の徹底について（通知)」(2013年３月13日）の別紙「学校教育法第11条に規定する児童生徒の懲戒・体罰等に関する参考事例」を参照。

①「(1)体罰（通常，体罰と判断されると考えられる行為)」「○被罰者に肉体的苦痛を与えるようなもの」を参照。体罰に相当する。

②「(3)正当な行為（通常，正当防衛，正当行為と判断されると考えられる行為)」「○他の児童生徒に被害を及ぼすような暴力行為に対して，これを制止したり，

目前の危険を回避するためにやむを得ずした有形力の行使」を参照。体罰には相当しない。

③・④「(2)認められる懲戒（通常，懲戒権の範囲内と判断されると考えられる行為）（ただし肉体的苦痛を伴わないものに限る。)」を参照。体罰には相当しない。

⑤「(3)正当な行為（通常，正当防衛，正当行為と判断されると考えられる行為)」「○児童生徒から教員等に対する暴力行為に対して，教員等が防衛のためにやむを得ずした有形力の行使」を参照。体罰には相当しない。

9 解答 ③

解説 ③地方公務員法第35条を参照。「職務に専念する義務」の規定。

①地方公務員法第32条を参照。「法令等及び上司の職務上の命令に従う義務」の規定。「任命権者の身分上の命令」ではなく「上司の職務上の命令」。

②地方公務員法第34条第１項を参照。「秘密を守る義務」の規定。正しくは「その職を退いた後も，また，同様とする」と規定されている。

④地方公務員法第33条を参照。「信用失墜行為の禁止」の規定。正しくは「その職の信用を傷つけ，又は職員の職全体の不名誉となるような行為をしてはならない」と規定されている。

⑤地方公務員法第31条を参照。「服務の宣誓」の規定。「法律」ではなく「条例」。

10 解答 ②

解説 ②学校教育法第21条第一号を参照。「義務教育の目標」の規定。「学校外における体験活動」ではなく「学校内外における社会的活動」。「協調の精神」ではなく「協同の精神」。「公正な思考力」ではなく「公正な判断力」。「共生の精神」ではなく「公共の精神」。

①学校教育法第21条第三号を参照。「義務教育の目標」の規定。

③学校教育法第51条第二号を参照。「高等学校教育の目標」の規定。

④学校教育法第51条第三号を参照。「高等学校教育の目標」の規定。

⑤学校教育法第51条第三号を参照。「高等学校教育の目標」の規定。

岡山県

実施日	2023(令和５)年７月８日	試験時間	40分
出題形式	マークシート式	問題数	20題（解答数20）
パターン	時事・原理・法規＋心理・教育史・ローカル	公開状況	問題:公開　解答:公開　配点:公開

●今年度は午前・午後を分けずに行われ，ローカル問題を含む全分野から出題。●最も解答数の多い教育時事は，「第３期教育振興基本計画」「不登校児童生徒への支援の在り方」「学習指導要領の改訂」『文部科学白書』「教育の情報化」「教育公務員特例法及び教育職員免許法の一部改正」「校長及び教員の資質向上に関する指標」「児童虐待」と，多岐にわたる。●教育原理は，学習指導要領「総則」から４題と，教授法について。●教育法規は，教育基本法，人権教育及び人権啓発の推進に関する法律の空欄補充問題と，教職員に関する法規の正誤判定問題。●ローカル問題は，「授業以外で平日に１時間以上学習する児童生徒の割合」の推移を示したグラフより，全国と岡山県の結果の読み取り問題。

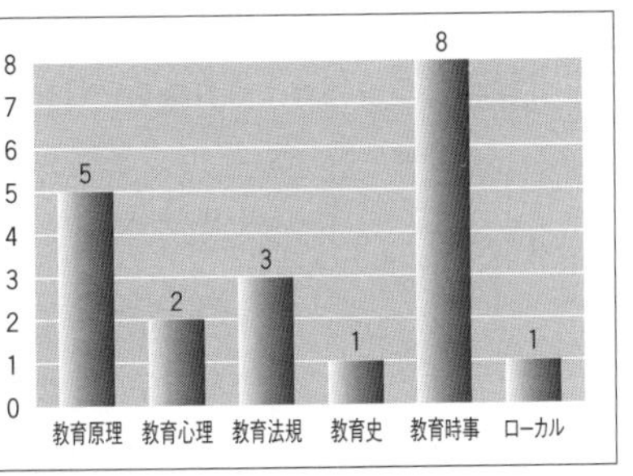

出題領域

分野	項目	数	項目	数	項目	数
教育原理	教育課程・学習指導要領	↓時事	総則	4	特別の教科　道徳	
	外国語活動		総合的な学習(探究)の時間		特別活動	
	学習指導	1	生徒指導	↓時事	学校・学級経営	
	特別支援教育		人権・同和教育	↓法規	その他	
教育心理	発達		学習		性格と適応	1
	カウンセリングと心理療法	1	教育評価		学級集団	
教育法規	教育の基本理念		学校教育	1	学校の管理と運営	
	児童生徒		教職員	1	人権教育	1
教育史	日本教育史		西洋教育史	1		
教育時事	答申・統計	8	ローカル	1		

表中の数字は，解答数

全校種共通

☞解答＆解説 p.386

1　次の文章は，平成30年６月15日に閣議決定された第３期の「教育振興基本計画」の「第２部　目標(5)社会的・職業的自立に向けた能力・態度の育成」の一部である。（ A ）～（ E ）に当てはまる語句の組合せとして，正しいものはどれか。

幼児期の教育から高等教育まで各学校段階を通じた体系的・系統的な（ A ）を推進する。初等中等教育段階においては，地域を担う人材育成に資するためにも，地元企業等と連携した起業体験，（ B ），インターンシップの普及促進を図るとともに，特色ある教育内容を展開する（ C ）への支援と成果の普及に取り組む。また，高校生らが働くことを意識しながらビジネスの手法等を学び，地域の大人とともに地域課題を解決する取組を促進する。高等教育段階においては，産業界と連携し，適正なインターンシップの更なる推進を図るとともに，ボランティア等の学外で行う活動の授業の一環としての位置付け，単位化を促進する。（ D ）においては，企業等と密接に連携した「職業実践専門課程」を中心に，（ D ）全体の質保証・向上を推進するとともに，組織的・自立的な教育活動展開のための（ E ）の体制づくりのための取組を進める。

	A	B	C	D	E
1．	職業教育	社会体験	専門高校	専門学校	産学協同
2．	職業教育	職場体験	職業高校	専修学校	産学官連携
3．	キャリア教育	職場体験	専門高校	専門学校	産学官連携
4．	キャリア教育	職場体験	専門高校	専修学校	産学官連携
5．	キャリア教育	社会体験	職業高校	専門学校	産学協同

2　次の文章は，平成29年告示の小学校学習指導要領及び中学校学習指導要領，平成30年告示の高等学校学習指導要領の「第１章　総則」の一部である。（ A ）～（ E ）に当てはまる語句の組合せとして，正しいものはどれか。

(小学校)

ア　障害のある児童などについては，（ A ）の助言又は援助を活用しつつ，個々の児童の障害の状態等に応じた指導内容や指導方法の工夫を組織的かつ計画的に行うものとする。

ウ　障害のある児童に対して，（ B ）を行い，特別の教育課程を編成する場合には，特別支援学校小学部・中学部学習指導要領第７章に示す（ C ）の内容を参考とし，具体的な目標や内容を定め，指導を行うものとする。その際，効果的な指導が行われるよう，各教科等と（ B ）との関連を図るなど，教師間の連携に努めるものとする。

エ　障害のある児童などについては，家庭，地域及び医療や福祉，保健，労働等の業務を行う関係機関との連携を図り，長期的な視点で児童への教育的支援を行うために，（ D ）を作成し活用することに努めるとともに，各教科等の指導に当たって，個々の児童の実態を的確に把握し，（ E ）を作成し活用することに努めるものとする。特に，特別支援学級に在籍する児童や（ B ）を受ける児童については，個々の児童の実態を的確に把握し，（ D ）や（ E ）を作成し，効果的に活用するものとする。

(中学校)

岡山県

ア　障害のある生徒などについては，（ A ）の助言又は援助を活用しつつ，個々の生徒の障害の状態等に応じた指導内容や指導方法の工夫を組織的かつ計画的に行うものとする。

ウ　障害のある生徒に対して，（ B ）を行い，特別の教育課程を編成する場合には，特別支援学校小学部・中学部学習指導要領第７章に示す（ C ）の内容を参考とし，具体的な目標や内容を定め，指導を行うものとする。その際，効果的な指導が行われるよう，各教科等と（ B ）との関連を図るなど，教師間の連携に努めるものとする。

エ　障害のある生徒などについては，家庭，地域及び医療や福祉，保健，労働等の業務を行う関係機関との連携を図り，長期的な視点で生徒への教育的支援を行うために，（ D ）を作成し活用することに努めるとともに，各教科等の指導に当たって，個々の生徒の実態を的確に把握し，（ E ）を作成し活用することに努めるものとする。特に，特別支援学級に在籍する生徒や（ B ）を受ける生徒については，個々の生徒の実態を的確に把握し，（ D ）や（ E ）を作成し，効果的に活用するものとする。

（高等学校）

ア　障害のある生徒などについては，（ A ）の助言又は援助を活用しつつ，個々の生徒の障害の状態等に応じた指導内容や指導方法の工夫を組織的かつ計画的に行うものとする。

イ　障害のある生徒に対して，学校教育法施行規則第140条の規定に基づき，特別の教育課程を編成し，障害に応じた特別の指導（以下「（ B ）」という。）を行う場合には，学校教育法施行規則第129条の規定により定める現行の特別支援学校高等部学習指導要領第６章に示す（ C ）の内容を参考とし，具体的な目標や内容を定め，指導を行うものとする。その際，（ B ）が効果的に行われるよう，各教科・科目等と（ B ）との関連を図るなど，教師間の連携に努めるものとする。

ウ　障害のある生徒などについては，家庭，地域及び医療や福祉，保健，労働等の業務を行う関係機関との連携を図り，長期的な視点で生徒への教育的支援を行うために，（ D ）を作成し活用することに努めるとともに，各教科・科目等の指導に当たって，個々の生徒の実態を的確に把握し，（ E ）を作成し活用することに努めるものとする。特に，（ B ）を受ける生徒については，個々の生徒の障害の状態等の実態を的確に把握し，（ D ）や（ E ）を作成し，効果的に活用するものとする。

	A	B	C	D	E
1．	特別支援学校等	訪問による指導	補充的な学習	個別の指導計画	個別の教育支援計画
2．	特別支援学校等	通級による指導	自立活動	個別の教育支援計画	個別の指導計画
3．	養護教諭等	通級による指導	補充的な学習	個別の指導計画	個別の教育支援計画
4．	養護教諭等	訪問による指導	自立活動	個別の教育支援計画	個別の指導計画
5．	養護教諭等	通級による指導	補充的な学習	個別の教育支援計画	個別の指導計画

3　**次の文章は，「不登校児童生徒への支援の在り方について（通知）」（令和元年10月25日文部科学省）の一部である。（ A ）～（ E ）に当てはまる語句の組合せとして，正しいものはどれか。**

不登校児童生徒への支援は，「学校に登校する」という結果のみを目標にするのではなく，児童生徒が自らの進路を主体的に捉えて，社会的に自立することを目指す必要があること。また，児童生徒によっては，不登校の時期が休養や自分を見つめ直す等の（ A ）な意味を持つことがある一方で，学業の遅れや進路選択上の不利益や（ B ）へのリスクが存在することに留意すること。

不登校児童生徒への効果的な支援については，学校及び（ C ）などの関係機関を中心として（ D ）に実施することが重要であり，また，個々の児童生徒ごとに不登校になったきっかけや継続理由を的確に把握し，その児童生徒に合った支援策を策定することが重要であること。その際，学級担任，（ E ），スクールカウンセラー，スクールソーシャルワーカー等の学校関係者が中心となり，児童生徒や保護者と話し合うなどして，「児童生徒理解・支援シート」(以下「シート」という。）を作成することが望ましいこと。これらの情報は関係者間で共有されて初めて支援の効果が期待できるものであり，必要に応じて，（ C ），医療機関，児童相談所等，関係者間での情報共有，小・中・高等学校間，転校先等との引継ぎが有効であるとともに，支援の進捗状況に応じて，定期的にシートの内容を見直すことが必要であること。また，校務効率化の観点からシートの作成に係る業務を効率化するとともに，引継ぎに当たって個人情報の取扱いに十分留意することが重要であること。

	A	B	C	D	E
1．	積極的	社会的自立	教育支援センター	組織的・計画的	養護教諭
2．	心理的	問題行動	フリースクール	組織的・計画的	生徒指導主事
3．	積極的	社会的自立	フリースクール	個別的・計画的	養護教諭
4．	心理的	社会的自立	教育支援センター	組織的・計画的	生徒指導主事
5．	積極的	問題行動	教育支援センター	個別的・計画的	生徒指導主事

4 **次の文章は，「幼稚園，小学校，中学校，高等学校及び特別支援学校の学習指導要領等の改善及び必要な方策等について（答申）」（平成28年12月　中央教育審議会）の「第5章　5　別紙4」の一部である。下線部A～Eについて，正しいものを○，誤っているものを×としたとき，その組合せとして正しいものはどれか。**

○　健康・安全・食に関する資質・能力を，「知識・技能」，「思考力・判断力・表現力等」，「学びに向かう力・人間性等」の三つの柱に沿って整理すると，以下のようになると考えられる。

(知識・技能)

様々な健康課題，A 自然災害や事件・事故等の危険性，健康・安全で安心な社会づくりの意義を理解し，健康で安全な生活や健全な食生活を実現するために必要な知識や技能を身に付けていること。

(思考力・判断力・表現力等)

自らの健康や食，安全の状況を適切に評価するとともに，B 提示された情報や資料を基に，健康で安全な生活や健全な食生活を実現するために何が必要かを考え，適切にC 意思決定し，行動するために必要な力を身に付けていること。

(学びに向かう力・人間性等)

健康や食，安全に関する様々な課題に関心を持ち，主体的に，D 家族の健康で安全な生活や健全な食生活を実現しようとしたり，健康・安全で安心な社会づくりに貢献しようとしたりする$_{E}$態度を身に付けていること。

	A	B	C	D	E
1．	○	○	○	×	×
2．	×	×	○	○	○
3．	○	×	○	×	○
4．	×	○	×	○	×
5．	○	×	×	×	○

5 **次の文章は，平成29年告示の小学校学習指導要領及び中学校学習指導要領，平成30年告示の高等学校学習指導要領の「第1章　総則」の一部である。（Ａ）～（Ｅ）に当てはまる語句の組合せとして正しいものはどれか。**

(小学校)

各学校においては，第１の２の(2)に示す道徳教育の（ Ａ ）を踏まえ，道徳教育の（ Ｂ ）を作成し，（ Ｃ ）の方針の下に，道徳教育の推進を主に担当する教師（以下「道徳教育推進教師」という。）を中心に，（ Ｄ ）が協力して道徳教育を展開すること。なお，道徳教育の（ Ｂ ）の作成に当たっては，児童や学校，地域の実態を考慮して，学校の道徳教育の重点目標を設定するとともに，道徳科の指導方針，第３章特別の教科道徳の第２に示す内容との関連を踏まえた各教科，外国語活動，総合的な学習の時間及び（ Ｅ ）における指導の内容及び時期並びに家庭や地域社会との連携の方法を示すこと。

(中学校)

各学校においては，第１の２の(2)に示す道徳教育の（ Ａ ）を踏まえ，道徳教育の（ Ｂ ）を作成し，（ Ｃ ）の方針の下に，道徳教育の推進を主に担当する教師（以下「道徳教育推進教師」という。）を中心に，（ Ｄ ）が協力して道徳教育を展開すること。なお，道徳教育の（ Ｂ ）の作成に当たっては，生徒や学校，地域の実態を考慮して，学校の道徳教育の重点目標を設定するとともに，道徳科の指導方針，第３章特別の教科道徳の第２に示す内容との関連を踏まえた各教科，総合的な学習の時間及び（ Ｅ ）における指導の内容及び時期並びに家庭や地域社会との連携の方法を示すこと。

(高等学校)

各学校においては，第１款の２の(2)に示す道徳教育の（ Ａ ）を踏まえ，道徳教育の（ Ｂ ）を作成し，（ Ｃ ）の方針の下に，道徳教育の推進を主に担当する教師（「道徳教育推進教師」という。）を中心に，（ Ｄ ）が協力して道徳教育を展開すること。なお，道徳教育の（ Ｂ ）の作成に当たっては，生徒や学校の実態に応じ，指導の方針や重点を明らかにして，各教科・科目等との関係を明らかにすること。その際，公民科の「公共」及び「倫理」並びに（ Ｅ ）が，人間としての在り方生き方に関する中核的な指導の場面であることに配慮すること。

	A	B	C	D	E
1．	目的	年間計画	各学校	全教師	学校行事
2．	目的	全体計画	校長	教職員	特別活動
3．	目標	年間計画	校長	教職員	学校行事

4．目標	全体計画	各学校	教職員	特別活動
5．目標	全体計画	校長	全教師	特別活動

6 **次の文章は，人権教育及び人権啓発の推進に関する法律（平成12年法律第147号）の第1条及び第2条である。（ A ）～（ E ）に当てはまる語句の組合せとして正しいものはどれか。**

第1条　この法律は，人権の尊重の緊要性に関する認識の高まり，社会的身分，門地，人種，信条又は（ A ）による不当な差別の発生等の人権侵害の現状その他人権の（ B ）に関する内外の情勢にかんがみ，人権教育及び人権啓発に関する施策の推進について，国，地方公共団体及び国民の（ C ）を明らかにするとともに，必要な措置を定め，もって人権の（ B ）に資することを目的とする。

第2条　この法律において，人権教育とは，人権尊重の精神の（ D ）を目的とする教育活動をいい，人権啓発とは，国民の間に人権尊重の理念を普及させ，及びそれに対する国民の（ E ）を深めることを目的とする広報その他の啓発活動（人権教育を除く。）をいう。

	A	B	C	D	E
1．	年齢	擁護	義務	助長	意識
2．	性別	擁護	責務	涵養	理解
3．	性別	問題解決	義務	助長	意識
4．	性別	擁護	責務	涵養	意識
5．	年齢	問題解決	義務	涵養	理解

7 **次の文章は，「文部科学白書」（令和3年度　文部科学省）の「第2部　第11章　ICTの活用の推進　第1節　教育の情報化」の一部である。（ A ）～（ E ）に当てはまる語句の組合せとして正しいものはどれか。**

(4)　学校における先端技術の効果的な活用

（ A ）を生かしたデジタルならではの学びを進めるためには，学校ICT環境を基盤として，先端技術を効果的に活用していくことが重要です。ICT環境や先端技術を活用する意義としては，①学びにおける（ B ）などの制約を取り払うこと，②（ C ）学びや支援，③学びの（ D ）の共有や（ D ）の生成，④（ E ）の効率化などが挙げられます。

	A	B	C	D	E
1．	1人1台端末	時間・空間	個別最適の	知見	校務
2．	GIGAスクール構想	時間・空間	個別最適の	知見	事務処理
3．	1人1台端末	個人差	個別最適の	情報	事務処理
4．	1人1台端末	時間・空間	きめ細かな	知見	校務
5．	GIGAスクール構想	個人差	きめ細かな	情報	校務

8 **「教育の情報化に関する手引（追補版）」（令和2年6月　文部科学省）の「第3章　プログラミング教育の推進」に示されている内容として，A～Eについて，正しいものを○，誤っているものを×としたとき，その組合せとして正しいものはどれか。**

A　コンピュータをより適切かつ効果的に活用していくためには，その仕組みを知ることが重要である。コンピュータは人がその仕組みを知ることによって動作するが，端的に言えば，その仕組みが「プログラム」であり，仕組みを知ることが「プログラミング」である。

B　プログラミング教育は，障害のある子供たちも含め，その可能性を広げることにもつながる。プログラミングの能力を開花させ，創造力を発揮して，起業する若者や特許を取得する子供も現れており，将来の社会で活躍できるきっかけとなることや，新たな価値の創造が期待できる。

C　プログラミング教育のねらいを実現するためには，各学校において，プログラミングによってどのような力を育てたいのかを明らかにし，必要な指導内容を教科等横断的に配列して，計画的，組織的に取り組むこと，さらに，その実施状況を評価し改善を図り，育てたい力や指導内容の配列などを見直していくこと（カリキュラム・マネジメントを通じて取り組むこと）が重要である。

D　プログラミング的思考とは，「自分が意図する一連の活動を実現するために，どのような動きの組合せが必要であり，一つ一つの動きに対応した記号を，どのように組み合わせたらいいのか，記号の組合せをどのように改善していけば，より意図した活動に近づくのか，といったことを論理的に考えていく力」である。

E　プログラミング教育で育む資質・能力は，特に理数系の学習の基盤となる資質・能力であり，全ての学校段階の学習指導要領の総則において，情報活用能力を育成することと規定されていることを踏まえておきたい。

	A	B	C	D	E
1．	×	○	×	×	○
2．	○	×	×	○	×
3．	×	○	○	○	×
4．	○	×	○	○	○
5．	×	○	○	×	○

9　**次の文章は，集団での学習活動を重視した教授方法について説明したものである。A～Eについて，正しいものを○，誤っているものを×としたとき，その組合せとして正しいものはどれか。**

A　ジグソー学習とは，集団を6人程度の小グループに分け，その成員が6分間自由に意見・考えを発表するものである。各人が自由に意見を述べつつ，全員が討議に参加することを特徴とする。

B　ポスターセッションとは，集団を発表する側の子どもと聞く側の子どもの二つに分け，発表する側は，同時にいくつかのグループが発表し，聞く側は，自分の興味に応じて，自由に会場内を動いて発表を聞くことができるものであり，一定の時間を決め，発表する側と聞く側が入れ替わるものである。

C　バズ・セッションとは，学習集団を5，6人の小グループに分け，小グループの人数と同数に分割された教材を一人一人が分担するものである。同じ教材を分担している者同士で新たな小グループを作り学習を進める。その後，元のグループに戻り自分の学習した内容を成員の間で互いに教え合う。

D　討議法とは，教師から子どもへの一方的な講義や説明による指導法ではなく，子ども同士の話し合いによって学習したり問題を解決したりする方法である。

E　ロール・プレイングとは，日常生活における役割を交換するなどして，それぞれの視点・立場から，その状況においてその人物はどのような発言をするか，どのような行為をするかを考えさせて，演技をさせるものである。

	A	B	C	D	E
1.	×	○	×	○	○
2.	○	○	×	×	○
3.	×	○	○	○	×
4.	○	×	○	○	×
5.	○	×	○	×	○

10　**次の文章は，平成29年告示の小学校学習指導要領及び中学校学習指導要領，平成30年告示の高等学校学習指導要領の「第１章　総則」の一部である。（ A ）～（ E ）に当てはまる語句の組合せとして正しいものはどれか。**

(小学校)

児童が，学ぶことと自己の（ A ）とのつながりを見通しながら，社会的・（ B ）自立に向けて必要な基盤となる（ C ）を身に付けていくことができるよう，（ D ）を要としつつ各教科等の特質に応じて，（ E ）の充実を図ること。

(中学校)

生徒が，学ぶことと自己の（ A ）とのつながりを見通しながら，社会的・（ B ）自立に向けて必要な基盤となる（ C ）を身に付けていくことができるよう，（ D ）を要としつつ各教科等の特質に応じて，（ E ）の充実を図ること。

(高等学校)

生徒が，学ぶことと自己の（ A ）とのつながりを見通しながら，社会的・（ B ）自立に向けて必要な基盤となる（ C ）を身に付けていくことができるよう，（ D ）を要としつつ各教科・科目等の特質に応じて，（ E ）の充実を図ること。

	A	B	C	D	E
1.	将来	経済的	生きる力	特別活動	生徒指導
2.	将来	職業的	資質・能力	課外活動	キャリア教育
3.	生き方	職業的	生きる力	課外活動	生徒指導
4.	生き方	経済的	生きる力	課外活動	生徒指導
5.	将来	職業的	資質・能力	特別活動	キャリア教育

11　**次の文章は，平成29年告示の小学校学習指導要領及び中学校学習指導要領，平成30年告示の高等学校学習指導要領の「第１章　総則」の一部である。（ A ）～（ E ）に当てはまる語句の組合せとして正しいものはどれか。**

(小学校)

(1)　各学校においては，児童の発達の段階を考慮し，（ A ），情報活用能力（情報モラルを含む。），（ B ）等の学習の基盤となる資質・能力を育成していくことができるよう，各教科等の特質を生かし，（ C ）視点から教育課程の編成を図るものとする。

(2) 各学校においては，児童や学校，（ D ）の実態及び児童の発達の段階を考慮し，豊かな人生の実現や災害等を乗り越えて次代の社会を形成することに向けた（ E ）に対応して求められる資質・能力を，（ C ）視点で育成していくことができるよう，各学校の特色を生かした教育課程の編成を図るものとする。

（中学校）

(1) 各学校においては，生徒の発達の段階を考慮し，（ A ），情報活用能力（情報モラルを含む。），（ B ）等の学習の基盤となる資質・能力を育成していくことができるよう，各教科等の特質を生かし，（ C ）視点から教育課程の編成を図るものとする。

(2) 各学校においては，生徒や学校，（ D ）の実態及び生徒の発達の段階を考慮し，豊かな人生の実現や災害等を乗り越えて次代の社会を形成することに向けた（ E ）に対応して求められる資質・能力を，（ C ）視点で育成していくことができるよう，各学校の特色を生かした教育課程の編成を図るものとする。

（高等学校）

(1) 各学校においては，生徒の発達の段階を考慮し，（ A ），情報活用能力（情報モラルを含む。），（ B ）等の学習の基盤となる資質・能力を育成していくことができるよう，各教科・科目等の特質を生かし，（ C ）視点から教育課程の編成を図るものとする。

(2) 各学校においては，生徒や学校，（ D ）の実態及び生徒の発達の段階を考慮し，豊かな人生の実現や災害等を乗り越えて次代の社会を形成することに向けた（ E ）に対応して求められる資質・能力を，（ C ）視点で育成していくことができるよう，各学校の特色を生かした教育課程の編成を図るものとする。

	A	B	C	D	E
1．	言語能力	問題発見・解決能力	教科等横断的な	地域	現代的な諸課題
2．	言語能力	課題発見力	カリキュラム・マネジメントの	保護者	現代的な諸課題
3．	非認知能力	課題発見力	カリキュラム・マネジメントの	地域	持続可能な社会の実現
4．	言語能力	課題発見力	教科等横断的な	地域	現代的な諸課題
5．	非認知能力	問題発見・解決能力	カリキュラム・マネジメントの	保護者	持続可能な社会の実現

12 **次の文章は，「教育公務員特例法及び教育職員免許法の一部を改正する法律等の施行について（通知）」（令和4年6月21日　文部科学省）に示されている「改正の趣旨」の一部である。（ A ）～（ E ）に当てはまる語句の組合せとして正しいものはどれか。**

グローバル化や情報化の進展により，教育を巡る状況の変化も速度を増している中で，教師自身も高度な専門職として新たな知識技能の修得に継続的に取り組んでいく必要が高まっている。また，（ A ）研修の拡大や研修の体系化の進展など，教師の研修を取り巻く環境も大きく変化してきた。

このような社会的変化，学びの環境の変化を受け，（ B ）を実現するこれからの「新たな教師の学びの姿」として，教職生涯を通じて探究心を持ちつつ（ C ）に学び続けること，一人一人の教師の個性に即した（ D ）の提供，校内研修等の教師同士の学び合いなどを通じた（ E ）の機会確保が重要となる。

	A	B	C	D	E
1．	オンライン	GIGAスクール	持続的	OJT	協働的な学び
2．	オンライン	令和の日本型学校教育	主体的	個別最適な学び	協働的な学び
3．	大学等での	GIGAスクール	持続的	個別最適な学び	協働的な学び
4．	オンライン	令和の日本型学校教育	主体的	OJT	ワークショップ
5．	大学等での	GIGAスクール	持続的	OJT	ワークショップ

13 **「公立の小学校等の校長及び教員としての資質の向上に関する指標の策定の関する指針」（文部科学省告示第115条　令和４年８月31日）の「二　公立の小学校等の教員等としての資質の向上に関する基本的な事項」に示されている内容として，A～Eについて，正しいものを○，誤っているものを×としたとき，その組合せとして正しいものはどれか。**

A　社会が急激に変化しており，子供たちが職業に就くなど将来的に社会で活躍する時期には，現在より一層大きい状況の変化が起こり得る。また，近年，特に都市部を中心に，地域社会等のつながりや支え合いによるセーフティネット機能の低下が指摘されているとともに，子供の貧困や格差の再生産・固定化が課題として指摘されている。

B　教育の本質が教員と子供たちとの人格的な触れ合いにあり，子供たちの人格の完成を目指し，その成長を促す教員には，時代が変化しても，倫理観，使命感，責任感，教育的愛情，総合的な人間性，コミュニケーション力，想像力，自ら学び続ける意欲や研究能力などが，普遍的な資質として求められる。

C　高度専門職業人である教員は，日々の経験や他者との会話から，自らの教育実践を振り返り，捉え直すことを基本としているが，新たな目標の設定，実践，振り返りを繰り返す中で，自ら必要な学びを主体的にマネジメントしていく姿勢は重要でない。

D　常に社会状況が変化する中で，現状に満足することなく，自ら学び続ける教員像の理念の下，常に教員等が成長し続けることが重要であり，教員等の資質向上は研修実施者が行う研修によってのみ図られることが重要である。

E　教員等一人一人が学校現場で生じる様々な課題に対応できる力量を高めていくことは重要であるが，全ての課題を教員等が一人で解決することは困難である。多様な専門性を有する質の高い教職員集団を構築し，他の教員等や様々な支援スタッフ等と協働しながら，チームとして校務を分担しつつ，組織的に諸課題に対応することが求められている。

	A	B	C	D	E
1．	×	○	○	○	×
2．	○	○	×	×	○
3．	×	○	○	×	○
4．	○	×	×	×	○
5．	○	○	×	○	×

14 **次の文章は，教育基本法（平成18年法律第120号）の第６条である。（ A ）～（ E ）に当てはまる語句の組合せとして正しいものはどれか。**

第６条　（ A ）に定める学校は，公の性質を有するものであって，国，地方公共団体及び（ A ）に定める法人のみが，これを設置することができる。

2　前項の学校においては，教育の目標が達成されるよう，教育を受ける者の（ B ）に応じて，（ C ）な教育が（ D ）に行われなければならない。この場合において，教育を受ける者が，学校生活を営む上で必要な規律を重んずるとともに，（ E ）に取り組む意欲を高めることを重視して行われなければならない。

	A	B	C	D	E
1．	法律	資質と能力	体系的	計画的	知識と技能の習得
2．	法律	心身の発達	民主的	計画的	知識と技能の習得
3．	法律	心身の発達	体系的	組織的	自ら進んで学習
4．	条例	資質と能力	民主的	組織的	自ら進んで学習
5．	条例	心身の発達	体系的	計画的	知識と技能の習得

15 次の文章は，学校教育法（昭和22年法律第26号），地方教育行政の組織及び運営に関する法律（昭和31年法律第162号）及び教育公務員特例法（昭和24年法律第１号）の条文の一部である。下線部Ａ～Ｅについて，正しいものを○，誤っているものを×としたとき，その組合せとして正しいものはどれか。

○　学校教育法

第９条　次の各号のいずれかに該当する者は，校長又は教員となることができない。

三　教育職員免許法第11条第１項から第３項までの規定により免許状取上げの処分を受け，A 5年を経過しない者

四　日本国憲法施行の日以後において，日本国憲法又はその下に成立したB 政府を暴力で破壊することを主張する政党その他の団体を結成し，又はこれに加入した者

○　地方教育行政の組織及び運営に関する法律

第39条　市町村立学校職員給与負担法第１条及び第２条に規定する学校の校長は，所属の県費負担教職員の任免その他の進退に関する意見をC 都道府県委員会に申し出ることができる。

第43条

3　県費負担教職員の任免，D 分限又は懲戒に関して，地方公務員法の規定により条例で定めるものとされている事項は，都道府県の条例で定める。

○　教育公務員特例法

第25条　公立の小学校等の教諭等の任命権者は，児童，生徒又は幼児（以下「児童等」という。）に対する指導が不適切であると認定した教諭等に対して，その能力，E 適性等に応じて，当該指導の改善を図るために必要な事項に関する研修（以下「指導改善研修」という。）を実施しなければならない。

	A	B	C	D	E
1．	○	×	○	○	×
2．	○	○	○	×	×
3．	×	×	○	×	○
4．	×	○	×	×	○
5．	×	○	×	○	○

16 次は，「データがしめす教育行政施策の推進状況」(令和４年３月　岡山県教育委員会)の「授業以外で平日に１時間以上学習する児童生徒の割合」の推移を示したグラフである。A～Eについて，グラフから読み取れる内容として正しいものを○，誤っているものを×としたとき，その組合せとして正しいものはどれか。

授業以外で平日に１時間以上学習する児童生徒の割合の推移

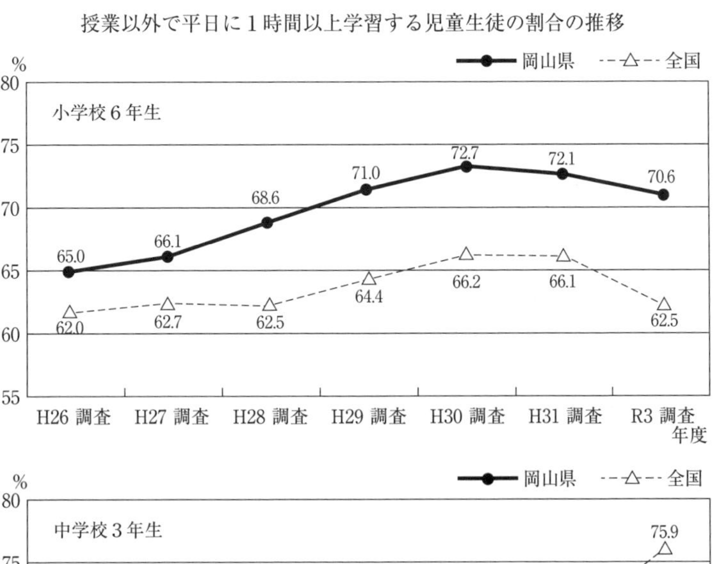

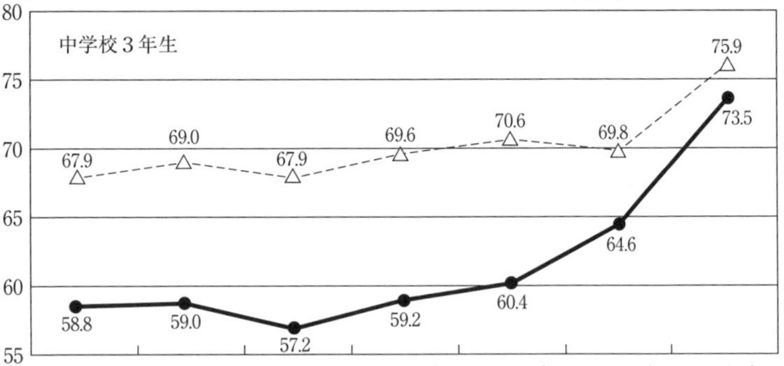

※学校の授業時間以外で，平日１日当たり１時間以上学習する児童生徒の割合(放課後の補充学習・学習塾・家庭教師の時間，インターネットを活用して学ぶ時間も含む)
※R2調査は未実施

A　令和３年度の調査では，本県の「授業以外で平日に１時間以上学習する児童生徒の割合」は，全国と同様に小学校６年生よりも中学校３年生の方が高い。

B　令和３年度の調査では・本県の「授業以外で平日に１時間以上学習する児童生徒の割合」は，小学校６年生，中学校３年生どちらも平成26年度の調査と比較して高い。

C　全国の中学校３年生の「授業以外で平日に１時間以上学習する児童生徒の割合」は，平成26年度の調査以降，全国及び本県の小学校６年生，中学校３年生の中で，常に最も高い。

D　本県の小学校６年生の「授業以外で平日に１時間以上学習する児童生徒の割合」は，

平成26年度の調査以降，本県の中学校３年生の「授業以外で平日に１時間以上学習する児童生徒の割合」よりも常に高い。

E　令和３年度の調査では，本県の小学校６年生と全国の小学校６年生の「授業以外で平日に１時間以上学習する児童生徒の割合」の差が，平成26年度の調査以降で最大になった。

	A	B	C	D	E
1．	○	○	×	○	○
2．	○	×	○	×	×
3．	×	×	×	○	○
4．	○	○	×	×	○
5．	×	○	○	×	×

17　**次のA～Eの文は児童虐待に当たる行為の事例である。それぞれの事例と該当する虐待の組合せとして正しいものはどれか。**

A　子どもを言葉により脅す，無視する，きょうだい間で差別的扱いをする。

B　子どもを殴る，蹴る，たたく，投げ落とす，激しく揺さぶる。

C　子どもをポルノグラフィの被写体にする。

D　子どもの目の前で，親がその配偶者に暴力をふるう。

E　子どもを家に閉じ込める，ひどく不潔にする，自動車の中に放置する。

	A	B	C	D	E
1．	心理的虐待	身体的虐待	心理的虐待	身体的虐待	ネグレクト
2．	心理的虐待	身体的虐待	性的虐待	心理的虐待	ネグレクト
3．	ネグレクト	心理的虐待	性的虐待	身体的虐待	身体的虐待
4．	ネグレクト	身体的虐待	心理的虐待	心理的虐待	身体的虐待
5．	心理的虐待	心理的虐待	性的虐待	身体的虐待	ネグレクト

18　**次の文章は，心理検査のうち，パーソナリティ検査について説明したものである。A～Eについて，質問紙法について説明したものを○，そうではないものを×としたとき，その組合せとして正しいものはどれか。**

A　測定したいパーソナリティに関連する質問項目について，「はい」「いいえ」の二つから回答を求めるものや，「非常に当てはまる」から「まったく当てはまらない」までいくつかの段階を設けて回答を求めるものなどがある。

B　質問紙法により行われる検査の一つに，Y―G性格検査がある。

C　被測定者が質問項目の意味を理解していない場合でも，信頼性のある回答を得ることができる。

D　所定の方法に基づいて得点を算出するので，被測定者のパーソナリティ傾向が数値として把握できたり，さまざまな統計解析を行ったりすることに適している。

E　被測定者に，自分をよく見せようとして，わざと虚偽の回答をされるようなことはなく，パーソナリティの深層の部分まで客観的に測定することができる。

	A	B	C	D	E
1．	○	○	×	○	×

2.	×	○	○	○	×
3.	○	×	×	○	○
4.	○	×	○	×	○
5.	×	○	×	○	○

19 **次の文章は，心理療法についての説明である。それぞれの説明と療法の名称の組合せとして正しいものはどれか。**

〔説明〕

A　モレノによって創始された。集団で劇を演じることを通じて葛藤や体験を表現させ，自己洞察へと導く一種の集団心理療法。

B　セラピストはクライエントに解釈を与えるのではなく，クライエントが本来持っている自分の能力に気づき，人間的に成長することを目的として，彼自身が「今，ここで」の自分を意識し，あるがままの自分になりきることができるように援助する。

C　イギリスのローウェンフェルトが子どもの治療法として考案した「世界技法」が原型となっている。ミニチュア玩具を素材として用い，砂箱の中に描き出される情景表現から心の内面的世界を捉え，かつ表現することにより心理的な調和を図ることを目的とする。

〔名称〕

ア　サイコドラマ　　イ　催眠療法　　ウ　ゲシュタルト・セラピー

エ　箱庭療法　　オ　精神分析療法

	A	B	C
1.	ア	オ	エ
2.	ア	ウ	エ
3.	ア	ウ	イ
4.	ウ	オ	エ
5.	ウ	オ	イ

20 **次の文章は，西洋の教育思想家についての説明である。それぞれの説明と人物名の組合せとして正しいものはどれか。**

〔説明〕

A　相手との問答のなかで相手の無知を自覚させて，学習者自身が学ぶことを助ける対話法を用いた。この対話法は「産婆術」ともいわれる。

B　公民を養成するための労作共同社会を組織し，手工を中心とした労作教育を行うべきだと主張した。

C　スペインに生まれ，ローマで教育を受けた。「弁論家」は，優れた人間性の持ち主であり，その育成について幼児期からの教育の影響が大きいと考えた。

〔人物名〕

ア　アリストテレス　　イ　クィンティリアヌス　　ウ　ケルシェンシュタイナー

エ　ソクラテス　　オ　ナトルプ

	A	B	C
1.	ア	オ	イ

2．エ　ウ　ア
3．ア　オ　エ
4．エ　ウ　イ
5．エ　オ　ア

解答＆解説

1 解答 4

解説「第3期教育振興基本計画」（2018年6月15日閣議決定）の「第2部　今後5年間の教育政策の目標と施策群」「1．夢と志を持ち，可能性に挑戦するために必要となる力を育成する」「目標(5)社会的・職業的自立に向けた能力・態度の育成」を参照。なお，「第4期教育振興基本計画」が2023年6月16日に閣議決定されている。

2 解答 2

解説 平成29年版小学校学習指導要領（2017年3月31日告示）の「第1章　総則」「第4　児童の発達の支援」「2　特別な配慮を必要とする児童への指導」「(1)障害のある児童などへの指導」のア・ウ・エ，平成29年版中学校学習指導要領（2017年3月31日告示）の「第1章　総則」「第4　生徒の発達の支援」「2　特別な配慮を必要とする生徒への指導」のア・ウ・エ，平成30年版高等学校学習指導要領（2018年3月30日告示）の「第1章　総則」「第5款　生徒の発達の支援」「2　特別な配慮を必要とする生徒への指導」「(1)障害のある生徒などへの指導」のア・イ・ウを参照。

3 解答 1

解説 文部科学省「不登校児童生徒への支援の在り方について（通知）」（2019年10月25日）を参照。

A・B：「1　不登校児童生徒への支援に対する基本的な考え方」「(1)支援の視点」を参照。

C～E：「2　学校等の取組の充実」「(1)『児童生徒理解・支援シート』を活用した組織的・計画的支援」を参照。

4 解答 3

解説 中央教育審議会答申「幼稚園，小学校，中学校，高等学校及び特別支援学校の学習指導要領等の改善及び必要な方策等について」（2016年12月21日）の「第1部　学習指導要領等改訂の基本的な方向性」「第5章　何ができるようになるか －育成を目指す資質・能力－」「5．現代的な諸課題に対応して求められる資質・能力」「（健康・安全・食に関する資質・能力）」の別紙4「健康・安全・食に関わる資質・能力」を参照。

B：「提示された情報や資料を基に」ではなく「必要な情報を収集し」。

D：「家族」ではなく「自他」。

5 解答 5

解説 平成29年版小学校学習指導要領（2017年３月31日告示）の「第１章　総則」「第６　道徳教育に関する配慮事項」の１，平成29年版中学校学習指導要領（2017年３月31日告示）の「第１章　総則」「第６　道徳教育に関する配慮事項」の１，平成30年版高等学校学習指導要領（2018年３月30日告示）の「第１章　総則」「第７款　道徳教育に関する配慮事項」の１を参照。

6 解答 2

解説 A～C：人権教育及び人権啓発の推進に関する法律第１条を参照。この法律の「目的」の規定。

D・E：人権教育及び人権啓発の推進に関する法律第２条を参照。人権教育，人権啓発の「定義」の規定。

7 解答 4

解説 文部科学省『令和３年度　文部科学白書』の「第２部　文教・科学技術施策の動向と展開」「第11章　ICTの活用の推進」「第１節　教育の情報化」「5　教育データや先端技術の利活用の推進」「⑷学校における先端技術の効果的な活用」を参照。

8 解答 3

解説 文部科学省『教育の情報化に関する手引（追補版）』（2020年６月）の「第３章　プログラミング教育の推進」を参照。

A：「第１節　プログラミング教育の必要性及びその充実」「1．プログラミング教育の必要性」を参照。正しくは「コンピュータは人が命令を与えることによって動作するが，端的に言えば，この命令が『プログラム』であり，命令を与えることが『プログラミング』である」と示されている。

B：「第１節　プログラミング教育の必要性及びその充実」「1．プログラミング教育の必要性」を参照。

C：「第２節　小学校段階におけるプログラミング教育」「1．小学校プログラミング教育で育成する資質・能力」「⑷カリキュラム・マネジメント」を参照。

D：「第２節　小学校段階におけるプログラミング教育」「1．小学校プログラミング教育で育成する資質・能力」「⑵小学校プログラミング教育で育成する資質・能力」「②思考力，判断力，表現力等」を参照。

E：「第１節　プログラミング教育の必要性及びその充実」「2．プログラミング教育の充実」「⑵学習指導要領におけるプログラミング教育」を参照。正しくは「プログラミング教育で育む資質・能力は，全ての学習の基盤となる資質・能力である情報活用能力の一部であり，全ての学校段階の学習指導要領の総則において，情報活用能力を育成することと規定されていることを踏まえておきたい」と示されている。

9 解答 1

解説 A：「ジグソー学習」ではなく「バズ・セッション」の説明文。

C：「バズ・セッション」ではなく「ジグソー学習」の説明文。

10 解答 5

解説 平成29年版小学校学習指導要領（2017年３月31日告示）の「第１章　総則」「第４　児童の発達の支援」「１　児童の発達を支える指導の充実」の(3)，平成29年版中学校学習指導要領（2017年３月31日告示）の「第１章　総則」「第４　生徒の発達の支援」「１　生徒の発達を支える指導の充実」の(3)，平成30年版高等学校学習指導要領（2018年３月30日告示）の「第１章　総則」「第５款　生徒の発達の支援」「１　生徒の発達を支える指導の充実」の(3)を参照。

11 **解答** 1

解説 平成29年版小学校学習指導要領（2017年３月31日告示）の「第１章　総則」「第２　教育課程の編成」「２　教科等横断的な視点に立った資質・能力の育成」，平成29年版小学校学習指導要領（2017年３月31日告示）の「第１章　総則」「第２　教育課程の編成」「２　教科等横断的な視点に立った資質・能力の育成」，平成30年版高等学校学習指導要領（2018年３月30日告示）の「第１章　総則」「第２款　教育課程の編成」「２　教科等横断的な視点に立った資質・能力の育成」を参照。

12 **解答** 2

解説 文部科学省「教育公務員特例法及び教育職員免許法の一部を改正する法律等の施行について（通知）」(2022年6月21日）の「1. 改正の概要」「第一　教育公務員特例法及び教育職員免許法の一部を改正する法律（令和４年法律第40号)」「1　改正の趣旨」を参照。

13 **解答** 2

解説 文部科学省「公立の小学校等の校長及び教員としての資質の向上に関する指標の策定に関する指針」(文部科学省告示第115号　2022年８月31日）の「二　公立の小学校等の教員等としての資質の向上に関する基本的な事項」「２　公立の小学校等の教員等としての資質の向上を図るに当たり踏まえるべき基本的な視点」を参照。

A：「(3)社会や学校を取り巻く状況変化の視点」を参照。

B：「(1)教員等一人一人の資質の向上に関する視点」「①全ての教員等が備えるべき普遍的な資質」を参照。

C：「(1)教員等一人一人の資質の向上に関する視点」「①全ての教員等が備えるべき普遍的な資質」を参照。正しくは「高度専門職業人である教員は，日々の経験や他者との対話から，自らの教育実践を振り返り，捉え直すことを基礎として，新たな目標の設定，実践，振り返りを繰り返す中で，自ら必要な学びを主体的にマネジメントしていく姿勢が重要である」と示されている。

D：「(1)教員等一人一人の資質の向上に関する視点」「②勤務経験を通じた職能成長」を参照。正しくは「教員等の資質の向上は研修実施者が行う研修のみにより図られるものではなく，学校におけるOJT（オンザジョブトレーニング）等の中で資質の向上が図られる側面も大きいことから，教職生活を通じた継続的な資質の向上の視点をもち，研修以外のあらゆる成長の手段も考慮しつつ，教員等一人一人の資質の向上が図られることが重要である」と示されている。

E：「(2)学校組織・教職員集団として発揮すべき組織力の視点」を参照。

14 解答 3

解説 教育基本法第6条を参照。「学校教育」の規定。

15 解答 5

解説 A・B：学校教育法第9条第三号・第四号を参照。「校長・教員の欠格事由」の規定。Aは「5年」ではなく「3年」。

C：地方教育行政の組織及び運営に関する法律第39条を参照。「校長の所属教職員の進退に関する意見の申出」の規定。「都道府県委員会」ではなく「市町村委員会」。

D：地方教育行政の組織及び運営に関する法律の第43条第3項を参照。「服務の監督」の規定。

E：教育公務員特例法第25条第1項を参照。「指導改善研修」の規定。

16 解答 4

解説 岡山県教育委員会「データがしめす教育行政施策の推進状況」(2022年3月）の「(2) 学びのチャレンジ精神の育成」「子どもたちの学力が伸びる仕組みづくり」「☆授業以外で平日に1時間以上学習する児童生徒の割合の推移」を参照。

C：H28～H31調査では，岡山県の小学校6年生の方が全国の中学校3年生より高い。

D：R3年調査では，岡山県の中学校3年生の方が岡山県の小学校6年生よりも高い。

17 解答 2

解説 文部科学省「学校・教育委員会等向け　虐待対応の手引き」(2020年6月改訂版) の「【基礎編】」「1．虐待とは」「虐待の種類」を参照。

18 解答 1

解説 A：「はい」と「いいえ」から選ばせるのは2件法。「非常に当てはまる」から「まったく当てはまらない」までの何段階の中から選ばせるのは意味差判別法（SD法)。

B：Y—G性格検査は，矢田部ギルフォード性格検査の略称で，120個の文章に対する回答から12個の性格特性の強さがわかる。

C：信頼性とは，どのような状況で行っても，繰り返し検査しても，常に同じ結果が得られることを指しており，質問の意味を理解していなければ安定した結果は得られず，信頼性も低くなる。

D：特性の強弱を得点で算出できるのが質問紙法のメリットといえる。

E：質問紙法は虚偽回答をしたり社会的望ましさに従って回答を歪曲させたりすることができるのが問題で，ミネソタ多面人格目録（MMPI）などには虚偽回答をしているかどうかを判断できる質問も混入させている。深層面が分かるのは投影法検査。

19 解答 2

解説 A：モレノ（1889～1974）が創始したサイコドラマ（心理劇）は，参加者同士で筋書きのない即興劇を演じ，自己理解や他者理解を深めるとともに役割演技の仕方を体得することを目指した心理療法。

B：フレデリック・パールズ（1893〜1970），ローラ・パールズ（1905〜90）夫妻，ポール・グッドマン（1911〜72）が創始したゲシュタルト・セラピー（ゲシュタルト療法）は，未完結な問題や悩みに対して，再体験を通しての「今ここ」での「気づき」を得る心理療法。

C：ローエンフェルト（1890〜1973）によって考案され，カルフ（1904〜90）が発展させた箱庭療法は，湿った砂の入った箱と人，動物，木，花，乗り物，建築物，怪獣などの玩具を用意し，自由に箱庭を作らせる心理療法。カウンセリングや遊戯療法と併用されることが多く，大人にも子供にも適用可能な技法。

20 解答 4

解説 A：ソクラテス（B.C.469？〜B.C.399）は，該当や市場で青年と対話し，問答の積み重ねを通して，相手に「無知の知」を自覚させ（「汝自身を知れ」），完全な真理へと導いた。彼の用いた問答法は「産婆術」または「助産術」と呼ばれる。

B：ケルシェンシュタイナー（1854〜1932）は，労作教育では，学校は「労作」を通じて職業的訓練や職業的陶冶の道徳化を課題とすべきであるとし，公民教育では，社会生活に参加し社会に貢献できる青年を育成するために職業教育を通じた公民教育を提言した。

C：クィンティリアヌス（35ごろ〜95ごろ）は，早期教育，学校教育，個性教育を重視し，体罰を否定した。雄弁は単なる話術ではなく，よき趣味と判断し，文学的教養に基づく善行であるとした。

岡山市

実施日	2023(令和５)年７月８日	試験時間	50分（一般教養を含む）
出題形式	マークシート式	問題数	９題（解答数９）
パターン	時事＋法規・ローカル・原理	公開状況	問題：公開　解答：公開

傾向&対策 ●教育心理と教育史を除き，教育原理，教育法規，教育時事，ローカル問題で構成される。出題分野にかかわらず，「特別支援教育」「人権教育」は必出の教育トピック。●最も解答数の多い教育時事は，必出の教育トピック関連では３年連続の「人権教育の指導方法等」に関する第三次とりまとめ（2008年３月），「交流及び共同学習ガイド」(2019年３月)。このほか「教育相談」に関する文部科学省通知（2017年２月），「GIGAスクール構想」に関するリーフレット。●必出のローカル問題は，「第３期岡山市教育振興基本計画」(2022年３月)，「岡山市人権教育及び人権啓発に関する基本計画」(2021年改訂)。●教育原理は，学習指導要領「総則」より。●教育法規は，教育基本法，学校保健安全法の空欄補充問題。

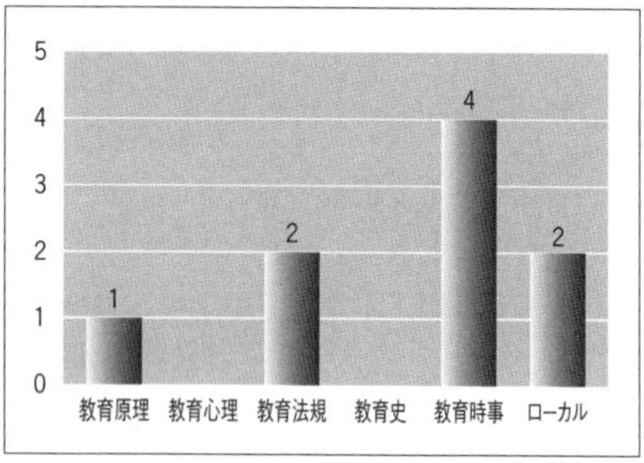

出題領域

教育原理	教育課程・学習指導要領		総　則	1	特別の教科　道徳	
	外国語活動		総合的な学習(探究)の時間		特別活動	
	学習指導		生徒指導		学校・学級経営	
	特別支援教育	↓時事	人権・同和教育	↓時事 ローカル	その他	
教育心理	発　達		学　習		性格と適応	
	カウンセリングと心理療法		教育評価		学級集団	
教育法規	教育の基本理念	1	学校教育		学校の管理と運営	1
	児童生徒		教職員		その他	
教育史	日本教育史		西洋教育史			
教育時事	答申・統計	4	ローカル	2		

表中の数字は，解答数

全校種共通

☞解答＆解説 p.397

1 次の文は，「児童生徒の教育相談の充実について（通知）」（平成29年２月　文部科学省）の一部である。（ A ）～（ D ）に当てはまる語句の組合せとして正しいものはどれか。

これまでの教育相談は，どちらかといえば事後の個別事案への対応に重点が置かれていたが，今後は不登校，いじめや暴力行為等問題行動，子供の（ A ），虐待等については，事案が発生してからのみではなく，（ B ），早期発見，早期支援・対応，さらには，事案が発生した時点から事案の改善・回復，再発防止まで一貫した支援に重点を置いた体制づくりが重要であること。

学校内の関係者が情報を共有し，教育相談に（ C ）として取り組むため，既存の校内組織を活用するなどして，早期から組織として気になる事例を洗い出し検討するための会議を（ D ）実施し，解決すべき問題又は課題のある事案については，必ず支援・対応策を検討するためのケース会議を実施することが必要であること。

	A	B	C	D
1．	疾病	事前対策	チーム	必要に応じて
2．	貧困	未然防止	チーム	必要に応じて
3．	疾病	未然防止	専門家集団	必要に応じて
4．	貧困	未然防止	チーム	定期的に
5．	貧困	事前対策	専門家集団	定期的に

2 次のA～Dの文は，「交流及び共同学習ガイド」（平成31年３月改訂　文部科学省）の一部である。正しいものを○，誤っているものを×としたとき，その組合せとして正しいものはどれか。

A　幼稚園，小学校，中学校，義務教育学校，高等学校，中等教育学校（以下「小・中学校等」という。）及び特別支援学校等が行う，障害のある子供と障害のない子供，あるいは地域の障害のある人とが触れ合い，共に活動する交流及び共同学習は，障害のある子供にとっても，障害のない子供にとっても，経験を深め，社会性を養い，豊かな人間性を育むとともに，お互いを尊重し合う大切さを学ぶ機会となるなど，大きな意義を有するものです。

B　交流及び共同学習は，学校卒業後においても，障害のある子供にとっては，様々な人々と共に助け合って生きていく力となり，積極的な職業選択につながるとともに，障害のない子供にとっては，障害のある人に必要な場合には事情を聴いて手助けをしたり，自立的な行動を見守ったりする態度や，人々の多様な在り方を理解し，障害のある人と共に支え合う意識の醸成につながると考えます。

C　交流及び共同学習は，相互の触れ合いを通じて豊かな人間性を育むことを目的とする交流の側面と，教科等のねらいの達成を目的とする共同学習の側面があり，この二つのうちどちらかを選択し，重点的に推進していく必要があります。

D　交流及び共同学習の内容としては，例えば，特別支援学校と小・中学校等が，学校行事やクラブ活動，部活動，自然体験活動，ボランティア活動などを合同で行ったり，文通や作品の交換，コンピュータや情報通信ネットワークを活用してコミュニケーションを深めたりすることなどが考えられます。

	A	B	C	D
1.	○	×	○	×
2.	○	×	×	○
3.	×	○	×	○
4.	×	×	○	○
5.	○	○	×	×

3 「第3期岡山市教育振興基本計画」に掲げられている「自立に向かって成長する子ども」の育成のために，教職員に求める資質・能力A～Cの組合せとして正しいものはどれか。

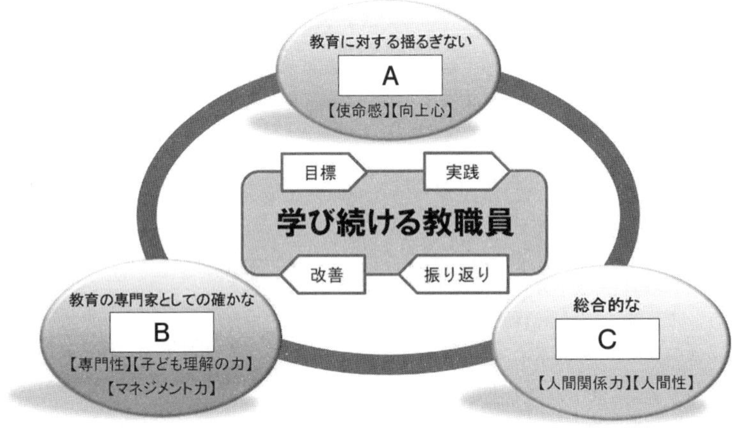

	A	B	C
1.	信念	指導力	人間力
2.	情熱	力量	コミュニケーション能力
3.	情熱	力量	人間力
4.	信念	指導力	コミュニケーション能力
5.	情熱	指導力	人間力

4 次の文は，リーフレット「GIGAスクール構想の実現へ」（文部科学省）に記載されている「GIGAスクール構想」についての説明の一部である。（ A ）～（ D ）に当てはまる語句の組合せとして正しいものはどれか。

（ A ）と，高速大容量の通信ネットワークを一体的に整備することで，特別な支援を必要とする子供を含め，多様な子供たちを誰一人取り残すことなく，公正に（ B ）され，（ C ）が一層確実に育成できる教育（ D ）環境を実現する。

	A	B	C	D
1.	1人1台端末	個別最適化	資質・能力	ＩＣＴ
2.	1人1台端末	完全習得	資質・能力	ＤＸ
3.	電子黒板	完全習得	確かな学力	ＤＸ
4.	電子黒板	個別最適化	確かな学力	ＩＣＴ

5．1人1台端末　個別最適化　資質・能力　DX

5 **次の文は，平成29年３月告示の小学校学習指導要領，中学校学習指導要領の「総則」の一部である。（ A ）～（ C ）に当てはまる語句の組合せとして正しいものはどれか。ただし，中学校は「児童」を「生徒」と読み替えること。**

基礎的・基本的な知識及び技能を確実に習得させ，これらを活用して課題を解決するために必要な思考力，判断力，表現力等を育むとともに，（ A ）に学習に取り組む態度を養い，個性を生かし多様な人々との協働を促す教育の充実に努めること。その際，児童の発達の段階を考慮して，児童の（ B ）など，学習の基盤をつくる活動を充実するとともに，家庭との連携を図りながら，児童の学習習慣が確立するよう配慮すること。

学校がその目的を達成するため，学校や地域の実態等に応じ，教育活動の実施に必要な（ C ）体制を家庭や地域の人々の協力を得ながら整えるなど，家庭や地域社会との連携及び協働を深めること。また，高齢者や異年齢の子供など，地域における世代を越えた交流の機会を設けること。

	A	B	C
1．	積極的	探究活動	組織的な支援
2．	実践的	言語活動	人的又は物的な
3．	主体的	表現活動	人的又は物的な
4．	実践的	探究活動	組織的な支援
5．	主体的	言語活動	人的又は物的な

6 **次の文は，「教育基本法」（略）の条文の一部である。文中のA～Dのア，イの組合せとして正しいものはどれか。**

第２条　教育は，その目的を実現するため，学問の自由を尊重しつつ，次に掲げる目標を達成するよう行われるものとする。

一　幅広い知識と教養を身に付け，真理を求める態度を養い，豊かな情操と（Aア　公共心　イ　道徳心）を培うとともに，健やかな身体を養うこと。

二　個人の（Bア　価値　イ　意志）を尊重して，その能力を伸ばし，創造性を培い，自主及び自律の精神を養うとともに，職業及び生活との関連を重視し，勤労を重んずる態度を養うこと。

三　正義と責任，男女の平等，自他の敬愛と協力を重んずるとともに，（Cア　奉仕　イ　公共）の精神に基づき，主体的に社会の形成に参画し，その発展に寄与する態度を養うこと。

四　生命を尊び，自然を大切にし，環境の保全に寄与する態度を養うこと。

五　（Dア　歴史　イ　伝統）と文化を尊重し，それらをはぐくんできた我が国と郷土を愛するとともに，他国を尊重し，国際社会の平和と発展に寄与する態度を養うこと。

	A	B	C	D
1．	ア	イ	イ	ア
2．	イ	イ	ア	ア
3．	ア	ア	イ	ア

4．イ　ア　イ　イ
5．ア　ア　ア　イ

7 **次の文は,「学校保健安全法」(昭和33年　法律第56号) の一部である。(A) ～ (D) に当てはまる語句の組合せとして正しいものはどれか。**

第26条　学校の設置者は，児童生徒等の安全の確保を図るため，その設置する学校において，事故，(A)，災害等（以下この条及び第29条第３項において「事故等」という。）により児童生徒等に生ずる危険を防止し，及び事故等により児童生徒等に危険又は危害が現に生じた場合（同条第１項及び第２項において「危険等発生時」という。）において適切に対処することができるよう，当該学校の施設及び設備並びに管理運営体制の整備充実その他の必要な措置を講ずるよう努めるものとする。

第27条　学校においては，児童生徒等の安全の確保を図るため，当該学校の施設及び設備の安全点検，児童生徒等に対する通学を含めた学校生活その他の日常生活における安全に関する指導，職員の研修その他学校における安全に関する事項について (B) を策定し，これを実施しなければならない。

第28条　校長は，当該学校の施設又は設備について，児童生徒等の安全の確保を図る上で支障となる事項があると認めた場合には，(C)，その改善を図るために必要な措置を講じ，又は当該措置を講ずることができないときは，当該学校の設置者に対し，その旨を申し出るものとする。

第29条

2　校長は，危険等発生時対処要領の職員に対する周知，(D) の実施その他の危険等発生時において職員が適切に対処するために必要な措置を講ずるものとする。

	A	B	C	D
1．	犯罪	指針	定期的に	訓練
2．	加害行為	計画	遅滞なく	訓練
3．	犯罪	計画	遅滞なく	啓発
4．	加害行為	計画	定期的に	訓練
5．	加害行為	指針	定期的に	啓発

8 **次の文は,「人権教育の指導方法等の在り方について [第三次とりまとめ]　～指導等の在り方編～」(平成20年３月　人権教育の指導方法等に関する調査研究会議) の「第２章　第３節　1．(3)イ．人権尊重の理念の理解と研修を通じて身に付けたい資質や能力」の一部である。A～Dの文について，下線部の正しいものを○，誤っているものを×としたとき，その組合せとして正しいものはどれか。**

A　教職員は，児童生徒に直接ふれあいながら指導を行うことで，その心身の成長発達を促進し，支援するという役割を担っている。「教師が変われば子どもも変わる」と言われるように，教職員の言動は，日々の教育活動の中で児童生徒の心身の発達や人間形成に大きな影響を及ぼし，<u>豊かな人間性を育成する</u>上でもきわめて重要な意味を持つ。

B　人権教育においては，個々の児童生徒の大切さを強く自覚し，<u>一人の人間として接</u>

するという教職員の姿勢そのものが，指導の重要要素となる。教職員の人権尊重の態度によって，児童生徒に安心感や自信を生むことにもなる。

C　教職員においては，児童生徒の心の痛みに気付き，善意を正しく判断できる確かな人権感覚を身に付けるよう，常に自己研鑽を積まなければならない。教育活動や日常の生活場面の中で，言動に潜む決めつけや偏見がないか，一人一人を大切にしているかを繰り返し点検し，自らの人権意識を絶えず見つめ直す必要がある。

D　情報化の進展に伴う新たな人権課題の実態について知ること，IT関連の知識・技能を習得することなど，時代の変化への対応等のために必要となる能力を兼ね備えることも重要である。

	A	B	C	D
1．	○	○	○	×
2．	×	×	×	○
3．	○	○	×	○
4．	○	×	×	×
5．	×	○	○	×

9　**次の文は，「岡山市人権教育及び人権啓発に関する基本計画」（2021年改訂）の「第2章　基本的な考え方」で示されている基本理念である。（ A ）～（ D ）に当てはまる語句の組合せとして正しいものはどれか。なお，同じ記号には同じ語句が入るものとする。**

(1)　一人ひとりが個人として尊重される社会

人権とは，誰もが生まれながらにしてもっている固有のものであり，人間が人間らしく生きていく（ A ）権利です。個人の（ B ）が尊重され，誰からも差別や偏見，暴力などを受けず，安全に安心して生きていける社会の実現を目指します。

(2)　一人ひとりが個性や能力を十分に発揮する機会を保障される社会

すべての人は平等であって，性別，年齢，（ C ），障害の有無，社会的身分，門地，人種，信条などによって不当に差別されてはなりません。誰もが，一人ひとりの個性や能力，可能性を十分に発揮する機会を保障され，希望をもって暮らすことができる社会の実現を目指します。

(3)　（ D ）を認め合い，多様性が尊重される社会

社会は，個性や価値観など多様性のある様々な人々で成り立っています。人権が尊重された社会を実現するためには，すべての人が，互いに（ D ）を受け入れ，多様な文化や価値観を尊重することが必要です。一人ひとりの（ D ）を認め合い，多様性を尊重し，ともに支えあう社会の実現を目指します。

	A	B	C	D
1．	社会的な	尊厳	宗教	存在
2．	基本的な	意志	宗教	存在
3．	基本的な	尊厳	国籍	違い
4．	社会的な	意志	国籍	違い
5．	基本的な	尊厳	宗教	違い

解答&解説

1 解答 4

解説 文部科学省「児童生徒の教育相談の充実について（通知）」(2017年2月3日）を参照。

A・B：「⑴未然防止，早期発見及び支援・対応等への体制構築」を参照。

C・D：「⑵学校内の関係者がチームとして取り組み，関係機関と連携した体制づくり」を参照。

2 解答 2

解説 文部科学省「交流及び共同学習ガイド」(2019年3月）の「第1章　交流及び共同学習の意義・目的」を参照。

A・D：当該箇所を参照。

B：正しくは「交流及び共同学習は，学校卒業後においても，障害のある子供にとっては，様々な人々と共に助け合って生きていく力となり，積極的な社会参加につながるとともに，障害のない子供にとっては，障害のある人に自然に言葉をかけて手助けをしたり，積極的に支援を行ったりする行動や，人々の多様な在り方を理解し，障害のある人と共に支え合う意識の醸成につながると考えます」と示されている。

C：正しくは「交流及び共同学習は，相互の触れ合いを通じて豊かな人間性を育むことを目的とする交流の側面と，教科等のねらいの達成を目的とする共同学習の側面があり，この二つの側面を分かちがたいものとして捉え，推進していく必要があります」と示されている。

3 解答 3

解説 岡山市教育委員会「第3期岡山市教育振興基本計画（令和4年度～令和8年度)」(2022年3月15日）の「第4章　岡山市の目指す教育」「⑶目指す教職員像」を参照。本計画は，教育基本法第17条第2項に規定される「地方公共団体における教育の振興のための施策に関する基本的な計画」として，「岡山市市民協働による自立する子どもの育成を推進する条例（岡山っ子育成条例)」第8条に掲げた市の責務を計画的かつ効果的に果たすため，2022～26年度までの5年間の計画を新たに策定したもの。

4 解答 1

解説 文部科学省のリーフレット「GIGAスクール構想の実現へ」の「GIGAスクール構想」を参照。

5 解答 5

解説 平成29年版小学校学習指導要領（2017年3月31日告示）の「第1章　総則」「第1　小学校教育の基本と教育課程の役割」の2⑴及び「第5　学校運営上の留意事項」「2　家庭や地域社会との連携及び協働と学校間の連携」ア，平成29年版中学校学習指導要領（2017年3月31日告示）の「第1章　総則」「第1　中学校教育の基本と教育課程の役割」の2⑴及び「第5　学校運営上の留意事項」「2　家庭や地域社会との連携及び協働と学校間の連携」アを参照。

6 解答 4

解説 教育基本法第2条を参照。「教育の目標」の規定。

7 解答 2

解説 A：学校保健安全法第26条を参照。「学校安全に関する学校の設置者の責務」の規定。

B：学校保健安全法第27条を参照。「学校安全計画の策定等」の規定。

C：学校保健安全法第28条を参照。「学校環境の安全の確保」の規定。

D：学校保健安全法第29条第2項を参照。「危険等発生時対処要領の作成等」の規定。

8 解答 3

解説 人権教育の指導方法等に関する調査研究会議「人権教育の指導方法等の在り方について［第三次とりまとめ］」(2018年3月）の「指導等の在り方編」「第2章　学校における人権教育の指導方法等の改善・充実」「第3節　教育委員会及び学校における研修等の取組」「1．教育委員会における取組」「(3)教職員を対象とした研修の実施」「イ．人権尊重の理念の理解と研修を通じて身に付けたい資質や能力」を参照。

C：正しくは「教職員においては，児童生徒の心の痛みに気付き，互いの人権が尊重されているかを判断できる確かな人権感覚を身に付けるよう，常に自己研鑽を積まなければならない」と示されている。

A・B・D：当該箇所を参照。

9 解答 3

解説 岡山市「人権教育及び人権啓発に関する基本計画」(2021年改訂）の「第2章　基本的な考え方」「1　基本理念」を参照。同計画は，「岡山市第6次総合計画」を踏まえ，「一人ひとりが個人として尊重される社会」「一人ひとりが個性や能力を十分に発揮する機会を保障される機会」「違いを認め合い，多様性が尊重される社会」の3つの社会を実現することを基本理念としている。

広島県・広島市

実施日	2023(令和５)年７月15日	試験時間	35分
出題形式	マークシート式	問題数	小養栄：５題（解答数16） 中高：５題（解答数16）
パターン	小養栄：法規＋原理・時事 中高：法規＋原理・時事	公開状況	問題：公開　解答：公開　配点：公開

傾向&対策

●【小学校・養護教諭・栄養教諭】【中学校・高等学校】で別問題。大問は「教育法規」「学習指導要領」「特別支援教育」「学校安全」「生徒指導」という構成。●大問「教育法規」は，教育基本法など頻出条文の空欄補充問題。●大問「学習指導要領」は，「総則」と「特別活動」＝小養栄，「総合的な学習（探究）の時間」＝中高。●大問「特別支援教育」は，障害者基本法と学習指導要領「総則」＝小養栄，各教科など＝中高。●大問「学校安全」は，学校保健安全法及び「『生きる力』をはぐくむ学校での安全教育」(2019年３月)。●大問「生徒指導」は，いじめ防止対策推進法，児童虐待の防止等に関する法律，学習指導要領「総則」＝以上小養栄，いじめ防止対策推進法，自殺対策基本法，学習指導要領「特別活動」＝以上中高。

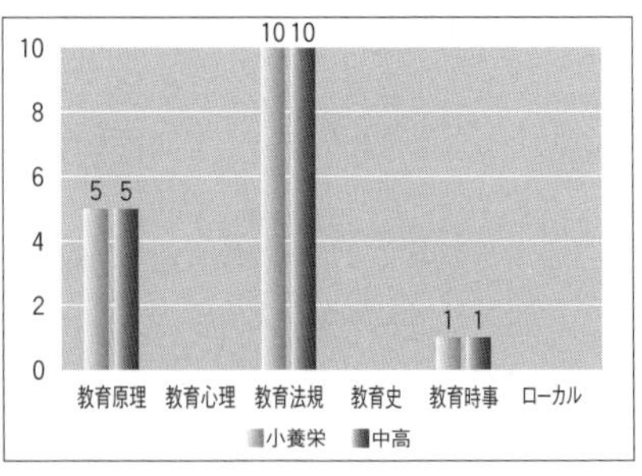

出題領域

分野	項目	小養栄	中高	項目	小養栄	中高	項目	小養栄	中高
教育原理※	学習指導要領・各教科		1	総　則	4	2	特別の教科　道徳		
	外国語・外国語活動			総合的な学習(探究)の時間		2	特別活動	1	2
	学習指導			生徒指導	↕総則，特別活動 法規		学校・学級経営		
	特別支援教育	↕総則，各教科 法規		人権・同和教育			その他		
教育心理	発　達			学　習			性格と適応		
	カウンセリングと心理療法			教育評価			学級集団		
教育法規	教育の基本理念	1	2	学校教育	2	2	学校の管理と運営	2	1
	児童生徒	2	2	教職員	1		特別支援教育 憲　法，その他	2	3
教育史	日本教育史			西洋教育史					
教育時事	答申・統計	1	1	ローカル					

表中の数字は，解答数　小養栄｜中高

※選択肢の出題領域が複数にわたる場合は，それぞれの項目に加算するためグラフの数とは異なる

小養栄共通

☞解答＆解説 p.410

1 次の１～４に答えなさい。

1　次の⑴～⑶は，日本国憲法，教育基本法の条文の全部又は一部です。空欄（ a ）～（ c ）にあてはまる言葉は何ですか。下の①～⑤の中から，正しいものをそれぞれ１つずつ選び，その記号を答えなさい。

⑴　日本国憲法第13条

すべて国民は，個人として尊重される。生命，自由及び（ a ）に対する国民の権利については，公共の福祉に反しない限り，立法その他の国政の上で，最大の尊重を必要とする。

⑵　教育基本法第３条

国民一人一人が，自己の人格を磨き，（ b ）人生を送ることができるよう，その生涯にわたって，あらゆる機会に，あらゆる場所において学習することができ，その成果を適切に生かすことのできる社会の実現が図られなければならない。

⑶　教育基本法第５条第２項

義務教育として行われる普通教育は，各個人の有する能力を伸ばしつつ社会において自立的に生きる基礎を培い，また，国家及び社会の形成者として必要とされる基本的な（ c ）を養うことを目的として行われるものとする。

a　①教育　②思想　③幸福追求　④文化的な生活　⑤信条
b　①文化的な　②充実した　③豊かな　④自由な　⑤有意義な
c　①資質　②知識　③意識　④技能　⑤教養

2　次の条文は，学校教育法第21条の一部です。空欄（ a ）～（ d ）にあてはまる言葉は何ですか。下の①～⑥の中から，正しい組合せを１つ選び，その記号を答えなさい。

義務教育として行われる普通教育は，教育基本法（平成18年法律第120号）第５条第２項に規定する目的を実現するため，次に掲げる目標を達成するよう行われるものとする。

一　学校内外における社会的活動を促進し，自主，自律及び協同の精神，規範意識，公正な判断力並びに（ a ）に基づき主体的に社会の形成に参画し，その発展に寄与する態度を養うこと。（中略）

五　（ b ）に親しませ，生活に必要な国語を正しく理解し，使用する基礎的な能力を養うこと。

六　生活に必要な数量的な関係を正しく理解し，（ c ）する基礎的な能力を養うこと。（中略）

八　健康，安全で幸福な生活のために必要な習慣を養うとともに，運動を通じて（ d ）を養い，心身の調和的発達を図ること。（略）

①　a：寛容の精神　b：文学　c：処理　d：精神
②　a：寛容の精神　b：読書　c：処理　d：精神
③　a：公共の精神　b：文学　c：活用　d：精神

④　a：寛容の精神　b：読書　c：活用　d：体力
⑤　a：公共の精神　b：文学　c：活用　d：体力
⑥　a：公共の精神　b：読書　c：処理　d：体力

3　次の条文は，教育公務員特例法第1条です。空欄（ a ）にあてはまる言葉は何ですか。下の①～④の中から，正しいものを1つ選び，その記号を答えなさい。

この法律は，教育を通じて（ a ）に奉仕する教育公務員の職務とその責任の特殊性に基づき，教育公務員の任免，人事評価，給与，分限，懲戒，服務及び研修等について規定する。

①子ども　②児童　③国民全体　④社会

4　次の条文は，学校教育の情報化の推進に関する法律第3条の一部です。空欄（ a ）～（ c ）にあてはまる言葉は何ですか。下の①～⑥の中から，正しい組合せを1つ選び，その記号を答えなさい。

（略）

3　学校教育の情報化の推進は，全ての児童生徒が，その家庭の経済的な状況，居住する地域，（ a ）の有無等にかかわらず，等しく，学校教育の情報化の恵沢を享受し，もって教育の機会均等が図られるよう行われなければならない。

4　学校教育の情報化の推進は，情報通信技術を活用した学校事務の効率化により，（ b ）の負担が軽減され，児童生徒に対する教育の充実が図られるよう行われなければならない。（中略）

6　学校教育の情報化の推進は，児童生徒による情報通信技術の利用が児童生徒の（ c ），生活等に及ぼす影響に十分配慮して行われなければならない。

①　a：障害　b：学校の教職員　c：学習
②　a：通信環境　b：学校の教職員　c：健康
③　a：障害　b：教材作成　c：学習
④　a：障害　b：学校の教職員　c：健康
⑤　a：通信環境　b：教材作成　c：健康
⑥　a：通信環境　b：教材作成　c：学習

2　**次の1・2に答えなさい。**

1　以下の設問は，平成29年3月告示の小学校学習指導要領，平成29年4月告示の特別支援学校小学部・中学部学習指導要領から出題されています。なお，設問中の文章は小学校学習指導要領を基本にしています。文章中に「児童」とあるのは，特別支援学校小学部・中学部では「児童又は生徒」に,「小学校教育」とあるのは，特別支援学校小学部・中学部では「小学部及び中学部における教育」に，それぞれ読み替えなさい。

(1)　次の文は，学習指導要領　総則　小学校教育の基本と教育課程の役割　の一部です。空欄（ a ）にあてはまる言葉は何ですか。下の①～④の中から，正しいものを1つ選び，その記号を答えなさい。

道徳教育を進めるに当たっては，人間尊重の精神と生命に対する畏敬の念を家庭，学校，その他社会における具体的な生活の中に生かし，豊かな心をもち，伝統と文化を尊重し，それらを育んできた我が国と郷土を愛し，個性豊かな（ a ）を図るとともに，平和で民主的な国家及び社会の形成者として，公共の精神を尊び，社会及び国家の発展に努め，他国を尊重し，国際社会の平和と発展や環境の保全に貢献し未来を拓く主体性のある日本人の育成に資することとなるよう特に留意すること。

①学びの充実　②学級集団の育成　③文化の創造　④人材の育成

⑵ 次の文は，学習指導要領　総則　教育課程の実施と学習評価　の一部です。空欄（ a ）にあてまる言葉は何ですか。下の①～⑤の中から，正しいものを1つ選び，その記号を答えなさい。

創意工夫の中で学習評価の（ a ）や信頼性が高められるよう，組織的かつ計画的な取組を推進するとともに，学年や学校段階を越えて児童の学習の成果が円滑に接続されるように工夫すること。

①客観性　②透明性　③妥当性　④具体性　⑤効率性

2 次の文章は，平成29年3月告示の小学校学習指導要領　特別活動　指導計画の作成と内容の取扱い　の一部です。空欄（ a ）～（ c ）にあてはまる言葉は何ですか。下の①～⑥の中から，正しい組合せを1つ選び，その記号を答えなさい。

特別活動の各活動及び学校行事を見通して，その中で育む資質・能力の育成に向けて，児童の主体的・対話的で（ a ）の実現を図るようにすること。その際，よりよい人間関係の形成，よりよい集団生活の構築や社会への参画及び自己実現に資するよう，児童が集団や社会の形成者としての見方・考え方を働かせ，様々な集団活動に自主的，（ b ）に取り組む中で，互いのよさや個性，（ c ）を認め合い，等しく合意形成に関わり役割を担うようにすることを重視すること。

① a：深い学び　b：実践的　c：多様な考え
② a：深い学び　b：意欲的　c：意見の違い
③ a：深い学び　b：実践的　c：意見の違い
④ a：探究的な学び　b：意欲的　c：多様な考え
⑤ a：探究的な学び　b：実践的　c：多様な考え
⑥ a：探究的な学び　b：意欲的　c：意見の違い

3 特別支援教育に関して，次の1・2に答えなさい。

1 次の条文は，障害者基本法第16条第3項です。空欄（ a ）にあてはまる言葉は何ですか。下の①～④の中から，正しいものを1つ選び，その記号を答えなさい。

国及び地方公共団体は，障害者である児童及び生徒と障害者でない児童及び生徒との（ a ）を積極的に進めることによって，その相互理解を促進しなければならない。

①インクルーシブ教育　②交流及び共同学習　③グループ学習
④共同参画授業

2 次の文章は，平成29年3月告示の小学校学習指導要領　総則　児童の発達の支援の一部です。空欄（ a ）・（ b ）にあてはまる言葉は何ですか。下の①～⑥の中から，正しい組合せを1つ選び，その記号を答えなさい。

特別支援学級において実施する特別の教育課程については，次のとおり編成するものとする。

㋐ 障害による学習上又は生活上の困難を克服し自立を図るため，特別支援学校小学部・中学部学習指導要領第７章に示す（　a　）を取り入れること。

(イ) 児童の障害の程度や学級の実態等を考慮の上，各教科の目標や内容を（　b　）の目標や内容に替えたり，各教科を，知的障害者である児童に対する教育を行う特別支援学校の各教科に替えたりするなどして，実態に応じた教育課程を編成すること。

① a：生活科　　b：通級による指導
② a：生活科　　b：下学年の教科
③ a：自立訓練　　b：通級による指導
④ a：自立訓練　　b：下学年の教科
⑤ a：自立活動　　b：通級による指導
⑥ a：自立活動　　b：下学年の教科

4　学校安全に関して，次の１・２に答えなさい。

1　次の条文は，学校保健安全法第28条です。空欄（　a　）にあてはまる言葉は何ですか。下の①～⑤の中から，正しいものを１つ選び，その記号を答えなさい。

校長は，当該学校の施設又は設備について，児童生徒等の安全の確保を図る上で支障となる事項があると認めた場合には，（　a　），その改善を図るために必要な措置を講じ，又は当該措置を講ずることができないときは，当該学校の設置者に対し，その旨を申し出るものとする。

①遅滞なく　　②当該年度内に　　③必要に応じて
④法令の定めるところにより　　⑤文部科学大臣の定めるところにより

2　次の文章は，「学校安全資料『生きる力』をはぐくむ学校での安全教育」（文部科学省　平成31年３月）の第１章　総説　第２節　学校安全の考え方　ポイント　の一部です。空欄（　a　）～（　c　）にあてはまる言葉は何ですか。下の①～⑤の中から，正しい組合せを１つ選び，その記号を答えなさい。

（略）

○　学校安全の領域は，「生活安全」「交通安全」「災害安全」などがあるが，従来想定されなかった（　a　）の出現などにも柔軟に対応し，学校保健や生徒指導など様々な関連領域と連携して取り組むことが重要である。

○　学校安全の活動は，安全教育，安全管理から構成されており，相互に関連付けて（　b　）に行うことが必要である。

○　学校における安全教育は，主に学習指導要領を踏まえ，学校の（　c　）を通じて実施する。

① a：自然災害　　b：組織的　　c：教育活動全体
② a：新たな危機事象　　b：組織的　　c：教育活動全体
③ a：自然災害　　b：組織的　　c：特別活動
④ a：新たな危機事象　　b：計画的　　c：特別活動
⑤ a：自然災害　　b：計画的　　c：教育活動全体

5　生徒指導に関して，次の１～３に答えなさい。

1　次の条文は，いじめ防止対策推進法第３条第１項です。空欄（　a　）にあてはまる言葉は何ですか。下の①～⑤の中から，正しいものを１つ選び，その記号を答えなさい。

いじめの防止等のための対策は，いじめが全ての児童等に関係する問題であることに鑑み，児童等が安心して学習その他の活動に取り組むことができるよう，（ a ）いじめが行われなくなるようにすることを旨として行われなければならない。

①学校内において　②加害児童等による　③学校の内外を問わず

④学級内において　⑤二度と

2　次の条文は，児童虐待の防止等に関する法律第1条です。空欄（ a ）にあてはまる言葉は何ですか。下の①～④の中から，正しいものを1つ選び，その記号を答えなさい。

この法律は，児童虐待が児童の人権を著しく侵害し，その心身の成長及び人格の形成に重大な影響を与えるとともに，我が国における将来の世代の育成にも懸念を及ぼすことにかんがみ，児童に対する虐待の禁止，児童虐待の予防及び早期発見その他の児童虐待の防止に関する国及び地方公共団体の責務，児童虐待を受けた児童の保護及び自立の支援のための措置等を定めることにより，児童虐待の防止等に関する施策を促進し，もって（ a ）の擁護に資することを目的とする。

①家族の利益　②保護者の権利利益　③国民の人権　④児童の権利利益

3　次の文は，平成29年3月告示の小学校学習指導要領　総則　児童の発達の支援，平成29年4月告示の特別支援学校小学部・中学部学習指導要領　総則　児童又は生徒の調和的な発達の支援　の一部です。空欄（ a ）・（ b ）にあてはまる言葉は何ですか。下の①～⑥の中から，正しい組合せを1つ選び，その記号を答えなさい。なお，設問中の文は小学校学習指導要領を基本にしています。文中に「児童」とあるのは，特別支援学校小学部・中学部では「児童又は生徒」に，「児童理解」とあるのは，特別支援学校小学部・中学部では「児童理解又は生徒理解」に，それぞれ読み替えなさい。

児童が，（ a ）を実感しながら，よりよい人間関係を形成し，有意義で充実した学校生活を送る中で，現在及び将来における自己実現を図っていくことができるよう，児童理解を深め，（ b ）と関連付けながら，生徒指導の充実を図ること。

①　a：自己の存在感　b：進路指導

②　a：自己の存在感　b：学習指導

③　a：自己の存在感　b：教育相談

④　a：自己の有能感　b：進路指導

⑤　a：自己の有能感　b：学習指導

⑥　a：自己の有能感　b：教育相談

中学校・高等学校共通

1　**次の1～4に答えなさい。**

1　次の(1)～(4)は，日本国憲法，教育基本法，学校教育法の条文の全部又は一部です。空欄（ a ）～（ c ）にあてはまる言葉は何ですか。下の①～⑤の中から，正しいものをそれぞれ1つずつ選び，その記号を答えなさい。なお，同じ記号には同じ言葉が入ります。

(1) 日本国憲法第14条第1項

すべて国民は，法の下に平等であつて，人種，信条，性別，社会的身分又は門地により，政治的，経済的又は社会的関係において，（ a ）されない。

(2) 教育基本法第6条

法律に定める学校は，公の性質を有するものであって，国，地方公共団体及び法律に定める法人のみが，これを設置することができる。

2 前項の学校においては，教育の目標が達成されるよう，教育を受ける者の心身の発達に応じて，体系的な教育が組織的に行われなければならない。この場合において，教育を受ける者が，学校生活を営む上で必要な規律を重んずるとともに，自ら進んで学習に取り組む（ b ）を高めることを重視して行われなければならない。

(3) 学校教育法第45条

中学校は，小学校における教育の基礎の上に，心身の発達に応じて，義務教育として行われる（ c ）を施すことを目的とする。

(4) 学校教育法第50条

高等学校は，中学校における教育の基礎の上に，心身の発達及び進路に応じて，高度な（ c ）及び専門教育を施すことを目的とする。

a ①処罰 ②差別 ③区別 ④冷遇 ⑤自由を制限

b ①自主性 ②技能 ③意欲 ④意識 ⑤自律性

c ①普通教育 ②職業教育 ③一般教育 ④生活指導 ⑤学習指導

2 次の条文は，教育基本法第2条の一部です。空欄（ a ）～（ d ）にあてはまる言葉は何ですか。下の①～⑥の中から，正しい組合せを1つ選び，その記号を答えなさい。

教育は，その目的を実現するため，学問の自由を尊重しつつ，次に掲げる目標を達成するよう行われるものとする。（中略）

二 個人の価値を尊重して，その能力を伸ばし，創造性を培い，自主及び（ a ）の精神を養うとともに，職業及び（ b ）との関連を重視し，勤労を重んずる態度を養うこと。

三 正義と責任，男女の平等，（ c ）と協力を重んずるとともに，公共の精神に基づき，主体的に社会の形成に（ d ）し，その発展に寄与する態度を養うこと。（略）

① a：自立 b：生活 c：自他の敬愛 d：関与

② a：自立 b：生活 c：共存 d：参画

③ a：自立 b：社会 c：共存 d：参画

④ a：自律 b：社会 c：共存 d：関与

⑤ a：自律 b：生活 c：自他の敬愛 d：参画

⑥ a：自律 b：社会 c：自他の敬愛 d：関与

3 次の条文は，教育職員等による児童生徒性暴力等の防止等に関する法律第4条第2項です。空欄（ a ）にあてはまる言葉は何ですか。下の①～④の中から，正しいものを1つ選び，その記号を答えなさい。

教育職員等による児童生徒性暴力等の防止等に関する施策は，児童生徒等が安心して学習その他の活動に取り組むことができるよう，学校の内外を問わず教育職員等による児童生徒性暴力等を（　a　）ことを旨として行われなければならない。

①低減する　②否定する　③根絶する　④回避する

4　次の条文は，個人情報の保護に関する法律第1条です。空欄（　a　）～（　c　）にあてはまる言葉は何ですか。下の①～⑥の中から，正しい組合せを1つ選び，その記号を答えなさい。

この法律は，（　a　）社会の進展に伴い個人情報の利用が著しく拡大していることに鑑み，個人情報の適正な取扱いに関し，基本理念及び政府による基本方針の作成その他の個人情報の保護に関する施策の基本となる事項を定め，（　b　）の責務等を明らかにし，個人情報を取り扱う事業者及び行政機関等についてこれらの特性に応じて遵守すべき義務等を定めるとともに，個人情報保護委員会を設置することにより，行政機関等の事務及び事業の適正かつ円滑な運営を図り，並びに個人情報の適正かつ効果的な活用が新たな産業の創出並びに活力ある経済社会及び豊かな国民生活の実現に資するものであることその他の個人情報の有用性に配慮しつつ，個人の（　c　）を保護することを目的とする。

	a	b	c
①	a：デジタル	b：個人及び法人	c：安全な生活
②	a：高齢	b：個人及び法人	c：安全な生活
③	a：高齢	b：国及び地方公共団体	c：安全な生活
④	a：デジタル	b：個人及び法人	c：権利利益
⑤	a：高齢	b：国及び地方公共団体	c：権利利益
⑥	a：デジタル	b：国及び地方公共団体	c：権利利益

2　次の1・2に答えなさい。

1　以下の設問は，平成29年3月告示の中学校学習指導要領，平成29年4月告示の特別支援学校小学部・中学部学習指導要領，平成30年3月告示の高等学校学習指導要領，平成31年2月告示の特別支援学校高等部学習指導要領から出題されています。なお，設問中の文章は中学校学習指導要領を基本にしています。文章中に「生徒」とあるのは，特別支援学校小学部・中学部では「児童又は生徒」に，「各教科等」とあるのは，高等学校では「各教科・科目等」に，特別支援学校高等部では「各教科・科目等又は各教科等」に，「発達の支援」とあるのは，特別支援学校小学部・中学部及び特別支援学校高等部では「調和的な発達の支援」に，「教育課程の関連」とあるのは，特別支援学校小学部・中学部及び特別支援学校高等部では「教育課程との関連」に，それぞれ読み替えなさい。

(1)　次の文は，学習指導要領　総則　生徒の発達の支援　の一部です。空欄（　a　）にあてはまる言葉は何ですか。下の①～④の中から，正しいものを1つ選び，その記号を答えなさい。

生徒が，学ぶことと自己の将来とのつながりを見通しながら，社会的・職業的自立に向けて必要な基盤となる資質・能力を身に付けていくことができるよう，特別活動を要としつつ各教科等の特質に応じて，（　a　）の充実を図ること。

①道徳教育　②小中一貫教育　③主権者教育　④キャリア教育

(2) 次の文章は，学習指導要領　総則　学校運営上の留意事項　の一部です。空欄（ a ）～（ c ）にあてはまる言葉は何ですか。下の①～⑥の中から，正しい組合せを1つ選び，その記号を答えなさい。なお，同じ記号には同じ言葉が入ります。

教育課程外の学校教育活動と教育課程の関連が図られるように留意するものとする。特に，生徒の自主的，自発的な参加により行われる（ a ）については，スポーツや文化，科学等に親しませ，学習意欲の向上や責任感，連帯感の涵（かん）養等，学校教育が目指す資質・能力の育成に資するものであり，学校教育の一環として，教育課程との関連が図られるよう留意すること。その際，学校や（ b ）の実態に応じ，（ b ）の人々の協力，社会教育施設や社会教育関連団体等の各種団体との連携などの運営上の工夫を行い，（ c ）な運営体制が整えられるようにするものとする。

① a：部活動　b：地域　c：継続的
② a：部活動　b：地域　c：持続可能
③ a：部活動　b：学区　c：持続可能
④ a：ボランティア活動　b：学区　c：持続可能
⑤ a：ボランティア活動　b：地域　c：継続的
⑥ a：ボランティア活動　b：学区　c：継続的

2 次の文章は，平成29年3月告示の中学校学習指導要領　総合的な学習の時間　指導計画の作成と内容の取扱い，平成30年3月告示の高等学校学習指導要領　総合的な探究の時間　指導計画の作成と内容の取扱い　の一部です。空欄（ a ）にあてはまる言葉は何ですか。下の①～⑤の中から，正しいものを1つ選び，その記号を答えなさい。なお，設問中の文章は中学校学習指導要領を基本にしています。文章中に「探究的な見方・考え方」とあるのは，高等学校では「探究の見方・考え方」に，「教科等」とあるのは，高等学校では「教科・科目等」に，それぞれ読み替えなさい。

年間や，単元など内容や時間のまとまりを見通して，その中で育む資質・能力の育成に向けて，生徒の主体的・対話的で深い学びの実現を図るようにすること。その際，生徒や学校，地域の実態等に応じて，生徒が探究的な見方・考え方を働かせ，教科等の枠を超えた横断的・総合的な学習や生徒の興味・関心等に基づく学習を行うなど（ a ）を生かした教育活動の充実を図ること。

①創意工夫　②独創性　③各生徒の個性　④学びに向かう力　⑤生活経験

3　特別支援教育に関して，次の1・2に答えなさい。

1 次の条文は，障害者基本法第4条の一部です。空欄（ a ）にあてはまる言葉は何ですか。下の①～④の中から，正しいものを1つ選び，その記号を答えなさい。

何人も，障害者に対して，障害を理由として，差別することその他の権利利益を侵害する行為をしてはならない。

2 社会的障壁の除去は，それを必要としている障害者が現に存し，かつ，その実施に伴う負担が過重でないときは，それを怠ることによつて前項の規定に違反することとならないよう，その実施について必要かつ（ a ）な配慮がされなければならない。（略）

①適切　②十分　③合理的　④効果的

2　次の文は，平成29年３月告示の中学校学習指導要領　各教科，総合的な学習の時間及び特別活動の指導計画の作成と内容の取扱い，平成30年３月告示の高等学校学習指導要領　各学科に共通する各教科及び主として専門学科において開設される各教科の各科目にわたる指導計画の作成と内容の取扱い（ただし，外国語　については，英語に関する各科目にわたる指導計画の作成と内容の取扱い）並びに総合的な探究の時間及び特別活動の指導計画の作成と内容の取扱い　に共通して記述されている一文です。空欄（ a ）・（ b ）にあてはまる言葉は何ですか。下の①～⑥の中から，正しい組合せを１つ選び，その記号を答えなさい。

障害のある生徒などについては，学習活動を行う場合に生じる（ a ）に応じた指導内容や（ b ）の工夫を計画的，組織的に行うこと。

① a：興味・関心　b：評価
② a：興味・関心　b：指導方法
③ a：理解力　b：評価
④ a：理解力　b：指導方法
⑤ a：困難さ　b：評価
⑥ a：困難さ　b：指導方法

4　学校安全に関して，次の１・２に答えなさい。

1　次の条文は，学校保健安全法第30条です。空欄（ a ）にあてはまる言葉は何ですか。下の①～⑤の中から，正しいものを１つ選び，その記号を答えなさい。なお，同じ記号には同じ言葉が入ります。

学校においては，児童生徒等の安全の確保を図るため，児童生徒等の保護者との（ a ）を図るとともに，当該学校が所在する地域の実情に応じて，当該地域を管轄する警察署その他の関係機関，地域の安全を確保するための活動を行う団体その他の関係団体，当該地域の住民その他の関係者との（ a ）を図るよう努めるものとする。

①情報共有　②交流　③協力　④意思疎通　⑤連携

2　次の文章は，「学校安全資料『生きる力』をはぐくむ学校での安全教育」（文部科学省　平成31年３月）の第１章　総説　第４節　危機管理マニュアル　ポイント　です。空欄（ a ）～（ c ）にあてはまる言葉は何ですか。下の①～⑤の中から，正しい組合せを１つ選び，その記号を答えなさい。

○　危機管理マニュアルは，（ a ）で危険等が発生した際，教職員が円滑かつ的確な対応を図ることを目的とするもので，教職員の役割等を明確にし，児童生徒等の安全を確保する体制を確立するために必要な事項を全教職員が共通に理解することが必要である。

○　危機管理マニュアルを作成する際には，各学校の実情に応じて想定される危険を明確にし，事前・発生時・事後の三段階の危機管理を想定して，児童生徒等の（ b ）や身体を守る方策について検討する。併せて，全ての教職員，保護者や関係機関・関係団体等の参画や周知が重要である。

○　作成後も，全国各地において発生する様々な事故等・自校を取り巻く安全上の課題やその対策について，訓練，評価，（ c ）を繰り返し行っていくことが必要である。

① a：学校管理下　b：健康　c：検証
② a：学校管理下　b：生命　c：改善
③ a：学校管理下　b：健康　c：改善
④ a：学校の施設内　b：生命　c：検証
⑤ a：学校の施設内　b：健康　c：改善

5 生徒指導に関して，次の1～3に答えなさい。

1　次の条文は，いじめ防止対策推進法第15条第1項です。空欄（ a ）にあてはまる言葉は何ですか。下の①～⑤の中から，正しいものを1つ選び，その記号を答えなさい。

学校の設置者及びその設置する学校は，児童等の豊かな情報と道徳心を培い，（ a ）能力の素地を養うことがいじめの防止に資することを踏まえ，全ての教育活動を通じた道徳教育及び体験活動等の充実を図らなければならない。

①問題発見・解決　②意思決定　③批判的に思考する　④自分の考えを伝える　⑤心の通う対人交流の

2　次の条文は，自殺対策基本法第17条第3項です。空欄（ a ）にあてはまる言葉は何ですか。下の①～④の中から，正しいものを1つ選び，その記号を答えなさい。

学校は，当該学校に在籍する児童，生徒等の保護者，地域住民その他の関係者との連携を図りつつ，当該学校に在籍する児童，生徒等に対し，各人がかけがえのない個人として共に尊重し合いながら生きていくことについての意識の涵(かん)養等に資する教育又は啓発，困難な事態，強い心理的負担を受けた場合等における（ a ）を身に付ける等のための教育又は啓発その他当該学校に在籍する児童，生徒等の心の健康の保持に係る教育又は啓発を行うよう努めるものとする。

①学習の方法　②克服の仕方　③対処の仕方　④命を守る方法

3　次の文は，平成29年3月告示の中学校学習指導要領，平成30年3月告示の高等学校学習指導要領　特別活動〔生徒会活動〕内容の一部です。空欄（ a ）・（ b ）にあてはまる言葉は何ですか。下の①～⑥の中から，正しい組合せを1つ選び，その記号を答えなさい。

生徒が（ a ）組織をつくり，役割を分担し，計画を立て，学校生活の課題を見いだし解決するために話し合い，（ b ）を図り実践すること。

① a：教師と協力して　b：人間関係の向上
② a：教師と協力して　b：一致団結
③ a：教師と協力して　b：合意形成
④ a：主体的に　b：人間関係の向上
⑤ a：主体的に　b：一致団結
⑥ a：主体的に　b：合意形成

解答＆解説

小養栄共通

1 解答 1　a—③　b—③　c—①　2—⑥　3—③　4—④

解説 1：(1)日本国憲法第13条を参照。「個人の尊重，生命・自由・幸福追求の権利の尊重」の規定。

(2)教育基本法第３条を参照。「生涯学習の理念」の規定。

(3)教育基本法第５条第２項を参照。「義務教育」の規定。

２：学校教育法第21条第一号・第五号・第六号・第八号を参照。「義務教育の日標」の規定。

３：教育公務員特例法第１条を参照。「この法律の趣旨」の規定。

４：学校教育の情報化の推進に関する法律第３条第３項・第４項・第６項を参照。「基本理念」の規定。

2 解答 1　(1)—③　(2)—③　2—①

解説 1：(1)平成29年版小学校学習指導要領（2017年３月31日告示）の「第１章　総則」「第１　小学校教育の基本と教育課程の役割」の２(2)，平成29年版特別支援学校小学部・中学部学習指導要領（2017年４月28日告示）の「第１章　総則」「第２節　小学部及び中学部における教育の基本と教育課程の役割」の２(2)を参照。

(2)平成29年版小学校学習指導要領（2017年３月31日告示）の「第１章　総則」「第３　教育課程の実施と学習評価」「２　学習評価の充実」の(2)，平成29年版特別支援学校小学部・中学部学習指導要領（2017年４月28日告示）の「第１章　総則」「第４節　教育課程の実施と学習評価」「３　学習評価の充実」の(3)を参照。

２：平成29年版小学校学習指導要領（2017年３月31日告示）の「第６章　特別活動」「第３　指導計画の作成と内容の取扱い」の１(1)を参照。

3 解答 1—②　2—⑥

解説 1：障害者基本法第16条３項を参照。「教育」の規定。

２：平成29年版小学校学習指導要領（2017年３月告示）の「第１章　総則」「第４　児童の発達の支援」「２　特別な配慮を必要とする児童への指導」「(1)障害のある児童などへの指導」のイを参照。

4 解答 1—①　2—②

解説 1：学校保健安全法第28条を参照。「学校環境の安全の確保」の規定。

２：文部科学省「学校安全資料『生きる力』をはぐくむ学校での安全教育」(2019年３月）の「第１章　総説」「第２節　学校安全の考え方」の冒頭の「ポイント」を参照。

5 解答 1—③　2—④　3—②

解説 1：いじめ防止対策推進法第３条第１項を参照。「基本理念」の規定。

２：児童虐待の防止等に関する法律第１条を参照。この法律の「目的」の規定。

３：平成29年版小学校学習指導要領（2017年３月31日告示）の「第１章　総則」

「第４　児童の発達の支援」「１　児童の発達を支える指導の充実」の⑵，平成29年版特別支援学校小学部・中学部学習指導要領（2017年４月28日告示）の「第１章　総則」「第５節　児童又は生徒の調和的な発達の支援」「１　児童又は生徒の調和的な発達を支える指導の充実」の⑵を参照。

中学校・高等学校共通

1 **解答** 1　a―②　b―③　c―①　2―⑤　3―③　4―⑥

解説 1：⑴日本国憲法第14条第１項を参照。「法の下の平等」の規定。

⑵教育基本法第６条を参照。「学校教育」の規定。

⑶学校教育法第45条を参照。「中学校の目的」の規定。

⑷学校教育法第50条を参照。「高等学校の目的」の規定。

2：教育基本法第２条第二号・第三号を参照。「教育の目標」の規定。

3：教育職員等による児童生徒性暴力等の防止等に関する法律第４条第２項を参照。「基本理念」の規定。

4：個人情報の保護に関する法律第１条を参照。この法律の「目的」の規定。

2 **解答** 1　⑴―④　⑵―②　2―①

解説 1：⑴平成29年版中学校学習指導要領（2017年３月31日告示）の「第１章　総則」「第４　生徒の発達の支援」「１　生徒の発達を支える指導の充実」の⑶，平成30年版高等学校学習指導要領（2018年３月30日告示）の「第１章　総則」「第５款　生徒の発達の支援」「１　生徒の発達を支える指導の充実」の⑶，平成29年版特別支援学校小学部・中学部学習指導要領（2017年４月28日告示）の「第１章　総則」「第５節　児童又は生徒の調和的な発達の支援」「１　児童又は生徒の調和的な発達を支える指導の充実」の⑶，平成31年版特別支援学校高等部学習指導要領（2019年２月４日告示）の「第１章　総則」「第２節　教育課程の編成」「第５款　生徒の調和的な発達の支援」「１　生徒の調和的な発達を支える指導の充実」の⑶を参照。

⑵平成29年版中学校学習指導要領（2017年３月31日告示）の「第１章　総則」「第５　学校運営上の留意事項」「１　教育課程の改善と学校評価，教育課程外の活動との連携等」のウ，平成30年版高等学校学習指導要領（2018年３月30日告示）の「第１章　総則」「第６款　学校運営上の留意事項」「１　教育課程の改善と学校評価，教育課程外の活動との連携等」のウ，平成29年版特別支援学校小学部・中学部学習指導要領（2017年４月28日告示）の「第１章　総則」「第６節　学校運営上の留意事項」「１　教育課程の改善と学校評価，教育課程外の活動との連携等」の⑶，平成31年版特別支援学校高等部学習指導要領（2019年２月４日告示）の「第１章　総則」「第２節　教育課程の編成」「第６款　学校運営上の留意事項」「１　教育課程の改善と学校評価，教育課程外の活動との連携等」の⑶を参照。

2：平成29年版中学校学習指導要領（2017年３月31日告示）の「第４章　総合的な学習の時間」「第３　指導計画の作成と内容の取扱い」の１⑴，平成30年版高等学校学習指導要領（2018年３月30日告示）の「第４章　総合的な探究の時間」「第３　指導計画の作成と内容の取扱い」の１(1)を参照。

3 **解答** １―③　２―⑥

解説 １：障害者基本法第４条第１項・第２項を参照。「差別の禁止」の規定。

２：平成29年版中学校学習指導要領（2017年３月31日告示）の「第２章　各教科」のそれぞれ「第３　指導計画の作成と内容の取扱い」の１(3)～(6)，(8)のいずれか（「第９節　外国語」は「英語」の「３　指導計画の作成と内容の取扱い」の(1)カ），「第４章　総合的な学習の時間」「第３　指導計画の作成と内容の取扱い」の１(6)，「第５章　特別活動」「第３　指導計画の作成と内容の取扱い」の１(4)，平成30年版高等学校学習指導要領（2018年３月30日告示）の「第２章　各学科に共通する各教科」のそれぞれ「第３款　各科目にわたる指導計画の作成と内容の取扱い」の１(3)～(6)のいずれか（「第８節　外国語」は「第３款　英語に関する各科目にわたる指導計画の作成と内容の取扱い」の１(9))，「第３章　主として専門学科において解説される各教科」のそれぞれ「第３款　各科目にわたる指導計画の作成と内容の取扱い」の１(4)～(6)，(9)のいずれか，「第４章　総合的な学習の時間」「第３　指導計画の作成と内容の取扱い」の１(7)，「第５章　特別活動」「第３　指導計画の作成と内容の取扱い」の１(4)を参照。

4 **解答** １―⑤　２―②

解説 １：学校保健安全法第30条を参照。「地域の関係機関等との連携」の規定。

２：文部科学省「学校安全資料『生きる力』をはぐくむ学校での安全教育」(2019年３月）の「第１章　総説」「第４節　危機管理マニュアル」の冒頭の「ポイント」を参照。

5 **解答** １―⑤　２―③　３―⑥

解説 １：いじめ防止対策推進法第15条第１項を参照。「学校におけるいじめの防止」の規定。

２：自殺対策基本法第17条第３項を参照。「心の健康の保持に係る教育及び啓発の推進等」の規定。

３：平成29年版中学校学習指導要領（2017年３月31日告示）の「第５章　特別活動」「第２　各活動・学校行事の目標及び内容」「〔生徒会活動〕」「２　内容」「(1)生徒会の組織づくりと生徒会活動の計画や運営」，平成30年版高等学校学習指導要領（2018年３月30日告示）の「第５章　特別活動」「第２　各活動・学校行事の目標及び内容」「〔生徒会活動〕」「２　内容」「(1)生徒会の組織づくりと生徒会活動の計画や運営」を参照。

山口県

実施日	2023(令和５)年７月８日	試験時間	50分（一般教養を含む）
出題形式	選択＋記述式	問題数	８題（解答数36）
パターン	法規・時事＋心理・原理・教育史・ローカル	公開状況	問題：公開　解答：公開　配点：公開

傾向&対策　●全分野から出題され，出題分野にかかわらず「特別支援教育」「人権教育」が必出の教育トピック。●最も解答数の多い教育法規は，上記の必出トピックを含む頻出条文の空欄補充問題。●教育時事は，必出の教育トピック関連では「発達障害の教育支援体制整備」に関するガイドライン（2017年３月），「男女共同参画」に関する手引き（2012年）。このほか「個別最適な学びと協働的な学び」に関する参考資料（2021年３月），「『生きる力』をはぐくむ学校での安全教育」（2019年３月），「第３次学校安全の推進に関する計画」（2022年３月），「不登校対策（COCOLOプラン）」（2023年３月）より。●必出のローカル問題は，５年連続の「山口県教育振興基本計画」（2018年10月）で，今後は新計画を要チェック。

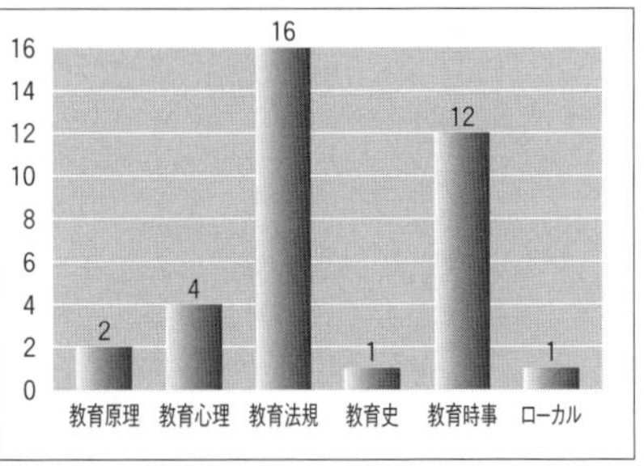

出題領域

教育原理	教育課程・学習指導要領	↓時事	総　則		特別の教科　道徳	
	外国語・外国語活動		総合的な学習(探究)の時間		特別活動	
	学習指導		生徒指導	2	学校・学級経営	
	特別支援教育	↓法規 時事	人権・同和教育	↓法規	その他	
教育心理	発　達		学　習	2	性格と適応	
	カウンセリングと心理療法		教育評価	2	学級集団	
教育法規	教育の基本理念	1	学校教育		学校の管理と運営	2
	児童生徒	4	教職員	2	憲　法　特別支援教育 人権教育	2　5
教育史	日本教育史		西洋教育史	1		
教育時事	答申・統計	12	ローカル	1		

※表中の数字は，解答数

全校種共通

☞解答＆解説 p.420

1　次の法令について，下の(1)～(4)の各問いに答えよ。

日本国憲法

第19条　思想及び（ ① ）の自由は，これを侵してはならない。

教育基本法

第13条　学校，家庭及び地域住民その他の関係者は，教育におけるそれぞれの役割と（ ② ）を自覚するとともに，相互の連携及び協力に努めるものとする。

学校教育法施行規則

第24条　校長は，その学校に在学する児童等の（ ③ ）（学校教育法施行令第31条に規定する児童等の学習及び健康の状況を記録した書類の原本をいう。以下同じ。）を作成しなければならない。

法令A

第７条　国民は，基本理念にのっとり，こども施策について関心と理解を深めるとともに，国又は地方公共団体が実施するこども施策に協力するよう努めるものとする。

(1)　日本国憲法について，（ ① ）に入る適切な語句を答えよ。

(2)　教育基本法について，（ ② ）に入る適切な語句を次の語群から選び，記号で答えよ。

　1　責任　　2　立場　　3　義務　　4　使命

(3)　学校教育法施行規則について，（ ③ ）に入る適切な語句を次の語群から選び，記号で答えよ。

　1　個別の指導計画　　2　個別の支援計画　　3　学齢簿　　4　指導要録

(4)　法令Aに該当する法令名を次の語群から選び，記号で答えよ。

　1　子どもの貧困対策の推進に関する法律　　2　児童福祉法

　3　子ども・子育て支援法　　4　こども基本法

2　次の法令について，下の(1)～(4)の各問いに答えよ。

学校教育法施行令

第29条　公立の学校（大学を除く。以下この条において同じ。）この学期並びに夏季，冬季，学年末，農繁期等における休業日又は家庭及び地域における体験的な学習活動その他の学習活動のための休業日（次項において「体験的な学習活動等休業日」という。）は，市町村又は都道府県の設置する学校にあつては当該市町村又は都道府県の（ ① ）が，公立大学法人の設置する学校にあつては当該公立大学法人の理事長が定める。

学校保健安全法

第７条　学校には，健康診断，（ ② ），保健指導，救急処置その他の保健に関する措置を行うため，保健室を設けるものとする。

地方公務員法

第34条　職員は，（ ③ ）知り得た秘密を漏らしてはならない。その職を退いた後も，また，同様とする。

教育公務員特例法

第21条　教育公務員は，その（ ④ ）を遂行するために，絶えず研究と修養に努めなければならない。

(1) 学校教育法施行令について，（ ① ）に入る適切な語句を次の語群から選び，記号で答えよ。

1　首長　　2　首長部局　　3　教育長　　4　教育委員会

(2) 学校保健安全法について，（ ② ）に入る適切な語句を次の語群から選び，記号で答えよ。

1　予防接種　　2　衛生管理　　3　健康相談　　4　感染症対策

(3) 地方公務員法について，（ ③ ）に入る適切な語句を答えよ。

(4) 教育公務員特例法について，（ ④ ）に入る適切な語句を次の語群から選び，記号で答えよ。

1　責務　　2　業務　　3　職責　　4　責任

3　以下の(1)〜(4)の各問いに答えよ。

(1) 次の文は，ある人物について説明したものである。この人物は誰か，答えよ。

ドイツ・チューリンゲン出身で，1782年に生まれた。教師となり，ペスタロッチの指導を受けた。「一般ドイツ教育舎」を開設して本格的な教育活動を始め，1826年には主著『人間教育』を著した。その後，幼児教育遊具を考案し，それを活用・普及するための保育者養成施設と，その実習施設として「遊戯・作業園」を開設した。1840年にこれらの施設を統合して「普遍ドイツ的キンダーガルテン（一般ドイツキンダーガルテン）」を開設した。これがやがて「幼稚園」として世界的に普及することになった。

(2) 次の文は，「学習指導要領の趣旨の実現に向けた個別最適な学びと協働的な学びの一体的な充実に関する参考資料」（文部科学省，令和３年３月）の一部である。下のア〜ウの各問いに答えよ。

学習指導要領では「何を学ぶか」という教育の内容を重視しつつ，児童生徒がその内容を既得の知識及び技能と関連付けながら深く理解し，他の学習や生活の場面でも活用できる，生きて働く知識となることを含め，その内容を学ぶことで児童生徒が「（ ① ）」を併せて重視しています。このため，各教科等の指導を通して育成する資質・能力を明確にすることの重要性を上記のとおり示すとともに，各教科等の目標や内容も，②資質・能力の三つの柱　で再整理して示しています。これにより，経験年数の短い教師であっても，各教科等の指導を通して育成を目指す資質・能力を確実に捉えられるようにするとともに，教科等横断的な視点で教育課程を編成・実施できるようにすること，さらには，学校教育を通してどのような力を育むのかということを社会と共有することを目指しています。（中略）

（ ③ ）は，「社会に開かれた教育課程」の理念の下，産業界等と連携し，各教科等での学習を実社会での問題発見・解決に生かしていく高度な内容となるものであることから，高等学校における教科等横断的な学習の中で重点的に取り組むべきものですが，その土台として，幼児期からのものづくり体験や科学的な体験の充実，小学校，中学校での各教科等や総合的な学習の時間における教科等横断的な学習や探究的な学習，プログラミング教育などの充実に努めることも重要です。さらに，小学校，中学校においても，児童生徒の学習の状況によっては，例えば総合的な学習の時間における児童生徒の課題解決の姿をイメージしながら，教科等横断的な学習の中で（ ③ ）に取り組むことも考えられます。その際，発達の段階に応じて，児童生徒の興味・関心等を生かし，教師が一人一人に応じた学習活動を課すことで，児童生徒自身が主体的に学習テーマや探究方法等を設定することが重要です。

ア （ ① ）に入る適切な語句を次の語群から選び，記号で答えよ。

1　何をするべきか　2　何ができるのか　3　何ができるようになるか

4　何を習得したか

イ 下線部②資質・能力の三つの柱について，「知識及び技能」の習得以外の二つの柱の組み合わせとして正しいものを次の語群から選び，記号で答えよ。

1 「思考力，判断力，表現力等」の育成，「学びに向かう力，人間性等」の涵養

2 「思考力，判断力，表現力等」の育成，「学ぼうとする意思，人間性等」の涵養

3 「思考力，判断力，実行力等」の育成，「学ぼうとする意思，人間性等」の涵養

4 「思考力，判断力，実行力等」の育成，「学びに向かう力，人間性等」の涵養

ウ （ ③ ）に入る適切な語句を次の語群から選び，記号で答えよ。

1　カリキュラム・マネジメント　2　GIGAスクール構想

3　ICT活用教育　4　STEAM教育

(3) 次のア～ウの文に最も関連の深い語句を下の語群からそれぞれ選び，記号で答えよ。

ア キャッテルの提唱した2種類の知能のうち，教育や経験を通して獲得された知能。

1　流動性知能　2　内省的知能　3　情動的知能　4　結晶性知能

イ 測定したい特性が正規分布曲線に従うという仮定に基づいて評価を行う方法。集団内での位置を示す指標としてz得点や偏差値が使用される。

1　絶対評価　2　相対評価　3　ポートフォリオ評価

4　パフォーマンス評価

ウ オペラント条件づけにおける強化と罰の一つであり，刺激の除去によって反応が増加すること。その代表例として，逃避行動や回避行動の増加や維持があげられる。

1　正の強化　2　正の罰　3　負の強化　4　負の罰

(4) 次の文は，ある人物について説明したものである。この人物は誰か，答えよ。

発達や学習は文化の体現者である大人との協同行為を通して行われると考え，この協同行為としての学習過程を「発達の最近接領域」により説明した。

4 以下の(1)～(4)の各問いに答えよ。

(1) 次の文は，いじめ防止対策推進法の条文である。下のア，イの各問いに答えよ。

いじめ防止対策推進法

第2条　この法律において「いじめ」とは，児童等に対して，当該児童等が在籍する学校に在籍している等当該児童等と一定の人的関係にある他の児童等が行う心理的又は物理的な影響を与える行為（インターネットを通じて行われるものを含む。）であって，当該行為の対象となった児童等が心身の（ ① ）を感じているものをいう。

第15条　学校の設置者及びその設置する学校は，児童等の豊かな情操と道徳心を培い，心の通う（ ② ）の能力の素地を養うことがいじめの防止に資することを踏まえ，全ての教育活動を通じた道徳教育及び体験活動等の充実を図らなければならない。

ア　（ ① ）に入る適切な語句を答えよ。

イ　（ ② ）に入る適切な語句を次の語群から選び，記号で答えよ。

1　友人交流　　2　対人交流　　3　友人交際　　4　対人交際

(2)　次の文は，令和４年12月に改訂された「生徒指導提要」の一部である。下のア，イの各問いに答えよ。

生徒指導は，児童生徒が自身を（ ① ）として認め，自己に内在しているよさや可能性に自ら気付き，引き出し，伸ばすと同時に，社会生活で必要となる社会的資質・能力を身に付けることを支える働き（機能）です。したがって，生徒指導は学校の教育目標を達成する上で重要な機能を果たすものであり，学習指導と並んで学校教育において重要な意義を持つものと言えます。（中略）

生徒指導の目的は，教育課程の内外を問わず，学校が提供する全ての教育活動の中で児童生徒の（ ② ）され，個性の発見とよさや可能性の伸長を児童生徒自らが図りながら，多様な社会的資質・能力を獲得し，自らの資質・能力を適切に行使して自己実現を果たすべく，自己の幸福と社会の発展を児童生徒自らが追求することを支えるところに求められます。

ア　（ ① ）に入る適切な語句を次の語群から選び，記号で答えよ。

1　唯一無二の存在　　2　普遍的存在　　3　かけがえのない存在

4　個性的存在

イ　（ ② ）に入る適切な語句を次の語群から選び，記号で答えよ。

1　人格が尊重　　2　人権が尊重　　3　人格が配慮　　4　人権が配慮

(3)　次の文は，「学校安全資料『生きる力』をはぐくむ学校での安全教育」（文部科学省，平成31年３月）の「学校安全の定義」の一部である。下のア，イの各問いに答えよ。

学校安全は，学校保健，（ ① ）とともに学校健康教育の３領域の１つであり，それぞれが独自の機能を担いつつ，相互に関連を図りながら，児童生徒等の健康や安全を確保するとともに，生涯にわたり，自らの心身の健康を育み，安全を確保することのできる基礎的な素養を育成していくために一体的に取り組まれている。

学校安全のねらいは，児童生徒等が，自他の（ ② ）を基盤として，自ら安全に行動し，他の人や社会の安全に貢献できる資質・能力を育成するとともに，児童生徒等の安全を確保するための環境を整えることである。

ア　（ ① ）に入る適切な語句を答えよ。

イ　（ ② ）に入る適切な語句を次の語群から選び，記号で答えよ。

1　危機管理　　2　生命尊重　　3　安全確認　　4　生存意欲

(4)　次の文は「第３次学校安全の推進に関する計画」（文部科学省，令和４年３月）の「２．施策の基本的な方向性」の一部である。下のア，イの各問いに答えよ。

これまでの取組や課題を踏まえ，第３次計画期間において取り組むべき施策の基本的な方向性は以下のとおりとする。

○　学校安全計画・危機管理マニュアルを見直すサイクルを構築し，学校安全の実効性を高める
○　地域の多様な主体と密接に連携・協働し，（ ① ）の視点を加えた安全対策を推進する
○　全ての学校における実践的・実効的な安全教育を推進する
○　地域の災害リスクを踏まえた実践的な防災教育・訓練を実施する
○　事故情報や学校の取組状況などデータを活用し学校安全を「（ ② ）化」する
○　学校安全に関する意識の向上を図る（学校における安全文化の醸成）

ア　（ ① ）に入る適切な語句を次の語群から選び，記号で答えよ。

1　地域　　2　学校　　3　保護者　　4　子供

イ　（ ② ）に入る適切な語句を次の語群から選び，記号で答えよ。

1　見える　　2　多様　　3　意識　　4　デジタル

5　以下の(1)～(3)の各問いに答えよ。

(1)　次の文は，学校教育法の条文である。下のア，イの各問いに答えよ。

学校教育法

第72条　特別支援学校は，視覚障害者，聴覚障害者，知的障害者，肢体不自由者又は病弱者（身体虚弱者を含む。以下同じ。）に対して，幼稚園，小学校，中学校又は高等学校に準ずる教育を施すとともに，障害による（ ① ）上又は生活上の困難を克服し（ ② ）を図るために必要な知識技能を授けることを目的とする。

ア　（ ① ）に入る適切な語句を次の語群から選び，記号で答えよ。

1　発達　　2　学習　　3　社会　　4　運動

イ　（ ② ）に入る適切な語句を次の語群から選び，記号で答えよ。

1　自活　　2　独立　　3　自立　　4　自営

(2)　次の文は，令和4年に改正された障害を理由とする差別の解消の推進に関する法律の条文である。下のア，イの各問いに答えよ。

障害を理由とする差別の解消の推進に関する法律

第7条

2　行政機関等は，その事務又は事業を行うに当たり，障害者から現に（ ① ）の除去を必要としている旨の意思の表明があった場合において，その実施に伴う負担が過重でないときは，障害者の権利利益を侵害することとならないよう，当該障害者の性別，年齢及び障害の状態に応じて，（ ① ）の除去の実施について必要かつ（ ② ）をしなければならない。

ア　（ ① ）に入る適切な語句を次の語群から選び，記号で答えよ。

1　社会的困難　　2　社会的不安　　3　社会的障壁　　4　心身の負荷

イ　（ ② ）に入る適切な語句を次の語群から選び，記号で答えよ。

1　支援的な配慮　　2　支援的な対応　　3　合理的な対応
4　合理的な配慮

(3)　文部科学省は，平成29年3月に公表した「発達障害を含む障害のある幼児児童生徒に対する教育支援体制整備ガイドライン」において，各学校に対して特別支援教育に

関する委員会（校内委員会）の設置を求めるとともに，その役割を定めている。この校内委員会の役割として適切でないものはどれか。次の語群から選び，記号で答えよ。

1　児童等の障害の有無の判断　　2　児童等の教育的ニーズの把握

3　児童等に対する支援内容の検討　　4　校内研修計画の企画・立案

6　**次の文は，「学校と地域で育む男女共同参画　指導の手引き」（文部科学省，平成24年）の一部である。下の(1)～(3)の各問いに答えよ。**

男女共同参画に関する取組は，各教科等の授業のみならず，学校での教育課程内外の様々な活動を通じて行うことが重要である。

また，（ ① ）性別役割分担意識や無意識の思い込み（アンコンシャス・バイアス）は，往々にして幼少の頃から長年にわたり形成されてきており，女性と男性のいずれにも存在すると指摘されている。この点を踏まえ，男女共同参画に係る教育を行うにあたっては，学校の様々な活動において，（ ① ）性別役割分担意識や無意識の思い込みに基づく言動，ルール等がないか振り返り，児童生徒が性別にかかわりなく互いの個性や能力を（ ② ）できる環境となるように意識することが大切である。特に，そうした性別役割分担意識については，（ ③ ）による変化があることにも留意が必要である。

(1)（ ① ）に入る適切な語句を次の語群から選び，記号で答えよ。

1　伝統的な　　2　慣習上の　　3　生活上の　　4　固定的な

(2)（ ② ）に入る適切な語句を答えよ。

(3)（ ③ ）に入る適切な語句を次の語群から選び，記号で答えよ。

1　地域　　2　世代　　3　家庭　　4　職業

7　**次の文は，人権に関する法令の条文である。下の(1)，(2)の各問いに答えよ。**

日本国憲法

第13条　すべて国民は，個人として尊重される。生命，自由及び幸福追求に対する国民の権利については，公共の（ ① ）に反しない限り，立法その他の国政の上で，最大の尊重を必要とする。

人権教育及び人権啓発の推進に関する法律

第３条　国及び地方公共団体が行う人権教育及び人権啓発は，学校，地域，家庭，職域その他の様々な場を通じて，国民が，その発達段階に応じ，人権尊重の理念に対する理解を深め，これを（ ② ）することができるよう，多様な機会の提供，効果的な手法の採用，国民の自主性の尊重及び実施機関の中立性の確保を旨として行われなければならない。

(1)（ ① ）に入る適切な語句を答えよ。

(2)（ ② ）に入る適切な語句を次の語群から選び，記号で答えよ。

1　習得　　2　体得　　3　実践　　4　実感

8　**以下の(1)，(2)の各問いに答えよ。**

(1) 次の文は，山口県の教育についてである。（　　）に入る適切な語句を答えよ。

山口県教育委員会では，平成30年10月に５年間の本県教育の指針となる「山口県教育振興基本計画」を新たに策定しました。この計画では，前計画の教育目標「未来を拓く（　　）『やまぐちっ子』の育成」を継承し，これからの複雑で予測が困難な時代にあって，子どもたちが社会の変化に対応しながら，主体的に未来を切り拓く力の育成に向けて，本県の教育課題に的確に対応した諸施策を総合的・計画的に推進しています。

こうした取組をより確かなものとし，本県教育の一層の質の向上を図るためには，県教育委員会，市町教育委員会と学校が今年度の主な取組内容を共有し，一体となって取り組む必要があることから，単年度の計画としての「山口県教育推進の手引き」を作成しています。

(2) 次の文は，文部科学大臣の下，とりまとめられたプランの概要の抜粋である。(　　)に入る適切な語句を下の語群から選び，記号で答えよ。

不登校により学びにアクセスできない子供たちをゼロにすることを目指し，

1．不登校の児童生徒全ての学びの場を確保し，学びたいと思った時に学べる環境を整える

2．心の小さなSOSを見逃さず，「チーム学校」で支援する

3．学校の風土の「見える化」を通じて，学校を「みんなが安心して学べる」場所にする

ことにより，誰一人取り残されない学びの保障を社会全体で実現するための(　　)プランを，文部科学大臣の下，とりまとめた。

1　ライフ　　2　子ども・子育て応援　　3　COCOLO　　4　アクション

解答＆解説

1 解答 (1)**良心**　(2)—1　(3)—4　(4)—4

解説 (1)日本国憲法第19条を参照。「思想・良心の自由」の規定。

(2)教育基本法第13条を参照。「学校，家庭及び地域住民等の相互の連携協力」の規定。

(3)学校教育法施行規則第24条第1項を参照。「指導要録」の規定。

(4)こども基本法第7条を参照。「国民の努力」の規定。

2 解答 (1)—4　(2)—3　(3)**職務上**　(4)—3

解説 (1)学校教育法施行令第29条第1項を参照。「学期及び休業日」の規定。

(2)学校保健安全法第7条を参照。「保健室」の規定。

(3)地方公務員法第34条第1項を参照。「秘密を守る義務」の規定。

(4)教育公務員特例法第21条第1項を参照。「研修」の規定。

3 解答 (1)**フレーベル**　(2)ア—3　イ—1　ウ—4　(3)ア—4　イ—2　ウ—3　(4)**ヴィゴツキー**

解説 (1)フレーベル（1782～1852）は，子どもの内発的自己活動を重視し，遊戯や作業を通じて創造性，社会性の育成を図ろうとした。

(2)文部科学省「学習指導要領の趣旨の実現に向けた個別最適な学びと協働的な学びの一体的な充実に関する参考資料」(2021年3月版）の「2．育成を目指す資質・

能力と個別最適な学び・協働的な学び」「⑴2030年の社会と育成を目指す資質・能力」及び「3．教育課程の編成」「⑵STEAM教育等の教科等横断的な学習の推進」を参照。

⑶ア：キャッテル（1905～98）が知能因子説において指摘したもので，流動性知能とは，新しい場面に適応するときに必要な能力であり，結晶性知能とは，過去に学習したことを高度に適用して得られる判断力や習慣を指す。したがって，前者は高齢になると劣るが，後者はむしろ若い者より高い，という特徴がある。

イ：相対評価は，所属する集団の成績分布と個人の成績を比較する評価方法であり，集団内での位置を知ることができ，判断基準が客観的であること，他の教科の成績と比較しやすいというメリットがある。一方，評価基準が学習到達目標とは必ずしも対応していないため，到達の有無やその程度が分からず，個人の努力や成績の向上が評価に表れにくいというデメリットもある。

ウ：強化とは，反応の生起頻度を高める手続きをいう。正の強化は，食物や水などの快を生じさせる刺激を求めて反応頻度が高まる場合をいい，負の強化は，電撃や不快な刺激を除去するために反応頻度が高まる場合をいう。

⑷ヴィゴツキー（1896～1934）の主張は社会文化的発達理論とも呼ばれるように，社会的な相互作用の中での経験が内面化されていく過程を重視した。また，子どもの知的発達には，現在の能力で問題が解決できる発達水準と，他者からの援助やヒントが得られれば解決できる発達水準の2つがあり，この水準の差を発達の最近接領域と呼んだ。

4 **解答** **⑴ア—苦痛　イ—2　⑵ア—4　イ—1　⑶ア—学校給食　イ—2**
⑷ア—4　イ—1

解説 ⑴①いじめ防止対策推進法第2条第1項を参照。いじめの「定義」の規定。

②いじめ防止対策推進法第15条第1項を参照。「学校におけるいじめの防止」の規定。

⑵『生徒指導提要』（2022年12月改訂）の「第Ⅰ部　生徒指導の基本的な進め方」「第1章　生徒指導の基礎」「1.1　生徒指導の意義」「1.1.1　生徒指導の定義と目的」「⑴生徒指導の定義」及び「⑵生徒指導の目的」を参照。

⑶文部科学省「学校安全資料『生きる力』をはぐくむ学校での安全教育」（2019年3月）の「第1章　総説」「第2節　学校安全の考え方」「1　学校安全の定義」「⑴学校安全のねらい，領域，活動」を参照。

⑷文部科学省「第3次学校安全の推進に関する計画」（2022年3月25日）の「Ⅰ総論」「2．施策の基本的な方向性」を参照。

5 **解答** **⑴ア—2　イ—3　⑵ア—3　イ—4　⑶—1**

解説 ⑴学校教育法第72条を参照。「特別支援学校の目的」の規定

⑵障害を理由とする差別の解消の推進に関する法律第7条第2項を参照。「行政機関等における障害を理由とする差別の禁止」の規定。

⑶文部科学省「発達障害を含む障害のある幼児児童生徒に対する教育支援体制整備ガイドライン　～発達障害等の可能性の段階から，教育的ニーズに気付き，支

え，つなぐために」(2017年３月）の「第３部　学校用」「校長（園長を含む）用」「２．校内委員会の設置と運営」「（１）校内委員会の役割の明確化と支援までの手順の確認」を参照。

6 解答 (1)―４　(2)**尊重**　(3)―２

解説 文部科学省「学校と地域で育む男女共同参画 指導の手引き」(2012年）の「１．概論（各段階共通)」「④教育に当たっての留意事項」「男女共同参画に係る教育の推進について」を参照。

7 解答 (1)**福祉**　(2)―２

解説 (1)日本国憲法第13条を参照。「個人の尊重，生命・自由・幸福追求の権利の尊重」の規定。

(2)人権教育及び人権啓発の推進に関する法律第３条を参照。「基本理念」の規定。

8 解答 (1)**たくましい**　(2)―３

解説 (1)山口県教育委員会「令和５年度　山口県教育推進の手引き　～未来を拓くたくましい『やまぐちっ子』の育成」(2023年４月)，「山口県教育振興基本計画 2018年度～2022年度」(2018年10月）を参照。前者は，山口県の教育に関わる全ての人が，山口県の教育の現状や目指す方向性，取組内容等を共有し，一体となって取り組むために，山口県の教育目標の実現に向けた2023年度の取組内容を体系的・総合的に示すとともに，市町教育委員会や学校が，それぞれの取組を点検・評価しながら改善・見直しを図る，いわゆるPDCAサイクルに沿った教育活動ができるよう，関係指標等の各種データや学校現場での取り組みの参考となる資料を掲載したもの。後者は，2023～27年度の計画が2023年10月に策定されたので，新計画をチェックすること。

(2)文部科学省「誰一人取り残されない学びの保障に向けた不登校対策（COCOLOプラン)」(2023年３月31日）の概要を参照。

香川県

実施日	2023(令和５)年７月16日	試験時間	60分（一般教養を含む）
出題形式	マークシート式	問題数	８題（解答数16）
パターン	法規・原理＋心理・ローカル	公開状況	問題：公開　解答：公開　配点：公開

傾向&対策

●教職教養の大問８題のうち１題が【小学校】【中学校】【高等学校】の校種別問題で，教育原理の学習指導要領の「総則」及び「総合的な学習（探究）の時間」から出題。（養護教諭，特別支援学校（自立活動）は，いずれかの校種を解く）。●共通問題で最も解答数の多い教育法規は，定番の空欄補充問題と正誤判定問題に加え，著作権法について，レポート作成などでの引用，試験問題としての複製など「学校における例外措置」を具体的事例で問う正誤判定問題が登場。●必出のローカル問題は，児童生徒による「いじめゼロ子どもサミット」の名称。●共通問題の教育原理は，改訂『生徒指導提要』より「生徒指導の目的」。●教育心理は，ヴィゴツキーの発達の最近接領域と，形成的評価について。

【各校種共通】

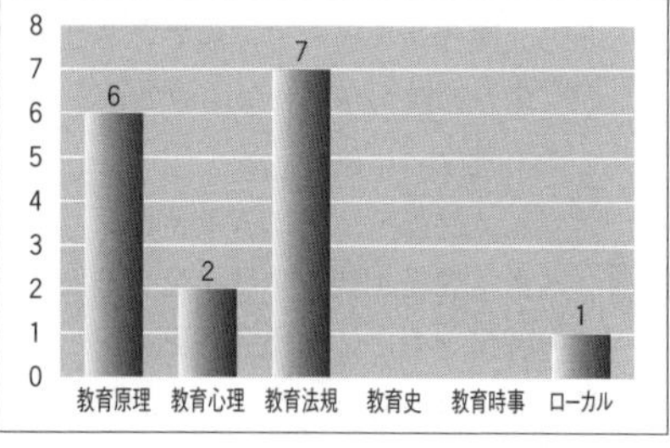

出題領域

教育原理	教育課程・学習指導要領		総　則	4	特別の教科　道徳	
	外国語活動		総合的な学習(探究)の時間	1	特別活動	
	学習指導		生徒指導	1	学校・学級経営	
	特別支援教育	↓法規	人権・同和教育		その他	
教育心理	発　達		学　習	1	性格と適応	
	カウンセリングと心理療法		教育評価	1	学級集団	
教育法規	教育の基本理念		学校教育	2	学校の管理と運営	2
	児童生徒	1	教職員	1	特別支援教育	1
教育史	日本教育史		西洋教育史			
教育時事	答申・統計		ローカル	1		

表中の数字は，解答数

全校種共通

☞解答＆解説 p.431

1 香川県では，児童生徒一人一人がいじめを許さないという強い気持ちを持ち，自分たちの手でいじめをなくしていこうという意識を高めることを目的に，2009年から，自主的に集まった児童生徒による実行委員会が，県内の小・中学生に呼びかけて，3年に1度開催している会議がある。この会議の名称は何か。次の①～④から一つ選べ。

①いじめゼロ子どもサミット　②いじめ防止子どもサミット
③いじめ撲滅子どもサミット　④いじめダメ子どもサミット

2 次の文は，令和4年12月に公表された「生徒指導提要」の「第1章　生徒指導の基礎」の一部を示そうとしたものである。文中の（　）内にあてはまる語句は何か。あとの①～④から一つ選べ。

生徒指導の目的

生徒指導は，児童生徒一人一人の個性の発見と（　）の伸長と社会的資質・能力の発達を支えると同時に，自己の幸福追求と社会に受け入れられる自己実現を支えることを目的とする。

①規範意識や道徳性　②よさや可能性　③主体性や積極性　④自主性や社会性

3 1896年に白ロシア（現在のベラルーシ）で生まれたある心理学者は，子どもの問題解決能力には，子どもが自力で達成できる知的発達水準と，周囲の大人からの援助や仲間との共同作業を通して達成できる知的発達水準があり，子どもが自力では達成できないが，誰かの協力があれば達成できる領域を「発達の最近接領域」とする理論を提唱した。この心理学者は誰か。次の①～④から一つ選べ。

①ヴィゴツキー　②スキャモン　③ピアジェ　④パブロフ

4 教員は児童生徒の学習状況を把握するために，学習の途中で評価をする必要があり，この評価をもとに指導計画を修正したり児童生徒への補充的な学習や発展的な学習の指導をおこなったりする。この評価は何と呼ばれるか。次の①～④から一つ選べ。

①原則的評価　②診断的評価　③形成的評価　④総括的評価

5 次の文は「発達障害者支援法（平成16年法律第167号）」の一部を示そうとしたものである。文中のX，Y，Zの（　）内にあてはまる語句の組合せとして正しいものは，あとの①～⑥のうちのどれか。一つ選べ。

（定義）

第2条　この法律において「発達障害」とは，自閉症，アスペルガー症候群その他の広汎性発達障害，学習障害，注意欠陥多動性障害その他これに類する脳機能の障害であってその症状が通常低年齢において発現するものとして政令で定めるものをいう。

2　この法律において「発達障害者」とは，発達障害がある者であって発達障害及び（ X ）により日常生活又は社会生活に制限を受けるものをいい，「発達障害児」とは，発達障害者のうち（ Y ）未満のものをいう。

（基本理念）

第2条の2　発達障害者の支援は，全ての発達障害者が（ Z ）の機会が確保されること及びどこで誰と生活するかについての選択の機会が確保され，地域社会において他の人々と共生することを妨げられないことを旨として，行われなければならない。

2　発達障害者の支援は，（ X ）の除去に資することを旨として，行われなければならない。

①　X―合理的配慮　　Y―20歳　　Z―社会参加
②　X―合理的配慮　　Y―18歳　　Z―意思決定
③　X―合理的配慮　　Y―20歳　　Z―意思決定
④　X―社会的障壁　　Y―18歳　　Z―社会参加
⑤　X―社会的障壁　　Y―20歳　　Z―社会参加
⑥　X―社会的障壁　　Y―18歳　　Z―意思決定

6　**「子どもの権利条約（児童の権利に関する条約）」は，世界中全ての子どもの基本的人権を保障するために定められた条約である。この条約の基本的な考え方は，4つの原則で表されている。「差別の禁止（差別のないこと）」，「子どもの最善の利益（子どもにとって最もよいこと）」，「生命，生存及び発達に対する権利（命を守られ成長できること）」とあと一つは何か。次の①～④から一つ選べ。**

①子どもの意見の尊重（意見を表明し参加できること）
②勤労の権利（勤労の権利を有すること）
③虐待の禁止（虐待を受けず，虐待があれば保護されること）
④戦争に巻き込まれず平和に生きる権利（平和に生活できること）

7　**次のⅠ～Ⅴは，現在施行されている法令の条文からそれぞれ引用したものである。これらを読んで，あとの(1)～(5)の問いに答えよ。**

Ⅰ　すべて国民は，法律の定めるところにより，その能力に応じて，ひとしく教育を受ける権利を有する。

2　すべて国民は，法律の定めるところにより，その保護する子女に（　　）を負ふ。義務教育は，これを無償とする。【日本国憲法】

Ⅱ　良識ある公民として必要な（ X ）は，教育上尊重されなければならない。

2　法律に定める学校は，特定の政党を支持し，又はこれに反対するための（ Y ）その他（ Z ）をしてはならない。【教育基本法】

Ⅲ　学校には，校長及び相当数の教員を置かなければならない。【学校教育法】

Ⅳ　学校においては，児童生徒等及び職員の心身の健康の保持増進を図るため，児童生徒等及び職員の健康診断，環境衛生検査，児童生徒等に対する指導その他保健に関する事項について計画を策定し，これを実施しなければならない。【学校保健安全法】

Ⅴ　学校その他の教育機関（営利を目的として設置されているものを除く。）において教育を担任する者及び授業を受ける者は，その授業の過程における利用に供することを目的とする場合には，その必要と認められる限度において，公表された著作物を複製し，若しくは公衆送信（自動公衆送信の場合にあつては，送信可能化を含む。以下この条において同じ。）を行い，又は公表された著作物であつて公衆送信されるものを受信装置を用いて公に伝達することができる。ただし，当該著作物の種類及び用途並びに当該複製の部数及び当該複製，公衆送信又は伝達の態様に照らし著作権者の利益を不当に害することとなる場合は，この限りでない。【著作権法】

(1) Ⅰの条文は，日本国憲法第26条を示そうとしたものである。文中の（　　）内にあてはまる語句は何か。次の①～④から一つ選べ。

①普通教育を受けさせる責任　　②普通教育を受けさせる義務

③義務教育を受けさせる責任　　④義務教育を受けさせる義務

(2) Ⅱの条文は，教育基本法第14条を示そうとしたものである。文中のX，Y，Zの（　　）内にあてはまる語句の組合せとして正しいものは，次の①～④のうちのどれか。一つ選べ。

① X—政治教育　Y—政治的教養　Z—政治的活動

② X—政治的教養　Y—政治教育　Z—政治的活動

③ X—政治教育　Y—政治的活動　Z—政治的教養

④ X—政治的教養　Y—政治的活動　Z—政治教育

(3) Ⅲの条文は，学校教育法第7条を示したものであり，学校にはさまざまな職務を担う教職員が置かれている。次の①～④の文のうち，それぞれの職務について正しく述べたものはどれか。一つ選べ。

① 教務主任は，校長の監督を受け，教育計画の立案その他の教務に関する事項について連絡調整及び指導，助言に当たる職務を担っており，その職には教諭を充て，指導教諭を充てることはできない。

② 進路指導主事は，高等学校のみに置かれ，校長の監督を受け，生徒の職業選択の指導その他の進路の指導に関する事項をつかさどり，当該事項について連絡調整及び指導，助言に当たる。

③ 学科主任は，すべての高等学校に置かれ，校長の監督を受け，生徒指導に関する事項をつかさどり，当該事項について連絡調整及び指導，助言に当たる。

④ 保健主事は，校長の監督を受け，保健に関する事項の管理に当たり，指導教諭，教諭又は養護教諭を充てることができる。

(4) Ⅳの条文は，学校保健安全法第5条を示したものであり，学校保健計画について規定している。次の①～④の文のうち，健康診断に関する記述として誤っているものはどれか。一つ選べ。

① 健康診断は，毎学年，4月30日までに行わなければならない。

② 校長は，児童生徒が進学した場合においては，当該児童生徒の健康診断票を進学先の校長に送付しなければならない。

③ 校長は，児童生徒が転学した場合においては，当該児童生徒の健康診断票を転学先の校長に送付しなければならない。

④ 児童生徒の健康診断票は，5年間保存しなければならない。

(5) Ⅴの条文は，著作権法第35条第1項を示したものである。次のA～Dの文のうち，著作権法において学校における例外措置として著作権者の了解（許諾）を得ることなく一定の範囲で利用できる場合について正しく述べたものはどれとどれか。その組合せとして適切なものを，あとの①～④から一つ選べ。

A 修学旅行の引率を行う教員が，修学旅行で使う資料の参考資料として，教員自身が個人で所有するすでに公表された市販のいくつかの旅行ガイドブックから名所・

香川県

旧跡の記事を集めて簡易製本し，修学旅行に参加する児童生徒に配布する場合

B　児童生徒が，授業における「調べ学習」の発表用資料の中で，自分の考えを記述するにあたり，すでに公表された書籍の文章の一部分を引用し，かつその書籍の題名，著作者名などの出所を明示して，自らの考えを補強する場合

C　教員が，児童生徒に購入させていない市販されているドリルなどの教材をスキャンして電子ファイルにして，児童生徒に試験問題として，インターネットなどによって送信する場合

D　学校の学芸会や文化祭で，ブラスバンド部が営利を目的とせず，かつ聴衆から鑑賞のための料金を受け取らず，さらに演奏する児童生徒に報酬が支払われないで，すでに公表された他人の作品を演奏する場合

①　AとB　　②　AとC　　③　BとD　　④　CとD

校種別選択問題

小学校を第一志望とする者及び特別支援学校小学部を志望する者は 8 を，中学校を第一志望とする者及び特別支援学校中学部を志望する者は 9 を，高等学校及び特別支援学校高等部を志望する者は 10 を解答すること。

また，養護教諭及び特別支援学校自立活動を志望する者は 8 ～ 10 のうちから一問を選んで解答すること。選択した問題ごとに解答番号が異なるので，間違えないよう注意すること。

8　小学校学習指導要領（平成29年告示）に関する次の(1)～(4)の問いに答えよ。

(1)　次の文は，学習指導要領の「第１章　総則　第１　小学校教育の基本と教育課程の役割」の一部を示そうとしたものである。文中のX，Yの（　　）内にあてはまる語句は何か。あとの①～⑥からそれぞれ一つずつ選べ。

基礎的・基本的な知識及び技能を確実に習得させ，これらを活用して課題を解決するために必要な思考力，判断力，表現力等を育むとともに，（ X ）を養い，個性を生かし多様な人々との協働を促す教育の充実に努めること。その際，児童の発達の段階を考慮して，児童の言語活動など，（ Y ）活動を充実するとともに，家庭との連携を図りながら，児童の学習習慣が確立するよう配慮すること。

①各教科等への関心・意欲・態度　　②知・徳・体のバランスのとれた生きる力
③主体的に学習に取り組む態度　　④深い学びにつながる
⑤コミュニケーション能力の向上を図る　　⑥学習の基盤をつくる

(2)　次の文は，学習指導要領の「第１章　総則　第２　教育課程の編成　3　教育課程の編成における共通的事項」の一部を示そうとしたものである。文中の（　　）内にあてはまる語句は何か。あとの①～④から一つ選べ。

各教科等の特質に応じ，10分から15分程度の短い時間を活用して特定の教科等の指導を行う場合において，教師が，（　　）を見通した中で，その指導内容の決定や指導の成果の把握と活用等を責任をもって行う体制が整備されているときは，その時間を当該教科等の年間授業時数に含めることができること。

①目的や指導のねらい　②創意工夫を生かした特色ある教育活動の展開

③単元や題材など内容や時間のまとまり

④児童の心身の発達の段階や特性及び学校や地域の実態

(3) 次の文は，学習指導要領の「第１章　総則　第４　児童の発達の支援　２　特別な配慮を必要とする児童への指導」の一部を示そうとしたものである。文中の（　）内にあてはまる語句は何か。あとの①～④から一つ選べ。

海外から帰国した児童などについては，学校生活への適応を図るとともに，（　）などの適切な指導を行うものとする。

①習熟の程度に応じた学習計画を立てる

②児童の興味・関心に応じた学習課題を設ける

③児童の実態に配慮した教育課程を編成する

④外国における生活経験を生かす

(4) 学習指導要領の「第５章　総合的な学習の時間　第３　指導計画の作成と内容の取扱い」の内容について述べた次の①～④の文のうち，誤っているものはどれか。一つ選べ。

① 全体計画及び年間指導計画の作成に当たっては，学校における全教育活動との関連の下に，目標及び内容，学習活動，指導方法や指導体制，学習の評価の計画などを示す。

② 他教科等及び総合的な学習の時間で身に付けた資質・能力を相互に関連付け，学習や生活において生かし，それらが総合的に働くようにする。

③ 各学校における総合的な学習の時間の名称については，各学年や学級において適切に定める。

④ 道徳教育の目標に基づき，道徳科などとの関連を考慮しながら，総合的な学習の時間の特質に応じて適切な指導をする。

9 中学校学習指導要領（平成29年告示）に関する次の(1)～(4)の問いに答えよ。

(1) 次の文は，学習指導要領の「第１章　総則　第１　中学校教育の基本と教育課程の役割」の一部を示そうとしたものである。文中のＸ，Ｙの（　）内にあてはまる語句は何か。あと①～⑥からそれぞれ一つずつ選べ。

基礎的・基本的な知識及び技能を確実に習得させ，これらを活用して課題を解決するために必要な思考力，判断力，表現力等を育むとともに，（ Ｘ ）を養い，個性を生かし多様な人々との協働を促す教育の充実に努めること。その際，生徒の発達の段階を考慮して，生徒の言語活動など，（ Ｙ ）活動を充実するとともに，家庭との連携を図りながら，生徒の学習習慣が確立するよう配慮すること。

①各教科等への関心・意欲・態度　②知・徳・体のバランスのとれた生きる力

③主体的に学習に取り組む態度　④深い学びにつながる

⑤コミュニケーション能力の向上を図る　⑥学習の基盤をつくる

(2) 次の文は，学習指導要領の「第１章　総則　第２　教育課程の編成　３　教育課程の編成における共通的事項」の一部を示そうとしたものである。文中の（　）内にあてはまる語句は何か。あとの①～④から一つ選べ。

各教科等の特質に応じ，10分から15分程度の短い時間を活用して特定の教科等の指導を行う場合において，当該教科等を担当する教師が，（　　）を見通した中で，その指導内容の決定や指導の成果の把握と活用等を責任をもって行う体制が整備されているときは，その時間を当該教科等の年間授業時数に含めることができること。

①目的や指導のねらい　　②創意工夫を生かした特色ある教育活動の展開

③単元や題材など内容や時間のまとまり

④生徒の心身の発達の段階や特性及び学校や地域の実態

(3) 次の文は，学習指導要領の「第1章　総則　第4　生徒の発達の支援　2　特別な配慮を必要とする生徒への指導」の一部を示そうとしたものである。文中の（　　）内にあてはまる語句は何か。あとの①～④から一つ選べ。

海外から帰国した生徒などについては，学校生活への適応を図るとともに，（　　）などの適切な指導を行うものとする。

①習熟の程度に応じた学習計画を立てる

②生徒の興味・関心に応じた学習課題を設ける

③生徒の実態に配慮した教育課程を編成する

④外国における生活経験を生かす

(4) 学習指導要領の「第4章　総合的な学習の時間　第3　指導計画の作成と内容の取扱い」の内容について述べた次の①～④の文のうち，誤っているものはどれか。一つ選べ。

① 全体計画及び年間指導計画の作成に当たっては，学校における全教育活動との関連の下に，目標及び内容，学習活動，指導方法や指導体制，学習の評価の計画などを示す。

② 他教科等及び総合的な学習の時間で身に付けた資質・能力を相互に関連付け，学習や生活において生かし，それらが総合的に働くようにする。

③ 各学校における総合的な学習の時間の名称については，各学年や学級において適切に定める。

④ 道徳教育の目標に基づき，道徳科などとの関連を考慮しながら，総合的な学習の時間の特質に応じて適切な指導をする。

10 **高等学校学習指導要領（平成30年告示）に関する次の(1)～(4)の問いに答えよ。**

(1) 次の文は，学習指導要領の「第1章　総則　第1款　高等学校教育の基本と教育課程の役割」の一部を示そうとしたものである。文中のX，Yの（　　）内にあてはまる語句は何か。あと①～⑥からそれぞれ一つずつ選べ。

基礎的・基本的な知識及び技能を確実に習得させ，これらを活用して課題を解決するために必要な思考力，判断力，表現力等を育むとともに，（ X ）を養い，個性を生かし多様な人々との協働を促す教育の充実に努めること。その際，生徒の発達の段階を考慮して，生徒の言語活動など，（ Y ）活動を充実するとともに，家庭との連携を図りながら，生徒の学習習慣が確立するよう配慮すること。

①各教科・科目等への関心・意欲・態度

②知・徳・体のバランスのとれた生きる力

③主体的に学習に取り組む態度　　④深い学びにつながる
⑤コミュニケーション能力の向上を図る　　⑥学習の基盤をつくる

(2) 次の文は，学習指導要領の「第1章　総則　第2款　教育課程の編成　3　教育課程の編成における共通的事項」の一部を示そうとしたものである。文中の（　　）内にあてはまる語句は何か。あとの①～④から一つ選べ。

各教科・科目等の特質に応じ，10分から15分程度の短い時間を活用して特定の各教科・科目等の指導を行う場合において，当該各教科・科目等を担当する教師が（　　）を見通した中で，その指導内容の決定や指導の成果の把握と活用等を責任をもって行う体制が整備されているときは，その時間を当該各教科・科目等の授業時数に含めることができる。

①目的や指導のねらい　　②創意工夫を生かした特色ある教育活動の展開
③単元や題材など内容や時間のまとまり
④生徒の心身の発達の段階や特性及び学校や地域の実態

(3) 次の文は，学習指導要領の「第1章　総則　第5款　生徒の発達の支援　2　特別な配慮を必要とする生徒への指導」の一部を示そうとしたものである。文中の（　　）内にあてはまる語句は何か。あとの①～④から一つ選べ。

海外から帰国した生徒などについては，学校生活への適応を図るとともに，（　　）などの適切な指導を行うものとする。

①習熟の程度に応じた学習計画を立てる
②生徒の興味・関心に応じた学習課題を設ける
③生徒の実態に配慮した教育課程を編成する
④外国における生活経験を生かす

(4) 学習指導要領の「第4章　総合的な学習の時間　第3　指導計画の作成と内容の取扱い」の内容について述べた次の①～④の文のうち，誤っているものはどれか。一つ選べ。

① 全体計画及び年間指導計画の作成に当たっては，学校における全教育活動との関連の下に，目標及び内容，学習活動，指導方法や指導体制，学習の評価の計画などを示す。

② 他教科等及び総合的な探究の時間で身に付けた資質・能力を相互に関連付け，学習や生活において生かし，それらが総合的に働くようにする。

③ 各学校における総合的な探究の時間の名称については，各学年や学級において適切に定める。

④ 総合学科においては，総合的な探究の時間の学習活動として，原則として生徒が興味・関心，進路等に応じて設定した課題について知識や技能の深化，総合化を図る学習活動を含む。

解答&解説

1 解答 ①

解説 5回目となる2022年8月のサミットでは，香川県内の小中学校の児童代表生徒約349名，教員，保護者，一般参加等を含め，643名の参加者で開催された。

2 解答 ②

解説 『生徒指導提要』(2022年12月）の「第Ⅰ部　生徒指導の基本的な進め方」「第1章　生徒指導の基礎」「1.1　生徒指導の意義」「1.1.1　生徒指導の定義と目的」「(2)生徒指導の目的」を参照。

3 解答 ①

解説 ①ヴィゴツキー（1896～1934）の主張は社会文化的発達理論とも呼ばれるように，社会的な相互作用の中での経験が内面化されていく過程を重視した。また，子どもの知的発達には，現在の能力で問題が解決できる発達水準と，他者からの援助やヒントが得られれば解決できる発達水準の2つがあり，この水準の差を発達の最近接領域と呼んだ。

4 解答 ③

解説 ③形成的評価は，学習活動の進行中に実施され，進行中の学習の到達度・理解度を学習者に知らせるとともに，指導者に対しては指導法が適切であるかどうかをフィードバックする機能をもつ。

5 解答 ④

解説 X・Y：発達障害者支援法第2条第1項・第2項を参照。発達障害，発達障害者，発達障害児の「定義」の規定。

Z：発達障害者支援法第2条の2第1項・第2項を参照。「基本理念」の規定。

6 解答 ①

解説 ①子どもの権利条約（児童の権利に関する条約）第12条を参照。「子どもの意見の尊重」の規定。4つの原則は，2022年12月改訂の『生徒指導提要』や，2022年6月に成立，2023年4月に施行されたこども基本法にも取り入れられている。

7 解答 (1)―②　(2)―②　(3)―④　(4)―①　(5)―③

解説 (1)Ⅰ：日本国憲法第26条を参照。「教育を受ける権利，教育を受けさせる義務，義務教育の無償」の規定。

(2)Ⅱ：教育基本法第14条を参照。「政治教育」の規定。

(3)Ⅲ：学校教育法第7条を参照。「校長・教員」の規定。

④学校教育法施行規則第45条第3項・第4項を参照。「保健主事」の規定。

①学校教育法施行規則第44条第3項・第4項を参照。「教務主任・学年主任」の規定。教務主任には，指導教諭又は教諭を充てることになっている。

②学校教育法施行規則第71条第1項・第3項を参照。「進路指導主事」の規定。同法施行規則第79条の8，第104条，第113条，第135条の準用規定により，進路指導主事は中学校，義務教育学校，中等教育学校，特別支援学校中学部・高等部にも置かれる。

③学校教育法施行規則第81条第１項・第４項を参照。「学科主任・農場長」の規定。２以上の学科を置く高等学校には，専門教育を主とする学科ごとに学科主任を置くことになっている。学科主任は，校長の監督を受け，当該学科の教育活動に関する事項について連絡調整及び指導，助言に当たる。なお，「校長の監督を受け，生徒指導に関する事項をつかさどり，当該事項について連絡調整及び指導，助言に当たる」のは，生徒指導主事である（学校教育法施行規則第70条第４項「生徒指導主事」の規定）。

(4)Ⅳ：学校保健安全法第５条を参照。「学校保健計画の策定等」の規定。

①学校保健安全法施行規則第５条第１項を参照。児童生徒等の定期健康診断の「時期」の規定。「４月30日まで」ではなく「６月30日まで」。

②・③・④それぞれ学校保健安全法施行規則第８条第２項～第４項を参照。「健康診断票」の規定。

(5)Ⅴ：著作権法第35条第１項を参照。「学校その他の教育機関における複製等」の規定。

B：著作権法第32条第１項を参照。「引用」の規定。文化庁「学校における教育活動と著作権　令和５年度改定版」の「３　レポート作成などでの『引用』（第32条第１項）」も参照。

D：著作権法第38条第１項を参照。「営利を目的としない上演等」の規定。文化庁「学校における教育活動と著作権　令和５年度改定版」の「４　文化祭・部活動などでの上演等（第38条第１項）」も参照。

A：著作権法第32条第１項を参照。「引用」の規定。公表された著作物は，引用して利用することができるが，その引用は，公正な慣行に合致するものであり，引用の目的上正当な範囲内で行なわれるものでなければならない。引用する場合，引用部分についてはカギ括弧などを付して明確にし，著作物の題名，著作者名などの「出所の明示」をしなければならない。文化庁「学校における教育活動と著作権　令和５年度改定版」の「３　レポート作成などでの『引用』（第32条第１項）」も参照。

C：著作権法第36条を参照。「試験問題としての複製等」の規定。著作物の種類や用途，送信の形態などから判断して，著作権者の利益を不当に害する可能性が高いため，著作権者の了解（許諾）を得る必要がある。文化庁「学校における教育活動と著作権　令和５年度改定版」の「２　試験問題としての複製（オンライン試験を含む）（第36条）」も参照。

8 **解答** (1)**X**―③　**Y**―⑥　(2)―③　(3)―④　(4)―③

解説 平成29年版小学校学習指導要領（2017年３月31日告示）を参照。

(1)「第１章　総則」「第１　小学校教育の基本と教育課程の役割」の２(1)を参照。

(2)「第１章　総則」「第２　教育課程の編成」「３　教育課程の編成における共通的事項」「(2)授業時数等の取扱い」のウ(イ)を参照。

(3)「第１章　総則」「第４　児童の発達の支援」「２　特別な配慮を必要とする児童への指導」「(2)海外から帰国した児童などの学校生活への適応や，日本語の習得に困難のある児童に対する日本語指導」を参照。

(4)「第5章　総合的な学習の時間」「第3　指導計画の作成と内容の取扱い」を参照。

③1(5)を参照。「各学年や学級」ではなく「各学校」が定める。

①1(2)を参照。

②1(3)を参照。

④1(7)を参照。

9 **解答** (1)X―③　Y―⑥　(2)―③　(3)―④　(4)―③

解説 平成29年版中学校学習指導要領（2017年3月31日告示）を参照。

(1)「第1章　総則」「第1　中学校教育の基本と教育課程の役割」の2(1)を参照。

(2)「第1章　総則」「第2　教育課程の編成」「3　教育課程の編成における共通的事項」「(2)授業時数等の取扱い」のウ(イ)を参照。

(3)「第1章　総則」「第4　生徒の発達の支援」「2　特別な配慮を必要とする生徒への指導」「(2)海外から帰国した生徒などの学校生活への適応や，日本語の習得に困難のある生徒に対する日本語指導」のアを参照。

(4)「第4章　総合的な学習の時間」「第3　指導計画の作成と内容の取扱い」を参照。

③1(5)を参照。「各学年や学級」ではなく「各学校」が定める。

①1(2)を参照。

②1(3)を参照。

④1(7)を参照。

10 **解答** (1)X―③　Y―⑥　(2)―③　(3)―④　(4)―③

解説 平成30年版高等学校学習指導要領（2018年3月30日告示）を参照。

(1)「第1章　総則」「第1款　高等学校教育の基本と教育課程の役割」の2(1)を参照。

(2)「第1章　総則」「第2款　教育課程の編成」「3　教育課程の編成における共通的事項」「(3)各教科・科目等の授業時数等」のクを参照。

(3)「第1章　総則」「第5款　生徒の発達の支援」「2　特別な配慮を必要とする生徒への指導」「(2)海外から帰国した生徒などの学校生活への適応や，日本語の習得に困難のある生徒に対する日本語指導」のアを参照。

(4)「第4章　総合的な探究の時間」「第3　指導計画の作成と内容の取扱い」を参照。

③1(6)を参照。「各学年や学級」ではなく「各学校」が定める。

①1(2)を参照。

②1(4)を参照。

④1(8)を参照。

愛媛県

実施日	2023(令和５)年７月21日	試験時間	20分
出題形式	選択＋記述式	問題数	小中高養栄：７題（解答数35） 特：８題（解答数40題）
パターン	小中高養栄:原理・法規＋教育史 特:原理・法規＋時事・ローカル	公開状況	問題：公開　解答：公開　配点：公開

傾向&対策

●教職教養は，【小学校・中学校・高等学校・養護教諭・栄養教諭】と【特別支援学校】で別問題。●教育原理は，どちらも「総則」が必出。【特別支援学校】は自立活動から出題あり。改訂『生徒指導提要』より「生徒指導の定義と目的」についても問われた。●教育時事は，【特別支援学校】のみとなり，「令和４年版　障害者白書」（2022年７月）より。●【特別支援学校】はローカル問題が新登場。「第５次愛媛県障がい者基本計画（令和２～５年度）」（2020年３月）より用語の解説。

【小学校・中学校・高等学校・養護教諭・栄養教諭】

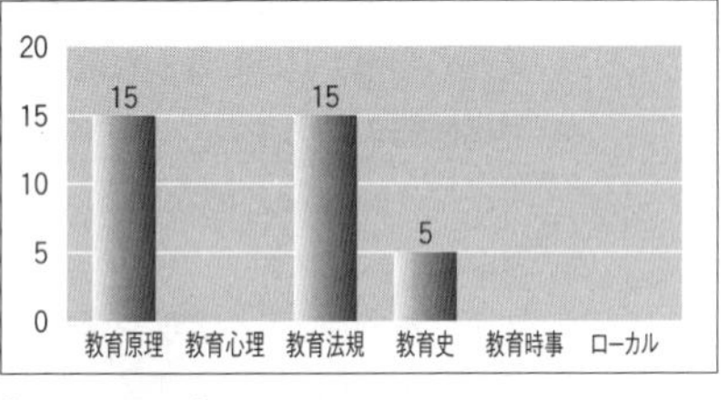

【特別支援学校】

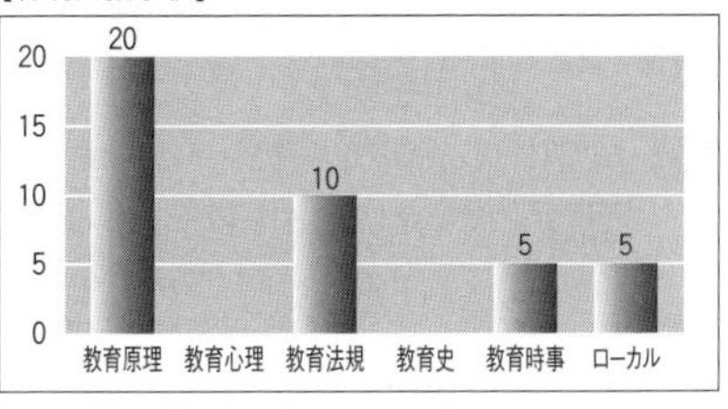

出題領域

分野	項目	小中高養栄	特	項目	小中高養栄	特	項目	小中高養栄	特
教育原理	学習指導要領・自立活動		5	総則	10	10	特別の教科　道徳		
	外国語・外国語活動			総合的な学習(探究)の時間			特別活動		
	学習指導			生徒指導	5	5	学校・学級経営		
	特別支援教育		↓法規 時事 ローカル	人権・同和教育			自立活動		
教育心理	発達			学習			性格と適応		
	カウンセリングと心理療法			教育評価			学級集団		
教育法規	教育の基本理念	1		学校教育			学校の管理と運営		
	児童生徒	12	5	教職員	2		特別支援教育		5
教育史	日本教育史	2		西洋教育史	3				
教育時事	答申・統計		5	ローカル		5			

表中の数字は，解答数 小中高養栄｜特

小中高養栄共通

☞解答＆解説 p.442

1 **次の文は，小学校学習指導要領（平成29年３月告示）「総則」の一部である。文中の（ ア ）～（ オ ）に当てはまる言葉を書け。なお，中学校学習指導要領（平成29年３月告示）においては，文中の児童は生徒と，高等学校学習指導要領（平成30年３月告示）においては，文中の児童は生徒と，各教科は各教科・科目と表記されている。**

○ （前略）情報活用能力の育成を図るため，各学校において，コンピュータや情報通信ネットワークなどの情報手段を活用するために必要な（ ア ）を整え，これらを適切に活用した学習活動の充実を図ること。また，各種の統計資料や（ イ ），視聴覚教材や教育機器などの教材・教具の適切な活用を図ること。

○ 児童が（ ウ ）の有限性や自然の大切さ，主体的に挑戦してみることや多様な他者と協働することの重要性などを実感しながら理解することができるよう，各教科等の特質に応じた体験活動を重視し，家庭や地域社会と連携しつつ体系的・継続的に実施できるよう工夫すること。

○ 各学校においては，（ エ ）の方針の下に，校務分掌に基づき教職員が適切に役割を分担しつつ，相互に連携しながら，各学校の特色を生かしたカリキュラム・マネジメントを行うよう努めるものとする。また，各学校が行う（ オ ）については，教育課程の編成，実施，改善が教育活動や学校運営の中核となることを踏まえ，カリキュラム・マネジメントと関連付けながら実施するよう留意するものとする。

2 **次の表は，法令名と条項及び条文の一部を示したものである。表中の（ ア ）～（ オ ）に当てはまる法令名又は言葉を下のＡ～Ｊから一つずつ選び，その記号を書け。**

法令名	条項	条文
学校保健安全法	第20条	学校の（ ア ）は，感染症の予防上必要があるときは，臨時に，学校の全部又は一部の休業を行うことができる。
教育公務員特例法	第22条第２項	教員は，授業に支障のない限り，（ イ ）の承認を受けて，勤務場所を離れて研修を行うことができる。
（ ウ ）	第17条第１項	保護者は，子の満６歳に達した日の翌日以後における最初の学年の初めから，満12歳に達した日の属する学年の終わりまで，これを小学校，義務教育学校の前期課程又は特別支援学校の小学部に就学させる義務を負う。ただし，子が，満12歳に達した日の属する学年の終わりまでに小学校の課程，義務教育学校の前期課程又は特別支援学校の小学部の課程を修了しないときは，満15歳に達した日の属する学年の終わり（それまでの間においてこれらの課程を修了したときは，その修了した日の属する学年の終わり）までとする。
地方公務員法	第35条	職員は，法律又は条例に特別の定がある場合を除く外，その勤務時間及び職務上の（ エ ）のすべてをその職責遂行のために用い，当該地方公共団体がなすべき責を有する職務にのみ従事しなければならない。

（ オ ）	第３条	国民一人一人が，自己の人格を磨き，豊かな人生を送ることができるよう，その生涯にわたって，あらゆる機会に，あらゆる場所において学習することができ，その成果を適切に生かすことのできる社会の実現が図られなければならない。

A　注意力　　B　日本国憲法　　C　校長　　D　任命権者　　E　思考力
F　設置者　　G　本属長　　H　社会教育法　　I　学校教育法　　J　教育基本法

3　**次の文は，こども基本法（令和４年法律第77号）の一部である。文中の（ ア ）～（ オ ）に当てはまる言葉を下のA～Jから一つずつ選び，その記号を書け。**

第３条　こども施策は，次に掲げる事項を基本理念として行われなければならない。

1　全てのこどもについて，（ ア ）として尊重され，その基本的人権が保障されるとともに，（ イ ）を受けることがないようにすること。

2　全てのこどもついて，適切に養育されること，その生活を保障されること，愛され保護されること，その健やかな成長及び発達並びにその自立が図られることその他の福祉に係る（ ウ ）が等しく保障されるとともに，教育基本法（平成18年法律第120号）の精神にのっとり教育を受ける機会が等しく与えられること。

3　全てのこどもについて，その年齢及び発達の程度に応じて，自己に直接関係する全ての事項に関して意見を（ エ ）する機会及び多様な社会的活動に参画する機会が確保されること。

4　全てのこどもについて，その年齢及び発達の程度に応じて，その意見が尊重され，その（ オ ）の利益が優先して考慮されること。

A　聴取　　B　将来　　C　最善　　D　国民　　E　差別的取扱い　　F　個人
G　表明　　H　サービス　　I　理不尽な要求　　J　権利

4　**次の文は，生徒指導提要（令和４年12月　文部科学省）の「第１章　生徒指導の基礎　1．1　生徒指導の意義」の一部である。文中の（ ア ）～（ オ ）に当てはまる言葉を下のA～Jから一つずつ選び，その記号を書け。**

【生徒指導の定義】

生徒指導とは，児童生徒が，社会の中で（ ア ）生きることができる存在へと，自発的・主体的に成長や発達する過程を支える教育活動のことである。なお，生徒指導上の課題に対応するために，必要に応じて指導や援助を行う。

○　生徒指導は，児童生徒が自身を（ イ ）として認め，自己に内在しているよさや可能性に自ら気付き，引き出し，伸ばすと同時に，社会生活で必要となる社会的資質・能力を身に付けることを支える働き（機能）です。したがって，生徒指導は学校の教育目標を達成する上で重要な機能を果たすものであり，（ ウ ）と並んで学校教育において重要な意義を持つものと言えます。

【生徒指導の目的】

生徒指導は，児童生徒一人一人の個性の発見とよさや可能性の伸長と社会的資質・能力の発達を支えると同時に，自己の（ エ ）と社会に受け入れられる自己実現を支えることを目的とする。

○　生徒指導の目的を達成するためには，児童生徒一人一人が自己指導能力を身に付けることが重要です。児童生徒が，深い（ オ ）に基づき，「何をしたいのか」，「何をするべきか」，主体的に問題や課題を発見し，自己の目標を選択・設定して，この目標の達成のため，自発的，自律的，かつ，他者の主体性を尊重しながら，自らの行動を決断し，実行する力，すなわち，「自己指導能力」を獲得することが目指されます。

A　他者とよりよく　　B　個性的存在　　C　学習指導　　D　自己理解
E　存在感　　F　社会的存在　　G　進路指導　　H　幸福追求
I　自分らしく　　J　他者理解

5　**次のア～オの文は，ある人物について説明したものである。その人物名を下のA～Jから一つずつ選び，その記号を書け。**

ア　日本の教育心理学者，教育学者（1893～1985）。愛媛県の出身で，教育の実践的・科学的研究を行い，心理学と教育現実との関係を論じた。1937年に結成した教育科学研究会の初代会長を務め，終戦後には，国立教育研修所所長，北海道教育大学学長などを歴任した。著書に『教育科学七十年』がある。

イ　ドイツの教育学者（1884～1952）。イエナ大学在学中に，哲学史や文化哲学を研究した。後に，イエナ大学附属学校校長に就任し，年齢や学力の程度が異なる子供でグループを構成して課題に取り組むイエナ・プランを提唱した。著書に『学校と授業の変革―小イエナ・プラン―』がある。

ウ　日本の教育心理学者（1882～1962）。岡山県の出身で，日本の教育測定学研究の創始者の一人であり，日本におけるビネー式知能検査の標準化を試みた。東京文理科大学教授，日本大学教授，玉川大学初代学長を歴任し，後に，文化功労者に選ばれた。著書に『教育的測定学』がある。

エ　アメリカの教育者（1830～1905）。ラトガース大学教授在任中，森有礼に招かれて来日し，文部省の最高顧問（学監）として，日本各地の教育の実態を視察し，学制の実施や女子教育の振興，東京大学の創設に尽力するなど，近代教育の普及発達に功績を残した。著述に『学監考案日本教育法』がある。

オ　ドイツの哲学者，心理学者，教育学者（1882～1963）。ライプツィヒ，ベルリン，チュービンゲン各大学教授を歴任し，ディルタイの哲学に影響を受け，後に精神科学的心理学を提唱した。1936年には，ドイツ政府の文化使節として来日し，各地で講演を行った。著書に『生の諸形式』がある。

A　ライン　　B　モルレー　　C　城戸幡太郎　　D　シュプランガー
E　ペーターゼン　　F　ナトルプ　　G　伊沢修二　　H　田中寛一
I　中村正直　　J　パーカースト

6　**次の文は，教育職員等による児童生徒性暴力等の防止等に関する法律（令和3年法律第57号）の一部である。文中の（ ア ）～（ オ ）に当てはまる言葉を下のA～Jから一つずつ選び，その記号を書け。**

第4条　教育職員等による児童生徒性暴力等の防止等に関する施策は，教育職員等による児童生徒性暴力等が全ての児童生徒等の心身の健全な発達に関係する（ ア ）な問題であるという基本的認識の下に行われなければならない。

2　教育職員等による児童生徒性暴力等の防止等に関する施策は，児童生徒等が安心して学習その他の活動に取り組むことができるよう，学校の内外を問わず教育職員等による児童生徒性暴力等を（ イ ）することを旨として行われなければならない。

3　教育職員等による児童生徒性暴力等の防止等に関する施策は，被害を受けた児童生徒等を適切かつ（ ウ ）に保護することを旨として行われなければならない。

4　教育職員等による児童生徒性暴力等の防止等に関する施策は，教育職員等による児童生徒性暴力等が懲戒免職の事由（解雇の事由として懲戒免職の事由に相当するものを含む。）となり得る行為であるのみならず，児童生徒等及びその保護者からの教育職員等に対する信頼を著しく低下させ，学校教育の信用を傷つけるものであることに鑑み，児童生徒性暴力等をした教育職員等に対する（ エ ）等について，適正かつ厳格な実施の徹底を図るための措置がとられることを旨として行われなければならない。

5　教育職員等による児童生徒性暴力等の防止等に関する施策は，国，地方公共団体，学校，医療関係者その他の関係者の（ オ ）の下に行われなければならない。

A　根絶　　B　安全　　C　懲戒処分　　D　迅速　　E　分限処分
F　合意　　G　重大　　H　予防　　I　明白　　J　連携

7　**次の文は，小学校学習指導要領（平成29年告示）解説「総則編」（平成29年７月　文部科学省）の一部である。文中の（ ア ）～（ オ ）に当てはまる言葉を下のA～Jから一つずつ選び，その記号を書け。なお，中学校学習指導要領（平成29年告示）解説「総則編」（平成29年７月文部科学省）においては，文中の児童は生徒と，高等学校学習指導要領（平成30年告示）解説「総則編」（平成30年７月文部科学省）においては，文中の児童は生徒と，さらには更にと表記されている。**

特別支援教育において大切な視点は，児童一人一人の障害の状態等により，学習上又は生活上の困難が異なることに十分留意し，個々の児童の障害の状態等に応じた指導内容や指導方法の工夫を検討し，適切な指導を行うことであると言える。

そこで，校長は，特別支援教育実施の責任者として，（ ア ）を設置して，（ イ ）を指名し，校務分掌に明確に位置付けるなど，学校全体の特別支援教育の体制を充実させ，効果的な学校運営に努める必要がある。その際，各学校において，児童の障害の状態等に応じた指導を充実させるためには，（ ウ ）等に対し専門的な助言又は援助を要請するなどして，計画的，組織的に取り組むことが重要である。

こうした点を踏まえ，各教科等の指導計画に基づく内容や方法を見通した上で，（ エ ）指導内容や指導方法を計画的に検討し実施することが大切である。

さらに，障害のある児童などの指導に当たっては，担任を含む全ての教師間において，個々の児童に対する配慮等の必要性を共通理解するとともに，（ オ ）に努める必要がある。

A　校内委員会　　B　専門アドバイザー　　C　ケース会議
D　特別支援教育コーディネーター　　E　医療機関や福祉機関　　F　特別支援学校
G　個に応じた　　H　専門性の向上　　I　教師間の連携　　J　基礎的な

特別支援学校

1 小中高養栄共通の **1** と同じ。

2 小中高養栄共通の **4** と同じ。

3 **次の文は,「令和4年版　障害者白書」(2022年7月　内閣府) に記載されている「特別支援教育の概要」の一部である。文中の（ ア ）～（ オ ）に当てはまる言葉を書け。**

障害のある子供については，その能力や可能性を最大限に伸ばし，（ ア ）や社会参加に必要な力を培うため，一人一人の（ イ ）に応じ，多様な学びの場において適切な指導を行うとともに，必要な支援を行う必要がある。現在，特別支援学校や小・中学校の特別支援学級，「（ ウ ）による指導」においては，特別の教育課程や少人数の学級編制の下，特別な配慮により作成された教科書，専門的な知識・経験のある教職員，障害に配慮した施設・設備等を活用して指導が行われている。特別支援教育は，（ エ ）も含めて，特別な支援を必要とする子供が在籍する全ての学校において実施されるものであり，通常の学級に在籍する障害のある児童生徒に対しても，（ オ ）の提供を行いながら，必要な支援を行う必要がある。

4 **次の表は，条約・法令名と条項及びその条文の一部を示したものである。表中の（ ア ）～（ オ ）に当てはまる条約・法令名又は言葉を下のA～Jから一つずつ選び，その記号を書け。**

条約・法令名	条項	条文
障害者の権利に関する条約	第24条 第2項 （ a ）	障害者が障害に基づいて一般的な（ ア ）から排除されないこと及び障害のある児童が障害に基づいて無償のかつ義務的な初等教育から又は中等教育から排除されないこと。
（ イ ）	第16条 第4項	国及び地方公共団体は，障害者の教育に関し，調査及び研究並びに人材の確保及び資質の向上，適切な教材等の提供，学校施設の整備その他の環境の整備を促進しなければならない。
障害を理由とする差別の解消の推進に関する法律	第7条 第1項	行政機関等は，その事務又は事業を行うに当たり，障害を理由として障害者でない者と不当な差別的取扱いをすることにより，障害者の（ ウ ）を侵害してはならない。
学校教育法施行令	第22条 の3	法第75条の政令で定める視覚障害者，聴覚障害者，知的障害者，肢体不自由者又は病弱者の障害の程度は，次の表に掲げるとおりとする。 肢体不自由者 一　肢体不自由の状態が補装具の使用によつても歩行，（ エ ）等日常生活における基本的な動作が不可能又は困難な程度のもの 二　肢体不自由の状態が前号に掲げる程度に達しないもののうち，常時の医学的観察指導を必要とする程度のもの

愛媛県

学校教育法施行規則	第140条	小学校，中学校，義務教育学校，高等学校又は中等教育学校において，次の各号のいずれかに該当する児童又は生徒（特別支援学級の児童及び生徒を除く。）のうち当該障害に応じた特別の指導を行う必要があるものを教育する場合には，文部科学大臣が別に定めるところにより，（中略）特別の教育課程によることができる。 一　言語障害者 二　（ オ ）者 三　情緒障害者 四　弱視者 五　難聴者 六　学習障害者 七　注意欠陥多動性障害者 八　その他障害のある者で，この条の規定により特別の教育課程による教育を行うことが適当なもの

A　姿勢保持　　B　障害者基本法　　C　基本的人権　　D　権利利益
E　知的障害　　F　教育制度　　G　社会生活　　H　自閉症
I　障害者総合支援法　　J　筆記

5　**次のア～オの文は，愛媛県の障がい者施策の基本計画となる「第５次愛媛県障がい者計画（令和２～５年度）」（令和２年３月）で用いられている用語について説明したものである。ア～オの文が説明する最も適切な用語を下のＡ～Ｊから一つずつ選び，その記号を書け。**

ア　民間企業等への就労を支援するため，常時勤務による就労が困難な障がい者を最長３年間雇用し，就労経験を積む機会を提供する県の取組みであり，働く場。本庁，地方局，支局に設置。

イ　障がいのある幼児児童生徒一人ひとりのニーズを正確に把握し，教育の視点から適切な対応が行えるよう，教育，医療，福祉等の関係機関が連携を図りつつ，乳幼児期から学校卒業後までの長期的視点に立って，一貫して的確な教育的支援を行うために作成した計画。

ウ　発達障がい児の子育て経験のある親で，その育児経験を生かし，子どもが発達障がいの診断を受けて間もない親などに対して相談や助言を行う者。

エ　施設の有する専門的機能を生かし，地域の障がいのある子どもやその家族への相談，他事業所への援助・助言を合わせて行うなど，地域の中核的な療育支援施設。

オ　医師の指示のもと，両眼視機能に障がいのある者に対するその両眼視機能の回復のための矯正訓練及びこれに必要な検査を行う専門職。

A　個別の教育支援計画　　B　県立子ども療育センター
C　視能訓練士　　D　えひめチャレンジオフィス
E　ビジョントレーナー　　F　個別の指導計画
G　ピアサポーター　　H　児童発達支援センター
I　ペアレントメンター　　J　県障がい者自立支援協議会

6 小中高養栄共通の **7** と同じ。

7 次の文は，特別支援学校教育要領・学習指導要領解説「自立活動編（幼稚部・小学部・中学部）」（平成30年３月　文部科学省）の一部である。ア～オの各項目における内容として，正しいものをＡ～Ｃからそれぞれ一つずつ選び，その記号を書け。

ア　健康の保持

○　病気の状態の理解と生活管理に関すること

Ａ　自分の病気の状態を理解し，身体的及び精神的な影響を知り，病気が及ぼす社会生活の困難さについての理解を深め，それに基づく生活の自己管理ができるようにすることを意味している。

Ｂ　自分の病気の状態を理解し，自己の機能と能力を維持し，病気の影響を受けない生活様式についての理解を深め，それに基づく生活の自己管理ができるようにすることを意味している。

Ｃ　自分の病気の状態を理解し，その改善を図り，病気の進行の防止に必要な生活様式についての理解を深め，それに基づく生活の自己管理ができるようにすることを意味している。

イ　人間関係の形成

○　集団への参加の基礎に関すること

Ａ　集団の雰囲気に合わせたり，集団に参加するための手順やきまりを理解したりして，遊びや集団活動などに積極的に参加できるようになることを意味している。

Ｂ　ソーシャルスキルを獲得したり，集団行動の経験を重ねたりして，遊びや集団活動などに積極的に参加できるようになることを意味している。

Ｃ　少人数での関わりの中で，相手とのやりとりの仕方を学んだり，集団参加への抵抗感を減らしたりして，遊びや集団活動などに積極的に参加できるようになることを意味している。

ウ　環境の把握

○　感覚の補助及び代行手段の活用に関すること

Ａ　保有する感覚を用いて状況を把握しやすくするよう各種の補助機器を活用できるようにしたり，代行手段になる方法を自ら考えたりすることを意味している。

Ｂ　保有する感覚を用いて状況を把握しやすくするよう各種の補助機器を活用できるようにしたり，他の感覚や機器での代行が的確にできるようにしたりすることを意味している。

Ｃ　保有する感覚を用いて状況を把握しやすくするよう各種の補助機器を活用できるようにしたり，各種の補助機器の利点と欠点を理解して選択したりすることを意味している。

エ　身体の動き

○　姿勢と運動・動作の基本的技能に関すること

Ａ　日常生活に必要な動作の基本となる四肢の粗大運動と微細運動の把握及び改善，関節の拘縮や変形の予防，筋力の維持・強化を図ることなどの基本的技能に関することを意味している。

B　日常生活に必要な動作の基本となる立位の保持や上肢・下肢の適度な緊張状態の維持及び改善，間接の拘縮や変形の予防，筋力の維持・強化を図ることなどの基本的技能に関することを意味している。

C　日常生活に必要な動作の基本となる姿勢保持や上肢・下肢の運動・動作の改善及び習得，間接の拘縮や変形の予防，筋力の維持・強化を図ることなどの基本的技能に関することを意味している。

オ　コミュニケーション

○　言語の形成と活用に関すること

A　コミュニケーションを通して，相手の意図を受け止めたり，自分の考えを伝えたりするための語彙を増やし，体系的な言語を身に付けることができるようにすることを意味している。

B　コミュニケーションを通して，事物や現象，自己の行動等に対応した言語の概念の形成を図り，体系的な言語を身に付けることができるようにすることを意味している。

C　コミュニケーションを通して，具体物に即した生活言語から抽象的な生活言語の獲得を図り，体系的な言語を身に付けることができるようにすることを意味している。

8　小中高養栄共通の **3** と同じ。

解答＆解説

小中高養栄共通

1　解答　ア　環境　イ　新聞　ウ　生命　エ　校長　オ　学校評価

解説　平成29年版小学校学習指導要領（2017年３月31日告示）の「第１章　総則」「第３　教育課程の実施と学習評価」「１　主体的・対話的で深い学びの実現に向けた授業改善」の(3)・(5)及び「第５　学校運営上の留意事項」「１　教育課程の改善と学校評価等」のア，平成29年版中学校学習指導要領（2017年３月31日告示）の「第１章　総則」「第３　教育課程の実施と学習評価」「１　主体的・対話的で深い学びの実現に向けた授業改善」の(3)・(5)及び「第５　学校運営上の留意事項」「１　教育課程の改善と学校評価，教育課程外の活動と連携等」のア，平成30年版高等学校学習指導要領（2018年３月30日告示）の「第１章　総則」「第３款　教育課程の実施と学習評価」「１　主体的・対話的で深い学びの実現に向けた授業改善」の(3)・(5)及び「第６款　学校運営上の留意事項」「１　教育課程の改善と学校評価，教育課程外の活動と連携等」のアを参照。

2　解答　ア―F　イ―G　ウ―I　エ―A　オ―J

解説　ア：学校保健安全法第20条を参照。感染症予防のための「臨時休業」の規定。

イ：教育公務員特例法第22条第２項を参照。勤務場所を離れて行う「研修の機会」

の規定。

ウ：学校教育法第17条第１項を参照。「就学させる義務」の規定。

エ：地方公務員法第35条を参照。「職務に専念する義務」の規定。

オ：教育基本法第３条を参照。「生涯学習の理念」の規定。

3 解答 ア―F　イ―E　ウ―J　エ―G　オ―C

解説 こども基本法第３条第一号～第四号を参照。「基本理念」の規定。こども基本法は，こども施策を社会全体で総合的かつ強力に推進していくための包括的な基本法として，2022年６月15日に成立し，2023年４月１日に施行された。

4 解答 ア―I　イ―B　ウ―C　エ―H　オ―D

解説 『生徒指導提要』(2022年12月）の「第Ⅰ部　生徒指導の基本的な進め方」「第１章　生徒指導の基礎」「1.1　生徒指導の意義」「1.1.1　生徒指導の定義と目的」「(1)生徒指導の定義」及び「(2)生徒指導の目的」を参照。

5 解答 ア―C　イ―E　ウ―H　エ―B　オ―D

解説 ア：城戸幡太郎（1893～1985）は，「保育問題研究会」を結成し，そこでの活動を中心としながら，機関誌「保育問題研究」を発刊。児童中心主義への批判から社会中心主義の概念を提唱し，子どもをその子どもの生きている社会との相関から捉えようとした。

イ：ペーターゼン（1884～1952）が考案したイエナ・プランでは，学校は生活共同体の縮図でなければならないという観点から，従来の学年制の学級を廃して低学年・中学年・高学年の３集団に再編成し，児童生徒は指導的立場と指導される立場を経験しながら集団訓練を基調とする生活共同体として学習する。

ウ：田中寛一（1882～1962）は，日本の心理測定の先駆者。「田中ビネー知能検査」「田中B式知能検査」をはじめ，多くの心理検査を考案した。

エ：モルレー（1830～1905）は，文部省学監として学制施行期の日本の文教政策の指導助言に当たった。また，教育令の草案作成に関与したほか，東京女子師範学校及び附属幼稚園の創設，博物館の設立などに尽力した。

オ：シュプランガー（1882～1963）は，教育を青少年の客観的文化価値の受容能力と創造能力とを育てる作用と考え，文化哲学と心理学による文化教育学を展開した。また，人がどの領域に文化的価値を置いているかにより，理論型，審美型，経済型，宗教型，社会型，政治型の６つの類型に分類した。

6 解答 ア―G　イ―A　ウ―D　エ―C　オ―J

解説 教育職員等による児童生徒性暴力等の防止等に関する法律第４条を参照。「基本理念」の規定。

7 解答 ア―A　イ―D　ウ―F　エ―G　オ―I

解説 『小学校学習指導要領解説　総則編』(2017年７月）の「第３章　教育課程の編成及び実施」「第４節　児童の発達の支援」「２　特別な配慮を必要とする児童への指導」「(1)障害のある児童などへの指導」「①児童の障害の状態等に応じた指導の工夫（第１章第４の２の(1)のア)」,『中学校学習指導要領解説　総則編』(2017年７月）の「第３章　教育課程の編成及び実施」「第４節　生徒の発達の支援」「２

特別な配慮を必要とする生徒への指導」「(1)障害のある生徒などへの指導」「①生徒の障害の状態等に応じた指導の工夫（第１章第４の２の(1)のア）」，『高等学校学習指導要領解説　総則編』（2018年７月）の「第６章　生徒の発達の支援」「第２節　特別な配慮を必要とする生徒への指導」「１　障害のある生徒などへの指導」「(1)生徒の障害の状態等に応じた指導の工夫（第１章総則第５款の２(1)ア」を参照。

特別支援学校

1 小中高養栄共通の **1** と同じ。

2 小中高養栄共通の **4** と同じ。

3 解答 ア　自立　イ　教育的ニーズ　ウ　通級　エ　発達障害　オ　合理的配慮

解説 内閣府『令和４年版　障害者白書』（2022年７月）の「第３章　社会参加へ向けた自立の基盤づくり」「第１節　障害のある子供の教育・育成に関する施策」「1．特別支援教育の充実」「(1)特別支援教育の概要」を参照。

4 解答 ア　F　イ　B　ウ　D　エ　J　オ　H

解説 ア：障害者の権利に関する条約第24条第２項(a)を参照。「教育」の規定。

イ：障害者基本法第16条第４項を参照。「教育」の規定。

ウ：障害を理由とする差別の解消の推進に関する法律第７条第１項を参照。「行政機関等における障害を理由とする差別の禁止」の規定。

エ：学校教育法施行令第22条の３を参照。「障害の程度」の規定。

オ：学校教育法施行規則第140条を参照。「障害に応じた特別の指導—通級指導」の規定。

5 解答 ア　D　イ　A　ウ　I　エ　H　オ　C

解説 愛媛県「第５次愛媛県障がい者計画」（2020年３月）の「資料」「用語解説」を参照。同計画は，第４次計画策定以降の国の制度改正や社会情勢の変化に対応し，障がい者の高齢化や障がいの重度化などの多岐にわたる諸問題に適切に対処し，実効性のある施策を推進していくために策定されたもの。計画期間は2020～23年度。

6 小中高養栄共通の **7** と同じ。

7 解答 ア　C　イ　A　ウ　B　エ　C　オ　B

解説 特別支援学校教育要領・学習指導要領解説　自立活動編（幼稚部・小学部・中学部）』（2018年３月）の「第６章　自立活動の内容」を参照。

ア：「１　健康の保持（幼稚部教育要領第２章の２の(1)，小学部・中学部学習指導要領第７章の第２の１）」「(2)病気の状態の理解と生活管理に関すること」「①この項目について」を参照。

イ：「３　人間関係の形成（幼稚部教育要領第２章の２の(3)，小学部・中学部学習指導要領第７章の第２の３）」「(4)集団への参加の基礎に関すること」「①この項目について」を参照。

ウ：「４　環境の把握（幼稚部教育要領第２章の２の(4)，小学部・中学部学習指導要領第７章の第２の４)」「(3)感覚の補助及び代行手段の活用に関すること「①この項目について」を参照。

エ：「5　身体の動き（幼稚部教育要領第２章の２の(5)，小学部・中学部学習指導要領第７章の第２の５)」「(1)姿勢と運動・動作の基本的技能に関すること」「①この項目について」を参照。

オ：「6　コミュニケーション（幼稚部教育要領第２章の２の(6)，小学部・中学部学習指導要領第７章の第２の６)」「(3)言語の形成と活用に関すること」「①この項目について」を参照。

8　小中高養栄共通の 3 と同じ。

高知県

実施日	2023(令和５)年６月17日	試験時間	60分（一般教養を含む）
出題形式	マークシート式	問題数	25題（解答数35）
パターン	時事·法規·原理·ローカル＋教育史·心理	公開状況	問題：公開　解答：公開　配点：公開

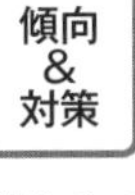

●出題分野を問わず「特別支援教育」「人権教育」が必出の教育トピック。●最も解答数の多い教育時事は，必出の教育トピックに関連する「特別支援教育の在り方」「人権教育の指導方法等」のほか，「令和の日本型学校教育」「『令和の日本型学校教育』を担う教師」「義務教育９年間を見通した教科担任制」「いじめの認知件数の推移」「子供の体験活動推進」「子供の読書活動推進」「日本語指導が必要な児童生徒」「教育データの利活用」と，多岐にわたる。このうち下線部は２年連続の出題。●必出のローカル問題は，２年連続で「第３期高知県教育振興基本計画」（2023年３月）の第３次改訂版。●教育原理は，学習指導要領の変遷と「特別活動」，改訂『生徒指導提要』は「生徒指導の定義と目的」より。

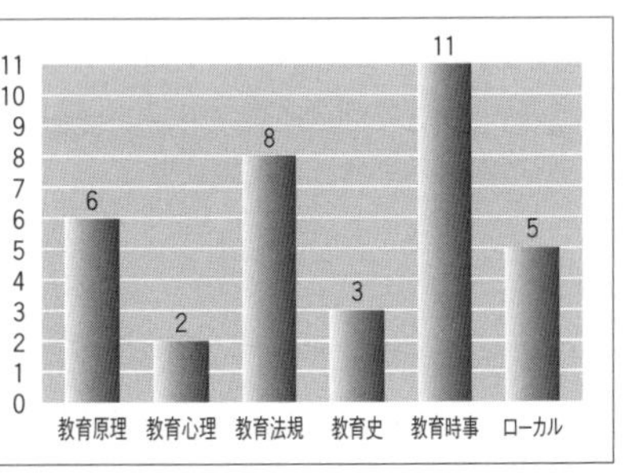

出題領域

教育原理	教育課程·学習指導要領	3	総　則		特別の教科　道徳		
	外国語活動		総合的な学習(探究)の時間		特別活動	2	
	学習指導		生徒指導	1	学校·学級経営		
	特別支援教育	↓法規 時事	人権·同和教育	↓時事	その他		
教育心理	発　達		学　習	1	性格と適応	1	
	カウンセリングと心理療法		教育評価		学級集団		
教育法規	教育の基本理念	1	学校教育		学校の管理と運営		
	児童生徒	3	教職員	1	憲　法 / 特別支援教育	1	2
教育史	日本教育史	1	西洋教育史	2			
教育時事	答申·統計	11	ローカル	5			

表中の数字は，解答数

全校種共通

☞解答＆解説 p.459

1 「学習指導要領」とは，全国どこの学校でも一定の水準が保てるよう，文部科学省が定めている教育課程（カリキュラム）の基準で，およそ10年に1度，改訂している。次の表は，「学習指導要領」が改訂された年と，その改訂の趣旨を表にしたものである。表中の（ ① ）～（ ③ ）に該当する語句を，下の1～9から一つずつ選びなさい。

改訂年	改訂の趣旨
昭和33～35年	教育課程の基準としての性格の明確化
昭和43～45年	教育内容の一層の向上（「教育内容の現代化」）
昭和52～53年	（ ① ）学校生活の実現＝学習負担の適正化
平成元年	（ ② ）に自ら対応できる心豊かな人間の育成
平成10～11年	基礎・基本を確実に身に付けさせ，自ら学び自ら考える力などの［生きる力］の育成
平成20～21年	「生きる力」の育成，基礎的・基本的な知識・技能の習得，（ ③ ）等の育成のバランス
平成29～30年	「生きる力」の育成を目指し資質・能力を三つの柱で整理，社会に開かれた教育課程の実現

1　競争から強調への　　2　ゆとりある充実した　　3　楽しく学ぶ
4　国際化社会　　5　情報化社会　　6　社会の変化
7　思考力・判断力・表現力　　8　学びに向かう意欲
9　アクティブ・ラーニング能力

2 **次の問1～問6の文は，法令の条文の一部である。（ ① ）～（ ⑥ ）のそれぞれに該当するものを，各文の下に示した1～4から一つずつ選びなさい。**

問1　天皇又は摂政及び国務大臣，国会議員，裁判官その他の公務員は，この憲法を（ ① ）し擁護する義務を負ふ。（日本国憲法第99条）

1　遵守　　2　尊重　　3　理解　　4　制定

問2　国民一人一人が，自己の人格を磨き，（ ② ）人生を送ることができるよう，その生涯にわたって，あらゆる機会に，あらゆる場所において学習することができ，その成果を適切に生かすことのできる社会の実現が図られなければならない。（教育基本法第3条）

1　健やかな　　2　充実した　　3　豊かな　　4　教養ある

問3　校長及び教員は，（ ③ ）上必要があると認めるときは，文部科学大臣の定めるところにより，児童，生徒及び学生に懲戒を加えることができる。ただし，体罰を加えることはできない。（学校教育法第11条）

1　生徒指導　　2　教育　　3　学校生活　　4　学級経営

問4　この法律は，教育を通じて国民全体に奉仕する教育公務員の（ ④ ）に基づき，教育公務員の任免，人事評価，給与，分限，懲戒，服務及び研修等について規定する。（教育公務員特例法第1条）

1　教員としての高い専門性　　2　教員に求められる高い信頼性

3　適性に職務を遂行する必要性　　4　職務とその責任の特殊性

問5　全てのこどもについて，その年齢及び発達の程度に応じて，自己に直接関係する全ての事項に関して意見を表明する機会及び多様な（ ⑤ ）に参画する機会が確保されること。　（こども基本法第3条第3号）

1　社会的活動　　2　学びの機会　　3　学校生活　　4　体験活動

問6　教育職員等は，基本理念にのっとり，児童生徒性暴力等を行うことがないよう教育職員等としての（ ⑥ ）の保持を図るとともに，その勤務する学校に在籍する児童生徒等が教育職員等による児童生徒性暴力等を受けたと思われるときは，適切かつ迅速にこれに対処する責務を有する。

（教育職員等による児童生徒性暴力等の防止等に関する法律第10条）

1　倫理　　2　規律　　3　自覚　　4　信頼

3　**次の文は，「『令和の日本型学校教育』の構築を目指して　～全ての子供たちの可能性を引き出す，個別最適な学びと，協働的な学びの実現～（答申）」（令和3年1月　中央教育審議会）の「はじめに」の一部である。文中の（ ① ）～（ ③ ）に該当する語句の組み合わせとして正しいものを，下の1～5から一つ選びなさい。**

日本の学校教育はこれまで，（ ① ）と学力を保障するという役割のみならず，全人的な発達・成長を保障する役割や，人と安全・安心につながることができる居場所としての（ ② ）な役割も担ってきた。この役割の重要性は今後も変わることはない。これまで，日本型学校教育が果たしてきた役割を継承しつつ，学校における働き方改革や（ ③ ）を強力に推進するとともに，新学習指導要領を着実に実施し，学校教育を社会に開かれたものとしていくこと，また，文部科学省をはじめとする関係府省及び教育委員会，首長部局，教職員，さらには家庭，地域等を含め，学校教育を支える全ての関係者が，それぞれの役割を果たし，互いにしっかりと連携することで，「令和の日本型学校教育」の実現に向けた必要な改革を果敢に進めていくことを期待するものである。

1　①学習機会　　②家庭的　　③GIGAスクール構想
2　①学習機会　　②家庭的　　③ICTの活用
3　①学習機会　　②福祉的　　③GIGAスクール構想
4　①教育を受ける権利　　②家庭的　　③ICTの活用
5　①教育を受ける権利　　②福祉的　　③ICTの活用

4　**「義務教育9年間を見通した教科担任制の在り方について（報告）」（令和3年7月　義務教育9年間を見通した指導体制の在り方等に関する検討会議）に示されている教科担任制導入の趣旨・目的として誤っているものを，次の1～5から一つ選びなさい。**

1　教材研究の深化等により，高度な学習を含め，教科指導の専門性を持った教師が多様な教材を活用してより熟練した指導を行うことが可能となり，授業の質が向上する。
2　小・中学校間の連携による小学校から中学校への円滑な接続（中1ギャップの解消等）を図る。
3　複数教師（学級担任・専科教員）による多面的な児童理解を通じた児童の心の安定に資する。
4　小学校1年生から専門的な教科指導を行うことで，児童の興味関心を高め，学習成果の向上を図る。

5　教師の持ちコマ数の軽減や授業準備の効率化により，学校の教育活動の充実や教師の負担軽減に資する。

5 **ヘルバルト（Herbart,J.F）の経歴と功績について適切なものを，次の1～5から一つ選びなさい。**

1　フランクフルトで教育者としての使命を自覚し，カイルハウに「一般ドイツ教育舎」を開設して，教育活動を開始した。後年には世界で最初の幼稚園「一般ドイツ幼稚園」を開いた。主著に『人間の教育』がある。

2　ハレ大学の教授職に就きながら，近郊のグラウハの牧師も務め，この地の宗教的純化のための努力の間に教育に積極的に参与した。その結果，貧民学校，市民学校，孤児院，ラテン語学校などを結合した一大学園を創設した。

3　ハンブルク大学で教育学と哲学の教授を務めた。人間にふさわしい責任ある教育，陶冶，生活の指導の研究に専念し，成人教育，教師養成，精神科学の構造と方法論，学校・大学の改造等，多岐にわたる業績を残した。

4　古典語の習得を強調する立場には反対し，人間性の表現としての歴史的・民俗的な素材の中に教育的な価値を認め，子どもを民族の歴史的な課題の担い手として形成しようとした。主著に『人類史哲学考』などがある。

5　教育の目的を倫理学から，教育の方法を心理学から演繹することで教育を学問的に体系化し，「科学的教育学の創始者」とも称される。主著に『一般教育学』，『教育学講義綱要』などがある。

6 **記憶に関する次の文中の（ ① ）～（ ③ ）に該当する語句の組み合わせとして適切なものを，下の1～5から一つ選びなさい。**

感覚記憶に貯蔵された情報の中で注意された情報を，10数秒間保持する記憶の貯蔵庫を（ ① ）という。ここで保持される情報量は限られており，大人で7 ± 2個程度の範囲の数字を覚えることが可能とされ，さらに，その情報を頭の中や口頭で唱え続ける（ ② ）により情報を保持することができる。なお，（ ① ）は情報の貯蔵に加えて，情報の操作の機能も含めることにより，（ ③ ）とよばれることもある。

1　①長期記憶　②エピソード・バッファ　③手続き記憶
2　①短期記憶　②リハーサル　③ワーキングメモリ
3　①短期記憶　②エピソード・バッファ　③ワーキングメモリ
4　①長期記憶　②リハーサル　③ワーキングメモリ
5　①短期記憶　②リハーサル　③手続き記憶

7 **パーソナリティに関する次の文中の（ ① ）～（ ③ ）に該当する語句の組み合わせとして適切なものを，下の1～5から一つ選びなさい。**

パーソナリティのとらえかたには，大きく分けて二つある。クレッチマー（Kretschmer,E.）による体格と気質の関係について一般化した考えは（ ① ）の代表例である。一方，（ ② ）の代表例には，因子分析を用いて，新たなパーソナリティ検査を開発したキャッテル（Cattell,R.B.）の研究が挙げられる。現在，パーソナリティの構造に関する研究でもっとも有力視されているのが，ゴールドバーグ（Goldberg,L.R.）の提唱した（ ③ ）と呼ばれる考え方である。

1　①類型論　②実念論　③16PF
2　①特性論　②類型論　③ビッグ・ファイブ
3　①類型論　②特性論　③ビッグ・ファイブ
4　①類型論　②特性論　③16PF
5　①実念論　②特性論　③ビッグ・ファイブ

8 **江戸時代中期から幕末にかけて開設された私塾等と，それを開設したとされる人物名の組み合わせとして適切なものを，次の1～5から一つ選びなさい。**

〈私塾等〉　〈人物名〉
1　蘐園塾 ―― 荻生徂徠
2　松下村塾 ―― 緒方洪庵
3　適塾 ―― 福沢諭吉
4　咸宜園 ―― 伊藤仁斎
5　芝蘭堂 ―― 吉田松陰

9 **教育書と，それを執筆した人物名の組み合わせとして誤っているものを，次の1～5から一つ選びなさい。**

〈教育書〉　〈人物名〉
1　学習方法論 ―― エラスムス（Erasmus,Desiderius）
2　学習の心理学 ―― ソーンダイク（Thorndike,E.Lee）
3　教育の過程 ―― ブルーナー（Bruner,J.Seymour）
4　知育・徳育・体育論 ―― スペンサー（Spencer,Herbert）
5　教育学から教育科学へ ―― ヘーニヒスヴァルト（Hönigswald,Richard）

10 **次の文は，「新しい時代の特別支援教育の在り方に関する有識者会議　報告」（令和3年1月　文部科学省）の「Ⅲ．特別支援教育を担う教師の専門性の向上　1．全ての教師に求められる特別支援教育に関する専門性」の一部である。文中の（ ① ）～（ ④ ）に該当する語句の組み合わせとして正しいものを，下の1～5から一つ選びなさい。**

全ての教師には，障害の特性等に関する理解と（ ① ）を工夫できる力や，個別の教育支援計画・個別の指導計画などの特別支援教育に関する基礎的な知識，合理的配慮に対する理解等が必要である。

加えて，障害のある人や子供との（ ② ）を通して，障害者が日常生活又社会生活において受ける制限は，障害により起因するものだけではなく，社会における様々な（ ③ ）と相対することによって生ずるものという考え方，いわゆる「（ ④ ）」の考え方を踏まえ，障害による学習上又は生活上の困難について本人の立場に立って捉え，それに対する必要な支援の内容を一緒に考え，本人自ら合理的配慮を意思表明できるように促していくような経験や態度の育成が求められる。

1　①指導方法　②交流　③差別　④個人モデル
2　①指導方法　②触れ合い　③障壁　④社会モデル
3　①対応方法　②交流　③障壁　④個人モデル
4　①対応方法　②触れ合い　③差別　④社会モデル

5　①対応方法　②触れ合い　③障壁　④個人モデル

11 **「『令和の日本型教育』の構築を目指して　～全ての子供たちの可能性を引き出す，個別最適な学びと，協働的な学びの実現～（答申）」（令和3年1月　中央教育審議会）の「第Ⅱ部　各論　4．新時代の特別支援教育の在り方について」の中で示された，障害のある子供の就学相談や学びの場の検討等の支援について，各市町村教育委員会における子供一人一人に応じた支援を一層充実させるための具体的な例として適切でないものを，次の1～5から一つ選びなさい。**

1　特別支援学級や通級による指導，通常の学級等の学びの場の判断について，教育支援委員会を起点に様々な関係者が多角的，客観的に検討すること

2　必要に応じ，市区町村教育委員会や特別支援学校が都道府県教育委員会の求めに応じた助言等を行うこと

3　特別支援学級及び通級による指導の対象となる児童生徒の障害の状態等をより具体的な形で分かりやすく示すとともに，障害の状態等を参考に特別の教育課程を検討する際の視点を解説すること

4　教育委員会が示す就学先と保護者の意向が合致しない場合の調整の場の在り方について検討すること

5　特別支援学級において指導を受ける時間が一定の時間に満たない者について通級による指導の対象とすることを検討することもありうること

12 **次の文は，「発達障害者支援法」（平成28年6月改正）第2条の2である。文中の（①）～（④）に該当する語句の組み合わせとして正しいものを，次の1～5から一つ選びなさい。**

（基本理念）

第2条の2　発達障害者の支援は，全ての発達障害者が（①）の機会が確保されること及びどこで誰と生活するかについての（②）が確保され，地域社会において他の人々と共生することを妨げられないことを旨として，行われなければならない。

2　発達障害者の支援は，社会的障壁の（③）に資することを旨として，行われなければならない。

3　発達障害者の支援は，個々の発達障害者の性別，年齢，障害の状態及び生活の実態に応じて，かつ，医療，保健，福祉，労働等に関する業務を行う関係機関及び民間団体相互の緊密な連携の下に，その（④）の支援に配慮しつつ，切れ目なく行われなければならない。

1　①社会活動　②選択の機会　③解消　④自己決定
2　①社会活動　②選択の自由　③除去　④意思決定
3　①社会参加　②選択の機会　③除去　④意思決定
4　①社会参加　②選択の自由　③解消　④意思決定
5　①社会参加　②選択の機会　③解消　④自己決定

13 **次の文は，「小学校学習指導要領」（平成29年3月告示）の「第6章　特別活動　第3　指導計画の作成と内容の取扱い」，「中学校学習指導要領」（平成29年3月告示）の「第5章　特別活動　第3　指導計画の作成と内容の取扱い」，「高等学校学習指導要領」（平**

成30年３月告示）の「第５章　特別活動　第３　指導計画の作成と内容の取扱い」の一部である。文中の（ ① ）～（ ③ ）に該当する語句の組み合わせとして正しいものを，下の１～５から一つ選びなさい。

２　内容の取り扱いに当たっては，次の事項に配慮するものとする。

(4)（ ① ）による交流を重視するとともに，幼児，（ ② ），障害のある人々などとの交流や対話，障害のある幼児児童生徒との交流及び共同学習の機会を通して，協働することや，他者の役に立ったり（ ③ ）に貢献したりすることの喜びを得られる活動を充実すること。

１　①異年齢集団　②高齢者　③地域
２　①異年齢集団　②高齢者　③社会
３　①異年齢集団　②有職者　③社会
４　①全校児童生徒　②有職者　③地域
５　①全校児童生徒　②高齢者　③地域

14　**次の文は，「小学校学習指導要領解説　特別活動編」（平成29年７月　文部科学省），「中学校学習指導要領解説　特別活動編」（平成29年７月　文部科学省）および「高等学校学習指導要領解説　特別活動編」（平成30年７月　文部科学省）の中の，特別活動改訂の趣旨及び要点に関する説明文の一部である。文中の（ ① ）～（ ③ ）に該当する語句の組み合わせとして正しいものを，下の１～５から一つ選びなさい。**

【小学校】

特別活動は，様々な構成の集団から学校生活を捉え，（ ① ）の発見や解決を行い，よりよい集団や学校生活を目指して様々に行われる活動の総体である。その活動の範囲は学年・学校段階が上がるにつれて広がりをもっていき，そこで育まれた（ ② ）は，社会に出た後の様々な集団や人間関係の中で生かされていくことになる。このような特別活動の特質を踏まえ，これまでの目標を整理し，指導する上で重要な視点として「人間関係形成」，「（ ③ ）」，「自己実現」の三つとして整理した。

【中学校】

特別活動は，様々な構成の集団から学校生活を捉え，（ ① ）の発見や解決を行い，よりよい集団や学校生活を目指して様々に行われる活動の総体である。その活動の範囲は学年，学校段階が上がるにつれて広がりをもっていき，そこで育まれた（ ② ）は，社会に出た後の様々な集団や人間関係の中で生かされていくことになる。このような特別活動の特質を踏まえ，これまでの目標を整理し，指導する上で重要な視点として「人間関係形成」，「（ ③ ）」，「自己実現」の三つとして整理した。

【高等学校】

特別活動は，様々な構成の集団から学校生活を捉え，（ ① ）の発見や解決を行い，よりよい集団や学校生活を目指して様々に行われる活動の総体である。その活動の範囲は学年，学校段階が上がるにつれて広がりをもっていき，そこで育まれた（ ② ）は，社会に出た後の様々な集団や人間関係の中で生かされていくことになる。このような特別活動の特質を踏まえ，指導する上で重要な視点を「人間関係形成」，「（ ③ ）」，「自己実現」の三つとして整理した。

1　①課題　②資質・能力　③社会参画
2　①課題　②知識・技能　③社会貢献
3　①課題　②知識・技能　③社会参画
4　①問題　②知識・技能　③社会参画
5　①問題　②資質・能力　③社会貢献

15　次のグラフは，「令和３年度　児童生徒の問題行動・不登校等生徒指導上の諸課題に関する調査結果について」（令和４年10月　文部科学省）で報告されている平成18年度から令和３年度までの，小学校，中学校および高等学校における「いじめの認知件数」を表したものである。①～③のグラフが表している校種の組み合わせとして正しいものを，下の１～５から一つ選びなさい。

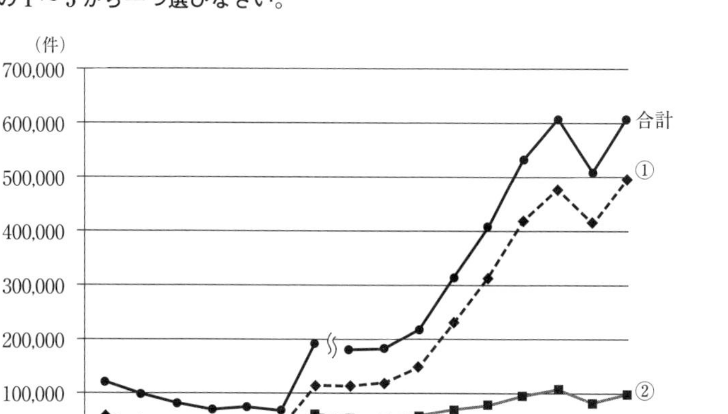

1　①小学校　②中学校　③高等学校
2　①小学校　②高等学校　③中学校
3　①中学校　②小学校　③高等学校
4　①中学校　②高等学校　③小学校
5　①高等学校　②中学校　③小学校

16　次の文は，『生徒指導提要』（令和４年12月　文部科学省）に示されている生徒指導の定義と目的である。文中の（ ① ）～（ ④ ）に該当する語句の組み合わせとして正しいものを，下の１～５から一つ選びなさい。

【生徒指導の定義】

生徒指導とは，児童生徒が，社会の中で（ ① ）生きることができる存在へと，自発的・主体的に成長や発達する過程を支える（ ② ）のことである。なお，生徒指導上の課題に対応するために，必要に応じて指導や援助を行う。

【生徒指導の目的】

生徒指導は，児童生徒一人一人の（ ③ ）の発見とよさや可能性の伸長と社会的資質・能力の発達を支えると同時に，自己の（ ④ ）と社会に受け入れられる自己実現を支えることを目的とする。

1　①誇らしく　②教育相談　③個性　④課題解決
2　①自分らしく　②教育相談　③長所　④幸福追求
3　①誇らしく　②教育活動　③個性　④幸福追求
4　①自分らしく　②教育活動　③個性　④幸福追求
5　①自分らしく　②教育相談　③長所　④課題解決

17　**次の文は，「障害を理由とする差別の解消の推進に関する法律」の条文の一部である。文中の（ ① ）～（ ④ ）に該当する語句の組み合わせとして正しいものを，下の1～5から一つ選びなさい。**

第1条　この法律は，障害者基本法（昭和45年　法律第84号）の基本的な理念にのっとり，全ての障害者が，障害者でない者と等しく，基本的人権を享有する（ ① ）としてその尊厳を重んぜられ，その尊厳にふさわしい（ ② ）を保障される権利を有することを踏まえ，障害を理由とする差別の解消の推進に関する基本的な事項，行政機関等及び事業者における障害を理由とする差別を解消するための措置等を定めることにより，障害を理由とする差別の解消を推進し，もって全ての国民が，障害の有無によって（ ③ ）ことなく，相互に人格と（ ④ ）を尊重し合いながら共生する社会の実現に資することを目的とする。

1　①個人　②人権　③差別される　④多様性
2　①個人　②生活　③分け隔てられる　④個性
3　①国民　②人権　③分け隔てられる　④多様性
4　①国民　②生活　③差別される　④個性
5　①国民　②生活　③差別される　④多様性

18　**次の文は，「人権教育の指導方法等の在り方について［第三次とりまとめ］」（平成20年3月　文部科学省）の一部である。文中の（ ① ）～（ ④ ）に該当する語句の組み合わせとして正しいものを，下の1～5から一つ選びなさい。**

学校において人権教育を進めていく際には，人権教育が目指す諸能力を総対的・構造的にとらえた上で，その指導内容を構成することが必要である。人権教育が育成を目指す資質・能力は，知識的側面，価値的・態度的側面及び（ ① ）的側面の3つの側面として捉えることができるが，（ ② ）における系統的な指導内容として，これらの側面の育成を総合的に位置付けることが望ましい。

一方，学校教育における各教科等やその分野・領域にはそれぞれ独自の目標やねらいがあり，指導に当たっては，この目標やねらいを達成させることが，第一義的に求められることは言うまでもない。このような中にあって，人権教育をいかにして総合的に位置付け，実践するかについては，なお，様々な工夫や検討が求められるところである。

現代社会における人権尊重の理念の徹底の重要性にかんがみれば，児童生徒に対しては，人権に関わる資質・能力を（ ③ ）身に付けさせる必要があり，人権教育の指導内容についても，総合的な内容構成が目指されることになるが，同時に，育成すべき資質・能力の特定の側面に焦点を当て，（ ④ ）的，具体的な指導内容を構成してこれを実施していくことも，必要かつ有効な方法となる。

1　①技能　②学校全体　③トータルに　④個別

2　①生活　②学校全体　③個に応じて　④実践
3　①技能　②学校全体　③個に応じて　④実践
4　①技能　②生徒指導　③個に応じて　④個別
5　①生活　②生徒指導　③トータルに　④実践

19 **次の文は，「第3期高知県教育振興基本計画（第3次改訂版）」（令和5年3月　高知県教育委員会）の一部である。文中の（ ① ）～（ ④ ）に該当する語句の組み合わせとして正しいものを，下の1～5から一つ選びなさい。**

学力の未定着，いじめや不登校，虐待や非行などといった（ ① ）状況に直面している子どもたち一人一人に応じた支援の充実を図るため，就学前には（ ② ）の子育て力の向上などを重点的に支援するとともに，就学後は学校をプラットフォームとして，地域や専門機関等との連携・協働体制を県内全域で構築しながら，就学前から高等学校までの（ ③ ）支援を推進します。

また，子どもたちの貧困の（ ④ ）を教育の力で断ち切るための取組を推進するなど，社会的自立に向けた支援の一層の充実・強化を図ります。

1　①課題のある　②地域社会　③総合的な　④深刻化
2　①困難な　②地域社会　③総合的な　④深刻化
3　①困難な　②保護者　③切れ目のない　④世代間連鎖
4　①課題のある　②保護者　③総合的な　④世代間連鎖
5　①課題のある　②保護者　③切れ目のない　④深刻化

20 **次の文は，「『令和の日本型学校教育』を担う教師の養成・採用・研修等の在り方について　～「新たな教師の学びの姿」の実現と，多様な専門性を有する質の高い教職員集団の形成～（答申）」（令和4年12月　中央教育審議会）の一部である。文中の（ ① ）～（ ④ ）に該当する語句の組み合わせとして正しいものを，下の1～5から一つ選びなさい。**

令和3年答申では，2020年代を通じて実現を目指す「令和の日本型学校教育」の在り方と，それを担う教師及び教職員集団のあるべき姿を示している。

具体的には，2020年代を通じて実現を目指す学校教育を「令和の日本型学校教育」とし，その姿を，「全ての子供たちの（ ① ）を引き出す，個別最適な学びと，協働的な学び」と定義した。

その際，教師及び教職員集団の理想的な姿として，以下の3点を示している。

○　教師が技術の発達や新たなニーズなど学校教育を取り巻く環境の変化を前向きに受け止め，教職生涯を通じて探究心を持ちつつ自律的かつ継続的に新しい知識・技能を（ ② ），子供一人一人の学びを最大限に引き出す教師としての役割を果たしている。その際，子供の主体的な学びを支援する伴走者としての能力も備えている。

○　教員養成，採用，免許制度も含めた方策を通じ，多様な人材の教育界内外からの確保や教師の資質能力の向上により，質の高い教職員集団が実現されるとともに，教師と，総務・財務等に通じる専門職である事務職員，それぞれの分野や組織運営等に専門性を有する多様な外部人材や専門スタッフ等とがチームとなり，個々の教職員がチームの一員として組織的・協働的に取り組む力を発揮しつつ，校長のリーダーシップの下，家庭や地域社会と連携しながら，共通の（ ③ ）に向かって学校が運営されている。

○ さらに，学校における働き方改革の実現や教職の魅力発信，新時代の学びを支える環境整備により，教師が（ ④ ）的で魅力ある仕事であることが再認識され，教師を目指そうとする者が増加し，教師自身も志気を高め，誇りを持って働くことができている。

1 ①意欲 ②学び続け ③教育理念 ④理想
2 ①可能性 ②習得し ③教育理念 ④創造
3 ①可能性 ②習得し ③教育理念 ④理想
4 ①意欲 ②習得し ③学校教育目標 ④創造
5 ①可能性 ②学び続け ③学校教育目標 ④創造

21 **次の文は，「企業等と連携した子供のリアルな体験活動の推進について　～子供の体験活動推進に関する実務者会議論点のまとめ～」（令和4年12月　子供の体験活動推進に関する実務者会議）の一部である。文中の（ ① ）～（ ④ ）に該当する語句の組み合わせとして正しいものを，下の1～5から一つ選びなさい。**

(1) 体験活動の定義

○ 体験活動については，平成19年の中央教育審議会答申において，「体験を通じて何らかの学習が行われることを目的として，体験する者に対して（ ① ）・計画的に提供される体験」と定義している。

また，平成25年の中央教育審議会答申においては，体験活動の内容を大きく，「生活・（ ② ）体験活動」，「自然体験活動」，「社会体験活動」の3つに分類している。

(2) 体験活動の効果・意義

○ 体験活動については，学校教育法，社会教育法，いじめ防止対策推進法等にその促進等について記載されているとともに，現行の学習指導要領（平成29年3月）においても，体験活動等を通じて，（ ③ ）や創造性の涵養を目指した教育の充実に努めることとされている。

○ 体験活動の効果については，例えば，生活・（ ② ）体験の一つである「お手伝い」については，家庭でお手伝いを多くすることによって，自尊感情や自分の感情を調整するといった精神的な回復力，勉強が楽しいといった（ ④ ）の高まり等によい影響が見られることが明らかになっているほか，自然体験活動については，子供の頃に家庭や青少年教育施設等で自然体験活動を多く行った者ほど，自己肯定感，自律性，協調性や積極性といったいわゆる非認知能力が高くなる傾向がみられることが明らかになっている。

1 ①教育的 ②文化 ③豊かな心 ④学習効果
2 ①意図的 ②伝統 ③道徳性 ④学習意欲
3 ①教育的 ②伝統 ③豊かな心 ④学習効果
4 ①意図的 ②文化 ③豊かな心 ④学習意欲
5 ①教育的 ②伝統 ③道徳性 ④学習意欲

22 **次の文は，「子供の読書活動推進に関する有識者会議　論点まとめ　～全ての子供た**

ちの読む喜びを育む読書活動の推進～」（令和４年12月　文部科学省）の一部である。文中の（ ① ）～（ ④ ）に該当する語句の組み合わせとして正しいものを，下の１～５から一つ選びなさい。

○　子供の読書への関心を高めるためには，友人等の同世代の者とのつながりをこれまで以上に一層生かし，子供同士での本の紹介や話し合い，（ ① ）といった協働的な活動の実施が有効と考えられる。こうした活動は，読む本の幅を広げるきっかけとなったり，他者の異なる考えを知り，それを（ ② ）したり改めて自分自身の考えを見つめ直す経験ができるといった効果が期待できる。

○　（ ③ ）子供たち誰もが参加できる活動とすることも重要である。例えば，読み聞かせやお話（ストーリーテリング）等の取組に，手話を添えたり，手遊びや歌をまじえたり，様々な言語を併用したりすることが考えられる。その際，地域の図書館や学校で行う場合は，ボランティア人材の協力を得ることが有効と考えられる。

○　必要に応じ，既存の取組に（ ④ ）を効果的に活用することで，子供たちにとって読書活動がより身近で魅力あるものとなる可能性がある。

1	①批判	②受容	③異年齢の	④ICT
2	①批評	②議論	③異年齢の	④ICT
3	①批評	②受容	③多様な	④ICT
4	①批判	②議論	③多様な	④アクティブラーニング
5	①批判	②受容	③異年齢の	④アクティブラーニング

23　**「日本語指導が必要な児童生徒の受入状況等に関する調査（令和３年度）」（令和４年10月　文部科学省）において示されている内容として誤っているものを，次の１～５から一つ選びなさい。**

1　日本語指導が必要な児童生徒数は，前回調査より減少した。

2　日本語指導が必要な外国籍の児童生徒を言語別にみると，ポルトガル語を母語とする者の割合が全体の約４分の１を占め，最も多い。

3　日本語指導が必要な外国籍の児童生徒のうち，学校において特別の配慮に基づく指導を受けている者の割合と人数は前回調査より増加した。

4　日本語指導が必要な日本国籍の児童生徒を言語別にみると，日本語を使用する者の割合が最も多く，二番目がフィリピノ語であった。

5　進路状況では，大学などに進学した生徒は，前回から改善しているものの，全高校生等に対する割合は依然として低い。

24　**次の文は，「教育データの利活用に係る論点整理（中間まとめ）」（令和３年３月　教育データの利活用に関する有識者会議）の一部抜粋である。文中の（ ① ）～（ ③ ）に該当する語句の組み合わせとして正しいものを，下の１～５から一つ選びなさい。**

2．教育データの定義

～中略～

(1)　年齢・段階

○　初等中等教育段階の学校教育における児童生徒（学習者）の教育・学習に関するデータ（「（ ① ）データ」）を基本とする。

⑵ 主体

① 児童生徒（学習者）に関するデータ（学習面：学習履歴／スタディ・ログ，生活・健康面：ライフ・ログ）

② 教師の指導・支援等に関するデータ（アシスト・ログ）

③ 学校・学校設置者（地方自治体等）に関するデータ（運営・行政データ）

⑶ 対象

○ 個々の子供の学びによる変容を記録し，活用していく観点から，（ ② ）データ（テストの点数等）だけではなく，（ ③ ）データ（成果物，主体的に学習に取り組む態度，教師の見取り等）も対象とする。

○ なお，（ ② ）データ，（ ③ ）データの両面において，それぞれデータの内容，粒度，利活用の目的等によって議論すべき点を区分することが必要である。

1 ①総括的 ②形成的 ③診断的
2 ①総括的 ②分析的 ③診断的
3 ①公教育 ②診断的 ③分析的
4 ①公教育 ②定量的 ③定性的
5 ①公教育 ②定性的 ③定量的

25 **次の文は，「第３期高知県教育振興基本計画（第３次改訂版）」（令和５年３月　高知県教育委員会）の「第４章　基本方針と喫緊の課題の解決に向けた横断的取組　2　各基本方針，横断的取組の概要」の一部抜粋である。**

文中の（ ① ）～（ ④ ）に該当する語句を，下の１～12から一つずつ選びなさい。

基本方針Ⅲ　デジタル社会に向けた教育の推進

技術革新が急速に進む中で，あらゆる分野においてデジタル技術の活用が進んでいます。教育分野においても，AIやビッグデータ等の新しい技術の活用が進んできており，これまでの学校教育の在り方も大きく変化していくことが予想されます。

一斉一律を前提とした授業の中では，理解が十分でなく授業についていけない児童生徒や内容が平易すぎると感じている児童生徒への対応，個々の児童生徒の興味・関心に沿った授業の実施といった点で課題があります。

また，中山間地域の小規模の高等学校等においては，生徒の進路希望や興味・関心に応じた（ ① ）に課題がみられる場合もあります。

こうした課題に対応し，児童生徒一人一人の進度や能力，興味・関心に応じた学びの実現を図るため，１人１台整備されたタブレット端末等の（ ② ）な活用を進めるとともに，習熟度や児童生徒の状況に応じた個別学習，（ ③ ）教育システムによる授業配信など，先端技術を最大限に活用した取組を推進します。さらに，デジタル技術を効果的に活用した授業づくりについて学ぶ研修等を実施するとともに，体系的な研修プログラムを実践し，教員のICT活用指導力の向上を図ります。

～中略～

このため，全ての児童生徒が，新しい時代に対応するための基盤となる情報活用力や思考力等を身につけることができるよう，各学校におけるプログラミング教育や（ ④ ）教育の充実を図るとともに，AIやビッグデータ等を活用して新たな価値の創造や社会課題の解決を図る人材の育成に向けた高大連携の取組など，デジタル社会に対応する人材の育成を図ります。

1　グローバル　2　理数系科目の　3　オフライン　4　協働的
5　個別指導　6　多様な指導　7　日常的　8　持続可能
9　リカレント　10　遠隔　11　DX（デジタルトランスフォーメーション）
12　学習支援プラットフォーム

解答＆解説

1 解答 ①—2　②—6　③—7

解説 文部科学省の「【改訂版】学習指導要領の変遷」を参照。

2 解答 問1　2　問2　3　問3　2　問4　4　問5　1　問6　1

解説 問1　日本国憲法第99条を参照。「憲法尊重擁護の義務」の規定。

問2　教育基本法第3条を参照。「生涯学習の理念」の規定。

問3　学校教育法第11条を参照。「児童・生徒等の懲戒」の規定。

問4　教育公務員特例法第1条を参照。「この法律の趣旨」の規定。

問5　こども基本法第3条第三号を参照。「基本理念」の規定。

問6　教育職員等による児童生徒性暴力等の防止等に関する法律第10条を参照。「教育職員等の責務」の規定。

3 解答 3

解説 中央教育審議会答申「『令和の日本型学校教育』の構築を目指して　～全ての子供たちの可能性を引き出す，個別最適な学びと，協働的な学びの実現～」（2021年1月26日，4月22日更新）の「はじめに」を参照。

4 解答 4

解説 4：義務教育9年間を見通した指導体制の在り方等に関する検討会議「義務教育9年間を見通した教科担任制の在り方について（報告）」（2021年7月）の「3．小学校高学年における教科担任制の推進方策について」「(1)小学校高学年における教科担任制推進の考え方」「【中央教育審議会での整理】」「(教科担任制導入の趣旨・目的)」を参照。

5 解答 5

解説 1：フレーベル（1782～1852），2：アウグスト・ヘルマン・フランケ（1663～1727），3：ヴィルヘルム・フリットナー（1889～1990），4：ヘルダー（1744～1803）の説明文。

6 解答 2

解説 ①短期記憶（STM, short term memory）とは，感覚記憶の中で注意を向けた情報のうち，数秒から数分だけ保持できる記憶。

②リハーサルは，記憶した情報を反復すること。そのうち，覚えた通りに機械的に反復する方法を維持リハーサルという。これに対し，まとまりを作って繰り返したり，語呂合わせをして繰り返すなど，何らかの心的処理を加えてから反復す

る方法を精緻化リハーサルという。

③ワーキングメモリは，作業記憶（作動記憶）と訳され，小説を読んだり算数の暗算をしたり，音楽を演奏したりするなど課題処理をしているときに必要な情報の記憶である。

7 解答 3

解説 ①類型論は，一定の原理に基づいて典型的な性格を設定し，それによって多様な性格を分類して性格の理解を容易にしようとする。クレッチマー（1888～1964），シェルドン（1899～1977）など。

②特性論は，個人の性格をさまざまな特性の総和として捉える。オルポート（1897～1967），ギルフォード（1897～1987）など。

③ビッグ・ファイブ理論は，ルイス・ゴールドバーグ（1932～）が提唱したもので，研究者によってさまざまな特性が抽出されて理論化されている。ビッグ・ファイブ理論の5要素は，研究者によって多少その内容は異なるが，基本的な考え方は同じで，現在最も広く利用されているのはコスタ（1942～）とマックレー（1949～）によるもの。

8 解答 1

解説 2：松下村塾は吉田松陰（1830～59）。

3：適塾は緒方洪庵（1810～63）。福沢諭吉（1835～1901）は慶応義塾。

4：咸宜園は広瀬淡窓（1782～1856）。伊藤仁斎（1627～1705）は古義堂。

5：芝蘭堂は大槻玄沢（1757～1827）。

9 解答 5

解説 5：「ヘーニヒスヴァルト」（1875～1947）ではなく「ウォルフガング・ブレツィンカ」（1928～2020）。

10 解答 2

解説 新しい時代の特別支援教育の在り方に関する有識者会議「新しい時代の特別支援教育の在り方に関する有識者会議　報告」（2021年1月）の「Ⅲ.特別支援教育を担う教師の専門性の向上」「1．全ての教師に求められる特別支援教育に関する専門性」「（求められる資質・専門性）」を参照。

11 解答 2

解説 中央教育審議会答申「『令和の日本型学校教育』の構築を目指して　～全ての子供たちの可能性を引き出す個別最適な学びと，協働的の学びの実現～」（2021年1月26日，4月22日更新）の「第Ⅱ部　各論」「4．新時代の特別支援教育の在り方について」「⑵障害のある子供の学びの場の整備・連携強化」「②障害のある子供の就学相談や学びの場の検討等の支援について」を参照。

2：正しくは「必要に応じ，都道府県教育委員会や特別支援学校が市区町村教育委員会等の求めに応じた助言等を行うこと」と示されている。

1・3～5：当該箇所を参照。

12 解答 3

解説 発達障害者支援法第2条の2を参照。「基本理念」の規定。

13 解答 2

解説 平成29年版小学校学習指導要領（2017年３月31日告示）の「第６章　特別活動」「第３　指導計画の作成と内容の取扱い」の２(4)，平成29年版中学校学習指導要領（2017年３月31日告示）の「第５章　特別活動」「第３　指導計画の作成と内容の取扱い」の２(4)，平成30年版高等学校学習指導要領（2018年３月30日告示）の「第５章　特別活動」「第３　指導計画の作成と内容の取扱い」の２(4)を参照。

14 解答 1

解説 『小学校学習指導要領解説　特別活動編』（2017年７月）の「第１章　総説」「２　特別活動改訂の趣旨及び要点」「(1)改訂の趣旨」「②改訂の基本的な方向性」，『中学校学習指導要領解説　特別活動編』（2017年７月）の「第１章　総説」「２　特別活動改訂の趣旨及び要点」「(1)改訂の趣旨」「②改訂の基本的な方向性」，『高等学校学習指導要領解説　特別活動編』（2018年７月）の「第１章　総説」「第２節　特別活動改訂の趣旨及び要点」「１　改訂の趣旨」「(2)改訂の基本的な方向性」を参照。

15 解答 1

解説 文部科学省「令和３年度　児童生徒の問題行動・不登校等生徒指導上の諸課題に関する調査結果について」（2022年10月27日）の「２．いじめ」「〈参考〉いじめの認知（発生）件数の推移のグラフ」を参照。

16 解答 4

解説 『生徒指導提要』（2022年12月）の「第Ⅰ部　生徒指導の基本的な進め方」「第１章　生徒指導の基礎」「1.1　生徒指導の意義」「1.1.1　生徒指導の定義と目的」「(1)生徒指導の定義」及び「(2)生徒指導の目的」を参照。

17 解答 2

解説 障害を理由とする差別の解消の推進に関する法律第１条を参照。この法律の「目的」の規定。

18 解答 1

解説 人権教育の指導方法等に関する調査研究会議「人権教育の指導方法等の在り方について［第三次とりまとめ］」（2008年３月）の「指導等の在り方編」「第２章　学校における人権教育の指導方法等の改善・充実」「第２節　人権教育の指導内容と指導方法」「１．指導内容の構成」を参照。

19 解答 3

解説 高知県教育委員会「第３期高知県教育振興基本計画（第３次改訂版）」（2023年３月）の「第５章　基本方針ごとの施策」「基本方針Ⅱ-1　多様な課題を抱える子どもへの支援の充実」を参照。第３次改訂では，「学力向上対策の強化」「１人１台タブレット端末を『日常的』に活用する授業実践・教育活動の推進」「中山間地域等の学校における教育機会の拡充」「多様な子どもたちへの支援の強化」「地域・学校の実情に応じた学校部活動の地域連携等の推進」の５つのポイントを中心に，「保幼小の円滑な連携・接続の強化」など個別の教育課題の解決に向けた取組についても強化する，としている。

20 解答 5

解説 中央教育審議会答申「『令和の日本型学校教育』を担う教師の養成・採用・研修等の在り方について　～『新たな教師の学びの姿』の実現と，多様な専門性を有する質の高い教職員集団の形成～」(2022年12月19日）の「第Ⅰ部　総論」「1. 令和３年答申で示された，『令和の日本型学校教育』を担う教師及び教職員集団の姿」を参照。

21 解答 4

解説 子供の体験活動推進に関する実務者会議「企業等と連携した子供のリアルな体験活動の推進について　～子供の体験活動推進に関する実務者会議論点のまとめ～」(2022年12月27日）の「第１　体験活動の定義，効果・意義，現状」「⑴体験活動の定義」及び「⑵体験活動の効果・意義」を参照。

22 解答 3

解説 令和４年度子供の読書活動推進に関する有識者会議「子供の読書活動推進に関する有識者会議論点まとめ　～全ての子供たちの読む喜びを育む読書活動の推進～」(2022年12月）の「第４　子供の読書活動の推進方策」「Ⅰ　共通事項」「５　子供の読書への関心を高める取組」を参照。

23 解答 1

解説 文部科学省「日本語指導が必要な児童生徒の受入状況等に関する調査結果（令和３年度）について」(2022年10月18日公表，2023年１月13日一部訂正）の「Ⅱ　調査の結果」を参照。

１：「第　1　日本語指導が必要な児童生徒の在籍状況」「1-1 日本語指導が必要な児童生徒の国籍別在籍人数」を参照。前回調査より7,181人増加した。

２：「第　1　日本語指導が必要な児童生徒の在籍状況」「1-2 言語別 日本語指導が必要な外国籍の児童生徒の在籍人数」を参照。

３：「第３　日本語指導の状況等」「3-5 日本語指導が必要な児童生徒のうち学校において特別の配慮に基づく指導を受けている者の割合」を参照。

４：「第１　日本語指導が必要な児童生徒の在籍状況」「1-3　言語別　日本語指導が必要な日本国籍の児童生徒の在籍人数」「●都道府県別 日本語指導が必要な日本国籍の児童生徒の言語別人数」を参照。

５：「第６　日本語指導が必要な生徒の進路状況」「6-3　令和２年度中に修了した日本語指導が必要な高校生等の進路別人数」を参照。

24 解答 4

解説 教育データの利活用に関する有識者会議「教育データの利活用に係る論点整理（中間まとめ)」(2021年３月）の「２．教育データの定義」を参照。

25 解答 ①—6　②—7　③—10　④—2

解説 高知県教育委員会「第３期高知県教育振興基本計画（第３次改訂版)」(2023年３月）の「第４章　基本方針と喫緊の課題の解決に向けた横断的取組」「２　各基本方針，横断的取組の概要」「基本方針Ⅲ　デジタル社会に向けた教育の推進」を参照。

福岡県／福岡市／北九州市

実施日	2023(令和5)年7月9日	試験時間	50分（一般教養を含む）
出題形式	OCR式	問題数	19題（解答数19）
パターン	中養栄:法規·時事·原理＋心理·ローカル 高:法規·原理·時事＋心理·ローカル	公開状況	問題:公開　解答:公開　配点:公開

傾向&対策

●共通問題14題＋校種別問題5題。●教育法規には，消費者教育の推進に関する法律，教育時事には「環境白書・循環型社会白書・生物多様性白書」など一般教養的な問題も含む。●共通問題の教育時事は，「人権教育」が必出の教育トピック。ほかに「学校教育情報化推進計画」など。●校種別問題は，教育原理の学習指導要領と，教育時事が必出。学習指導要領は「総則」「特別の教科　道徳」「総合的な学習（探究）の時間」「特別活動」より。高等学校は，教育時事の「キャリア教育」が必出。

【中学校・養護教諭・栄養教諭】

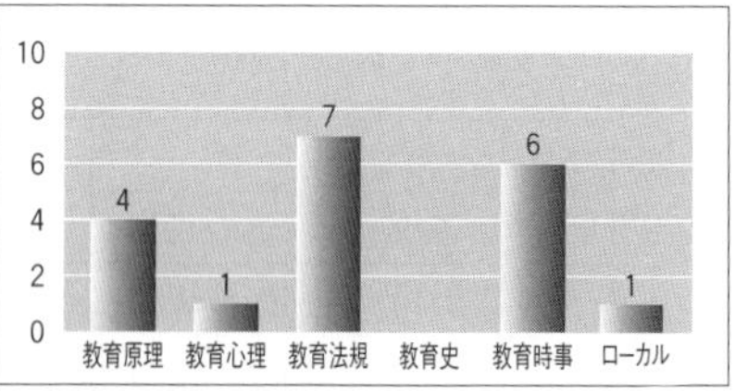

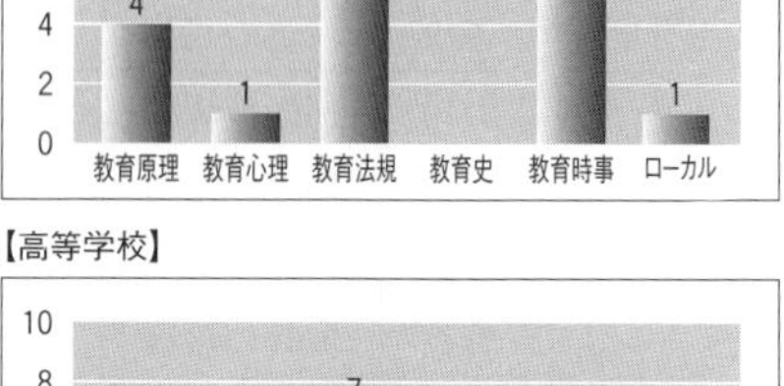

【高等学校】

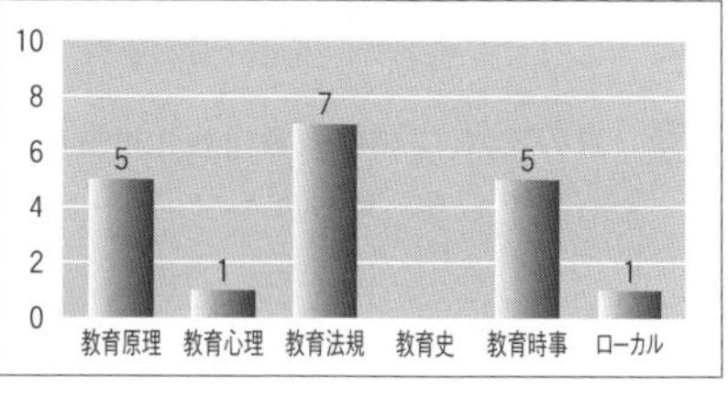

出題領域

分野	項目	中養栄	高	項目	中養栄	高	項目	中養栄	高
教育原理	教育課程·学習指導要領			総則		1	特別の教科　道徳	1	
	外国語·外国語活動			総合的な学習(探究)の時間	1	1	特別活動	1	1
	学習指導			生徒指導	1	2	学校·学級経営		
	特別支援教育	↓時事		人権·同和教育	↓時事 ローカル		その他		
教育心理※	発達			学習	1	1	性格と適応		
	カウンセリングと心理療法			教育評価	1	1	学級集団		
教育法規※	教育の基本理念	1	1	学校教育	1	1	学校の管理と運営	2	2
	児童生徒	2	2	教職員	1	1	人権教育，その他	3	3
教育史	日本教育史			西洋教育史					
教育時事※	答申·統計	7	6	ローカル※	1	1			

表中の数字は，解答数 中養栄 高

※選択肢の出題領域が複数にわたる場合は，それぞれの項目に加算するためグラフの数とは異なる

全校種共通

☞解答＆解説 p.478

1　次の(1)〜(5)の各文は，「日本国憲法」の条文の一部を抜粋したものである。文中の（ ア ）〜（ オ ）に当てはまる語句の正しい組合せを選びなさい。

(1) 何人も，いかなる奴隷的拘束も受けない。又，犯罪に因る処罰の場合を除いては，その意に反する（ ア ）に服させられない。

(2) 婚姻は，両性の合意のみに基いて成立し，夫婦が（ イ ）を有することを基本として，相互の協力により，維持されなければならない。

(3) すべて国民は，法律の定めるところにより，その保護する子女に（ ウ ）を受けさせる義務を負ふ。義務教育は，これを無償とする。

(4) 何人も，抑留又は拘禁された後，無罪の裁判を受けたときは，法律の定めるところにより，国にその（ エ ）を求めることができる。

(5) 日本国が締結した条約及び確立された国際法規は，これを（ オ ）することを必要とする。

	ア	イ	ウ	エ	オ
①	苦役	同等の義務	普通教育	救済	批准
②	労働	同等の権利	学校教育	救済	誠実に遵守
③	苦役	同等の権利	普通教育	補償	誠実に遵守
④	労働	同等の権利	普通教育	救済	批准
⑤	苦役	同等の義務	学校教育	補償	誠実に遵守

2　次の文は，「学校教育情報化推進計画」（令和４年12月　文部科学省）の一部を抜粋したものである。文中の（ ア ）〜（ オ ）に当てはまる語句の正しい組合せを選びなさい。

4．学校教育の情報化に関する目標

(1) ICTを活用した児童生徒の資質・能力の育成

- ICTの活用により，児童生徒の（ ア ）等の資質・能力を高める。

(2) 教職員のICT活用指導力の向上と人材の確保

- 教師のICT活用指導力やICT支援員など指導体制の強化を図るとともに，ICT活用に関する（ イ ）間の差を縮小させる。

(3) ICTを活用するための環境の整備

- （ ウ ）により１人１台端末や高速大容量ネットワークが整備された中で，端末やネットワーク環境，大型提示装置等の学校ICT環境の整備を一層推進する。
- 端末の持ち帰りを含め，（ エ ）におけるICTの活用体制を整備する。

(4) ICT推進体制の整備と校務の改善

- ICTを活用した校務の効率化や（ オ ）を推進する。

	ア	イ	ウ	エ	オ
①	情報活用能力	世代	STEAM教育構想	探究学習	デジタル採点

②	課題解決能力	世代	GIGAスクール構想	家庭学習	デジタル採点
③	情報活用能力	地域	GIGAスクール構想	家庭学習	働き方改革
④	課題解決能力	地域	STEAM教育構想	家庭学習	働き方改革
⑤	情報活用能力	世代	GIGAスクール構想	探究学習	働き方改革

3 **次の文は,「令和4年版　環境白書・循環型社会白書・生物多様性白書」(環境省)の一部を抜粋したものである。文中の（ア）～（オ）に当てはまる語句の正しい組合せを選びなさい。**

持続可能な社会づくりの担い手育成は,（ア）社会, 循環経済, 分散・自然共生型社会への移行の取組を進める上で重要であるのみならず, 社会全体でより良い環境, より良い未来を創っていこうとする資質・能力等を高める上でも重要です。このため, 環境教育等による（イ）の取組の促進に関する法律（環境教育促進法）(平成15年法律第130号）や「我が国における『持続可能な開発のための教育（ESD)』に関する実施計画（第2期ESD国内実施計画)」(2021年5月決定）等を踏まえ,［1］学校教育においては,（ウ）等に基づき, 持続可能な社会の創り手として必要な資質・能力等を育成するため, 環境教育等の取組を推進します。また, 環境教育に関する内容は, 理科, 社会科, 家庭科, 総合的な学習の時間等, 多様な教科等に関連があり, 学校全体として, 児童生徒の（エ）に応じて教科等（オ）な実践が可能となるよう, 関係省庁が連携して, 教員等に対する研修や資料の提供等に取り組みます。［2］家庭, 地域, 職場など学校以外での教育については, ESD活動支援センターを起点としたESD推進ネットワークを活用し, 民間団体の取組を促進します。

	ア	イ	ウ	エ	オ
①	脱炭素	環境保全	教育基本法	興味・関心	系統的
②	脱原子力	環境保全	教育基本法	発達の段階	横断的
③	脱炭素	環境保全	学習指導要領	発達の段階	横断的
④	脱原子力	国土保全	学習指導要領	興味・関心	横断的
⑤	脱炭素	国土保全	学習指導要領	興味・関心	系統的

4 **次の各文は,「消費者教育の推進に関する法律」(平成24年法律第61号）の条文の一部を抜粋したものである。文中の（ア）～（エ）に当てはまる語句の正しい組合せを選びなさい。**

第2条

2　この法律において「消費者市民社会」とは, 消費者が, 個々の消費者の特性及び消費生活の（ア）を相互に尊重しつつ, 自らの消費生活に関する行動が現在及び将来の世代にわたって内外の社会経済情勢及び地球環境に影響を及ぼし得るものであることを自覚して, 公正かつ（イ）な社会の形成に積極的に参画する社会をいう。

第3条

3　消費者教育は, 幼児期から高齢期までの各段階に応じて（ウ）に行われるとともに，年齢，障害の有無その他の消費者の特性に配慮した適切な方法で行われなければならない。

7　消費者教育に関する施策を講ずるに当たっては，環境教育，食育，国際理解教育その他の消費生活に関連する教育に関する施策との（　エ　）な連携が図られるよう，必要な配慮がなされなければならない。

	ア	イ	ウ	エ
①	多様性	安全	体験的	有機的
②	変化	持続可能	体験的	有機的
③	変化	持続可能	体系的	限定的
④	変化	安全	体験的	限定的
⑤	多様性	持続可能	体系的	有機的

5　**次の文は，「教育基本法」（平成18年法律第120号）の条文の一部を抜粋したものである。文中の（　ア　）～（　オ　）に当てはまる語句の正しい組合せを選びなさい。**

第２条　教育は，その目的を実現するため，（　ア　）を尊重しつつ，次に掲げる目標を達成するよう行われるものとする。

一　幅広い知識と教養を身に付け，真理を求める態度を養い，豊かな情操と（　イ　）を培うとともに，健やかな身体を養うこと。

二　（　ウ　）を尊重して，その能力を伸ばし，創造性を培い，（　エ　）の精神を養うとともに，職業及び生活との関連を重視し，勤労を重んずる態度を養うこと。

三　正義と責任，男女の平等，自他の敬愛と協力を重んずるとともに，（　オ　）の精神に基づき，主体的に社会の形成に参画し，その発展に寄与する態度を養うこと。

	ア	イ	ウ	エ	オ
①	学問の自由	道徳心	個人の価値	個別及び協働	奉仕
②	基本的人権	人間性	個人の価値	個別及び協働	公共
③	学問の自由	人間性	個性	自主及び自律	奉仕
④	基本的人権	道徳心	個性	個別及び協働	公共
⑤	学問の自由	道徳心	個人の価値	自主及び自律	公共

6　**次の(1)～(5)の各文は，法律の条文の一部を抜粋したものである。文中の（　ア　）～（　オ　）に当てはまる語句の正しい組合せを選びなさい。**

(1)　教員は，授業に支障のない限り，（　ア　）の承認を受けて，勤務場所を離れて研修を行うことができる。　【教育公務員特例法第22条第２項】

(2)　学校においては，児童生徒等及び職員の心身の健康の（　イ　）を図るため，児童生徒等及び職員の健康診断，環境衛生検査，児童生徒等に対する指導その他保健に関する事項について計画を策定し，これを実施しなければならない。

【学校保健安全法第５条】

(3)　何人も，児童の健全な成長のために，家庭（家庭における養育環境と同様の養育環境及び良好な家庭的環境を含む。）及び近隣社会の（ ウ ）が求められていることに留意しなければならない。　【児童虐待の防止等に関する法律第４条第８項】

(4) 職員は，条例の定めるところにより，（ エ ）の宣誓をしなければならない。
【地方公務員法第31条】

(5) 学校は，前項の規定による通報を受けたときその他当該学校に在籍する児童等がいじめを受けていると思われるときは，速やかに，当該児童等に係るいじめの事実の有無の確認を行うための措置を講ずるとともに，その結果を当該学校の（ オ ）に報告するものとする。　【いじめ防止対策推進法第23条第２項】

	ア	イ	ウ	エ	オ
①	任命権者	保持増進	協力	服務	責任者
②	本属長	保持増進	連帯	服務	設置者
③	任命権者	維持促進	協力	服務	設置者
④	任命権者	維持促進	連帯	義務	責任者
⑤	本属長	保持増進	協力	義務	設置者

7 **次の(1)～(4)の各文は，評価及び学習について述べたものである。文中の（ ア ）～（ エ ）に当てはまる語句の正しい組合せを選びなさい。**

(1) （ ア ）はある特性が優れていると，他の特性も優れているように思うことである。作文がきれいな字で書かれていると内容まで高く評価してしまうようなことがあげられる。

(2) 教員がよく知っていたり，好感をもっていたりする子どもを評価する際に，望ましい側面をより強調し，望ましくない側面を控えめに評価してしまいがちになることを（ イ ）という。

(3) 人間は，直接経験するだけでなく，他者の行動を観察するような間接経験でも学習することが可能である。バンデューラ（Bandura,A.）は，観察学習による学習が４つの段階を経て成立すると考える（ ウ ）を提唱した。

(4) 現代的な学習理論のひとつである連合理論のうち，スキナー（Skinner,B.F.）の研究により見出された条件づけを（ エ ）という。

	ア	イ	ウ	エ
①	ラベリング効果	寛大効果	記号形態説	古典的条件づけ
②	ハロー効果	親近効果	記号形態説	オペラント条件づけ
③	ハロー効果	寛大効果	社会的学習理論	オペラント条件づけ
④	ハロー効果	寛大効果	社会的学習理論	古典的条件づけ
⑤	ラベリング効果	親近効果	社会的学習理論	古典的条件づけ

8 **次の文は「こども基本法」（令和４年法律第77号）の条文の一部を抜粋したものである。文中の下線部ア～オについて，正しいものを○，誤っているものを×としたとき，正しい組合せを選びなさい。**

第３条　こども施策は，次に掲げる事項を基本理念として行われなければならない。

一　全てのこどもについて，個人として尊重され，その$_{ア}$基本的人権が保障されるとともに，差別的扱いを受けることがないようにすること。

二　全てのこどもについて，適切に養育されること，その生活を保障されること，愛され保護されること，その健やかな成長及び発達並びにその自立が図られることその他の福祉に係る権利が等しく保障されるとともに，$_{イ}$学校教育法の精神にのっとり教育を受ける機会が等しく与えられること。

三　全てのこどもについて，その年齢及び発達の程度に応じて，自己に直接関係する全ての事項に関して意見を表明する機会及び多様な$_{ウ}$社会的活動に参画する機会が確保されること。

四　全てのこどもについて，その年齢及び発達の程度に応じて，その意見が尊重され，その$_{エ}$個人の尊厳が優先して考慮されること。

五　こどもの養育については，家庭を基本として行われ，父母その他の保護者が第一義的責任を有するとの認識の下，これらの者に対してこどもの養育に関し十分な支援を行うとともに，家庭での養育が困難なこどもにはできる限り家庭と同様の$_{オ}$養育環境を確保することにより，こどもが心身ともに健やかに育成されるようにすること。

	ア	イ	ウ	エ	オ
①	○	○	×	○	×
②	×	×	○	○	×
③	○	×	○	×	○
④	×	○	×	×	○
⑤	○	×	×	○	○

9　次の文は「義務教育の段階における普通教育に相当する教育の機会の確保等に関する法律」（平成28年法律第105号）の条文の一部を抜粋したものである。文中の下線部ア～オについて正しいものを○，誤っているものを×としたとき，正しい組合せを選びなさい。

第3条　教育機会の確保等に関する施策は，次に掲げる事項を基本理念として行われなければならない。

一　全ての児童生徒が豊かな学校生活を送り，$_{ア}$継続して教育を受けられるよう，学校における環境の確保が図られるようにすること。

二　不登校児童生徒が行う$_{イ}$多様な学習活動の実情を踏まえ，個々の不登校児童生徒の状況に応じた必要な支援が行われるようにすること。

三　不登校児童生徒が$_{ア}$継続して教育を十分に受けられるよう，学校における環境の整備が図られるようにすること。

四　義務教育の段階における普通教育に相当する教育を十分に受けていない者の意思を十分に尊重しつつ，その年齢又は国籍その他の置かれている事情にかかわりなく，$_{ウ}$発達段階に応じた教育を受ける機会が確保されるようにするとともに，その者が，その教育を通じて，社会において$_{エ}$自立的に生きる基礎を培い，豊かな人生を送ることができるよう，その$_{オ}$教育水準の維持向上が図られるようにすること。

五　国，地方公共団体，教育機会の確保等に関する活動を行う民間の団体その他の関係者の相互の密接な連携の下に行われるようにすること。

	ア	イ	ウ	エ	オ
①	○	×	×	○	×
②	×	○	×	○	○
③	×	×	○	×	×
④	○	×	○	○	○
⑤	×	○	○	×	×

10　**次の文は「生徒指導提要」（令和4年12月　文部科学省）「第1章　生徒指導の基礎」「1.1　生徒指導の意義」の一部を抜粋したものである。文中の（ア）～（エ）に当てはまる語句の正しい組合せを選びなさい。**

生徒指導の目的は，教育課程の（ ア ），学校が提供する全ての教育活動の中で児童生徒の人格が尊重され，（ イ ）の発見とよさや可能性の伸長を児童生徒自らが図りながら，多様な（ ウ ）資質・能力を獲得し，自らの資質・能力を適切に行使して（ エ ）を果たすべく，自己の幸福と社会の発展を児童生徒自らが追求することを支えるところに求められます。

	ア	イ	ウ	エ
①	内外を問わず	課題	社会的	自己の責任
②	範囲内で	個性	社会的	自己の責任
③	範囲内で	課題	汎用的	自己実現
④	内外を問わず	個性	社会的	自己実現
⑤	内外を問わず	課題	汎用的	自己実現

11　**次の文は，「障害のある子供の教育支援の手引　～子供たち一人一人の教育的ニーズを踏まえた学びの充実に向けて～」（令和3年6月　文部科学省）「第1編　障害のある子供の教育支援の基本的な考え方」「3　今日的な障害の捉えと対応」の一部を抜粋したものである。文中の下線部ア～エについて正しいものを○，誤っているものを×としたとき，正しい組合せを選びなさい。**

②　合理的配慮の定義等

合理的配慮は，「障害者の権利に関する条約」第2条の定義において提唱された概念であり，その定義に照らし，我が国の学校教育においては，中央教育審議会初等中等教育分科会報告において，合理的配慮とは，「障害のある子どもが，他の子どもと平等に『教育を受ける権利』を享有・行使することを確保するために，学校の設置者及び学校が必要かつ適当な$_{ア}$変更・調整を行うことであり，障害のある子供に対し，その状況に応じて，$_{イ}$特別支援教育を受ける場合に個別に必要とされるもの」であり，「学校の設置者及び学校に対して，$_{ウ}$制度面，財政面において，均衡を失した又は過度の負担を課さないもの」と定義されている。なお，障害者の権利に関する条約において，合理的配慮の否定は，障害を理由とする$_{エ}$差別に含まれるとされていることに留意する必要がある。

	ア	イ	ウ	エ
①	○	○	○	×
②	×	×	○	×
③	○	×	×	○
④	×	○	×	×
⑤	○	×	○	○

12 **次の文は，「学校保健安全法」（昭和33年法律第56号）の条文の一部を抜粋したものである。文中の下線部ア～オについて，正しいものを○，誤っているものを×としたとき，正しい組合せを選びなさい。**

第29条　学校においては，児童生徒等の安全の確保を図るため，当該学校の実情に応じて，危険等発生時において当該学校の職員がとるべき措置の$_{ア}$計画及び$_{イ}$手順を定めた対処要領（次項において「危険等発生時対処要領」という。）を作成するものとする。

2　校長は，危険等発生時対処要領の$_{ウ}$職員に対する周知，$_{エ}$要領の見直しその他の危険等発生時において職員が適切に対処するために必要な措置を講ずるものとする。

3　学校においては，事故等により児童生徒等に危害が生じた場合において，当該児童生徒等及び当該事故等により$_{オ}$心理的外傷その他の心身の健康に対する影響を受けた児童生徒等その他の関係者の心身の健康を回復させるため，これらの者に対して必要な支援を行うものとする。この場合においては，第10条の規定を準用する。

	ア	イ	ウ	エ	オ
①	×	×	○	○	○
②	×	○	×	×	×
③	○	○	○	○	×
④	○	×	×	×	×
⑤	×	○	○	×	○

13 **次の文は，「人権教育の指導方法等の在り方について［第三次とりまとめ］」（平成20年3月　人権教育の指導方法等に関する調査研究会議）及び「福岡県部落差別の解消の推進に関する条例」（平成31年福岡県条例第6号）の一部を抜粋したものである。文中の（ ア ）～（ オ ）に当てはまる語句の正しい組合せを選びなさい。**

「人権教育の指導方法等の在り方について［第三次とりまとめ］」

人権教育の目的を達成するためには，まず，人権や（ ア ）に関する基本的な知識を確実に学び，その内容と意義についての知的理解を徹底し，深化することが必要となる。

（略）

とりわけ，教職員同士，児童生徒同士，教職員と児童生徒等の間の人間関係や，学校・

教室の全体としての雰囲気などは，学校教育における人権教育の基盤をなすものであり，この基盤づくりは，校長はじめ，教職員一人一人の意識と努力により，（ イ ）取り組めるものでもある。(略)

人権教育は，全ての教育の基本となるものであり，各学校においては，児童生徒の発達段階に応じ，（ ウ ）を通じて創意工夫してこれに取り組まなければならない。

「福岡県部落差別の解消の推進に関する条例」

第１条　この条例は，現在もなお差別落書きや差別につながる（ エ ）などの部落差別が存在すること及びインターネットの普及をはじめとした情報化の進展に伴って部落差別に関する状況の変化が生じていることを踏まえ，全ての国民に基本的人権の享有を保障する日本国憲法及び部落差別の解消の推進に関する法律（平成28年法律第百九号。以下「法」という。）の理念にのっとり，部落差別は許されないものであるとの認識の下にこれを解消することが重要な課題であることに鑑み，部落差別の解消に関し，基本理念を定め，県の責務を明らかにし，（ オ ）の充実，結婚及び就職に際しての部落差別事象の発生の防止等について必要な事項を定めることにより，部落差別の解消を推進し，もって部落差別のない社会を実現することを目的とする。

	ア	イ	ウ	エ	オ
①	人権擁護	即座に	教育活動全体	土地の調査	相談体制
②	人権問題	即座に	教科等指導	発言	相談体制
③	人権問題	柔軟に	教科等指導	土地の調査	啓発
④	人権擁護	柔軟に	教育活動全体	発言	相談体制
⑤	人権擁護	即座に	教科等指導	発言	啓発

14　**次の文は，「人権教育・啓発に関する基本計画」（平成14年３月15日閣議決定（策定）平成23年４月１日閣議決定（変更））及び「部落差別の解消の推進に関する法律」（平成28年法律第109号）の一部を抜粋したものである。文中の（ ア ）～（ エ ）に当てはまる語句の正しい組合せを選びなさい。**

「人権教育・啓発に関する基本計画」

人権教育・啓発は，幼児から高齢者に至る幅広い層を対象とするものであり，その活動を効果的に推進していくためには，人権教育・啓発の対象者の発達段階を踏まえ，（ ア ），ねばり強くこれを実施する必要がある。

特に，人権の意義や重要性が知識として確実に身に付き，人権問題を直感的にとらえる感性や日常生活において人権への配慮がその態度や行動に現れるような（ イ ）が十分に身に付くようにしていくことが極めて重要である。(略)

人権教育・啓発の推進に当たっては，人権にかかわりの深い（ ウ ）に従事する者に対する研修等の取組が不可欠である。

「部落差別の解消の推進に関する法律」

第５条　国は，部落差別を解消するため，必要な（ エ ）を行うものとする。

	ア	イ	ウ	エ
①	時機をとらえて	人権感覚	事業所	教育及び啓発
②	地域の実情等に応じて	技能	事業所	実態調査
③	時機をとらえて	技能	特定の職業	実態調査
④	地域の実情等に応じて	人権感覚	特定の職業	教育及び啓発
⑤	時機をとらえて	人権感覚	特定の職業	実態調査

※以下の問題は，選択問題です。

(1) 中学校教員（中高併願者のうち，中学校を第一希望とする者を含む。）・養護教員・栄養教員志願者は，**15**～**19**を選択し，解答しなさい。

(2) 高等学校教員志願者（中高併願者のうち，高等学校を第一希望とする者を含む。）は，**20**～**24**を選択し，解答しなさい。

(3) 特別支援学校教員志願者は，受験票に記載した区分（小・中・高）に従って問題を選択し，解答しなさい。（小学部の志願者は**15**～**19**を解答しなさい。）

中養栄共通

15 **次の文は，小学校〈中学校〉学習指導要領解説　特別の教科　道徳編（平成29年文部科学省）「第５章　道徳科の評価」「第３節　道徳科の授業に対する評価」「２　授業に対する評価の基本的な考え方」の一部を抜粋したものである。文中の（ a ）～（ e ）に当てはまる語句の正しい組合せを選びなさい。**

児童〈生徒〉の学習状況の把握を基に授業に対する〈関する〉評価と改善を行う上で，学習指導過程や指導方法を振り返ることは重要である。教師自らの指導を評価し，その評価を授業の中で更なる指導に生かすことが，道徳性を養う指導の改善につながる。

明確な意図をもって指導の計画を立て，授業の中で予想される具体的な児童〈生徒〉の学習状況を想定し，授業の振り返りの観点を立てることが重要である。こうした観点をもつことで，指導と評価の（ a ）が実現することになる。

道徳科の学習指導過程や指導方法に関する評価の観点はそれぞれの授業によって，より具体的なものとなるが，その観点としては，〈例えば，〉次のようなものが考えられる。

ア　学習指導過程は，道徳科の特質を生かし，道徳的諸価値についての理解を基に，自己を見つめ，自己の〈人間としての〉（ b ）についての考えを深められるよう適切に構成されていたか。また，指導の手立ては（ c ）に即した適切なものとなっていたか。

イ　発問は，児童〈生徒〉が〈広い視野から〉多面的・多角的に考えることができる問い，道徳的価値を自分のこととして捉えることができる問いなど，指導の意図に基づいて的確になされていたか。

ウ　児童〈生徒〉の発言を（ d ）して受け止め，発問に対する児童〈生徒〉の発言などの反応を，適切に指導して生かしていたか。

エ　（　e　）で，物事を〈広い視野から〉多面的・多角的に考えさせるための，教材や教具の活用は適切であったか。

※～～の表記は小学校学習指導要領解説
※〈　〉の表記は中学校学習指導要領解説解説

	a	b	c	d	e
①	一体化	生き方	ねらい	選択	自分自身との関わり
②	一体化	学び方	まとめ	選択	相手との関係
③	構造化	生き方	まとめ	傾聴	相手との関係
④	一体化	生き方	ねらい	傾聴	自分自身との関わり
⑤	構造化	学び方	ねらい	傾聴	相手との関係

16　**次の文は，「『令和の日本型学校教育』を担う教師の養成・採用・研修等の在り方について　～「新たな教師の学びの姿」の実現と，多様な専門性を有する質の高い教職員集団の形成～（答申）」（令和４年12月　中央教育審議会）「第Ⅰ部　総論」「４．今後の改革の方向性」『⑴「新たな教師の学びの姿」の実現』のⅠ部を抜粋したものである。文中の下線部ア～オについて，正しいものを○，誤っているものを×としたとき，正しい組合せを選びなさい。**

①．教職生活を通じた「新たな学びの姿」の実現

高度な専門職である教師は，自己の崇高な使命を深く自覚し，絶えずア研究と修養に励み，その職責の遂行に努める義務を負っており，学び続ける存在であることが社会からも期待されている。

既に，審議まとめでは，「新たな教師の学びの姿」として，

- 変化を前向きに受け止め，イ向上心を持ちつつ自律的に学ぶという「主体的な姿勢」
- 求められる知識技能が変わっていくことを意識した「ウ柔軟な学び」
- 新たな領域のエ専門性を身に付けるなど強みを伸ばすための，一人一人の教師の個性に即した「個別最適な学び」
- 他者との対話やオ振り返りの機会を確保した「協働的な学び」を示した。

	ア	イ	ウ	エ	オ
①	×	×	○	×	○
②	○	×	×	×	×
③	○	○	○	○	×
④	×	○	×	×	×
⑤	○	×	×	○	○

17　**次の文は，「いじめ問題への的確な対応に向けた警察との連携等の徹底について（通知）」（令和５年２月７日　文部科学省）の一部を抜粋したものである。文中の下線部ア～オについて，正しいものを○，誤っているものを×としたとき，正しい組合せを選びなさい。**

学校と警察は，児童生徒を加害に向かわせず，被害に遭うことから防ぐ等，児童生徒

の健全な育成の観点から重要なパートナーであることを認識し，ア必要に応じて情報共有や相談を行うことができる連携体制の構築が求められること。

特に，①学校の内外で発生した児童生徒の生命，心身若しくはイ財産に重大な被害が生じている，又はその疑いのあるいじめ事案や②被害児童生徒又は保護者の加害側に対する処罰感情が強いなどいじめが犯罪行為として取り扱われるべきと認められる事案等に対して，（略）学校は，いじめが児童生徒の生命や心身に重大な危険を生じされるおそれがあることを十分に認識し，いじめ防止対策推進法第23条第6項に基づき，ウ直ちに警察に相談・通報を行い，適切に，援助を求めなければならないこと。（略）

いじめを認知した際には，何よりも被害児童生徒を徹底して守り抜くとの意識の下，被害児童生徒にとって信頼できる人（親しい友人や教職員，家族，地域の人等）と連携し，被害児童生徒に寄り添い支える体制を構築し，スクールカウンセラー・スクールソーシャルワーカーを始め，医療機関等とも協力しつつ，ケース会議を速やかに開催し，適切なエ情報共有を行い，二次的な問題の発生（被害の拡大等いじめの再発，不登校，自殺等）を防ぎ，傷ついた心のケアを行うこと。（略）

いじめが犯罪行為に相当し得ると認められる場合には，学校としても，警察への相談・通報を行うことについて，あらかじめオ児童生徒に対して周知を行うことが重要であること。

	ア	イ	ウ	エ	オ
①	○	×	○	×	○
②	×	○	○	×	×
③	○	×	×	○	×
④	×	×	○	○	○
⑤	○	○	×	○	×

18 **次の文は，小学校〈中学校〉学習指導要領（平成29年3月告示）「第6章〈第5章〉特別活動」「第1　目標」を抜粋したものである。文中の下線部ア～エについて，正しいものを○，誤っているものを×としたとき，正しい組合せを選びなさい。**

集団や社会の形成者としての見方・考え方を働かせ，様々な集団活動に自主的，実践的に取り組み，互いのよさや可能性を発揮しながら集団や自己の生活上の課題を解決することを通して，次のとおり資質・能力を育成することを目指す。

(1)　多様な他者と協働する様々な集団活動の意義や活動を行う上で必要となることについて理解し，ア行動の仕方を身に付けるようにする。

(2)　集団や自己の生活，人間関係の課題を見いだし，解決するためにイ話し合い，合意形成を図ったり，ウ意思決定したりすることができるようにする。

(3)　自主的，実践的な集団活動を通して身に付けたことを生かして，集団や社会における生活及び人間関係をよりよく形成するとともに，自己の〈人間としての〉生き方についての考えを深め，エ日常生活の向上を図ろうとする態度を養う。

※～～～の表記は小学校学習指導要領

※〈　〉の表記は中学校学習指導要領

	ア	イ	ウ	エ
①	○	○	○	×
②	×	○	×	○
③	○	×	○	○
④	×	×	○	○
⑤	○	○	×	×

19 **次の文は，小学校〈中学校〉学習指導要領（平成29年３月告示）「第５章〈第４章〉総合的な学習の時間」「第１　目標」を抜粋したものである。文中の（ ア ）～（ エ ）に当てはまる語句の正しい組合せを選びなさい。**

探究的な見方・考え方を働かせ，（ ア ）な学習を行うことを通して，よりよく課題を解決し，自己の生き方を考えていくための資質・能力を次のとおり育成することを目指す。

(1)　探究的な学習の過程において，課題の解決に必要な知識及び技能を身に付け，課題に関わる概念を（ イ ）し，探究的な学習のよさを理解するようにする。

(2)　実社会や実生活の中から問いを見いだし，自分で（ ウ ），情報を集め，整理・分析して，まとめ・表現することができるようにする。

(3)　探究的な学習に主体的・協働的に取り組むとともに，互いのよさを生かしながら，積極的に（ エ ）しようとする態度を養う。

※～～の表記は小学校学習指導要領
※〈　〉の表記は中学校学習指導要領

	ア	イ	ウ	エ
①	合科的・関連的	活用	計画を立て	社会に参画
②	横断的・総合的	形成	課題を立て	社会に参画
③	合科的・関連的	形成	計画を立て	課題解決
④	横断的・総合的	形成	課題を立て	課題解決
⑤	横断的・総合的	活用	計画を立て	課題解決

高等学校

20 **次の文は，高等学校学習指導要領解説　総則編（平成30年文部科学省）「第６章　生徒の発達の支援」「第２節　特別な配慮を必要とする生徒への指導」「２　海外から帰国した生徒や外国人の生徒の指導」の一部を抜粋したものである。文中の下線部ア～エについて，正しいものを○，誤っているものを×としたとき，正しい組合せを選びなさい。**

生徒にとって学習や学校生活の基盤であるホームルームにおける指導に当たっては，一人一人の生徒の日本語の能力などに応じ，①授業において使われている日本語や学習内容を認識できるようにするための支援，②学習したことを構造化して理解・定着できるようにするための支援，③理解したことを$_{ア}$適切に表現できるようにするための支援，

④自ら学習を自律的に行うことができるようにするための支援，⑤学習や生活に必要な心理的安定のための イ技能面の支援といった側面からの支援が求められる。このため，指導に当たっては，例えば，ゆっくりはっきり話す，生徒の ウ日本語による発話を促すなどの配慮，絵や図などの視覚的支援の活用，学習目的や流れがわかるワークシートの活用などの教材の工夫，生徒の日本語習得状況や学習理解度の把握に基づいた エ指導計画の作成など，生徒の状況に応じた支援を行うことが考えられる。

	ア	イ	ウ	エ
①	○	×	×	×
②	×	×	○	○
③	○	×	○	○
④	○	○	○	×
⑤	×	○	×	×

21 **次の文は，高等学校学習指導要領（平成30年３月告示）「第４章　総合的な探究の時間」「第３　指導計画の作成と内容の取扱い」の一部を抜粋したものである。文中の（ ア ）～（ エ ）に当てはまる語句の正しい組合せを選びなさい。**

1　指導計画の作成に当たっては，次の事項に配慮するものとする。

(2)　全体計画及び年間指導計画の作成に当たっては，学校における全教育活動との関連の下に，目標及び内容，（ ア ），指導方法や指導体制，学習の評価の計画などを示すこと。

(3)　目標を実現するにふさわしい探究課題を設定するに当たっては，生徒の（ イ ）課題に対する意識を生かすことができるよう配慮すること。

(4)　他教科等及び総合的な探究の時間で身に付けた資質・能力を相互に関連付け，学習や生活において生かし，それらが総合的に働くようにすること。その際，言語能力，（ ウ ）能力など全ての学習の（ エ ）となる資質・能力を重視すること。

	ア	イ	ウ	エ
①	生徒の実態	個別の	情報活用	原動力
②	生徒の実態	個別の	情報処理	基盤
③	学習活動	多様な	情報活用	基盤
④	学習活動	多様な	情報処理	原動力
⑤	学習活動	個別の	情報活用	原動力

22 **次の文は，高等学校学習指導要領（平成30年３月告示）「第５章　特別活動」「第３　指導計画の作成と内容の取扱い」の一部を抜粋したものである。文中の下線部ａ～ｅについて，正しいものを○，誤っているものを×としたとき，正しい組合せを選びなさい。**

1　指導計画の作成に当たっては，次の事項に配慮するものとする。

(2)　各学校においては，次の事項を踏まえて特別活動の全体計画や各活動及び ａ学校行事の年間指導計画を作成すること。

ウ　家庭や ｂ地域の人々との連携，社会教育施設等の活用などを工夫すること。その際，ボランティア活動などの c社会奉仕の精神を養う体験的な活動や就業体験活動などの勤労に関わる体験的な活動の機会をできるだけ取り入れること。

2　内容の取扱いに当たっては，次の事項に配慮するものとする。

(1)　ホームルーム活動及び生徒会活動の指導については，指導内容の特質に応じて，d学校の教育目標の下に，生徒の e自主的，実践的な活動が効果的に展開されるようにすること。その際，よりよい生活を築くために自分たちできまりをつくって守る活動などを充実するよう工夫すること。

	a	b	c	d	e
①	○	○	○	×	×
②	×	○	×	○	○
③	○	×	×	×	×
④	×	×	○	○	×
⑤	○	○	×	○	○

23　**次の文は，「今後の学校におけるキャリア教育・職業教育の在り方について（答申）」（平成23年１月　中央教育審議会）「第１章　キャリア教育・職業教育の課題と基本的方向性」「２．キャリア教育・職業教育の基本的方向性」の一部を抜粋したものである。文中の（ ア ）～（ エ ）に当てはまる語句の正しい組合せを選びなさい。ただし，同じ記号には同じ語句が入る。**

○　キャリア教育は，キャリアが子ども・若者の発達の段階やその発達課題の達成と深くかかわりながら段階を追って発達していくことを踏まえ，幼児期の教育から高等教育に至るまで体系的に進めることが必要である。その中心として，後述する「(ア)」を，子どもたちに確実に育成していくことが求められる。また，社会・職業との関連を重視し，実践的・体験的な活動を充実していくことが必要である。

○　このようなキャリア教育の意義・効果として，次の３つが挙げられる。

●　第一に，キャリア教育は，一人一人のキャリア発達や個人としての（ イ ）を促す視点から，学校教育を構成していくための理念と方向性を示すものである。各学校がこの視点に立って教育の在り方を幅広く見直すことにより，教職員に教育の理念と進むべき方向が共有されるとともに，（ ウ ）の改善が促進される。

●　第二に，キャリア教育は，将来，社会人・職業人として（ イ ）していくために発達させるべき能力や態度があるという前提に立って，各学校段階で取り組むべき発達課題を明らかにし，日々の教育活動を通して達成させることを目指すものである。このような視点に立って教育活動を展開することにより，学校教育が目指す全人的成長・発達を促すことができる。

●　第三に，キャリア教育を実践し，学校生活と社会生活や職業生活を結び，関連付け，将来の夢と（ エ ）を結び付けることにより，生徒・学生等の学習意欲を喚起することの大切さが確認できる。このような取組を進めることを通じて，学校教育が抱える様々な課題への対処に活路を開くことにもつながるものと考えられる。

	ア	イ	ウ	エ
①	社会人基礎力	自律	進路指導	学業
②	基礎的・汎用的能力	自立	教育課程	学業
③	社会人基礎力	自立	進路指導	自己の能力
④	基礎的・汎用的能力	自立	教育課程	自己の能力
⑤	社会人基礎力	自律	教育課程	学業

24 **次の文は，「生徒指導提要」（令和４年12月　文部科学省）「第５章　暴力行為」「5.2 学校の組織体制と計画」の一部を抜粋したものである。文中の（ ア ）～（ エ ）に当てはまる語句の正しい組合せを選びなさい。**

児童生徒の起こす暴力行為の背景には，その児童生徒を取り巻く家庭，学校，社会環境などの様々な要因があります。したがって，それらの要因を多面的かつ客観的に理解した上で指導を行わなければなりません。また，むやみに指導を行うのではなく，児童生徒の（ ア ）を育て，児童生徒が自らの行為を反省し，以後同様な行為を繰り返さないような視点に立った（ イ ）を行うことが重要です。

このような（ ウ ）生徒指導を進めていくためには，一人一人の教職員に深い児童生徒理解力が求められるとともに，学校全体で育成を目指す児童生徒像や指導の考え方を共有し，関係機関との適切な連携の下，（ エ ）指導体制を構築することが必要です。

	ア	イ	ウ	エ
①	自己有用感	教育相談	課題予防的	全校的な
②	自己有用感	働きかけ	課題予防的	全校的な
③	自己指導能力	働きかけ	発達支持的	全校的な
④	自己指導能力	教育相談	課題予防的	包括的な
⑤	自己指導能力	働きかけ	発達支持的	包括的な

解答＆解説

全校種共通

1 解答 ③

解説 (1)日本国憲法第18条を参照。「奴隷的拘束・苦役からの自由」の規定。

(2)日本国憲法第24条第１項を参照。「婚姻，家族生活における個人の尊厳」の規定。

(3)日本国憲法第26条第２項を参照。「教育を受けさせる義務，義務教育の無償」の規定。

(4)日本国憲法第40条を参照。「刑事補償」の規定。

(5)日本国憲法第98条第２項を参照。「条約・国際法規の遵守」の規定。

2 解答 ③

解説 文部科学省「学校教育情報化推進計画」(2022年12月26日) の「第１部　我が国における学校教育の情報化の方向性（総論)」「４．学校教育の情報化に関する目標（法第８条第２項第三号関係)」を参照。

3 **解答** ③

解説 環境省「令和４年版　環境白書・循環型社会白書・生物多様性白書」の「第２部　各分野の施策等に関する報告」「第６章　各種施策の基盤となる施策及び国際的取組に係る施策」「第５節　地域づくり・人づくりの推進」「３　環境教育・環境学習等の推進と各主体をつなぐネットワークの構築・強化」「(1)あらゆる年齢階層に対するあらゆる場・機会を通じた環境教育・環境学習等の推進」を参照。

4 **解答** ⑤

解説 ア・イ：消費者教育の推進に関する法律第２条第２項を参照。消費者市民社会の「定義」の規定。

ウ：消費者教育の推進に関する法律第３条第３項を参照。「基本理念」の規定。

エ：消費者教育の推進に関する法律第３条第７項を参照。「基本理念」の規定。

5 **解答** ⑤

解説 教育基本法第２条第一号～第三号を参照。「教育の目標」の規定。

6 **解答** ②

解説 (1)教育公務員特例法第22条第２項を参照。勤務場所を離れて行う「研修の機会」の規定。

(2)学校保健安全法第５条を参照。「学校保健計画の策定等」の規定。

(3)児童虐待の防止等に関する法律第４条第８項を参照。「国及び地方公共団体の責務等」の規定。

(4)地方公務員法第31条を参照。「服務の宣誓」の規定。

(5)いじめ防止対策推進法第23条第２項を参照。「いじめに対する措置」の規定。

7 **解答** ③

解説 (1)ハロー効果は，光背効果ともいわれ，ある特定の人物が望ましい（望ましくない）特性をいくつかもっていると，ほかの諸側面についても調査・観察することなしにすべて望ましい（望ましくない）特性であると判断しがちな傾向をいう。

(2)他者の望ましい面は強調され，いわば寛大に捉えることを寛容効果（寛大化）という。逆に，必要以上に厳しく評価することを厳格効果（厳格化）という。

(3)バンデューラ（1925～2021）らは，学習の過程において社会的な条件の果たす役割に注目し，人間行動の変容や形成にはモデルの行動を観察することが極めて重要であることを指摘した。このような考え方を社会的学習理論（モデリング理論）といい，学習者本人への直接的な教科がなくても学習が成立するとした。

(4)スキナー（1904～90）は，「スキナー箱」という実験装置を考案して，ネズミやハトがうまくバーを押すと餌が得られるように学習させた。これを「オペラント条件づけ（道具的条件づけ)」と呼び，この理論を実験的に研究して体系化し，プログラム学習，ティーチング・マシンなどの開発や行動療法にも応用した。

8 **解答** ③

解説 こども基本法第３条第一号～第五号を参照。「基本理念」の規定。

イ：「学校教育法」ではなく「教育基本法」。

エ：「個人の尊厳」ではなく「最善の利益」。

9 解答 ②

解説 義務教育の段階における普通教育に相当する教育の機会の確保等に関する法律第３条を参照。「基本理念」の規定。

ア：「継続して」ではなく「安心して」。

ウ：「発達段階」ではなく「その能力」。

10 解答 ④

解説 『生徒指導提要』(2022年12月）の「第Ｉ部　生徒指導の基本的な進め方」「第１章　生徒指導の基礎」「1.1　生徒指導の意義」「1.1.1　生徒指導の定義と目的」「⑵生徒指導の目的」を参照。

11 解答 ③

解説 文部科学省「障害のある子供の教育支援の手引　～子供たち一人一人の教育的ニーズを踏まえた学びの充実に向けて～」(2021年６月）の「第１編　障害のある子供の教育支援の基本的な考え方」「３　今日的な障害の捉えと対応」「⑶合理的配慮とその基礎となる環境整備」「②合理的配慮の定義等」を参照。

イ：「特別支援教育」ではなく「学校教育」。

ウ：「制度面」ではなく「体制面」。

12 解答 ⑤

解説 学校保健安全法第29条を参照。「危険等発生時対処要領の作成等」の規定。

ア：「計画」ではなく「具体的内容」。

エ：「要領の見直し」ではなく「訓練の実施」。

13 解答 ①

解説 人権教育の指導方法等に関する調査研究会議「人権教育の指導法等の在り方について［第三次とりまとめ］」(2008年３月）の「指導等の在り方編」を参照。

ア：「第Ｉ章　学校教育における人権教育の改善・充実の基本的考え方」「1. 人権及び人権教育」「（２）人権教育とは」を参照。

イ：「第Ｉ章　学校教育における人権教育の改善・充実の基本的考え方」「2. 学校における人権教育」「（２）学校における人権教育の取組の視点」を参照。

ウ：「第Ⅱ章　学校における人権教育の指導方法等の改善・充実」「第３節　教育委員会及び学校における研修等の取組」「２．学校における研修の取組」を参照。

エ・オ：福岡県部落差別の解消の推進に関する条例第１条を参照。この条例の「目的」の規定。

14 解答 ④

解説 法務省「人権教育・啓発に関する基本企画」(2002年３月15日閣議決定（策定），2011年４月１日閣議決定（変更）を参照。

ア・イ：「第３章　人権教育・啓発の基本的在り方」「２　人権教育・啓発の基本的在り方」「⑵発達段階等を踏まえた効果的な方法」を参照。

同計画についてはそれぞれ,「第３章　人権教育・啓発の基本的在り方」「２　人権教育・啓発の基本的在り方」「（２）発達段階等を踏まえた効果的な方法」を参照。

ウ:「第４章　人権教育・啓発の推進方策」「３ 人権にかかわりの深い特定の職業に従事する者に対する研修等」を参照。

エ：部落差別の解消の推進に関する条例第５条を参照。「教育及び啓発」の規定。

中養栄共通

15 解答 ④

解説『小学校学習指導要領解説　特別の教科　道徳編』(2017年７月）の「第５章　道徳科の評価」「第３節　道徳科の授業に対する評価」「２　授業に対する評価の基本的な考え方」,『中学校学習指導要領解説　特別の教科　道徳編』(2017年７月）の「第５章　道徳科の評価」「第３節　道徳科の授業に対する評価」「２　授業に対する評価の基本的な考え方」を参照。

16 解答 ⑤

解説 中央教育審議会答申「『令和の日本型学校教育』を担う教師の養成・採用・研修等の在り方について　～『新たな教師の学びの姿』の実現と，多様な専門性を有する質の高い教職員集団の形成～」(2022年12月19日）の「第Ⅰ部　総論」「４．今後の改革の方向性」「⑴『新たな教師の学びの姿』の実現」「①. 教職生活を通じた『新たな学びの姿』の実現」を参照。

イ:「向上心」ではなく「探究心」。

ウ:「柔軟な」ではなく「継続的」。

17 解答 ②

解説 文部科学省「いじめ問題への的確な対応に向けた警察との連携等の徹底について(通知)」(2023年２月７日）を参照。

ア～ウ:「１．犯罪に相当する事案を含むいじめ対応における警察との連携の徹底」「⑴警察との相談・通報及び連携における基本的な考え方」を参照。アは「必要に応じて」ではなく「日常的に」。

エ:「２．被害児童生徒への支援及び加害児童生徒に対する指導・支援の充実」「⑴被害児童生徒への支援」を参照。「情報共有」ではなく「アセスメント」。

オ:「３．保護者と学校がともにいじめ防止対策を共有するための普及啓発の推進」「⑴いじめ問題に係る家庭等への普及啓発・支援」を参照。「児童生徒」ではなく「保護者等」。

18 解答 ①

解説 平成29年版小学校学習指導要領（2017年３月31日告示）の「第６章　特別活動」「第１　目標」，平成29年版中学校学習指導要領（2017年３月31日告示）の「第５章　特別活動」「第１　目標」を参照。

エ:「日常生活の向上」ではなく「自己実現」。

19 解答 ②

解説 平成29年版小学校学習指導要領（2017年３月31日告示）の「第５章　総合的な学習の時間」「第１　目標」，平成29年版中学校学習指導要領（2017年３月31日告示）の「第４章　総合的な学習の時間」「第１　目標」を参照。

高等学校

20 解答 ③

解説 『高等学校学習指導要領解説　総則編』（2018年７月）の「第６章　生徒の発達の支援」「第２節　特別な配慮を必要とする生徒への指導」「２　海外から帰国した生徒や外国人の生徒の指導」「⑵日本語の習得に困難のある生徒への指導（第１章総則第５款２⑵イ）」を参照。

イ：「技能面」ではなく「情意面」。

21 解答 ③

解説 平成30年版高等学校学習指導要領（2018年３月30日告示）の「第４章　総合的な探究の時間」「第３　指導計画の作成と内容の取扱い」の１⑵〜⑷を参照。

22 解答 ①

解説 平成30年版高等学校学習指導要領（2018年３月30日告示）の「第５章　特別活動」「第３　指導計画の作成と内容の取扱い」の１⑵ウ，２⑴を参照。

ｄ：「学校の教育目標」ではなく「教師の適切な指導」。

ｅ：「自主的，実践的」ではなく「自発的，自治的」。

23 解答 ②

解説 中央教育審議会答申「今後の学校におけるキャリア教育・職業教育の在り方について」（2011年１月31日）の「第１章　キャリア教育・職業教育の課題と基本的方向性」「２．キャリア教育・職業教育の基本的方向性」「⑴幼児期の教育から高等教育に至るまでの体系的なキャリア教育の推進」を参照。

24 解答 ③

解説 『生徒指導提要』（2022年12月）の「第Ⅱ部　個別の課題に対する生徒指導」「第５章　暴力行為」「5.2　学校の組織体制と計画」「5.2.1　全校的な指導体制の必要性」を参照。

佐賀県

実施日	2023(令和5)年7月9日	試験時間	50分（一般教養を含む）
出題形式	選択式	問題数	8題（解答数31）
パターン	時事・法規+心理・原理・ローカル・教育史	公開状況	問題:公開　解答:公開　配点:公開

傾向&対策 ●教育史が2年ぶりに復活，教育時事が昨年度2題→11題と急増し，ローカル問題が新登場。●最も解答数の多い教育時事は，2年連続の出題となる「教育の情報化に関する手引（追補版）」(2020年6月）のほか，「障害のある子供の教育支援の手引」(2021年6月)，「令和の日本型学校教育」に関する中央教育審議会答申（2021年1月）の空欄補充問題。●新登場のローカル問題は，「人権教育・啓発基本方針（第二次改訂)」(2018年3月）より，「人権施策の推進方向」について。●教育法規は，学校教育法，地方公務員などの出典法規を問う問題と，頻出条文の空欄補充問題が定番。●教育原理では，改訂『生徒指導提要』の「まえがき」より，改訂の内容と背景の部分が問われた。

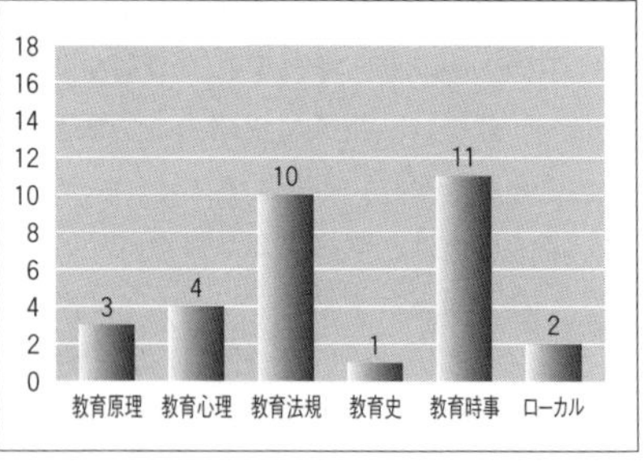

出題領域

教育原理	教育課程・学習指導要領		総則		特別の教科 道徳	
	外国語・外国語活動		総合的な学習(探究)の時間		特別活動	
	学習指導		生徒指導	3	学校・学級経営	
	特別支援教育	↓時事	人権・同和教育	↓ローカル	その他	
教育心理	発達		学習	3	性格と適応	
	カウンセリングと心理療法		教育評価	1	学級集団	
教育法規	教育の基本理念		学校教育	1	学校の管理と運営	4
	児童生徒	1	教職員	4	その他	
教育史	日本教育史		西洋教育史	1		
教育時事	答申・統計	11	ローカル	2		

表中の数字は，解答数

全校種共通

☞解答＆解説 p.487

1　次の⑴～⑸の各条文が記載されている法令名を下の㋐～㋗からそれぞれ１つずつ選び，その記号で答えなさい。

⑴　小学校には，設置者の定めるところにより，学校評議員を置くことができる。

⑵　すべて国民は，法律の定めるところにより，その保護する子女に普通教育を受けさせる義務を負ふ。義務教育は，これを無償とする。

⑶　校長及び教員は，教育上必要があると認めるときは，文部科学大臣の定めるところにより，児童，生徒及び学生に懲戒を加えることができる。ただし，体罰を加えることはできない。

⑷　学校には，健康診断，健康相談，保健指導，救急処置その他の保健に関する措置を行うため，保健室を設けるものとする。

⑸　すべて職員は，全体の奉仕者として公共の利益のために勤務し，且つ，職務の遂行に当たっては，全力を挙げてこれに専念しなければならない。

㋐日本国憲法　㋑教育基本法　㋒学校教育法
㋓地方公務員法　㋔学校教育法施行令　㋕学校教育法施行規則
㋖教育公務員特例法　㋗学校保健安全法

2　次の⑴～⑸は，ある法令の条文を記したものである。各条文の（　　）に入る語句を下の㋐～㋞からそれぞれ１つ選び，その記号で答えなさい。

⑴　教員は，授業に支障のない限り，（　　）の承認を受けて，勤務場所を離れて研修をおこなうことができる。

⑵　職員は，職務上知り得た（　　）を漏らしてはならない。その職を退いた後も，また，同様とする。

⑶　免許状は，（　　）免許状，特別免許状及び臨時免許状とする。

⑷　学校においては，児童生徒等の安全の確保を図るため，当該学校の施設及び設備の安全点検，児童生徒等に対する（　　）を含めた学校生活その他の日常生活における安全に関する指導，職員の研修その他学校における安全に関する事項について計画を策定し，これを実施しなければならない。

⑸　学校には，学校図書館の専門的職務を掌らせるため，（　　）を置かねばならない。

㋐本属長　㋑放課後　㋒学校の設置者　㋓司書補　㋔図書室
㋕成績　㋖教育長　㋗司書教諭　㋘基本　㋙情報
㋚学校給食　㋛専修　㋜普通　㋝秘密　㋞通学

3　次の文は，「障害のある子供の教育支援の手引　～子供たち一人一人の教育的ニーズを踏まえた学びの充実に向けて～」（令和３年６月　文部科学省）から一部を抜粋したものである。（ ① ）～（ ⑤ ）に入る語句を下の㋐～㋛からそれぞれ１つ選び，その記号で答えなさい。

障害のある子供が，（ ① ）として，生涯にわたって様々な人々と関わり，主体的に社会参加しながら心豊かに生きていくことができるようにするためには，教育，医療，福祉，保健，労働等の各分野が一体となって，社会全体として，その子供の（ ② ）を生涯にわたって教育支援していく体制を整備することが必要である。

このため，早期から始まっている教育相談・支援を就学期に円滑に引き継ぎ，障害のある子供一人一人の精神的及び身体的な能力等をその可能な最大限度まで発達させ，学校卒業後の地域社会に主体的に参加できるよう移行支援を充実させるなど，（ ③ ）教育支援が強く求められる。

障害のある子供一人一人の（ ④ ）を把握・整理し，適切な指導及び必要な支援を図る特別支援教育の理念を実現させていくためには，早期からの教育相談・支援，就学相談・支援，就学後の継続的な教育支援の全体を「（ ③ ）教育支援」と捉え直し，（ ⑤ ）教育支援計画の作成・活用等の推進を通じて，子供一人一人の（ ④ ）に応じた教育支援の充実を図ることが，今後の特別支援教育の更なる推進に向けた基本的な考え方として重要である。

(ア)選択　(イ)特質　(ウ)自立　(エ)個別の
(オ)統合的な　(カ)多面的な　(キ)地域社会の一員　(ク)生育環境
(ケ)社会の形成者　(コ)教育的ニーズ　(サ)一貫した　(シ)柔軟な

4　**次の文は，佐賀県「人権教育・啓発基本方針（第二次改訂）」（平成30年3月　佐賀県）の「第2章　人権施策の推進方向」の「2 (2) 学校」から抜粋したものである。（ ① ），（ ② ）に入る語句を下の(ア)～(ク)からそれぞれ1つ選び，その記号で答えなさい。**

こうした人権学習を通して，自分たちに保障されている権利を知り，様々な人権課題を「自分事」として捉え，（ ① ）にある人権問題に気付き，問題解決に向けて自ら考え判断する力，そして行動する力を育むことで，差別をなくすために（ ② ）に行動できる子どもたちを育てていく必要があります。そのためには，家庭や地域，関係機関等と連携を図りながら人権教育を推進していくことが重要です。

(ア)能動的　(イ)学校の中　(ウ)社会全体　(エ)主体的　(オ)自律的
(カ)自分の身の回り　(キ)協働的　(ク)世界中に

5　**次の文は，「生徒指導提要」（令和4年12月　文部科学省）の「まえがき」から抜粋したものである。下の（ ① ）～（ ③ ）に入る語句を(ア)～(コ)からそれぞれ1つ選び，その記号で答えなさい。**

特に今回の改訂では，課題予防・早期対応といった課題対応の側面のみならず，児童生徒の（ ① ）を支えるような生徒指導の側面に着目し，その指導の在り方や考え方について説明を加えています。

子供たちの（ ② ）が進み，様々な困難や課題を抱える児童生徒が増える中，学校教育には，子供の（ ① ）や教育的ニーズを踏まえつつ，一人一人の（ ③ ）を最大限伸ばしていく教育が求められています。

(ア)可能性　(イ)多様化　(ウ)成長　(エ)悩み　(オ)願い　(カ)二極化　(キ)少子化
(ク)発達　(ケ)学力　(コ)個性

6　**次の文は，「『令和の日本型学校教育』の構築を目指して　～全ての子供たちの可能性を引き出す，個別最適な学びと，協働的な学びの実現～」（令和3年1月　中央教育審議会答申）の「第Ⅰ部　総論　1．急激に変化する時代の中で育むべき資質・能力」から抜粋したものである。（ ① ）～（ ④ ）に入る語句を下の(ア)～(シ)からそれぞれ1つ**

選び，その記号で答えなさい。

○　人工知能（AI），ビッグデータ，Internet of Things（IoT），ロボティクス等の先端技術が高度化してあらゆる産業や社会生活に取り入れられたSociety（ ① ）時代が到来しつつあり，社会の在り方そのものがこれまでとは「非連続」と言えるほど劇的に変わる状況が生じつつある。（中略）

○　このように急激に変化する時代の中で，我が国の学校教育には，一人一人の児童生徒が，自分のよさや可能性を認識するとともに，あらゆる他者を価値のある存在として尊重し，多様な人々と（ ② ）しながら様々な社会的変化を乗り越え，豊かな人生を切り拓き，（ ③ ）社会の創り手となることができるよう，その資質・能力を育成することが求められている。

○　この資質・能力とは，具体的にはどのようなものであろうか。中央教育審議会では，平成28年答申において，社会の変化にいかに対処していくかという受け身の観点に立つのであれば難しい時代になる可能性を指摘した上で，変化を前向きに受け止め，社会や人生，生活を，人間ならではの（ ④ ）を働かせてより豊かなものにする必要性等を指摘した。とりわけ，その審議の際にAIの専門家も交えて議論を行った結果，次代を切り拓く子供たちに求められる資質・能力としては，文章の意味を正確に理解する読解力，教科等固有の見方・考え方を働かせて自分の頭で考えて表現する力，対話や（ ② ）を通じて知識やアイディアを共有し新しい解や納得解を生み出す力などが挙げられた。

㈠3.0　㈡感性　㈢持続可能な　㈣思考力　㈤4.0

(ア)3.0　(イ)感性　(ウ)持続可能な　(エ)思考力　(オ)4.0

(カ)協働　(キ)コミュニケーション　(ク)創造力　(ケ)5.0　(コ)体験

(サ)グローバル　(シ)高度情報化

7　**次の(1)～(5)が説明する内容を下の(ア)～(シ)からそれぞれ１つ選び，その記号で答えなさい。**

(1)　人間や動物の行動を，心理学を用いて研究する「行動分析学」の創始者と言われており，プログラム学習を提唱したアメリカの心理学者。

(2)　アメリカの心理学者ジョン・H・フラベルが定義し，小学校学習指導要領（平成29年告示）解説総則編の中では，「自分の思考や行動を客観的に把握し認識する」と表現されている概念。

(3)　「試行の積み重ねによって問題の解決に至ることから生じる学習」を提唱したアメリカの心理学者。

(4)　知識やスキルを使いこなす（活用する）ことを求めるような評価方法。

(5)　幼児期の遊びの大切さに気付き，世界最初の幼稚園を設立し，「幼児教育の父」と呼ばれたドイツの教育者。

(ア)ピアジェ　(イ)スキナー　(ウ)ソーンダイク　(エ)デューイ

(オ)エレン・ケイ　(カ)フレーベル　(キ)自己認識　(ク)メタ認知

(ケ)モニタリング　(コ)ポートフォリオ評価

(サ)パフォーマンス評価　(シ)ルーブリック

8　**次の文は，「教育の情報化に関する手引（追補版）」（令和２年６月　文部科学省）か**

ら抜粋したものである。（ A ），（ B ）に入る語句を，下のア～オからそれぞれ1つ選び，その記号で答えなさい。

(1) 教育の情報化について

「教育の情報化」とは，情報通信技術の，時間的・空間的制約を超える，（ A ）を有する，カスタマイズを容易にするといった特長を生かして，教育の質の向上を目指すものであり，具体的には3つの側面から構成され，これらを通して教育の質の向上を図るものである。

① 情報教育：子供たちの情報活用能力の育成

② 教科指導におけるICT活用：ICTを効果的に活用した分かりやすく深まる授業の実現等

③ 校務の情報化：教職員がICTを活用した情報共有によりきめ細やかな指導を行うことや，校務の負担軽減等あわせて，これらの教育の情報化の実現を支える基盤として，

- 教師のICT活用指導力等の向上
- 学校のICT環境の整備
- 教育情報（ B ）の確保

の3点を実現することが極めて重要である。

(ア)信頼性　(イ)双方向性　(ウ)公共性　(エ)セキュリティ　(オ)機会均等

解答＆解説

1 **解答** (1)―(カ)　(2)―(ア)　(3)―(ウ)　(4)―(ク)　(5)―(エ)

解説 (1)学校教育法施行規則第49条第1項を参照。「学校評議員」の規定。

(2)日本国憲法第26条第2項を参照。「教育を受けさせる義務，義務教育の無償」の規定。

(3)学校教育法第11条を参照。「児童・生徒等の懲戒」の規定。

(4)学校保健安全法第7条を参照。「保健室」の規定。

(5)地方公務員法第30条を参照。「服務の根本基準」の規定。

2 **解答** (1)―(ア)　(2)―(セ)　(3)―(ス)　(4)―(ソ)　(5)―(ク)

解説 (1)教育公務員特例法第22条第2項を参照。勤務場所を離れて行う「研修の機会」の規定。

(2)地方公務員法第34条第1項を参照。「秘密を守る義務」の規定。

(3)教育職員免許法第4条第1項を参照。免許状の「種類」の規定。

(4)学校保健安全法第27条を参照。「学校安全計画の策定等」の規定。

(5)学校図書館法第5条第1項を参照。「司書教諭」の規定。

3 **解答** ①―(キ)　②―(ウ)　③―(サ)　④―(コ)　⑤―(エ)

解説 文部科学省「障害のある子供の教育支援の手引　～子供たち一人一人の教育的ニーズを踏まえた学びの充実に向けて～」(2021年6月）の「第1編　障害のある

子供の教育支援の基本的な考え方」「2　早期からの一貫した教育支援」「(2)一貫した教育支援の重要性」を参照。

4 解答 ①―(カ)　②―(エ)

解説 佐賀県「人権教育・啓発基本方針（第二次改訂）　～人を大切に，世界に誇れる世界づくり～」（2018年３月）の「第２章　人権施策の推進方向」「2　あらゆる場を通じた人権教育・啓発の推進」「(2)学校」「【現状と課題】」を参照。同方針は，インターネットの急速な普及等による社会情勢の変化やヘイトスピーチ，性的指向・性自認に関わる人権，子どもの貧困などの新たな課題が顕著化している状況を踏まえ，そうした諸課題に対応するため改訂が行われた。

5 解答 ①―(ク)　②―(イ)　③―(ア)

解説『生徒指導提要』（2022年12月）の「まえがき」を参照。

6 解答 ①―(ケ)　②―(カ)　③―(ウ)　④―(イ)

解説 中央教育審議会答申「『令和の日本型学校教育』の構築を目指して　～全ての子供たちの可能性を引き出す，個別最適な学びと，協働的な学びの実現～」（2021年１月26日，４月22日更新）の「第Ⅰ部　総論」「１．急激に変化する時代の中で育むべき資質・能力」を参照。

7 解答 (1)―(イ)　(2)―(ク)　(3)―(ウ)　(4)―(サ)　(5)―(カ)

解説 (1)(イ)スキナー（1904～90）は，「スキナー箱」という実験装置を考案して，ネズミやハトがうまくバーを押すと餌が得られるように学習させた。これを「オペラント条件づけ（道具的条件づけ）」と呼び，この理論を実験的に研究して体系化し，プログラム学習，ティーチング・マシンなどの開発や行動療法にも応用した。

(2)(ク)メタ認知は，自分の認知様式の特徴を的確に認識することでもある。

(3)(ウ)ソーンダイク（1874～1949）は，「問題箱」と呼ばれる複雑な仕掛けがある装置の中にネコを閉じ込め，脱出するまでの行動を観察した結果，経験とともに脱出時間が短くなったことから試行錯誤説を唱えた。

(4)(サ)パフォーマンス評価は，身に付けた知識やスキルを総合的に活用して表現させ，それを評価の対象としようとする。

(5)(カ)フレーベル（1782～1852）は，子どもの内発的自己活動を重視し，遊戯や作業を通じて創造性，社会性の育成を図ろうとした。

8 解答 A―(イ)　B―(エ)

解説 文部科学省「教育の情報化に関する手引（追補版）」（2020年６月）の「第１章　社会的背景の変化と教育の情報化」「第１節　社会における情報化の急速な進展と教育の情報化」「2．『教育の情報化』について」「(1)教育の情報化について」を参照。

長崎県

実施日	2023(令和５)年７月９日	試験時間	50分（一般教養を含む）
出題形式	マークシート式	問題数	７題（解答数35）
パターン	時事・法規＋原理・心理・教育史	公開状況	問題:公開　解答:公開　配点:公開

傾向&対策

●大問７題，うち小問は各５題で，出題分野にかかわらず「特別支援教育」「人権教育」は必出の教育トピック。●解答数の最も多い教育時事は，「校則の見直し」に関する文部科学省事務連絡（2021年６月），「虐待対応の手引き」（2020年６月），「いじめの防止等のための基本的な方針」（2017年３月），「自殺予防」に関する文部科学省通知（2018年１月），「特別支援教育の在り方」に関する報告書（2003年３月），「人権教育の指導方法等」に関する第三次とりまとめ（2008年３月），「令和の日本型学校教育」（2021年１月）及び「第３次学校安全の推進に関する計画」（2022年２月）に関する中央教育審議会答申と，多岐にわたる。●教育法規は，教育基本法，学校教育法など重要条文の空欄補充問題と正誤判定問題。

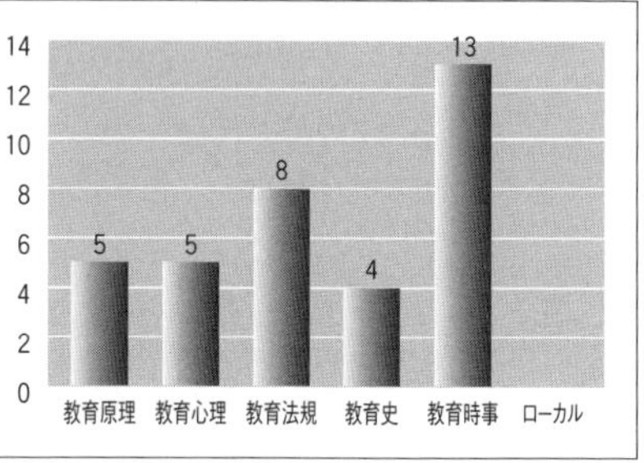

出題領域

教育原理	教育課程・学習指導要領		総則	5	特別の教科　道徳	
	外国語・外国語活動		総合的な学習(探究)の時間		特別活動	
	学習指導		生徒指導		学校・学級経営	
	特別支援教育	↓法規 時事	人権・同和教育	↓法規 時事	その他	
教育心理※	発達	1	学習	1	性格と適応	
	カウンセリングと心理療法		教育評価	4	学級集団	
教育法規※	教育の基本理念		学校教育	1	学校の管理と運営	2
	児童生徒	1	教職員	3	人権教育 / 特別支援教育	1 / 1
教育史	日本教育史	3	西洋教育史	1		
教育時事	答申・統計	13	ローカル			

表中の数字は，解答数

※選択肢の出題領域が複数にわたる場合は，それぞれの項目に加算するためグラフの数とは異なる

全校種共通

☞解答＆解説 p.498

1 次の各問いに答えなさい。

問１　次の(1)〜(4)は法規の条文である。［ 1 ］〜［ 4 ］に当てはまる語句を後の①〜⑫の中からそれぞれ１つずつ選び，番号で答えよ。ただし，［ 4 ］は法規の名称である。

(1)　教育基本法　第９条

法律に定める学校の教員は，自己の崇高な［ 1 ］を深く自覚し，絶えず研究と修養に励み，その職責の遂行に努めなければならない。

(2)　地方公務員法　第35条

職員は，法律又は条例に特別の定がある場合を除く外，その勤務時間及び職務上の［ 2 ］のすべてをその職責遂行のために用い，当該地方公共団体がなすべき責を有する職務にのみ従事しなければならない。

(3)　学校教育法施行規則　第43条（同規則第79条により中学校，第104条により高等学校，第113条により中等教育学校，第135条により特別支援学校にも準用）

小学校においては，［ 3 ］のとれた学校運営が行われるためにふさわしい校務分掌の仕組みを整えるものとする。

(4)　［ 4 ］　第12条

学校においては，別に法律で定めるところにより，幼児，児童，生徒及び学生並びに職員の健康の保持増進を図るため，健康診断を行い，その他その保健に必要な措置を講じなければならない。

①能力　②立場　③学校教育法　④目標　⑤秩序　⑥学校保健安全法
⑦調整　⑧学校保健安全法施行令　⑨注意力　⑩調和　⑪使命　⑫技能

問２　次のＡ〜Ｅは，教育に関する法規の条文である。下線部が正しいものに○，誤っているものに×をつけたとき，正しい組合せを後の①〜⑥の中から１つ選び，番号で答えよ。

Ａ．教育公務員特例法　第23条

公立の小学校等の教諭等の任命権者は，当該教諭等（臨時的に任用された者その他の政令で定める者を除く。）に対して，その採用（現に教諭等の職以外の職に任命されている者を教諭等の職に任命する場合を含む。附則第５条第１項において同じ。）の日から<u>一年間</u>の教諭又は保育教諭の職務の遂行に必要な事項に関する実践的な研修（以下「初任者研修」という。）を実施しなければならない。

Ｂ．教育職員免許法　第４条

免許状は，普通免許状，特別免許状及び<u>臨時免許状</u>とする。

Ｃ．学校保健安全法　第20条

<u>校長</u>は，感染症の予防上必要があるときは，臨時に，学校の全部又は一部の休業を行うことができる。

Ｄ．教育職員等による児童生徒性暴力等の防止等に関する法律　第10条

教育職員等は，基本理念にのっとり，児童生徒性暴力等を行うことがないよう教育職員等としての<u>責任感</u>の保持を図るとともに，その勤務する学校に在籍する児童

生徒等が教育職員等による児童生徒性暴力等を受けたと思われるときは，適切かつ迅速にこれに対処する責務を有する。

E．教育職員等による児童生徒性暴力等の防止等に関する法律　第13条

校長は，教育職員等に対し，児童生徒等の人権，特性等に関する理解及び児童生徒性暴力等の防止等に関する理解を深めるための研修及び啓発を行うものとする。

① A：× B：× C：× D：○ E：○
② A：× B：○ C：○ D：× E：×
③ A：○ B：× C：○ D：○ E：×
④ A：○ B：× C：○ D：○ E：○
⑤ A：○ B：○ C：× D：× E：×
⑥ A：× B：○ C：× D：× E：○

2 小学校・中学校学習指導要領（平成29年３月告示），高等学校学習指導要領（平成30年告示），特別支援学校小学部・中学部学習指導要領（平成29年４月告示）及び特別支援学校高等部学習指導要領（平成31年２月告示）について，次の各問いに答えなさい。

問１　次の文は，小学校学習指導要領総則の「小学校教育の基本と教育課程の役割」，中学校学習指導要領総則の「中学校教育の基本と教育課程の役割」，高等学校学習指導要領総則の「高等学校教育の基本と教育課程の役割」，特別支援学校小学部・中学部学習指導要領総則の「小学部及び中学部における教育の基本と教育課程の役割」及び特別支援学校高等部学習指導要領総則の「高等部における教育の基本と教育課程の役割」に関する記述の一部である。［1］，［2］に当てはまる語句を後の①～⑥の中からそれぞれ１つずつ選び，番号で答えよ。ただし，同一番号には同一語句が入る。また，下線部については，中学校・高等学校・特別支援学校高等部においては《　　》で読み替えることとする。

小学校，中学校，高等学校

基礎的・基本的な知識及び技能を確実に習得させ，これらを活用して課題を解決するために必要な思考力，判断力，表現力等を育むとともに，主体的に学習に取り組む態度を養い，個性を生かし［1］との協働を促す教育の充実に努めること。その際，児童《生徒》の発達の段階を考慮して，児童《生徒》の言語活動など，学習の基盤をつくる活動を充実するとともに，家庭との連携を図りながら，児童《生徒》の［2］が確立するよう配慮すること。

特別支援学校小学部・中学部，特別支援学校高等部

基礎的・基本的な知識及び技能を確実に習得させ，これらを活用して課題を解決するために必要な思考力，判断力，表現力等を育むとともに，主体的に学習に取り組む態度を養い，個性を生かし［1］との協働を促す教育の充実に努めること。その際，児童又は生徒《生徒》の発達の段階を考慮して，児童又は生徒《生徒》の言語活動など，学習の基盤をつくる活動を充実するとともに，家庭との連携を図りながら，児童又は生徒《生徒》の［2］が確立するよう配慮すること。

①学びに向かう姿勢　②他の児童　③基礎学力　④地域住民　⑤学習習慣
⑥多様な人々

問2　次の文は，小学校学習指導要領総則、中学校学習指導要領総則、高等学校学習指導要領総則、特別支援学校小学部・中学部学習指導要領総則及び特別支援学校高等部学習指導要領総則の「教育課程の実施と学習評価」に関する記述の一部である。［1］～［3］に当てはまる語句を後の①～⑨の中からそれぞれ1つずつ選び、番号で答えよ。ただし、同一番号には同一語句が入る。また、下線部については、小学校においては《　　》、高等学校においては〈　　〉、特別支援学校高等部においては【　　】で読み替えることとする。

小学校，中学校，高等学校

学習評価の実施に当たっては，次の事項に配慮するものとする。

(1) 生徒《児童》のよい点や進歩の状況などを［1］に評価し，学習したことの意義や価値を実感できるようにすること。また，各教科等〈各教科・科目等〉の目標の実現に向けた学習状況を把握する観点から，単元や題材など内容や時間のまとまりを見通しながら評価の場面や方法を工夫して，学習の過程や成果を評価し，指導の改善や［2］の向上を図り，資質・能力の育成に生かすようにすること。

(2) 創意工夫の中で学習評価の妥当性や信頼性が高められるよう，組織的かつ計画的な取組を推進するとともに，学年や学校段階を越えて生徒《児童》の学習の成果が円滑に［3］されるように工夫すること。

特別支援学校小学部・中学部，特別支援学校高等部

学習評価の実施に当たっては，次の事項に配慮するものとする。

(1) 児童又は生徒【生徒】のよい点や可能性，進歩の状況などを［1］に評価し，学習したことの意義や価値を実感できるようにすること。また，各教科等【各教科・科目等又は各教科等】の目標の実現に向けた学習状況を把握する観点から，単元や題材など内容や時間のまとまりを見通しながら評価の場面や方法を工夫して，学習の過程や成果を評価し，指導の改善や［2］の向上を図り，資質・能力の育成に生かすようにすること。(中略)

(3) 創意工夫の中で学習評価の妥当性や信頼性が高められるよう，組織的かつ計画的な取組を推進するとともに，学年や学校【学部】段階を越えて児童又は生徒【生徒】の学習の成果が円滑に［3］されるように工夫すること。

①積極的　②接続　③学習意欲　④共有　⑤指導計画　⑥分析
⑦厳格　⑧学力　⑨総合的

3　次の各問いに答えなさい。

問1　次の文は，「義務教育の段階における普通教育に相当する教育の機会の確保等に関する法律」(平成28年法律第105号) の第3条の全文である。［ア］～［エ］に当てはまる語句の組合せとして正しいものを後の①～④の中から1つ選び，番号で答えよ。

第3条　教育機会の確保等に関する施策は，次に掲げる事項を基本理念として行われなければならない。

一　全ての児童生徒が豊かな学校生活を送り，安心して教育を受けられるよう，学校における［ア］の確保が図られるようにすること。

長崎県

二　不登校児童生徒が行う［　イ　］な学習活動の実情を踏まえ，個々の不登校児童生徒の状況に応じた必要な支援が行われるようにすること。

三　不登校児童生徒が安心して教育を十分に受けられるよう，学校における環境の整備が図られるようにすること。

四　義務教育の段階における［　ウ　］に相当する教育を十分に受けていない者の意思を十分に尊重しつつ，その年齢又は国籍その他の置かれている事情にかかわりなく，その能力に応じた教育を受ける機会が確保されるようにするとともに，その者が，その教育を通じて，社会において［　エ　］に生きる基礎を培い，豊かな人生を送ることができるよう，その教育水準の維持向上が図られるようにすること。

五　国，地方公共団体，教育機会の確保等に関する活動を行う民間の団体その他の関係者の相互の密接な連携の下に行われるようにすること。

①	ア：環境	イ：個別最適	ウ：初等教育	エ：自立的
②	ア：校内適応指導教室	イ：多様	ウ：初等教育	エ：自主的
③	ア：環境	イ：多様	ウ：普通教育	エ：自立的
④	ア：校内適応指導教室	イ：個別最適	ウ：普通教育	エ：自主的

問2　「校則の見直し等に関する取組事例について（事務連絡）」（令和3年6月8日　文部科学省）の「別添2　校則について」に関する次の①～④の文のうち，内容として誤っているものを1つ選び，番号で答えよ。

① 校則は，学校が教育目的を実現していく過程において，児童生徒が遵守すべき学習上，生活上の規律として定められるものである。

② 校則は，学校教育法に定められており，学校が教育目的を達成するために必要かつ合理的範囲内において制定するものである。

③ 校則は，児童生徒の行動などに一定の制限を課することができ，校則を制定する権限は，学校運営の責任者である校長にあるとされている。

④ 校則の内容は，社会通念に照らして合理的とみられる範囲内で，学校や地域の実態に応じて適切に定められることとなるので，学校種や児童生徒の実情，地域の状況，校風など，学校がその特色を生かし，創意工夫ある定め方ができる。

問3　「学校・教育委員会等向け虐待対応の手引き（改訂版）」（令和2年6月　文部科学省）の「2．通告の判断に当たって」に関する次の①～④の文のうち，内容として正しいものを1つ選び，番号で答えよ。

① 児童虐待の通告は，保護者と子供に重大な影響を及ぼすため，学校は早急に虐待の確証を得て通告する必要がある。

② 虐待の有無の判断は，児童相談所等の専門機関だけが行うのではなく，学校や警察，さらには，地域住民等，子供に関わる関係者は誰でも行うことができる。

③ 児童虐待の通告を判断する上では，学校は保護者との関係よりも子供の安全を優先することが重要である。

④ 学校が児童虐待の通告を行うことは，第三者への情報提供に該当し，守秘義務違反になる場合があるため，要保護児童対策地域協議会の枠組みを利用して行う。

問４　次の文は，「いじめの防止等のための基本的な方針」（平成29年３月14日最終改定　文部科学省）の「第１　いじめの防止等のための対策の基本的な方向に関する事項」の「２　いじめ防止等の対策に関する基本理念」の全文である。［ア］～［エ］に当てはまる語句の組合せとして正しいものを後の①～④の中から１つ選び，番号で答えよ。ただし，同一記号には同一語句が入る。

いじめは，全ての児童生徒に関係する問題である。いじめの防止等の対策は，全ての児童生徒が安心して［ア］を送り，様々な活動に取り組むことができるよう，［イ］，いじめが行われなくなるようにすることを旨として行われなければならない。

また，全ての児童生徒がいじめを行わず，いじめを認識しながら放置することがないよう，いじめの防止等の対策は，いじめが，いじめられた児童生徒の［ウ］に深刻な影響を及ぼす［エ］であることについて，児童生徒が十分に理解できるようにすることを旨としなければならない。

加えて，いじめの防止等の対策は，いじめを受けた児童生徒の生命・［ウ］を保護することが特に重要であることを認識しつつ，国，地方公共団体，学校，地域住民，家庭その他の関係者の連携の下，いじめの問題を克服することを目指して行われなければならない。

①　ア：学校生活　イ：学校の内外を問わず　ウ：心身　エ：許されない行為
②　ア：社会生活　イ：学校の内外を問わず　ウ：精神　エ：迷惑行為
③　ア：社会生活　イ：学校内の活動について　ウ：心身　エ：迷惑行為
④　ア：学校生活　イ：学校内の活動について　ウ：精神　エ：許されない行為

問５　「児童生徒の自殺予防に向けた困難な事態，強い心理的負担を受けた場合等における対処の仕方を身に付ける等のための教育の推進について（通知）」（平成30年１月23日　文部科学省）に関する次の①～④の文のうち，内容として誤っているものを１つ選び，番号で答えよ。

①　自殺予防教育は，高度な専門性が要請されることから，担任教師主体で行うことはせずに，養護教諭やスクールカウンセラー，保健師，社会福祉士，民生委員等を活用する必要がある。
②　SOSの出し方に関する教育は，命や暮らしの危機に直面したとき，誰にどうやって助けを求めればよいか具体的かつ実践的な方法を学ぶ教育である。
③　SOSの出し方に関する教育の実施に当たっては，児童生徒の発達段階に応じた内容とし，各学校の実情に合わせて教材や授業方法を工夫する必要がある。
④　児童生徒の自殺を予防するためには，SOSの出し方のみならず，心の危機に陥った友人の感情を受け止めて，考えや行動を理解しようとする姿勢などの，傾聴の仕方も教えることが望ましい。

4　次の各問いに答えなさい。

問１　次の(1)～(4)は近世から現代の教育制度に関する文である。［１］～［４］に当てはまる語句を後の①～⑧の中からそれぞれ１つずつ選び，番号で答えよ。

(1)　江戸時代には，武家の学校（藩校）と庶民の学校（［１］）が別個に設けられ，二系統の学校が併立して，それぞれ独自の発達を示した。

(2) 明治18年には，文部省に初めて文部大臣が任命されることとなり，初代文部大臣として着任した［ 2 ］は，学校制度全般にわたる改革を断行し，基本となる近代学校の体系をつくりあげた。

(3) 昭和16年には教育審議会の答申に基づき，教育の全般にわたって皇国の道を修練させることを目ざす方向性が示された。国家主義的色彩が濃厚となった学校を［ 3 ］と呼ぶ。

(4) 平成15年にとりまとめられた「今後の特別支援教育の在り方について（最終報告）」において，障害の種類や程度に応じ特別の場で指導を行う「［ 4 ］」から，通常の学級に在籍するLD・ADHD・高機能自閉症等の児童生徒も含め，障害のある児童生徒に対してその一人一人の教育的ニーズを把握し適切な教育的支援を行う「特別支援教育」への転換を図るとともに，その推進体制を整備することが提言された。

①国民学校　②寺子屋　③尋常小学校　④特殊教育　⑤特別なニーズ教育
⑥岡倉天心　⑦私塾　⑧森有礼

問2 西洋の教育に関係のある人物について述べた次の①～④の文のうち，誤っているものを1つ選び，番号で答えよ。

① ルソーは，『エミール』で自然，人間，事物という三種類の教育について説明している。

② ペスタロッチは「木の葉の屋根の陰に住んでも，玉座の上にあっても，本質においては同じである人間，それはいったい何であるか」という一句で始まる『隠者の夕暮れ』を執筆した。

③ カントは『児童の世紀』(1803) のなかで「人間は教育によってのみ人間となることができる」,「人間は教育されねばならない唯一の被造物である」と述べている。

④ フンボルトは，プロイセン改革期の教育政策等で活躍した一般的人間陶冶を説く新人文主義者であり，公教育局長として，単線型教育制度の原型を立案した。

5 次の各問いに答えなさい。

問1 次のA，Bの文は，人権に関する法律の条文である。［ 1 ］，［ 2 ］に当てはまる語句を後の①～⑥の中からそれぞれ1ずつ選び，番号で答えよ。

A 人権教育及び人権啓発の推進に関する法律 第3条

国及び地方公共団体が行う人権教育及び人権啓発は，学校，地域，家庭，職域その他の様々な場を通じて，国民が，その発達段階に応じ，人権尊重の理念に対する理解を深め，これを体得することができるよう，多様な機会の提供，効果的な手法の採用，国民の［ 1 ］の尊重及び実施機関の中立性の確保を旨として行われなければならない。

B 障害を理由とする差別の解消の推進に関する法律 第5条

行政機関等及び事業者は，社会的障壁の除去の実施についての必要かつ［ 2 ］な配慮を的確に行うため，自ら設置する施設の構造の改善及び設備の整備，関係職員に対する研修その他の必要な環境の整備に努めなければならない。

①合理的　②思想　③自主性　④良心　⑤十分　⑥総合的

問2　次の文は,「人権教育の指導方法等の在り方について［第三次とりまとめ］」(平成20年3月　人権教育の指導方法等に関する調査研究会議）から一部抜粋したものである。［1］～［3］に当てはまる語句を後の①～⑨の中からそれぞれ1つずつ選び，番号で答えよ。

人権感覚とは，人権の価値やその重要性にかんがみ，人権が［1］され，実現されている状態を感知して，これを望ましいものと感じ，反対に，これが侵害されている状態を感知して，それを許せないとするような，価値志向的な感覚である。「価値志向的な感覚」とは，［2］にとってきわめて重要な価値である人権が守られることを肯定し，侵害されることを否定するという意味において，まさに価値を志向し，価値に向かおうとする感覚であることを言ったものである。このような人権感覚が健全に働くとき，自他の人権が尊重されていることの「妥当性」を肯定し，逆にそれが侵害されることの「問題性」を認識して，人権侵害を解決せずにはいられないとする，いわゆる人権意識が芽生えてくる。つまり，価値志向的な人権感覚が知的認識とも結びついて，問題状況を変えようとする人権意識又は意欲や態度になり，自分の人権とともに他者の人権を守るような［3］行動に連なると考えられるのである。

①人間　②表現　③実践　④保護　⑤探求　⑥毀損　⑦万物
⑧擁護　⑨生物

6　**次の各問いに答えなさい。**

問1　次の(1)～(3)の文と最も関係の深いものを後の①～⑨の中からそれぞれ1つずつ選び，番号で答えよ。

(1)　スピアマンは，知能の構成概念を明確にする目的で研究を行い，因子分析という数学的分析方法を利用して，人間の知能の構成概念を最初に明確にした。

(2)　キャッテルは，一般知能因子（g因子）の下位分類として，教育や文化的背景に大きく依存する知識・経験に基づく能力の他に，推理を使って新奇な課題を解決する能力を想定した。

(3)　1905年，フランスで学校の授業についていけない子どもを特定し，補償教育を実施するために，はじめて知能検査が開発された。

①多因子説　②知性の構造モデル　③多重知能理論　④知能の2因子説
⑤流動性知能　⑥ウェクスラー式知能検査　⑦KABC-Ⅱ
⑧ビネー式知能検査　⑨集団式知能検査

問2　ピアジェの提唱した認知発達理論において，自分を環境に合わせて変える働きのことを何というか。次の①～④の中から1つ選び，番号で答えよ。

①同化　②符号化　③調節　④均衡化

問3　次の①～④の文のうち，下線部の内容が誤っているものを1つ選び，番号で答えよ。

①　報酬を自発的な行動に対して与え続けて，後に報酬を取り去ると，自発的な行動の量が減るという現象をエンハンシング効果という。

②　学習者のもつ目立った特徴に引きずられて，その特徴だけでなく他のことまで同じように評価してしまうことをハロー効果という。

③　オペラント条件づけを理論的な背景とするシェーピングは，望ましい行動の形成やプログラム学習に応用されている。

④　情報の一時的な貯蔵に加え，貯蔵した情報を使って課題を操作することも含む記憶をワーキングメモリという。

7　**次の各問いに答えなさい。**

問1　次の文は，「『令和の日本型学校教育』の構築を目指して　～全ての子供たちの可能性を引き出す，個別最適な学びと，協働的な学びの実現～（答申）」（令和３年１月　中央教育審議会）に示されている2020年代を通じて実現すべき「令和の日本型学校教育」の姿に関する記述の一部である。［1］～［3］に当てはまる語句を後の①～⑨の中からそれぞれ１つずつ選び，番号で答えよ。

○　全ての子供に基礎的・基本的な知識・技能を確実に習得させ，思考力・判断力・表現力等や，自ら学習を調整しながら［1］学習に取り組む態度等を育成するためには，教師が支援の必要な子供により重点的な指導を行うことなどで効果的な指導を実現することや，子供一人一人の［2］や学習進度，学習到達度等に応じ，指導方法・教材や学習時間等の柔軟な提供・設定を行うことなどの「指導の個別化」が必要である。

○　基礎的・基本的な知識・技能等や，言語能力，情報活用能力，問題発見・解決能力等の学習の基盤となる資質・能力等を土台として，幼児期からの様々な場を通じての［3］から得た子供の興味・関心・キャリア形成の方向性等に応じ，探究において課題の設定，情報の収集，整理・分析，まとめ・表現を行う等，教師が子供一人一人に応じた学習活動や学習課題に取り組む機会を提供することで，子供自身が学習が最適となるよう調整する「学習の個性化」も必要である。

①体験活動　②能力　③家庭環境　④個性　⑤粘り強く
⑥意欲的に　⑦まじめに　⑧特性　⑨生活経験

問2　次の文は，「第３次学校安全の推進に関する計画の策定について（答申）」（令和４年２月　中央教育審議会）の「３．学校における安全に関する教育の充実」に関する記述である。［1］，［2］に当てはまる語句を後の①～⑥の中からそれぞれ１つずつ選び，番号で答えよ。

学校における安全教育の目標は，日常生活全般における安全確保のために必要な事項を実践的に理解し，自他の［1］尊重を基盤として，［2］を通じて安全な生活を送る基礎を培うとともに，進んで安全で安心な社会づくりに参加し貢献できるような資質・能力を育成することを目指すものである。

①生命　②生涯　③人権　④学校生活　⑤尊厳　⑥教育活動全体

解答＆解説

1 解答 問1　1―⑪　2―⑨　3―⑩　4―③　　問2　⑤

解説 問1　(1)教育基本法第9条第1項を参照。「教員」の規定。

(2)地方公務員法第35条を参照。「職務に専念する義務」の規定。

(3)学校教育法施行規則第49条を参照。「校務分掌」の規定。

(4)学校教育法第12条を参照。「健康診断等」の規定。

問2　A：教育公務員特例法第23条第1項を参照。「初任者研修」の規定。

B：教育職員免許法第4条第1項を参照。免許状の「種類」の規定。

C：学校保健安全法第20条を参照。感染症予防のための「臨時休業」の規定。「校長」ではなく「学校の設置者」。

D：教育職員等による児童生徒性暴力等の防止等に関する法律第10条を参照。「教育職員等の責務」の規定。「責任感」ではなく「倫理」。

E：教育職員等による児童生徒性暴力等の防止等に関する法律第13条第1項を参照。「教育職員等に対する啓発等」の規定。「校長」ではなく「国及び地方公共団体」。

2 解答 問1　1―⑥　2―⑤　　問2　1―①　2―③　3―②

解説 問1　平成29年版小学校学習指導要領（2017年3月31日告示）の「第1章　総則」「第1　小学校教育の基本と教育課程の役割」の2(1)，平成29年版中学校学習指導要領（2017年3月31日告示）の「第1章　総則」「第1　中学校教育の基本と教育課程の役割」の2(1)，平成30年版高等学校学習指導要領（2018年3月30日告示）の「第1章　総則」「第1款　高等学校教育の基本と教育課程の役割」の2(1)，平成29年版特別支援学校小学部・中学部学習指導要領（2017年4月28日告示）の「第1章　総則」「第2節　小学部及び中学部における教育の基本と教育課程の役割」の2(1)，平成31年版特別支援学校高等部学習指導要領（2019年2月4日告示）の「第1章　総則」「第2節　教育課程の編成」「第1款　高等部における教育の基本と教育課程の役割」の2(1)を参照。

問2　平成29年版小学校学習指導要領（2017年3月31日告示）の「第1章　総則」「第3　教育課程の実施と学習評価」「2　学習評価の充実」，平成29年版中学校学習指導要領（2017年3月31日告示）の「第1章　総則」「第3　教育課程の実施と学習評価」「2　学習評価の充実」，平成30年版高等学校学習指導要領（2018年3月30日告示）の「第1章　総則」「第3款　教育課程の実施と学習評価」「2　学習評価の充実」，平成29年版特別支援学校小学部・中学部学習指導要領（2017年4月28日告示）の「第1章　総則」「第4節　教育課程の実施と学習評価」「3　学習評価の充実」，平成31年版特別支援学校高等部学習指導要領（2019年2月4日告示）の「第1章　総則」「第2節　教育課程の編成」「第3款　教育課程の実施と学習評価」「3　学習評価の充実」を参照。

3 解答 問1　③　　問2　②　　問3　③　　問4　①　　問5　①

解説 問1　義務教育の段階における普通教育に相当する教育の機会の確保等に関する

法律第３条を参照。「基本理念」の規定。

問２　文部科学省「校則の見直し等に関する取組事例について（事務連絡）」(2021年６月８日）の「別添２　校則について①」を参照。

②「１　校則の性質」を参照。「校則について定める法令の規定は特にない」と示されている。

①・③「１　校則の性質」を参照。

④「２　校則の内容と運用」「⑴校則の主な内容」を参照。

問３　文部科学省「学校・教育委員会等向け虐待対応の手引き（改訂版）」(2020年６月）の「対応編１ 日頃の観察から通告まで」「２．通告の判断に当たって」を参照。

③囲みの中の③を参照。

①囲みの中の①を参照。正しくは「確証がなくても通告すること」と示されている。

②囲みの中の②を参照。正しくは「虐待の有無を判断するのは児童相談所等の専門機関であること」と示されている。

④正しくは「同法（＝児童虐待の防止等に関する法律）第６条第３項の規定により，法令上の守秘義務違反に問われることもありません」と示されている。

問４　文部科学省「いじめの防止等のための基本的な方針」(2013年10月11日文部科学大臣決定，2017年３月14日最終改定）の「第１　いじめの防止等のための対策の基本的な方向に関する事項」「２　いじめの防止等の対策に関する基本理念」を参照。

問５　文部科学省「児童生徒の自殺予防に向けた困難な事態，強い心理的負担を受けた場合等における対処の仕方を身に付ける等のための教育の推進について（通知）」(2018年１月23日）を参照。

①１．を参照。正しくは「子供の最も身近な存在である担任教師主体でなされることが望ましい」「養護教諭，スクールカウンセラー等がティームティーチングという形でクラスに入ることのメリット等」とともに「SOSの出し方に関する教育を実施するに当たっては，（中略）保健師，社会福祉士，民生委員等を活用することも有効であること」と示されている。

②は２．③は３．④は４．を参照。

4 **解答** **問１**　⑴―②　⑵―⑧　⑶―①　⑷―④　　**問２**　③

解説 問１　⑴②寺子屋は，庶民のための私的な教育機関で，往来物を教科書として使用し，読・書・算の手習いを教育内容とした。明治初年の調査では１万5000を超え，これが近代の小学校の基礎となった。

⑵⑧森有礼（1847～1889）は，第１次伊藤博文内閣で初代文部大臣を務めた。国家主義に立つ教育制度の改変を行い，近代学校体系の枠組みを確立した。

⑶①「皇国民錬成」の基調に沿って，小学校を国民学校と改称。初等教育が再編され，初等科６年，高等科２年で義務教育が８年に延長された。

⑷④特別支援教育の推進に関する調査研究協力者会議「今後の特別支援教育の在

り方について（最終報告）」(2003年３月28日）の「第２章　今後の特別支援教育の在り方についての基本的な考え方」「１　特別支援教育における基本的視点」の(3)を参照。

問２　③「カント」(1724～1804）ではなく「エレン・ケイ」(1849～1926)。

5 **解答** **問１**　1—③　2—①　**問２**　1—⑧　2—①　3—③

解説 問１　A：人権教育及び人権啓発の推進に関する法律第３条を参照。「基本理念」の規定。

B：障害を理由とする差別の解消の推進に関する法律第５条を参照。「社会的障壁の除去の実施についての必要かつ合理的な配慮に関する環境の整備」の規定。

問２　人権教育の指導方法等に関する調査研究会議「人権教育の指導方法等の在り方について［第三次とりまとめ］」(2008年３月）の「第１章　学校教育における人権教育の改善・充実の基本的考え方」「１．人権及び人権教育」「(3)人権感覚とは」を参照。

6 **解答** **問１**　(1)—④　(2)—⑤　(3)—⑧　**問２**　③　**問３**　①

解説 問１　(1)④スピアマン（1863～1945）は，児童の知能検査の結果を分析して，一般因子と特殊因子という２つの因子で知能の二因子説を唱えた。

(2)⑤キャッテル（1905～98）は，16特性因子別の性格検査（16ＰＦ）を開発した。また，年齢を重ねても向上するのが結晶性知能で，課題を速く大量に処理するのに必要な流動性知能と区別した。

(3)⑧ビネー式知能検査は，３歳から成人を測定対象とし，言語性の検査項目と動作性の検査項目が混在した形式をとり，被検査者の年齢に応じて開始する検査項目を適宜選択する。

問２　③新しい情報に直面したとき，自分がすでにもっているシェマ（認知的枠組み）に合うように情報を変化させて自分の内部に取り入れる働きは「同化」。既存のシェマを修正することによって新しい情報を組み入れる働きを「調節」という。

問３　①「エンハンシング効果」ではなく「アンダーマイニング効果」の説明。エンハンシング効果とは，適切な動機づけを行なうとやる気が高まる現象。

7 **解答** **問１**　1—⑤　2—⑧　3—①　**問２**　1—①　2—②

解説 問１　中央教育審議会答申「『令和の日本型学校教育』の構築を目指して　～全ての子供たちの可能性を引き出す，個別最適な学びと，協働的な学びの実現～」(2021年１月26日，４月22日更新）の「３．2020年代を通じて実現すべき『令和の日本型学校教育』の姿」「(1)子供の学び」を参照。

問２　中央教育審議会答申「第３次学校安全の推進に関する計画の策定について」(2022年２月７日）の「Ⅱ 学校安全を推進するための方策」「３．学校における安全に関する教育の充実」を参照。

熊本県

実施日	2023(令和5)年7月9日	試験時間	40分
出題形式	選択式	問題数	8題（解答数40）
パターン	法規・時事＋ローカル・原理・心理	公開状況	問題：公開　解答：公開　配点：公開

傾向&対策

●出題分野にかかわらず「人権教育」「特別支援教育」が必出の教育トピック。●教育法規は，くまもと家庭教育支援条例，熊本県部落差別の解消の推進に関する条例など，熊本県の条例及び人権に関する法規が必出。●教育時事は，「『令和の日本型学校教育』を担う教師」（2022年12月）及び「次期教育振興基本計画」（2023年3月）に関する中央教育審議会答申，「インクルーシブ教育システム構築」に関する中央教育審議会報告（2012年7月），「通常の学級に在籍する特別な教育的支援を必要とする児童生徒」に関する調査（2022年12月）。●必出のローカル問題は，前述の条例のほか8年連続の「熊本県人権教育・啓発基本計画【第4次改訂版】」（2020年12月），「くまもとの教職員像」（2005年4月）。

出題領域

教育原理	教育課程・学習指導要領		総則		特別の教科　道徳	
	外国語活動		総合的な学習(探究)の時間		特別活動	
	学習指導		生徒指導	2	学校・学級経営	
	特別支援教育	1	人権・同和教育	↓法規 ローカル	その他	
教育心理	発達		学習	1	性格と適応	
	カウンセリングと心理療法		教育評価	1	学級集団	
教育法規	教育の基本理念	3	学校教育	1	学校の管理と運営	3
	児童生徒	2	教職員	5	憲法 1 / 人権教育 1 / 特別支援教育 1	
教育史	日本教育史		西洋教育史			
教育時事	答申・統計	14	ローカル	4		

表中の数字は，解答数

全校種共通

☞解答＆解説 p.507

1　次の(1)～(6)は，法令の条文の一部である。該当する法令名を，下の①～⑩からそれぞれ1つずつ選び，番号で答えなさい。

(1) 国及び地方公共団体が設置する学校は，特定の宗教のための宗教教育その他宗教的活動をしてはならない。

(2) 部活動指導員は，中学校におけるスポーツ，文化，科学等に関する教育活動（中学校の教育課程として行われるものを除く。）に係る技術的な指導に従事する。

(3) すべて国民は，法律の定めるところにより，その能力に応じて，ひとしく教育を受ける権利を有する。

(4) 職員は，その職の信用を傷つけ，又は職員の職全体の不名誉となるような行為をしてはならない。

(5) 教育公務員は，その職責を遂行するために，絶えず研究と修養に努めなければならない。

(6) 学校等は，基本理念にのっとり，家庭及び地域住民と連携し，及び協働して，子どもに生活のために必要な習慣を身に付けさせるとともに，自立心を育成し，心身の調和のとれた発達を図るよう努めるものとする。

①日本国憲法　②地方自治法　③教育基本法　④学校教育法
⑤学校教育法施行規則　⑥学校保健安全法　⑦教育公務員特例法
⑧くまもと家庭教育支援条例　⑨地方公務員法
⑩地方教育行政の組織及び運営に関する法律

2　次の(1)～(6)は，法令の条文の一部である。各文中の空欄［　　］に当てはまる語句を，下の①～⑤からそれぞれ1つずつ選び，番号で答えなさい。

(1) 教育は，人格の完成を目指し，平和で民主的な国家及び社会の形成者として必要な資質を備えた心身ともに健康な［　　］の育成を期して行われなければならない。

［関係法令：教育基本法第1条］

①児童生徒　②子ども　③成人　④国民　⑤人間

(2) 地方公共団体における教育行政は，［　　］の趣旨にのつとり，教育の機会均等，教育水準の維持向上及び地域の実情に応じた教育の振興が図られるよう，国との適切な役割分担及び相互の協力の下，公正かつ適正に行われなければならない。

［関係法令：地方教育行政の組織及び運営に関する法律第1条の2］

①日本国憲法　②教育基本法　③学校教育法　④学習指導要領
⑤学校教育法施行規則

(3) 授業開始の時刻は，［　　］が定める。　［関係法令：学校教育法施行規則第60条］

①知事　②首長　③教育委員会　④教育長　⑤校長

(4) 学校においては，別に法律で定めるところにより，幼児，児童，生徒及び学生並びに職員の健康の保持増進を図るため，［　　］を行い，その他その保健に必要な措置を講じなければならない。　［関係法令：学校教育法第12条］

①健康診断　②健康観察　③健康相談　④健康調査　⑤保健指導

(5) 地方公共団体は，この法律に基いて定められた給与，勤務時間その他の勤務条件が社会一般の情勢に適応するように，随時，適当な措置を講じなければならない。

2 ＿＿＿は，随時，前項の規定により講ずべき措置について地方公共団体の議会及び長に勧告することができる。［関係法令：地方公務員法第14条］

①人事院　②人事委員会　③教育委員会　④監査事務局
⑤行政オンブズマン

(6) 公立の小学校等の教諭等の研修実施者は，当該教諭等に対して，その採用の日から＿＿＿の教諭又は保育教諭の職務の遂行に必要な事項に関する実践的な研修を実施しなければならない。［関係法令：教育公務員特例法第23条第１項］

①１月間　②３月間　③６月間　④１年間　⑤３年間

3 **次の文章は，「いじめ防止対策推進法（平成25年法律第71号）」の第19条である。空欄＿＿＿に当てはまる語句を，下の①～⑤から１つ選び，番号で答えなさい。**

学校の設置者及びその設置する学校は，当該学校に在籍する児童等及びその保護者が，発信された情報の高度の流通性，発信者の匿名性その他のインターネットを通じて送信される情報の特性を踏まえて，インターネットを通じて行われるいじめを防止し，及び効果的に対処することができるよう，これらの者に対し，必要な＿＿＿を行うものとする。

①啓発活動　②教育活動　③授業　④環境整備　⑤道徳活動

4 **次の(1)～(7)は，人権に関する文章である。各文中の空欄＿＿＿に当てはまる語句を，下の①～⑤からそれぞれ１つずつ選び，番号で答えなさい。**

(1) 「日本国憲法」の第11条には，「国民は，すべての基本的人権の享有を妨げられない。この憲法が国民に保障する基本的人権は，侵すことのできない＿＿＿として，現在及び将来の国民に与へられる。」と示されている。

①普遍的な権利　②永遠の権利　③恒久の権利　④持続的な権利
⑤永久の権利

(2) 「教育基本法」の前文には，「我々は，この理想を実現するため，個人の＿＿＿を重んじ，真理と正義を希求し，公共の精神を尊び，豊かな人間性と創造性を備えた人間の育成を期するとともに，伝統を継承し，新しい文化の創造を目指す教育を推進する。」と述べられている。

①自由　②尊厳　③意思　④価値　⑤人格

(3) 「人権教育及び人権啓発の推進に関する法律」の第３条には，「国及び地方公共団体が行う人権教育及び人権啓発は，学校，地域，家庭，職域その他の様々な場を通じて，国民が，その発達段階に応じ，人権尊重の＿＿＿に対する理解を深め，これを体得することができるよう，多様な機会の提供，効果的な手法の採用，国民の自主性の尊重及び実施機関の中立性の確保を旨として行われなければならない。」と示されている。

①概念　②意義　③理念　④内容　⑤精神

(4) 令和５年４月１日に施行された「＿＿＿」の第３条第１項には，「全てのこどもについて，個人として尊重され，その基本的人権が保障されるとともに，差別的取扱いを受けることがないようにすること。」と示されている。

①こども基本法　②こども保護条例　③こどもの権利条約
④こどもの擁護に関する条例　⑤こどもの権利憲章

(5) 「熊本県人権教育・啓発基本計画【第4次改定版】(令和2年12月)」では，人権教育・啓発の定義について「全ての県民を対象として，あらゆる場，あらゆる機会を捉えて行われるもので，自らの尊厳に気づくとともに，[　　]を容認する「共生の心」を育み，県民が物事を人権の視点で捉え，それを自分のこととして考え，行動できる態度を身につけることができるようになるための教育・啓発」としている。

①個性　②特性　③差異性　④多様性　⑤特異性

(6) 「くまもとの教職員像　～「認め，ほめ，励まし，伸ばす」くまもとの教職員～（平成17年4月5日)」の「1　教職員としての基本的資質」には，「①教育的愛情と[　　]」を掲げている。

①豊かな心　②人権意識　③人権への配慮　④感受性　⑤人権感覚

(7) 令和2年6月29日に公布・施行された「熊本県[　　]の解消の推進に関する条例」の第1条には，「現在もなお[　　]が存在する」と示されている。（空欄は同じ言葉）

①ハンセン病問題　②障がいを理由とする差別　③部落差別
④インターネットによる人権侵害　⑤不当な差別的言動

5 **次の文章は，中央教育審議会「『令和の日本型学校教育』を担う教師の養成・採用・研修等の在り方について　～「新たな教師の学びの姿」の実現と，多様な専門性を有する質の高い教職員集団の形成～（答申）（令和4年12月)」の一部である。空欄[ア]～[オ]に当てはまる最も適当な語句を，下の語群の①～⑤からそれぞれ1つずつ選び，番号で答えなさい。**

令和3年答申では，「一人一人の子供を[ア]」にし，「全ての子供たちの可能性を引き出す，[イ]な学びと，協働的な学び」の充実を通じて，「主体的・対話的で深い学び」を実現するという学校教育の目指すべき姿を示しており，子供たちの学び（授業観・学習観）の転換を目指している。

[イ]な学び，協働的な学びの充実を通じて，「主体的・対話的で深い学び」を実現することは，児童生徒の学びのみならず，教師の学びにも求められる命題である。つまり，教師の学びの姿も，子供たちの学びの[ウ]であるといえる。

[エ]に学び続ける教師の姿は，児童生徒にとっても重要な[オ]である。「令和の日本型学校教育」を実現するためには，子供たちの学びの転換とともに，教師自身の学び（研修観）の転換を図る必要がある。

ア　①中心　②主語　③大切　④主役　⑤対象
イ　①探究的　②能動的　③多様　④個別最適　⑤豊か
ウ　①相似形　②活用形　③発展形　④未来形　⑤進化形
エ　①専門的　②積極的　③主体的　④計画的　⑤継続的
オ　①心の支え　②道標　③存在　④手本　⑤ロールモデル

6 **次の文章は，中央教育審議会「次期教育振興基本計画について（答申）（令和5年3月)」の一部である。空欄[ア]～[エ]に当てはまる最も適当な語句を，下の語群の①～⑤からそれぞれ1つずつ選び，番号で答えなさい。**

Ⅱ．今後の教育政策に関する基本的な方針

（総括的な基本方針・コンセプト）

○　上述の我が国の教育をめぐる現状・課題・展望を踏まえ，本計画では［ア］年以降の社会を見据えた教育政策におけるコンセプトとも言うべき総括的な基本方針として「［イ］な社会の創り手の育成」及び「日本社会に根差した［ウ］の向上」を掲げる。両者は今後我が国が目指すべき社会及び個人の在り様として重要な概念であり，これらの相互［エ］的な実現に向けた取組が進められるよう教育政策を講じていくことが必要である。

ア　①2030　②2035　③2040　④2045　⑤2050

イ　①持続可能　②エイジフリー　③包摂的　④予測困難　⑤民主的

ウ　①学校教育の質　②リテラシー　③教職員の資質・能力　④ウェルビーイング　⑤地域の教育力

エ　①依存　②扶助　③補完　④循環　⑤作用

7　**次の(1)〜(4)の各問いの答えとして最も適当なものを，下の①〜⑤からそれぞれ1つずつ選び，番号で答えなさい。**

(1)「ある行動に対して満足な結果が得られれば，その状況と行動との結びつきは強まり，逆に不快な結果が得られるなら，その状況と行動との結びつきは弱まる」という「効果の法則」を唱えたアメリカの教育心理学者は誰か。

①パブロフ　②スキナー　③ソーンダイク　④ケーラー　⑤トールマン

(2) 教育活動の過程で，中間的成果を把握したり，活動状況をモニターしたりして，その時点で必要な手だてを講じたり，活動の軌道修正を図ったりする評価活動を何と言うか。

①絶対評価　②相対評価　③診断的評価　④形成的評価　⑤総括評価

(3)「生徒指導提要（令和4年12月　文部科学省）」で示されている，「チーム支援において，当該児童生徒の課題に関連する問題状況や緊急対応を要する危機の程度等の情報を収集・分析・共有し，課題解決に有効な支援仮説を立て，支援目標や方法を決定するための資料を提供するプロセス」のことを何と言うか。

①アセスメント　②カウンセリング　③コンサルテーション　④コーディネーション　⑤プリベンション

(4) 次の文章は，「生徒指導提要（令和4年12月　文部科学省）」の一部である。空欄［ア］〜［エ］に当てはまる語句の組み合わせとして正しいものを，下の①〜⑤から1つ選び，番号で答えなさい。

(2) 生徒指導の目的

生徒指導の目的は，教育課程の内外を問わず，学校が提供する全ての教育活動の中で児童生徒の［ア］が尊重され，個性の発見とよさや［イ］の伸長を児童生徒自らが図りながら，多様な社会的資質・能力を獲得し，自らの資質・能力を適切に行使して［ウ］を果たすべく，［エ］を児童生徒自らが追求することを支えるところに求められます。

①　ア　人格　イ　主体性　ウ　自己実現　エ　世界の平和と人類の福祉

② ア 人格 イ 可能性 ウ 自己実現 エ 自己の幸福と社会の発展
③ ア 人格 イ 可能性 ウ 社会参画 エ 自己の幸福と社会の発展
④ ア 人権 イ 主体性 ウ 社会参画 エ 世界の平和と人類の福祉
⑤ ア 人権 イ 可能性 ウ 自己実現 エ 自己の幸福と社会の発展

8 次の(1)～(4)の各問いに答えなさい。

(1) 次のA，Bの文は，文部科学省「共生社会の形成に向けたインクルーシブ教育システム構築のための特別支援教育の推進（報告）」（平成24年７月23日）の一部である。文中の空欄［ア］～［エ］に当てはまる語句を，下の語群の①～⑤からそれぞれ１つずつ選び，番号で答えなさい。

A 「共生社会」とは，これまで必ずしも十分に社会参加できるような環境になかった障害者等が，積極的に参加・［ア］していくことができる社会である。それは，誰もが相互に［イ］と個性を尊重し支え合い，人々の多様な在り方を相互に認め合える［ウ］の社会である。このような社会を目指すことは，我が国において最も積極的に取り組むべき重要な課題である。

B 障害者の権利に関する条約第24条によれば，「インクルーシブ教育システム」とは，人間の多様性の尊重等の強化，障害者が精神的及び身体的な能力等を可能な最大限度まで発達させ，自由な社会に効果的に参加することを可能とするとの目的の下，障害のある者と障害のない者が共に学ぶ仕組みであり，障害のある者が「教育制度一般」から排除されないこと，自己の生活する地域において初等中等教育の機会が与えられること，個人に必要な「［エ］」が提供される等が必要とされている。

ア ①寄与 ②貢献 ③行動 ④参画 ⑤発信
イ ①人権 ②尊厳 ③人格 ④他者 ⑤特性
ウ ①全員参加型 ②自由参加型 ③一部参加型 ④自主参加型 ⑤本人参加型
エ ①学びの場 ②サービス ③合理的配慮 ④教育的支援 ⑤環境整備

(2) 文部科学省「通常の学級に在籍する特別な教育的支援を必要とする児童生徒に関する調査結果（令和４年）」において，小学校・中学校の通常の学級に在籍する児童生徒のうち，「知的発達に遅れはないものの学習面又は行動面で著しい困難を示す」とされた児童生徒数の割合（推定値）を，下の①～⑤から１つ選び，番号で答えなさい。

①2.2% ②5.4% ③6.4% ④8.8% ⑤10.5%

(3) 次の文は，発達障害者支援法第２条の抜粋である。文中の空欄［　］に当てはまる語句を，下の①～⑤から１つ選び，番号で答えなさい。

この法律において「発達障害」とは，自閉症，アスペルガー症候群その他の広汎性発達障害，［　］，注意欠陥多動性障害その他これに類する脳機能の障害であってその症状が通常低年齢において発現するものとして政令で定めるものをいう。

①知的障害 ②高次脳機能障害 ③肢体不自由 ④病弱 ⑤学習障害

(4) 次の特別支援教育に関する各文のうち，誤っているものを①～⑤から１つ選び，番号で答えなさい。

① 小学校，中学校，義務教育学校，高等学校及び中等教育学校には，知的障害者，

肢体不自由者，身体虚弱者，弱視者，難聴者，その他障害のある者で，特別支援学級において教育を行うことが適当な児童及び生徒のために，特別支援学級を置くことができる。

② 「交流及び共同学習」とは，大部分の授業を小学校，中学校，義務教育学校，高等学校又は中等教育学校の通常の学級で受けながら，一部，障害に応じた特別の指導を特別な場で受ける指導形態のことである。

③ 障害のある児童生徒に対して，通級による指導を行い，特別の教育課程を編成する場合には，特別支援学校小学部・中学部学習指導要領又は特別支援学校高等部学習指導要領に示す自立活動の内容を参考とする。

④ 特別支援学校は，小学校又は中学校等の要請により，障害のある児童若しくは生徒又は当該児童若しくは生徒の教育を担当する教師等に対して必要な助言又は援助を行うなど，地域における特別支援教育のセンターとしての役割を果たすように努めること。

⑤ 各学校の校長は，特別支援教育のコーディネーター的な役割を担う教員を「特別支援教育コーディネーター」に指名し，校務分掌に明確に位置付けること。

解答＆解説

1 解答 (1)—③　(2)—⑤　(3)—①　(4)—⑨　(5)—⑦　(6)—⑧

解説 (1)教育基本法第15条第２項を参照。「宗教教育」の規定。

(2)学校教育法施行規則第78条の２を参照。「部活動指導員」の規定。

(3)日本国憲法第26条第１項を参照。「教育を受ける権利」の規定。

(4)地方公務員法第33条を参照。「信用失墜行為の禁止」の規定。

(5)教育公務員特例法第21条第１項を参照。「研修」の規定。

(6)くまもと家庭教育支援条例第７条第１項を参照。「学校等の役割」の規定。

2 解答 (1)—④　(2)—②　(3)—⑤　(4)—①　(5)—②　(6)—④

解説 (1)教育基本法第１条を参照。「教育の目的」の規定。

(2)地方教育行政の組織及び運営に関する法律第１条の２を参照。「基本理念」の規定。

(3)学校教育法施行規則第60条を参照。「授業終始の時刻」の規定。

(4)学校教育法第12条を参照。「健康診断等」の規定。

(5)地方公務員法第14条を参照。「情勢適応の原則」の規定。

(6)教育公務員特例法第23条第１項を参照。「初任者研修」の規定。

3 解答 ①

解説 いじめ防止対策推進法第19条第１項を参照。「インターネットを通じて行われるいじめに対する対策の推進」の規定。

4 解答 (1)—⑤　(2)—②　(3)—③　(4)—①　(5)—④　(6)—⑤　(7)—③

解説 (1)日本国憲法第11条を参照。「基本的人権の享有と本質」の規定。

⑵教育基本法の前文を参照。

⑶人権教育及び人権啓発の推進に関する法律第3条を参照。「基本理念」の規定。

⑷こども基本法第3条第一号を参照。「基本理念」の規定。

⑸熊本県「熊本県人権教育・啓発基本計画【第4次改定版】」(2020年12月）の「第2章　基本理念」「1　人権教育・啓発の定義等」「⑵人権教育・啓発の定義」「【人権教育・啓発の定義】」を参照。第4次改定版では，これまで「人権の重要課題」としてきた12項目に，新たに「災害と人権」の項目を加え，それぞれの分野の背景や現状，課題について整理した上で，課題解決に向けた取り組みを「主な施策」として掲げている。

⑹熊本県教育委員会「くまもとの教職員像　～『認め，ほめ，励まし，伸ばす』くまもとの教職員～」(2005年4月5日)」の「1　教職員としての基本的資質」を参照。「教職員としての基本的資質」として①教育的愛情と人権感覚，②使命感と向上心，③組織の一員としての自覚，「2　教職員としての専門性」として①児童生徒理解と豊かな心の育成，②学習の実践的指導力，③保護者・地域住民との連携――の3つがそれぞれ挙げられている。

⑺熊本県部落差別の解消の推進に関する条例第1条を参照。この条例の「目的」の規定。

5 **解答** ア―②　イ―④　ウ―①　エ―③　オ―⑤

解説 中央教育審議会答申「『令和の日本型学校教育』を担う教師の養成・採用・研修等の在り方について　～『新たな教師の学びの姿』の実現と，多様な専門性を有する質の高い教職員集団の形成～」(2022年12月19日）の「第Ⅰ部　総論」「4. 今後の改革の方向性」「⑴『新たな教師の学びの姿』の実現」「①. 教職生活を通じた『新たな学びの姿』の実現」を参照。

6 **解答** ア―③　イ―①　ウ―④　エ―④

解説 中央教育審議会答申「次期教育振興基本計画について」(2023年3月8日）の「Ⅱ. 今後の教育政策に関する基本的な方針」「(総括的な基本方針・コンセプト)」を参照。

7 **解答** ⑴―③　⑵―④　⑶―①　⑷―②

解説 ⑴③ソーンダイク（1874～1949）は，「問題箱」と呼ばれる複雑な仕掛けがある装置の中にネコを入れ，脱出するまでの行動を観察した結果，経験を重ねるごとに脱出時間が短くなったことから試行錯誤説を唱えた。

⑵④形成的評価は，学習活動の進行中に実施され，進行中の学習の到達度・理解度を学習者に知らせるとともに，指導者に対しては指導法が適切であるかどうかをフィードバックする機能をもつ。

⑶①『生徒指導提要』(2022年12月）の「第Ⅰ部　生徒指導の基本的な進め方」「第1章　生徒指導の基礎」「1.3　生徒指導の方法」「1.3.4　チーム支援による組織的対応」「⑴チーム支援の特色」を参照。

⑷②『生徒指導提要』(2022年12月）の「第Ⅰ部　生徒指導の基本的な進め方」「第1章　生徒指導の基礎」「1.1　生徒指導の意義」「1.1.1　生徒指導の定義と目的」

「(2)生徒指導の目的」を参照。

8 **解答** (1)ア―②　イ―③　ウ―①　エ―③　(2)―④　(3)―⑤　(4)―②

解説 (1)中央教育審議会報告「共生社会の形成に向けたインクルーシブ教育システム構築のための特別支援教育の推進（報告）」(2012年７月23日）の「1. 共生社会の形成に向けて」の冒頭の囲みを参照。

(2)④文部科学省「通常の学級に在籍する特別な教育的支援を必要とする児童生徒に関する調査結果について」(2022年12月13日）の「3.『Ⅰ. 児童生徒の困難の状況』の調査結果」を」参照。

(3)⑤発達障害者支援法第２条第１項を参照。発達障害の「定義」の規定。

(4)②「交流及び共同学習」ではなく「通級による指導」。交流及び共同学習は，障害のある子供と障害のない子供，あるいは地域の障害のある人とが触れ合い，共に活動する交流及び共同学習は，障害のある子供にとっても，障害のない子供にとっても，経験を深め，社会性を養い，豊かな人間性を育むとともに，お互いを尊重し合う大切さを学ぶ機会となるなど，大きな意義を有する。

①学校教育法第81条第２項を参照。「特別支援学級」の規定。

③平成29年版小学校学習指導要領（2017年３月31日告示）の「第１章　総則」「第４　児童の発達の支援」「２　特別な配慮を必要とする児童への指導」「(1)障害のある児童などへの指導」のウ，平成29年版中学校学習指導要領（2017年３月31日告示）の「第１章　総則」「第４　生徒の発達の支援」「２　特別な配慮を必要とする生徒への指導」「(1)障害のある生徒などへの指導」のウ，平成30年版高等学校学習指導要領（2018年３月30日告示）の「第１章　総則」「第５款　生徒の発達の支援」「２　特別な配慮を必要とする生徒への指導」「(1)障害のある生徒などへの指導」のイを参照。

④平成29年版特別支援学校小学部・中学部学習指導要領（2017年４月28日告示）の「第１章　総則」「第６節　学校運営上の留意事項」の３を参照。

⑤『小学校学習指導要領解説　総則編』(2017年７月）の「第３章　教育課程の編成及び実施」「第４節　児童の発達の支援」「２　特別な配慮を必要とする児童への指導」「(1)障害のある児童などへの指導」「①児童の障害の状態等に応じた指導の工夫（第１章第４の２の(1)のア）」,『中学校学習指導要領解説　総則編』(2017年７月）の「第３章　教育課程の編成及び実施」「第４節　生徒の発達の支援」「２　特別な配慮を必要とする生徒への指導」「(1)障害のある生徒などへの指導」「①生徒の障害の状態等に応じた指導の工夫（第１章第４の２の(1)のア）」,『高等学校学習指導要領解説　総則編』(2018年７月）の「第６章　生徒の発達の支援」「第２節　特別な配慮を必要とする生徒への指導」「１　障害のある生徒などへの指導」「(1)生徒の障害の状態等に応じた指導の工夫（第１章総則第５款２（1）ア)」を参照。

熊本市

実施日	2023(令和５)年７月９日	試験時間	40分
出題形式	選択式	問題数	13題（解答数31）
パターン	法規･原理･ローカル･時事＋心理･教育史	公開状況	問題：公開　解答：公開　配点：公開

傾向&対策 ●大問は「教育法規」「教育心理，教育原理，熊本市の施策」「人権教育」「特別支援教育」の４つにカテゴライズされ，「人権教育」は複数分野にまたがる必出の教育トピック。●出題の約半数を占める教育法規は，2023年４月施行のこども基本法をはじめ，頻出条文の空欄補充問題と正誤判定問題。●教育原理は，学習指導要領「総則」と，改訂『生徒指導提要』より「生徒指導の定義」。●ローカル問題は，「人権教育」が必出の教育トピックで，「熊本市人権教育の推進について」（2020年４月）は５年連続，「熊本市教育振興基本計画［熊本市教育大綱］」（2020年７月）は３年連続の出題。●教育時事は，「教育の情報化に関する手引（追補版）」（2020年６月）と，「人権教育・啓発に関する基本計画」（2011年４月）。

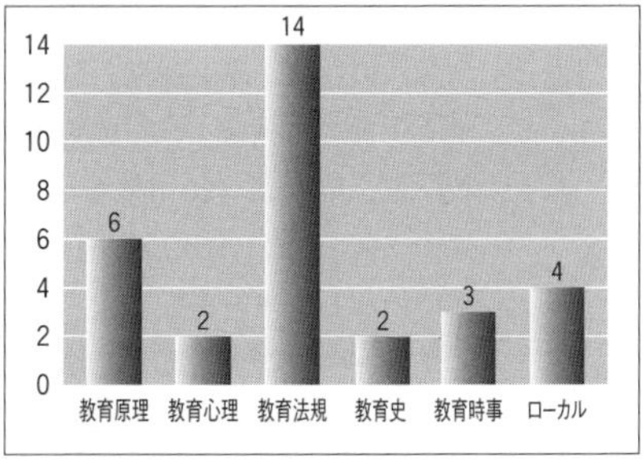

教育原理	教育心理	教育法規	教育史	教育時事	ローカル
6	2	14	2	3	4

出題領域

教育原理	教育課程・学習指導要領		総則	4	特別の教科　道徳	
	外国語活動		総合的な学習(探究)の時間		特別活動	
	学習指導		生徒指導	2	学校・学級経営	
	特別支援教育	↓法規	人権・同和教育	↓時事 ローカル	その他	
教育心理	発達	1	学習	1	性格と適応	
	カウンセリングと心理療法		教育評価		学級集団	
教育法規	教育の基本理念		学校教育		学校の管理と運営	
	児童生徒	8	教職員	3	憲法 ／ 特別支援教育	1 ／ 2
教育史	日本教育史	1	西洋教育史	1		
教育時事	答申・統計	3	ローカル	4		

表中の数字は，解答数

全校種共通

☞解答＆解説 p.517

1　次の文の(1)～(6)は，法令の条文の一部である。それぞれに該当する法令を，下の①～⑨から一つずつ選び，番号で答えなさい。

(1) 教員は，授業に支障のない限り，本属長の承認を受けて，勤務場所を離れて研修を行うことができる。

(2) 校長及び教員は，教育上必要があると認めるときは，文部科学大臣の定めるところにより，児童，生徒及び学生に懲戒を加えることができる。ただし，体罰を加えることはできない。

(3) すべて国民は，個人として尊重される。生命，自由及び幸福追求に対する国民の権利については，公共の福祉に反しない限り，立法その他の国政の上で，最大の尊重を必要とする。

(4) 法律に定める学校の教員は，自己の崇高な使命を深く自覚し，絶えず研究と修養に励み，その職責の遂行に努めなければならない。

(5) 学校の設置者は，感染症の予防上必要があるときは，臨時に，学校の全部又は一部の休業を行うことができる。

(6) すべて職員は，全体の奉仕者として公共の利益のために勤務し，且つ，職務の遂行に当つては，全力を挙げてこれに専念しなければならない。

①日本国憲法　②教育基本法　③学校教育法　④学校教育法施行令
⑤学校教育法施行規則　⑥地方公務員法　⑦教育公務員特例法
⑧学校保健安全法　⑨地方教育行政の組織及び運営に関する法律

2　次の(1)～(4)は，法令の条文の一部である。それぞれの（　　）に当てはまる語句を，下の①～⑤から一つずつ選び，番号で答えなさい。

(1) 国及び地方公共団体は，能力があるにもかかわらず，（　　）理由によって修学が困難な者に対して，奨学の措置を講じなければならない。（教育基本法　第4条3）

①社会的　②宗教的　③政治的　④文化的　⑤経済的

(2) 学校及び学校の教職員は，基本理念にのっとり，当該学校に在籍する児童等の保護者，地域住民，児童相談所その他の関係者との連携を図りつつ，学校全体でいじめの（　　）に取り組むとともに，当該学校に在籍する児童等がいじめを受けていると思われるときは，適切かつ迅速にこれに対処する責務を有する。

（いじめ防止対策推進法　第8条）

①予防及び早期発見　②防止及び早期解消　③予防及び再発防止
④防止及び早期発見　⑤発見及び早期解消

(3) 校長（学長を除く。）は，当該学校に在学する児童等について（　　）を作成しなければならない。（学校教育法施行規則　第25条）

①学齢簿　②個別の指導計画　③出席簿　④通知表　⑤健康診断票

(4) 全てのこどもについて，その年齢及び発達の程度に応じて，自己に直接関係する全ての事項に関して（　　）機会及び多様な社会的活動に参画する機会が確保されること。

（こども基本法　第3条3）

①環境を整える　②学びを選択する　③目標を達成する　④意見を表明する
⑤教育を受ける

3 **次の(1), (2)の各問いに答えなさい。**

(1) 次のア～オについて，公布・発布された年代順に正しく並べてあるものを，①～⑤から一つ選び，番号で答えなさい。

ア　教育基本法　イ　教育令　ウ　学制　エ　教育勅語　オ　国民学校令

①ウ→イ→エ→オ→ア
②イ→エ→ア→オ→ウ
③オ→イ→ウ→エ→ア
④オ→ア→ウ→イ→エ
⑤ウ→エ→オ→イ→ア

(2) 次の人物名と教授理論等の組合せとして誤っているものを，①～⑤から一つ選び，番号で答えなさい。

①ペーターゼン　………　イエナ・プラン
②ケイ　……………………　問題解決学習
③ブルーナー　…………　発見学習
④キルパトリック　……　プロジェクト・メソッド
⑤パーカースト　………　ドルトン・プラン

4 **次の(1), (2)の各問いに答えなさい。**

(1) 次の文は，「児童虐待の防止等に関する法律」に関する記述である。内容として正しくないものを，①～⑤から一つ選び，番号で答えなさい。

① 児童虐待を受けたと思われる児童を発見した者は，速やかに，これを市町村，都道府県の設置する福祉事務所若しくは児童相談所又は児童委員を介して市町村，都道府県の設置する福祉事務所若しくは児童相談所に通告するよう努めなければならない。

② 何人も，児童に対し，虐待をしてはならない。

③ 学校及び児童福祉施設は，児童及び保護者に対して，児童虐待の防止のための教育又は啓発に努めなければならない。

④ 児童の親権を行う者は，児童のしつけに際して，児童の人格を尊重するとともに，その年齢及び発達の程度に配慮しなければならず，かつ，体罰その他の児童の心身の健全な発達に有害な影響を及ぼす言動をしてはならない。

⑤ 児童の親権を行う者は，児童を心身ともに健やかに育成することについて第一義的責任を有するものであって，親権を行うに当たっては，できる限り児童の利益を尊重するよう努めなければならない。

(2) 次の文は，「教育の情報化に関する手引（追補版）」（令和２年６月　文部科学省）の記述の一部である。（　　）に当てはまる語句を，下の①～⑤から一つ選び，番号で答えなさい。

今日の社会は，生活のあらゆる場面でICTを活用することが当たり前の世の中となっている。さらに，人口知能（AI），ビッグデータ，IoT（Internet of Things），ロボティクス等の先端技術が高度化してあらゆる産業や社会生活に取り入れられ，社会の在り方そのものが劇的に変わる「Society5.0」時代の到来が予想されている。

このような時代において次代を切り拓く子供たちには，情報活用能力をはじめ，言語能力や数学的思考力などこれからの時代を生きていく上で基盤となる資質・能力を確実に育成していく必要があり，そのためにもICT等を活用して，「(　　)」や学校における働き方改革を実現していくことが不可欠である。

①主体的に選択し活用していく力の育成　②社会に開かれた教育課程
③児童生徒の状況に応じた支援　④公正に個別最適化された学び
⑤学びに向かう力

5 **次の文は，「生徒指導提要」（令和４年12月　文部科学省）の「第１部　第１章　生徒指導の基礎」に関する記述である。⑴，⑵の各問いに答えなさい。**

生徒指導の定義

生徒指導とは，児童生徒が，社会の中で自分らしく生きることができる存在へと，（ ア ）に成長や発達する過程を支える教育活動のことである。なお，生徒指導上の課題に対応するために，必要に応じて指導や援助を行う。

生徒指導は，児童生徒が自身を個性的存在として認め，自己に内在している（ イ ）に自ら気付き，引き出し，伸ばすと同時に，社会生活で必要となる社会的資質・能力を身に付けることを支える働き（機能）です。したがって，生徒指導は学校の教育目標を達成する上で重要な機能を果たすものであり，学習指導と並んで学校教育において重要な意義を持つものと言えます。

⑴　（ ア ）に当てはまる語句を，下の①～⑤から一つ選び，番号で答えなさい。
①積極的・肯定的　②自発的・主体的　③組織的・計画的
④自律的・発展的　⑤個性的・個別的

⑵　（ イ ）に当てはまる語句を，下の①～⑤から一つ選び，番号で答えなさい。
①将来展望　②よさや可能性　③興味・関心　④自己有用感　⑤自己理解

6 **次の文は，学習や発達について述べたものである。誤っているものを，①～⑥から二つ選び，番号で答えなさい。**

①　横軸に時間や試行回数，縦軸に学習の成果をとってグラフを描いたものを学習曲線と呼ぶ。つまり学習曲線は学習の進み具合，学習の経過をあらわす曲線である。教科学習や楽器のスキル学習のように比較的長期にわたる学習の場合，一様に学習成果が上がるわけではなく，成果がほとんど上がらなくなるレミニッセンス効果と呼ばれる状態が途中で生じることが知られている。

②　ソーンダイクは，アメリカの教育心理学者である。問題箱と呼ばれる実験装置を用い，動物（猫）による試行錯誤学習の実験を行った。また，効果の法則，すなわち，環境に対して何らかの効果をもたらす行動が学習されるという学習の法則を提唱し，これは後にスキナーのオペラント学習の理論に影響を与えた。

③　転移とは，前に行った学習が後に行う学習に影響を与えることである。前に行った学習が後の学習を促進する場合，例えば計算方法の習得によって算数の文章題の学習が促進される場合を正の転移と呼ぶ。

④　ある事柄を記憶した際の，時間経過に応じた忘却具合をグラフ化したものを忘却曲線と呼ぶ。保持曲線と呼ぶこともある。最も著名な忘却曲線は，19世紀ドイツの心理学者エビングハウスによるものである。

⑤　ワトソンは，行動主義を提唱したアメリカの心理学者である。外から観察可能な行動を研究対象とすべきであり，心理学は意識を直接取り扱うべきでないとした。行動の予測と制御を目的としたワトソンの行動主義は米国を中心に広く受け入れられ，今日も心理学における最も重要な考え方の一つである。

⑥　エリクソンは，発達心理学者であり，とくに児童の認識発達を研究対象とした。道徳性の発達とともに，子どもたちが数の概念をどのように把握していくのかなど幅広い研究を行っている。エリクソンが子どもたちの認識発達を，感覚運動期，前操作期，具体的操作期，形式的操作期の４段階に分類したことは有名である。

7　**次の文は，「中学校学習指導要領（平成29年告示）」の「第１章　第４　生徒の発達の支援」の一部である。⑴，⑵の各問いに答えなさい。**

⑴　（　a　）に当てはまる語句を，下の①～⑤から一つ選び，番号で答えなさい。

1　生徒の発達を支える指導の充実

⑴　学習や生活の基盤として，教師と生徒との信頼関係及び生徒相互のよりよい人間関係を育てるため，日頃から（　a　）の充実を図ること。また，主に集団の場面で必要な指導や援助を行うガイダンスと，個々の生徒の多様な実態を踏まえ，一人一人が抱える課題に個別に対応した指導を行うカウンセリングの双方により，生徒の発達を支援すること。

①授業　②生徒指導　③発達支援　④学級経営　⑤生徒理解

⑵　（　b　）に当てはまる語句を，下の①～⑤から一つ選び，番号で答えなさい。

2　特別な配慮を必要とする生徒への指導

⑵　海外から帰国した生徒などの学校生活への適応や，日本語の習得に困難のある生徒に対する日本語指導

ア　海外から帰国した生徒などについては，学校生活への適応を図るとともに，外国における生活経験を生かすなどの適切な指導を行うものとする。

イ　日本語の習得に困難のある生徒については，個々の生徒の実態に応じた指導内容や指導方法の工夫を組織的かつ計画的に行うものとする。特に，通級による日本語指導については，（　b　）に努め，指導についての計画を個別に作成することなどにより，効果的な指導に努めるものとする。

①教師間の連携　②関係機関との連携　③家庭との連携
④地域社会との連携　⑤学校間の連携

8　**次の文は，「熊本市教育振興基本計画」（令和２年７月）の「６　⑶教員が子どもと向き合うための体制の整備」の一部である。（ア），（イ）に入る数字を，下の①～⑦からそれぞれ一つ選び，番号で答えなさい。**

学校や教員に求められる役割は，拡大するとともに多様化しており，それが学校現場の多忙化につながり，教員が子どもと向き合う時間が不足しています。

本市においても，平成29年（2017年）４月から平成30年（2018年）２月までの期間に

おいて，正規の勤務時間外の在校時間が，「過労死ライン」といわれる１か月80時間を超えた教職員数が約２割にも上るという実態が明らかとなりました。

そこで，令和２年度（2020年度）までに，正規の勤務時間外の在校時間が１か月80時間を超える教職員をゼロにすること，さらに，在校時間を平成29年度の実績から25％削減することを目標とした「学校改革！　教員の時間創造プログラム」を平成30年（2018年）３月に策定し，実態改善に向けた取組を進めてきました。そのような中，国の法改正により，令和２年（2020年）４月１日より，教育職員の時間外在校等時間を原則１か月（ ア ）時間以内，１年間（ イ ）時間以内という指針が定められました。

このことに伴い，目標値を含めたプログラムの見直しなど，教員の働き方改革をさらに推進するために，教育委員会が責任をもって取り組んで行くことが重要です。

①36　②45　③60　④75　⑤120　⑥360　⑦540

9　**次の文は，「人権教育・啓発に関する基本計画」（平成14年３月閣議決定（策定），平成23年４月閣議決定（変更））の「第４章　2　各人権課題に対する取組　(2)子ども」の一部である。（ ア ），（ イ ）に当てはまる語句を，下の①～⑤からそれぞれ一つ選び，番号で答えなさい。**

○　学校教育及び社会教育を通して，憲法及び教育基本法の精神に則り，人権尊重の意識を高める教育の一層の推進に努める。学校教育については，（ ア ）の充実に向けた指導方法の研究を推進するとともに，幼児児童生徒の人権に十分に配慮し，一人一人を大切にした教育指導や学校運営が行われるように努める。その際，自他の権利を大切にすることとともに，社会の中で果たすべき義務や自己責任についての指導に努めていく。社会教育においては，子どもの人権の重要性について正しい認識と理解を深めるため，公民館等における各種学級・講座等による（ イ ）の充実に努める。（文部科学省）

①人権教育　②人権啓発　③知識理解　④参加体験　⑤学習機会

10　**次の文は，「児童の権利に関する条約」（平成元年　国連総会にて採択）の一部である。（ ア ）～（ ウ ）に当てはまる語句の組合せとして適切なものを，下の①～⑥から一つ選び，番号で答えなさい。**

第28条

1　締約国は，教育についての児童の権利を認めるものとし，この権利を漸進的にかつ機会の平等を基礎として達成するために，特に，

(a)　初等教育を（ ア ）ものとし，すべての者に対して無償のものとする。

(b)　種々の形態の中等教育（一般教育及び職業教育を含む。）の発展を奨励し，すべての児童に対し，これらの中等教育が利用可能であり，かつ，これらを利用する機会が与えられるものとし，例えば，無償教育の導入，必要な場合における財政的援助の提供のような適当な措置をとる。

(c)　すべての適当な方法により，（ イ ），すべての者に対して高等学校を利用する機会が与えられるものとする。

(d)　すべての児童に対し，教育及び職業に関する情報及び指導が利用可能であり，かつ，これらを利用する機会が与えられるものとする。

(e) 定期的な登校及び（ ウ ）を奨励するための措置をとる。

（ ア ）	（ イ ）	（ ウ ）
①基礎的な	試験の結果に応じ	中途退学率の減少
②基礎的な	能力に応じ	いじめ発生数の減少
③選択可能な	試験の結果に応じ	児童虐待件数の減少
④選択可能な	年齢に応じ	いじめ発生数の減少
⑤義務的な	年齢に応じ	児童虐待件数の減少
⑥義務的な	能力に応じ	中途退学率の減少

11 **次の文は,「熊本市人権教育の推進について」（令和２年４月１日追補）の「Ⅰ　2 熊本市人権教育の目標」の一部である。(1), (2)の各問いに答えなさい。**

本市教育委員会は, これまでの成果を生かし, 差別の現実に学ぶという姿勢を大切にしながら, 学校教育及び社会教育を通じて, すべての人の人権が尊重されるための人権教育を推進していく。そのために,「熊本市人権教育の目標」を以下のように設定した。

「自分の大切さとともに他の人の大切さを認めること」ができるようになり, それが具体的な態度や行動に現れるようにすること

具体的には,（ ア ）を高め,（ イ ）に理解する力やコミュニケーションの力, 人間関係を調整する力等を総合的に培う。

(1) （ ア ）に当てはまる語句を, ①～⑤から一つ選び, 番号で答えなさい。

①人権感覚　②自尊感情　③人権意識　④知的理解　⑤基本的認識

(2) （ イ ）に当てはまる語句を, ①～⑤から一つ選び, 番号で答えなさい。

①直観的　②実践的　③相互的　④主体的　⑤共感的

12 **次の文は,「小学校学習指導要領（平成29年告示）解説　総則編」の「第３章　第４節 2 (1)障害のある児童などへの指導」の一部である。（ ア ）,（ イ ）に当てはまる語句を, 下の①～⑤からそれぞれ一つ選び, 番号で答えなさい。**

各学校においては, 個別の教育支援計画と個別の指導計画を作成する目的や活用の仕方に違いがあることに留意し, 二つの計画の位置付けや作成の手続きなどを整理し, 共通理解を図ることが必要である。また, 個別の教育支援計画及び個別の指導計画については, 実施状況を適宜評価し改善を図っていくことも不可欠である。

こうした個別の教育支援計画と個別の指導計画の作成・活用システムを校内で構築していくためには, 障害のある児童などを担任する教師や（ ア ）だけに任せるのではなく, 全ての教師の理解と協力が必要である。学校運営上の特別支援教育の位置付けを明確にし, 学校組織の中で担任する教師が孤立することのないよう留意する必要がある。このためには,（ イ ）のリーダーシップのもと, 学校全体の協力体制づくりを進めたり, 全ての教師が二つの計画についての正しい理解と認識を深めたりして, 教師間の連携に努めていく必要がある。

①校長　②教頭　③スクールカウンセラー　④特別支援教育コーディネーター　⑤養護教諭

13 **次の文は, 法令の条文の一部である。(1), (2)の各問いに答えなさい。**

幼稚園，小学校，中学校，義務教育学校，高等学校及び中等教育学校においては，次項各号のいずれかに該当する幼児，児童及び生徒その他教育上特別の支援を必要とする幼児，児童及び生徒に対し，文部科学大臣の定めるところにより，障害による学習上又は生活上の困難を克服するための教育を行うものとする。

② 小学校，中学校，義務教育学校，高等学校及び中等教育学校には，次の各号のいずれかに該当する児童及び生徒のために，（ ア ）を置くことができる。

一 知的障害者

二 肢体不自由者

三 身体虚弱者

四 弱視者

五 難聴者

六 その他障害のある者で，（ ア ）において教育を行うことが適当なもの

(1) 該当する法令を，①～⑤から一つ選び，番号で答えなさい。

①日本国憲法　②教育基本法　③学校教育法

④地方教育行政の組織及び運営に関する法律　⑤障害者差別解消法

(2) （ ア ）に当てはまる語句を，①～⑤から一つ選び，番号で答えなさい。

①適応指導教室　②交流学級　③院内学級　④通級指導教室

⑤特別支援学級

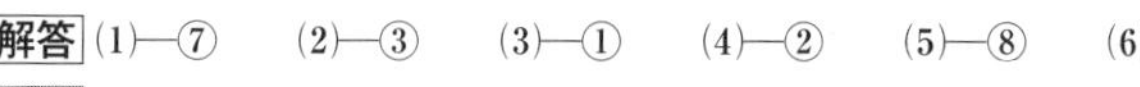

解答＆解説

1 解答 (1)―⑦　(2)―③　(3)―①　(4)―②　(5)―⑧　(6)―⑥

解説 (1)教育公務員特例法第22条第2項を参照。勤務場所を離れて行う「研修の機会」の規定。

(2)学校教育法第11条を参照。「児童・生徒等の懲戒」の規定。

(3)日本国憲法第13条を参照。「個人の尊重，生命・自由・幸福追求の権利の尊重」の規定。

(4)教育基本法第9条第1項を参照。「教員」の規定。

(5)学校保健安全法第20条を参照。感染症予防のための「臨時休業」の規定。

(6)地方公務員法第30条を参照。「服務の根本基準」の規定。

2 解答 (1)―⑤　(2)―④　(3)―③　(4)―④

解説 (1)教育基本法第4条第3項を参照。「教育の機会均等」の規定。

(2)いじめ防止対策推進法第8条を参照。「学校及び学校の教職員の責務」の規定。

(3)学校教育法施行規則第25条を参照。「出席簿」の規定。

(4)こども基本法第3条第三号を参照。「基本理念」の規定。

3 解答 (1)―①　(2)―②

解説 (1)ウ：1872年公布→イ：1879年公布→エ：1890年発布→オ：1941年公布→ア：1947年公布。

⑵②エレン・ケイ（1849～1926）は，「教育の最大の秘訣は，教育しないことにある」として，徹底した児童中心主義を主張した。問題解決学習を考案したのは，デューイ（1859～1952）。

4 **解答** ⑴—①　⑵—④

解説 ⑴児童虐待の防止等に関する法律を参照。

①第6条第1項を参照。「児童虐待に係る通告」の規定。「通告するよう努めなければならない」ではなく「通告しなければならない」。

②第3条を参照。「児童に対する虐待の禁止」の規定。

③第5条第5項を参照。「児童虐待の早期発見等」の規定。

④第14条第1項を参照。「親権の行使に関する配慮等」の規定。

⑤第4条第7項を参照。「国及び地方公共団体の責務等」の規定。

⑵文部科学省「教育の情報化に関する手引（追補版）」（2020年6月）の「はじめに」を参照。

5 **解答** ⑴—②　⑵—②

解説 『生徒指導提要』（2022年12月）の「第Ⅰ部　生徒指導の基本的な進め方」「第1章　生徒指導の基礎」「1.1　生徒指導の意義」「1.1.1　生徒指導の定義と目的」「⑴生徒指導の定義」を参照。

6 **解答** ①，⑥

解説 ①学習効果が上がらなくなる現象は，「レミニッセンス効果」ではなく「プラトー（高原現象）」。

⑥「エリクソン」（1902～94）ではなく「ピアジェ」（1896～1980）の説明文。エリクソンは，乳児期から老年期に至るまでを8つの段階に分け，それぞれで体験する心理社会的危機を挙げた。

7 **解答** ⑴—④　⑵—①

解説 平成29年版中学校学習指導要領（2017年3月31日告示）の「第1章　総則」「第4　生徒の発達の支援」を参照。

⑴「1　生徒の発達を支える指導の充実」の⑴を参照。

⑵「2　特別な配慮を必要とする生徒への指導」の⑵イを参照。

8 **解答** ア—②　イ—⑥

解説 熊本市教育委員会「熊本市教育振興基本計画（令和2～5年度）［熊本市教育大綱］」（2020年7月策定）の「6　重点的取組」「⑶教員が子どもと向き合うための体制の整備」を参照。同計画は「豊かな人生とよりよい社会を創造するために，自ら考え主体的に行動できる人を育む」を基本理念とする。計画期間は2020～23年度。

9 **解答** ア—①　イ—⑤

解説 法務省「人権教育・啓発に関する基本計画」（2002年3月15日閣議決定（策定），2011年4月1日閣議決定（変更））の「第4章　人権教育・啓発の推進方策」「2　各人権課題に対する取組」「⑵子ども」の②を参照。

10 **解答** ⑥

解説 児童の権利に関する条約第28条第１項を参照。教育についての児童の権利に関する条文。

11 **解答** (1)—② (2)—⑤

解説 熊本市教育委員会「熊本市人権教育の推進について」(2020年４月１日追補）の「Ⅰ これまでの経緯と目標」「2 熊本市人権教育の目標」を参照。熊本市では，すべての教育活動を通じた人権教育を推進するために，人権が尊重されるための３つの柱と７つの視点が示されている。

柱	視点
人権が尊重される学習活動の工夫と展開	① 一人一人の存在や思いを大切にし，確かな学力をつける取組 ② 人権に関する知的理解や人権感覚の育成に効果的な教材等の活用 ③ 協力的・参加的・体験的な学習の推進
人権が尊重される人間関係づくり	④ 自尊感情を培い人権感覚を高める技能や態度の育成 ⑤ 互いのよさや可能性を認め，共に高まり合う仲間づくり
人権が尊重される環境づくり	⑥ 一人一人の子どもへの深い理解と日常的な温かい関わり ⑦ 感性を豊にはぐくむ言語環境とその他の学習環境の整備

12 **解答** ア—④ イ—①

解説『小学校学習指導要領解説 総則編』(2017年７月）の「第３章 教育課程の編成及び実施」「第４節 児童の発達の支援」「2 特別な配慮を必要とする児童への指導」「⑴障害のある児童などへの指導」「④個別の教育支援計画や個別の指導計画の作成と活用（第１章第４の２の⑴のエ)」「②個別の指導計画」を参照。

13 **解答** (1)—③ (2)—⑤

解説 ⑴・⑵学校教育法第81条第１項・第２項を参照。「特別支援学級」の規定。

大分県

実施日	2023(令和5)年7月9日	試験時間	50分（一般教養を含む）
出題形式	選択式	問題数	5題（解答数40）
パターン	法規・時事＋原理・心理・教育史・ローカル	公開状況	問題：公開　解答：公開　配点：公開

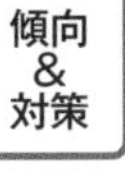

●最も解答数の多い教育法規は，教育基本法，学校教育法など頻出条文のほか，2023年4月1日施行のこども基本法も問われた。●教育時事は，「令和の日本型学校教育」「障害のある子供の教育支援」「子どもの読書活動の推進」「特別支援学級及び通級による指導」「『令和の日本型学校教育』を担う教師」「次期教育振興基本計画」「学習指導要領の改訂」「いじめ問題への対応」「外国人児童生徒の受入れ」と，多岐にわたる。このうち下線部は昨年度も出題されたもの（ローカル問題も同様）。●必出のローカル問題は，「大分県長期教育計画」（2020年3月），「不登校児童生徒支援ガイド」（2023年3月），「令和5年度大分県教育委員会の重点方針」より。●教育原理では，改訂『生徒指導提要』も出題された。

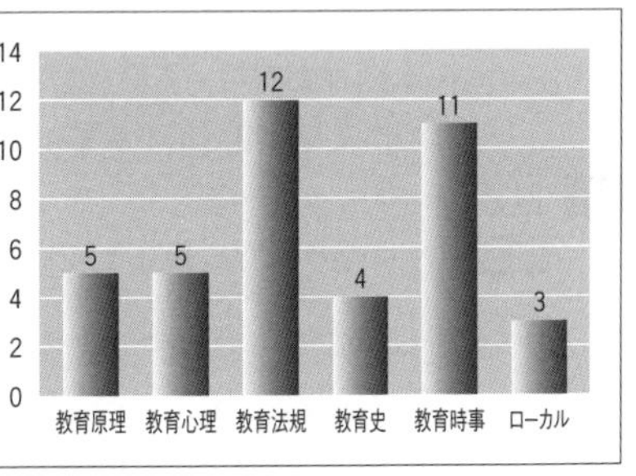

出題領域

教育原理	教育課程・学習指導要領		総則	2	特別の教科　道徳	
	外国語活動		総合的な学習(探究)の時間		特別活動	
	学習指導	1	生徒指導	2	学校・学級経営	
	特別支援教育	↓法規 時事	人権・同和教育		その他	
教育心理	発達	2	学習	1	性格と適応	1
	カウンセリングと心理療法		教育評価	1	学級集団	
教育法規	教育の基本理念	1	学校教育	1	学校の管理と運営	2
	児童生徒	3	教職員	1	憲法 / 生涯教育 / 特別支援教育	1 / 1 / 2
教育史	日本教育史	2	西洋教育史	2		
教育時事	答申・統計	11	ローカル	3		

表中の数字は，解答数

全校種共通

☞解答＆解説 p.537

1　次の(1)～(8)の問いに答えよ。

(1)　次の文章は，小学校学習指導要領（平成29年３月告示），中学校学習指導要領（平成29年３月告示），高等学校学習指導要領（平成30年３月告示）の第１章　総則の「第３（高等学校では第３款）教育課程の実施と学習評価」の一部である。文中の（　A　）～（　C　）に入る語句の正しい組合せを，下の１～５のうちから一つ選べ。ただし，中学校，高等学校においては，本文中の「児童」を「生徒」と読み替える。また，高等学校においては，「各教科等」を「各教科・科目等」と読み替える。

２　学習評価の充実

学習評価の実施に当たっては，次の事項に配慮するものとする。

(1)　児童のよい点や進歩の状況などを（　A　）に評価し，学習したことの意義や価値を実感できるようにすること。また，各教科等の目標の実現に向けた学習状況を把握する観点から，単元や題材など内容や時間のまとまりを（　B　）評価の場面や方法を工夫して，学習の過程や成果を評価し，指導の改善や学習意欲の向上を図り，資質・能力の育成に生かすようにすること。

(2)　創意工夫の中で学習評価の妥当性や（　C　）が高められるよう，組織的かつ計画的な取組を推進するとともに，学年や学校段階を越えて児童の学習の成果が円滑に接続されるように工夫すること。

	A	B	C
1	重点的	予測しながら	信頼性
2	重点的	見通しながら	公平性
3	積極的	見通しながら	公平性
4	積極的	予測しながら	信頼性
5	積極的	見通しながら	信頼性

(2)　次の文章は，「『令和の日本型学校教育』の構築を目指して　～全ての子供たちの可能性を引き出す，個別最適な学びと，協働的な学びの実現～（答申）」（令和３年１月26日　中央教育審議会）の第Ｉ部　総論の「４　『令和の日本型学校教育』の構築に向けた今後の方向性」の一部である。文中の（　A　）～（　C　）に入る語句の正しい組合せを，下の１～５のうちから一つ選べ。

○　家庭の経済状況や地域差，本人の特性等にかかわらず，全ての子供たちの知・徳・体を一体的に育むため，これまで日本型学校教育が果たしてきた，①学習機会と学力の保障，②社会の形成者としての（　A　）発達・成長の保障，③安全・安心な居場所・（　B　）としての身体的，精神的な健康の保障，という３つの保障を学校教育の本質的な役割として重視し，これを継承していくことが必要である。

○　その上で，「令和の日本型学校教育」を，社会構造の変化や感染症・災害等をも乗り越えて発展するものとし，「全ての子供たちの（　C　）を引き出す，個別最適な学びと，協働的な学び」を実現するためには，今後，以下の方向性で改革を進める必要がある。

	A	B	C
1	全人的な	セーフティネット	可能性
2	総合的な	セーフティネット	潜在能力
3	全人的な	リスクマネジメント	可能性
4	全人的な	リスクマネジメント	潜在能力
5	総合的な	リスクマネジメント	可能性

(3) バズ学習の説明文として誤っているものを，次の1～5のうちから一つ選べ。

1　バズ学習では，学級の中を複数の少人数グループに分けて，小集団で討議による問題解決を行わせる。

2　バズ学習はアロンソンが提唱した分担・教え合いによる協同学習である。

3　一般に，多人数による集団討議では自由な発言が疎外されたり，実質的に参加しない者が出てきたりするが，バズ学習ではそのような欠点を補うことができる。

4　バズ学習の授業の流れは，課題提示，個人学習，バズセッション，全体学習，教師のまとめ，が一般的である。

5　バズ集団メンバーの知能が高いことより，知能個人差が大きいことの方が，集団の構造的発達や学習効果に有利であるとされる。

(4) 次の1～5の文章は，日本の主な教育者の業績を紹介したものである。これを読んで，下の①，②の問いに答えよ。

1　安中藩士の子として生まれ，漢学と蘭学を学び，キリスト教文献に接して若くして西欧文化に関心を持った。1864年に禁令を犯して米国に渡り，神学と自然科学を修めた。在米中，岩倉具視使節団の欧米教育視察に加わる。日本に戻ってからは同志社英学校を開設し，キリスト教に基づく精神教育に尽力した。

2　高崎藩士の家に生まれた。札幌農学校で学びキリスト教に触れたことで感化され，米国に渡り神学を学んだ。帰国後第一高等中学校講師になったが，「不敬事件」を起こし退職した。その後は評論活動に入り，聖書研究会を開いて無教会主義の立場に立つキリスト教伝道を行い，多くの若者に影響を与えた。

3　美濃恵那郡岩村藩士の家に生まれた。幼少より漢学・和歌などを学び宮中に出仕した。麹町元園町に桃夭塾を創設し，華族の子女を教育した。1884年，宮内省御用掛として華族女学校の設立に参与し，学監となる。1898年帝国婦人会を組織し，翌年には実践女学校と女子工芸学校を開設した。

4　長岡藩医の家に生まれた。漢学・洋算を修め，東京師範学校中学師範科に入学・卒業した。東京女子師範学校の幼稚園監事になり，先進諸国の保育事情やその理論を平易に紹介して，日本の草創期の幼児教育を牽引した。そののち訓盲唖院に移り，盲聾教育の発展に尽力し，盲聾教育の父と呼ばれた。

5　青森県八戸に生まれた。1897年我が国最初の婦人記者として現在の報知新聞社に入社した。社会改良の拠点として家庭を重視し，近代的家庭の建設，女性の独立の必要を唱えた。1921年，文部省令によらない自由学園を創設し，キリスト教的自由主義教育思想に基づく生活教育を展開した。

①　羽仁もと子の業績に合致する紹介文はどれか。上の1～5のうちから一つ選べ。

② 新島襄の業績に合致する紹介文はどれか。上の1～5のうちから一つ選べ。

(5) 次の1～5の文章は，外国の主な教育者の業績を紹介したものである。これを読んで，下の①，②の問いに答えよ。

1　イギリス民衆教育の推進者だった。マンチェスターで医者として働く中で下層民衆の生活を知り，その教育に関心を持った。1839年枢密院教育委員会の初代事務局長に就任して，民衆学校の教員養成のために国立の教員養成大学を設置しようとしたが，宗教団体の反対でうまくいかなかったため，1840年に自分で養成大学を開設した。

2　ミュンヘン市の視学官を長く務め，大きな功績をあげた。彼の根本思想は，公立学校は社会有要の公民を養成するべきであること，職業的作業によって初めて人は陶冶されるということを二つの柱としている。この職業的作業をとおして有要な公民へという思想から作業学校を構想した。

3　ローマ大学を卒業して，大学付属精神病院に勤務したのち，ローマのスラム街の子どもたちの幼児学校「子供の家」を指導した。材料が適切であれば子どもは自発的に学習すると信じ，子どもに自主性と個性的発達を保証しようとした。しかしルソー主義者ではなく，子どもと環境の出会いを組織する点に教師の役割を認めた。

4　その教育思想は，生命の発展に対する信仰に基礎づけられたもので，従来の教育は外部からの押しつけ強制的であるとして批判し，「教育するな」とまで主張したため，新ルソー主義と呼ばれる。1900年に著した『児童の世紀』は20世紀新教育運動の原動力として，日本を含め世界に大きな影響を及ぼした。

5　イエナ大学の学生時代に，スイスのシュタイガー家の家庭教師を約2年半務めた体験が，教育思想の形成に大きく影響を与えた。教育の目的を倫理学から，教育の方法を心理学から演繹することで教育を学問的に体系化し，「科学的教育学の創始者」とも称される。主著に『一般教育学』などがある。

① モンテッソーリの業績に合致する紹介文はどれか。上の1～5のうちから一つ選べ。

② ケルシェンシュタイナーの業績に合致する紹介文はどれか。上の1～5のうちから一つ選べ。

(6) 「生徒指導提要」（令和4年12月改訂　文部科学省）の第1部　生徒指導の基本的な進め方の「第1章　生徒指導の基礎」では，生徒指導上を，「生徒指導とは，児童生徒が，社会の中で自分らしく生きることができる存在へと，自発的・主体的に成長や発達する過程を支える教育活動のことである。なお，生徒指導上の課題に対応するために，必要に応じて指導や援助を行う。」と定義した上で，さらに，以下のように説明している。文中の（ A ）～（ C ）に入る語句の正しい組合せを，下の1～5のうちから一つ選べ。

生徒指導は，児童生徒が自身を（ A ）として認め，（ B ）よさや可能性に自ら気付き，引き出し，伸ばすと同時に，社会生活で必要となる社会的資質・能力を身に付けることを（ C ）（機能）です。したがって，生徒指導は学校の教育目標を達成する上で重要な機能を果たすものであり，学習指導と並んで学校教育において重要な意義を持つものと言えます。

	A	B	C
1	社会的存在	潜在的に有している	指導する働き
2	社会的存在	自己に内在している	支える働き
3	個性的存在	自己に内在している	指導する働き
4	個性的存在	自己に内在している	支える働き
5	個性的存在	潜在的に有している	指導する働き

(7) 次の文章は，「障害のある子供の教育支援の手引」（令和３年６月　文部科学省）の第１編　障害のある子供の教育支援の基本的な考え方の「１（１）障害のある子供の教育に関する制度の改正」の一部である。文中の（ A ）～（ C ）に入る語句の正しい組合せを，下の１～５のうちから一つ選べ。

平成18年の教育基本法改正においては，「国及び地方公共団体は，障害のある者が，その障害の状態に応じ，十分な教育を受けられるよう，教育上必要な支援を講じなければならない。」（第４条第２項）との規定が新設された。また，平成19年の学校教育法改正においては，障害のある子供の教育に関する基本的な考え方について，特別な場で教育を行う「（ A ）」から，子供一人一人の教育的ニーズに応じた適切な指導及び必要な支援を行う「特別支援教育」への発展的な転換が行われた。

平成23年の（ B ）改正においても，「国及び地方公共団体は，障害者が，その年齢及び能力に応じ，かつ，その特性を踏まえた十分な教育が受けられるようにするため，可能な限り障害者である児童及び生徒が障害者でない児童及び生徒と共に教育を受けられるよう配慮しつつ，教育の内容及び方法の改善及び充実を図る等必要な施策を講じなければならない。」（第16条第１項），〈略〉等の規定が整備された。

さらに，中央教育審議会初等中等教育分科会においては，平成24年７月に「共生社会の形成に向けたインクルーシブ教育システム構築のための特別支援教育の推進（報告）」〈略〉が取りまとめられ，これを踏まえ，障害のある子供の就学先決定の仕組みに関する（ C ）の改正が行われ，平成25年９月１日に施行された。

	A	B	C
1	養護教育	障害を理由とする差別の解消の推進に関する法律	学校教育法施行規則
2	養護教育	障害者基本法	学校教育法施行令
3	特殊教育	障害を理由とする差別の解消の推進に関する法律	学校教育法施行令
4	特殊教育	障害者基本法	学校教育法施行令
5	特殊教育	障害を理由とする差別の解消の推進に関する法律	学校教育法施行規則

(8) 次の文章は，小学校学習指導要領（平成29年３月告示），中学校学習指導要領（平成29年３月告示），高等学校学習指導要領（平成30年３月告示）の第１章　総則の「第３（高等学校では第３款）　教育課程の実施と学習評価」の一部である。文中の（ A ）～（ C ）に入る語句の正しい組合せを，下の１～５のうちから一つ選べ。

ただし，中学校，高等学校においては，本文中の「児童」を「生徒」と読み替える。また，高等学校においては，「各教科等」を「各教科・科目等」と読み替える。

特に，各教科等において身に付けた（ A ）を活用したり，思考力，判断力，表現力等や（ B ），人間性等を発揮させたりして，学習の対象となる物事を捉え思考することにより，各教科等の特質に応じた物事を捉える視点や考え方（以下「見方・考え方」という。）が鍛えられていくことに留意し，児童が各教科等の特質に応じた見方・考え方を働かせながら，知識を相互に関連付けてより深く理解したり，情報を（ C ）して考えを形成したり，問題を見いだして解決策を考えたり，思いや考えを基に創造したりすることに向かう過程を重視した学習の充実を図ること。

	A	B	C
1	資質及び能力	学びに向かう力	精査
2	資質及び能力	学習意欲	収集
3	知識及び技能	学びに向かう力	精査
4	知識及び技能	学びに向かう力	収集
5	知識及び技能	学習意欲	収集

2 次の(1)～(5)の問いに答えよ。

(1) 次の文章について，（　　）に入る語句として正しいものを，下の1～5のうちから一つ選べ。

エインズワースは，乳児のアタッチメント（愛着）の個人差を測定する実験方法として，（　　）を考案した。これは，乳児と養育者を実験室に入れ，養育者との分離や再会などの場面で乳児が見せる反応パターンを観察して類型化することにより，アタッチメントの特徴を記述しようとするものである。

1　選好注視法　　2　代理母親実験　　3　三つ山課題
4　ストレンジ・シチュエーション法　　5　誤信念課題

(2) 次の文章について，（　　）に入る人名として正しいものを，下の1～5のうちから一つ選べ。

問題解決場面において，「わかった」というひらめきによる洞察ではなく，とりうる手段をでたらめに行い，たまたまうまくいった行動が，何度か成功と失敗を繰り返すうちに定着するという過程によって成立することを，試行錯誤学習という。（　　）がネコを問題箱に入れて行った実験が有名。

1　バンデューラ　　2　スキナー　　3　パヴロフ　　4　ワトソン
5　ソーンダイク

(3) 次の文章について，（　　）に入る語句として正しいものを，下の1～5のうちから一つ選べ。

（　　）とは人物評価を行うときに，はじめに一部の良い特性に注目すると，全体の評価も良くなってしまう現象。逆に，一部の悪い特性に注目すると，全体の評価も悪くなってしまうこともある。例えば，学業成績の良い子どもは，教師から成績とは関係のない性格も良いと評価されやすいといったことがある。

1　ハロー効果（光背効果）　　2　ピグマリオン効果　　3　メタ認知

4　投影　　5　バーナム効果

(4)　次の文章について，(　　)に入る語句として正しいものを，下の1～5のうちから一つ選べ。

エリクソンは，人生を8つの発達段階に分けた心理社会的発達理論を提唱した。この理論では，各発達段階で達成すべき発達課題があるとされる。特に，青年期では(　　)の確立が発達課題になるとした。

1　自主性　　2　勤勉性　　3　基本的信頼感

4　アイデンティティ（自我同一性）　　5　統合

(5)　次の文章について，(　　)に入る語句として正しいものを，下の1～5のうちから一つ選べ。

多様なとらえ方ができる，あいまいな刺激を見せて，それに対する反応をもとにパーソナリティを明らかにしようとする投映法（投影法）検査の1つで，左右対称のインク模様の図版を受検者に見せ，「何に見えるか」を問う検査を（　　）という。

1　TAT（主題構成検査）　　2　ロールシャッハ・テスト　　3　バウムテスト

4　SCT（文章完成法検査）　　5　P-Fスタディ（絵画欲求不満検査）

3　**次の(1)～(12)の問いに答えよ。**

(1)　次の文は，日本国憲法第19条である。文中の（　　）に入る語句として正しいものを，下の1～5のうちから一つ選べ。

第19条　思想及び良心の自由は，これを（　　）。

1　侵してはならない　　2　何人も侵してはならない

3　侵害してはならない　　4　保障する　　5　何人にも保障する

(2)　次の文は，日本国憲法第23条である。文中の（　　）に入る語句として正しいものを，下の1～5のうちから一つ選べ。

第23条　学問の自由は，これを（　　）。

1　侵してはならない　　2　何人も侵してはならない

3　侵害してはならない　　4　保障する　　5　何人にも保障する

(3)　次の文章は，教育基本法第15条である。文中の（ A ），（ B ）に入る語句の正しい組合せを，下の1～5のうちから一つ選べ。

第15条　宗教に関する寛容の態度，宗教に関する一般的な教養及び宗教の（ A ）における地位は，教育上尊重されなければならない。

2　（ B ）が設置する学校は，特定の宗教のための宗教教育その他宗教的活動をしてはならない。

	A	B
1	国民生活	国公立の学校及び学校法人
2	国民生活	国及び地方自治体
3	国民生活	国及び地方公共団体
4	社会生活	国及び地方自治体
5	社会生活	国及び地方公共団体

(4)　次の文章は，学校教育法第12条である。文中の（　　）に入る語句として正しいも

のを，下の１～５のうちから一つ選べ。

第12条　学校においては，別に法律で定めるところにより，幼児，児童，生徒及び学生並びに職員の（　　），健康診断を行い，その他その保健に必要な措置を講じなければならない。

1　健康の保持増進を図るため　　2　健康で文化的な生活のため

3　健全な心身を維持するため　　4　心身の健康を増進するため

5　心身の健康度を測るため

(5)　次の文章は，学校教育法第81条である。文中の（ Ａ ）～（ Ｃ ）に入る語句の正しい組合せを，下の１～５のうちから一つ選べ。

第81条　幼稚園，小学校，中学校，義務教育学校，高等学校及び中等教育学校においては，次項各号のいずれかに該当する幼児，児童及び生徒その他教育上特別の支援を必要とする幼児，児童及び生徒に対し，文部科学大臣の定めるところにより，障害による学習上又は生活上の困難を克服するための教育を行うものとする。

②　小学校，中学校，義務教育学校，高等学校及び中等教育学校には，次の各号のいずれかに該当する児童及び生徒のために，特別支援学級を置くことができる。

一　（ Ａ ）

二　（ Ｂ ）

三　（ Ｃ ）

四　弱視者

五　難聴者

六　その他障害のある者で，特別支援学級において教育を行うことが適当なもの

③　前項に規定する学校においては，疾病により療養中の児童及び生徒に対して，特別支援学級を設け，又は教員を派遣して，教育を行うことができる。

	A	B	C
1	知的障害者	肢体不自由者	学習障害者
2	知的障害者	精神障害者	学習障害者
3	知的障害者	肢体不自由者	身体虚弱者
4	発達障害者	精神障害者	学習障害者
5	発達障害者	肢体不自由者	身体虚弱者

(6)　次の文は，児童福祉法第４条の一部である。文中の（　　）に入る語句として正しいものを，下の１～５のうちから一つ選べ。

第４条　この法律で，児童とは，（　　）をいい，児童を左のように分ける。

1　満12歳以下の者　　2　満15歳に満たない者　　3　満15歳以下の者

4　満18歳に満たない者　　5　満18歳以下の者

(7)　次の文章は，教科書の発行に関する臨時措置法第２条第１項である。文中の（ Ａ ）～（ Ｃ ）に入る語句の正しい組合せを，下の１～５のうちから一つ選べ。

第２条　この法律において「教科書」とは，小学校，中学校，義務教育学校，高等学校，中等教育学校及びこれらに準ずる学校において，教育課程の構成に応じて組織排列された教科の（ Ａ ）として，教授の用に供せられる児童又は生徒用図書

であって，文部科学大臣の（ B ）を経たもの又は文部科学省が著作の（ C ）を有するものをいう。

	A	B	C
1	中心的教材	認可	名義
2	中心的教材	検定	権利
3	主たる教材	検定	名義
4	主たる教材	認可	権利
5	主たる教材	検定	権利

(8) 次の文章は，発達障害者支援法第2条の2である。文中の（ A ）～（ C ）に入る語句の正しい組合せを，下の1～5のうちから一つ選べ。

第2条の2　発達障害者の支援は，全ての発達障害者が（ A ）が確保されること及びどこで誰と生活するかについての選択の機会が確保され，地域社会において他の人々と共生することを妨げられないことを旨として，行われなければならない。

2　発達障害者の支援は，（ B ）の除去に資することを旨として，行われなければならない。

3　発達障害者の支援は，個々の発達障害者の性別，年齢，障害の状態及び生活の実態に応じて，かつ，医療，保健，福祉，教育，労働等に関する業務を行う関係機関及び民間団体相互の緊密な連携の下に，その（ C ）の支援に配慮しつつ，切れ目なく行われなければならない。

	A	B	C
1	社会参加の機会	生活上の差別	社会生活
2	社会参加の機会	社会的障壁	意思決定
3	教育を受ける機会	社会的障壁	社会生活
4	教育を受ける機会	社会的障壁	意思決定
5	教育を受ける機会	生活上の差別	意思決定

(9) 次の文章は，こども基本法第1条である。文中の（ A ）～（ C ）に入る語句の正しい組合せを，下の1～5のうちから一つ選べ。

第1条　この法律は，日本国憲法及び（ A ）の精神にのっとり，次代の社会を担う全てのこどもが，生涯にわたる人格形成の基礎を築き，自立した個人としてひとしく健やかに成長することができ，心身の状況，置かれている環境等にかかわらず，その権利の擁護が図られ，将来にわたって幸福な生活を送ることができる社会の実現を目指して，社会全体としてこども施策に取り組むことができるよう，こども施策に関し，（ B ）を定め，国の責務等を明らかにし，及びこども施策の基本となる事項を定めるとともに，（ C ）を設置すること等により，こども施策を総合的に推進することを目的とする。

	A	B	C
1	教育基本法	政策目標	こども政策推進会議
2	教育基本法	基本理念	こども育成会議
3	児童の権利に関する条約	政策目標	こども育成会議

4　児童の権利に関する条約　基本理念　こども政策推進会議

5　児童の権利に関する条約　基本理念　こども育成会議

⑽　次の文章は，いじめ防止対策推進法第２条である。文中の（ A ）～（ C ）に入る語句の正しい組合せを，下の１～５のうちから一つ選べ。

（定義）

第２条　この法律において「いじめ」とは，児童等に対して，当該児童等が在籍する学校に在籍している等当該児童等と一定の人的関係にある他の児童等が行う心理的又は（ A ）な影響を与える行為（インターネットを通じて行われるものを含む。）であって，当該行為の対象となった児童等が心身の（ B ）を感じているものをいう。

2　この法律において「学校」とは，学校教育法（昭和22年法律第26号）第１条に規定する小学校，中学校，義務教育学校，高等学校，中等教育学校及び特別支援学校（幼稚部を除く。）をいう。

3　この法律において「児童等」とは，学校に在籍する児童又は生徒をいう。

4　この法律において「保護者」とは，親権を行う者（親権を行う者のないときは，（ C ））をいう。

	A	B	C
1	身体的	苦痛	未成年後見人
2	身体的	悩み	身上監護者
3	物理的	悩み	身上監護者
4	物理的	苦痛	身上監護者
5	物理的	苦痛	未成年後見人

⑾　次の文章は，教育公務員特例法第21条である。文中の（ A ）～（ C ）に入る語句の正しい組合せを，下の１～５のうちから一つ選べ。

第21条　教育公務員は，その（ A ）を遂行するために，絶えず研究と（ B ）に努めなければならない。

2　教育公務員の研修実施者は，教育公務員（公立の小学校等の校長及び教員（臨時的に任用された者その他の政令で定める者を除く。以下この章において同じ。）を除く。）の研修について，それに要する施設，研修を（ C ）するための方途その他研修に関する計画を樹立し，その実施に努めなければならない。

	A	B	C
1	職責	修養	奨励
2	職責	研鑽	遂行
3	業務	修養	遂行
4	業務	研鑽	奨励
5	業務	修養	奨励

⑿　次の文は，生涯学習の振興のための施策の推進体制等の整備に関する法律第３条に定められた，都道府県教育委員会が行う生涯学習の振興に資するための事業からのものである。事業として示されていないものを，次の１～５のうちから一つ選べ。

1　学校教育及び社会教育に係る学習並びに文化活動の機会に関する情報を収集し，整理し，及び提供すること。

2　地域住民の学習意欲を促し，受講者を増やすための広報・宣伝活動を行うこと。

3　地域の実情に即した学習の方法の開発を行うこと。

4　住民の学習に関する指導者及び助言者に対する研修を行うこと。

5　地域における学校教育，社会教育及び文化に関する機関及び団体に対し，これらの機関及び団体相互の連携に関し，照会及び相談に応じ，並びに助言その他の援助を行うこと。

4　**次の(1)～(10)の問いに答えよ。**

(1)　次の文章は，「子どもの読書活動の推進に関する基本的な計画」（令和５年３月28日閣議決定　中央教育審議会）の第２章　基本的方針の一部である。文中の（ A ）～（ D ）に入る語句の正しい組合せを，下の１～５のうちから一つ選べ。

社会の変化が加速度を増し，複雑で予測困難となっている時代において，子どもたちは，自分の良さや可能性を認識するとともに，あらゆる他者を価値のある存在として尊重し，多様な人々と協働しながら様々な社会的変化を乗り越え，豊かな人生を切り拓き，（ A ）社会の創り手となることが求められる。

こうした子どもたちの資質・能力を育む上で，読解力や想像力，思考力，表現力等を養う読書活動の推進は不可欠である。子どもたちは，読書を通じて，多くの知識を得たり，多様な（ B ）への理解を深めたりすることができる。また，心に残る名作などの文学作品に加え，自然科学・社会科学関係の書籍や新聞，図鑑等の資料を読み深めることを通じて，自ら学ぶ楽しさや知る（ C ）を体得し，更なる探究心や真理を求める態度が培われる。

また，読むこと自体の楽しさ，それによる充実感，満足感を得ることが重要である。子どもの頃のそうした楽しかった体験は，（ D ）学習意欲やウェルビーイング（Well-being）につながるとともに，将来，その体験を子どもたちと共有していきたいという動機となり，世代を超えた読書活動の推進の循環が形成されることが期待される。

	A	B	C	D
1	民主的な	文化	意義	学校生活における
2	民主的な	文化	喜び	学校生活における
3	持続可能な	地域	意義	学校生活における
4	民主的な	地域	喜び	生涯にわたる
5	持続可能な	文化	喜び	生涯にわたる

(2)　次の文章は，「『令和の日本型学校教育』の構築を目指して　～全ての子供たちの可能性を引き出す，個別最適な学びと，協働的な学びの実現～（答申）」（令和３年１月26日　中央教育審議会）の第Ⅰ部　総論の「３．2020年代を通じて実現すべき『令和の日本型学校教育』の姿」の一部である。文中の（ A ）～（ D ）に入る語句の正しい組合せを，下の１～５のうちから一つ選べ。

○「協働的な学び」においては，集団の中で（ A ）が埋没してしまうことがないよう，「主体的・対話的で深い学び」の実現に向けた授業改善につなげ，子供一人一人の（ B ）や可能性を生かすことで，異なる考え方が組み合わさり，よりよい学びを生み出していくようにすることが大切である。「協働的な学び」において，同じ空間で時間を共にすることで，お互いの（ C ）や考え方等に触れ刺激し合うことの重要性について改めて認識する必要がある。人間同士のリアルな関係づくりは社会を形成していく上で不可欠であり，知・徳・体を一体的に育むためには，教師と子供の関わり合いや子供同士の関わり合い，自分の感覚や行為を通して理解する実習・実験，地域社会での体験活動，専門家との交流など，様々な場面でリアルな体験を通じて学ぶことの重要性が，（ D ）技術が高度に発達するSociety5.0時代にこそ一層高まるものである。

	A	B	C	D
1	多様性	個性	感性	インターネット
2	多様性	よい点	知識	AI
3	個	よい点	感性	AI
4	個	個性	知識	インターネット
5	個	個性	知識	AI

(3) 次の文章は，「特別支援学級及び通級による指導の適切な運用について（通知）」（令和4年4月27日　文部科学省）の一部である。文中の（ A ）～（ D ）に入る語句の正しい組合せを，下の1～5のうちから一つ選べ。なお，同じ記号には同じ語句が入るものとする。

特別支援教育は，共生社会の形成に向けて，障害者の（ A ）に関する条約に基づくインクルーシブ教育システムの理念を構築することを旨として行われることが重要です。また，インクルーシブ教育システムの理念の構築に向けては，障害のある子供と障害のない子供が可能な限り同じ場でともに学ぶことを追求するとともに，障害のある子供の自立と（ B ）を見据え，一人一人の（ C ）ニーズに最も的確に応える指導を提供できるよう，多様で柔軟な仕組みを整備することが重要です。

これらを踏まえれば，小・中学校や特別支援学校等が行う，障害のある子供と障害のない子供，あるいは地域の障害のある人とが触れ合い，共に活動する「交流及び（ D ）学習」が大きな意義を有することは言うまでもありません。また，障害者基本法においても，「国及び地方公共団体は，障害者である児童及び生徒と障害者でない児童及び生徒との交流及び（ D ）学習を積極的に進めることによって，その相互理解を促進しなければならない」とされているところです。

	A	B	C	D
1	福祉	進路実現	教育的	体験
2	権利	進路実現	医療的	体験
3	福祉	社会参加	教育的	体験
4	権利	社会参加	教育的	共同
5	権利	進路実現	医療的	共同

(4) 次の文章は，「『令和の日本型学校教育』を担う教師の養成・採用・研修等の在り方

について　～「新たな教師の学びの姿」の実現と，多様な専門性を有する質の高い教職員集団の形成～（答申）」（令和４年12月19日　中央教育審議会）の第Ⅰ部　総論の「1．令和３年答申で示された，「令和の日本型学校教育」を担う教師及び教職員集団の姿」の一部である。文中の（　A　）～（　D　）に入る語句の正しい組合せを，下の１～５のうちから一つ選べ。

○　教師が技術の発達や新たなニーズなど学校教育を取り巻く環境の変化を（　A　）受け止め，教職生涯を通じて（　B　）を持ちつつ自律的かつ継続的に新しい知識・技能を学び続け，子供一人一人の学びを最大限に引き出す教師としての役割を果たしている。その際，子供の主体的な学びを支援する伴走者としての能力も備えている。

○　教員養成，採用，免許制度も含めた方策を通じ，多様な人材の教育界内外からの確保や教師の資質能力の向上により，質の高い教職員集団が実現されるとともに，教師と，総務・財務等に通じる専門職である事務職員，それぞれの分野や組織運営等に専門性を有する多様な外部人材や専門スタッフ等とがチームとなり，個々の教職員がチームの一員として（　C　）・協働的に取り組む力を発揮しつつ，校長の（　D　）の下，家庭や地域社会と連携しながら，共通の学校教育目標に向かって学校が運営されている。

	A	B	C	D
1	真摯に	危機感	専門的	監督
2	真摯に	探究心	専門的	監督
3	前向きに	危機感	組織的	監督
4	真摯に	探究心	専門的	リーダーシップ
5	前向きに	探究心	組織的	リーダーシップ

(5)　次の文章は，「次期教育振興基本計画について（答申）」（令和５年３月８日　中央教育審議会）のⅡ　今後の教育政策に関する基本的な方針（総括的な基本方針・コンセプト）の「(2)　日本社会に根差したウェルビーイングの向上」の一部である。文中の（　A　）～（　D　）に入る語句の正しい組合せを，下の１～５のうちから一つ選べ。なお，同じ記号には同じ語句が入るものとする。

○　ウェルビーイングとは身体的・精神的・社会的に（　A　）状態にあることをいい，短期的な幸福のみならず，（　B　）や人生の意義など将来にわたる持続的な幸福を含むものである。また，個人のみならず，個人を取り巻く場や地域，社会が持続的に（　A　）状態であることを含む包括的な概念である。

○　ウェルビーイングの捉え方は国や地域の文化的・社会的背景により異なり得るものであり，一人一人の置かれた状況によっても多様なウェルビーイングの求め方があり得る。

○　すなわち，ウェルビーイングの実現とは，多様な個人それぞれが幸せや（　B　）を感じるとともに，地域や社会が幸せや（　C　）を感じられるものとなることであり，教育を通じて日本社会に根差したウェルビーイングの（　D　）を図っていくことが求められる。

	A	B	C	D
1	満たされた	安心安全	豊かさ	形成
2	良い	生きがい	豊かさ	向上
3	満たされた	生きがい	一体感	形成
4	良い	安心安全	一体感	向上
5	良い	生きがい	一体感	形成

⑹ 次の文章は，「障害のある子供の教育支援の手引」（令和３年６月　文部科学省）の第２編　就学に関する事前の相談・支援，就学先決定，就学先変更のモデルプロセスの「第４章　就学後の学びの場の柔軟な見直しとそのプロセス　２　個に応じた適切な指導の充実」の一部である。文中の（ Ａ ）～（ Ｄ ）に入る語句の正しい組合せを，下の１～５のうちから一つ選べ。なお，同じ記号には同じ語句が入るものとする。

障害のある子供一人一人に応じた適切な指導を充実させるためには，各学校や学びの場で編成されている（ Ａ ）を踏まえ，個別の指導計画を作成し，各教科等の指導目標，指導内容及び指導方法を明確にして，適切かつきめ細やかに指導することが必要である。

個別の指導計画は，（ Ｂ ）において，通級による指導，特別支援学級，特別支援学校での作成が義務付けられている。また，通常の学級に在籍する障害のある子供等の各教科等の指導に当たっても，個別の指導計画の作成に努めることが示されている。

この個別の指導計画に基づいて，障害のある子供に対する各教科や（ Ｃ ）等の指導が行われるが，〈略〉個別の指導計画の計画（Plan）―実践（Do）―評価（Check）―（ Ｄ ）（Action）のサイクルにおいて，学習状況や結果を適宜，適切に確認して評価を行い，それを踏まえた必要な（ Ｄ ）を行うことが大切である。

	A	B	C	D
1	年間指導計画	学習指導要領	特別活動	改善
2	教育課程	学習指導要領	自立活動	改善
3	教育課程	学校教育法	自立活動	改善
4	教育課程	学習指導要領	特別活動	実行
5	年間指導計画	学校教育法	特別活動	実行

⑺ 次の文章は，「生徒指導提要」（令和４年12月改訂　文部科学省）のまえがきの一部である。文中の（ Ａ ）～（ Ｄ ）に入る語句の正しい組合せを，下の１～５のうちから一つ選べ。なお，同じ記号には同じ語句が入るものとする。

子供たちの多様化が進み，様々な困難や課題を抱える児童生徒が増える中，学校教育には，子供の発達や教育的ニーズを踏まえつつ，一人一人の（ Ａ ）を最大限伸ばしていく教育が求められています。こうした中で，生徒指導は，一人一人が抱える個別の困難や課題に向き合い，「個性の発見とよさや（ Ａ ）の伸長，社会的資質・能力の発達」に資する重要な役割を有しています。

生徒指導上の課題が深刻になる中，何よりも子供たちの（ Ｂ ）を守ることが重要であり，全ての子供たちに対して，学校が安心して楽しく通える魅力ある環境となるよう学校関係者が一丸となって取り組まなければなりません。その際，事案に応じて，

大分県

学校だけでなく，家庭や専門性のある関係機関，地域などの協力を得ながら，社会全体で子供たちの成長・発達に向け包括的に支援していくことが必要です。

また，本年６月に「こども基本法」が成立し，子供の権利擁護や意見を表明する機会の確保等が法律上位置付けられました。子供たちの健全な成長や自立を促すためには，子供たちが意見を述べたり，他者との対話や議論を通じて考える機会を持つことは重要なことであり，例えば，（ C ）の見直しを検討する際に，児童生徒の意見を聴取する機会を設けたり，児童会・生徒会等の場において，（ C ）について確認したり，議論したりする機会を設けることが考えられます。児童生徒が主体的に参画することは，学校のルールを無批判に受け入れるのではなく，児童生徒自身がその根拠や影響を考え，身近な課題を自ら解決するといった（ D ）意義を有するものと考えています。

	A	B	C	D
1	特性	命	学校行事	人権尊重上の
2	特性	命	学校行事	教育的
3	可能性	命	校則	教育的
4	可能性	人権	学校行事	人権尊重上の
5	特性	人権	校則	人権尊重上の

(8) 次の文章は，「幼稚園，小学校，中学校，高等学校及び特別支援学校の学習指導要領等の改善及び必要な方策等について（答申）」(平成28年12月21日　中央教育審議会)の第１部　学習指導要領等改訂の基本的な方向性の「第８章　子供一人一人の発達をどのように支援するか―子供の発達を踏まえた指導―２．学習指導と生徒指導」の一部である。文中の（ A ）～（ D ）に入る語句の正しい組合せを，下の１～５のうちから一つ選べ。

○　生徒指導については，今回整理された資質・能力等も踏まえて，改めて，一人一人の生徒の健全な成長を促し，生徒自ら現在及び将来における自己実現を図っていくために必要な力の育成を目指すという意義を捉え直していくことが求められる。ともすれば，個別の問題行動等への対応にとどまりがちとも指摘されるが，どのような資質・能力の育成を目指すのかということや，一人一人の（ A ）の方向性等を踏まえながら，その機能が発揮されるようにしていくことが重要である。

○　また，学習指導においても，子供一人一人に応じた「主体的・対話的で深い学び」を実現していくために，子供一人一人の理解（いわゆる児童生徒理解）の深化を図るという生徒指導の基盤や，子供一人一人が（ B ）を感じられるようにすること，教職員と児童生徒の（ C ）や児童生徒相互の人間関係づくり，児童生徒の自己選択や自己決定を促すといった生徒指導の機能を生かして充実を図っていくことが求められる。

○　このように，学習指導と生徒指導とを分けて考えるのではなく，相互に関連付けながら充実を図ることが重要であり，そのことが，前述した（ D ）の充実にもつながるものと考えられる。

	A	B	C	D
1	進路選択	安心感	信頼関係	道徳教育
2	キャリア形成	自己存在感	信頼関係	学級経営
3	進路選択	安心感	ふれあい	学級経営
4	キャリア形成	安心感	信頼関係	学級経営
5	進路選択	自己存在感	ふれあい	道徳教育

(9) 次の文章は，「いじめ問題への的確な対応に向けた警察との連携等の徹底について（通知）」（令和５年２月７日　文部科学省）の一部である。文中の（ A ）～（ D ）に入る語句の正しい組合せを，下の１～５のうちから一つ選べ。

いじめは，児童生徒の教育を受ける権利を著しく侵害し，その心身の健全な成長及び（ A ）の形成に重大な影響を与えるのみならず，その生命又は身体に重大な危険を生じさせるおそれがあるものであり，学校及び学校の設置者は，いじめを（ B ），被害児童生徒を徹底して（ C ）という断固たる決意で，全力を尽くすことが必要です。

また，犯罪行為（触法行為を含む。）として取り扱われるべきいじめなど学校だけでは対応しきれない場合もあります。これまでも，ややもすれば，こうした事案も生徒指導の範囲内と捉えて学校で対応し，警察に相談・通報することをためらっているとの指摘もされてきました。しかし，児童生徒の命や安全を守ることを最優先に，こうした考え方を改め，犯罪行為として取り扱われるべきいじめなどは，（ D ）警察に相談・通報を行い，適切な援助を求めなければなりません。また，保護者等に対して，あらかじめ周知しておくことも必要です。

	A	B	C	D
1	信頼関係	減少させ	守り通す	十分な調査を踏まえ
2	信頼関係	決して許さず	保護する	直ちに
3	人格	決して許さず	守り通す	直ちに
4	信頼関係	決して許さず	保護する	十分な調査を踏まえ
5	人格	減少させ	保護する	直ちに

(10) 次の文は，「外国人児童生徒受入れの手引（改訂版）」（2019年３月　文部科学省）の第１章　外国人児童生徒等の多様性への対応の「４　外国人児童生徒等が直面する課題(3)学力の向上」についての記述である。誤っているものを，次の１～５のうちから一つ選べ。

1　日本の子供たちがそうであるように，外国人児童生徒等も学校での学習を具体的な成果として示して初めて，その将来を切り開くことができる。

2　学校は，児童生徒の母語，母文化を尊重しながらも，児童生徒と保護者の期待に応えるように，この時期の学習を保障する様々な努力をしていくことが大切である。

3　進級や卒業に対する不安への対応にあたっては，言語，教育制度や文化的背景が異なることに留意して，児童生徒本人や保護者に丁寧に説明した上で十分な理解を得ることが大切である。

4　外国人児童生徒等は，読む，書く，話す，聞くという言葉の力を駆使して学校で知識を獲得し，それを表現する能力を発揮することが必要になる。

5　保護者等が児童生徒の学習の遅れに対する不安から進級や卒業の留保を希望する場合，進級や卒業を留保するのではなく，補充指導等を実施するなど適切に対応する必要がある。

5　**次の(1)～(3)の問いに答えよ。**

(1)　次の文章は，「大分県長期教育計画（『教育県大分』創造プラン2016）2020改訂版」（令和2年3月　大分県教育委員会）第1章　4(2)「施策の総合的推進のために必要な視点」の一部である。文中の（ A ）～（ D ）に入る語句の正しい組合せを，下の1～5のうちから一つ選べ。

（基盤となる人権教育）

性別や障がいの有無等にかかわらず全ての人が共に支え合い，生きていくことができる共生社会を目指す上で，全ての子どもたちに「わかる・できる」を保障する授業づくりなど「(A)」の視点を生かした取組を進めていきます。

（学校における働き方改革）

学校における働き方改革の推進にあたっては，勤務時間管理や健康管理に関する取組や教職員一人一人の働き方に関する意識改革，学校が組織として効果的に運営されるための取組，（ B ）等の充実をはじめとする学校における働き方改革の実現に向けた環境整備，地域と学校の連携・協働や家庭との連携強化による学校内外を通じた子どもの生活の充実や活性化，これらを総合的に進めていきます。

（新たな教育課題への対応）

選挙権年齢引き下げに伴う主権者教育，成年年齢引き下げに伴う（ C ），増加が想定される（ D ）等への支援など，社会情勢の変化に伴う新たな教育課題に対応する教育活動の充実を図ります。

	A	B	C	D
1	バリアフリー	専門スタッフ	リカレント教育	不登校児童生徒
2	ユニバーサルデザイン	専門スタッフ	消費者教育	不登校児童生徒
3	バリアフリー	ICT機器	リカレント教育	不登校児童生徒
4	ユニバーサルデザイン	専門スタッフ	消費者教育	外国人児童生徒
5	ユニバーサルデザイン	ICT機器	リカレント教育	外国人児童生徒

(2)　次の文は，「不登校児童生徒支援ガイド」（令和5年3月　大分県教育委員会）からのものである。誤っているものを，下の1～5のうちから一つ選べ。

1　不登校はどの子どもにも起こりえる。

2　不登校は問題行動ではない。

3　登校せずに休養が必要な時と場合がある。

4　不登校児童生徒の支援のために「義務教育の段階における普通教育に相当する教育の機会の確保等に関する法律」が制定された。

5　不登校への支援は学校への復帰を目標として行う。

(3)　次の文章は，「令和5年度大分県教育委員会の重点方針　―『教育県大分』の創造に向けて―」の一部である。文中の（ A ）～（ D ）に入る語句の正しい組合せを，下の1～5のうちから一つ選べ。

感染症対応の経験を踏まえ学びを（ A ）とともに，「教育県大分」創造プラン2016の下，教育を担う人材の確保・育成やチーム学校による取組を充実させ，教育の（ B ）と包摂性を高めつつ教育水準の向上を図ります。

（ C ）スクール構想による教育分野のデジタル改革は，主体的・対話的で深い学びの実現とともに，学校における働き方改革に繋がることも踏まえ着実に進めます。

また，文理の枠を超えた（ D ）教育等を通じて課題発見・解決力やデータサイエンス等を活用する力の涵養を図るなど，地方創生を担う多様な人材の育成に取り組みます。

	A	B	C	D
1	深める	有効性	GIGA	SDGs
2	保障する	多様性	GIGA	STEAM
3	深める	有効性	MEGA	STEAM
4	保障する	多様性	MEGA	SDGs
5	深める	多様性	GIGA	SDGs

解答＆解説

1 解答 (1)—5　(2)—1　(3)—2　(4)①—5　②—1　(5)①—3　②—2
(6)—4　(7)—4　(8)—3

解説 (1)平成29年版小学校学習指導要領（2017年３月31日告示）の「第１章　総則」「第３　教育課程の実施と学習評価」「２　学習評価の充実」，平成29年版中学校学習指導要領（2017年３月31日告示）の「第１章　総則」「第３　教育課程の実施と学習評価」「２　学習評価の充実」，平成30年版高等学校学習指導要領（2018年３月30日告示）の「第１章　総則」「第３款　教育課程の実施と学習評価」「２　学習評価の充実」を参照。

(2)中央教育審議会答申「『令和の日本型学校教育』の構築を目指して　～全ての子供たちの可能性を引き出す，個別最適な学びと，協働的な学びの実現～」（2021年１月26日，４月22日更新）の「第Ⅰ部　総論」「４．『令和の日本型学校教育』の構築に向けた今後の方向性」を参照。

(3)２：バズ学習（バズ・セッション）は，「アロンソン」（1932～）ではなく「フィリップス」の考案によるもので，６人ずつのグループが６分間ずつ討議するところから６－６式討議ともいわれる。

(4)２：内村鑑三（1861～1930），３：下田歌子（1854～1936），４：小西信八（1854～1938）に関する説明。

(5)１：ケイ・シャトルワース（1804～77），４：エレン・ケイ（1849～1926），５：ヘルバルト（1776～1841）に関する説明。

(6)『生徒指導提要』（2022年12月）の「第Ⅰ部　生徒指導の基本的な進め方」「第１章　生徒指導の基礎」「1.1　生徒指導の意義」「1.1.1　生徒指導の定義と目的」

「⑴生徒指導の定義」を参照。

⑺文部科学省「障害のある子供の教育支援の手引　～子供たち一人一人の教育的ニーズを踏まえた学びの充実に向けて～」（2021年６月）の「第１編　障害のある子供の教育支援の基本的な考え方」「１　障害のある子供の教育に求められること」「⑴障害のある子供の教育に関する制度の改正」を参照。特殊教育から特別支援教育への制度改正の内容，障害のある子供の就学先決定の仕組みに関する変更も理解しておくこと。

⑻平成29年版小学校学習指導要領（2017年３月31日告示）の「第１章　総則」「第３　教育課程の実施と学習評価」「１　主体的・対話的で深い学びの実現に向けた授業改善」の⑴，平成29年版中学校学習指導要領（2017年３月31日告示）の「第１章　総則」「第３　教育課程の実施と学習評価」「１　主体的・対話的で深い学びの実現に向けた授業改善」の⑴，平成30年版高等学校学習指導要領（2018年３月30日告示）の「第１章　総則」「第３款　教育課程の実施と学習評価」「１　主体的・対話的で深い学びの実現に向けた授業改善」の⑴を参照。

2 解答 ⑴―４　⑵―５　⑶―１　⑷―４　⑸―２

解説 ⑴４：ストレンジ・シチュエーション法は，エインズ（ス）ワース（1913～99）が考案したアタッチメントの形成の程度を調べる方法。別離と再会の場面で子どもがどのような反応を示すかを観察し，正常群（別離後も見知らぬ他者と親の帰りを遊んで待っていられ，再会時には喜びで歓迎の行動を示す），アンビバレント群（別離に際して強い不安を示し，再会すると歓迎と怒りの相反する行動を示す），回避群（別離にも再会にも喜びを示さず，親からの接触を避けることさえある）に分類する。

⑵５：ソーンダイク（1874～1949）は，「問題箱」と呼ばれる複雑な仕掛けがある装置の中にネコを入れ，脱出するまでの行動を観察した結果，経験を重ねるとともに脱出時間が短くなったことから試行錯誤説を唱えた。

⑶１：ハロー効果は，光背効果ともいわれ，ある特定の人物が望ましい（望ましくない）特性をいくつかもっていると，ほかの諸側面についても調査・観察することなしにすべて望ましい（望ましくない）特性であると判断しがちな傾向をいう。

⑷４：エリクソン（1902～94）は，乳児期から老年期に至るまでを８つの段階に分け，それぞれで体験する心理社会的危機を挙げた。その中で青年期は自我同一性（同一性あるいはアイデンティティ）を確立できるか否かを「同一性対同一性拡散」という言葉で表した。

⑸２：ロールシャッハ・テストは投影法検査の一つで，左右対称のインクのしみでできた10枚の図版を見て，何に見えるか，どこがそのように見えたか，どうしてそのように見えたかを分析することにより，表面的な性格ではなく深層部分の性格を知ることができる。

3 解答 ⑴―１　⑵―４　⑶―５　⑷―１　⑸―３　⑹―４　⑺―３
⑻―２　⑼―４　⑽―５　⑾―１　⑿―２

解説 ⑴日本国憲法第19条を参照。「思想及び良心の自由」の規定。

⑵日本国憲法第23条を参照。「学問の自由」の規定。
⑶教育基本法第15条を参照。「宗教教育」の規定。
⑷学校教育法第12条を参照。「健康診断等」の規定。
⑸学校教育法第81条を参照。「特別支援学級」の規定。
⑹児童福祉法第４条第１項を参照。児童の「定義」の規定。
⑺教科書の発行に関する臨時措置法第２条第１項を参照。教科書の「定義」の規定。
⑻発達障害者支援法第２条の２を参照。「基本理念」の規定。
⑼こども基本法第１条を参照。この法律の「目的」の規定。同法は，こども施策を社会全体で総合的かつ強力に推進していくための包括的な基本法として，2022年６月15日に成立し，2023年４月１日に施行された。
⑽いじめ防止対策推進法第２条を参照。「定義」の規定。
⑾教育公務員特例法第21条を参照。「研修」の規定。
⑿生涯学習の振興のための施策の推進体制等の整備に関する法律第３条を参照。「生涯学習の振興に資するための都道府県の事業」に関する規定。
１：第一号，３：第三号，４：第四号，５：第五号を参照。

4 **解答** ⑴―５　⑵―３　⑶―４　⑷―５　⑸―２　⑹―２　⑺―３　⑻―２　⑼―３　⑽―５

解説 ⑴中央教育審議会・第五次「子どもの読書活動の推進に関する基本的な計画」(2023年３月28日閣議決定）の「第２章　基本的方針」を参照。
⑵中央教育審議会答申「『令和の日本型学校教育』の構築を目指して　～全ての子供たちの可能性を引き出す，個別最適な学びと，協働的な学びの実現～」(2021年１月26日，４月22日更新）の「第Ⅰ部　総論」「3.　2020年代を通じて実現すべき『令和の日本型学校教育』の姿」「⑴子供の学び」を参照。
⑶文部科学省「特別支援学級及び通級による指導の適切な運用について（通知）」(2022年４月27日）を参照。
⑷中央教育審議会答申「『令和の日本型学校教育』を担う教師の養成・採用・研修等の在り方について　～『新たな教師の学びの姿』の実現と，多様な専門性を有する質の高い教職員集団の形成～」(2022年12月19日）の「第Ⅰ部　総論」「1. 令和３年答申で示された，『令和の日本型学校教育』を担う教師及び教職員集団の姿」を参照。
⑸中央教育審議会答申「次期教育振興基本計画について」(2023年３月８日）の「Ⅱ．今後の教育政策に関する基本的な方針」「(総合的な基本方針・コンセプト)」「⑵日本社会に根差したウェルビーイングの向上」を参照。
⑹文部科学省「障害のある子供の教育支援の手引　～子供たち一人一人の教育的ニーズを踏まえた学びの充実に向けて～」(2021年６月）の「第２編　就学に関する事前の相談・支援，就学先決定，就学先変更のモデルプロセス」「第４章　就学後の学びの場の柔軟な見直しとそのプロセス」「２　個に応じた適切な指導の充実」を参照。
⑺『生徒指導提要』(2022年12月）の「まえがき」を参照。

(8)中央教育審議会答申「幼稚園，小学校，中学校，高等学校及び特別支援学校の学習指導要領等の改善及び必要な方策等について」(2016年12月21日）の「第８章　子供一人一人の発達をどのように支援するか　―子供の発達を踏まえた指導―」「2.　学習指導と生徒指導」を参照。

(9)文部科学省「いじめ問題への的確な対応に向けた警察との連携等の徹底について（通知)」(2023年２月７日）を参照。

(10)文部科学省「外国人児童生徒受入れの手引（改訂版)」(2019年３月）の「第１章　外国人児童生徒等の多様性への対応」「４　外国人児童生徒等が直面する課題」「(3)学力の向上」を参照。

５：正しくは「進級や卒業にあたって，保護者等から児童生徒の学習の遅れに対する不安から進級時の補充指導や進級や卒業の留保を希望する場合があります。そのような場合，補充指導等の実施に関して柔軟に対応するとともに，校長の責任において進級や卒業を留保するなど，適切に対応する必要があります」と示されている。

5 **解答** (1)―４　(2)―５　(3)―２

解説 (1)大分県教育委員会「大分県長期教育計画（『教育県大分』創造プラン2016）2020改訂版」(2020年３月）の「第１章　『教育県大分』の創造に向けて」「４　基本理念の実現に向けて」「(2)施策の総合的推進のために必要な視点」の「(基盤となる人権教育)」「(学校における働き改革)」「(新たな教育課題への対応)」を参照。同計画は，大分県長期総合計画（安心・活力・発展プラン2015）と大分県教育大綱をベースとして2016年に策定したものを，超スマート社会（Society5.0）の到来，地方創生の推進など，大分県の教育を取り巻く状況の変化に合わせて改訂したもの。計画期間は2016～24年度。

(2)大分県教育委員会「不登校児童生徒支援ガイド」(2023年３月）の３ページを参照。

５：「基本指針で示されていることは以下のとおりです。」の④を参照。正しくは「支援に際しては学校復帰という結果のみを目標とするのではなく，児童生徒の社会的自立を目指す必要がある」と示されている。

１：「基本指針で示されていることは以下のとおりです。」の①を参照。

２：「基本指針で示されていることは以下のとおりです。」の②を参照。

３：「義務教育の段階における普通教育に相当する教育の機会の確保等に関する法律概要」の中のポイント２（吹き出し）を参照。

４：「義務教育の段階における普通教育に相当する教育の機会の確保等に関する法律概要」の冒頭の吹き出しを参照。

(3)大分県教育委員会「令和５年度大分県教育委員会の重点方針　―『教育県大分』の創造に向けて―」を参照。同方針は，「子どもの力と意欲の向上に向けた組織的取組の推進」「GIGAスクール構想の実現」「地域を担う人づくりと活力ある地域づくりの推進」の３つを柱とし，「学校教育」「社会教育」「文化財・伝統文化」「スポーツ」の分野別に，計８つの重点項目を示している。

宮崎県

実施日	2023(令和5)年7月9日	試験時間	50分
出題形式	マークシート式	問題数	6題（解答数50）
パターン	小中高特:法規・原理・時事・ローカル＋教育史・心理 養栄:法規・原理・時事・ローカル＋教育史・心理	公開状況	問題:公開　解答:公開　配点:公開

傾向&対策

●共通問題45題＋校種別問題5題。●教育時事は必出の「いじめ」「不登校」「令和の日本型学校教育」のほか，「障害のある子供の教育支援」「次期教育振興基本計画」と，多岐にわたる。●教育原理は，『生徒指導提要』が必出。●ローカル問題は，「宮崎県教育基本方針」「宮崎県人権尊重の社会づくり条例」「宮崎県教員育成指標」「みやざき特別支援教育推進プラン」「宮崎県人権教育基本方針」「宮崎県いじめ防止基本方針」など。●校種別問題は，学習指導要領または教育法規。

【小学校】【中学校】【高等学校】【特別支援学校】

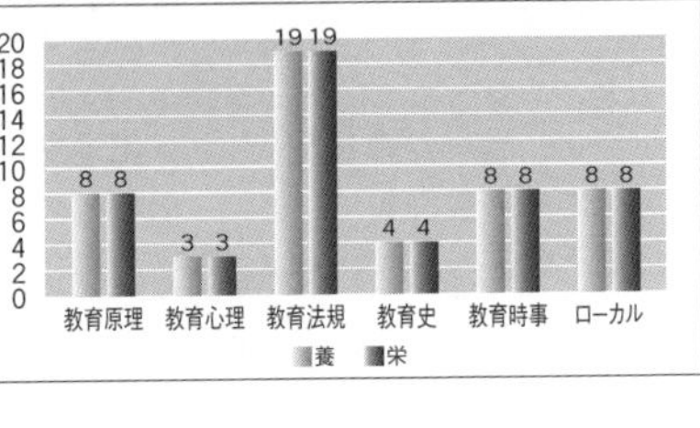

【養護教諭】【栄養教諭】

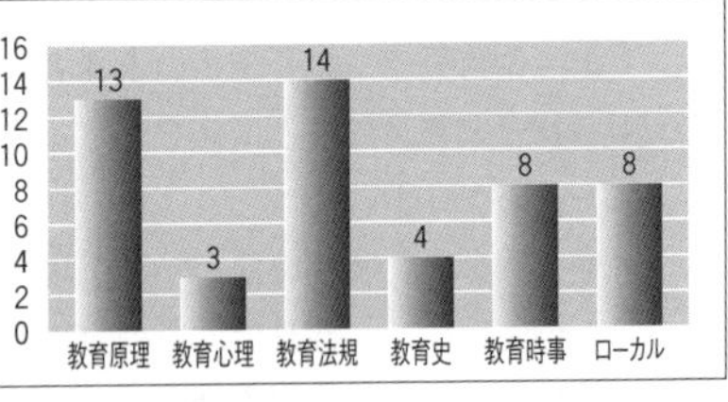

出題領域

（各セルの数字：上段 小/中/高，下段 特/養/栄）

領域	項目	解答数	項目	解答数	項目	解答数
教育原理	教育課程・学習指導要領	-/-/1 -/-/-	総　則	2/2/3 2/-/-	特別の教科　道徳	1/1/- 1/-/-
	外国語活動		総合的な学習(探究)の時間	1/1/1 1/-/-	特別活動	1/1/1 1/-/-
	学習指導	1/1/1 1/1/1	生徒指導	7/7/7 7/7/7	学校・学級経営	
	特別支援教育	↓法規，時事 ローカル	人権・同和教育	↓ローカル	その他	
教育心理※	発　達		学　習	1/1/1 1/1/1	性格と適応	1/1/1 1/1/1
	カウンセリングと心理療法		教育評価	1/1/1 1/1/1	学級集団	1/1/1 1/1/1
教育法規	教育の基本理念		学校教育	2/2/2 2/2/2	学校の管理と運営	2/2/2 2/6/6
	児童生徒	4/4/4 4/4/4	教職員	3/3/3 3/4/4	憲法，特別支援教育	3/3/3 3/3/3
教育史	日本教育史		西洋教育史	4/4/4 4/4/4		
教育時事	答申・統計	8/8/8 8/8/8	ローカル	8/8/8 8/8/8		

表中の数字は，解答数 小中高／特養栄

※選択肢の出題領域が複数にわたる場合は，それぞれの項目に加算するためグラフの数とは異なる

全校種共通

☞解答＆解説 p.560

1 **後の各条文の［　　］に当てはまる語句を，それぞれ下の選択肢から１つ選び，番号で答えなさい。**

(1) 公務員を選定し，及びこれを罷免することは，［　　］固有の権利である。

〔日本国憲法第15条〕

1 内閣総理大臣　2 公共団体の首長　3 国民　4 議会　5 有権者

(2) ［　　］は，特定の政党を支持し，又はこれに反対するための政治教育その他政治的活動をしてはならない。

〔教育基本法第14条第２項〕

1 国及び地方公共団体が設置する学校　2 公務員　3 法律に定める学校　4 教育公務員　5 教員

(3) すべて職員は，［　　］として公共の利益のために勤務し，且つ，職務の遂行に当つては，全力を挙げてこれに専念しなければならない。

〔地方公務員法第30条〕

1 公務員　2 全体の奉仕者　3 教育公務員　4 公人　5 専門家

(4) 教育公務員には，研修を受ける［　　］が与えられなければならない。

〔教育公務員特例法第22条〕

1 機会　2 時間　3 場所　4 環境　5 休暇

(5) 小学校は，文部科学大臣の定めるところにより当該小学校の教育活動その他の学校運営の状況について評価を行い，その結果に基づき［　　］の改善を図るため必要な措置を講ずることにより，その教育水準の向上に努めなければならない。

〔学校教育法第42条〕

1 教員の働き方　2 児童生徒への指導　3 教育環境　4 学校運営　5 教育課程

(6) ［　　］は，校長の監督を受け，教育計画の立案その他の教務に関する事項について連絡調整及び指導，助言に当たる。

〔学校教育法施行規則第44条第４項〕

1 教務主任　2 副校長　3 教頭　4 学年主任　5 指導教諭

(7) こども施策は，次に掲げる事項を基本理念として行われなければならない。

一 全てのこどもについて，［　　］として尊重され，その基本的人権が保障されるとともに，差別的取扱いを受けることがないようにすること。

〔こども基本法第３条第１号〕

1 個人　2 未成年　3 保護すべき対象　4 幼児，児童，および，生徒　5 青少年

(8) 子どもの貧困対策は，社会のあらゆる分野において，子どもの年齢及び発達の程度に応じて，その意見が尊重され，その最善の［　　］が優先して考慮され，子どもが心身ともに健やかに育成されることを旨として，推進されなければならない。

〔子どもの貧困対策の推進に関する法律第２条〕

1 学習環境　2 支援　3 権利　4 家庭環境　5 利益

(9) 教育職員等による児童生徒性暴力等の防止等に関する施策は，教育職員等による児童生徒性暴力等が全ての児童生徒等の心身の健全な発達に関係する［　　］であるとい

う基本的認識の下に行われなければならない。

〔教育職員等による児童生徒性暴力等の防止等に関する法律第4条〕

1　犯罪行為　　2　懸念　　3　重要な課題　　4　違法行為　　5　重大な問題

(10) いじめの防止等のための対策は，いじめを受けた児童等の生命及び心身を保護することが特に重要であることを認識しつつ，国，地方公共団体，学校，地域住民，家庭その他の関係者の連携の下，いじめの問題を□□□することを目指して行われなければならない。〔いじめ防止対策推進法第3条第3項〕

1　克服　　2　軽減　　3　減少　　4　解決　　5　周知

(11) 学校教育の情報化の推進は，情報通信技術の特性を生かして，個々の児童生徒の能力，特性等に応じた教育，双方向性のある教育（児童生徒の主体的な学習を促す教育をいう。）等が学校の教員による適切な指導を通じて行われることにより，各教科等の指導等において，情報及び情報手段を□□□選択し，及びこれを活用する能力の体系的な育成その他の知識及び技能の習得等（心身の発達に応じて，基礎的な知識及び技能を習得させるとともに，これらを活用して課題を解決するために必要な思考力，判断力，表現力その他の能力を育み，主体的に学習に取り組む態度を養うことをいう。）が効果的に図られるよう行われなければならない。

〔学校教育の情報化の推進に関する法律第3条〕

1　適切に　　2　主体的に　　3　効果的に　　4　積極的に　　5　慎重に

(12) 教育機会の確保等に関する施策は，次に掲げる事項を基本理念として行われなければならない。

一　全ての児童生徒が豊かな学校生活を送り，□□□教育を受けられるよう，学校における環境の確保が図られるようにすること。

〔義務教育の段階における普通教育に相当する教育の機会の確保等に関する法律第3条第一号〕

1　充実した　　2　安心して　　3　適切な　　4　個に応じた　　5　能力に応じた

2　後の各問いに答えなさい。

(1) 後の表の□□□に当てはまる人物名を，下の選択肢から1つ選び，番号で答えなさい。

①	クインシーの教育長を務め，子どもの活動主義を主張してクインシー運動を展開した。子どもの自発的な活動を尊重し，書物ではなく仕事を中心とした学習を主張し，地理を中心とした統合カリキュラムを提唱した。
②	人間の内に合一する超感覚的・霊的本質を探求する人智学を確立した。人智学に基づき人間の心と体の質的な変容を的確に把握し，教育を芸術として再構成した。自由ヴァルドルフ学校を創設した。
③	子どもの個性を発達させ，その子どもの集団を発展させるために「イエナ・プラン」を構想した。子どもに人間存在を自覚させ，子どもの人間関係を豊かにすることを計画した。そのようにして，子どもたちに生命に対する畏敬の念を起こし，人間性を解放することをめざした。
④	プロジェクトを「社会的環境の中で行われる全精神を打ち込んだ目的ある活動」と定義し，プロジェクトの遂行過程を，①目的の設定，②計画，③実行，④結果の判断として組織し，プロジェクト法を体系化した。

1　フレネ　　2　パーカー　　3　ニイル　　4　シュタイナー
5　フレイレ　　6　ペーターゼン　　7　キルパトリック

(2)　次の文の記号に当てはまる語句の組合せを，下の選択肢から1つ選び，番号で答えなさい。

子どもを社会的学習者ととらえた（ ア ）は，言語と思考の量的関係の発達に注目し，幼児の独語や周りに向けたものではない発話を，言語が思考として活用され始めたものと考えた。そして，頭の中であれこれと自分の行動を調節したり思考したりする手段として活用される言語を（ イ ）とよんだ。また，子どもの発達水準を現在の発達と，大人や能力の高い友達と協同して問題を解いた結果から判断される可能的発達水準に分け，それら二つの発達水準のずれを（ ウ ）とよんだ。

1　ア：ブロンフェンブレンナー　イ：内言　ウ：発達の臨界期
2　ア：ヴィゴツキー　イ：喃語　ウ：発達の最近接領域
3　ア：ヴィゴツキー　イ：内言　ウ：発達の最近接領域
4　ア：ブロンフェンブレンナー　イ：喃語　ウ：発達の最近接領域
5　ア：ヴィゴツキー　イ：内言　ウ：発達の臨界期

(3)　次の文は，教師と子どもの関係にかかわる現象に関する説明である。この現象の名称として，最も適当なものを，下の選択肢から1つ選び，番号で答えなさい。

ローゼンタールらの小学校の実験によって示唆された，教師が高い期待をもつ学習者に対して，正答への賞賛やつまずきに対する支援など学力が高まることにつながる行動をとることで，当該学習者の能力の向上につながるという現象。

1　期待×価値理論　　2　ピグマリオン効果　　3　ハロー効果
4　ゴーレム効果　　5　発達加速現象

(4)　心理学的アセスメント方法について，誤っているものを，次の選択肢から1つ選び，番号で答えなさい。

1　ソシオメトリック・テストは，モレノによって考案された方法であり，子ども同士で心理的距離を相互評定してもらう測定法である。
2　日本では，学級全体のもつ雰囲気や個性といった学級の場全体を捉えることができる学級風土質問紙が開発されている。
3　バーンの交流分析理論をもとに，デュセイが考案したエゴグラムは，CP，NP，A，FC，ACという5つの自我状態を測定し，これらのバランスを分析する質問紙法である。
4　内田クレペリン検査は，隣り合う1桁の数字を足し算する作業を行わせ，その作業量の多さや変化，誤答数を分析する作業検査法である。
5　コスタとマクレーの作成したNEO－PI－Rはパーソナリティ特性の5因子（ビッグ・ファイブ）を測定する質問紙法の検査である。

(5)　次の(ア)～(エ)の記述について，最も関連する人物および学習を，それぞれの語群より選んだときの組合せを，下の選択肢から1つ選び，番号で答えなさい。

(ア)　学習の認知説を学校の学習に適用した例であり，学習すべき法則や原理を学習者自らが自発的に見出すことを重視した学習である。理科の授業でしばしば用いられる仮説実験授業は，この学習の考え方に対応した授業方法である。

(イ) 子どもの個人差を考慮して，十分に注意深く体系的に授業を行い，学習する時間を十分に与えて子どもを援助すれば，どの子どもも学習内容が理解できるという考えをもとに展開された。

(ウ) 一斉授業にみられるような，子どもに授業内容を伝達し，授業内容の最終形態を子どもに直接与える授業において，子どもが学習材料を自分の知識に関連づけて理解する学習である。

(エ) 連合説を学校の学習に適用した例であり，ティーチング・マシンの普及とともに広まった。一般的には，スモール・ステップの原理，積極的反応の原理，即時確認の原理などの基本的な原理から構成されている。

【人物の語群】	【学習の語群】
Ⅰ：オーズベル	A：プログラム学習
Ⅱ：ブルーナー	B：発見学習
Ⅲ：スキナー	C：完全習得学習
Ⅳ：ブルーム	D：有意味受容学習

1 (ア)—Ⅳ—D　2 (イ)—Ⅱ—C　3 (ウ)—Ⅱ—B　4 (エ)—Ⅲ—A
5 (ア)—Ⅰ—B

3 後の各問いに答えなさい。

(1) 「生徒指導提要」(令和４年12月　文部科学省)「第１章　1.1　生徒指導の意義」で示されている内容について，次の文の記号に当てはまる語句の組合せを，下の選択肢から１つ選び，番号で答えなさい。

生徒指導の目的は，教育課程の内外を問わず，学校が提供する全ての教育活動の中で児童生徒の（ ア ）が尊重され，（ イ ）の発見とよさや（ ウ ）の伸長を児童生徒自らが図りながら，多様な社会的資質・能力を獲得し，自らの資質・能力を適切に行使して（ エ ）を果たすべく，自己の（ オ ）と社会の発展を児童生徒自らが追求することを支えるところに求められます。

1	ア：人権	イ：個性	ウ：道徳性	エ：自己実現	オ：幸福
2	ア：人格	イ：特性	ウ：人間性	エ：社会的自立	オ：成長
3	ア：人格	イ：強み	ウ：道徳性	エ：自己実現	オ：幸福
4	ア：人権	イ：強み	ウ：人間性	エ：社会的自立	オ：成長
5	ア：人格	イ：個性	ウ：可能性	エ：自己実現	オ：幸福

(2) 「生徒指導提要」(令和４年12月　文部科学省)「第１章　1.2　生徒指導の構造」で示されている内容について，誤っているものを，次の選択肢から１つ選び，番号で答えなさい。

1　発達支持的生徒指導は，全ての児童生徒の発達を支えるもので，そこでは日々の教職員の児童生徒への挨拶，声かけ，励まし，賞賛，対話，及び，授業や行事等を通した個と集団への働きかけが大切になる。

2　課題予防的生徒指導は，課題未然防止教育と課題早期発見対応から構成され，課題の前兆行動が見られる一部の児童生徒を対象としている。

3　困難課題対応的生徒指導においては，校内の教職員だけでなく，校外の関係機関との連携・協働による課題対応を行う。

4　発達支持的生徒指導と課題未然防止教育は，積極的な先手型の常態的・先行的（プロアクティブ）生徒指導と言える。

5　課題早期発見対応と困難課題対応的生徒指導は，事後対応型の即応的・継続的（リアクティブ）生徒指導と言える。

(3)「生徒指導提要」（令和４年12月　文部科学省）「第２章　2.1　児童生徒の発達を支える教育課程」で示されている内容について，次の文の記号に当てはまる語句の組合せを，下の選択肢から１つ選び，番号で答えなさい。

学級・ホームルーム経営は，年度当初の出会いから始まる（ ア ）づくりを通して，学級・ホームルーム集団を，共に認め・励まし合い・支え合う集団にしていくことを目指します。これは，児童生徒の（ イ ）をつくり，失敗や間違いを通して皆で考え，支え合い，創造する集団，つまり，生徒指導の（ ウ ）集団を育てることでもあります。その際に，児童生徒の発達を支えるという視点が重要になります。なぜなら，児童生徒は，それぞれが直面する課題を解決することによって自己実現し，（ エ ）を育んでいくからてす。

1　ア：生活　イ：人間関係　ウ：学習　エ：自己指導能力
2　ア：仲間　イ：居場所　ウ：学習　エ：未来を生き抜く力
3　ア：友達　イ：居場所　ウ：学習　エ：未来を生き抜く力
4　ア：生活　イ：居場所　ウ：実践　エ：自己指導能力
5　ア：仲間　イ：人間関係　ウ：実践　エ：問題解決能力

(4)「生徒指導提要」（令和４年12月　文部科学省）「第３章　3.1　チーム学校における学校組織」で示されている内容について，誤っているものを，次の選択肢から１つ選び，番号で答えなさい。

1　OECDによる国際教員指導環境調査（TALIS）2018調査結果において，調査参加国中，日本の教員の１週間当たり勤務時間が最長であることが明らかになった。

2　学校における「働き方改革」を実現し，教員の負担の軽減を図りつつ，生徒指導の充実を図ることは，「令和の日本型学校教育」を支えるための重要な要件となっている。

3　教職員がそれぞれの力を発揮し，伸ばしていくことができるようにするために，人材育成の充実や業務改善の取組を進めることが重要な課題となっている。

4　児童生徒の抱える問題や課題が複雑化・多様化するなかで，教員のみならず地域の様々な思いやりのある大人が，教員とともに学校内で連携・協働する体制を形作ることが求められている。

5　「チームとしての学校」が機能するためには，校長のリーダーシップが必要であり，トップダウンのピラミッド型組織による生徒指導体制を強化していくことが求められる。

(5)「生徒指導提要」（令和４年12月　文部科学省）「第４章　4.2　いじめの防止等の対策のための組織と計画」で示されている内容について，誤っているものを，次の選択肢から１つ選び，番号で答えなさい。

1　学校いじめ対策組織は，学校のいじめ防止基本方針に基づく年間指導計画の作成・実行の中核的役割を果たす。

2　教職員一人一人が，いじめの情報を学校いじめ対策組織に報告・共有する義務がある。

3　生徒指導部や生徒指導委員会などの既存組織を，学校いじめ対策組織と位置付けることは認められていないため，それらとは別に学校いじめ対策組織を置く必要がある。

4　学校いじめ対策組織がいじめの未然防止などを的確に進めるためには，管理職のリーダーシップの下，生徒指導主事などを中心として協働的な指導・相談体制を構築することが不可欠である。

5　学校いじめ対策組織の構成メンバーには，管理職をはじめとした様々な教職員のみならず，弁護士や医師，警察官経験者などの外部専門家を加えることもできる。

(6)「生徒指導提要」（令和４年12月　文部科学省）「第10章　10.3　不登校に関する生徒指導の重層的支援構造」で示されている内容について，誤っているものを，次の選択肢から１つ選び，番号で答えなさい。

1　年度当初に教職員間で研修を行い，不登校児童生徒への学校復帰の方法に関して，その支援のフローチャートを作成・共有し，学校に登校させることを目標とする。

2　ケース会議において，BPSモデルに基づき，不登校児童生徒の生物学的要因・心理学的要因・社会的要因に注目した多面的なアセスメントを行う。

3　不登校児童生徒が学校に戻りたいと思った際の通過点として，別室登校を行えるよう，教職員の配置や学習機会の整備など，組織的に別室を運営する。

4　児童生徒に欠席が続いたときは，電話だけでなく，教職員自身が家庭訪問を行う。

5　学校内の支援だけでは十分ではないケースで，関係機関や不登校特例校，夜間中学など，児童生徒を多様な学びの場につなぐ。

(7)「生徒指導提要」（令和４年12月　文部科学省）「第12章　12.4　『性的マイノリティ』に関する課題と対応」で示されている内容について，誤っているものを，次の選択肢から１つ選び，番号で答えなさい。

1　いわゆる「性的マイノリティ」は，LGBTの四つのカテゴリーに限定されるものではなく，身体的性，性的志向，性自認等の様々な次元の要素の組み合わせによって，多様な性的志向・性自認をもつ人々が存在する。

2　生物学的な性と性別に関する自己意識を指す性自認と，恋愛対象が誰であるかを示す性的指向は異なる概念であり，対応に当たって混同しないことが必要である。

3　「性的マイノリティ」とされる児童生徒が有する違和感は，成長に従い減ずることも含めて，変動があり得るものとされる。

4　「性的マイノリティ」とされる児童生徒には，自身のそうした状態を秘匿しておきたい場合があることから，支援に当たっては学校内の教職員のみで「支援チーム」をつくることを原則とし，プライバシーの保護に努めることが大切である。

5　学校においては，「性的マイノリティ」とされる児童生徒への配慮と，他の児童生徒への配慮との均衡を取りながら，支援を進めることが重要である。

(8) 「いじめ問題への的確な対応に向けた警察との連携等の徹底について（通知）」（4文科初第2121号）（令和５年２月７日　文部科学省）で示されている内容について，次の文の記号に当てはまる語句の組合せを，下の選択肢から１つ選び，番号で答えなさい。

被害児童生徒から事実関係の聴取を行う際には，被害児童生徒にも責任があるという考え方はあってはならず,「あなたが悪いのではない」ことをはっきりと伝えるなど,（ ア ）を高めるよう留意すること。

被害児童生徒が不登校や別室登校になった場合には，（ イ ）だけでなく，学習面でも十分な支援を行うこと。

被害児童生徒が安心して学習その他の活動に取り組むことができるよう，必要に応じて加害児童生徒を別室において指導することとしたり，状況に応じて（ ウ ）を活用したりして, 被害児童生徒が落ち着いて教育を受けられる（ エ ）の確保を図ること。

1　ア：自尊感情　イ：障壁の除去　ウ：児童生徒理解・支援シート　エ：機会
2　ア：自己肯定感　イ：障壁の除去　ウ：学校警察連絡協議会　エ：環境
3　ア：自尊感情　イ：心のケア　ウ：出席停止制度　エ：環境
4　ア：自己肯定感　イ：心のケア　ウ：出席停止制度　エ：機会
5　ア：自尊感情　イ：心のケア　ウ：学校警察連絡協議会　エ：権利

(9) 「いじめ問題への的確な対応に向けた警察との連携等の徹底について（通知）」（4文科初第2121号）（令和５年２月７日　文部科学省）で示されている内容について，誤っているものを，次の選択肢から１つ選び，番号で答えなさい。

1　加害児童生徒がいじめを行う背景として，心理的ストレス，集団内の異質なものへの嫌悪感情などが考えられる。
2　いじめを行う加害児童生徒に対しては，教育的配慮の下，毅然とした態度で指導・対応を行い，自らの行為を反省させることが必要である。
3　いじめを行う加害児童生徒に対するアセスメントを行うに当たっては, 警察署等に配置されているスクールサポーターなど外部の専門家を活用することも有効である。
4　少年サポートセンターや警察署等の警察機関には，加害児童生徒の健全育成を図るためのカウンセリングや注意・説諭等の役割が期待できる。
5　法務少年支援センターは，心理検査，問題行動の分析や指導方法等の提案，児童生徒や保護者に対する心理相談等のほか，法教育に関する出張授業も行っている。

(10) 「誰一人取り残されない学びの保障に向けた不登校対策について（通知）」（4文科初第2817号）（令和５年３月31日　文部科学省）で示されている内容について，誤っているものを，次の選択肢から１つ選び，番号で答えなさい。

1　不登校特例校が今後早期に全ての都道府県・政令指定都市に設置され，将来的には分教室型も含め全国300校の設置がなされることを目指すこと。
2　学校の空き教室等に，校内教育支援センター（スペシャルサポートルーム等）を設置することが望まれること。
3　教育支援センターには，不登校児童生徒本人への支援に留まらず，その保護者が必要とする相談場所や保護者の会等の情報提供といった支援を行うことも期待されること。

4　不登校児童生徒が自宅等においてICT等を活用した学習活動について，一定の要件を満たせば，可能な限り指導要録上出席扱いとすることが望ましいこと。

5　不登校児童生徒への支援の知見や実績を有するNPOやフリースクール等の民間施設が，学校としての設置認可を受けられるよう，各都道府県・政令指定都市が積極的に支援することが期待されること。

4　**後の各問いに答えなさい。**

(1)「障害のある子供の教育支援の手引」（令和３年６月　文部科学省）の「第１編　3 今日的な障害の捉えと対応」について，次の文の記号に当てはまる語句を，それぞれ下の選択肢から１つずつ選び，番号で答えなさい。ただし，同じ記号には同じ語句が入るものとする。

障害者が日常・社会生活で受ける制限とは，心身の機能の障害のみならず，社会における様々な障壁と相対することによって生ずるものという考え方，すなわち，いわゆる「（ ア ）」の考え方を踏まえた障害の捉え方については，WHOにおいてICFが採択されてから，引き続き，「障害者差別解消法」や（ イ ）2020行動計画等においても「障害者の（ ア ）」の考え方が大切にされていることに留意する必要がある。

（ ア ）

1　生活モデル　　2　教育的ニーズ　　3　社会モデル　　4　インクルーシブ

5　医学モデル

（ イ ）

1　ユニバーサルデザイン　　2　バリアフリー　　3　ノーマライゼーション

4　インクルーシブ　　5　社会参加

(2) 学校教育法第72条について，次の文の（　　）に当てはまる語句を，下の選択肢から１つ選び，番号で答えなさい。

障害による学習上又は生活上の困難を克服し自立を図るために必要な（　　）ことを目的とする。

1　知識を習得させる　　2　技能を習得させる　　3　資質・能力を育む

4　習慣・態度を養う　　5　知識技能を授ける

(3) 学校教育法第72条における特別支援学校において，教育の対象となる障害の区分として，誤っているものを，次の選択肢から１つ選び，番号で答えなさい。

1　視覚障害　　2　聴覚障害　　3　知的障害　　4　情緒障害

5　肢体不自由　　6　病弱（身体虚弱を含む）

(4)「障害のある子供の教育支援の手引」（令和３年６月　文部科学省）の「第１編　1 障害のある子供の教育に求められること　(2)　就学に関する新しい支援の方向性」で示されている内容について，誤っているものを，次の選択肢から１つ選び，番号で答えなさい。

1　それぞれの子供が，授業内容を理解し，学習活動に参加している実感・達成感をもちながら，充実した時間を過ごしつつ，生きる力を身に付けていけるかどうかという最も本質的な視点に立つことが重要である。

2　小中学校等における通常の学級，通級による指導，特別支援学級や，特別支援学校といった，段階的で「個別最適化された学びの場」を用意していくことが必要である。

3　教育的ニーズとは，子供一人一人の障害の状態や特性及び心身の発達の段階等を把握して，具体的にどのような特別な指導内容や教育上の合理的配慮を含む支援の内容が必要とされるかということを検討することで整理されるものである。

4　把握・整理した，子供一人一人の障害の状態等や教育的ニーズ，本人及び保護者の意見，教育学，医学，心理学等専門的見地からの意見，学校や地域の状況等を踏まえた総合的な観点から，就学先の学校や学びの場を判断することが必要である。

5　対象となる子供の教育的ニーズを整理する際，最も大切にしなければならないことは，子供の自立と社会参加を見据え，その時点でその子供に最も必要な教育を提供することである。

5　後の各問いに答えなさい。

(1)「宮崎県教育基本方針」について，次の文の（　　）に当てはまる語句を，下の選択肢から1つ選び，番号で答えなさい。

本県は，教育基本法にうたわれている人間尊重の精神を基調として，あらゆる教育の場を通じ，「たくましいからだ　豊かな心　すぐれた知性」を育む教育を推進します。

さらに，郷土を愛し新たな時代を切り拓いていく気概と広い視野を持ち，地域や社会の発展に主体的に参画するとともに，（　　）生涯にわたって自己実現を図れる，心身ともに調和のとれた人間の育成をめざします。

1　夢や希望を抱き　　2　目標を定め　　3　より豊かな生活をめざして
4　公共の精神を身につけ　　5　健康を大切にし

(2)「宮崎県人権尊重の社会づくり条例（令和4年3月14日・条例第3号)」の前文の一部について，次の文の（　　）に当てはまる語句を，下の選択肢から1つ選び，番号で答えなさい。

こうした様々な人権問題を解決するため，私たちは，ふるさとの豊かな自然と温暖な気候に育まれた（　　）県民性を生かし，県，市町村，県民等が力を合わせて，お互いの人権を尊重し合い，あらゆる差別を解消し，誰もが自分らしく生きていける平和で豊かな社会を実現していく必要がある。

1　誠実で実直な　　2　穏やかで優しい　　3　正義感の強い
4　協調性のある　　5　思いやりと温もりのある

(3) 令和5年度「宮崎県教員育成指標」における，プレステージ（採用前）について述べた次の文の記号に当てはまる語句の組合せを，下の選択肢から1つ選び，番号で答えなさい。

教員に求められる資質能力について理解し，その（ ア ）を身に付ける。教育に対する知見を広げ，（ イ ）や使命感を（ ウ ）。

1　ア　能力　　イ　情熱　　ウ　高める
2　ア　能力　　イ　自己管理力　　ウ　温める

3　ア　基盤　　イ　情熱　　　　ウ　温める
4　ア　基盤　　イ　自己管理力　ウ　高める
5　ア　基本　　イ　情熱　　　　ウ　高める

(4)　宮崎県の「郷土先覚者」について，次の文の説明に当てはまる人物名を，下の選択肢から1つ選び，記号で答えなさい。

江戸時代の中期，飫肥藩清武郷中野（現在の宮崎市清武町）で生まれ，学者であった父の影響から，古学に軸を置きながらも他学派を完全否定しない独自の研究姿勢を貫き，中国や朝鮮の学識者たちからも賞賛される大儒学者となりました。

清武では明教堂，飫肥城下では振徳堂で子弟の教育に励み，江戸に出て私塾・三計塾を開塾。次世代を担う優れた人材を多く輩出しました。

1　川越進　　2　安井息軒　　3　小村寿太郎　　4　高木兼寛　　5　石井十次

(5)「教育的観点からの合理的配慮の提供に関するガイド」（宮崎県教育委員会　平成28年3月）について，次の文の（　　）に当てはまる語句を，下の選択肢から1つ選び，番号で答えなさい。

合理的配慮とは「障がいのある子どもが，他の子どもと平等に「教育を受ける権利」を享有・行使することを確保するために，学校の設置者及び学校が必要かつ適当な変更・調整を行うことであり，障がいのある子どもに対し，その状況に応じて，学校教育を受ける場合に（　　）必要とされるものであり，学校の設置者及び学校に対して，体制面，財政面において，均衡を失した又は過度の負担を課さないもの」と定義されています。

1　標準的に　　2　最小限度　　3　場合により　　4　必然的に　　5　個別に

(6)「みやざき特別支援教育推進プラン（改定版）」（平成30年11月　宮崎県教育委員会）にある「施策の柱3　個性を輝かせる教育・支援システムの構築」について，次の文の（　　）に当てはまる語句を，下の選択肢から1つ選び，番号で答えなさい。

平成25年度から本県独自の「（　　）サポート体制」を構築し，その充実を図りました。（　　）サポート推進担当者が巡回支援等を行い，各学校の特別支援教育の体制の構築のための助言を行えるようにしました。

また，小学校就学前教育・保育施設にモデル園，高等学校に推進校を指定し，園及び校内の支援体制等について研究し，（　　）での研修会等で実践発表をしました。

さらに，各（　　）の課題に応じた（　　）研修を充実させるとともに，（　　）内の専門家や教職経験者など，地域の人的資源を活用した「広域（　　）サポートチーム」による支援を行いました。

1　エリア　　2　地区　　3　学区　　4　市町村　　5　宮崎県

(7)「宮崎県人権教育基本方針」（平成17年4月1日　宮崎県教育委員会）について，次の文の（　　）に当てはまる語句を，下の選択肢から1つ選び，番号で答えなさい。

人権教育を積極的に推進するため，人権及び同和問題をはじめとする様々な人権問題に関する深い認識に基づいた，真に差別などのあらゆる人権侵害をなくしていく意志と（　　）とをもった指導者の養成や研修の充実に努めます。

1　行動力　　2　指導力　　3　資質　　4　実践力　　5　知識

(8) 「宮崎県いじめ防止基本方針」(最終改定　平成29年7月13日) で示されているいじめの防止等に関する基本的考え方について，次の文の（　　）に当てはまる語句を，下の選択肢から1つ選び，番号で答えなさい。

いじめは，どの子どもにも，どの学校でも起こりうることを踏まえ，より根本的ないじめの問題克服のためには，全ての児童生徒を対象としたいじめの未然防止の観点が重要であり，全ての児童生徒を，いじめに向かわせることなく，（　　）対人関係を構築できる社会性のある大人へと育み，いじめを生まない土壌をつくるために，関係者が一体となった継続的な取組が必要である。

1　心の通う　　2　人権感覚のある　　3　豊かな　　4　和やかな　　5　平等な

(9) 「次期教育振興基本計画について (答申)」(令和5年3月8日　中央教育審議会) について，次の文の（　　）に当てはまる語句を，下の選択肢から1つ選び，番号で答えなさい。

我が国の教育をめぐる現状・課題・展望を踏まえ，本計画では2040年以降の社会を見据えた教育政策におけるコンセプトとも言うべき総括的な基本方針として「持続可能な社会の創り手の育成」及び「日本社会に根差した（　　）の向上」を掲げる。両者は今後我が国が目指すべき社会及び個人の在り様として重要な概念であり，これらの相互循環的な実現に向けた取組が進められるよう教育政策を講じていくことが必要である。

1　働き方　　2　ウェルビーイング　　3　幸福感　　4　生きがい　　5　学力

(10) 「『令和の日本型学校教育』の構築を目指して (答申)」(令和3年1月26日　中央教育審議会) について，次の文の（　　）に当てはまる語句を，下の選択肢から1つ選び，番号で答えなさい。

「個別最適な学び」が「孤立した学び」に陥らないよう，これまでも「日本型学校教育」において重視されてきた，探究的な学習や体験活動などを通じ，子供同士で，あるいは地域の方々をはじめ多様な他者と協働しながら，あらゆる他者を価値のある存在として尊重し，様々な社会的な変化を乗り越え，持続可能な社会の創り手となることができるよう，必要な資質・能力を育成する「（　　）」を充実することも重要である。

1　協働的な学び　　2　共同学習　　3　プログラム学習
4　相関カリキュラム　　5　経験カリキュラム

小学校

6　**後の各問いに答えなさい。**

(1) 次の文は，「小学校学習指導要領」(平成29年告示) の「第1章　総則　第3　教育課程の実施と学習評価」の一部である。文中の記号に当てはまる語句を，それぞれ下の選択肢から1つずつ選び，番号で答えなさい。

特に，各教科等において身に付けた知識及び技能を活用したり，思考力，判断力，表現力等や（ ア ），人間性等を発揮させたりして，学習の対象となる物事を捉え思考することにより，各教科等の特質に応じた物事を捉える視点や考え方（以下「見方・考え方」という。）が鍛えられていることに留意し，児童が各教科の特質に応じた見方・考え方を働かせながら，知識を（ イ ），情報を精査して考えを形成したり問題を見いだして解決策を考えたり，思いや考えを基に創造したりすることに向かう過程を重視した学習の充実を図ること。

（ ア ）

1　情報活用能力　　2　問題発見する力　　3　生きて働く知識活用力

4　学びに向かう力　　5　言語能力

（ イ ）

1　発見してより深く理解したり　　2　相互に関連付けてより深く理解したり

3　精査して課題を明確にしたり　　4　相互に関連付けて課題を明確にしたり

5　精査してより深く理解したり

(2)　次の文は，「小学校学習指導要領」（平成29年告示）の「第6章　特別活動」の〔児童会活動〕及び〔クラブ活動〕の目標である。文中の記号に当てはまる語句の組合せを，下の選択肢から選び，番号で答えなさい。ただし，同じ記号には同じ語句が入るものとする。

〔児童会活動〕

（ ア ）で協力し，学校生活の充実と向上を図るための諸問題の解決に向けて，計画を立て役割を分担し，協力して運営することに（ イ ）に取り組むことを通して，第1の目標に掲げる資質・能力を育成することを目指す。

〔クラブ活動〕

（ ア ）で協力し，共通の興味・関心を追求する集団活動の計画を立てて運営することに（ イ ）に取り組むことを通して，（ ウ ）ながら，第1の目標に掲げる資質・能力を育成することを目指す。

1　ア　全校又は学年の児童　　イ　体験的，協働的　　ウ　公共の精神を養い

2　ア　全校又は学年の児童　　イ　体験的，協働的　　ウ　個性の伸長を図り

3　ア　全校又は学年の児童　　イ　自主的・実践的　　ウ　公共の精神を養い

4　ア　異年齢の児童同士　　イ　体験的，協働的　　ウ　公共の精神を養い

5　ア　異年齢の児童同士　　イ　自主的・実践的　　ウ　個性の伸長を図り

(3)　次の文は，「小学校学習指導要領」（平成29年告示）の「第5章　総合的な学習の時間　第2　各学校において定める目標及び内容」の一部である。文中の（　　）に当てはまる語句を，下の選択肢から1つ選び，番号で答えなさい。

各学校において定める目標については，（　　）を踏まえ，総合的な学習の時間を通して育成を目指す資質・能力を示すこと。

1　各学校における教育目標　　2　日常生活や社会との関わり

3　他教科等の目標　　4　児童や学校，地域の実態等　　5　児童の興味・関心

(4)　次の文は，「小学校学習指導要領」（平成29年告示）の「第3章　特別の教科　道徳　指導計画の作成と内容の取扱い」の一部である。文中の記号に当てはまる語句の組合せを，下の選択肢から1つ選び，番号で答えなさい。

(3) 児童が自ら道徳性を養う中で，自らを振り返って成長を実感したり，（ ア ）を見付けたりすることができるよう工夫すること。

(4) 児童が多様な感じ方や考え方に接する中で，考えを深め，判断し，表現する力などを育むことができるよう，（ イ ）を基に話し合ったり書いたりするなどの言語活動 を充実すること。

(5) 児童の発達の段階や特性等を考慮し，指導のねらいに即して，（ ウ ）学習，道徳的行為に関する体験的な学習等を適切に取り入れるなど，指導方法を工夫すること。

1 ア：これからの課題や目標 イ：調べた事実 ウ：対話的な
2 ア：道徳的価値 イ：自分の考え ウ：対話的な
3 ア：道徳的価値 イ：調べた事実 ウ：問題解決的な
4 ア：これからの課題や目標 イ：自分の考え ウ：問題解決的な
5 ア：道徳的価値 イ：自分の考え ウ：問題解決的な

中学校

7 後の各問いに答えなさい。

(1) 次の文は，「中学校学習指導要領」(平成29年告示) の「第1章　総則　第3　教育課程の実施と学習評価」の一部である。文中の記号に当てはまる語句を，それぞれ下の選択肢から1つ選び，番号で答えなさい。

(4) 生徒が（ ア ）活動を，計画的に取り入れるように工夫すること。

(5) 生徒が生命の有限性や自然の大切さ，主体的に挑戦してみることや多様な他者と（ イ ）ことの重要性などを実感しながら理解することができるよう，各教科等の特質に応じた体験活動を重視し，家庭や地域社会と連携しつつ体系的・継続的に実施できるよう工夫すること。

（ ア ）

1 学習の計画を立てたり学習したことを振り返ったりする
2 学習の見通しを立てたり学習したことを表現したりする
3 探究の見通しを立てたり探究したことを表現したりする
4 学習の見通しを立てたり学習したことを振り返ったりする
5 探究の計画を立てたり探究したことを発表したりする

（ イ ）

1 学び合う　2 協働する　3 協力する　4 対話する
5 合意形成を図る

(2) 「中学校学習指導要領」(平成29年告示) の「第5章　特別活動〔生徒会活動〕」で示されている目標や内容について，誤っているものを，次の選択肢から1つ選び，番号で答えなさい。

1 生徒が主体的に組織をつくり，役割を分担し，計画を立て，学校生活の課題を見いだし解決するために話し合い，合意形成を図り実践すること。

2　勤労の尊さや生産の喜びを体得し，職場体験活動などの勤労観・職業観に関わる啓発的な体験が得られるようにするとともに，共に助け合って生きることの喜びを体得し，ボランティア活動などの社会奉仕の精神を養う体験が得られるようにすること。

3　異年齢の生徒同士で協力し，学校生活の充実と向上を図るための諸問題の解決に向けて，計画を立て役割を分担し，協力して運営することに自主的，実践的に取り組むこと。

4　学校行事の特質に応じて，生徒会の組織を活用して，計画の一部を担当したり，運営に主体的に協力したりすること。

5　地域や社会の課題を見いだし，具体的な対策を考え，実践し，地域や社会に参画できるようにすること。

(3)　次の文は，「中学校学習指導要領」(平成29年告示) の「第4章　総合的な学習の時間　第2　各学校において定める目標及び内容」の一部である。文中の（　　）に当てはまる語句を，下の選択肢から1つ選び，番号で答えなさい。

各学校において定める目標については，各学校における（　　）を踏まえ，総合的な学習の時間を通して育成を目指す資質・能力を示すこと。

1　教育目標　　2　日常生活や社会との関わり　　3　他教科等の目標

4　生徒や学校，地域の実態等　　5　生徒の興味・関心

(4)　次の文は，「中学校学習指導要領」(平成29年告示) の「第3章　特別の教科　道徳　第3　指導計画の作成と内容の取扱い」の一部である。文中の記号に当てはまる語句の組合せを，下の選択肢から1つ選び，番号で答えなさい。

(3)　生徒が自ら道徳性を養う中で，自らを振り返って（ ア ）を実感したり，これからの課題や目標を見付けたりすることができるよう工夫すること。

(4)　生徒が多様な感じ方や考え方に接する中で，考えを深め，判断し，表現する力などを育むことができるよう，（ イ ）を基に討論したり書いたりするなどの言語活動を充実すること。

(5)　生徒の発達の段階や特性等を考慮し，指導のねらいに即して，（ ウ ）学習，道徳的行為に関する体験的な学習等を適切に取り入れるなど，指導方法を工夫すること。

1　ア：道徳的価値　　イ：調べた事実　　ウ：対話的な

2　ア：成長　　イ：自分の考え　　ウ：対話的な

3　ア：道徳的価値　　イ：調べた事実　　ウ：問題解決的な

4　ア：成長　　イ：自分の考え　　ウ：問題解決的な

5　ア：道徳的価値　　イ：自分の考え　　ウ：問題解決的な

高等学校

8　**後の各問いに答えなさい。**

(1)　次の文は，「高等学校学習指導要領」(平成30年告示) の「第1章　総則　第3款

教育課程の実施と学習評価」の一部である。文中の記号に当てはまる語句を，それぞれ下の選択肢から1つ選び，番号で答えなさい。

(4) 生徒が（ ア ）活動を，計画的に取り入れるように工夫すること。

(5) 生徒が生命の有限性や自然の大切さ，主体的に挑戦してみることや多様な他者と（ イ ）ことの重要性などを実感しながら理解することができるよう，各教科・科目等の特質に応じた体験活動を重視し，家庭や地域社会と連携しつつ体系的・継続的に実施できるよう工夫すること。

（ ア ）

1 学習の計画を立てたり学習したことを振り返ったりする
2 学習の見通しを立てたり学習したことを表現したりする
3 探究の見通しを立てたり探究したことを表現したりする
4 学習の見通しを立てたり学習したことを振り返ったりする
5 探究の計画を立てたり探究したことを振り返ったりする

（ イ ）

1 学び合う　　2 協働する　　3 協力する　　4 対話する
5 合意形成を図る

(2) 「高等学校学習指導要領」（平成30年告示）の「第5章　特別活動〔生徒会活動〕」で示されている目標や内容について，誤っているものを，次の選択肢から1つ選び，番号で答えなさい。

1 生徒が主体的に組織をつくり，役割を分担し，計画を立て，学校生活の課題を見いだし解決するために話し合い，合意形成を図り実践すること。

2 勤労の尊さや創造することの喜びを体得し，就業体験活動などの勤労観・職業観の形成や進路の選択決定などに資する体験が得られるようにするとともに，共に助け合って生きることの喜びを体得し，ボランティア活動などの社会奉仕の精神を養う体験が得られるようにすること。

3 異年齢の生徒同士で協力し，学校生活の充実と向上を図るための諸問題の解決に向けて，計画を立て役割を分担し，協力して運営することに自主的，実践的に取り組むこと。

4 学校行事の特質に応じて，生徒会の組織を活用して，計画の一部を担当したり，運営に主体的に協力したりすること。

5 地域や社会の課題を見いだし具体的な対策を考え，実践し，地域や社会に参画できるようにすること。

(3) 次の文は，「高等学校学習指導要領」（平成30年告示）の「第4章　総合的な探究の時間　第2　各学校において定める目標及び内容」の一部である。文中の（　　）に当てはまる語句を，下の選択肢から1つ選び，番号で答えなさい。

(1) 各学校において定める目標については，各学校における（　　）を踏まえ，総合的な探究の時間を通して育成を目指す資質・能力を示すこと。

1 教育目標　　2 日常生活や社会との関わり　　3 他教科等の目標
4 生徒や学校，地域の実態等　　5 生徒の興味・関心

(4) 次の文は，「高等学校学習指導要領」(平成30年告示）の「第１章　総則　第２款　教育課程の編成」の一部である。文中の下線部の標準単位数として示されているものを，下の選択肢から１つ選び，番号で答えなさい。

3 (2) 各教科・科目の履修等

ア　各学科に共通する必履修教科・科目及び総合的な探究の時間

イ　総合的な探究の時間については，全ての生徒に履修させるものとし，その単位数は，(1)のイに<u>標準単位数</u>として示された単位数の下限を下らないものとする。ただし，特に必要がある場合には，その単位数を２単位とすることができる。

1　3　　2　4～6　　3　2～4　　4　3～6　　5　6

特別支援学校

9　後の各問いに答えなさい。

(1) 次の文は，「特別支援学校小学部・中学部学習指導要領」(平成29年告示）の「第１章　総則　第４節　教育課程の実施と学習評価」の一部である。文中の記号に当てはまる語句を，それぞれ下の選択肢から１つ選び，番号で答えなさい。

(4) 児童又は生徒が（ア）活動を，計画的に取り入れるように工夫すること。

(5) 児童又は生徒が生命の有限性や自然の大切さ，主体的に挑戦してみることや多様な他者と（イ）ことの重要性などを実感しながら理解することができるよう，各教科等の特質に応じた体験活動を重視し，家庭や地域社会と連携しつつ体系的・継続的に実施できるよう工夫すること。

（ア）

1　学習の計画を立てたり探究したことを振り返ったりする
2　学習の見通しを立てたり学習したことを表現したりする
3　探究の見通しを立てたり探究したことを表現したりする
4　学習の見通しを立てたり学習したことを振り返ったりする
5　探究の計画を立てたり探究したことを発表したりする

（イ）

1　学び合う　　2　協働する　　3　協力する　　4　対話する
5　合意形成を図る

(2) 次の文は，「特別支援学校小学部・中学部学習指導要領」(平成29年告示）の「第３章　特別の教科　道徳」の一部である。文中の記号に当てはまる語句の組合せを，下の選択肢から１つ選び，番号で答えなさい。

児童又は生徒の障害による学習上又は生活上の困難を改善・克服して，強く生きようとする意欲を高め，明るい（ア）を養うとともに，健全な（イ）の育成を図る必要があること。

1　ア：人間関係　　イ：人生観
2　ア：生活態度　　イ：人生観

3　ア：生活態度　　イ：人間関係
4　ア：人間関係　　イ：生活態度
5　ア：人生観　　イ：生活態度

(3) 「特別支援学校小学部・中学部学習指導要領」（平成29年告示）の「第5章　総合的な学習の時間」では，「各学校において定める目標及び内容並びに指導計画の作成と内容の取扱いについては，それぞれ小学校学習指導要領第5章又は中学校学習指導要領第4章に示すものに準ずる」と述べられている。次の文は，「小学校学習指導要領」（平成29年告示）の「第5章　総合的な学習の時間　第2　各学校において定める目標及び内容」の一部である。文中の（　　）に当てはまる語句を，下の選択肢から1つ選び，番号で答えなさい。

各学校において定める目標については，（　　）を踏まえ，総合的な学習の時間を通して育成を目指す資質・能力を示すこと。

1　各学校における教育目標　　2　日常生活や社会との関わり
3　他教科等の目標　　4　学級や学校の実態　　5　児童の興味・関心等

(4) 次の文は，「特別支援学校小学部・中学部学習指導要領」（平成29年告示）の「第6章　特別活動」の一部である。文中の記号に当てはまる語句の組合せを，下の選択肢から1つ選び，番号で答えなさい。

児童又は生徒の（ ア ）を広めて積極的な態度を養い，社会性や豊かな人間性を育むために，（ イ ）を通して小学校の児童又は中学校の生徒などと交流及び共同学習を行ったり，地域の人々などと活動を共にしたりする機会を積極的に設ける必要があること。その際，（ ウ ）を考慮して，活動の種類や時期，実施方法等を適切に定めること。

1　ア：生活　　イ：協働的な活動　　ウ：児童又は生徒の障害の状態や特性等
2　ア：生活　　イ：協働的な活動　　ウ：地域や学校の実態等
3　ア：経験　　イ：集団活動　　ウ：地域や学校の実態等
4　ア：経験　　イ：集団活動　　ウ：児童又は生徒の障害の状態や特性等
5　ア：生活　　イ：集団活動　　ウ：地域や学校の実態等

養護教諭

10 次の各条文の[①]～[⑤]に当てはまる語句を，それぞれ下の選択肢から1つ選び，番号で答えなさい。

(1) 学校においては，別に法律で定めるところにより，幼児，児童，生徒及び学生並びに職員の健康の保持増進を図るため，健康診断を行い，その他その保健に必要な措置を講じなければならない。〔[①]第12条）〕

1　学校保健安全法　　2　学校保健安全法施行令　　3　学校保健安全法施行規則
4　学校教育法　　5　学校教育法施行規則

(2) 保健主事は，校長の監督を受け，小学校における保健に関する事項の[②]に当たる。〔学校教育法施行規則第45条第4項〕

1　業務　　2　管理　　3　対処　　4　指導　　5　事務

(3)　養護教諭その他の職員は，相互に連携して，健康相談又は児童生徒等の健康状態の日常的な［③］により，児童生徒等の心身の状況を把握し，健康上の問題があると認めるときは，遅滞なく，当該児童生徒等に対して必要な指導を行うとともに，必要に応じ，その保護者（学校教育法第16条に規定する保護者をいう。第24条及び第30条において同じ。）に対して必要な助言を行うものとする。　〔学校保健安全法第９条〕

1　聞き取り　　2　観察　　3　情報提供　　4　記録　　5　確認

(4)　学校においては，救急処置，健康相談又は保健指導を行うに当たっては，［④］，当該学校の所在する地域の医療機関その他の関係機関との連携を図るよう努めるものとする。　〔学校保健安全法第10条〕

1　必要に応じ　　2　法令で定めるところにより　　3　校長の監督のもと
4　毎年定期に　　5　学校の設置者の定めるところにより

(5)　学校においては，前条の健康診断の結果に基づき，疾病の予防処置を行い，又は治療を指示し，並びに運動及び［⑤］を軽減する等適切な措置をとらなければならない。
〔学校保健安全法第14条〕

1　業務　　2　学習　　3　活動　　4　作業　　5　食事

栄養教諭

11　**次の各条文の［①］～［⑤］に当てはまる語句を，それぞれ下の選択肢から１つ選び，番号で答えなさい。**

(1)　栄養教諭は，児童の栄養の指導及び管理をつかさどる。　〔［①］第37条第13項〕

1　学校給食法　　2　教育基本法　　3　教育公務員特例法　　4　学校教育法
5　食育基本法

(2)　この法律は，学校給食が児童及び生徒の心身の健全な発達に資するものであり，かつ，児童及び生徒の食に関する正しい［②］と適切な判断力を養う上で重要な役割を果たすものであることにかんがみ，学校給食及び学校給食を活用した食に関する指導の実施に関し必要な事項を定め，もつて学校給食の普及充実及び学校における食育の推進を図ることを目的とする。　〔学校給食法第１条〕

1　情報　　2　理解　　3　習慣　　4　作法　　5　管理

(3)　栄養教諭は，児童又は生徒が健全な食生活を自ら営むことができる知識及び態度を養うため，学校給食において摂取する食品と健康の保持増進との関連性についての指導，食に関して特別の配慮を必要とする児童又は生徒に対する［③］指導その他の学校給食を活用した食に関する実践的な指導を行うものとする。この場合において，校長は，当該指導が効果的に行われるよう，学校給食と関連付けつつ当該義務教育諸学校における食に関する指導の全体的な計画を作成することその他の必要な措置を講ずるものとする。　〔学校給食法第10条〕

1　適切な　　2　個別的な　　3　包括的な　　4　食育上の　　5　栄養学的な

(4)　食育の推進に当たっては，国民の食生活が，自然の恩恵の上に成り立っており，また，食に関わる人々の様々な活動に支えられていることについて，［④］や理解が深まるよう配慮されなければならない。〔食育基本法第３条〕

1　感謝の念　2　認識　3　知識　4　学び　5　関心

(5)　食育は，広く国民が家庭，学校，保育所，地域その他のあらゆる機会とあらゆる場所を利用して，食料の生産から消費等に至るまでの食に関する様々な［⑤］を行うとともに，自ら食育の推進のための活動を実践することにより，食に関する理解を深めることを旨として，行われなければならない。〔食育基本法第６条〕

1　学習　2　調査　3　取組　4　体験活動　5　啓発

解答＆解説

1 **解答** (1)—3　(2)—3　(3)—2　(4)—1　(5)—4　(6)—1　(7)—1　(8)—5　(9)—5　(10)—1　(11)—2　(12)—2

解説 (1)日本国憲法第15条第１項を参照。「公務員の選定罷免権」の規定。

(2)教育基本法第14条第２項を参照。「政治教育」の規定。

(3)地方公務員法第30条を参照。「服務の根本基準」の規定。

(4)教育公務員特例法第22条第１項を参照。「研修の機会」の規定。

(5)学校教育法第42条を参照。「学校運営評価」の規定。

(6)学校教育法施行規則第44条第４項を参照。「教務主任・学年主任」の規定。

(7)こども基本法第３条第一号を参照。「基本理念」の規定。こども基本法は，こども施策を社会全体で総合的かつ強力に推進していくための包括的な基本法として，2022年６月15日に成立し，2023年４月１日に施行された。

(8)子どもの貧困対策の推進に関する法律第２条第１項を参照。「基本理念」の規定。

(9)教育職員等による児童生徒性暴力等の防止等に関する法律第４条第１項を参照。「基本理念」の規定。

(10)いじめ防止対策推進法第３条第３項を参照。「基本理念」の規定。

(11)学校教育の情報化の推進に関する法律第３条第１項を参照。「基本理念」の規定。

(12)義務教育の段階における普通教育に相当する教育の機会の確保等に関する法律第３条第一号を参照。「基本理念」の規定。

2 **解答** (1)①—2　②—4　③—6　④—7　(2)—3　(3)—2　(4)—1　(5)—4

解説 (1)①２：パーカー（1837～1902）は，「進歩主義教育の父」と呼ばれ，マサチューセッツ州クインシーの教育長として，フレーベル主義を掲げ，子どもの自発性と創造性を伸ばす教育実践を展開した。

②４：シュタイナー（1861～1925）は，人間の本質を認識する独自の「人智学」を築き，12年制の自由ヴァルドルフ学校（シュタイナー学校）を設立して，自由な自律的人間の育成を目指した。

③６：ペーターゼン（1884～1952）が考案したイエナ・プランでは，学校は生活共同体の縮図でなければならないという観点から，従来の学年制の学級を廃して

低学年・中学年・高学年の３集団に再編成し，児童生徒は指導的立場と指導される立場を経験しながら集団訓練を基調とする生活共同体として学習する。

④７：キルパトリック（1871～1965）が考案したプロジェクト・メソッド（プロジェクト学習）は，子どもが自分の活動を選択し，計画し，方向付けていく問題解決的な学習過程の理論。

(2)ヴィゴツキー（1896～1934）の主張は社会文化的発達理論とも呼ばれるように，社会的な相互作用の中での経験が内面化されていく過程を重視した。また，子どもの知的発達には，現在の能力で問題が解決できる発達水準と，他者からの援助やヒントが得られれば解決できる発達水準の２つがあり，この水準の差を発達の最近接領域と呼んだ。

(3)２：ピグマリオン効果は，教師期待効果ともいわれ，親や教師に期待されると，子どもの能力がその方向に変化する現象をいう。例えば，成績が伸びるであろうというプラス方向の期待はピグマリオン効果で，伸びることはないであろうというマイナス方向の期待はゴーレム効果である。

(4)１：ソシオメトリック・テストは，モレノ（1889～1974）が考案したテストで，「誰の隣に座りたいですか」「誰と一緒のグループになりたくないですか」というように，ある想定した場面で，集団の他の成員中で自分が好意をもつ人と拒否したい人の名前を挙げさせる。

(5)スキナー（1904～90）は，「スキナー箱」という実験装置を考案して，ネズミやハトがうまくバーを押すと餌が得られるように学習させた。これを「オペラント条件づけ（道具的条件づけ）」と呼び，この理論を実験的に研究して体系化し，プログラム学習，ティーチング・マシンなどの開発や行動療法にも応用した。

3 **解答** (1)―５　(2)―２　(3)―４　(4)―５　(5)―３　(6)―１　(7)―４　(8)―３　(9)―３　(10)―５

解説 (1)『生徒指導提要』（2022年12月）の「第Ⅰ部　生徒指導の基本的な進め方」「第１章　生徒指導の基礎」「1.1　生徒指導の意義」「1.1.1　生徒指導の定義と目的」「(2)生徒指導の目的」を参照。

(2)『生徒指導提要』（2022年12月）の「第Ⅰ部　生徒指導の基本的な進め方」「第１章　生徒指導の基礎」「1.2　生徒指導の構造」を参照。

２：「1.2.3　課題予防的生徒指導：課題未然防止教育」及び「1.2.4　課題予防的生徒指導：課題早期発見対応」を参照。課題未然防止教育は「全ての児童生徒」，「課題早期発見対応」は「課題の予兆行動が見られたり，問題行動のリスクが高まったりするなど，気になる一部の児童生徒」を対象にする。

１：「1.2.2　発達支持的生徒指導」を参照。

３：「1.2.5　困難課題対応的生徒指導」を参照。

４：「1.2.1　２軸３類４層構造」「(1)生徒指導の２軸」「①常態的・先行的（プロアクティブ）生徒指導」を参照。

５：「1.2.1　２軸３類４層構造」「(1)生徒指導の２軸」「②即応的・継続的（リアクティブ）生徒指導」を参照。

⑶『生徒指導提要』（2022年12月）の「第Ⅰ部　生徒指導の基本的な進め方」「第２章　生徒指導と教育課程」「2.1　児童生徒の発達を支える教育課程」「2.1.3　学級・ホームルーム経営と生徒指導」を参照。

⑷『生徒指導提要』（2022年12月）の「第Ⅰ部　生徒指導の基本的な進め方」「第３章　チーム学校による生徒指導体制」「3.1　チーム学校における学校組織」を参照。

５：「3.1.2　チーム学校として機能する学校組織」を参照。正しくは「『「チームとしての学校」が機能するためには，校長のリーダーシップが必要であり，学校のマネジメント機能をこれまで以上に強化していくこと』が求められています」と示されており，「トップダウンのピラミッド型組織による生徒指導体制を強化していく」ことは述べられていない。

１・２・４：「3.1.1　チーム学校とは」を参照。

３：「3.1.2　チーム学校として機能する学校組織」を参照。

⑸『生徒指導提要』（2022年12月）の「第Ⅱ部　個別の課題に対する生徒指導」「第４章　いじめ」「4.2　いじめの防止等の対策のための組織と計画」を参照。

３：「4.2.1　組織の設置」「⑴組織の構成」を参照。正しくは「生徒指導部や生徒指導委員会などの既存組織を活用して法に基づく組織として機能させることも可能ですが，学校いじめ対策組織としての会議であるという自覚の下で協議したり，年間計画に位置付けて定例会議として開催したりする必要があります」と示されている。

１：「4.2.2　組織の役割」の①を参照。

２・４・５：「4.2.1　組織の設置」「⑴組織の構成」を参照。

⑹『生徒指導提要』（2022年12月）の「第Ⅱ部　個別の課題に対する生徒指導」「第10章　不登校」「10.3　不登校に関する生徒指導の重層的支援構造」を参照。

１：当該部分に記載なし。なお，「10.1　不登校に関する関連法規・基本指針」「10.1.4　支援の目標」には，「不登校児童生徒への支援においては，学校に登校するという結果のみを目標とするのではなく，児童生徒が自らの進路を主体的に捉え，社会的自立を目指せるように支援を行うことが求められ」ると示されている。

２：「10.3.4　不登校児童生徒支援としての困難課題対応的生徒指導」「⑴ケース会議による具体的な対応の決定」を参照。なお，BPSモデル（Bio-Psycho-Social Model）とは，児童生徒の課題を，生物学的要因，心理学的要因，社会的要因の３つの観点から検討するもの。

３：「10.3.4　不登校児童生徒支援としての困難課題対応的生徒指導」「⑵校内における支援」を参照。

４：「10.3.4　不登校児童生徒支援としての困難課題対応的生徒指導」「⑶家庭訪問の実施」を参照。

５：「10.3.4　不登校児童生徒支援としての困難課題対応的生徒指導」「⑷校外の関係機関等との連携」を参照。

(7)『生徒指導提要』(2022年12月) の「第Ⅱ部　個別の課題に対する生徒指導」「第12章　性に関する課題」「12.4『性的マイノリティ』に関する課題と対応」を参照。

4：「12.4.1『性的マイノリティ』に関する理解と学校における対応」の②及び③を参照。「性的マイノリティ」とされる児童生徒に対する「支援チーム」について，正しくは「当該児童生徒の支援は，最初に相談（入学などに当たって児童生徒の保護者からなされた相談を含む。）を受けた者だけで抱え込むことなく，組織的に取り組むことが重要であり，学校内外の連携に基づく『支援チーム』をつくり，ケース会議などのチーム支援会議を適時開催しながら対応を進めるようにします」と示されている。

1・2：「12.4『性的マイノリティ』に関する課題と対応」を参照。

3・5：「12.4.1『性的マイノリティ』に関する理解と学校における対応」の④を参照。

(8)文部科学省「いじめ問題への的確な対応に向けた警察との連携等の徹底について（通知）」(2023年2月7日) の「2．被害児童生徒への支援及び加害児童生徒に対する指導・支援の充実」「(1)被害児童生徒への支援」を参照。

(9)文部科学省「いじめ問題への的確な対応に向けた警察との連携等の徹底について（通知）」(2023年2月7日) を参照。

3：「2．被害児童生徒への支援及び加害児童生徒に対する指導・支援の充実」「(2)加害児童生徒への指導・支援」を参照。正しくは「加害児童生徒に対するアセスメントや指導・支援を行うに当たっては，SC・SSWの活用に加えて，外部の専門機関を活用することも有効であり，児童生徒の心理や性格の面からアセスメントを行う法務少年支援センター等の活用や，加害児童生徒の健全育成を図るためのカウンセリングや注意・説諭等が期待できる少年サポートセンター，警察署等の警察機関との連携を行うことも考えられる」と示されており，「警察署等に配置されているスクールサポーター」についての言及は見られない。

1・2・5：「2．被害児童生徒への支援及び加害児童生徒に対する指導・支援の充実」「(2)加害児童生徒への指導・支援」を参照。

4：「1．犯罪に相当する事案を含むいじめ対応における警察との連携の徹底」「(1)警察との相談・通報及び連携における基本的な考え方」を参照。

(10)文部科学省「誰一人取り残されない学びの保障に向けた不登校対策について（通知）」(2023年3月31日) を参照。

5：NPOやフリースクール等との連携については繰り返し述べられているが，それらが「学校としての設置認可を受けられるよう」にすることは述べられていない。

1：「1．不登校児童生徒が学びたいと思った時に学べる環境の整備」「(1)不登校特例校の設置」を参照。

2：「1．不登校児童生徒が学びたいと思った時に学べる環境の整備」「(2)校内教育支援センター（スペシャルサポートルーム等）の設置」を参照。

3：「1．不登校児童生徒が学びたいと思った時に学べる環境の整備」「(3)教育支援センターの支援機能等の強化」を参照。

4：「1．不登校児童生徒が学びたいと思った時に学べる環境の整備」「(4)教室以外の学習等の成果の適切な評価の実施」を参照。

4 **解答** (1)ア―3　イ―1　(2)―5　(3)―4　(4)―2

解説 (1)文部科学省「障害のある子供の教育支援の手引　～子供たち一人一人の教育的ニーズを踏まえた学びの充実に向けて～」(2021年6月30日）の「第1編　障害のある子供の教育支援の基本的な考え方」「3　今日的な障害の捉えと対応」「(1)今日的な障害の捉え方（ICF)」を参照。

(2)・(3)学校教育法第72条を参照。「特別支援学校の目的」の規定。

(4)文部科学省「障害のある子供の教育支援の手引　～子供たち一人一人の教育的ニーズを踏まえた学びの充実に向けて～」(2021年6月30日）の「第1編　障害のある子供の教育支援の基本的な考え方」「1　障害のある子供の教育に求められること」「(2)就学に関する新しい支援の方向性」を参照。

2：「段階的で『個別最適化された学びの場』」ではなく「連続性のある『多様な学びの場』」。

1・3～5：当該箇所を参照。

5 **解答** (1)―1　(2)―5　(3)―3　(4)―2　(5)―5　(6)―1　(7)―4　(8)―1　(9)―2　(10)―1

解説 (1)「宮崎県教育基本方針」(2019年6月改正）を参照。同方針は，宮崎県の教育の推進を図るため，教育関係者に県教育委員会の基本方針を示し，広く県民の理解と協力を得ることを目的として，1977（昭和52）年に制定されたものである。制定当初から掲げる「たくましいからだ　豊かな心　すぐれた知性」をそなえ，「心身ともに調和のとれた人間の育成」を目指すという，同方針の根幹部分は改正後も変えることなく，不易の方針として，長く受け継がれている。

(2)宮崎県人権尊重の社会づくり条例の前文を参照。

(3)宮崎県教育委員会「令和5年度『宮崎県教員育成指標』〈教諭等〉」を参照。同指標は，主体的に学び続ける教員の育成を目指し，県教育委員会が教員として求められる資質・能力を【プレステージ】(採用前)，【ファーストステージ】(1～5年)，【セカンドステージ】(6～10年)，【ミドルステージ】(11～20年)，【トップステージ】(21年～）という5つのキャリアステージごとに整理して作成したもの。

(4)宮崎県の「郷土先覚者」として指定されているのは，以下の7名（キャッチコピーは同県ホームページより)。

①安井息軒（1799～1876)：江戸期儒学の集大成，②川越進（1848～1914)：分県運動の功労者，③高木兼寛（1849～1920)：ビタミンの父，④小村寿太郎（1855～1911)：日本を救った外交官，⑤石井十次（1865～1914)：児童福祉の父，⑥若山牧水（1885～1928)：宮崎の自然が育てた歌人，⑦後藤勇吉（1896～1928)：民間パイロットの先駆者。

(5)宮崎県教育委員会「教育的観点からの合理的配慮の提供に関するガイド」(2016

年３月）の「Ⅰ　学校における合理的配慮の提供と基礎的環境整備」「２　合理的配慮の提供と基礎的環境整備の関係」「『基礎的環境整備』と『合理的配慮』について」を参照。同ガイドは，特別な教育的ニーズのある子どもたちが，学校において安心して学び，楽しい学校生活を送りながら，持っている能力を最大限に伸ばすことができるようにするための合理的配慮の提供に関する考え方をまとめたもの。

(6)宮崎県教育委員会「みやざき特別支援教育推進プラン（改定版）～共生社会の形成に向けた特別支援教育の推進～」（2018年11月）の「第１章　プランの改定に当たって」「４　平成25年度から平成29年度までの取組」「施策の柱３　個性を輝かせる教育・支援システムの構築」「(1)地域の特別支援教育を支える『エリアサポート体制』の構築」を参照。同プランは，2013年度から今後10年間における宮崎県の特別支援教育を推進するための主な施策と方向性を示すプランとして策定したもの。子ども一人一人の学びのニーズに応じた質の高い教育の実現を目指し，３つのビジョンにより６つの施策の柱を立て，施策の柱ごとの内容と展開する主な取組を示している。

(7)宮崎県教育委員会「宮崎県人権教育基本方針」（2005年４月１日）を参照。同方針では，設問の「指導者の養成や研修の充実」以外に，「学校教育」「社会教育」「家庭教育」がそれぞれ目指すものについて計４項目が示されている。

(8)宮崎県「宮崎県いじめ防止基本方針」（2014年２月10日，2017年７月13日最終改定）の「第１　いじめの防止等のための対策の基本的な方向に関する事項」「３　いじめの防止等に関する基本的考え方」「(1)いじめの防止」のアを参照。同方針は，児童生徒の尊厳を保持する目的のため，県・国・市町村・学校・地域住民・家庭その他の関係者の連携の下，いじめの問題の克服に向けて取り組むよう，いじめ防止対策推進法第12条の規定に基づき，いじめの防止等（いじめの防止，いじめの早期発見及びいじめへの対処）のための対策を総合的かつ効果的に推進するために策定したものである。

(9)中央教育審議会答申「次期教育振興基本計画について」（2023年３月８日）の「Ⅱ．今後の教育政策に関する基本的な方針」「（総括的な基本方針・コンセプト）」を参照。

(10)中央教育審議会答申「『令和の日本型学校教育』の構築を目指して　～全ての子供たちの可能性を引き出す，個別最適な学びと，協働的な学びの実現～」（2021年１月26日，４月22日更新）の「第Ⅰ部　総論」「３．2020年代を通じて実現すべき『令和の日本型学校教育』の姿」「(1)子供の学び」を参照。

小学校

6 **解答** (1)ア―４　イ―２　(2)―２　(3)―１　(4)―４

解説 平成29年版小学校学習指導要領（2017年３月31日告示）を参照。

(1)「第１章　総則」「第３　教育課程の実施と学習評価」「１　主体的・対話的で

深い学びの実現に向けた授業改善」の(1)を参照。

(2)「第6章　特別活動」「第2　各活動・学校行事の目標及び内容」の「〔児童会活動〕」及び「〔クラブ活動〕」の「1　目標」を参照。

(3)「第5章　総合的な学習の時間」「第2　各学校において定める目標及び内容」「3　各学校において定める目標及び内容の取扱い」の(1)を参照。

(4)「第3章　特別の教科　道徳」「第3　指導計画の作成と内容の取扱い」の2(3)・(4)・(5)を参照。

中学校

7 解答 (1)ア—4　イ—2　(2)—2　(3)—1　(4)—4

解説 平成29年版中学校学習指導要領（2017年3月31日告示）を参照。

(1)「第1章　総則」「第3　教育課程の実施と学習評価」「1　主体的・対話的で深い学びの実現に向けた授業改善」の(4)・(5)を参照。

(2)「第5章　特別活動」「第2　各活動・学校行事の目標及び内容」「〔生徒会活動〕」の「1　目標」及び「2　内容」を参照。

2：〔学校行事〕の「(5)勤労生産・奉仕的行事」の内容。

1：〔生徒会活動〕の「2　内容」「(1)生徒会の組織づくりと生徒会活動の計画や運営」を参照。

3：〔生徒会活動〕の「1　目標」を参照。

4：〔生徒会活動〕の「2　内容」「(2)学校行事への協力」を参照。

5：〔生徒会活動〕の「2　内容」「(3)ボランティア活動などの社会参画」を参照。

(3)「第4章　総合的な学習の時間」「第2　各学校において定める目標及び内容」「3　各学校において定める目標及び内容の取扱い」の(1)を参照。

(4)「第3章　特別の教科　道徳」「第3　指導計画の作成と内容の取扱い」の2(3)・(4)・(5)を参照。

高等学校

8 解答 (1)ア—4　イ—2　(2)—2　(3)—1　(4)—4

解説 平成30年版高等学校学習指導要領（2018年3月30日告示）を参照。

(1)「第1章　総則」「第3款　教育課程の実施と学習評価」「1　主体的・対話的で深い学びの実現に向けた授業改善」の(4)・(5)を参照。

(2)「第5章　特別活動」「第2　各活動・学校行事の目標及び内容」「〔生徒会活動〕」の「1　目標」及び「2　内容」を参照。

2：〔学校行事〕の「(5)勤労生産・奉仕的行事」の内容。

1：〔生徒会活動〕の「2　内容」「(1)生徒会の組織づくりと生徒会活動の計画や運営」を参照。

3：〔生徒会活動〕の「1　目標」を参照。

4：〔生徒会活動〕の「2　内容」「(2)学校行事への協力」を参照。

5：〔生徒会活動〕の「2　内容」「(3)ボランティア活動などの社会参画」を参照。

(3)「第4章　総合的な探究の時間」「第2　各学校において定める目標及び内容」「3　各学校において定める目標及び内容の取扱い」の(1)を参照。

(4)「第1章　総則」「第2款　教育課程の編成」「3　教育課程の編成における共通的事項」「(1)各教科　科目及び単位数等」「イ　各学科に共通する各教科・科目及び総合的な探究の時間並びに標準単位数」のイを参照。

特別支援学校

9 **解答** (1)ア—4　イ—2　(2)—2　(3)—1　(4)—4

解説 (1)平成29年版特別支援学校小学部・中学部学習指導要領（2017年4月28日告示）の「第1章　総則」「第4節　教育課程の実施と学習評価」「1　主体的・対話的で深い学びの実現に向けた授業改善」の(4)・(5)を参照。

(2)平成29年版特別支援学校小学部・中学部学習指導要領（2017年4月28日告示）の「第3章　特別の教科　道徳」の1を参照。

(3)平成29年版小学校学習指導要領（2017年3月31日告示）の「第5章　総合的な学習の時間」「第2　各学校において定める目標及び内容」「3　各学校において定める目標及び内容の取扱い」の(1)を参照。

(4)平成29年版特別支援学校小学部・中学部学習指導要領（2017年4月28日告示）の「第6章　特別活動」の2を参照。

養護教諭

10 **解答** (1)—4　(2)—2　(3)—2　(4)—1　(5)—4

解説 (1)学校教育法第12条を参照。「健康診断等」の規定。

(2)学校教育法施行規則第45条第4項を参照。「保健主事」の規定。

(3)学校保健安全法第9条を参照。「保健指導」の規定。

(4)学校保健安全法第10条を参照。「地域の医療機関等との連携」の規定。

(5)学校保健安全法第14条を参照。「児童生徒等の健康診断」の規定。

栄養教諭

11 **解答** (1)—4　(2)—2　(3)—2　(4)—1　(5)—4

解説 (1)学校教育法第37条第13項を参照。「職員」のうち栄養教諭の職務に関する規定。

(2)学校給食法第1条を参照。「この法律の目的」の規定。

(3)学校給食法第10条を参照。「学校給食を活用した食に関する指導」の規定。

(4)食育基本法第3条を参照。「食に関する感謝の念と理解」の規定。

(5)食育基本法第6条を参照。「食に関する体験活動と食育推進活動の実践」の規定。

鹿児島県

実施日	2023(令和５)年７月９日	試験時間	50分（一般教養を含む）
出題形式	選択＋記述式	問題数	11題（解答数28）
パターン	時事・法規・原理＋教育史・ローカル・心理	公開状況	問題：公開　解答：公開　配点：公開

傾向&対策

●出題分野にかかわらず，「特別支援教育」「人権教育」が必出の教育トピック。●最も解答数の多い教育時事は，「次期教育振興基本計画」に関する中央教育審議会答申（2023年３月），「ユニバーサルデザイン2020行動計画」（2020年12月），「人権教育の指導方法等の在り方」に関する第三次とりまとめ（2008年３月）。肢体不自由，聴覚障害など障害者であることを示すマークとその説明の組み合わせ問題も出題された。●教育法規は，2023年４月に施行されたこども基本法をはじめ，頻出条文の空欄補充問題と出典法規を問う問題。●教育原理は，学習指導要領の前文と，改訂『生徒指導提要』。●必出のローカル問題は，10年以上連続出題の「鹿児島県教育振興基本計画」（2019年２月）より「基本目標」。

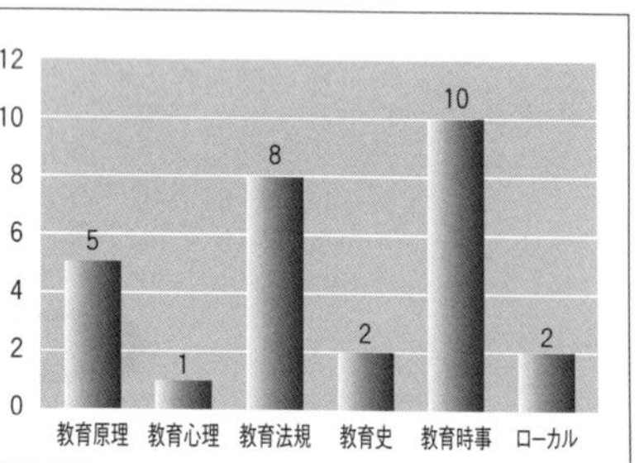

出題領域

教育原理	学習指導要領・前文	2	総則		特別の教科　道徳	
	外国語活動		総合的な学習(探究)の時間		特別活動	
	学習指導		生徒指導	3	学校・学級経営	
	特別支援教育	↓時事	人権・同和教育	↓時事	その他	
教育心理※	発達		学習	1	性格と適応	
	カウンセリングと心理療法	1	教育評価		学級集団	
教育法規	教育の基本理念	2	学校教育		学校の管理と運営	
	児童生徒	2	教職員	4	その他	
教育史	日本教育史	1	西洋教育史	1		
教育時事	答申・統計	10	ローカル	2		

表中の数字は，解答数

※選択肢の出題領域が複数にわたる場合は，それぞれの項目に加算するためグラフの数とは異なる

全校種共通

☞解答＆解説 p.573

1 次のA～Dは，それぞれ，ある人物について説明している。説明文と人物の組合せとして正しいものを，下のア～カから一つ選び，記号で答えよ。

A　生徒の自己活動を尊重し，合科教授と集団作業を根幹とする「イエナ・プラン」を計画し，実践した。

B　イタリアの医師で，「子どもの家（児童の家）」と称する施設を開設し，幼児教育の分野で教育方法を確立した。

C　生徒が自主的に設定した学習プランに基づき個別学習を行う「ドルトン・プラン」を計画し，実践した。

D　〈目的―計画―遂行―判断・評価〉という教授段階を展開する「プロジェクト・メソッド」を提唱した。

	ア	イ	ウ	エ	オ	カ
A	ペーターゼン	ペスタロッチ	ペーターゼン	ペスタロッチ	ペーターゼン	ペスタロッチ
B	モンテッソーリ	マカレンコ	マカレンコ	モンテッソーリ	マカレンコ	モンテッソーリ
C	パーカースト	エレン・ケイ	エレン・ケイ	エレン・ケイ	パーカースト	パーカースト
D	キルパトリック	デューイ	キルパトリック	デューイ	デューイ	キルパトリック

2 次のA～Cは，それぞれ，戦前の教育運動について説明している。A～Cを，出来事が起きた時代が古い順に並べかえ，解答欄に合わせて記号で答えよ。

A　東京で「八大教育主張講演会」が開催され，小原国芳が「全人教育論」を主張した。

B　『Education in Japan』を編著した森有礼が，文部大臣として学校令を制定し，教育改革に取り組んだ。

C　小砂丘忠義，野村芳兵衛などにより『綴方生活』が刊行され，各地の教師の実践活動を促した。

3 次のA～Cは，それぞれ，教育心理に関する語句について説明している。説明文と語句の組合せとして正しいものを，下のア～カから一つ選び，記号で答えよ。

A　面接者とクライエントの間に築かれる肯定的な人間関係や情緒的なつながりのこと。

B　学習者が学習を可能にし，効果的にするための条件が備わっている準備状態のこと。

C　学習の成果をグラフ化した学習曲線において，学習の過程にみられる一時的な停滞現象のこと。

	ア	イ	ウ	エ	オ	カ
A	レジリエンス	ラポール	レジリエンス	ラポール	レジリエンス	ラポール
B	モラトリアム	レディネス	モラトリアム	レディネス	レディネス	モラトリアム
C	プラトー	リビドー	リビドー	プラトー	リビドー	プラトー

4 次の文章は「次期教育振興基本計画」（令和5年3月8日　中央教育審議会）の一部抜粋である。後の問に答えよ。

（共生社会の実現に向けた教育の考え方）

○　誰一人取り残さず，相互に多様性を認め，高め合い，他者の（ ① ）を思いやることができる教育環境を個々の状況に合わせて整備することで，つらい様子の子供が笑顔になり，その結果として自分の目標を持って学習等に取り組むことができる場面を一つでも多く作り出すことが求められる。

○　その際，支援を必要とする子供やマイノリティの子供の他の子供との差異を「弱み」として捉え，そこに着目して支えるという視点だけではなく，そうした子供たちが持っている「長所・強み」に着目し，可能性を引き出して発揮させていく視点（（ ② ））を取り入れることも大切である。

問１　①に入る語句として正しいものを，次のア～エから一つ選び，記号で答えよ。

ア　アントレプレナーシップ　　イ　エイジフリー　　ウ　ウェルビーイング
エ　アセスメント

問２　②に入る語句として正しいものを，次のア～エから一つ選び，記号で答えよ。

ア　エンパワメント　　イ　イノベーション　　ウ　プッシュ型支援
エ　デジタライゼーション

5　**次のＡ～Ｃは，それぞれ，ある法律等の条文の一部抜粋である。後の問に答えよ。**

A	第33条　職員は，その職の（ ① ）を傷つけ，又は職員の職全体の不名誉となるような行為をしてはならない。
B	第３条　こども施策は，次に掲げる事項を基本理念として行われなければならない。 一　全てのこどもについて，個人として尊重され，その（ ② ）が保障されるとともに，差別的取扱いを受けることがないようにすること。
C	第26条　すべて国民は，法律の定めるところにより，その能力に応じて，ひとしく（ ③ ）を受ける権利を有する。

問１　①～③に入る語句として正しいものを，次のア～クからそれぞれ一つずつ選び，記号で答えよ。

ア　信頼　　イ　教育　　ウ　支援　　エ　学問
オ　福祉　　カ　基本的人権　　キ　信用　　ク　社会的活動

問２　Ａ～Ｃが規定されている法律等の名称として正しいものを，次のア～カからそれぞれ一つずつ選び，記号で答えよ。

ア　日本国憲法　　イ　教育基本法　　ウ　学校教育法
エ　地方公務員法　　オ　こども基本法　　カ　いじめ防止対策推進法

6　**バリアフリーに関する後の問に答えよ。**

問１　「ユニバーサルデザイン2020行動計画」（ユニバーサルデザイン2020関係閣僚会議平成29年）において，心のバリアフリーを体現するためのポイントとして以下のように①～③の３点が示されている。Ａ～Ｃに入る語句を，下のア～カからそれぞれ一つずつ選び，記号で答えよ。

①　障害のある人への社会的障壁を取り除くのは（ Ａ ）の責務であるという「障害の（ Ａ ）モデル」を理解すること。

②　障害のある人（及びその家族）への差別（不当な差別的取扱い及び（ Ｂ ）の不提供）を行わないよう徹底すること。

③　自分とは異なる条件を持つ多様な他者とコミュニケーションを取る力を養い，すべての人が抱える困難や痛みを想像し（ Ｃ ）する力を培うこと。

ア　医学　　イ　合理的配慮　　ウ　協調　　エ　包括的支援　　オ　社会
カ　共感

問2　マークとその説明の組合せとして正しいものを，次のア～エから二つ選び，記号で答えよ。

	マーク	説明
ア		肢体不自由であることを理由に免許に条件を付されている方が運転する車に表示するマーク
イ		聞こえが不自由なことを表すと同時に，聞こえない人・聞こえにくい人への配慮を表すマーク
ウ		聴覚障害であることを理由に免許に条件を付されている方が運転する車に表示するマーク
エ		「身体内部に障害がある人」を表しているマーク

7　**次の文は，「小学校学習指導要領」（平成29年３月告示）の「前文」の一部抜粋である。①，②に入る語句として正しいものを，下のア～カからそれぞれ一つずつ選び，記号で答えよ。**

これからの学校には，こうした教育の目的及び目標の達成を目指しつつ，一人一人の児童が，自分のよさや可能性を認識するとともに，あらゆる（ ① ）を価値のある存在として尊重し，多様な人々と協働しながら様々な社会的変化を乗り越え，豊かな人生を切り拓き，（ ② ）の創り手となることができるようにすることが求められる。

＊上の一部抜粋の文について，現行の「中学校学習指導要領」（平成29年３月告示）及び「高等学校学習指導要領」（平成30年３月告示）では「児童」が「生徒」と表記されている。

ア　開かれた社会　　イ　他者　　ウ　可能性　　エ　持続可能な社会
オ　主体性　　カ　個人

8　**次の文章は，「人権教育の指導方法等の在り方について［第三次とりまとめ］　～指導等の在り方編～」（平成20年３月　人権教育の指導方法等に関する調査研究会議）の一部抜粋である。①～③に入る語句として正しいものを，次のア～カからそれぞれ一ずつ選び，記号で答えよ。**

自分の人権を守り，他者の人権を守ろうとする意識・意欲・態度を促進するためには，人権に関する知的理解を深めるとともに，（ ① ）を育成することが必要である。知的理解を深めるための指導を行う際にも，人権についての知識を単に一方的に教え込んだり，個々に学習させたりするだけでは十分でなく，児童生徒ができるだけ主体的に，他の児童生徒とも協力し合うような方法で学習に取り組めるよう工夫することが求められる。（ ① ）を育成する基礎となる価値的・態度的側面や技能的側面の資質・能力に関しては，なおさらのこと，言葉で説明して教えるというような指導方法で育てることは到底できない。例えば，自分の人権を大切にし，他の人の人権も同じように大切にする，人権を弁護したり，自分とちがう考えや行動様式に対しても寛容であったり，それを尊重するといった価値・態度や，コミュニケーション技能，（ ② ）な思考技能などのような技能は，ことばで教えることができるものではなく，児童生徒が自らの経験を通してはじめて学習できるものである。つまり，児童生徒が自ら主体的に，しかも学級の他の児童生徒たちとともに学習活動に参加し，協力的に活動し，（ ③ ）ことを通してはじめて身に付くといえる。民主的な価値，尊敬及び寛容の精神などは，それらの価値自体を尊重し，その促進を図ろうとする学習環境の中で，またその学習過程を通じて，はじめて有効に学習されるのである。したがって，このような能力や資質を育成するためには，児童生徒が自分で「感じ，考え，行動する」こと，つまり，自分自身の心と頭脳と体を使って，主体的，実践的に学習に取り組むことが不可欠なのである。

ア　体験する　　イ　自尊感情　　ウ　人権感覚　　エ　理解する　　オ　批判的
カ　客観的

9　**次の文章は，「教育職員免許法」（昭和24年法律第147号）の一部抜粋である。後の問に答えよ。**

第10条　免許状を有する者が，次の各号のいずれかに該当する場合には，その免許状はその効力を失う。

一　①第５条第１項第三号又は第六号に該当するに至つたとき。

二　公立学校の教員であつて（ ② ）の処分を受けたとき。

三　公立学校の教員（地方公務員法（昭和25年法律第261号）第29条の２第１項各号に掲げる者に該当する者を除く。）であつて同法第28条第１項第一号又は第三号に該当するとして分限免職の処分を受けたとき。

2　前項の規定により免許状が失効した者は，速やかに，その免許状を免許管理者に返納しなければならない。

問１　下線部①に定められているものを，次のア～ウから一つ選び，記号で答えよ。

ア　懲役以上の刑に処せられた者　　イ　禁錮以上の刑に処せられた者
ウ　拘留以上の刑に処せられた者

問２　②に入る語句として正しいものを，次のア～エから一つ選び，記号で答えよ。

ア　懲戒戒告　　イ　懲戒停職　　ウ　懲戒免職　　エ　懲戒減給

10　**次の文章は，「鹿児島県教育振興基本計画」（平成31年２月　鹿児島県教育委員会）にある「基本目標」の一部抜粋である。①，②に入る語句として正しいものを，下のア～カからそれぞれ一つずつ選び，記号で答えよ。**

子どもたち一人一人がこれからの厳しい時代を乗り越え，新たな価値を創造していくためには，十分な知識・技能，それらを基盤にして答えが一つに定まらない問題に自ら解を見いだしていく思考力・判断力・表現力等の能力，これらの基になる主体性をもって多様な人々と協働して学ぶ態度の「（ ① ）」（学力の３要素）を身に付けることが必要となります。また，生涯にわたって自ら学び，自らの能力を高め，（ ② ）を目指そうとする意欲，態度を育成することが大切です。

ア　真の学ぶ力　　イ　生きる力　　ウ　共生する力　　エ　グローバル化

オ　文化の継承　　カ　自己実現

11　次の文章は，「生徒指導提要」（令和４年12月改訂）の一部抜粋である。①～③に入る語句として正しいものを，下のア～エからそれぞれ一つずつ選び，記号で答えよ。

全ての児童生徒を対象にした，人を傷つけない言語表現の学習，情報モラル教育，法教育といった（ ① ）は，児童生徒の実態と合ったものであれば，いじめの抑止効果を持つことが期待されます。また，課題予防的生徒指導（課題早期発見対応）や（ ② ）を通して，起こった事象を特定の児童生徒の課題として留めずに，学級・ホームルーム，学年，学校，家庭，地域の課題として視点を広げて捉えることによって，全ての児童生徒に通じる指導の在り方が見えてきます。

このように，（ ① ）や課題予防的生徒指導（課題未然防止教育）の在り方を改善していくことが，生徒指導上の諸課題の未然防止や再発防止につながり，課題早期発見対応や（ ② ）を広い視点から捉え直すことが，（ ① ）につながるという円環的な関係にあると言えます。その意味からも，これからの生徒指導においては，特に（ ③ ）（プロアクティブ）な生徒指導の創意工夫が一層必要になると考えられます。

ア　困難課題対応的生徒指導　　イ　発達支持的生徒指導　　ウ　即応的・継続的
エ　常態的・先行的

解答＆解説

1　解答　ア

解説　A：ペーターゼン（1884～1952）が考案したイエナ・プランでは，学校は生活共同体の縮図でなければならないという観点から，従来の学年制の学級を廃して低学年・中学年・高学年の３集団に再編成し，児童生徒は指導的立場と指導される立場を経験しながら集団訓練を基調とする生活共同体として学習する。
B：モンテッソーリ（1870～1952）は，障害児の教育に当たる中で，感覚・機能訓練のための「モンテッソーリ教具」を考案し，ローマの貧民街に「子どもの家」を創設した。
C：パーカースト（1887～1973）が創始したドルトン・プランは，従来の学級組織を解体して教科別の実験室を設け，生徒は実験室で教科担任の指導を受けながら自学することを原則とする。
D：キルパトリック（1871～1965）が考案したプロジェクト・メソッド（プロジェクト学習）は，子どもが自分の活動を選択し，計画し，方向付けていく問題解決的な学習過程の理論。

2　解答　B→A→C

解説　B：1886年学校令の制定→A：1921年八大教育主張講演会の開催→C：1929年『綴方生活』の刊行。

3　解答　エ

解説　A：ラポールは，カウンセリングや心理療法，心理テストなどの心理的面接場面で必要とされる，面接者と被面接者との間の信頼関係。

B：学習が成立するために，学習者にはそれ相応の可能性がなければならないとされ，この可能性を「レディネス」(学習の準備性）という。

C：プラトーは高原現象ともいわれ，学習曲線が一時的に平坦になる現象。

4 **解答** ①—ウ　②—ア

解説 中央教育審議会答申「次期教育振興基本計画について」(2023年３月８日）の「Ⅱ．今後の教育政策に関する基本的な方針」「(５つの基本的な方針)」「②誰一人取り残さず，全ての人の可能性を引き出す共生社会の実現に向けた教育の推進」「(共生社会の実現に向けた教育の考え方)」を参照。

5 **解答** 問１　①—キ　②—カ　③—イ　　問２　A—エ　B—オ　C—ア

解説 A：地方公務員法第33条を参照。「信用失墜行為の禁止」の規定。

B：こども基本法第３条第一号を参照。「基本理念」の規定。こども基本法は，こども施策を社会全体で総合的かつ強力に推進していくための包括的な基本法として，2022年６月15日に成立し，2023年４月１日に施行された。

C：日本国憲法第26条第１項を参照。「教育を受ける権利」の規定。

6 **解答** 問１　A—オ　B—イ　C—カ　　問２　ウ，エ

解説 問１　ユニバーサルデザイン2020関係閣僚会議「ユニバーサルデザイン2020行動計画」(2017年２月20日決定，2020年12月22日一部改正）の「Ⅱ『心のバリアフリー』」「１．考え方」を参照。

問２　ア：聞こえが不自由なことを表すと同時に，聞こえない人・聞こえにくい人への配慮を表すマーク。

イ：肢体不自由であることを理由に免許に条件を付されている人が運転する車に表示するマーク。

7 **解答** ①—イ　②—エ

解説 平成29年版小学校学習指導要領（2017年３月31日告示）の前文，平成29年版中学校学習指導要領（2017年３月31日告示）の前文，平成30年版高等学校学習指導要領（2018年３月30日告示）の前文を参照。

8 **解答** ①—ウ　②—オ　③—ア

解説 人権教育の指導方法等に関する調査研究会議「人権教育の指導方法等の在り方について［第三次とりまとめ］」(2008年３月）の「指導等の在り方編」「第２章　学校における人権教育の指導方法等の改善・充実」「第２節　人権教育の指導内容と指導方法」「3．指導方法の在り方」「⑴人権教育における指導方法の基本原理」を参照。

9 **解答** 問１　イ　　問２　ウ

解説 教育職員免許法第５条１項第三号「(普通免許状の）授与」，第10条「(免許状の）失効」の規定を参照。

10 **解答** ①—ア　②—カ

解説 鹿児島県教育委員会「鹿児島県教育振興基本計画　夢や希望を実現し未来を担う鹿児島の人づくり　～あしたをひらく心豊かでたくましい人づくり～」(2019年

２月）の「第３章　基本目標」「1　知・徳・体の調和がとれ，主体的に考え行動する力を備え，生涯にわたって意欲的に自己実現を目指す人間」を参照。同計画は，鹿児島県の実情に応じた教育振興のための施策に関する基本的な計画として，国の教育振興基本計画を参酌し，また，「かごしま未来創造ビジョン」などを踏まえて策定された。計画期間は2019～23年度まで

11 **解答** ①―イ　②―ア　③―エ

解説『生徒指導提要』(2022年12月）の「第１部　生徒指導の基本的な進め方」「第１章　生徒指導の基礎」「1.2　生徒指導の構造」「1.2.5　困難課題対応的生徒指導」を参照。

沖縄県

実施日	2023(令和５)年７月９日	試験時間	50分（一般教養を含む）
出題形式	マークシート式	問題数	午前：11題（解答数30） 午後：12題（解答数30）
パターン	午前:原理・法規・心理＋教育史・ローカル 午後:ローカル・法規・原理・時事＋教育史	公開状況	問題：公開　解答：公開　配点：公開

傾向＆対策　●午前・午後に分かれて実施。午前は教育時事なし，午後は教育心理なしで，各分野の出題数も異なる。●午前・午後ともに必出のローカル問題は，「沖縄県学力向上推進５か年プラン」（2022年４月）＝午前，２年連続の「沖縄県教育振興基本計画」（2022年），「沖縄県教育情報化推進計画」（2022年８月），３年連続の「沖縄県いじめ防止基本方針」（2023年４月）＝以上午後。●教育時事は，２年連続の「令和の日本型学校教育」に関する中央教育審議会答申（2021年１月），「いじめの防止等のための基本的な方針」（2017年３月）＝以上午後。●教育原理は，午前・午後ともに学習指導要領「総則」が必出で，「特別の教科　道徳」「総合的な探究の時間」＝以上午前，「特別活動」＝午後。午前では改訂『生徒指導提要』も。

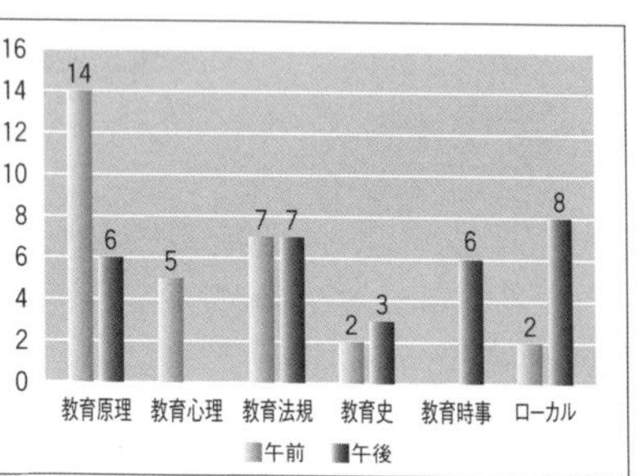

出題領域

分野	項目	午前	午後	項目	午前	午後	項目	午前	午後
教育原理	教育課程・学習指導要領			総則	3	4	特別の教科　道徳	2	
	外国語・外国語活動			総合的な学習(探究)の時間	2		特別活動		2
	学習指導			生徒指導	7		学校・学級経営		
	特別支援教育	↕総則・法規		人権・同和教育			その他		
教育心理	発達	2		学習			性格と適応		
	カウンセリングと心理療法			教育評価	3		学級集団		
教育法規	教育の基本理念		1	学校教育		2	学校の管理と運営	1	
	児童生徒	4		教職員		2	特別支援教育	2	2
教育史	日本教育史	1	1	西洋教育史	1	2			
教育時事	答申・統計		6	ローカル	2	8			

表中の数字は，解答数 午前┆午後

全校種共通(午前)

☞解答＆解説 p.586

1 **次の文章は，教育職員等による児童生徒性暴力等の防止等に関する法律の条文の一部である。文中の［ 1 ］～［ 3 ］にあてはまる語を，次の①から⑤までの中から一つずつ選び，記号で答えよ。**

第４条　教育職員等による児童生徒性暴力等の防止等に関する施策は，教育職員等による児童生徒性暴力等が全ての児童生徒等の心身の健全な発達に関係する［ 1 ］であるという基本的認識の下に行われなければならない。

2　教育職員等による児童生徒性暴力等の防止等に関する施策は，児童生徒等が［ 2 ］学習その他の活動に取り組むことができるよう，［ 3 ］教育職員等による児童生徒性暴力等を根絶することを旨として行われなければならない。

［ 1 ］　①人権侵害　②重大な問題　③教育を受ける権利の侵害　④犯罪　⑤違法行為

［ 2 ］　①安心して　②主体的に　③自律的に　④良好な環境のもと　⑤積極的に

［ 3 ］　①社会全体において　②学校の内外を問わず　③すべての学校において　④教員の勤務時間中において　⑤学校内において

2 **次の文章は，学校教育法，学校教育法施行規則の一部である。文中の［ 1 ］～［ 2 ］にあてはまる語を，次の①から⑤までの中から一つずつ選び，記号で答えよ。**

学校教育法

第19条　経済的理由によつて，就学困難と認められる学齢児童又は学齢生徒の保護者に対しては，［ 1 ］は，必要な援助を与えなければならない。

学校教育法施行規則

第43条　小学校においては，調和のとれた学校運営が行われるためにふさわしい［ 2 ］の仕組みを整えるものとする。

［ 1 ］　①都道府県　②市町村　③国　④学校　⑤文部科学省

［ 2 ］　①役割分担　②校務分掌　③委員会制　④教員組織　⑤業務遂行

3 **次の文章は，中学校学習指導要領（平成29年告示）の「第３章　特別の教科　道徳　第３　指導計画の作成と内容の取扱い」の一部である。文中の［ 1 ］～［ 2 ］にあてはまる語を，次の①から⑤までの中から一つずつ選び，記号で答えよ。**

生徒が多様な感じ方や考え方に接する中で，考えを深め，判断し，表現する力などを育むことができるよう，自分の考えを基に討論したり書いたりするなどの［ 1 ］を充実すること。

生徒の発達の段階や特性等を考慮し，指導のねらいに即して，［ 2 ］な学習，道徳的行為に関する体験的な学習等を適切に取り入れるなど，指導方法を工夫すること。

［ 1 ］　①「主体的・対話的で深い学び」　②多様な集団活動　③多面的・多角的に考え，判断する活動　④言語活動　⑤学習したことを振り返ったりする活動

[2] ①探究的　②問題解決的　③課題解決的　④協働的　⑤対話的

4 **次の文章は，高等学校学習指導要領（平成30年告示）の「第4章　総合的な探究の時間　第2　各学校において定める目標及び内容」の一部である。文中の[1]～[2]にあてはまる語を，次の①から⑤までの中から一つずつ選び，記号で答えよ。**

各学校において定める目標については，各学校における[1]を踏まえ，総合的な探究の時間を通して育成を目指す資質・能力を示すこと。

各学校において定める内容については，目標を実現するにふさわしい[2]，[2]の解決を通して育成を目指す具体的な資質・能力を示すこと。

[1] ①生徒の実態や特性　②地域の特色や要請　③学校の伝統
④保護者・教職員の願い　⑤教育目標

[2] ①地域や学校の特色に応じた課題　②横断的・総合的な課題
③探究課題　④生徒の興味・関心に基づく課題
⑤職業や自己の進路に関する課題

5 **次の文章は，障害を理由とする差別の解消の推進に関する法律の一部である。文中の[1]～[2]にあてはまる語を，それぞれ次の①から⑤までの中から一つずつ選び，記号で答えよ。**

第1条　この法律は，[1]（昭和45年法律第84号）の基本的な理念にのっとり，全ての障害者が，障害者でない者と等しく，基本的人権を享有する個人としてその尊厳が重んぜられ，その尊厳にふさわしい生活を保障される権利を有することを踏まえ，障害を理由とする差別の解消の推進に関する基本的な事項，行政機関等及び事業者における障害を理由とする差別を解消するための措置等を定めることにより，障害を理由とする差別の解消を推進し，もって全ての国民が，障害の有無によって分け隔てられることなく，相互に人格と個性を尊重し合いながら[2]する社会の実現に資することを目的とする。

[1] ①日本国憲法　②身体障害者福祉法　③発達障害者支援法
④障害者の日常生活及び社会生活を総合的に支援するための法律
⑤障害者基本法

[2] ①共助　②生活　③発展　④共生　⑤共栄

6 **次の文章は，特別支援学校教育要領・学習指導要領解説　総則編（幼稚部・小学部・中学部）（平成30年3月）の「第3編　小学部・中学部学習指導要領解説　第2章　教育課程の編成及び実施　第2節　1　教育課程の編成の原則　(2)　教育課程の編成の原則」の一部である。文中の[1]～[3]にあてはまる語を，次の①から⑤までの中から一つずつ選び，記号で答えよ。**

特別支援学校において個々の児童生徒の実態を考える場合，障害の状態とそれに起因する発達の遅れのみに目が向きがちであるが，それ以外にも情報[1]能力などの学習の基盤となる資質・能力，主体的に学習に取り組む態度も含めた[2]，適性，さらには[3]などの違いにも注目していくことが大切である。小学部及び中学部の段階は，6歳から15歳という心身の成長の著しい時期である。

小学部の児童はそれぞれ資質・能力や適性等が異なっている。そのため，児童の発達の過程などを的確に捉えるとともに，その学校あるいは学年などの児童の特性や課題について十分配慮して，適切な教育課程を編成することが必要である。

[1]　①分析　②活用　③処理　④獲得　⑤検索

[2]　①学びに向かう力　②生きる力　③学習能力　④確かな学力　⑤言語能力

[3]　①障害の程度　②障害の種類　③性格　④進路　⑤適正

7　**次の文章は，〔令和4年度版〕沖縄県学力向上推進5か年プラン・プロジェクトⅡ（令和4年4月　沖縄県教育委員会）の「Ⅲ　学力向上推進の『3つの視点』　2『学力向上推進の3つの視点』と『学習評価』との関連について」の一部である。文中の[1]～[2]にあてはまる語を，それぞれ次の①から⑤までの中から一つずつ選び，記号で答えよ。**

学習指導要領（H29告示）では，各教科等の目標及び内容が資質・能力の三つの柱で再整理されたことを踏まえ，観点別学習状況の評価についても，指導と評価の[1]を推進する観点から「知識・技能」，「思考・判断・表現」，「主体的に学習に取り組む態度」の3観点に整理された。また，「学びに向かう力，人間性等」のうち「感性，思いやり」など観点別学習状況の評価や評定には示しきれない児童生徒一人一人のよい点や可能性，進歩の状況については，「個人内評価」として実施するものとされており，児童生徒が学習したことの意義や価値を[2]できるよう，日々の教育活動等の中で児童生徒に伝えることが重要である。

[1]　①相乗効果　②統合　③相対化　④一体化　⑤高度化

[2]　①体感　②意識　③表現　④振り返り　⑤実感

8　**次の文章は，『教育に関する考察』の一部である。著者として最も適当なものを，次の①から⑤までの中から一つ選び，記号で答えよ。**

われわれが出逢う万人の中で，十人の中九人までは，良くも悪くも，有用にも無用にも，教育によってなるものだと言って差し支えないと思われます。教育こそ，人間の間に大きな相違をもたらすものです。

①ロック　②ルソー　③ペスタロッチ　④カント　⑤デューイ

9　**閑谷学校についての説明として最も適当なものを，次の①から⑤までの中から一つ選び，記号で答えよ。**

① 石上宅嗣によって設けられたわが国最初の公開図書館。

② 上杉憲実によって再興された。学生には僧侶が多く，武士や俗人もいた。外典の習得を中心に，天文・土木・医学なども教育されていた。

③ 庶民教化のために空海が開いた教育機関。すべての学芸を修め真実の知恵を学ぶという総合的な全人教育を目指したものであった。

④ 岡山藩主池田光政によって創設された郷学。藩営の民衆教育機関としては最も早い時期のものの一つである。

⑤ 広瀬淡窓が創設した私塾。封建社会の身分的・地域的制約を越えて，全国から多くの人が来塾した。

10　**次の各文の[1]～[5]にあてはまる語を，それぞれ次の①から⑤までの中から一**

つずつ選び，記号で答えよ。

(1) パーテンによって見いだされた遊びの一形態であり，ほかの子どものそばで，似た玩具・道具を用いて遊ぶものの，関わりあいや会話のない状態の遊びのことを［1］という。

［1］ ①感覚運動的遊び　②規則遊び　③象徴遊び　④構成遊び　⑤平行遊び

(2) コールバーグは道徳的ジレンマに対する理由づけの分析から，3水準6段階の道徳性の発達段階を提唱した。そして，その最終的な段階の特徴は［2］である。

［2］ ①社会契約的な法律志向　②道具主義的な相対主義志向　③罰と服従への志向　④普遍的な倫理的原理の志向　⑤「法と秩序」志向

(3) ［3］は，同じ指導を行ったとしても，学習者によってはその効果が異なる場合があるという現象を適性処遇交互作用と名付けた。

［3］ ①ギブソン　②トールマン　③ケーラー　④クロンバック　⑤ジェームズ

(4) 他者がある側面で望ましい（もしくは，望ましくない）特徴をもっていると，その評価を当該人物に対する全体的評価にまで広げてしまう傾向のことを［4］という。

［4］ ①初頭効果　②係留効果　③光背効果　④新近性効果　⑤天井効果

(5) ［5］は，一般知能の下位分類として，推理を使って新奇な課題を解決する能力である流動性知能と知識・経験に基づく能力である結晶性知能の2つを想定した。

［5］ ①キャッテル　②ガードナー　③スピアマン　④サーストン　⑤スタンバーグ

11 次のA，Bの文章は，生徒指導提要（令和4年12月　文部科学省）の一部を抜粋したものである。［1］～［6］にあてはまる語を，それぞれ次の①から⑤までの中から一つずつ選び，記号で答えよ。また，［7］については，Bの文章の下線部「暴力行為が発生した場合」に速やかに必要とされる対応として不適切なものを，①から⑤までの中から一つ選び，記号で答えよ。

A　組織的・効果的な生徒指導を行うには，教職員が気軽に話ができる，生徒指導実践について困ったときに，同僚教職員やスタッフに相談に乗ってもらえる，改善策や打開策を親身に考えてもらえる，具体的な助言や助力をしてもらえる等，［1］人間関係が形成され，組織として一体的な動きをとれるかどうかが鍵となります。また，［2］という点からも，教職員が絶えず自らの生徒指導実践を振り返り，教職員同士で相互に意見を交わし，学び合うことのできる［3］が不可欠です。

生徒指導を実践する上で，教職員の［4］の維持は重要です。生徒指導では，未経験の課題性の高い対応に迫られることがあります。自分の不安や困り感を同僚に開示できない，素直に助けてほしいといえない，努力しているが解決の糸口がみつからない，自己の実践に肯定的評価がなされない等により，強い不安感，焦燥感，閉塞感，孤立感を抱き，心理的ストレスの高い状態が継続することがあります。この状態が，常態化すると［ 5 ］のリスクが高まります。

B　暴力行為が発生した場合，第一に暴力行為の被害を受けた児童生徒等の手当てと周囲の児童生徒等の安全確保を行う必要があります。状況によっては［ 6 ］にすぐに通報しなければなりません。

暴力行為に及んだ児童生徒が興奮していて，他の児童生徒等に更に危害を加えそうな場合には，他の児童生徒等を安全な場所に避難させることも必要です。

［ 1 ］　①受容的・支持的・相互扶助的　②自律的・専門的・相互依存的　③受容的・支援的・相互依存的　④自律的・専門的・独立的　⑤独立的・専門的・相互扶助的

［ 2 ］　①OJT　②職能開発　③専門性の向上　④ケーススタディ　⑤校内研修

［ 3 ］　①組織的関係　②互恵的関係　③支援関係　④同僚関係　⑤支持的風土

［ 4 ］　①職場環境　②衛生環境　③勤務条件　④フィジカルコンディション　⑤メンタルヘルス

［ 5 ］　①躁鬱病　②食欲不振　③バーンアウト（燃え尽き症候群）　④自律神経失調症　⑤不眠症

［ 6 ］　①設置者　②教育長　③児童相談所　④救急や警察　⑤家庭裁判所

［ 7 ］　①　早急に校長等の管理職の指示を仰ぐ。
②　保健室で手当をする。
③　暴力行為に及んだ児童生徒・被害を受けた児童生徒等・目撃した児童生徒等から聴き取りをする。
④　関係する保護者へ連絡をする。
⑤　暴力行為の現場を後片付けする。

全校種共通（午後）

1　次の文章は，日本国憲法，教育基本法の一部である。文中の［ 1 ］～［ 3 ］にあてはまる語を，次の①から⑤までの中から一つずつ選び，記号で答えよ。

日本国憲法

第26条　すべて国民は，法律の定めるところにより，その［ 1 ］に応じて，ひとしく教育を受ける権利を有する。

教育基本法

第16条　教育は，［ 2 ］に服することなく，この法律及び他の法律の定めるところにより行われるべきものであり，教育行政は，国と地方公共団体との適切な［ 3 ］及び相互の協力の下，公正かつ適正に行われなければならない。

［ 1 ］　①適性　②特質　③進路　④個性　⑤能力

［ 2 ］　①差別　②教育の格差　③社会的不平等　④時代の変化　⑤不当な支配

[3] ①役割分担　②責任　③連携　④関係　⑤分業

2 **次の文章は，地方公務員法，教育公務員特例法の条文の一部である。文中の[1]～[2]にあてはまる語を，次の①から⑤までの中から一つずつ選び，記号で答えよ。**

地方公務員法

第33条　職員は，その職の[1]を傷つけ，又は職員の職全体の不名誉となるような行為をしてはならない。

教育公務員特例法

第21条　教育公務員は，その職責を遂行するために，絶えず研究と[2]に努めなければならない。

[1] ①信用　②信頼　③威厳　④意義　⑤社会的地位

[2] ①勉強　②修行　③鍛錬　④修養　⑤学習

3 **次の文章は，小学校学習指導要領（平成29年告示）解説　総則編（平成29年7月）の「第3章　教育課程の編成及び実施　第2節　教育課程の編成」の一部である。文中の[1]～[4]にあてはまる語を，次の①から⑤までの中から一つずつ選び，記号で答えよ。**

小学校と中学校の接続に際しては，義務教育9年間を見通して児童生徒に必要な資質・能力を育むことを目指した取組が求められる。具体的には，例えば同一中学校区内の小学校と中学校の間の連携を深めるため，次のような工夫が考えられる。

- [1]や地域学校協働本部等の各種会議の合同開催を通じて，各学校で育成を目指す資質・能力や教育目標，それらに基づく教育課程編成の基本方針などを，学校，保護者，[2]間で共有して改善を図ること。
- 校長・副校長・教頭の管理職の間で，各学校で育成を目指す資質・能力や教育目標，それらに基づく教育課程編成の基本方針などを共有し，改善を図ること。
- 教職員の[3]を開催し，[2]で育成を目指す資質・能力を検討しながら，各教科等や各学年の指導の在り方を考えるなど，指導の改善を図ること。
- 同一中学校区内での保護者間の連携・交流を深め，取組の成果を共有していくこと。

特に，[4]，中学校連携型小学校及び中学校併設型小学校においては，こうした工夫にとどまらず，9年間を見通した計画的かつ継続的な教育課程を編成し，小学校と中学校とで一体的な教育内容と指導体制を確立して特色ある教育活動を展開していくことが重要となる。

[1] ①学校評議会　②地域づくり懇談会　③学校運営協議会　④PTA総会　⑤保護者代表者会

[2] ①地域　②設置者　③外部評価者　④有識者　⑤行政

[3] ①連絡協議会　②懇談会　③交換授業　④合同研修会　⑤合同職員会議

[4] ①中等教育学校　②私立学校　③組合立学校　④小学校併設型中学校　⑤義務教育学校

4 **次の文章は，小学校学習指導要領（平成29年告示）解説　特別活動編（平成29年7月）**

の「第1章　総説　2　特別活動　改訂の趣旨および要点」の一部である。文中の［1］～［2］にあてはまる語を，次の①から⑤までの中から一つずつ選び，記号で答えよ。

特別活動は，様々な構成の集団から学校生活を捉え，課題の発見や解決を行い，よりよい集団や学校生活を目指して様々に行われる活動の総体である。その活動の範囲は学年・学校段階が上がるにつれて広がりをもっていき，そこで育まれた資質・能力は，社会に出た後の様々な集団や［1］の中で生かされていくことになる。このような特別活動の特質を踏まえ，これまでの目標を整理し，指導する上で重要な視点として「［1］形成」，「社会参画」，「［2］」の三つとして整理した。

［1］　①人間関係　②地域的なつながり　③組織　④コミュニティ　⑤社会関係資本

［2］　①自己開示　②自己受容　③自己実現　④自己理解　⑤自己尊重

5　**次の文章は，障害者の権利に関する条約の条文の一部である。文中の［1］～［2］にあてはまる語を，それぞれ次の①から⑤までの中から一つずつ選び，記号で答えよ。**

第8条　意識の向上

1　締約国は，次のことのための即時の，効果的なかつ適当な措置をとることを約束する。

(a)　障害者に関する社会全体（各家庭を含む。）の意識を向上させ，並びに障害者の権利及び［1］に対する尊重を育成すること。

(b)　あらゆる活動分野における障害者に関する定型化された観念，偏見及び有害な慣行（性及び年齢に基づくものを含む。）と戦うこと。

(c)　障害者の能力及び［2］に関する意識を向上させること。

［1］　①義務　②立場　③存在　④基本的人権　⑤尊厳

［2］　①資質　②社会参加　③貢献　④自立　⑤自由

6　**次の文章は，「『令和の日本型学校教育』の構築を目指して　～全ての子供たちの可能性を引き出す，個別最適な学びと，協働的な学びの実現～」（令和3年1月26日　中央教育審議会答申）の「第Ⅱ部　各論　4．新時代の特別支援教育の在り方について　(1)基本的な考え方」の一部である。文中［1］～［3］にあてはまる語を，それぞれ次の①から⑤までの中から一つずつ選び，記号で答えよ。**

○　特別支援教育は，障害のある子供の自立や社会参加に向けた主体的な取組を支援するという視点に立ち，子供一人一人の［1］を把握し，その持てる力を高め，生活や学習上の困難を改善又は克服するため，適切な指導及び必要な支援を行うものである。また，特別支援教育は，［2］子供も含めて，障害により特別な支援を必要とする子供が在籍する全ての学校において実施されるものである。

○　一方で，少子化により学齢期の児童生徒の数が減少する中，特別支援教育に関する理解や認識の高まり，障害のある子供の就学先決定の仕組みに関する制度の改正等により，通常の学級に在籍しながら［3］による指導を受ける児童生徒が大きく増加しているなど，特別支援教育をめぐる状況が変化している。また，今般の新型コロナウイルス感染症の拡大による臨時休業により特別支援学校を始めとする学校が障害のある子供にとってのセーフティネットとしての役割を果たすなど，社会全体で特別支援教育が果たしている機能や役割等が再認識されるとともに，特別支援学校等だけでその全ての期待に応えることの難しさなど，今後の課題も明らかになりつつある。

［1］ ①教育的ニーズ　②意向　③気持ち　④希望　⑤個性

［2］ ①いじめの被害を受けている　②不登校の　③生徒指導上配慮が必要である　④外国にルーツのある　⑤発達障害のある

［3］ ①通級　②ICT　③オンライン　④特別支援教育を行う支援員　⑤特別支援学校

7 **次の文章は，沖縄県教育振興基本計画　～新しい時代を切り拓く人づくり～（令和4年度～令和13年度）（令和4年　沖縄県教育委員会）の「第2章　社会の動向と本県教育の現状　3　目指す教育の姿　(2)　教育の目標」の一部である。文中の［1］～［3］にあてはまる語を，それぞれ次の①から⑤までの中から一つずつ選び，記号で答えよ。**

変化の激しいこれからの社会においては，自立した一人の人間として，社会の変化に主体的に対応し，それぞれの個性や特性を大切にしながら，自らの可能性を最大限に発揮し，夢や目標の実現に向けて粘り強く主体的に挑戦し，［1］を目指していくことが大切です。

そのためには，子どもに学ぶ目的や意義を自覚させるとともに，自ら考え，計画して，行動に移すことのできるよう［2］の視点で学習意欲を高める取組を進めていく必要があります。

さらに，学校では幼児児童生徒の発達段階を踏まえ，生きて働く「知識・技能」の習得，未知の状況にも対応できる「思考力・判断力・表現力等」の育成，学びを［3］や社会に生かそうとする「学びに向かう力・人間性等」を涵養し，主体的・対話的で深い学びの授業の実現に向け，組織的・計画的・継続的な教育を推進します。

［1］ ①夢の実現　②自己実現　③確かな学力の獲得　④生きる力の形成　⑤個性の伸長

［2］ ①特別支援教育　②キャリア教育　③PDCAサイクル　④生徒指導　⑤道徳教育

［3］ ①生活　②日常　③家庭　④人生　⑤遊び

8 **次の文章は，沖縄県教育情報化推進計画　―令和4年度～令和8年度―（令和4年8月　沖縄県教育委員会）の「第4章　教育情報化推進方策　1　学校教育分野」の一部である。文中の［1］～［3］にあてはまる語を，それぞれ次の①から⑤までの中から一つずつ選び，記号で答えよ。**

方策2　情報化に対応した学びの確立

［1］を日常的に活用する社会で必要な資質・能力を育むため，学校教育では情報活用能力を育成する情報教育の重要性が一段と高まっていることから，本方策においては，情報活用能力を「資質・能力の3つの柱」によって捉え，確実に育成するための取組により，情報化に対応した学びの確立を目指す。

取組１ [2]に応じた情報教育の充実

情報活用能力について，「資質・能力の３つの柱」で整理して児童生徒の[2]や教科等の役割を明確にしながら，「主体的・対話的で深い学び」の視点に立った授業改善等により，各学校段階に応じた情報活用能力の育成に取り組む。

取組２ 情報モラル・情報セキュリティ教育の推進

スマートフォン等の情報機器やSNS等のサービスが児童生徒にも急速に普及する中，児童生徒が情報社会で[3]行動がとれ，犯罪被害等の危険を回避し，又は加害者とならないよう，情報モラル・情報セキュリティ教育の一層の充実に取り組む。

[1] ①ICT ②パソコン ③インターネット ④DX ⑤スマートフォン

[2] ①興味 ②発達段階 ③関心 ④学力 ⑤人間性

[3] ①予備知識を活かした ②心構えを基にした ③責任を持った ④毅然とした ⑤効率的に

9 **次の文章は，沖縄県いじめ防止基本方針（平成30年６月14日最終改定）の一部である。文中の[1]～[2]にあてはまる語を，それぞれ次の①から⑤までの中から一つずつ選び，記号で答えよ。**

３ いじめの防止等に関する基本的考え方

(1) いじめの防止

○ いじめは，どの子供にも，どの学校でも起こりうることを踏まえ，より根本的ないじめの問題克服のためには，全ての児童生徒を対象としたいじめの未然防止の観点が重要であり，全ての児童生徒を，いじめに向かわせることなく，[1]対人関係を構築できる社会性のある大人へと育み，いじめを生まない土壌をつくるために，関係者が一体となった継続的な取組が必要である。

○ 学校の教育活動全体を通じ，全ての児童生徒に「いじめは決して許されない」ことの理解を促し，児童生徒の豊かな情操や道徳心，自分の存在と他人の存在を等しく認め，お互いの人格を尊重し合える態度など，[1]人間関係を構築する能力の素地を養うことが必要である。

○ いじめの背景にあるストレス等の要因に着目し，その改善を図り，ストレスに適切に対処できる力を育む観点が必要である。

○ 全ての児童生徒が安心でき，[2]や充実感を感じられる学校生活づくりも未然防止の観点から重要である。

[1] ①良好な ②心の通う ③円満な ④互恵的な ⑤信頼しあえる

[2] ①達成感 ②自己有用感 ③満足感 ④一体感 ⑤連帯感

10 **次の文章の[1]～[2]にあてはまる語を，それぞれ次の①から⑤までの中から一つずつ選び，記号で答えよ。**

ヘルバルトは，教育の目標を[1]に，方法を[2]に求めて，科学的で実際的な教育学の体系を樹立しようとした。

[1] ①政治学 ②社会学 ③倫理学 ④心理学 ⑤美学

[2] ①政治学 ②社会学 ③倫理学 ④心理学 ⑤美学

11 **次の文章は，我が国の明治期の教育者についての説明である。該当する人物として最**

も適当なものを，次の①から⑤までの中から一つ選び，記号で答えよ。

1871年，欧米視察岩倉具視一行にともなわれて渡米。7歳より11年間初等中等教育を受けて帰国。1889年に再渡米し，ブリンマー・カレッジの選科生として生物学を中心に諸学を修め，さらにオズウィゴー師範学校で教育，教授法を学んだ。帰国後の1900年，女子英学塾を創立した。

①安井てつ　②新島襄　③成瀬仁蔵　④広岡浅子　⑤津田梅子

12 **次の文章は，いじめの防止等のための基本的な方針　平成25年10月11日　文部科学大臣決定（最終改定　平成29年3月14日）の「第2 いじめの防止等のための対策の内容に関する事項　3 いじめの防止等のために学校が実施すべき施策」の一部を抜粋したものである。［1］～［3］にあてはまる語を，それぞれ次の①から⑤までの中から一つずつ選び，記号で答えよ。なお，文中の「法第22条」とは，「いじめ防止対策推進法第22条」である。**

法第22条は，学校におけるいじめの防止，いじめの早期発見及びいじめへの対処等に関する措置を実効的に行うため，組織的な対応を行うため中核となる常設の組織を置くことを明示的に規定したものであるが，これは，いじめについては，［1］で問題を抱え込まず学校が組織的に対応することにより，複数の目による状況の見立てが可能となること，また，必要に応じて，心理や福祉の専門家である［2］，弁護士，医師，警察官経験者など外部専門家等が参加しながら対応することなどにより，より実効的ないじめの問題の解決に資することが期待されることから，規定されたものである。

また，学校いじめ防止基本方針に基づく取組の実施や具体的な年間計画（［3］等）の作成や実施に当たっては，保護者や児童生徒の代表，地域住民などの参加を図ることが考えられる。

［1］　①クラスルーム担任教諭　②生徒指導主事　③特定の教職員　④養護教諭　⑤管理職

［2］　①スクールカウンセラー・児童福祉司　②心理相談員・児童福祉司　③心理相談員・保護司　④スクールソーシャルワーカー・保護司　⑤スクールカウンセラー・スクールソーシャルワーカー

［3］　①学校いじめ発見プログラム　②学校いじめ防止プログラム　③学校いじめ対応プログラム　④学校いじめ対策プログラム　⑤学校いじめ解決プログラム

解答&解説

全校種共通（午前）

1 **解答** 1—②　2—①　3—②

解説 教育職員等による児童生徒性暴力等の防止等に関する法律第4条第1項・第2項を参照。「基本理念」の規定。

2 **解答** 1—② 2—②

解説 1：学校教育法第19条を参照。「経済的就学困難への援助義務」の規定。
2：学校教育法施行規則第43条を参照。「校務分掌」の規定。

3 **解答** 1—④ 2—②

解説 平成29年版中学校学習指導要領（2017年３月31日告示）の「第３章　特別の教科道徳」「第３　指導計画の作成と内容の取扱い」の２⑷及び⑸を参照。

4 **解答** 1—⑤ 2—③

解説 平成30年版高等学習指導要領（2018年３月30日告示）の「第４章　総合的な探究の時間」「第２　各学校において定める目標及び内容」「３　各学校において定める目標及び内容の取扱い」の⑴及び⑷を参照。

5 **解答** 1—⑤ 2—④

解説 障害を理由とする差別の解消の推進に関する法律第１条を参照。この法律の「目的」の規定。

6 **解答** 1—② 2—① 3—④

解説『特別支援学校教育要領・学習指導要領解説　総則編（幼稚部・小学部・中学部）』（2018年３月）の「第３編　小学部・中学部学習指導要領解説」「第２章　教育課程の編成及び実施」「第２節　小学部及び中学部における教育の基本と教育課程の役割」「１　教育課程の編成の原則（第１章第２節の１）」「⑵教育課程の編成の原則」イの「㋐児童又は生徒の障害の状態や特性及び心身の発達の段階等」を参照。

7 **解答** 1—④ 2—⑤

解説 沖縄県教育委員会「〔令和４年度版〕沖縄県学力向上推進５か年プラン・プロジェクトⅡ　～学びの質を高める授業改善・学校改善～」（2022年４月）の「Ⅲ　学力向上推進の『３つの視点』」「２『学力向上推進の３つの視点』と『学習評価』の関連について」を参照。計画推進の５カ年間を見通した同プロジェクトは，年次ごとにその成果課題を把握しながら改訂作業行うなど，学習指導要領の着実な展開を推進し，沖縄県独自の視点を交えた学力向上施策を推進しながら，沖縄県ならではの「社会に開かれた教育課程」実現を目指すとしている。

8 **解答** ①

解説 ①ロック（1632～1704）は，人間の精神ははじめ白紙のようなもので，そこにさまざまな観念を構成するのが教育であるとする「白紙説（タブラ・ラサ）」を唱えた。

9 **解答** ④

解説 ①芸亭，②足利学校，③綜芸種智院，⑤咸宜園の説明。

10 **解答** ⑴—⑤ ⑵—④ ⑶—④ ⑷—③ ⑸—①

解説 ⑴⑤同じような遊びをしているのに交流がないのは，両者の遊びが平行的だと考えられて，平行遊びと分類されている。
⑵④コールバーグ（1927～87）は，道徳性を正義と公平さであると規定し，その考えを３水準６段階からなる発達段階の理論に集約した。人類全体の幸福や福祉

を念頭において行動しようとするのが「普遍的な倫理的原理の志向」である。

(3)④クロンバック（1916～2001）は，優れた教授法はどんな学習者に対しても効果的だという従来の考え方に対し，個々の学習者の適性に即した最適の教授法は異なるはずだとして，学習者の適性と教育的処遇との間の統計的な交互作用をもとに学習の最適化を図ることを強調した。

(4)③光背効果は，ハロー効果ともいわれ，ある特定の人物が望ましい（望ましくない）特性をいくつかもっていると，ほかの諸側面についても調査・観察することなしにすべて望ましい（望ましくない）特性であると判断しがちな傾向をいう。

(5)①キャッテル（1905～98）が知能因子説において指摘したもので，流動性知能とは，新しい場面に適応するときに必要な能力であり，結晶性知能とは，過去に学習したことを高度に適用して得られる判断力や習慣を指す。したがって，青年期をピークとしてその後は衰退方向にあるのが流動性知能，青年期以降も向上する可能性を持っているのが結晶性知能である。

11 **解答** 1—①　2—②　3—④　4—⑤　5—③　6—④　7—⑤

解説『生徒指導提要』（2022年12月）を参照。

A：「第Ⅰ部　生徒指導の基本的な進め方」「第１章　生徒指導の基礎」「1.4　生徒指導の基盤」「1.4.1　教職員集団の同僚性」「⑴教職員の受容的・支持的・相互扶助的な人間関係」及び「⑵教職員のメンタルヘルスの維持とセルフ・モニタリング」を参照。

B：「第Ⅱ部　個別の課題に対する生徒指導」「第５章　暴力行為」「5.3　暴力行為に関する生徒指導の重層的支援構造」「5.3.4　暴力行為が発生した場合の対応」を参照。

全校種共通（午後）

1 **解答** 1—⑤　2—⑤　3—①

解説 1：日本国憲法第26条第１項を参照。「教育を受ける権利」の規定。

2：教育基本法第16条第１項を参照。「教育行政」の規定。

2 **解答** 1—①　2—④

解説 1：地方公務員法第33条を参照。「信用失墜行為の禁止」の規定。

2：教育公務員特例法第21条第１項を参照。「研修」の規定。

3 **解答** 1—③　2—①　3—④　4—⑤

解説『小学校学習指導要領解説　総則編』（2017年７月）の「第３章　教育課程の編成及び実施」「第２節　教育課程の編成」「４　学校段階等間の接続」「⑵中学校教育及びその後の教育との接続，義務教育学校等の教育課程（第１章第２の４の⑵」を参照。

4 **解答** 1—①　2—③

解説『小学校学習指導要領解説　特別活動編』（2017年７月）の「第１章　総説」「２　特別活動改訂の趣旨及び要点」「⑴改訂の趣旨」「②改訂の基本的な方向性」を参

照。

5 解答 1—⑤　2—③

解説 障害者の権利に関する条約第8条第1項を参照。「意識の向上」の規定。

6 解答 1—①　2—⑤　3—①

解説 中央教育審議会答申「『令和の日本型学校教育』の構築を目指して　～全ての子供たちの可能性を引き出す個別最適な学びと，協働的な学びの実現～」(2021年1月26日，4月22日更新）の「第Ⅱ部　各論」「4．新時代の特別支援教育の在り方について」「(1)基本的な考え方」を参照。

7 解答 1—②　2—②　3—④

解説 沖縄県教育委員会「沖縄県教育振興基本計画　～新しい時代を切り拓く人づくり～（令和4年度～令和13年度)」(2022年）の「第2章　社会の動向と本県教育の現状」「3　目指す教育の姿」「(2)教育の目標」を参照。同計画は，教育基本法第17条第2項の規定に基づき，沖縄県教育の振興のための施策に関する基本的な計画として策定するものであり，教育行政運営の基本となるもの。計画期間は，「新・沖縄21世紀ビジョン基本計画」の計画期間に準じ，2022～31年度の10年間。

8 解答 1—①　2—②　3—③

解説 沖縄県教育委員会「沖縄県教育情報化推進計画　―令和4年度～令和8年度―」(2022年8月）の「第4章　教育情報化推進方策」「1　学校教育分野」「方策2　情報化に対応した学びの確立」を参照。

9 解答 1—②　2—②

解説「沖縄県いじめ防止基本方針」(2023年4月3日最終改定；出題は2018年6月14日最終改定）の「第1　いじめの防止等のための対策の基本的な方向に関する事項」「3　いじめの防止等に関する基本的考え方」を参照。同方針は，いじめ防止対策推進法第12条の規定に基づき，「いじめの未然防止」「早期発見」「いじめに対する措置」を総合的かつ効果的に推進するために2014年9月30日に策定された。

10 解答 1—③　2—④

解説 ヘルバルト（1776～1841）は，教育の究極目的は「道徳的品性の陶冶」であるとし，そのための教授の段階を明瞭―連合―系統―方法の4段階に分けて考えた。

11 解答 ⑤

解説 ⑤津田梅子（1864～1929）は，女子英学塾（後に津田英学塾，さらに津田塾大学）の創設者で，女性の自立のための教育に尽力し，遅れていた明治期の女子教育に貢献した。

12 解答 1—③　2—⑤　3—②

解説「いじめの防止等のための基本的な方針」(2013年10月11日文部科学大臣決定，2017年3月14日最終改定）の「第2　いじめの防止等のための対策の内容に関する事項」「3　いじめの防止等のために学校が実施すべき施策」「(3)学校におけるいじめの防止等の対策のための組織」を参照。

■読者の皆さんへ——お願い——

時事通信出版局教育事業部では，本書をより充実させ，これから教員を目指す人の受験対策に資するため，各県の教員採用試験の試験内容に関する情報を求めています。

①受験都道府県市名と小・中・高・養・特の別
（例／東京都・中学校・国語）
②論文・作文のテーマ，制限時間，字数
③面接試験の形式，時間，質問内容
④実技試験の実施内容
⑤適性検査の種類，内容，時間
⑥受験の全般的な感想，後輩へのアドバイス

ご提出にあたっては，形式，用紙などいっさい問いませんので，下記の住所またはメールアドレスにお送りください。また，下記サイトの入力フォームからもお送りいただけます。

◆〒104-8178　東京都中央区銀座５-15-８
時事通信ビル８Ｆ
時事通信出版局　教育事業部　教員試験係
workbook@book.jiji.com
◆時事通信出版局　教員採用試験対策サイト
https://book.jiji.com/research/

〈Hyper 実戦シリーズ②〉

教職教養の過去問

発行日　2024年１月15日
編　集　時事通信出版局
発行人　花野井道郎
発行所　株式会社　時事通信出版局
発　売　株式会社　時事通信社
〒104-8178
東京都中央区銀座 5-15-8
販売に関する問い合わせ　電話　03-5565-2155
内容に関する問い合わせ　電話　03-5565-2164
印刷所　株式会社　太平印刷社

Printed in Japan

ISBN978-4-7887-1941-5　C2337